☞ **Alle Karten zum Gratis-Download – so funktioniert's**
In diesem Reisehandbuch sind alle Detailpläne mit sogenannten **QR-Codes** versehen, die per Smartphone oder Tablet-PC gescannt und bei einer bestehenden Internet-Verbindung auf das eigene Gerät geladen werden können. Alle Karten sind im PDF-Format angelegt, das nahezu jedes Gerät darstellen kann. Für den Stadtbummel oder die Besichtigung unterwegs hat man so die Karte mit besuchenswerten Zielen und Restaurants auf dem Telefon, Tablet-PC, Reader oder als praktischen DIN-A-4-Ausdruck dabei. Mit anderen Worten – der „gewichtige" Reiseführer kann im Auto oder im Hotel bleiben und die Basis-Infos sind immer und überall ohne Roaming-Gebühren abrufbar.

Inhaltsverzeichnis

W0030606

Überblick

Reiserouten

Reiserouten

Reiserouten

Reiserouten

Reiserouten

Reiserouten

Reiserouten

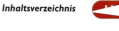

Außerdem weiterführende Informationen zu folgenden Themen

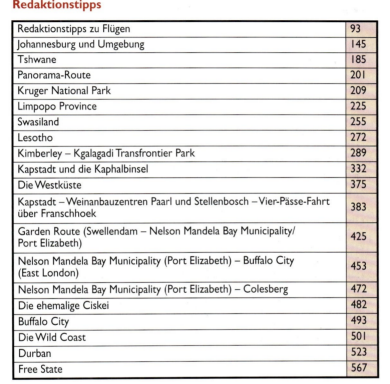

Interessantes

Verzeichnis der Karten und Grafiken

Interessantes

Legende

▲ Berg	⁖ Archäologische Stätte	▲ Camping
⋒ Höhle	M Museum	🛏 Hotel
⟼ Heiße Quellen	T Theater	▪ Gate
)(Pass	🛐 Denkmal	⊼ Picknickplatz
✳⋇ Aussichtspunkt	★ Sehenswürdigkeit	🍴 Essen
⛯ Leuchtturm	† Kirche	🧺 Markt
i Information	🚂 Bahnhof	🍇 Weinanbau
🐟 Walbeobachtung	🚌 Busbahnhof	✉ Post
🚶 Wandern	📖 Bibliothek	🎁 Einkaufen
⛳ Golfplatz	👮 Polizei	⛴ Fähre
🪁 Strand	⊖ Grenzübergang	✈ Internationaler Flughafen
⚓ Hafen	✚ Krankenhaus	✈ regionaler Flughafen

Einleitung

Südafrika, das Land am Kap der Guten Hoffnung, stand bis vor 20 Jahren im Brennpunkt weltweiter Kritik. Viele Menschen setzten es mit dem Begriff „Apartheid" gleich, der berüchtigten Politik der Trennung der verschiedenen ethnischen Gruppen. Auch heute noch darf man bei der Beschäftigung mit Südafrika nie vergessen, dass es wohl nirgendwo auf der Welt einen Staat ähnlicher Größe gibt, in dem so viele unterschiedliche Völker mit ihren jeweils ganz eigenen Kulturen zusammenleben.

Politisch entwickelte sich das „**neue**" **Südafrika** ab 1994 zu einem der stabilsten Länder des Kontinents und einem global wichtigen Partner der Völkergemeinschaft. Man bekennt sich eindeutig zu den Menschenrechten, hat eine verlässliche Demokratie, fördert Wachstum und Bildung. Dabei unterstützt die derzeitige Regierung vermehrt die nicht-weiße Bevölkerung – auch bei der Vergabe von Führungspositionen. Das Pendel schlägt also durchaus zurück und macht nicht alle gleichermaßen glücklich.

Nach wie vor haben Staat und Gesellschaft **große Aufgaben** zu bewältigen, die überwiegend Spätfolgen der Apartheid-Strukturen sind: Besonders sind hier die Bekämpfung von Arbeitslosigkeit und Armut zu nennen, aber auch die weitere Eindämmung der teils hohen Kriminalität. Eine große Herausforderung stellt zudem der Umgang mit der HIV-Epidemie dar: von der Versorgung der Infizierten über die medizinische Forschung bis hin zu Aufklärung und Prävention.

Trotz drängender Probleme und der immer noch präsenten Nachwirkungen alter Strukturen – sichtbar an den nach wie vor unterschiedlichen Bildungs-, Einkommens- und Wohnstandards – ist der Wille zu einem toleranten und friedlichen Miteinander bei den meisten Bürgern unübersehbar. Auf ihre so reizvolle Heimat sind Schwarze wie Weiße gleichermaßen stolz. Und wie könnten sie nicht? Schon auf den allerersten Blick entfalten sich Südafrikas **großartige Kontraste** und **beeindruckende Szenerien**!

„Inspirierende Vielfalt" lautet der Werbeslogan des südafrikanischen Fremdenverkehrsbüros, und das trifft es. Eine Reise in dieses faszinierende Land bietet die Möglichkeit, seine ebenso reiche wie gegensätzliche Geografie kennenzulernen. Wer je in Südafrika war, wird vom Flair kosmopolitisch geprägter Städte wie Kapstadt und Durban begeistert sein, sich gern an die so überwältigende **afrikanische Tierwelt** des Kruger National Parks zurückerinnern, wird an die weiten, einsamen Strände des Indischen Ozeans denken und das gemütliche Kapland mit seinen Bergen, fruchtbaren Tälern und der Architektur der alten Siedler vor Augen haben. Er hat vielleicht die einsamen Ebenen im Westen durchquert, die herrlichen **Farbenspiele der roten Dünen** und des Kumulushimmels in der Kalahari beobachtet, die Giganten der Drakensberge oder die atemberaubende Tiefe des Blyde River Canyon auf sich wirken lassen. Er wird sich an die **romantisch-wilde Küste** der ehemaligen Transkei (heute Eastern Cape Province) zurücksehnen und die Vielfalt der verschiedenen Stämme mit ihren Sitten und Gebräuchen im Gedächtnis behalten.

Das vorliegende Reise-Handbuch ist in einen ausführlichen landeskundlichen und einen touristischen Teil für den Reisenden gegliedert:

▸ Im **landeskundlichen Teil** finden sich interessante Informationen zur Geschichte, Geografie und der komplexen Sozialproblematik. Gerade im Falle Südafrikas ist ein solcher Hintergrund wertvoll, um Gesehenes und Erlebtes besser gewichten zu können.

▸ Die **Gelben Seiten** liefern allgemeine Hinweise sowie Tipps zur Planung und Ausführung einer Südafrika-Reise. Die **Grünen Seiten** geben Preisbeispiele und helfen bei der Kostenplanung.

▸ Im **Reiseroutenteil** werden besonders lohnende Ziele ausführlich vorgestellt und beschrieben. Einerseits die prominenten touristischen Gebiete wie z. B. der Kruger National Park, Kapstadt und die Garden Route. Andererseits selbstverständlich die vielen weiteren Highlights sowie die Kleinode dazwischen. Gesondert werden auch die eigenständigen Königreiche **Lesotho** und **Swasiland** gestreift, die mit ihren vielseitigen Landschaftsformen und den sich von Südafrika abhebenden kulturellen Traditionen ein ganz besonderes Erlebnis sind.

Das Ziel dieses Teils ist weniger die lexikalische Vollständigkeit, sondern die **bewusste Auswahl**: Städte, Landschaften, Naturparks, bedeutende kulturelle und historische Orte. Außerdem wird das nötige Hintergrundwissen vermittelt, damit das Gesehene nicht auf der Ebene des flüchtigen Eindrucks verbleibt. Jeweils am Ende der Ortsbeschreibungen stehen die „Reisepraktischen Informationen" mit Tipps zu Unterkünften, Essen & Trinken, Einkaufen, Aktivitäten, Verkehrsverbindungen etc.

Landschaftlich wie gesellschaftlich ist Südafrika ein Land der Kontraste. Und deshalb ist es so spannend, hier **mit offenen Augen** zu reisen und dabei auch stets um die Ecken zu schauen – es gibt viel mehr zu entdecken, als dass es abschließend beschrieben werden könnte! Ich wünsche Ihnen eine animierende, intensive und interessante Reisevorbereitung und hoffe – mit welchen eigenen Erlebnissen Sie auch wiederkommen mögen –, dass Sie ebenfalls feststellen werden: Südafrika ist eine Reise wert.

Ich bedanke mich bei Kristin Oeing für die Überarbeitung des Kapitels KwaZulu-Natal und bei Margit Pilz, Kirsten Steuber und Anedore Kessler von Ilanga Travel, Kapstadt, für ihre redaktionelle Unterstützung. Herrn Dirk Kruse-Etzbach danke ich für die Erlaubnis, Passagen aus seinem Reiseführer „Kapstadt und Garden Route" verwenden zu dürfen.

Michael Iwanowski
Dormagen, im August 2014

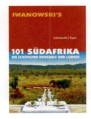

P. S. Und als Anregung für alle, die Lust auf mehr haben: Unser Band „101 Südafrika" stellt die Vielfalt Südafrikas kurzweilig dar – nicht im Stil eines Reiseführers, sondern „häppchenweise" in 101 Artikeln:
101 Südafrika – Die schönsten Reiseziele und Lodges. 1. Auflage 2011. Iwanowski's Reisebuchverlag, Dormagen. www.iwanowski.de.

I. LAND UND LEUTE

Südafrikas Gesellschaft und Kultur sind vielfältig

Auf einen Blick

Südafrika politisch ...	
Staatsoberhaupt und Regierungschef	Jacob Zuma (ANC)
Staats- und Regierungsform	parlamentarische Demokratie seit 1961 (noch als Teil des Commonwealth), Verfassung von 1997. Es gibt zwei Kammern: Die Nationalversammlung besteht aus 400 Mitgliedern, die direkt gewählt werden, der Nationalrat der Provinzen setzt sich aus 90 Mitgliedern (je 10 Abgeordnete aus den 9 Provinzen, s. u.) zusammen. Die Wahlen finden alle 5 Jahre statt, das Staatsoberhaupt wird von der Nationalversammlung gewählt. Wahlrecht haben alle Bürger ab 18 Jahren.
Hauptstadt	Exekutive: Tshwane/Pretoria (Großraum ca. 2,9 Mio. Ew.) Legislative: Kapstadt (Großraum ca. 3,7 Mio. Ew.) Judikative: Bloemfontein (ca. 256.000 Ew.)
Nationalfeiertag	„Freedom Day" am 27. April (Tag der ersten freien Wahlen 1994)
Nationalhymne	Die neue Hymne (seit 1996) hat Strophen in den am meisten im Land gesprochenen Sprachen (s. u.) und ist eine Mischung aus „Die Stem van Suid-Afrika" (burische Hymne bis 1994) und „Nkosi Sikelel' iAfrika" (Hymne der Schwarzen, heißt „Gott segne Afrika"; ab 1994 gemeinsam mit „Die Stem" als Übergangshymne anerkannt).
Flagge	seit 1994 liegendes, nach links orientiertes, grünes Ypsilon, umgeben von fünf weiteren Farben. Die Wahl aus über 7.000 Vorschlägen wurde damit begründet, dass darin das Bemühen um Einheit und Versöhnung besonders deutlich zum Ausdruck komme.
... gesellschaftlich ...	
Sprachen	11 Amtssprachen: Weit verbreitet sind Afrikaans und Englisch, letzteres wird überall gesprochen und ist die übliche Handelssprache. Von den weiteren neun Amtssprachen werden IsiZulu (v.a. in KwaZulu-Natal), IsiXhosa (v.a. in Eastern Cape) und Sesotho (v.a. in Free State) am meisten gesprochen. Die meisten Südafrikaner sprechen mehr als eine der Amtssprachen.
Analphabetenquote	13,6 %
Religion	75,5 % Christen (u. a. Niederländisch-reformierte Kirche 8,9 %, Römisch-katholische Kirche 8,6 %, Methodisten 7,1 %, Anglikaner 4 %, Lutheraner 2,6 %), traditionelle Religionsgemeinschaften mind. 17,5 % (Hindus 1,4 %, Moslems 1,4 %, Juden 0,2 %)

... wirtschaftlich ...	
Bruttoinlands-produkt (BIP)	ca. 420 Mio. US$ (2011, geschätzt), ca. 4 % Steigerung gegenüber 2010; BIP pro Kopf
Wirtschafts-wachstum	3,4 % (2011, geschätzt)
Inflationsrate	5,9 % (2011, geschätzt)
Auslands-verschuldung	99 Mrd. US$ (2010)
Devisenreserven	43,8 Mrd. US$ (2010)
Arbeitslosigkeit	24 % (2012, offizielle Schätzung), andere Quellen gehen von bis zu 40 % aus
Export	78,6 Mrd. US$ (2010)
Ausfuhrprodukte	Perlen, Edelsteine und Münzen 25,6 %, Erze 12,2 %, Eisen und Stahl 10 %, Mineralprodukte 9,1 %, Beförderungsmittel 7,9 %, Maschinen, Apparate und Geräte 6,0 %, Obst und Gemüse 2,7 %, Aluminium(-waren) 2,6 % (2010)
Haupt-abnehmerländer	China 11,3 %, USA 10,1 %, Japan 8,9 %, Deutschland 8,2 %, GB 5,1 % etc. (2010)
Import	78,8 Mrd. US$ (2010)
Einfuhrprodukte	Mineralprodukte 19,6 %, Maschinen, Apparate und Geräte 14,7 %, Elektrotechnik 10,0 %, Beförderungsmittel 8,8 %, Originalgeräte und Kfz-Teile 6,5 %, Optische Geräte 2,6 %, Kunststoff(-waren) 2,6 %, Pharmazeutika 2,6 % (2010)
Hauptlieferländer	China 14,4 %, Deutschland 11,4 %, USA 7,2 %, Japan 5,3 %, Saudi-Arabien 4,1 % etc. (2010)
... geografisch	
Fläche/Einwohner	ca. 1,22 Mio. km² / 51,77 Mio. Ew. (2011)
Bevölkerung	79,4 % Schwarze, 8,9 % Menschen gemischter Herkunft („coloured"), 9,1 % Weiße, 2,6 % Asiaten (2011)
Bevölkerungs-wachstum	1,1 % (2010/2011)
Klima	Südafrika gehört zu den warmgemäßigten Trockengebieten der Subtropen; Sommerregen von Oktober bis April, mit Ausnahme der Küstenregion von Natal, dem immer feuchten, warmgemäßigten Küstenstrich von Mossel Bay bis Port Elizabeth und dem Winterregengebiet des Kaplandes (Regen Mai bis Oktober).
Höhe	Binnenhochland 1.000 bis 1.500 m

Landwirtschaft	2,5 % des BIP (2010), sichert zum größten Teil die Eigenversorgung. Hauptsächlicher Anbau von Weizen, Zuckerrohr, Obst, Wein, Zitrusfrüchten, Tabak, Mais, Baumwolle
Bodenschätze	reiche Vorkommen u.a. an Gold (bis zu 50 % der weltweiten Reserven), Chrom, Vanadium, Platin, Diamanten, Kohle etc.
Städte	62 % aller Südafrikaner leben in städtischen Gebieten (2010). Folgende Großräume („Metropolitan Municipalities") haben die meisten Einwohner (alle Daten von 2011): Johannesburg ca. 4,4 Mio. Kapstadt ca. 3,7 Mio. Durban/eThekwini ca. 3,44 Mio. East Rand/Ekurhuleni ca. 3,18 Mio. Tshwane/Pretoria ca. 2,9 Mio. Nelson Mandela Bay (Port Elizabeth) ca. 1,15 Mio.
Provinzen	Südafrika ist in neun Provinzen eingeteilt, die sich sehr in Größe, Bevölkerungsdichte, Wohlstand und Wirtschaft unterscheiden (Daten von 2011):
▶ **Limpopo Province**	Hauptstadt Polokwane (ehem. Pietersburg), 125.910 km², 11 % der Gesamtbevölkerung (5,6 Mio. Ew.), hier werden 7,2 % des Bruttoinlandsprodukts (BIP) erwirtschaftet – die ökonomisch schwächste Provinz Südafrikas
▶ **Northern Cape Province**	Hauptstadt Kimberley, 361.830 km², 2,2 % der Gesamtbevölkerung (1,1 Mio. Ew.), 2,3 % des BIP
▶ **Gauteng**	Hauptstadt Johannesburg, 17.010 km², 22,3 % der Gesamtbevölkerung (11,3 Mio. Ew.), 33,7 % des BIP – die kleinste Provinz Südafrikas ist wirtschaftlich am weitesten entwickelt, hat die meisten Einwohner und die beste Infrastruktur.
▶ **Mpumalanga**	Hauptstadt Nelspruit, 79.490 km², 7,2 % der Gesamtbevölkerung (3,7 Mio. Ew.), 7 % des BIP
▶ **Free State**	Hauptstadt Bloemfontein, 129.480 km², 5,5 % der Gesamtbevölkerung (2,8 Mio. Ew.), 5,5 % des BIP
▶ **North West Province**	Hauptstadt Mafikeng, 116.320 km², 6,4 % der Gesamtbevölkerung (3,3 Mio. Ew.), 6,7 % des BIP
▶ **Western Cape Province**	Hauptstadt Kapstadt, 129.370 km², 10,5 % der Gesamtbevölkerung (5,3 Mio. Ew.), 14,1 % des BIP. Die Provinz hat die niedrigste Analphabetenquote und Arbeitslosigkeit.
▶ **Eastern Cape Province**	Hauptstadt Bhisho, 169.580 km², 13,5 % der Gesamtbevölkerung (6,8 Mio. Ew.), 7,7 % des BIP – eine der ärmsten Provinzen Südafrikas
▶ **KwaZulu-Natal**	Hauptstädte Ulundi und Pietermaritzburg, 92.100 km², 21,4 % der Gesamtbevölkerung (10,8 Mio. Ew.), 15,8 % des BIP. Durch das schnelle Bevölkerungswachstum herrscht ein Mangel an Arbeitsplätzen.

Geschichtlicher Überblick

Zeittafel

1–3 Mio. v. Chr.	Australopithecus africanus („Afrikanischer Südmenschenaffe") lebte hier – durch Funde belegt
500 T v. Chr.	Erste Nutzung von Steinwerkzeugen in Nord- und Osttransvaal – durch Funde belegt
26 T v. Chr.	Älteste Felszeichnungen von Buschmännern
300 n. Chr.	Bantu sprechende Stämme kommen aus dem Norden und besiedeln Transvaal und Natal.
1487/88	Bartolomeu Dias segelt um das Kap der Guten Hoffnung, Landgänge u. a. in der Mossel Bay.
1497/99	Vasco da Gama umsegelt die Südspitze Afrikas auf dem Weg nach Indien.

Holländische Besiedlung

1605	Erste Schiffe der East India Company ankern am Kap.
1652	Jan van Riebeeck landet in der Tafelbucht – Bau der ersten europäischen Siedlung.
1688	Hugenotten treffen in Kapstadt ein.
1779/91	Erste Kriege zwischen Xhosa und den nach Nordosten vordringenden weißen Siedlern
1795	Die Herrschaft der Ostindischen Kompanie am Kap wird beendet; die Briten übernehmen die Macht.

Machtübernahme der Briten und Großer Trek

1814	Das Land am Kap wird britische Kronkolonie.
1834	Abschaffung der Sklaverei in Südafrika
1835	Beginn des Großen Burentreks nach Nordosten (Transvaal)
1838	Schlacht am Blood River, Sieg der Voortrekker über die Zulu

Britische Kolonien, Burenrepubliken und -kriege

1844	Erste Burenrepublik Natal (seit 1838) wird britische Kronkolonie.
1848	Annektierung des Gebietes zwischen Vaal und Oranje durch die Briten
1852/54	Anerkennung der Burenrepubliken Transvaal und Oranje Freistaat durch die Briten
1860	Erste Inder kommen als Zuckerrohr-Arbeiter nach Natal.
1867	Erste Diamantenfunde im Norden der Kapprovinz
1877	Die Briten annektieren die burische Transvaalrepublik, verlieren jedoch 1880 das Gebiet im 1. Burenkrieg.
1882	Ohm Kruger regiert bis 1902 als Präsident die Burenrepublik Transvaal.
1886	Die Goldvorkommen am Witwatersrand werden entdeckt.
1899	2. Burenkrieg, bei dem die Briten 1902 siegen

Die Südafrikanische Union

1910	Gründung der Südafrikanischen Union
1912	Am 8. Januar gründen 60 Delegierte in Bloemfontein die Widerstandspartei South African Native National Congress (SANNC), später ANC.
1913	Das „Eingeborenen-Gesetz" untersagt Schwarzen, Land außerhalb der Reservate zu erwerben.
1915	„Deutsch-Südwestafrika" (heute Namibia) wird von den Südafrikanern besetzt.
1925	Afrikaans wird neben Englisch die zweite Amtssprache in Südafrika.
1939	Südafrika erklärt dem Deutschen Reich den Krieg.

Der Apartheidstaat

1948   Aus den Parlamentswahlen geht die Nationale Partei als Siegerin hervor und baut die Apartheid auf („Politik der getrennten Entwicklung").

1950   Verbot der kommunistischen Partei; Group Area Act (Gesetz über die Gebietseinteilung für die Bevölkerungsgruppen)

1960   Eskalation des nicht-weißen Widerstandes im Aufstand von Sharpeville. Die Regierung erklärt den Ausnahmezustand und verbietet die Befreiungsbewegungen ANC und PAC.

1961   (Weißer) Volksentscheid für die Unabhängigkeit von Großbritannien und Etablierung der „Republik von Südafrika"

1962   ANC-Führer Nelson Mandela wird verhaftet.

1976   Blutige Unruhen wegen der Einführung eines nach Rassen streng getrennten Schulsystems

1976–81   Gründung von „selbstständigen" Homelands mit Selbstverwaltung (international nicht anerkannt): Transkei (1976), Bophuthatswana (1977), Venda (1979) und Ciskei (1981)

1977   Die Polizei ermordet den Studentenführer Steve Biko.

Einleitung des Reformprozesses

1983   Eine neue Verfassung gestattet den Indern und Coloureds ein stark eingeschränktes Mitspracherecht, wobei Schwarze aber weiter voll ausgeschlossen bleiben.

1985   Arbeitsboykott der Schwarzen im November (24 Tote, Jahr der „Halskrausenmorde" an Schwarzen, die als „weißenfreundliche" Verräter gelten)

1986   Eskalation der Gewalt – Präsident Pieter Willem Botha verhängt den Ausnahmezustand. Einige Apartheidgesetze werden aufgehoben (Passgesetze, Zuzugskontrollen, Rassentrennung in Restaurants und Hotels). Die USA und in der Folge die meisten anderen westlichen Staaten beginnen mit umfangreichen Wirtschaftsboykotts.

1989   Frederik de Klerk tritt als Staatspräsident Bothas Nachfolge an und deklariert als Ziel seiner Politik das Ende der Apartheid.

1990   Nelson Mandela wird aus der Haft entlassen, Oliver Tambo (ANC) kehrt aus dem Exil zurück. De Klerk kündigt Verhandlungen über eine neue Verfassung an.

1991   Die EG-Staaten sowie die USA heben nahezu alle Wirtschaftssanktionen gegen Südafrika auf. Innerhalb der „CODESA" (= Konferenz für ein demokratisches Südafrika) finden Verhandlungen über die neue Verfassung statt.

1992   Im Referendum sprechen sich 2/3 der weißen Bevölkerung für den Reformkurs de Klerks aus. Nach dem Massaker von Boipatong, wo Inkatha-Anhänger im Zusammenspiel mit der Polizei ANC-Mitglieder töten, stellt der ANC die CODESA-Verhandlungen vorübergehend ein.

1993   Frederik de Klerk und Nelson Mandela erhalten gemeinsam den Friedensnobelpreis.

Das neue Südafrika ab 1994

1994   Der ANC geht bei den ersten freien Wahlen Ende April als eindeutiger Sieger hervor.

1996   Am 1. Juli beendet die nationale Partei unter der Führung von Frederik de Klerk ihre Mitarbeit in der Regierung der nationalen Einheit.

1997   Eine Regierungserklärung Mandelas räumt dem Wohnungsbau, der Ausbildung und der Bekämpfung der Kriminalität höchste Priorität ein.

1998   Mandela tritt den Parteivorsitz an seinen Stellvertreter Thabo Mbeki ab. Im Oktober legt die Wahrheitskommission ihren Abschlussbericht vor.

1999   Der ANC gewinnt die zweiten freien Wahlen mit überwältigender Mehrheit. Thabo Mbeki wird neuer Präsident Südafrikas.

2001	Fast 5 Millionen Südafrikaner sind mit HIV infiziert oder an AIDS erkrankt.
2002	Im August und September nehmen mehr als 200 Länder an der Weltgipfelkonferenz für nachhaltige Entwicklung in Johannesburg teil.
2003	Nach Nadine Gordimer († 2014) im Jahr 1991 erhält J. M. Coetzee als zweiter Südafrikaner den Literaturnobelpreis.
2004	Bei den Parlamentswahlen im April erzielt der ANC eine Zweidrittel-Mehrheit.
2005	Der ANC-Vorsitzende und Vizepräsident, Jacob Zuma, wird wegen Korruption und Vergewaltigung angeklagt, von letzterem Vorwurf aber im April 2006 freigesprochen.
2009	Der ANC gewinnt erneut die Parlamentswahlen, Zuma wird Präsident. Mittlerweile sind mind. 5,9 Millionen Ew. HIV-infiziert oder haben AIDS, die Dunkelziffer liegt wohl weitaus höher.
2010	Südafrika ist als erstes Land des afrikanischen Kontinents Gastgeber der FIFA-Fussball-Weltmeisterschaft™, die eigene Mannschaft scheidet jedoch schon in der Vorrunde aus.

Südafrika aktuell

2012	Der ANC feiert sein 100-jähriges Bestehen. Seit 2010 konnte die Zahl schwerer Verbrechen deutlich reduziert werden. Das Land am Kap ist die führende Nation Afrikas, hat aber trotzdem viele drängende Probleme.
2013	Im Dezember stirbt Nelson Mandela im Alter von 95 Jahren in Johannesburg.
2014	Bei den Wahlen am 7. Mai wird der ANC trotz leichter Verluste mit gut 62 % der Wählerstimmen erneut klar stärkste Partei. Jacob Zuma tritt seine zweite Amtszeit an.

Vorkoloniale Zeit

Die frühe Geschichte Südafrikas

Aufsehener-regende Funde

Bereits in prähistorischen Zeiten bewohnten Menschen und ihre Vorfahren das südliche Afrika. Aufsehenerregend waren die Entdeckungen von Raymond Dart und Robert Broom vom ehemaligen Transvaal Museum (heute „Ditsong National Museum of Natural History") in Pretoria. Die Funde, die sie zwischen den Weltkriegen in Höhlen von Transvaal sicherten, stellten sich als Knochen des „Australopithecus africanus" heraus, eines Hominiden, der vor ca. 2 Mio. Jahren in Afrika gelebt hat. Damit zählen sie zu den **frühesten Menschenfunden überhaupt**. Südafrika entwickelte sich in der Folge zu einem Brennpunkt der vorgeschichtlichen Forschung, die Suche nach dem sogenannten „missing link" zwischen Affe und Mensch begann. 2008 ist es mit dem „Australopithecus sediba" vielleicht endlich gefunden worden (s. S. 157/158).

Vor etwa 70.000 Jahren tauchte im südlichen Afrika der „**Homo sapiens**" auf. Seine Werkzeuge zeigen schon Verbesserungen und eine Vielfalt von Anwendungsmöglichkeiten, Die Felsmalereien stehen teilweise in einem engen Zusammenhang mit den einzelnen Artefakten.

Waffen und Werkzeuge

Ältere Schmelzstätten, z. B. bei Phalaborwa im transvaalischen Lowveld, deuten auf die Verarbeitung oberflächennaher Erze am Ende der Jungsteinzeit hin. Die so hergestellten Waffen und Werkzeuge nutzte man zum Kampf, zur Jagd, zur einfachen Bodenbearbeitung (Getreideanbau) und zur Viehhaltung. In der frühen Eisenzeit (ab 200 v. Chr.) dienten **verzierte Töpfe** als Vorratsbehälter für Nahrung und Getränke. Man nimmt an, dass die damalige Bevölkerung größere, mit Steinwällen umgebene Siedlungen anlegte, sodass es zu einer permanenten Besiedlung und Landnutzung an ausgesuchten Plätzen im feuchten Ostteil des Landes kam.

Obwohl die San als die älteste heute noch in Botswana und Namibia präsente Bevölkerungsgruppe gelten, gehören sie nicht zur Urbevölkerung, wie Archäologen einwandfrei nachweisen konnten. Vielmehr nimmt die Forschung an, dass die San aus dem östlichen Afrika zunächst in die feuchteren Regionen Südafrikas abgedrängt wurden, als Hirten- und Bauernvölker ihnen den Lebensraum in den ostafrikanischen Savannen nahmen. Doch schon bald zwangen die nachwandernden Bantu-Völker die San zu einem erneuten Aufbruch. Nun zogen sie sich in die Kalahari zurück, die für den Ackerbau und die Großviehhaltung sowohl der Bantu als auch der später von Südwesten vorstoßenden weißen Farmer denkbar unattraktiv war. Dennoch kam es zu regionalen Auseinandersetzungen der Bantu mit den einzelnen San-Gruppen.

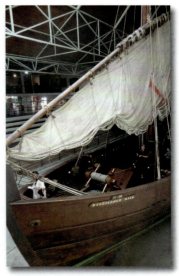

Nachbau des Schiffes von Bartolomeu Dias im Museum von Mossel Bay

Diese historische Entwicklung, insbesondere die Wanderbewegungen der einzelnen Bantu-Völker, der in Kleingruppen lebenden San und der verwandten Nama sowie die spätere Einwanderung der Europäer (ab 1652 von Kapstadt aus), liefert einen ersten **Erklärungsansatz für die heutige Bevölkerungsverteilung**.

Die Portugiesen an der Südküste Afrikas

Auf der Suche nach dem Seeweg nach Indien hatten die Portugiesen seit Beginn des 15. Jh. Erkundungsfahrten entlang der westafrikanischen Küste unternommen und waren dabei allmählich weiter nach Süden vorgedrungen. Sie wurden **die ersten Europäer**, die in der Neuzeit den Boden Südafrikas betraten: 1485 erreichte Diego Cao nördlich des heutigen Swakopmund die Küste Südwestafrikas (heute Namibia) und errichtete dort ein Kreuz (Kreuzkap). Fast drei Jahre später landete Bartolomeu Dias im späteren Walvis Bay und danach in der heutigen Lüderitzbucht. Anschließend umsegelte er das „Kap der Stürme", das bald in „Kap der Guten Hoffnung" umbenannt wurde. Er fuhr noch weiter bis zur späteren Mossel Bay, die er „Angra dos Vaqueiros" nannte, weil dort riesige Kuhherden mit Hirten gesichtet wurden. In den Jahren 1497/99 reiste Vasco da Gama um das Kap. Auch er ließ an mehreren Stellen der Küste Kreuze errichten, die z. T. heute noch zu sehen sind.

Umseglung des Kaps

Seit ab 1500 portugiesische Schiffe ständig in die indischen Kolonien reisten, galt Mossel Bay als eine der wichtigsten Zwischenstationen, um Proviant und Frischwasser aufzunehmen. 1503 entdeckte der Seefahrer Antonio da Saldanha die Tafelbucht.

Holländische Besiedlung

Der Beginn der holländischen Besiedlung

Unfreiwilliger Aufenthalt

1647 strandete das holländisches Schiff „Nieuw Haarlem" auf der Rückreise von Indien in der Tafelbucht. Die 60 Personen an Bord überlebten zwar, und auch die Ladung wurde geborgen, doch mussten die Schiffbrüchigen ein Jahr lang auf ihre aus Indien kommenden Landsleute warten. Unter Leitung des Unterkaufmanns Leendert Janszen bauten die Holländer während ihres unfreiwilligen Aufenthaltes am Kap der Guten Hoffnung eine kleine Festung am Fuß des Tafelberges, legten Gärten an und ernährten sich ansonsten vom Fischfang, der Jagd und dem Handel mit den Einheimischen.

Jan van Riebeeck

Zurück in Europa unterbreitete Janszen 1649 der Niederländisch-Ostindischen Kompanie (VOC = Vereenigde Oostindische Compagnie) einen Plan zur **Errichtung einer ständigen Station** mit Garten am Kap. Die VOC-Direktoren stimmten zu und fassten 1650 einen entsprechenden Beschluss. Die Stelle des dortigen Kommandanten wurde Jan van Riebeeck zugesprochen, er hatte sich zwei Jahre zuvor an der Rettung der Schiffbrüchigen um Janszen beteiligt.

Am Weihnachtsabend des Jahres 1651 lief Riebeeck mit einer fünfschiffigen Flotte von der Insel Texel aus, begleitet von 82 aufbauwilligen Männern und acht Frauen sowie Offizieren und VOC-Beamten. Eine Siedlungskolonie war noch nicht geplant, sondern lediglich eine Festung für 80 Menschen mit Obst- und Gemüsegärten, die als Zwischenstation der Verpflegung und Frischwasserversorgung der Seeleute dienen sollte. Der Bau der Festung wurde zwei Tage nach der Ankunft im April 1652 begonnen und Ende desselben Jahres abgeschlossen. Mit der anfänglichen Entwicklung der Station zeigte sich die VOC jedoch nicht zufrieden, Riebeeck sollte die Kosten senken und sich möglichst selbst versorgen. So kam er auf die Idee, entlassene Angestellte der VOC zu freien Bauern zu machen und ihnen die Bewirtschaftung des Umlandes zu übertragen. Dieser Plan wurde 1655 genehmigt.

Heimat freier Bürger

Mit der Landvergabe vollzog sich eine Entwicklung vom **Stützpunkt zu einer Siedlungskolonie** freier Bürger, die das Gebiet in der Folge als ihre Heimat empfanden. Es war geradezu selbstverständlich, dass dies zur Konfrontation mit der Urbevölkerung, den Nama, führen musste.

Unter der Herrschaft der Niederländisch-Ostindischen Kompanie

Als Jan van Riebeeck Südafrika 1662 verließ, war Kapstadt immerhin schon ein Ort mit vier Straßen und 200 weißen Einwohnern. Die Verwaltung lag in den Händen des Politischen Rates, der legislative, exekutive und judikative Befugnisse besaß und dem Generalgouverneur Niederländisch-Ostindiens in Batavia unterstellt war. Wenngleich die wirtschaftliche Entwicklung etliche Fortschritte gemacht hatte – 1659 wurden beispielsweise schon die ersten Weintrauben am Kap geerntet –, so war die Station doch immer noch ein Zuschussposten. Erst 1685 unterstützte die VOC eine aktive Kolonisation des Kaplandes, und aus dem Verpflegungsstützpunkt wurde endgültig eine **Siedlungskolonie**. Schon 1688 traf eine Gruppe von 146 hugenottischen Glaubensflüchtlingen ein und assimilierte sich relativ schnell. Noch heute erinnern französische Familiennamen sowie der Ort Franschhoek mit seinem Hugenottendenkmal an ihre Einwanderung. *Ankunft der ersten Hugenotten*

In Kapstadt und in den anderen Orten entwickelte sich im Laufe des 18. Jh. ein immer selbstständiger und selbstbewusster werdendes **Bürgertum**. Daneben war seit 1700 eine vermehrte Abwanderung von weißen Farmern ins Inland zu beobachten, die für ihre Schafe und Rinder neue, größere Weiden benötigten. Diese nomadischen Viehbauern (= *Trekboer*, daher auch die Ableitung des Namens „Buren") entwickelten eine *Trekboeren* eigene Mentalität und entzogen sich mehr und mehr dem Einfluss der Kapstädter Zentralverwaltung. Ihr Leben und ihre Einstellungen waren geprägt von dem dauernden Konflikt mit den Völkern der San und der Xhosa, denen sie das Land streitig machten. Teilweise bedingt durch die **Korruption ihrer Beamten**, hatte die VOC inzwischen einen unaufhörlichen wirtschaftlichen Niedergang zu verzeichnen. Die Niederlassung am Kap bildete ihren größten Verlustposten. Reformen kamen zu spät, und so musste die VOC 1794 ihren Bankrott erklären.

Machtübernahme der Briten und Großer Trek

Nach dem vernichtenden Sieg über die Franzosen bei Trafalgar 1805 kontrollierte Großbritannien unangefochten die internationalen Gewässer. Die **Besetzung der** *Holländer* **Kapkolonie** ließ nicht lange auf sich warten, Anfang 1806 landeten britische Truppenverbände. Die Holländer waren zahlenmäßig weit unterlegen, ihre Gegenwehr endete dementsprechend schon nach zwei Wochen, und Südafrika wurde britische Kronkolonie. Die Bevölkerung bildeten zu diesem Zeitpunkt rund 26.000 Weiße, 20.000 Nama und 30.000 Sklaven. *unterlegen*

Mit der Übernahme der Verwaltung durch die Briten erfuhr das Verhältnis der verschiedenen Ethnien vor Ort eine Neuordnung, die philanthropische Bewegung setzte sich zu dieser Zeit verstärkt für Gleichheit und Menschenwürde ein.

Nachdem die Nama zwei Jahre später durch die sogenannte „Hottentotten-Gesetzgebung" zu britischen Untertanen erklärt

Trekburen auf dem Weg durch die Halbwüste Karoo (um 1830)

wurden, stellte die Kapverwaltung das Volk 1828 durch die „Verordnung Nr. 50" – die sog. „**Magna Charta der Hottentotten**" – in ihren bürgerlichen Rechten den Weißen völlig gleich. Sie sicherte ihnen Bewegungsfreiheit im Lande zu, ermöglichte ihnen Landbesitz und schaffte auch den Arbeitszwang ab. In gleicher Weise wurde die Gesetzgebung zur Sklaverei reformiert: Nach dem Verbot des Sklavenhandels auf briti-

Gleich-
stellung
der Nama

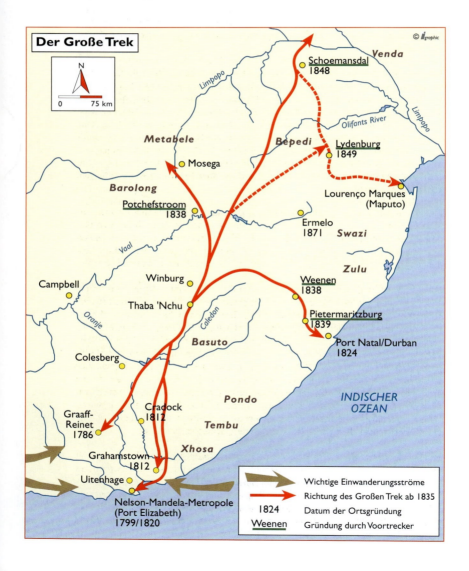

Der Große Trek

© *i graphic*

N

0   75 km

Venda

Schoemansdal
1848

Limpopo

Olifants River

Limpopo

Metabele

Bepedi

Lydenburg
1849

Mosega

Barolong

Lourenço Marques
(Maputo)

Potchefstroom
1838

Ermelo
1871

Swazi

Vaal

Zulu

Campbell

Winburg

Weenen
1838

Thaba 'Nchu

Coledon

Pietermaritzburg
1839

Oranje

Basuto

Port Natal/Durban
1824

Colesberg

Pondo

**INDISCHER
OZEAN**

Cradock
1812

Tembu

Graaff-
Reinet
1786

Xhosa

Grahamstown
1812

Uitenhage

Nelson-Mandela-Metropole
(Port Elizabeth)
1799/1820

➤	Wichtige Einwanderungsströme
➤	Richtung des Großen Trek ab 1835
1824	Datum der Ortsgründung
Weenen	Gründung durch Voortrecker

schen Schiffen 1807 ordnete der Gouverneur 1816 die Registrierung aller Sklaven in der Kolonie an, um dem illegalen Menschenhandel entgegenzuwirken. 1823 erfolgte eine Proklamation, welche die Sklavenarbeit erheblich einschränkte, und 1833 schließlich erließ das britische Parlament das entscheidende **Gesetz zur Aufhebung der Sklaverei** in allen überseeischen Besitzungen zum 1.12.1834. Diese Maßnahmen führten zur Entfremdung zwischen der britischen Verwaltung und den Buren, da letztere sich entsprechend ihrem streng calvinistischen Verständnis als geborene Herren ansahen. Die Gleichstellung ihrer schwarzen Diener lehnten sie als eklatanten Verstoß gegen ihre biblische Sozialordnung ab. Die Fronten verhärteten sich mit der Zeit immer mehr.

Mit der endgültigen Machtübernahme durch die Briten setzte eine **zunehmende Anglisierung** am Kap ein. Bedingt durch die Armut und Arbeitslosigkeit während der fortschreitenden Industriellen Revolution verließen zu Beginn des 19. Jh. viele Briten ihre Heimat und wanderten nach Übersee aus. Am 9. April 1820 gingen die ersten 4.000 britischen Siedler in Algoa Bay, dem späteren Port Elizabeth, an Land. Die meisten von ihnen waren Handwerker. Die städtischen Kap-Holländer assimilierten sich, wohingegen die auf dem Land lebenden Buren der britischen Kolonialpolitik mit völligem Unverständnis begegneten und sich noch mehr entfremdeten. Die Gleichbehandlung der Schwarzen, die mangelnde Selbstverwaltung unter der starken Zentralregierung und die fortschreitende Anglisierung des öffentlichen Lebens verstärkten die Unzufriedenheit.

Machtübernahme der Briten

Dies leitete letztlich den „**Großen Trek**" ein, die Massenauswanderung von mehr als 10.000 Buren, den sog. „Voortrekkern", die aus der Kapkolonie nach Norden und Nordosten zogen. Diese Völkerwanderung ab 1835, die erst mit Gründung der beiden Burenrepubliken rund zwanzig Jahre später ihr Ende fand, trug entscheidend zur Ausdehnung des südafrikanischen Staatsgebietes auf seine heutige Größe und Form bei.

Völkerwanderung

Louis Trichardt und Hans van Rensburg waren die beiden ersten **Voortrekker**, die 1835 auszogen und den Norden Transvaals sowie die portugiesische Ostküste erschlossen. Doch die meisten Teilnehmer dieser Treks wurden durch Einheimische getötet oder fielen dem Fieber und anderen Krankheiten zum Opfer. Im folgenden Jahr verließ die dritte Gruppe unter der Führung von Andries Hendrik Potgieter die Kapkolonie. Im Oktober 1836 mussten sie sich in der „Schlacht von Vegkop" gegen eine große Mehrheit von Matabele-Kriegern wehren. Zwar gewannen sie den Kampf, aber ihr gesamtes Vieh wurde geraubt. So vereinigte man sich bald darauf mit einem weiteren Trek unter Gert Maritz im Gebiet von Thaba 'Nchu (im späteren Oranje-Freistaat), wo ein großes Auswandererlager entstand. Hier wurde im Dezember 1836 eine allgemeine Volksversammlung abgehalten, aus der eine erste Buren-Regierung hervorging. Maritz wurde Vorsitzender des „Bürgerrates", Potgieter „Generalkommandant".

Erste Buren-Regierung

Im Jahr darauf traf der fünfte Burentrek unter Piet Retief in Thaba 'Nchu ein, damit waren dort rund 5.000 Voortrekker vereint. Nun ging man daran, die **Grundlagen einer staatlichen Ordnung** zu schaffen, im April 1837 wurde eine Verfassung verabschiedet. Nach einem Streit zwischen Potgieter und Maritz wurde Piet Retief zum „Gouverneur und Generalkommandanten" gewählt, Maritz blieb Vorsitzender des Bürgerrates. Endgültiges Ziel der Wanderbauern war Natal, Retief zog mit seinem Trek voran. Bei Verhandlungen mit den Zulu über Landerwerb wurde die Gruppe im Februar 1838 auf Befehl König Dinganes ermordet. Es folgten weitere Angriffe auf die Voortrekker-Lager, wobei es zahlreiche Verluste gab und auch der Trekführer Piet Uys getötet wurde. Potgieter zog daraufhin in das südwestliche Transvaal.

Britische Kolonien, Burenrepubliken und -kriege

Entstehung der Burenrepubliken

„Schlacht am Blood River"

Nach dem Tod von Gert Maritz im September 1838 rüstete der neu gewählte Generalkommandant Andries Pretorius umgehend zum Vergeltungsschlag gegen Dingane. Am 16. Dezember 1838 wurden die über 10.000 Zulu in der der „**Schlacht am Blood River**" vernichtend geschlagen; nun war der Weg frei für die **erste Burenrepublik** in Natal. Im März 1839 wurde die Hauptstadt Pietermaritzburg (**Pieter** Retief; Gerd **Maritz**) gegründet. Allerdings sollte der neue Staat nicht lange bestehen, denn als die Buren 1841 damit begannen, mehrere Tausend Schwarze in einem Reservat an der Südgrenze Natals anzusiedeln, stellte unter die Augen des britischen Gouverneurs der Kapkolonie eine Bedrohung ihrer Ostgrenze dar. Nach einem kurzen Kampf mussten die Buren im Juli 1842 kapitulieren. Natal wurde von den Briten zunächst nur als besetztes Gebiet betrachtet, am 31. Mai 1844 aber durch die Londoner Regierung endgültig zu einem Teil der Kapkolonie erklärt.

Süd- afrikanische Republik

Im Februar 1848 vergrößerte der Gouverneur die Kolonie, indem er das Land zwischen den Flüssen Vaal und Oranje und den Drakensbergen als „Hoheitsgebiet Oranje" annektierte. Dies führte zu weiteren Auseinandersetzungen mit den in das Gebiet nördlich des Vaal-Flusses abgewanderten Buren. In zähen Verhandlungen konnten sie schließlich erreichen, dass Großbritannien ihnen im Sandrivier-Vertrag vom 17. Januar 1852 die **Unabhängigkeit Transvaals** zusicherte. Um die Jahreswende 1856/57 kam es zur Gründung der „Südafrikanischen Republik", deren erster Staatspräsident Marthinus Wessel Pretorius wurde. Er war der Sohn von Andries Pretorius, nach dem die bereits 1855 gegründete Hauptstadt Pretoria benannt wurde.

Ein zweiter Burenstaat entstand 1854 im Gebiet zwischen den Flüssen Vaal und Oranje, das erst 1848 vom Gouverneur der Kapkolonie einverleibt worden war. Die britische Verwaltung hatte mit dem Widerstand sowohl der Buren als auch der Sotho zu kämpfen, und weil der Landstrich zudem wirtschaftlich uninteressant war, gab sie ihn bald wieder auf. In dem am 23. Februar 1854 abgeschlossenen Vertrag von Bloemfontein erhielten alle zwischen Vaal und Oranje lebenden Buren die Unabhängigkeit. Dies führte zur **Bildung des Oranje-Freistaats** mit dem ersten Präsidenten Josias Philippus Hoffmann.

Zweite Hälfte des 19. Jahrhunderts und Erster Burenkrieg

Unter der Ministerpräsidentschaft von Cecil Rhodes kam es 1894 zum endgültigen Anschluss des Landes zwischen dem Kei-Fluss und Natal an die Kapkolonie. 1885 wurde das Gebiet südlich des Molopo-Flusses als Kronkolonie Betschwanaland unter britischen Schutz gestellt, 1895 der Kapkolonie eingegliedert. Im gleichen Jahr erfolgte die Proklamation des Landes nördlich vom Molopo zum „Protektorat Betschwanaland" (heutiges Botswana).

Mit der **Ankunft der ersten Inder** im Jahre 1860 trat eine Entwicklung ein, die erhebliche Auswirkungen auf die zukünftige Bevölkerungsstruktur Natals haben sollte. Einige der eingewanderten europäischen Farmer hatten vorher auf Mauritius den Zuckerrohranbau kennengelernt und begannen nun in ihrer neuen Heimat mit der Anpflanzung. Mit indischen Vertragsarbeitern hatten sie auf Mauritius gute Erfahrungen gemacht und holten diese nun auch nach Natal. Nach Vertragsende blieb es jedem Inder überlassen, in seine Heimat zurückzukehren oder aber in Natal zu bleiben, wo er auch Landbesitz erwerben konnte.

Während sich der Oranje-Freistaat zusehends zu einer Art politischer und ökonomischer **Musterrepublik** entwickelte und dafür auch eine entsprechende Achtung im Ausland genoss, gab die Südafrikanische Republik mit der Zeit Anlass zur Besorgnis. Der Streit der politischen Führer untereinander schwächte Regierung und Verwaltung. Auch wirtschaftlich und finanziell trieb das Land einem langsamen Ruin entgegen, und an seinen Grenzen kam es immer wieder zu verlustreichen Gefechten mit den einheimischen Stämmen. In dieser **Schwäche** sah Großbritannien eine Gefahr für die allgemeine Sicherheit der europäischen Kolonien im südlichen Afrika. Immer lauter wurden die Rufe nach einem Eingreifen Londons – dabei spielten auch die ergiebigen Goldfunde in Transvaal und somit wirtschaftliche Erwägungen eine Rolle.

Republik vor dem Ruin

Der damalige britische Kolonialminister, Lord Carnarvon, der schon 1867 die Konföderation Kanadas herbeigeführt hatte, fasste den Plan einer Union der britischen Kolonien und der Burenrepubliken. Auf der im Mai 1876 einberufenen **Londoner Konferenz** zeigte sich aber, dass keine Einigkeit bestand: Der Oranje-Freistaat war nicht dafür zu gewinnen, die Südafrikanische Republik hatte gar keine Vertreter entsandt, und selbst aus der Kapkolonie fehlte eine Abordnung, weil man dort den Plänen sehr abwartend gegenüberstand. Nur Natal, für das Sir Theophilus Shepstone an der Konferenz teilnahm, unterstützte die Idee voll und ganz. Shepstone verhandelte fast drei Monate lang in Pretoria mit den Führern der Südafrikanischen Republik und versuchte diese für die Unionspläne zu gewinnen; dabei wies er wiederholt auf die Gefahr durch die einheimischen Völker hin, gegen die man sich nur mit britischer Hilfe wehren könne. Am 12. April 1877 schließlich verlas er vor dem Regierungsgebäude der Hauptstadt eine Proklamation, durch welche die Südafrikanische Republik **britische Kolonie** wurde.

In den folgenden Jahren wuchs jedoch der Widerstandsgeist der Transvaaler Buren, und Ende 1880 kam es im sogenannten „**Ersten Burenkrieg**" zum allgemeinen Aufstand gegen die Besatzer. Trotz ihrer militärischen Übermacht mussten die Briten empfindliche Niederlagen einstecken. Im August 1881 stimmten sie schließlich dem Friedensvertrag von Pretoria zu, der Transvaal die weitgehende Selbstregierung unter britischer Oberhoheit garantierte. Auf burischer Verhandlungsseite hatte sich ein Mann hervorgetan, der später noch eine große Rolle spielen sollte: Paul Kruger. Nachdem er 1883 mit überwältigender Mehrheit zum Präsidenten gewählt worden war, reiste

Aufstand gegen die Besatzer

er 1884 darauf nach London und erreichte dort praktisch die Beendigung der britischen Oberhoheit über sein Land, das sich hinfort wieder Südafrikanische Republik nennen durfte.

Paul Kruger

1886 zog die Entdeckung der großen **Goldlagerstätten am Witwatersrand** ein ungeahntes Wirtschaftswachstum nach sich. Mit dem Goldrausch kamen zahlreiche neue Einwanderer, um in der Südafrikanischen Republik ihr Glück zu finden. Schon um die Mitte der 1890er-Jahre setzte sich die weiße Bevölkerung Transvaals aus rund 80.000 Buren und fast doppelt so vielen Ausländern zusammen. Aus dem gänzlich fremden Lebensstil der Gastarbeiter ergaben sich **soziale Spannungen**: Zusätzlich zu ihrer europäischen Schulbildung und ihrem technischen Know-how brachten sie ein anderes, offeneres Weltbild mit, während die Buren weitab von der Zivilisation ein einfaches, bäuerlich-religiöses Leben führten. Nahezu das gesamte Kapital, das den wirtschaftlichen Aufstieg des Staates ermöglichte, befand sich im Besitz der Zugereisten, die jedoch von den eingesessenen, um ihre Privilegien fürchtenden Buren als Menschen zweiter Klasse behandelt wurden. In diesen Problemen erblickte der damalige Premierminister der Kapkolonie, Cecil Rhodes, eine günstige Gelegenheit, die alten Pläne für ein vereintes britisches Südafrika wieder aufleben zu lassen, und setzte dabei voll und ganz auf die Unterstützung der in Transvaal lebenden Ausländer bzw. deren Unzufriedenheit mit den bestehenden Verhältnissen.

Spannungen   1897 traf am Kap der neu ernannte Gouverneur, Sir Alfred Milner, ein, der von Anfang an keinen Zweifel daran ließ, die Spannungen zwischen Buren und Briten notfalls mit Gewalt lösen zu wollen. Die wechselseitigen Forderungen und Ultimaten eskalierten – am 11. Oktober 1899 brach der zweite Burenkrieg aus.

Der zweite Burenkrieg und die Folgen

Nach anfänglichen Erfolgen der Buren starteten die Briten unter dem Oberbefehl von Feldmarschall Lord Roberts und seinem Generalstabschef, General Lord Kitchener, eine gezielte Offensive gegen die Buren-Kommandos. Am 13. März 1900 wurde Bloemfontein besetzt und am 24. Mai der Oranje-Freistaat zum britischen Territorium erklärt. Eine Woche später fiel Johannesburg, und am 5. Juni zog Lord Roberts in das fast gänzlich geräumte Pretoria ein. Der Widerstand der Buren schien gebrochen, und am 1. September 1900 wurde auch **Transvaal als britische Kolonie** annektiert.

Doch die britische Seite hatte nicht mit dem zermürbenden Guerillakrieg ihrer Gegner gerechnet. Lord Roberts' Nachfolger als britischer Oberbefehlshaber, Lord Kitchener, begann daraufhin mit einer systematischen Jagd berittener Kolonnen gegen die Buren-Kommandos sowie einer Taktik der „verbrannten Erde". Die burischen Farmen in den Guerillagebieten wurden niedergebrannt, wodurch man dem Feind allmählich die Basen entzog. Außerdem errichteten die Briten kilometerlange Blockhausketten, die durch Stacheldraht miteinander verbunden waren und ständig vorgeschoben wurden. Die heimatlos gewordenen Frauen und Kinder brachte man in riesige **Konzentrationslager** – eine Maßnahme, die einen Sturm der Entrüstung in aller Welt nach sich zog. Schlechte Ernährung, mangelnde Hygiene und unzureichende ärztliche Betreuung führten zu Krankheiten und Epidemien, die bis zum Ende des Krieges rund 25.000 Menschen das Leben kosteten.

Cecil John Rhodes

Im März 1901 trafen sich Lord Kitchener und der Transvaaler Generalkommandant Louis Botha zum ersten Mal zu Friedensverhandlungen in Middelburg, ohne zu einer Einigung zu gelangen. Als jedoch das Elend der Buren durch die britische Kriegsführung immer größer und sichtbarer wurde, setzte sich allmählich die Erkenntnis durch, dass ein fortdauernder Widerstand nur sinnlose Opfer fordern würde. So nahmen beide Seiten Anfang 1902 erneut Kontakt miteinander auf, und am 31. Mai wurde der in einem Zelt bei Vereeniging ausgehandelte **Friedensvertrag** in Lord Kitcheners Hauptquartier in Pretoria unterschrieben. Die zwei ehemaligen Burenrepubliken wurden dadurch zu britischen Kronkolonien. Dies bedeutete zugleich, dass jetzt das gesamte südliche Afrika unter britischer Oberherrschaft stand. *Britische* Neben den vier Kolonien (Kapkolonie, Natal, Transvaal, Oranje-Kolonie) gab es die Hoch- *Kronkolonien* kommissariate Basutoland, Betschwanaland und Swasiland, außerdem Südrhodesien.

Mit dem wirtschaftlichen Wiederaufbau wurde gleich nach Kriegsende begonnen, außerdem verfolgte Milner während seiner Amtszeit vor allem die Anglisierung Südafrikas. Er startete ein umfangreiches Umerziehungsprogramm für die burische Bevölkerung, das die **Verdrängung der holländischen Sprache und Kultur** zum Ziel hatte, erreichte mit dieser Politik aber nur das Gegenteil: ein Wiedererstarken des burischen Nationalgefühls. Anfang 1905 kam es in Transvaal zur Gründung der ersten *Erste buri-* burischen Partei „Het Volk" unter Führung der Generäle Botha, Burger, de la Rey, Bey- *sche Partei* ers und Smuts. Ein Jahr später wurde mit der „Orangia-Union" auch in der Oranje-Kolonie eine Buren-Partei ins Leben gerufen, deren Leitung die Generäle Hertzog und de Wet sowie der ehemalige Freistaat-Politiker Abraham Fischer übernahmen.

In Großbritannien lösten die Liberalen Ende 1905 die Konservativen als Regierungspartei ab. Nachdem sich die Liberale Partei bereits in der Opposition für die Verständigung zwischen Buren und Briten in Südafrika eingesetzt hatte, führten nun Verhandlungen der beiden Seiten dazu, dass Transvaal im Dezember 1906 und Oranje im Juni 1907 die innere **Selbstverwaltung** erhielten. Premierminister Transvaals wurde General Louis Botha, letzter Generalkommandant der Südafrikanischen Republik, Abraham Fischer wurde Premierminister der Oranje-Kolonie. So wurden nur fünf Jahre nach Kriegsende die beiden Kolonien von burischen Politikern regiert, die de facto britische Minister waren.

Die Südafrikanische Union

Die Entstehung der Südafrikanischen Union

Als nächsten Schritt strebte Großbritannien nun die **Union der vier südafrikanischen Kolonien** an. Dabei spielten neben wirtschaftlichen Aspekten, z. B. der Vereinheitlichung der Zoll- und Handelspolitik, auch die Spannungen zwischen Großbritannien und dem Deutschen Reich eine Rolle. Ein politisch vereintes Südafrika galt als ein wichtiger Verteidigungsfaktor des Empires in einem möglichen Krieg gegen die befürchteten Weltherrschaftspläne Kaiser Wilhelms II. Südafrika als Staatsgebilde war im Interesse aller vier Kolonie-Regierungen wie auch der burischen und britischen Seite, und so verständigte man sich auf die Einberufung einer ersten **Nationalversammlung** am 12. Oktober 1908 in Durban. Am 11. Mai 1909 unterzeichneten alle Abgeordneten den Entwurf des Südafrikagesetzes, der vorgesehenen Verfassung der Union. Am 2. Dezember desselben Jahres wurde außerdem durch königliche Verordnung festgesetzt, dass das Gesetz mit Wirkung vom 31. Mai 1910, dem Jahrestag des Friedens von Vereeniging, in Kraft treten sollte.

In der Frage des **Stimmrechts für Nicht-Weiße** schien sich trotz langer Diskussionen zunächst kein Kompromiss zwischen Buren und Briten abzuzeichnen. Die Entscheidung gegen das Wahlrecht führte in der Folge zu Protestkundgebungen und letztlich auch zur Entstehung nicht-weißer politischer Organisationen, deren bedeutendste *Gründung* bald der Anfang 1912 gegründete SANNC („South African Native National Congress"; *des ANC* ab 1923 „African National Congress" – **ANC**) wurde. Erster Vorsitzender war der in den USA ausgebildete Theologe Dr. John Langibale Dube. Die politisch aktiven Schwarzen waren fast ausnahmslos ältere Akademiker und Intellektuelle, die jegliche Form des Widerstandes ablehnten.

Noch vor den **ersten südafrikanischen Parlamentswahlen** beauftragte der neu ernannte Generalgouverneur, Viscount Gladstone, den bisherigen Premierminister Transvaals, Louis Botha, mit der Bildung einer Unionsregierung. Die Wahl am 15. September 1910 bestätigte die Regierung im Amt. Die aus Bothas Partei „Het Volk" hervorgegangene „Südafrikanische Nationalpartei" (Transvaal), die „Orangia-Union" (Oranje-Freistaat) und die aus dem „Afrikaner-Bond" der Kappprovinz entstandene „Südafrikanische Partei" errangen zusammen die absolute Mehrheit der Sitze und vereinigten sich im folgenden Jahr zur „Südafrikanischen Partei" (SAP).

Das erste Jahrzehnt der neuen Union

Sehr bald schon zeigte sich, dass es **zwei Strömungen** innerhalb der SAP gab: Die Gruppe von Premierminister Botha sowie Innen-und Verteidigungsminister Jan Smuts strebte eine echte Integration von Buren und Briten an, außenpolitisch sollte Süd-*Botha vs.* afrika ein fester Bestandteil des Empires sein. Dagegen stand die Auffassung des Justiz-*Hertzog* und Eingeborenenministers J. B. M. Hertzog, dessen Anhänger den Gedanken eines unabhängigen Staates unter britischer Führung vertraten. Buren und Briten sollten ihre kulturelle Eigenständigkeit behalten und gleichwertig nebeneinander existieren. Diese Gegensätze führten Ende 1912 zunächst zum Ausscheiden Hertzogs aus dem Kabinett.

Ein Jahr später kam es beim Parteikongress zum offenen Bruch, was zur Folge hatte, dass Hertzog mit den burischen Nationalisten die **Nationale Partei** gründete, die bei den Parlamentswahlen von 1915 bereits 27 von 130 Sitzen errang.

Bis zum Jahre 1913 war es jedermann gestattet, überall in Südafrika Land zu kaufen oder zu pachten. Dass auch immer mehr Schwarze mit den entsprechenden finanziellen Mitteln davon Gebrauch machten, rief bei vielen Weißen heftige Kritik hervor, zumal die Verarmung unter ihnen stieg. So kam es 1913 zum „**Eingeborenenland-Gesetz**", das im Ansatz bereits die Grenzen der schwarzen Homelands festschrieb. Durch das Gesetz wurden etwa 7,3 % der Fläche der Union (9 Mio. ha) zu Reservaten für Schwarze erklärt, in ihnen durfte kein Weißer mehr Land kaufen oder pachten, außerhalb war es umgekehrt. Da innerhalb der Reservate nicht Platz für alle Schwarzen war, mussten viele als billige Arbeitskraft auf einer weißen Farm arbeiten. Das Gesetz bildete den Grundstein zu einer unheilvollen Entwicklung, die über Jahrzehnte hinweg die Rassentrennung zementierte.

General Louis Botha

Unter den Weißen Südafrikas kam es bei Ausbruch des Ersten Weltkriegs zu bürgerkriegsähnlichen Auseinandersetzungen darüber, ob das Land in den Krieg eintreten sollte oder nicht. Als Dominion des Britischen Weltreichs war die Südafrikanische Union automatisch an die britische Kriegserklärung gegenüber dem Deutschen Reich vom 4. August 1914 gebunden. Sechs Tage später bat die Regierung in London Premierminister Botha um die **Besetzung Deutsch-Südwestafrikas**, was dieser zusagte. Zwar erhielt seine Entscheidung im Parlament eine überwältigende Mehrheit, doch war die Stimmung unter der national gesinnten burischen Bevölkerung durchweg neutral oder sogar deutschfreundlich. Es folgte ein Aufstand zahlreicher ehemaliger Burengeneräle, die sich der Besetzung widersetzten und dabei auf die Verwirklichung einer unabhängigen Burenrepublik hofften. Die Niederschlagung dieser Rebellion dauerte mehr als ein Vierteljahr, erst Anfang 1915 konnte die Angriffsoperation gegen Deutsch-Südwestafrika beginnen. Die zehnfache Übermacht der Südafrikaner bewirkte, dass die deutsche Schutztruppe trotz teilweise erfolgreicher Gegenwehr schon am 9. Juli 1915 kapitulieren musste. Im Rahmen des **Versailler Vertrages** 1919 wurde das Land dann als Mandatsgebiet der Völkerbundes der Südafrikanischen Union zur Verwaltung übertragen. Kurz darauf starb Premierminister Botha, Nachfolger wurde sein bisheriger Stellvertreter General Smuts.

Erster Welt-krieg

Botha stirbt

Beginn der Rassengesetzgebung

Die gesetzgeberische Hauptmaßnahme schuf Smuts 1923 mit dem „**Eingeborenengesetz für städtische Gebiete**". Nun wurden auch in den Städten getrennte Wohngebiete eingerichtet, Schwarze durften nur noch in Ghettos wohnen. Diese „Lokationen" waren in arm und reich unterteilt, die Reichen sollten ihre gemieteten Häuser gegebenenfalls pachten oder als Eigentum erwerben können. **Innenpolitische Auseinandersetzungen** wie der 1922 von radikalen weißen Gewerkschaften ausgeru-

Generalstreik im Jahre 1922

fene Generalstreik sowie verschiedene außenpolitische Misserfolge ließen das Ansehen von Smuts erheblich sinken. Er trat daher mit seiner Regierung zurück und setzte Neuwahlen für den 19. Juni 1924 an, aus denen die Nationale Partei J. B. M. Hertzogs mit 63 Sitzen als stärkste Partei hervorging, während die südafrikanische Partei nur 53 Sitze erhielt.

Stärkung des burischen Nationalbewusstseins

Die Zeit bis zum Ausbruch des Zweiten Weltkrieges stand ganz im Zeichen eines wieder erstarkenden burischen Selbstvertrauens. 1925 wurde die Amtssprache Holländisch durch **Afrikaans** ersetzt. Diese Sprache war aus den niederländischen Dialekten des 17. Jh. sowie unter deutschen und französischen Einflüssen entstanden. Sie wurde ab etwa 1800 als „Kapholländisch" bezeichnet und hatte das Holländische im Umgangssprachgebrauch vieler Buren bereits in der 2. Hälfte des 19. Jh. abgelöst. Seit Beginn des 20. Jh. wurde es auch in der Schriftsprache immer häufiger benutzt. Die Bezeichnung „Buren" wurde nun offiziell durch **„Afrikaaner"** ersetzt, ein Wort, dessen Ursprung ebenfalls im 19. Jh. liegt.

„Kapholländisch" als Amtssprache

Nach heftigen Auseinandersetzungen zwischen Regierung und Opposition nahm das Parlament 1927 ein Gesetz an, mit dem die südafrikanische Union eine **eigene Flagge** erhielt. Man einigte sich auf die Farben der Flagge der ersten holländischen Siedler am Kap (horizontale Streifen in Orange, Weiß und Blau). Dazu kamen die kleinen Flaggen Transvaals, des Oranje-Freistaats und der britische Union Jack als Flagge der ehemaligen Kapkolonie und Natals auf dem weißen Mittelstreifen. Neben der britischen Staatangehörigkeit und Hymne erklärte man die südafrikanische **Staatsangehörigkeit** für eingeführt und „Die Stem van Suid Afrika" zur südafrikanischen **Nationalhymne**. Schließlich erhielt das Land auch sein eigenes Münzsystem.

„Die Stem"

Auf der Reichskonferenz des Empires in London im Jahre 1926 wurde festgelegt, dass die Dominien nur noch als autonome Glieder durch die gemeinsame Treue zur Krone, d. h. Personalunion, miteinander verbunden seien. Aus dem bisherigen britischen Weltreich wurde damit ein Bund unabhängiger Staaten, das **Commonwealth of Nations**. 1937 wurde mit Sir Patrick Duncan erstmals ein Südafrikaner Generalgouverneur der Union. Die geschilderte Entwicklung der Union hin zu einem souveränen Staat im Rahmen des Britischen Commonwealth war in den Augen der meisten Afrikaaner das eindeutige Verdienst Premierminister Hertzogs. Hinzu kam, dass das Land seit Mitte der Zwanzigerjahre beachtliche wirtschaftliche Erfolge aufweisen konnte. So errang die Nationale Partei bei den Parlamentswahlen 1929 mühelos die absolute Mehrheit, wenngleich die Koalition mit der Arbeiterpartei auch danach fortgeführt wurde.

Wiedervereinigung im weißen Lager

Die Weltwirtschaftskrise der nächsten Jahre hinterließ in Südafrika Spuren und veränderte auch die politische Situation. Nachdem eine lange Dürre die Lage weiter verschlimmert hatte, entschloss sich Hertzog Anfang 1933 zur Bildung einer großen Koalition seiner Nationalen Partei mit Smuts' Südafrikanischer Partei als „**Regierung der nationalen Einheit**". Mit dieser breiten Mehrheit im Parlament konnte Hertzog nun daran gehen, die schon lange geplante Verschärfung der „Eingeborenengesetzgebung" zu verwirklichen. Bereits 1927 hatte das „Gesetz über die Eingeborenenverwaltung" dem Generalgouverneur verschiedene Sonderrechte gegenüber Schwarzen eingeräumt. Das „Gesetz gegen die Unmoral" aus dem gleichen Jahr stellte außereheliche Geschlechtsverkehr zwischen Schwarzen und Weißen unter Strafe.

1936/37 folgten weitere „**Eingeborenen-Gesetze**". Das „Gesetz zurVertretung der Eingeborenen" nahm den Schwarzen der Kapprovinz praktisch das seit 1853 bestehende aktive Wahlrecht. Sie durften lediglich in einem gesonderten Wahlgang weiße Vertreter ins Abgeordnetenhaus und den Provinzrat wählen. Der neu gebildete „Rat der Eingeborenenvertretung", dem von der Regierung ernannte Schwarze angehörten, hatte nur beratende Funktion. Weitere Bestimmungen waren das „Land- und Treuhandgesetz für Eingeborene" sowie das „Ergänzungsgesetz zur Eingeborenengesetzgebung", die eineVerschärfung des Eingeborenen-Land-Gesetzes von 1913 darstellten. Schwarze durften nur Land von 6,2 Mio. ha in den bestehenden Reservaten als Grundbesitz erwerben, der Kauf von Grundstücken außerhalb davon blieb weiter untersagt. Mit diesen Gesetzen war die alte Forderung Hertzogs nach Rassentrennung – die im Grunde auch Smuts wollte – in die Tat umgesetzt worden. Jetzt strebte er noch eine vollständige räumliche Trennung an.

Rassentrennung

Politische Organisierung unter den Schwarzen

Schon in den 1920er-Jahren waren auf schwarzafrikanischer Seite vielfältige, doch letztlich erfolglose Versuche unternommen worden, sich politisch zu organisieren. Der **ANC** wurde 1928 von Kommunisten unterwandert. Um sich dagegen zu wehren, wählte man 1930 im Gegenzug den gemäßigten und gegenüber der Regierung kooperationsbereiten Dr. Pixley Ka Isaka Seme zum Präsidenten dieser größtenteils aus schwarzen Intellektuellen bestehenden Vereinigung. Doch Seme gelang es aufgrund seines mangelnden Organisationstalents nicht, den ANC als wirksames politisches Instrument einzusetzen. Die Organisation verharrte in der Bedeutungslosigkeit und kam erst zu neuer Aktivität, als 1940 Dr. Alfred B. Xuma zu seinem Präsidenten gewählt wurde.

ANC wird aktiv

Die Eingeborenengesetzgebung von 1936/37 führte zu einer weiteren **Politisierung unter den Schwarzen**. Bereits 1935, als Einzelheiten der vorgesehenen Gesetze an die Öffentlichkeit gelangt waren, trafen sich in Bloemfontein rund 400 Vertreter aller nicht-weißen Bevölkerungsgruppen zur „All African Convention" (AAC). Eingeladen hatte dazu Professor Davidson Don Tengo Jabavu, ein bedeutender schwarzer Philologe, der als Dozent für Bantu-Sprachen an der einzigen Universität für Schwarze in Fort Hare tätig war. Eine Abordnung unter seiner Führung erhielt den Auftrag, mit Premierminister Hertzog über Abänderungen der Gesetzesvorlagen zu verhandeln.

Tatsächlich kam es zu einigen kleineren Modifikationen, doch vom Wesen und Inhalt her blieb die Gesetzgebung unangetastet.

Nach Verabschiedung der Gesetze fand Mitte 1936 eine weitere Versammlung des AAC statt. Zwar wurde die Rassenpolitik der Regierung einhellig verurteilt, doch zeigten sich hier generationsbedingte Meinungsunterschiede über die Art der Reaktion darauf. Während die Jüngeren einen bedingungslosen Ablehnungskurs einschlugen und den ANC zu einem politischen Machtinstrument ausbauten, erklärten sich die Älteren bereit, die geringen Möglichkeiten einer Mitwirkung zu nutzen und damit einen – wenn auch nur minimalen – Einfluss geltend zu machen.

Generationenfrage

Der Apartheidstaat

Gesetzliche Verschärfung

Die Absurdität der Apartheid: getrennte Sitzplätze sogar in Bussen

Unter der Regierung des 1948 gewählten Premierministers Dr. D. F. Malan sowie seiner beiden Nachfolger fand eine Verschärfung und Ausweitung der **diskriminierenden Gesetze** statt: 1949 wurde das „Gesetz gegen Gemischtehen" (Verbot von Eheschließungen zwischen Weißen und Nicht-Weißen) erlassen, 1950 folgten das „Gesetz zur Registrierung der Bevölkerung" (Unterteilung der Unionseinwohner in drei große Gruppen: Weiße, Coloureds – sog. „Farbige" – und Natives, die schwarze Bevölkerung) sowie das „Gesetz über die Gebietseinteilung für die Bevölkerungsgruppen" (*Group Areas Act*), durch das eine Einteilung des gesamten Landes in für die einzelnen Rassen bestimmte Regionen vorgenommen wurde. Damit trat neben den Ausbau der – bisher teilweise schon gesetzlich verankerten und praktizierten – gesellschaftlichen Trennung, der „kleinen Apartheid", zusätzlich die räumliche Trennung der o. g. Gruppen, die „große Apartheid".

„Kleine-" und „Große Apartheid"

Unter dem Premier J. G. Strijdom wurde die **Apartheid-Gesetzgebung** weiter vorangetrieben. 1956 verabschiedeten Abgeordnetenhaus und Senat gemeinsam das „Gesetz zur getrennten Vertretung von Wählern". Danach konnten künftig auch die Coloureds in einem gesonderten Wahlakt nur noch weiße Vertreter in das Abgeordnetenhaus und den Provinzrat der Kapprovinz wählen. In der weißen Bevölkerungsgruppe hingegen fand die seit 1948 eingeschlagene Entwicklung eine immer breitere Zustimmung: Bei den Parlamentswahlen von 1958 errang die Nationale Partei fast doppelt so viele Mandate wie die oppositionelle Vereinigte Partei.

Organisierung des Widerstandes

Nachdem die Entrechtung der Schwarzen bereits vor dem Zweiten Weltkrieg begonnen hatte, dehnte die Nationale Partei die Diskriminierungspolitik ab 1948 u. a. auf Inder und Asiaten aus. Dies führte mit der Zeit fast zwangsläufig zu einem **Zusammengehörigkeitsgefühl aller Nicht-Weißen**. Anlässlich der 300-Jahr-Feier des weißen Südafrika (1652 Landung der ersten weißen Siedler am Kap) organisierte ANC-Präsident Dr. James S. Moroka viele Proteste und Demonstrationen, die anfänglich friedlich, später jedoch vereinzelt gewalttätig verliefen und von der Polizei unterdrückt wurden. Obwohl die ANC-Führung sich von den Gewaltaktionen distanzierte, kam Dr. Moroka vor Gericht. Ende 1952 wurde er abgewählt und durch A. J. Mvumbi Luthuli ersetzt. Die Vorgänge hatten aber noch eine andere Folge: Innerhalb kurzer Zeit wuchs die Mitgliederzahl des ANC von 7.000 auf 100.000!

Im Jahre 1955 berief der profilierte und zu den gemäßigten schwarzen Oppositionskräften zählende Professor Zacharias K. Matthews in Kliptown bei Johannesburg einen sog. „Volkskongress" ein, zu dem rund 3.000 Teilnehmer aus allen nicht-weißen Organisationen des Landes kamen. Man verabschiedete ein „Freiheitsmanifest", in dem eine Gesellschaftsordnung mit gleichen Rechten und Chancen bei gleicher Leistung für alle unabhängig von Rasse oder Hautfarbe gefordert wurde. Die Regierung reagierte darauf mit zahlreichen Polizeirazzien und Verhaftungen. Der Höhepunkt war ein **Verschwörungsprozess** u. a. gegen ANC-Präsident Luthuli. Trotz eines Freispruchs durfte er von 1953 bis zu seinem Tode 1967 seine Heimatregion nicht verlassen, wodurch sein Radius sehr eingeschränkt war – dennoch trat Luthuli stets für einen gewaltfreien Widerstand ein.

„Volks-kongress"

Die jüngere Generation innerhalb des ANC hingegen drängte auf spektakuläre Taten. 1959 spaltete sich ein radikaler Flügel unter Robert Sobukwe ab und gründete den **„Pan-African Congress"** (PAC), der am 21. März 1960 die ersten landesweiten Massendemonstrationen organisierte, wobei es an etlichen Orten zu blutigen Auseinandersetzungen mit der Polizei kam. Der schwerste Zwischenfall ereignete sich in Sharpeville bei Johannesburg, wo 69 Schwarze erschossen und weitere 178 verletzt wurden. Die Regierung erklärte den **Ausnahmezustand**, und es dauerte mehrere Wochen bis zur Normalisierung der Situation. Daraufhin verabschiedete das Parlament kurz entschlossen das „Gesetz gegen gesetzeswidrige Organisationen", aufgrund dessen **ANC** und **PAC verboten** wurden und im Untergrund verschwanden.

Sharpeville-Massaker

Ausrufung der Republik und schwarz-weißer Dialog

Bereits im Wahlkampf des Jahres 1948 hatte die Nationale Partei erklärt, die Südafrikanische Union in eine Republik umwandeln zu wollen, doch weder Dr. Malan noch sein Nachfolger Strijdom gingen dieses Vorhaben ernsthaft an. Dafür wurde die Unabhängigkeit des Landes gegenüber Großbritannien immer offener betont. So besaßen die Bürger der Union ab 1949 nicht mehr automatisch die britische Staatsangehörigkeit, seit 1957 galt als Staatsflagge ausschließlich die Flagge der Südafrikanischen Union, ebenso wurde die britische als zweite Nationalhymne gestrichen. Erst Dr. H. F. Verwoerd griff das Thema „Republik" wieder auf, weil er sich die Lockerung oder sogar Loslösung von Großbritannien erhoffte. Am 5. Oktober 1960 führte er einen

Volksentscheid durch, bei dem eine knappe Mehrheit von 52,3 % für die Republik votierte. Diese wurde am Nationalfeiertag, dem 31. Mai 1961 (1910 Gründung der Südafrikanischen Union), ausgerufen. Erster Staatspräsident wurde der ehemalige Generalgouverneur C. R. Swart.

Politik der "getrennten Entwicklung"

Grundlage der Politik der Regierung Dr. Verwoerds bildete das **„Gesetz zur Förderung der Bantu-Selbstregierung"** von 1959, das die Vertretung der Schwarzen im Parlament gänzlich beseitigte und stattdessen acht schwarze „Nationale Einheiten" schuf (Nord-Sotho, Süd-Sotho, Swasi, Tsonga, Tswana, Venda, Xhosa, Zulu), in denen sich die jeweilige Bevölkerung künftig selbst regieren sollte. Damit wurde die Apartheid-Politik zu einer Politik der „getrennten Entwicklung". Aus den Reservationen wurden allmählich **Homelands**, von denen 1963 als erstes die Transkei die innere Autonomie erhielt. Im September 1966 wurde Premierminister Dr. Verwoerd ermordet, zum Nachfolger wählte man den bisherigen Justiz- und Polizeiminister B. J. Vorster. Er führte die begonnene Homeland-Politik konsequent fort und konnte dabei durchaus mit der Kooperationsbereitschaft der gemäßigten schwarzen Führer rechnen.

Der nun einsetzende permanente Dialog zwischen Schwarzen und Weißen begann mit der Zeit Früchte zu tragen. Die Gebiete der Homelands wurden teils vergrößert, teils zusammengelegt, und alle erhielten eine innere Selbstverwaltung. 1976 wurde die **Transkei** als erstes dieser Territorien „unabhängig"; es folgten **Bophuthatswana** (1977), **Venda** (1979) und die **Ciskei** (1981). Die übrigen sechs Heimatländer wurden „autonom" mit eigenen Parlamenten und Regierungen (Gazankulu, Kangwane, Kwandebele, Kwa-Zulu, Lebowa, Qwaqwa). Für die in den weißen Industriegebieten, also außerhalb der Homelands lebenden Schwarzen wurden seit 1977 Gemeinderäte geschaffen, die in der Lokalverwaltung weitgehend selbstständig waren.

Kontakte zu den Nachbarn

In der Außenpolitik bemühte sich Premierminister Vorster in verstärktem Maße um Verbindungen zu gemäßigten Staaten Schwarzafrikas. Schon 1968 nahm die Republik Südafrika mit Malawi als erstem Staat Afrikas **volle diplomatische Beziehungen** auf. Recht enge, vor allem wirtschaftliche Kontakte wurden auch zu den übrigen umliegenden Staaten Botswana, Lesotho und Swasiland geknüpft. Der Zusammenbruch des portugiesischen Kolonialreiches in Angola und Mosambik 1974/75 brachte dann für Südafrika eine neue Ausgangssituation. Vorster besuchte in diesen Jahren die Elfenbeinküste, den Senegal und Liberia. Intensive Kontakte wurden außerdem mit Sambia gepflegt. Unter dem Druck äußerer Ereignisse bekundete Vorster 1974 schließlich die Bereitschaft seiner Regierung, Südwestafrika/Namibia in die Unabhängigkeit zu entlassen, wobei die Bevölkerung des Territoriums selbst über ihre Zukunft entscheiden sollte. Dies war dann die Grundlage für die sog. **Turnhallenkonferenz**, die im Jahr darauf in Windhoek zusammentrat und in der alle Volksgruppen des Landes repräsentiert waren.

Einleitung des Reformprozesses

Auf dem Wege zur multinationalen Entwicklung

Die innenpolitische Situation spitzte sich in den 1980er-Jahren zu. Der ideologische Gegensatz zwischen der Zentralregierung in Pretoria und der schwarzen politischen

Opposition (vorwiegend im Ausland) wurde immer größer. Die weißen Politiker wollten jedoch keinesfalls die Forderung der schwarzen Führer **„One Man, One Vote"** akzeptieren. Sie fürchteten, die Vorherrschaft zu verlieren, und lehnten das „Westminster Modell", das auch der schwarzen Bevölkerung das allgemeine Wahlrecht zugestanden hätte, weiterhin strikt ab.

In der Folgezeit mehrten sich Anschläge, Unruhen und Protestmärsche. Auch innerhalb der schwarzen Opposition kam es zu schwerwiegenden Differenzen wie den blutigen Auseinandersetzungen zwischen ANC-Anhängern und Mitgliedern der Inkatha-Partei des Zulu-Führers Buthelezi. Die anhaltenden innenpolitischen Unruhen verursachten einen starken Verfall der Landeswährung bei nachlassender Konjunktur sowie einen erheblichen Kapitalabfluss ins Ausland. Das „Lager" der Weißen spaltete sich in „Verligte" (Liberale) und „Verkrampte" (Nationalkonservative) auf. Gesprächsbereitschaft auf der einen Seite, die Forderung nach einem radikalen Einsatz der Polizeikräfte auf der anderen Seite standen sich gegenüber.

Liberale vs. Nationalkonservative

Reformdruck und Ende der Apartheid

Die politischen und ökonomischen Kosten der Apartheid-Politik wurden zu hoch. Innenpolitisch gab es ab 1983 Reformdruck durch Protestkampagnen der United Democratic Front (UDF) und ab 1985 des neuen Gewerkschaftsdachverbandes. Außenpolitisch erhöhte die internationale Staatengemeinschaft durch unterschiedlich starke **Sanktionen** den Druck auf Südafrika. Das Ende des Kalten Krieges, die dramatischen Umbrüche in Osteuropa und die Dekolonisierung des bis 1989 von Südafrika besetzten Namibia waren weitere äußere Faktoren zur Einleitung von Reformen.

Südafrika unter Druck

Mit dem Amtsantritt von Pieter W. Bothas Nachfolger als Staatspräsident, Frederik W. de Klerk, im September 1989 begann der Prozess zur Abschaffung des Apartheidsystems und zur Errichtung einer demokratischen Ordnung. Am 11. Februar 1990 wurde das Verbot des ANC aufgehoben, und man ließ **Nelson Mandela frei**, der seit seiner Inhaftierung im Jahr 1962 weltweit zum Gesicht für den Freiheitskampf der schwarzen Südafrikaner geworden war. 100.000 enthusiastische Menschen versammelten sich auf dem Platz vor dem Kapstädter Rathaus, um ihn zu begrüßen. Im Gegenzug erklärte sich der ANC bereit, mit friedlichen Mitteln an der Lösung der innenpolitischen Probleme mitzuwirken. Mandela wurde zum neuen Präsidenten des ANC gewählt.

Der Abbau-Prozess der Apartheid

1981	Unbeschränkte Arbeiterorganisationen und Arbeiterverbände. Teilweise Abschaffung des Arbeitsvorbehaltsrechtes für Weiße.
1982	Aufhebung der Rassentrennung bei organisierten Sportveranstaltungen, außer in Schulen.
1983	Gewährung politischer Rechte für Mischlinge und Inder.
1984	Einheitliche Einkommensteuergesetze.
1985	Aufhebung des Verbotes für „mehrrassische" politische Parteien. Anerkennung des Prinzips der vollen und gleichwertigen politischen Rechte aller Südafrikaner.

1986	Aufhebung der Kontrolle über Zuwanderung von Schwarzen in Stadtgebiete.

1986 Aufhebung der Kontrolle über Zuwanderung von Schwarzen in Stadtgebiete.
Volle Grundbesitzrechte für Schwarze.
Aufhebung des Verbots, alkoholische Getränke an Schwarze zu verkaufen.
Aufhebung der getrennten Gerichte für Schwarze.
Ende der Zwangsumsiedlungen.
Öffnung einiger Handelsviertel für alle Bevölkerungsgruppen, auf Antrag.
Öffnung der Hotels und Restaurants für alle Bevölkerungsgruppen.
Öffnung einiger Kinos und Theater für alle Bevölkerungsgruppen, auf Antrag.

Die Rassentrennung wird aufgehoben

Wohnrechte für Inder im Oranje-Freistaat und im nördlichen Natal.
Abschaffung der Immigrantengesetze.
1987 Öffnung einiger Badestrände für alle Bevölkerungsgruppen.
Gesetzliche Abschaffung des Arbeitsplatzvorbehaltes für Weiße.
1988 Aufhebung der Rassentrennung in Vorortzügen.
Aufhebung des „group area act", wonach bis dahin bestimmte Bevölkerungsgruppen nur in bestimmten Wohngebieten leben durften.
1989 Öffnung einiger Wohngebiete für alle Bevölkerungsgruppen.
1990 Aufhebung des Verbots alternativer politischer Bewegungen, z. B. des ANC und PAC; Freilassung einer Reihe politischer Gefangener, darunter auch Nelson Mandelas.
Teilweise Aufhebung des Ausnahmezustandes.
1991 Freier Landerwerb für alle Bevölkerungsgruppen.
Aufhebung der Zwangsregistrierung.

Im Frühjahr 1990 sprach de Klerk in einer historischen Rede zur Eröffnung des Parlaments über **grundlegende Änderung der politischen Leitlinien Südafrikas**. Aus der Erkenntnis, dass man die Apartheid-Gesetzgebung nicht reformieren, sondern nur abschaffen könne, hob er mit einer Erklärung das Dogma der seit 1948 regierenden Nationalen Partei auf und setzte sich gleichzeitig für eine offizielle Zulassung aller schwarzen Oppositionsparteien ein. Seither stand die weiße Regierung in Gesprächen mit den schwarzen Organisationen, insbesondere mit dem ANC, um die Bedingungen des Übergangs zu einer neuen dauerhaften demokratischen Ordnung und *„Stille* die Grundlagen einer neuen Verfassung zu erarbeiten. So kam es zu einer „stillen Al-
Allianz" lianz" zwischen de Klerk und Mandela – trotz aller Gegensätze über eine zukünftige Verfassung Südafrikas. Beide setzten sich für einen multiethnischen Einheitsstaat ein, der einen politischen, sozialen und kulturellen Schutz für alle Minderheiten in Südafrika gewähren sollte.

Im Dezember 1991 berief man im Welthandelszentrum bei Johannesburg den „Kongress für ein demokratisches Südafrika" ein (**CODESA** = Convention for a Democratic South Africa). Dieser beschäftigte sich zunächst nur mit gesellschaftlichen Fragen einer neuen Verfassung, mit Übergangsregelungen für die Homelands sowie mit dem Zeitplan für die Verwirklichung der Beschlüsse. Wirtschaftsfragen blieben dagegen ausgeschlossen.

Im September 1992 kündigte Staatspräsident de Klerk ein **weiteres Reformpaket** an (Bildung einer Übergangsregierung; Zusammenlegung der nach Bevölkerungsgruppen getrennten Regierungsverwaltungen). Die letzte Parlamentswahl mit Einschränkung der Wählergruppen fand am 17. März 1992 statt. Durch sie erhielt de Klerk mit 69 % der Stimmen aus der weißen Bevölkerung die gesetzliche Grundlage zur Fortführung seiner Reformpolitik.

Reformist gewinnt Wahl

Das neue Südafrika ab 1994

Frederik Willem de Klerk nahm ab 1989 ernsthaft und konsequent den Dialog mit allen politischen Kräften des Landes auf. Der ANC gab den bewaffneten Kampf auf und setzte sich an den „runden Tisch", der eine für alle tragfähige Verfassung ausarbeiten sollte. Am Ende der innenpolitischen Revolution standen **die ersten allgemeinen und freien Wahlen** nach dem lange geforderten Prinzip „one man – one vote". Die Wahlen im April 1994 waren für Südafrika der „Startschuss" in ein neues Zeitalter: mit der ersten schwarzen Regierung unter dem neuen Staatspräsidenten Nelson Mandela. Am 27. April 1994 trat eine Übergangsverfassung in Kraft, die zunächst bis 1999 gelten sollte. In ihr wurde die Gleichberechtigung aller Bevölkerungsgruppen festgelegt. Die Homelands wurden wieder in die Republik integriert, Südafrika wurde in neun Provinzen (s. S. 19) unterteilt; durch die Übertragung von Erziehungs-, Verkehrs-, Gesundheits- und Wohnungswesen auf Provinzebene sollten föderale Strukturen entstehen.

Mandela und de Klerk nach der Regierungseinführung am 10. Mai 1994

Nelson Mandela – aus der Gefängniszelle auf den Präsidentensessel

Nelson Rolihlahla Mandela wurde am 18. Juli 1918 bei Umtata (heutige Provinz Eastern Cape) geboren. Sein Vater war Berater des Oberhäuptlings des Thembu-Stammes. Nach dem Tode des Vaters übernahm dieser Häuptling die Vormundschaft, Ziel der Erziehung Nelsons war die Vorbereitung auf die spätere Rolle als Häuptling. Sehr früh zeigte er reges Interesse an der Geschichte und Kultur seines Volkes. Zu **Beginn seines Jura-Studiums** an der Universität Fort Hare interessierte er sich zunehmend für Politik. Politisch aktiv wurde Mandela 1944, als er gemeinsam mit dem späteren ANC-Generalsekretär Walter Sisulu, Oliver Tambo und anderen die ANC-Jugendliga gründete. Zusammen mit Tambo, dem 1993 verstorbenen früheren ANC-Präsidenten, eröffnete er im Dezember 1952 die erste von Schwarzen geleitete Anwaltskanzlei Südafrikas.

1952 wählte man Mandela zum Leiter einer **Widerstandsgruppe** gegen diskriminierende Gesetzgebung, in dieser Funktion bereiste er das ganze Land. Wegen seiner aktiven Rolle wurde er kurz darauf auf Bewährung verurteilt. Etwas später beschränkte ein Bann seine Bewegungsfreiheit für 6 Monate auf den Raum Johannesburg. In den 1950er-Jahren wurde Mandela durch behördliche Verfolgung gezwungen, den ANC offiziell zu verlassen. Als die Apartheid-Politik immer konkretere Formen annahm, sagte er Massenumsiedlungen, politische Verfolgung sowie Polizeiterror voraus.

Nach dem Massaker von Sharpesville im Jahre 1960 wurde der ANC verboten, Mandela 1961 verhaftet. Nach seiner Freilassung begab er sich in den Untergrund und gründete den militanten Flügel des ANC, den „Umkhonto we Sizwe" (= Speer der Nation), der Sabotagekampagnen gegen die Regierung und wirtschaftliche Institutionen unternahm. 1962 reiste Mandela zu einer Konferenz der Panafrikanischen Freiheitsbewegung nach Äthiopien und von dort nach Algerien, um sich militärisch ausbilden zu lassen. Bei seiner Rückkehr wurde er umgehend verhaftet und zu 5 Jahren **Freiheitsstrafe** verurteilt. Der folgende Rivonia-Prozess gegen ihn und seine Mitangeklagten endete im Juni 1964 für ihn mit der Verurteilung zu einer lebenslangen Haftstrafe wegen der Initiative eines umfassenden Plans zur revolutionären Übernahme der Regierung.

Mandela wurde ins **Gefängnis auf Robben Island**, einer Insel vor Kapstadt, verbannt. Mit großer Energie widmete er sich politischen Studien und verlor nie sein Ziel aus den Augen, ein Südafrika ohne Apartheid zu schaffen. Zu keinem Zeitpunkt machte er irgendwelche politischen Zugeständnisse oder gab seine politischen Überzeugungen preis. 1982 wurde er in die Strafvollzugsanstalt Pollsmoor in Kapstadt verlegt, später lebte er in einem Einfamilienhaus auf dem Gelände einer Haftanstalt bei Paarl.

Seit 1986 stand Mandela in Kontakt mit verschiedenen Ministern sowie Präsident Pieter W. Botha und dessen Nachfolger Frederik W. de Klerk. Dessen Abkehr von der Apartheid und konsequente Hinwendung zu einem chancengleichen Südafrika führte zur **Freilassung Mandelas** am 11. Februar 1990. Damit kehrte er ins politische Rampenlicht zurück und setzte sich in den folgenden Jahren für die politische Normalisierung der Verhältnisse ein. Als Präsident des ANC arbeitete er sehr eng mit de Klerk zusammen, um in schwierigen Verhandlungen Südafrika in einen demokratischen Staat umzuwandeln. 1993 erhielten beide den Friedensnobelpreis.

Am Ende standen eine neue, demokratische Verfassung für den Übergang und freie, faire Wahlen, aus denen der ANC als Sieger und Nelson Mandela als **Staats**- und **Regierungschef** hervorgingen. Eine Regierung der nationalen Einheit sollte Garant dafür sein, dass Mandelas Wunsch in Erfüllung ging: die Versöhnung innerhalb der Bevölkerung und die Schaffung einer in Harmonie lebenden Gesellschaft.

1999 verzichtete er auf eine erneute Präsidentschaftskandidatur und zog sich aus dem politischen Tagesgeschäft zurück. In Südafrika wie auf der ganzen Welt als Streiter für die Menschenrechte und ein friedliches Zusammenleben der Völker verehrt und bewundert, starb Nelson Mandela am 5. Dezember 2013 im Alter von 95 Jahren in seinem Haus in Johannesburg.

Aus den Verhandlungen der weißen Regierung und des ANC ging die Idee zur Bildung einer „**Wahrheits**- und **Versöhnungskommission**" (TRC = *Truth and Reconciliation Commission*) zur Aufarbeitung der Vergangenheit hervor. Diese wurde von Mandela im Juli 1995 eingesetzt. Sie sollte Menschenrechtsverletzungen untersuchen, die zwischen dem 1. März 1960 (Massaker an Demonstranten in Sharpeville) und dem 5. Dezember1993 sowohl von der weißen Minderheitsregierung als auch von ihren Gegnern begangen worden waren. Personen, die an der Aufklärung mitwirkten, wurde im Rahmen des Gesetzes Straffreiheit zugesichert; die Opfer sollten Entschädigungen erhalten. Die Kommission bestand aus einem Menschenrechts-, einem Amnestie- und einem Wiedergutmachungskomitee. Den Vorsitz führte der Erzbischof von Kapstadt, Desmond Tutu.

Die ersten Anhörungen begannen im April 1996. Die Wahrheitskommission hatte dabei über 7.000 Amnestie-Anträge und 20.000 Stellungnahmen zu **Menschenrechtsverletzungen** zu bearbeiten und nach Beendigung der Anhörungen im März 1998 über die Amnestie-Gesuche zu entscheiden. Am 29. Oktober 1998 übergab die Kommission Präsident Mandela einen 3.500 Seiten umfassenden Bericht, der auf Anhörungen von Opfern und Tätern basierte. Es wurden Straftaten von Polizisten, Militärs und Politikern der früheren Regierung festgestellt, aber auch solche des ANC und anderer Widerstandsgruppen. Der Amnestieausschuss wies im März 1999 einen Antrag auf Straffreiheit von 27 ANC-Führern mit der Begründung ab, dass sie ihren Antrag ohne die gesetzlich vorgeschriebene Auflistung der einzelnen Straftaten gestellt hatten und er durch das Gesetz nicht gedeckt sei. Dies war ihr Versuch, sich nachträglich den „legitimen" Widerstandskampf bescheinigen zu lassen.

3.500 Seiten Bericht

Eine **neue Verfassung** wurde im Sommer 1996 verabschiedet, das Ende der Mitarbeit der Nationalen Partei in der Regierung der nationalen Einheit war gekommen. Im Juli zog Vizeminister und NP-Führer de Klerk seine Minister aus dem Kabinett zurück. Anfang Februar 1997 trat die neue Verfassung in Kraft, die weltweit als die liberalste gilt. Zur gleichen Zeit räumte Präsident Mandela in seiner Regierungserklärung dem Wohnungsbau, der Verbesserung der Infrastruktur, der Ausbildung sowie der Bekämpfung zunehmender Kriminalität, die dringend benötigte Auslandsinvestitionen gefährdete, höchste Priorität ein.

Im Juni 1999 wurde **Mandelas „Kronprinz"** Thabo Mbeki in den 2. freien Wahlen zu dessen Nachfolger gewählt und bei den Parlamentswahlen am 14. April 2004 durch eine Zweidrittelmehrheit für den ANC im Amt bestätigt. Auch bei den Kommunalwahlen im März 2006 siegte der ANC haushoch, obwohl ihm verschiedene Affären geschadet hatten: Z. B. war Vizepräsident Jacob Zuma in eine Korruptionsaffäre verwickelt, außerdem wurde ANC-Funktionären Selbstbereicherung vorgeworfen, was im Jahr 2005 mehr als 200 Unruhen und Protestaktionen hervorrief. Andererseits begünstigte Südafrikas stabile Wirtschaftslage Mbekis Erfolgskurs. In seiner letzten Amtszeit widmete sich der Premier vornehmlich der Bekämpfung der anhaltend hohen Arbeitslosigkeit (Schätzungen gingen bis zu 40 %, die offizielle Zahl lag bei 26 %). Kritiker warfen ihm allerdings vor, eine unzureichende Bildungs- und Gesundheitspolitik (v. a. AIDS-Politik) zu betreiben.

Das Land unter Mbeki

Im September 2008 trat Mbeki als Präsident zurück. Ihm wurde vorgeworfen, er habe den Korruptionsprozess Zumas beeinflusst. Die Machtkämpfe zwischen Mbeki und Zuma und weitere politische Spannungen innerhalb des ANC führten im Dezember 2008 zur Abspaltung des Congress of the People vom ANC. Bis zu den Wahlen im April 2009 wurde Kgalema Motlanthe als Interimspräsident eingesetzt, seit Mai 2009 ist **Jacob Zuma Präsident** Südafrikas.

Zuma neuer Präsident

Die FIFA-Fussball-Weltmeisterschaft™ 2010 in Südafrika

2010 war mit Südafrika zum ersten Mal ein afrikanisches Land Gastgeber der FIFA-Fussball-Weltmeisterschaft™. Diese Entscheidung des Weltfußballverbandes bedeutete eine hohe – und längst überfällige – **Anerkennung** der großen sportlichen Erfolge des (süd-)afrikanischen Fußballs. So war die südafrikanische Nationalmannschaft, die von ihren Fans liebevoll „Bafana Bafana" („die Jungs, die Jungs") genannt wird, 1996 Afrikameister und qualifizierte sich 1998 und 2002 für die WM.

Fans der „Bafana Bafana"

Dem Ereignis ging ein **Bauboom** voraus: Das Straßennetz und die gesamte Infrastruktur (Bus- und Bahnverbindungen, Flughäfen) wurden ausgebaut, neue Hotels errichtet sowie kilometerlange Glasfaserkabel gelegt, um überall Internetzugang zu ermöglichen. Herzstücke waren die zehn neu- oder ausgebauten Stadien in den neun Austragungsorten Bloemfontein, Durban, Johannesburg (zwei Stadien), Kapstadt, Mbombela (Nelspruit), Polokwane, Nelson Mandela Bay Municipality (Port Elizabeth), Tshwane (Pretoria) und Rustenburg.

Das 95.000 Zuschauer fassende FNB-Stadion („Soccer City") in Johannesburg, dessen Fassade einem afrikanischen Tongefäß nachempfunden ist, war das Hauptstadion der WM. Das neue Moses-Mabhida-Stadion in Durban ist sicher ebenso spektakulär: Das Rund wird in 100 m Höhe von zwei Stahlbögen überspannt. In Kapstadt wurde das alte Green-Point-Stadion durch das neue Cape Town Stadium ersetzt, auch in Nelspruit, Port Elizabeth/Nelson und Polokwane wurden **komplett neue Arenen** errichtet.

Im Zuge der Vorbereitungen bemühte sich Südafrika darum, zwei große **Probleme** des Landes in den Griff zu bekommen: die hohe Kriminalitätsrate und die Energieversorgung. Die Regierung setzte über 40.000 Sicherheitsbeamte ein und investierte 115 Mio. Euro zusätzlich in die Bundespolizei SAPS (South African Police Service). Da durch den wirtschaftlichen Aufschwung in den letzten Jahren der Strombedarf stieg, kam es seit 2008 immer wieder zu Stromausfällen. So wurde der Bau weiterer Kraftwerke geplant. Für die WM kam zusätzlicher Strom u. a. aus Österreich.

Am 11. Juni 2010 wurde das Turnier mit einer bunten Feier und internationalen Gästen in „Soccer City" eröffnet, das folgende Eröffnungsspiel der Gastgeber gegen Mexiko endete unentschieden. Für die „Bafana Bafana" lief es nicht rund – Südafrika schied als erstes Gastgeberland überhaupt in der Vorrunde aus. Die 32 Mannschaften kämpften, verfolgt von Fernsehzuschauern aus 200 Ländern, bis zum 11. Juli. An diesem Tag wurde **Spanien Weltmeister**, die Mannschaft setzte sich mit 1:0 n. V. gegen die Niederlande durch.

Die **Bilanz** der Weltmeisterschaft fiel durchwachsen aus: Einerseits hatte sich Südafrika als fähiger Gastgeber präsentiert und – bis auf ein Streiks – das Großereignis gut gemeistert. Dadurch sowie durch die gute Stimmung und die schönen Fernsehbilder verbesserte sich das Image des Landes deutlich. In der Folge besuchten 17,6 % mehr Touristen das Land. Andererseits kamen verschiedene Studien zu dem Ergebnis, dass sich die WM für Südafrika nicht rentiert hat. Die Steuerzahler kommen u. a. für die Instandhaltung kaum genutzter Arenen auf, während die FIFA im Land rund 200 Mrd. Rand steuerfrei einnahm! Die Südafrikaner kehrten nach Wochen der Euphorie in ihren Alltag zurück, der teils immer noch von Kriminalität, Armut und sozialen Problemen – die Streiks kamen nicht von ungefähr – geprägt ist.

Südafrika aktuell

Politisch hat sich Südafrika zum stabilsten Land auf dem afrikanischen Kontinent entwickelt und agiert heute als **führende Nation und Sprecher Afrikas**. In der 2001 gegründeten NEPAD (The New Partnership for Africa's Development) setzt sich Südafrika dafür ein, sich als afrikanisches Land die wirtschaftliche Unterstützung der Welt zu verdienen, indem man sich zu Demokratie und Menschenrechen bekennt. Hier hat die Regenbogennation eine Führungsrolle übernommen und ist Vorbild für viele andere afrikanische Staaten. Mit dem Willen, das Land zu einem Beispiel für Einheit, Frieden, Aufbau und Wachstum zu machen, muss sich Südafrika seinen eigenen Problemen stellen.

Eine der größten Aufgaben stellt die Eindämmung der **HIV/AIDS-Epidemie** dar. Statistiken aus dem Jahr 2009 zeigen, dass fast 11 % der erwachsenen Südafrikaner infiziert sind, in manchen Regionen sind es sogar mehr als 50 %. Neben der menschlichen Tragödie stellt dies auch ein immenses wirtschaftliches Problem dar: Ein wichtiger Teil der arbeitsfähigen Südafrikaner stirbt an AIDS-bedingten Krankheiten, und jeden Tag kommen fast 2.000 neue Infektionen hinzu. Eine ganze Generation von Kindern wächst als AIDS-Waisen auf. Die Regierung vertrat lange eine sehr umstrittene AIDS-Politik und musste dafür weltweite Kritik hinnehmen, so z. B. für Präsident Zumas Aussage, eine Dusche einem Kondom als Schutz vorzuziehen.

Tragödie und Problem

Den dringend nötigen Kurswechsel in Form einer Politik der Offenheit läutete Zuma selbst ein, als er 2010 das negative Ergebnis seines AIDS-Tests bekannt gab. Zeitgleich wurde eine Kampagne mit dem Ziel gestartet, bis Mitte 2011 15 Mio. Einwohner Südafrikas zu testen und dem Großteil der Infizierten Zugang zu Medikamenten zu verschaffen. Heute kann das Land mit **CAPRISA** (*Centre for the AIDS Program of Research in South Africa*) eines der weltweit wichtigsten Forschungszentren vorweisen. 2010 feierte das in Durban ansässige Institut einen wichtigen Durchbruch, als das erste wirksame Mikrobiozid-Gel vorgestellt wurde, das Frauen die eigenständige Möglichkeit der HIV-Prä-

Bildung und Arbeit sind die großen Herausforderungen für Südafrikas Jugend

vention ermöglicht und das Ansteckungsrisiko bis zu 50 % mindert. Die Kommunikation solcher Ergebnisse sowie hohe Investitionen und regelmäßige Kampagnen lassen in der Bevölkerung langsam das Bewusstsein wachsen, sich vor HIV/AIDS zu schützen.

Das Land am Kap muss aber auch Lösungen für weitere **drängende Probleme** finden: Es herrscht immer noch eine hohe Arbeitslosigkeit. Diese wurde für das Jahr 2012 offiziell mit 24 % beziffert, nach anderen Quellen ist sie aber weitaus höher. Gut ausgebildete Fachkräfte, von denen es wegen der Überschuldung des Bildungshaushaltes und der damit verbundenen Schließung von Hochschulen bald weniger geben könnte, suchen ihr Glück im Ausland. Trotz Verbesserungen in der Infrastruktur fehlt Wohnraum, viele Menschen leben noch in Hütten aus Wellblech unter sanitär fragwürdigen Bedingungen. Die Themen Überbevölkerung und illegale Einwanderung verstärken die sozialen Missstände noch. Zusätzlich tragen Armut und Kriminalität nicht dazu bei, ausländische Investoren nach Südafrika zu locken.

Hohe Arbeits-losigkeit

In einer Rede zur **Lage der Nation** im Februar 2012 strich Präsident Zuma heraus, dass das Land bei den o. g. Themen noch viele Herausforderungen zu meistern habe. Seine Regierung wolle mit umgerechnet 29,7 Mrd. € Verkehrsprojekte fördern, wirtschaftlich stehe v. a. der Bergbau (Gold, Diamanten etc.) im Fokus. Auch sei es gelungen, die Zahl schwerer Verbrechen seit 2010 deutlich zu reduzieren. Verschiedene Beobachter machen allerdings darauf aufmerksam, dass Morde an Farmern, Vergewaltigungen und Korruption immer noch Realität seien. Die Regierung will die Korruption weiter eindämmen, Zuma wird allerdings immer wieder selbst mit solchen Fällen in Verbindung gebracht.

Korruption

Der **ANC** feierte Anfang 2012 sein **100-jähriges Bestehen**. Nationale und internationale Stimmen wiesen darauf hin, dass Regierungspartei und Staat immer mehr verschmelzen und kritisieren die Arroganz und den Machterhaltungswillen des ANC. Die Partei sieht sich in der Schuld alter Verbündeter und steht sowohl der Presse als auch der Justiz, von der sie sich kontrolliert fühlt, kritisch gegenüber. Zuma kündigte an, selbst das Verfassungsgericht einer Prüfung unterziehen zu wollen. Kritiker sehen die große Gefahr, dass der ANC die südafrikanische Gesellschaft mit seiner Politik der „Transformation" dahingehend umbilden will, dass er – noch immer im Namen des Widerstandes – die komplette Kontrolle über den Staat und seine Institutionen erhält. Bei den Wahlen am 7. Mai 2014 erlangte der ANC trotz leichter Verluste mit gut 62 % erneut klar die absolute Mehrheit. Jacob Zuma konnte daraufhin seine zweite Amtszeit als Präsident antreten.

Obwohl die soziale, wirtschaftliche und politische Trennung der Gesellschaft formal der Vergangenheit angehört, ist Südafrika von sozialer Gerechtigkeit und Gleichstellung – vor allem der Frauen – noch weit entfernt. Zwar nimmt der Rassismus keine zentrale Rolle in der Gesellschaft mehr ein, hier und da spukt aber immer noch altes Gedankengut herum. Im Herbst 2011 rückte die Hautfarbe wieder in den Vordergrund, als der Friedensnobelpreisträger Desmond Tutu forderte, dass weiße Profiteure der Apartheid zur Bekämpfung der Armut eine Sondersteuer entrichten sollen. Auch wenn seine Aussage nicht als sinnvoll erachtet wurde, ist nicht zu leugnen, dass die **Einkommensschere** immer weiter auseinandergeht. Die drastischen sozialen Gegensätze und Unruhen im Land haben nach der hoffnungsvollen Stimmung während der Fußballweltmeisterschaft das Klima wieder rauer werden lassen.

Geografischer Überblick

Kernraum des Subkontinents Südliches Afrika ist die Republik Südafrika mit ca. 1,22 Mio. km². Damit ist Südafrika mehr als dreimal so groß wie Deutschland. Vom Grenzfluss Limpopo im Norden bis zur Südspitze am Kap Agulhas beträgt die Entfernung etwa 2.500 km, was einer Entfernung von Aachen bis nach Moskau entspricht. Vom westlichen Teil am Atlantik (Oranjemündung) bis zur Kosi Bay am Indischen Ozean sind es 2.000 km. Zwischen Tshwane (Pretoria) und Kapstadt (= die Route des Blue Train) liegen 1.500 km: die Entfernung von Hamburg bis Neapel. Schon aufgrund der großen räumlichen Distanzen ist es also kein Wunder, dass Südafrika eine Vielzahl unterschiedlicher Landschaften, Klimata und Vegetationszonen aufweist.

Dreimal Deutschland

Klima

Übersicht

Mit dem Wort „Afrika" assoziiert man in Bezug auf das Klima vor allem Hitze und Schwüle. Dies trifft auf Südafrika aber nur bedingt zu; am ehesten lässt sich das Klima des Kaplandes mit dem der Mittelmeerländer vergleichen. Andere Teile – wie die Natal-Küste und Limpopo – sind subtropisch geprägt. Das Binnenklima des südafrikanischen Hochlandes ist dagegen trocken und sonniger.

Vielfältiges Klima

Da Südafrika auf der Südhalbkugel liegt, sind die **Jahreszeiten entgegengesetzt** zu unseren. Von Norden nach Süden erstreckt sich das Land zwischen dem 22. und dem 34. Grad südlicher Breite. Dabei ist die südlichste Spitze nicht etwa das Kap der Guten Hoffnung, sondern das Kap Agulhas. Zum Vergleich: Johannesburg liegt auf einer ähnlichen Breite wie die Kanarischen Inseln oder Brisbane in Australien. Kapstadt kann man, was seine Breitenlage angeht, mit Casablanca oder Perth in Westaustralien vergleichen.

Beste Reisezeit für die Kapregion ist der europäische Winter (West Coast National Park)

Obwohl das Land insgesamt zum Klimabereich der Subtropen gehört, gibt es große regionale Unterschiede, die insbesondere von folgenden Faktoren abhängen:
▶ der Höhenlage eines Gebietes,
▶ der Nähe zu den Meeren und
▶ den unterschiedlich temperierten Meeresströmen.

Temperaturen

Hier spielt zunächst einmal die **extreme Höhenlage** der meisten Gebiete Südafrikas eine Rolle. Man denke z. B. an die Höhenlage folgender Städte: Johannesburg 1.753 m, Tshwane (Pretoria) 1.365 m, Kimberley 1.223 m. Deshalb sind in der Regel die südafrikanischen Temperaturen niedriger als in Gebieten vergleichbarer Breitenlage. Das sollte man berücksichtigen, wenn man in der winterlichen Trockenzeit einen Aufenthalt z. B. in Johannesburg plant: Während es tagsüber in der Sonne über 20 °C warm werden kann, sinkt das Thermometer in klaren Nächten u. U. auf Temperaturen weit unter dem Gefrierpunkt ab: eine überraschende Erfahrung für Reisende, die das erste Mal in solche Regionen kommen.

Sehr unterschiedliche Temperaturen

Die **kältesten Gebiete** liegen naturgemäß dort, wo das Binnenplateau am höchsten ist. Die niedrigste je gemessene Temperatur liegt bei -14,7 °C (Carolina in Mpumalanga). **Frost** kommt, wie schon erwähnt, nur in den inländischen, hoch gelegenen Regionen vor. In den tieferen Lagen finden sich hingegen die **heißesten Gebiete**: Insbesondere am Unterlauf des Oranje sowie im Lowveld, dem tief gelegenen Teil Transvaals, werden oft über 38 °C gemessen. Die höchste Temperatur wurde mit 47,8 °C in Komatipoort registriert.

Bemerkenswerterweise gibt es **keine Temperaturzunahme** von Süd nach Nord, also in Richtung Äquator. Der Umstand, dass das südafrikanische Plateau in Richtung Nordosten an Höhe zunimmt, gleicht die Wirkung der geografischen Breite weitgehend aus. So hat Kapstadt mit 17 °C Jahresdurchschnittstemperatur einen vergleichbaren Wert wie das viel weiter nördlich gelegene Tshwane/ Pretoria mit 17,5 °C.

Zwei Meeresströme

Die **Küstenregionen** werden von zwei unterschiedlich temperierten Meeresströmen stark beeinflusst: an der Küste des Indischen Ozeans vom aus den Äquatorbreiten kommenden warmen Agulhas-Strom, an der Westküste vom kalten, von der Antarktis kommenden Benguela-Strom. Daher sind die Temperaturen an der Westküste wesentlich niedriger als die an der Ostküste. Durban (Ostküste), das auf vergleichbarer Breite mit Port Nolloth (Westküste) liegt, hat eine um 7 °C höhere Jahresdurchschnittstemperatur! Wie stark die Temperatur dieser beiden Meeresströme differiert, wird am Beispiel der Kap-Halbinsel deutlich: Die Jahresdurchschnittstemperatur bei Muizenberg/False Bay beträgt aufgrund des Agulhas-Stroms 16,6 °C, die bei Kapstadt aufgrund des Benguela-Stroms nur 12,8 °C.

Luftfeuchtigkeit

Die Hochplateau-Landschaften Südafrikas haben eine sehr geringe Luftfeuchtigkeit. Insbesondere im Westen ist es sehr trocken. Die Küstenregionen weisen dagegen ein feuchteres Klima auf. An der wärmeren Ostküste ist es vor allem während der Sommerzeit zeitweise schwül (85–95 % Luftfeuchtigkeit). An der kühlen Westküste ist es besonders im Sommer nebelig. Dies ist dadurch bedingt, dass warme, feuchte Luft – aus dem Osten kommend – über dem kalten Benguela-Strom abkühlt und kondensiert.

Niederschläge

Südafrika ist ein **äußerst niederschlagsarmes Gebiet**, der Durchschnittsnieder-
schlag beträgt nur 464 mm pro Jahr. (Zum Vergleich: Köln 696 mm, München 904 mm.)
Da die Verdunstung im wärmeren Südafrika viel höher ist als bei uns, reicht der Regen
in vielen Regionen nicht aus. Klimatologen bezeichnen Südafrika als ein arides Land,
weil in den meisten Regionen die Niederschlagsmenge geringer ist als die Verduns-
tungsmenge.

▸ 21 % Südafrikas haben weniger als 200 mm Regen im Jahr.
▸ 48 % erreichen Werte zwischen 200–600 mm im Jahr.
▸ 31 % erhalten mehr als 600 mm pro Jahr.

Insgesamt erhalten 65 % des Landes weniger als 500 mm pro Jahr. Das bedeutet, dass   *Bewässerung*
in diesen Regionen Anbau nur mit Hilfe von Bewässerung möglich ist.   *nötig*

Die **Verteilung der Niederschläge** zeigt einige Gesetzmäßigkeiten. So nimmt der
Niederschlag auf dem Binnenplateau von Osten nach Westen ab. Die vom Indischen
Ozean kommenden feuchten Luftmassen regnen sich zum großen Teil an der östli-
chen Randstufe ab und werden umso trockener, je weiter sie nach Westen gelangen.
Deshalb liegen die regenärmsten Gebiete der Republik an der Westküste (hier zum
Teil weniger als 50 mm Niederschlag pro Jahr).

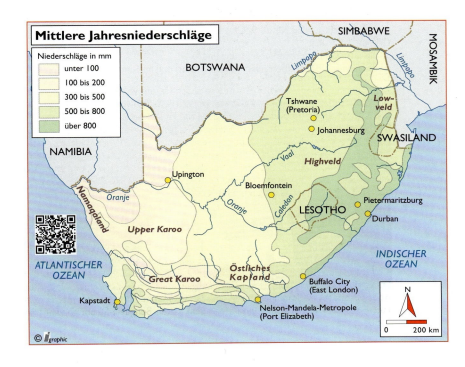

Mittlere Jahresniederschläge

Niederschläge in mm
- unter 100
- 100 bis 200
- 300 bis 500
- 500 bis 800
- über 800

Die **meisten Niederschläge** erhält Südafrika dort, wo ostwärts exponierte Gebirgshänge über die Küstenebenen hinausragen. Besonders regenreich sind die östlichen Abhänge der Kapberge, der Drakensberge und der Randstufe von Mpumalanga, also die sog. Luv-Seiten. Im südwestlichen Kapland werden Extremwerte von bis zu 3.200 mm Niederschlag erreicht, an der Randstufe von Mpumalanga durchschnittlich 2.088 mm pro Jahr. Die Gebirgsseiten im Windschatten (Lee-Seiten) dagegen sind wesentlich trockener.

In den meisten Regionen Südafrikas fällt der Hauptanteil an Regen im **Sommer**, zumeist in heftigen Niederschlägen am Nachmittag. Einzige Ausnahme hierbei bildet das Winterregen-Gebiet an der West- und Südwestküste des Kaps. Hier fällt der meiste Niederschlag im **Winter**. Dabei sind alle Angaben bezüglich der Niederschlagsmengen langjährige Durchschnittswerte. Dürreperioden sind für subtropische Bereiche wie Südafrika leider typisch. Am wahrscheinlichsten sind lange Trockenzeiten in den ohnehin niederschlagsarmen Gebieten im Westen. Die niederschlagssichersten Gebiete liegen in den östlichen Teilen des Plateaus, in Natal, an der Ost- und Südküste sowie im südwestlichen Kapland.

*Dürre-
perioden*

Schnee fällt nur in extrem hohen Gebirgslagen der Drakensberge (im Durchschnitt fünfmal jährlich in den Wintermonaten Juni bis August) und – seltener – am Witwatersrand oder bei Kapstadt. Lohnende Ski-Abfahrten sind daher die Ausnahme.
Südafrikas wirtschaftliche Entwicklung wird in letzter Konsequenz wohl durch einen Naturfaktor begrenzt sein, nämlich den **Wassermangel**. Der ohnehin dürftige Gesamtniederschlag wird nur zu 9 % ins Meer getragen (Weltdurchschnitt: 31 %). Die Gründe dafür sind:
▸ die ungewöhnlich hohe Verdunstung und
▸ die sandigen Böden (besonders in der Kalahari und im Sandveld/Westküste).

Regenwolken über Franschoek im Weinland

Klimawandel in Südafrika

Der Klimawandel ist nicht mehr aufzuhalten, darin sind sich viele Experten sicher. In Südafrika klagen die Farmer heute schon über zunehmend unplanbare Trocken- und Regenzeiten. Wie beschrieben ist das Land im weltweiten Vergleich der Niederschläge deutlich unter dem Durchschnitt, darüber hinaus gibt es große regionale Unterschiede: Der Südosten ist so wasserreich, dass Überschwemmungen und damit der Verlust der Ernten drohen. Der Westen und das Landesinnere sind trocken, eine Klimaverstärkung würde den Wassermangel noch verschärfen. Weitere Folgen des Klimawandels könnten z. B. die Ausbreitung der Malariagebiete und das Aussterben bedrohter Arten sein.

Eine Verhaltensänderung der Menschen ist schwer durchzusetzen, der Wasserbedarf von Privathaushalten, der Landwirtschaft und der Industrie wächst weiter – WWF und UN warnen vor akutem Wassermangel in nur 15–20 Jahren! Auch der CO_2-Ausstoß Südafrikas ist hoch, kaum niedriger als in Deutschland. Von hier kommt aber Unterstützung: Das deutsche Bundesministerium für wirtschaftliche Zusammenarbeit und Entwicklung unterstützt die südafrikanische Initiative zum Ausbau der erneuerbaren Energien (*SARI = South African Renewables Initiative*) und stellt 2012/13 227,5 Mio. Euro zur Verfügung.

Sonnenschein-Dauer

Südafrika ist ein ausgesprochen sonnenscheinreiches Land, mehrere Monate strahlt in der winterlichen Trockenzeit über dem Hochland der stahlblaue Himmel. Aber auch im Sommer, wenn die meisten Niederschläge fallen, beschränkt sich der Regen auf kurze, aber ergiebige Gewittergüsse. Die Küsten sind sonnenreicher als diejenigen so *Sonniger als* bekannter Badeparadiese wie Hawaii und der Bahamas, die Temperaturen bleiben aber *Bahamas* trotz des „Sonnenreichtums" für Europäer immer gut verträglich. Die folgende Tabelle enthält die **Durchschnitts-Sonnenscheinstunden pro Tag**:

	Kapstadt	Durban	Johannesburg	Kruger Nat. Park	Bahamas
Januar	11,2	6,5	8,3	7,0	7,2
Februar	11,1	6,7	8,1	7,5	7,9
März	9,7	6,8	7,9	7,3	8,4
April	8,0	7,0	7,9	7,0	8,9
Mai	6,5	7,1	8,7	7,9	8,5
Juni	5,9	7,5	8,7	7,6	7,5
Juli	6,5	7,5	9,1	8,0	8,9
August	6,8	7,4	9,9	8,1	8,5
September	7,9	6,4	9,5	7,7	7,1
Oktober	9,0	6,0	8,9	6,9	6,7
November	10,6	6,2	8,3	6,0	7,4
Dezember	11,2	6,5	8,4	6,6	7,1

Auf dem Oranje, Grenzfluss zu Namibia, sind Paddeltouren möglich

Gewässer

*Längster
Fluss des
Landes*

Der längste Strom Südafrikas (1.860 km) ist der **Oranje**. Er durchquert mit seinem einzigen größeren Nebenfluss, dem **Vaal**, den Subkontinent in südwestlicher Richtung. Beide Flüsse haben ihre Quellgebiete am regenreichen Ostrand des Hochlandes und fließen als Fremdlinge durch weite Trockengebiete, bis schließlich der Oranje das große zentrale Becken (Kalahari) und die westliche Randstufe durchbricht.

Über die **Augrabies-Fälle** bei Upington/Kakamas stürzt der Strom über 160 m in eine nur schwer zugängliche Klamm. Hier beginnt der Unterlauf (ca. 500 km) mit einer Schluchten- und Kataraktenstrecke. Sandbarrieren sperren oft über mehrere Monate lang die Mündung in den Atlantik. Infolge der reichen Niederschläge im Quellgebiet führt der Oranje auch in trockenen Jahren im Unterlauf ständig Wasser. Er ist ein Fremdlingsfluss wie der Nil. In der Regenzeit während des Sommers kommt aber das Hundertfache der Wassermenge der Trockenzeit herab. Mehrere Staudämme fangen das Hochwasser auf und regulieren den Wasserstand. Nur die notwendigen Wassermengen lässt man frei passieren.

*Keine Fluss-
schifffahrt*

Der **Limpopo-Grenzfluss** im Norden von Gauteng hat sein Einzugsgebiet im Hochland und kann als kleiner Strom noch die Randschwelle nach Osten, zum Indischen Ozean hin, durchbrechen. Eine Anzahl weiterer Flüsse entspringt an der feuchten Randstufe oder in den Kapketten, am bekanntesten sind der Kei-, der kapländische Olifant- und der Fisch-Fluss sowie der Unzimkuli-, Tugela-, Buffalo-, Letaba- und Crocodile-River. Keiner dieser Flüsse ist schiffbar. Für die zahllosen künstlich angelegten „Dämme" (Talsperren), die der Trinkwasserversorgung, als Bewässerungsanlagen oder zur Bodenkonservierung dienen, sind sie aber von entsprechender Bedeutung.

Beim Durchreisen des Landes fällt die **Seen-Armut** auf. Am Indischen Ozean liegen Süßwasserlagunen bei Wilderness, St. Lucia, Sibaya und Kosi. Im trockenen Westen gibt es eine große Zahl von „Pfannen": das sind sehr seichte Wasserflächen, die zum großen Teil in der Trockenzeit völlig austrocknen, während Salzkonzentrate zurückbleiben. Das Grundwasser deckt nur 10 % des Wasserbedarfs, zumal Südafrika leider auch nur über wenige artesische Quellen verfügt. Zwar kann die Wasserversorgung mittels tiefer Bohrlöcher – insbesondere im Landesinneren – aufrechterhalten werden, doch liefern viele von ihnen lediglich salzhaltiges Wasser, das sich nur stark eingeschränkt verwerten lässt. *Bohren nach Wasser*

Großlandschaften und geologische Entwicklung

Zugegeben: Die Geologie eines Landes ist oft nur für Fachleute von Interesse. Doch gerade wenn man sich mit Südafrika auseinandersetzt, sollte man auch als Laie deren wesentliche Bedingungen kennen. Die Montanwirtschaft des Landes genießt eine sehr hohe Bedeutung, und der **Bergbau** ist eben eine Folge urzeitlicher geologischer Vorgänge.

Südafrika ist geologisch betrachtet eine **uralte Landmasse**. Die Basis bildet ein Grundgebirge, zu dessen ältesten Schichten die fossilen Goldeinlagerungen des Witwatersrand gehören. Diese Formationen sollen ein Alter von bis zu 3,1 Mrd. Jahren haben (präkambrische Zeit). Im Süden finden sich Schichten, die teils während Landphasen, teils bei Meeresüberflutungen abgelagert wurden. Vor etwa 350 Mio. Jahren (im Oberkarbon) wurden diese Gesteine gefaltet. Der Nordosten Südafrikas begann sich in dieser Zeit zu senken: Riesige, bis zu 7.000 m mächtige Schichten lagerten sich hier *Gefaltete Gesteine*

Die Bergwelt der Drakensberge, hier das Amphitheater im uKhahlamba Drakensberg Park

vor 350 bis 180 Mio. Jahren ab (Oberkarbon bis Trias). Diese „Karoo"-Schichten (meist Schiefer und Sandsteine) füllen ein 600.000 km² deckendes und 1.300 km langes Bekken aus, das von Südwesten nach Nordosten verläuft.

Vor etwa 70 Mio. Jahren (Tertiär) erfolgte im Zuge weltweiter Gebirgsbildungen (Alpen, Rocky Mountains) auch in Südafrika die Heraushebung der das Binnenland umgebenden Randschwellengebirge, auch **Great Escarpment** genannt. Diese Gebirge, zu denen auch der Drakensberg gehört, weisen die größte Höhe auf (3.482 m). Vor etwa 1 Mio. Jahren wurden diese Gebiete nochmals en bloc angehoben. Zum Teil

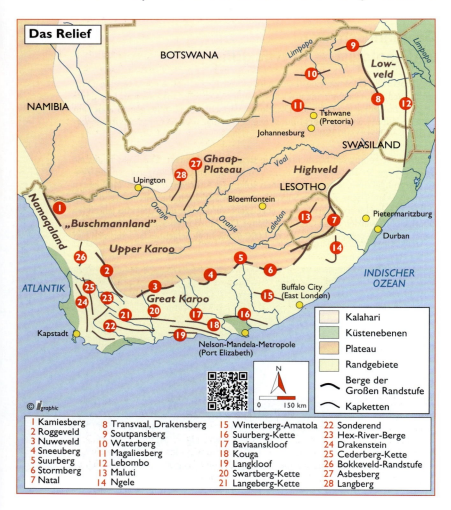

Das Relief

1 Kamiesberg	8 Transvaal, Drakensberg	15 Winterberg-Amatola	22 Sonderend
2 Roggeveld	9 Soutpansberg	16 Suurberg-Kette	23 Hex-River-Berge
3 Nuweveld	10 Waterberg	17 Baviaanskloof	24 Drakenstein
4 Sneeuberg	11 Magaliesberg	18 Kouga	25 Cederberg-Kette
5 Suurberg	12 Lebombo	19 Langkloof	26 Bokkeveld-Randstufe
6 Stormberg	13 Maluti	20 Swartberg-Kette	27 Asbesberg
7 Natal	14 Ngele	21 Langeberg-Kette	28 Langberg

Legend:
- Kalahari
- Küstenebenen
- Plateau
- Randgebiete
- Berge der Großen Randstufe
- Kapketten

drang aufgrund der Erdkrustenbewegung auch Magma in Form von Vulkanen nach oben. Das von diesen Randgebirgen eingeschlossene Binnenhochland ist auf der Grundlage des schon erwähnten präkambrischen Massivs entstanden. Hier senkte sich vor 600 bis 500 Mio. Jahren das Land teilweise, insbesondere im Gebiet der Kalahari, des Oranje und in Transvaal. Diese Senken wurden in der Folgezeit wieder zugeschüttet.

Mit Ausnahme der Bergwelt von Lesotho und des Drakensberg-Massivs waren die Bewegungen der Erdkruste selten von Vulkanausbrüchen begleitet. Eine Sonderform des Vulkanismus bilden die vulkanischen Explosionsröhren, die in der Erd-Urzeit vor etwa 1,2 bis 3 Mrd. Jahren und dann später vor etwa 180 bis 135 Mio. Jahren (Jura) die Erdkruste durchschlagen haben. In der letzteren Periode entstanden die **Diamantlager** von Kimberley.

All diese geologischen Vorgänge bewirkten die Entstehung der heutigen Großlandschaften Südafrikas. Kein anderer Teil des Kontinents zeigt in seinem Aufbau eine so große Einfachheit: *Einfacher Aufbau*
- **Das Binnenhochland**: Es liegt, mit Ausnahme des abflusslosen Kalahari-Beckens, etwa 1.000 bis 1.700 m hoch. Der Untergrund dieses Hochlandes ist aufgefüllt mit Gesteinsmaterial, das von den Randgebirgen hinein transportiert wurde.
- **Die Randschwellengebirge**: Allmählich steigt das Hochland an und erreicht in den umgebenden Randgebirgen Höhen von fast 3.500 m.
- **Das Küstenvorland**: Dieses ist im Vergleich zur Gesamtfläche Südafrikas sehr schmal.

Diese geologischen Vorgänge haben Folgen für den Menschen:
- Der geologische Werdegang Südafrikas beschert dem Land die **Vielzahl und den Reichtum an Bodenschätzen**.
- Die Ausbildung der Großlandschaften (Küstenvorland – Randgebirge – Binnenhochland) verursacht **spezifische Klimagegebenheiten**. Hierbei fungieren die Randgebirge als Regenfänger (insbesondere im Osten), während das umschlossene Binnenhochland ein trockenes Klima aufweist.
- Die Nähe von Küste und Randgebirge macht gerade diese Regionen für den Menschen reizvoll. Hier liegen die **herausragenden Feriengebiete** des Landes. Die Randgebirge üben besonders dort, wo sie steil und schroff sind, einen außerordentlichen landschaftlichen Reiz aus (z. B. die Drakensberge).

Pflanzenwelt

Überblick

Mit über 22.000 Pflanzenarten ist Südafrikas Flora ebenso **vielfältig** wie **überwältigend schön**. Durch die unterschiedlichen Klima-Voraussetzungen verändert sich das Landschaftsbild oft dramatisch. Vom typischen Fynbos (holländ.: Feiner Busch) im Kapland über dichten Wald an der Garden Route bis hin zu Dornbüschen und Akazien in der trockenen Savanne im Norden sind alle Vegetationsformen vertreten. Zu den besonders schönen Landschaften zählen die Kapflora und das Namaqualand, das sich zur Regenzeit in einen endlosen Blütenteppich verwandelt. *Typischer Fynbos*

Savannen-
typen

Entsprechend den klimatischen Bedingungen (Regenfall) und den Bodenverhältnissen bedecken regengrüne Gehölze (Ostseite), Grasfluren (Hochveld) und Hartlaubgewächse (Kapland) den größten Teil des Subkontinents. Bei der Einteilung der Pflanzenwelt in klimatische Vegetationszonen finden sich auch hier die für Afrika so wichtigen Begriffe Dorn-, Trocken- und Feuchtsavanne wieder. Eine Trockenzeit von 2,5–4 Monaten lässt noch eine Feuchtsavanne zu. Bei einer Trockenzeit von 5–7,5 Monaten tritt nur noch die Trockensavanne auf, die sich bei noch längerer Trockenheit in eine Dornsavanne verwandelt. Fällt mehr als mehr als 10 Monate des Jahres kein Regen, so gehen die Savannen (Grasländer) in die Halb- oder sogar in die Vollwüste über, wenn der Mensch nicht in den natürlichen Wasserhaushalt eingreift und durch Bewässerungsanlagen kleinräumige Klimaänderungen vornimmt. Unter diesen Bedingungen lässt sich das Pflanzenkleid Südafrikas in **mehrere großräumige Einheiten** aufteilen.

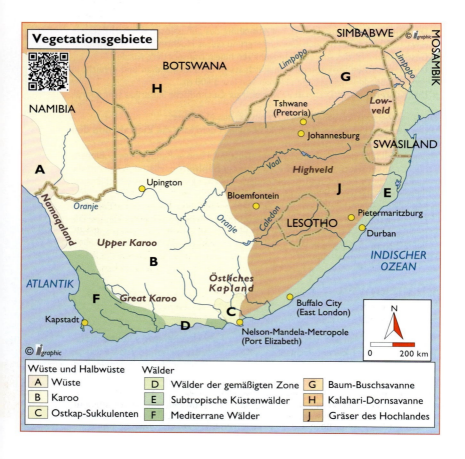

Vegetationsgebiete

Wüste und Halbwüste	Wälder	
A Wüste	**D** Wälder der gemäßigten Zone	**G** Baum-Buschsavanne
B Karoo	**E** Subtropische Küstenwälder	**H** Kalahari-Dornsavanne
C Ostkap-Sukkulenten	**F** Mediterrane Wälder	**J** Gräser des Hochlandes

Wald

Neben dem immergrünen **Regenwald** bei George, Knysna und Humansdorp im Süden sind noch kleinere Gebiete an den Südseiten (Luv) der einzelnen küstennahen Kapketten (Lange-, Outenikwa-Berge) mit Feuchtwäldern bestanden. Typische Vertreter sind Yellowwood, Ironwood, Kiaat und Stinkwood – Hölzer, die oft zur Möbelherstellung dienen. Auch kann es in der Nebelregion und im oberen Teil der Engtäler der „Großen Randstufe" von Mpumalanga und in KwaZulu-Natal zu geschlossenem Baumwuchs kommen. Im Norden der Republik begleiten oft Uferwälder, in denen Akazien sowie Weiß- und Kameldorn vorherrschen, die Flüsse.

Möbelhölzer

Die Gesamtfläche der Waldgebiete (meist Staatsbesitz), wird mit 2,6 Mio. ha angegeben. Auch zusammen mit den 1,17 Mio. ha angepflanzten Baumbeständen (Wattle, Pinusarten, Eukalyptus) macht die gesamte Waldfläche der Republik nur knapp 1 % des Staatsgebietes aus (in Kanada 27 %). In den Gebieten mit weniger Feuchtigkeit (Limpopo) dominieren die Mopane-Trockenwald – in den trockenen Zonen – der Mopane-Busch mit dem für diese Vegetation typischen **Baobab** (Affenbrotbaum). Auffallend ist der **Fevertree**, der in malariaverseuchten Sumpfgebieten zu Hause ist.

Kaum Waldfläche

Die zahlreichen Aloe- oder **Liliengewächse** und Euphorbienarten, die mit ihrem charakteristischen „Schopf" über 1,80 m hoch werden können, lieben die Trockenheit und finden ihre Verbreitung vom Südende der Namib bis in die Great Karoo (Nama: trocken, unfruchtbar), wo weniger als 300 mm Regen – meist periodisch – im Jahr fallen. Der Pflanzenbewuchs besteht nur noch aus kniehohen, schütter verteilten Büschen.

„Zaubergarten" Karoo

In der „Oberen Karoo" bei Calvinia-Ceres und in der südlichen „Kleinen Karoo" überwiegen noch die **Sukkulenten**, die bei zunehmender Höhe und infolge der Nachtkälte immer seltener werden. Ihre Stelle nehmen kniehohe, verkrüppelte Büsche ein, die nicht wie die Sukkulenten für längere Zeit Wasser speichern können und einem unaufmerksamen Beobachter leicht als verdorrt erscheinen. Wundervoll ist es aber, nach einem Regen zu erleben, wie diese Pflanzen und auch einige Zwiebelgewächse sich über Nacht ein grünes Kleid zulegen und in wenigen Tagen Blüten treiben.

Die Karoo wird zu einem zauberhaft prächtigen Garten, der nur von den Botanischen Gärten Kirstenbosch/Kapstadt und Karoo-Garten/Worcester in der Vielfalt ihrer Gewächse übertroffen wird. Besuche beider Gärten zählen für Naturfreunde zu den schönsten Eindrücken einer Südafrikareise.

Botanische Gärten

Die Königs-Protea – Südafrikas Wappenblume

Die Protea gehört zur Gattung der Zuckerbüsche, zu der 115 Arten zählen, und zur Familie der Silberbaumgewächse. Sie ist immergrün und wächst vor allem in nicht zu feuchten, sonnigen Gebieten Südafrikas und Australiens. Ein Protea-Strauch wird 1–3 Meter hoch. Die kegelförmigen Blüten ähneln Disteln.

Die Königs-Protea (*Protea cynaroides*), deren wunderschöne, große Blüten einen Durchmesser von bis zu 25 cm erreichen, ist die Wappenblume Südafrikas. Im Land findet sich die größte Anzahl an Protea-Arten, allein 85 in der Kapregion. Ihr Hauptverbreitungsgebiet erstreckt sich von der Nelson Mandela Bay (Port Elizabeth) bis zur Westküste um Vanrhynsdorp. Sie wächst sowohl in den Küstenlandschaften als auch in den Gebirgsregionen der Drakensberge auf über 2.500 m.

Kapflora

In den eigentlichen Winterregengebieten (St. Helena Bay, Port Elizabeth) ähnelt die Flora den Formen am europäischen Mittelmeer und in den Atlasländern (Kapmacchie). Die Kapflora ist zwar **ärmer an Bäumen**, aber weitaus reicher an Sukkulenten, Zwiebelgewächsen und Pflanzen mit Dornen. Die trockenen Hartlaubgewächse mit oft schmalen, lederartigen Blättern sind für das in sich geschlossene kapländische Florareich charakteristisch. Die wichtigsten Vertreter sind die Protea (s. Kasten), die kapländische Heide und gewisse Riedarten.

Florenreich
Capensis

Bereits die ersten holländischen Siedler im 17. Jh. führten Pinien, die mediterrane Eiche und australische Exoten (Eukalyptus) ein. Ohne die verschiedenen Weinreben gibt es dank des milden Klimas über **7.300 Pflanzenarten**. Hiervon sind 5.000 nur im westlichen Kapland zu finden. Botaniker zählen diese Region (Capensis) daher zu einem, dem kleinsten, der sechs Florenreiche der Erde. Das drei Kilometer lange Tafelbergmassiv allein beherbergt über 1.400 Pflanzenarten.

Tierwelt

Ebenso wie die Flora hat der Mensch auch das Tierreich durch sein Eingreifen stark verändert. Wo es noch vor wenigen Jahren große Bestände gab, ist das Wild heute oft ausgerottet.

Welt-
bekanntes
Wildschutz-
gebiet

Die südafrikanische Regierung und zahlreiche zoologische Gesellschaften haben bereits im 19. Jh. begonnen, **Nationalparks und Game Reserves** neben den zoologischen Gärten in den Großstädten planvoll anzulegen. Besonders bekannt ist der Kruger National Park – er ist über 320 km lang und 64 km breit. Dies entspricht dem Gebiet der Oberrheinischen Tiefebene von Bingen bis Basel. 1898 richtete Präsident „Ohm" Kruger den weltbekannten Park im subtropischen Lowveld (200–800 m) von Transvaal, nahe der Grenze zu Mosambik, ein.

Wenigstens eine Woche sollte sich der Safari-Besucher im „**Kruger**" dem Wild-
reichtum Südafrikas widmen, um in Ruhe die Herden von Elefanten, Löwen, Gnus
und Flusspferden (Hippos), die Krokodile, Affen und Warzenschweine zu beobachten. An den 145 angelegten Wasserlöchern lassen sich die Tiere vom Auto aus am   *Tolle Tier-*
besten beobachten. Die Erlebnisse mit den auf 1.100 geschätzten Löwen nebst ca.   *erlebnisse*
28.000 Büffeln oder über 7.000 Elefanten liefern genügend Gesprächsstoff am abend-
lichen Lagerfeuer im „Camp". Gegenwärtig arbeiten 50 Wissenschaftler an 1.200
Projekten, damit die über eine Million Tiere – Reptilien, Vögel und Insekten nicht
mitgezählt – in diesem großen Wildschutzgebiet auch nach Jahren noch ihren Lebensraum finden.

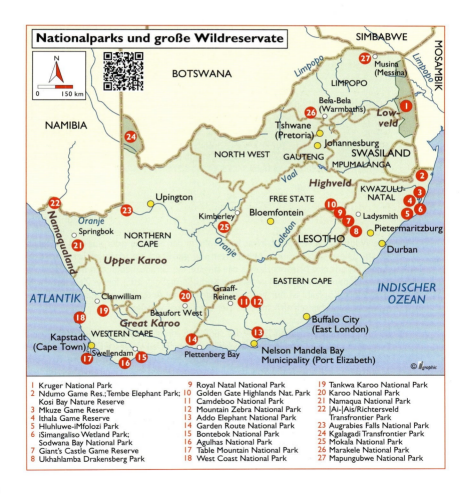

Nationalparks und große Wildreservate

1 Kruger National Park	9 Royal Natal National Park	19 Tankwa Karoo National Park
2 Ndumo Game Res.; Tembe Elephant Park;	10 Golden Gate Highlands Nat. Park	20 Karoo National Park
Kosi Bay Nature Reserve	11 Camdeboo National Park	21 Namaqua National Park
3 Mkuze Game Reserve	12 Mountain Zebra National Park	22 |Ai-|Ais/Richtersveld
4 Ithala Game Reserve	13 Addo Elephant National Park	Transfrontier Park
5 Hluhluwe-iMfolozi Park	14 Garden Route National Park	23 Augrabies Falls National Park
6 iSimangaliso Wetland Park;	15 Bontebok National Park	24 Kgalagadi Transfrontier Park
Sodwana Bay National Park	16 Agulhas National Park	25 Mokala National Park
7 Giant's Castle Game Reserve	17 Table Mountain National Park	26 Marakele National Park
8 Ukhahlamba Drakensberg Park	18 West Coast National Park	27 Mapungubwe National Park

Big Five

Der Begriff „Big Five" (die großen Fünf) stammt ursprünglich aus der Jägersprache. Zu ihnen gehören der Löwe, der Leopard, der Elefant, der Büffel und das Nashorn. Jeder Reisende ist darauf erpicht, diese Tiere zu sehen, doch nur wenigen wird das Glück beschieden, sie alle zu Gesicht zu bekommen. Die höchste Wahrscheinlichkeit, die Big Five in freier Wildbahn zu erleben, bietet der Besuch von privaten Game Reserves, da erfahrene Ranger den Tieren quer durch den Busch nachspüren können.

Eine Löwin mit ihren Jungen

Artenfülle

Die Wildschutzgebiete Südafrikas liegen alle in der Savanne oder sogar in der Halbwüste. Diese Lebensräume beheimaten die **größten Landsäugetiere unserer Erde**, Elefant und Nashorn, sowie das längste, die Giraffe, neben den besonders vielen Antilopenarten (Impala, Hartebeest, Kudu, Springbock etc.), ferner Zebras, Strauße u. v. a. Ihre Kopfzahl ist nur grob schätzbar und die Artenfülle erstaunlich groß. Der Löwe kann als typisch afrikanisches Tier bezeichnet werden.

Vorsicht in Feuchtgebieten

Zu den charakteristischen Tieren des südlichen Afrika zählen auch die Vögel (Strauß, Nilgans, Kranich, Kuhreiher, Webervogel – und nicht zu vergessen die europäischen Zugvögel, z. B. Störche und Schwalben), ferner die Reptilien (Schildkröte, Krokodil, Chamäleon, Schlange) und von den „niederen" Tieren die Termitenvölker und die Schmetterlinge. In Feuchtgebieten bedrohen bestimmte Mückenarten als Parasitenüberträger die Gesundheit (z. B. Malaria, Leishmaniosen, Trypanosomiasis), während Würmer den Menschen direkt schädigen können (z. B. Bilharziose oder Hakenwurminfektion). Moderne Hygienemaßnahmen, Impfungen und zentrale Wasserversorgung reduzieren heute die Gefahr dieser Erkrankungen.

Beschreibungen einzelner Tierarten finden sich im Tierlexikon (s. S. 579f).

Wirtschaft

 Hinweis

Eine Auflistung der Wirtschaftsindikatoren finden Sie auf S. 18.

Überblick

Nach der politischen Wende 1994 stand Südafrikas Wirtschaft vor immens schwierigen Aufgaben und strukturellen Veränderungen: Die Apartheid-Politik hatte Südafrika in die wirtschaftliche Isolation geführt und in eine teure Autarkie gezwungen. Vieles musste im Land selbst hergestellt werden, was auf dem Weltmarkt zu einem Drittel des eigenen Preises angeboten wurde. Beim Abbau dieser im Kern schädlichen Wirtschaftsstruktur hatte der Staat große Herausforderungen zu bewältigen, u. a. den Ausbau der Verkehrsverbindungen und Kommunikationsnetze, die Erweiterung der touristischen Angebote sowie die verbesserte Weiterverarbeitung der wichtigen Rohstoffe (v. a. Gold, Platin, Diamanten, Kohle), die das Land in großer Fülle besitzt. *Schädliche Wirtschaftsstruktur*

Heute ist Südafrika dank seiner **Bodenschätze** eine der weltweit bedeutendsten Bergbaunationen. Die Wirtschaftssektoren Finanzen, Recht, Kommunikation, Energie, verarbeitende Industrie und Transport sind mittlerweile gut entwickelt. Außerdem zählt die Börse zu den zehn größten der Welt. Zwar wurde Südafrika damit und mit seiner modernen Infrastruktur, die für die Fußballweltmeisterschaft 2010 noch verbessert wurde, das ökonomisch modernste und erfolgreichste Land Afrikas, trotzdem droht der Verlust des wirtschaftlichen Anschlusses. Im April 2014 wurde Südafrika erstmals von Nigeria als größte Volkswirtschaft des Kontinents abgelöst. Die 2,3 % Wachstum, mit denen das Land am Kap nach Schätzung des IWF im Jahr 2014 rechnen darf, liegen zudem deutlich unter den mind. 7 %, die laut Weltbank zur Verringerung der Armut nötig wären (Handelsblatt, Februar 2012), und bleiben auch hinter dem Trend in anderen Schwellenländern zurück – denn ein solches ist Südafrika nach wie vor. *Verbesserte Infrastruktur*

Der Wirtschaftsentwicklung Südafrikas stehen vor allem folgende **Probleme** im Wege:

Immer wieder kommt es zu **Stromkrisen**. Der staatliche

Die Johannesburger Börse ist die größte Börse Afrikas

Stromversorger ESKOM mahnt zur Einsparung von Energie und droht mit Rationierungen. Vor allem die Industrie, deren Bedarf immer größer wird, hat darunter zu leiden: Z. B. mussten die für den Export so wichtigen Bergwerke schon wiederholt ihre Produktion einschränken. Drei Viertel des landesweiten Strombedarfs decken elf Kohlekraftwerke östlich von Johannesburg, die sich allerdings in keinem guten Zustand mehr befinden. Derzeit entsteht nahe der Stadt Kendal das größte Kohlekraftwerk der Welt, das noch 2014 eröffnet werden soll. Dies bereitet den Umweltschützern große Sorgen, wird der Meiler doch jährlich 37 Mio. t CO^2 ausstoßen. Am Kap sind Wind und Sonne keine Mangelware, eine Initiative zum Ausbau der erneuerbaren Energien wurde – u. a. mit deutscher Hilfe – bereits gestartet (s. Kasten S. 51).

Schulden Die ANC-Regierung steht in der **Kritik**, wichtige Investitionen schlichtweg verschlafen zu haben. Dazu kommt, dass sie verstärkt in den Markt eingreift und die staatlichen Unternehmen nicht privatisiert, sondern im Gegenteil stärker kontrolliert. Gleichzeitig sinkt die Produktivität der Privatwirtschaft, weil sie von der Regierung u. a. als Arbeitgeber verdrängt und mit zunehmender Bürokratie geschwächt wird. Zudem liegen die Gehälter dort ca. 45 % unter denen des parteidominierten öffentlichen Dienstes. Starke Unternehmen expandieren daher in Europa und in Nahost. Unterdessen steigen sowohl die Staatsschulden als auch die Sozialausgaben immer weiter an.

Korruption und Kriminalität stellen ungelöste Probleme dar, derentwegen Unternehmen ungern im Land investieren. Die Zahl der Morde ist zwar deutlich zurückgegangen (2008 wurden 50 Menschen am Tag getötet, heute sind es noch rund 40), die Raten gelten aber immer noch als bedenklich.

Drastische **soziale Herausforderungen** sind immer noch der große Unterschied zwischen Arm und Reich – was leider oft noch mit „zwischen Schwarz und Weiß" gleichzusetzen ist – sowie die Auswirkungen von HIV/AIDS auf die Gesellschaft und auf dem Arbeitsmarkt (s. S. 45/46).

Die Regierung versucht, die dadurch entstehenden Spannungen mit einer weitreichenden Umverteilungspolitik aufzufangen. Deswegen wird auch in Zukunft das zentrale wirtschaftspolitische Thema **„Black Empowerment"** heißen. Darunter versteht

„Employ- man die Förderung der durch die Apartheidpolitik benachteiligten Bevölkerungsgrup-
ment pen (Schwarze, Coloureds, Frauen und Behinderte). Nachdem die Regierung den „Em-
Equity Act" ployment Equity Act" zunächst im öffentlichen Sektor umsetzte und dies auch von der Privatwirtschaft verlangte, hat sich dies auch auf die Industriesektoren ausgeweitet. Den Anfang bildete die umstrittene „Empowerment Charta" für den Bergbau. Demnach mussten alle Bergbauunternehmen bis 2009 zu mindestens 15 % Schwarzen gehören. Bis 2014 soll der Prozentsatz dann bei 26 % liegen. Das Programm wurde auch auf andere Industriebereiche angewendet, und schon länger bemühen sich viele Unternehmen um schwarze Partner und Mitarbeiter.

Diese Politik wirkt sich natürlich auch auf das **Investitionsklima** aus. Nach Meinung der Experten steht fest, dass Investoren nun nicht mehr so frei agieren können wie in der Vergangenheit, denn jede neu zu übernehmende soziale Aufgabe und Zwangspartnerschaft erhöht die Kosten und steigert das Risiko. Insgesamt gesehen kann dies nicht zu einer Verbesserung des Investitionsklimas beitragen.

Zurzeit liegt die **Arbeitslosenquote** offiziell bei geschätzten 24 % (2012). Um die Situation erheblich zu verbessern, bräuchte es – wie bereits erwähnt – ein deutlich größeres Wirtschaftswachstum. Dabei wirken die Vorgaben des „Black Economic Empowerment" vor allem für den Mittelstand mitunter als Bremse: Die aufgrund ihrer relativ geringen Anzahl umworbenen schwarzen Manager bevorzugen Großunternehmen. Die Mittelständler selbst nehmen zudem ungern schwarze Anteilseigner auf.

Mittelstand ausgebremst

Außenhandel und Wirtschaftspartner

Nach einer positiven Phase entwickelte sich die Außenwirtschaft Südafrikas aufgrund des seit Anfang der 2000er-Jahre starken Rand negativ, seit 2004 offenbart die Handelsbilanz ein Defizit. Obwohl die **weltweite Banken- und Finanzkrise** ab 2007 auch Südafrikas Ökonomie schwächte, war der Saldo 2010 nahezu ausgeglichen (Einfuhr 78,8 Mrd. US$, Ausfuhr 78,6 Mrd. US$). Der Trend geht aber, wie in den Jahren zuvor, dahin, dass der Importboom die nachlassenden Exporte nicht ausgleichen kann.

Wie die Entwicklung weitergeht, hängt von verschiedenen Einflüssen ab. Neben weltwirtschaftlichen Faktoren spielen die im obigen Überblick genannten südafrikanischen Probleme eine große Rolle dabei, dass ausländische **Investoren** sich vor Direktinvestitionen scheuen. Das Land verliert so immer mehr an Konkurrenzfähigkeit. Einzig der Handel zwischen Deutschland und Südafrika verzeichnet derzeit starke Zuwächse (s. u.).

Konkurrenzfähigkeit?

Zwar war **China** 2010/11 sowohl das Hauptabnehmer- als auch das Hauptlieferland Südafrikas, die bilaterale Handelbeziehung zu Deutschland (2. Platz der Lieferländer, 4. Platz der Abnehmerländer) ist allerdings sehr gut und eine Konstante in der südafrikanischen Wirtschaftsgeschichte.

Bereits zu Zeiten der Apartheid war **Deutschland** einer der wichtigsten Handelspartner Südafrikas. Nach der politischen Wende 1989/90 sah man die Deutschen weiterhin als Verbündete, als immer noch wichtige Wirtschaftspartner und Helfer beim Aufbau einer nicht-rassistischen Demokratie. Zudem hatten private deutsche Stiftungen im Rahmen von Entwicklungsprojekten in der Vergangenheit viel geleistet.

Vor allem Autoteile kommen aus Deutschland

Besonders in den letzten zehn Jahren wird deutschen Unternehmen allerdings vorgeworfen, mit ihren Investitionen die Apartheid mitfinanziert zu haben. Im Jahre 2002 reichten Apartheidopfer eine Sammelklage in den USA gegen mehr als 50 international tätige Unternehmen auf Entschädigung ein, darunter auch fünf deutsche Unternehmen. Im Juli 2009 ließ eine US-Richterin die Klagen gegen fünf große Unternehmen zu, darunter gegen Daimler und Rheinmetall. Im Dezember 2013 wies sie jedoch die Klagen gegen die beiden deutschen Konzerne ab.

Chancen-kontinent Afrika

Der **deutsch-afrikanische Außenhandel** 2011 erreichte mit 45,7 Mrd. Euro (plus 7,2 %) laut Auswärtigem Amt ein Rekordniveau. Die Bundesregierung unterstützt dabei Unternehmen bei ihrem Engagement in Afrika, zudem wurde 2013 mit Südafrika eine Energiepartnerschaft beschlossen. Wie in den letzten Jahren sind die Posten Rohstoffe, Kfz und -Teile sowie Maschinen die wichtigsten deutsche Exportgüter nach Südafrika.

Landwirtschaft

Weinberge am Westkap

Ökonomisch trägt die Landwirtschaft mit 2,4 % kaum zum Bruttoinlandsprodukt Südafrikas bei; nur 10 % des Staatsgebietes können überhaupt landwirtschaftlich genutzt werden. Das Land ist besonders für seinen guten Wein und die Obstkulturen bekannt. **Die wichtigsten Abnehmer** sind die Mitgliedsländer der EU, durchschnittlich wird jährlich Obst im Wert von ca. 2 Mrd. Euro nach Europa exportiert.

Problematisch für die Bauern wird in den nächsten Jahren die **Wasserversorgung** sein. Die Agrarwirtschaft verbraucht heute schon bis zu 60 % der Wasserressourcen, auch weil viele Farmer das Wasser unkontrolliert in die Felder laufen lassen.

Wasserver-schwendung

Mit der **Klimaerwärmung** verstärkt sich das Problem: Die Pflanzen der Kartoffelbauern im Karoo werden anfälliger, die Weinfarmer am Kap brauchen zusätzliche Versorgungssysteme zur Bewässerung der Reben. Vgl. zum Klimawandel in Südafrika auch den Kasten auf S. 51.

Der Weinbau und die Obstkulturen

Der Süden der RSA liegt annähernd gleich weit vom Äquator entfernt wie das Mittelmeer. Die südwestliche Kapprovinz hat ein ähnlich **warm-gemäßigtes Subtropen-**

klima wie die mediterranen Küstenhöfe. Bei Durchschnittstemperaturen um 20 °C und einer intensiven Sonneneinstrahlung sind die klimatischen Voraussetzungen für den Anbau von Wein- und Obstkulturen recht günstig.

Das **Kapland** ist heute das führende Wein- und Obstanbaugebiet in Südafrika: Von hier kommen über 75 % des Obstes und der (Tafel-)Trauben. Neben der Weintrauben-Produktion sind auch die Ernte- und Exportergebnisse von Äpfeln, Birnen, Zitrusfrüchten, Aprikosen, Avocados, Mangos, Bananen und Erdbeeren als gut zu bezeichnen. Seit Jahren bekannt sind die dortigen Weinauktionen, auf denen jährlich nicht *Reiche* nur die neuen Weine vorgestellt und verkauft werden, sondern auch Weinliebhaber *Ernten* ausgewählte Flaschenweine für hohe Summen erwerben können.

Heute findet man auch im Oranje-Tal bei Upington (nördliche Kapprovinz) **Weinfelder**, deren hohe Ernten vor allem der bewährten Bewässerungstechnik geschuldet sind. Hier befindet sich das Zentrum der Sultaninen-Erzeugung. Erwähnenswert sind auch die kleineren Weinbaugebiete in Mpumalanga, wo als Spezialität Reben für die Tafeltraubenproduktion gezogen werden.

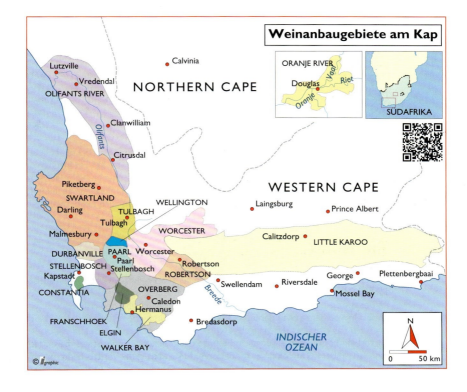

Ausgewiesene Routen und Auskunftstellen machen es den Touristen leicht, die insgesamt **14 Weinbauregionen** aufzusuchen und sich auf angenehme Art in die südafrikanische Weinkunde einführen zu lassen. Auf diesen Fahrten lernt man auch die einzelnen **Obstanbaugebiete** kennen, die ebenfalls ausgedehnt werden konnten und sich auf bestimmte Früchte spezialisiert haben. Bekannt für den Apfel- und Birnenanbau sind im Kapland die Ortschaften Ceres und Tulbagh (Bokkeveld). Die natürlichen Bedingungen erlauben hier sogar, geschlossene Obstpflanzungen auf einer Gesamtfläche von 5.400 ha anzulegen. Der Großteil der Ernten wird zu Fruchtsäften verarbeitet, die in nahezu allen Lebensmittelgeschäften im südlichen Afrika angeboten werden. Bekannt ist auch das Apfelanbaugebiet bei Elgin und Grabouw. Von hier stammen etwa 25 % der „Cape Apples", die sofort in den Export gelangen, sobald sie gepflückt sind, und selten zwischengelagert werden. Als weitere Früchte aus dem Kapland sind Aprikosen, Pfirsiche und Pflaumen zu nennen, die vor allem auf den Obstplantagen bei Villiersdorp und Vyeboom angepflanzt werden und vorwiegend auf dem Inlandsmarkt zum Verkauf gelangen.

Fruchtsäfte

In den letzten Jahren zeigt die Produktion von **Sonderkulturen** (sub- und tropische Fruchtbäume) für den Binnen- und Überseemarkt eine expandierende Tendenz. Zitrusfrüchte (Valencia-Apfelsinen, Navals, Pampelmusen) stellen die bedeutendsten Marktprodukte dar. Sie werden über das Citrus Board unter der Bezeichnung Outspan (Afrikaans: ausspannen) weltweit verkauft. Problematisch ist die Situation der kleineren, unter 50 ha großen Farmbetriebe, die die höheren Pflücklöhne oder die zunehmende Maschinisierung wirtschaftlich nicht verkraften können. Auf den mittleren und großen Betrieben wird als Ergänzung Schlachtvieh gehalten oder tropische Früchte wie Mangos, Papayas, Guaven und Litschis angepflanzt. Gut ausgebaute Nahverkehrswege zu den Ballungs- oder Touristenzentren (Hotels) sorgen für ständigen und raschen Absatz. Kleinbetriebe konnten sich nur in den feuchten und heißen Zonen in Mpumalanga oder in der Küstenregion von KwaZulu-Natal halten, sie hatten sich auf den Bananenanbau spezialisiert.

Tropische Früchte

Die **industrielle Verarbeitung** der tropischen und subtropischen Früchte hat heute einen hohen Standard erreicht und expandiert weiter. Betriebe zur Erzeugung von Trockenfrüchten und Konservenfabriken befinden sich fast immer in Nähe der größeren Bewässerungs- und Anbaugebiete. Ihre Produkte sorgen nicht nur für ein umfassendes Angebot auf den Binnenmärkten, sondern gewinnen auch Exportmärkte.

Tourismus

Bereits seit den 1960er-Jahren ist Südafrika ein beliebtes Reiseziel vieler in- und ausländischer Besucher. Die gesamte touristische Infrastruktur erfuhr seit dem Ende der 1970er-Jahre einen Ausbau. Damals galt es zunächst, den Flugbetrieb reibungsloser abzuwickeln, was den Ausbau der Flughäfen und des ausländischen Flugangebots nach sich zog. Auch das inländische Fluganbebot wurde vergrößert und mit dem internationalen Flugverkehr koordiniert. Ballungs- und Touristikzentren können heute mehrmals täglich von allen größeren Flughäfen des Landes erreicht werden. In der Vorbereitung zur Fußball-WM 2010 wurde der 1952 erbaute Flughafen Johannesburg in O. R. Tambo Inter-

Ausbau

national Airport unbenannt und bis 2009 erweitert. Im Mai 2010 eröffnete in Durban der neue King Shaka International Airport, der den Durban International Airport ersetzt.

Auch wenn im gegenwärtigen Verkehrswesen die **Eisenbahnen** (SAR = *South African Railways*) für den Tourismus (Nah- wie Fernbereich) eine eher unbedeutende Rolle spielen, werden neben einem gut ausgebauten Busservice beliebte Zugverbindungen zwischen den wichtigsten Ferien- und Ballungszentren unterhalten. Der bekannteste und oft im Voraus ausverkaufte Zug ist der Blue Train, der ursprünglich als schnellste Verbindung vom größten Einwanderer- und Einreisehafen Kapstadt zur Pretoria–Witwatersrand–Conurbation (1.600 km) gedacht war. Für Luxusreisende ist der elegant eingerichtete Zug heute v. a. auf der Strecke Pretoria – Kapstadt – Port Elizabeth eine echte Alternative zu den Linienflügen.

Sehr gut ausgebaut ist das südafrikanische **Straßennetz**. In den letzten Jahrzenten wurden neben den erforderlichen Tunnel- und Brückenbauten Autobahnen im Einzugsbereich der Großstädte angelegt sowie das Netz der National- und Provinzialstraßen vergrößert und über weite Strecken mit einer Bitumendecke versehen. Südafrika besitzt ein Straßennetz von rund 754.000 km Länge, davon rund 9.600 km Nationalstraßen. Das Fahren größerer Strecken von bis zu 1.000 km am Tag ist ohne besondere Schwierigkeiten möglich, da die Nationalstraßen mit Rastplätzen versehen sind und außerhalb der Ballungsgebiete oft schnurgerade durch äußerst dünn besiedeltes Gebiet führen. Im Zuge der WM wurden die Straßen weiter verbessert und Strecken ausgebaut.

Autoland Südafrika

Neben der Verbesserung der Infrastruktur wurden für das **Fußball-Großereignis** historische Bauten renoviert und neue Hotels gebaut, außerdem entstanden neue Sport- und Freizeiteinrichtungen u. v. m. Nach der WM erhofften sich die Verantwortlichen, im Jahr 2010 endlich die 10-Mio.-Urlauber-Marke zu übertreffen, dies erwies sich allerdings als zu hoch gegriffen. Von Januar bis November des Jahres kamen etwa 7,3 Mio. Besucher, im gleichen Zeitraum 2011 gab es eine Steigerung von 2,7 %. Der Großteil der afrikanischen Besucher kommt aus den Nachbarländern. An der

Südafrika ist auf Pauschaltouristen (wie hier in Sun City) ...

... genauso eingestellt wie auf individuelle Entdecker

Spitze der Übersee-Herkunftsländer stehen nach der Zahl der Besucher Großbritannien, die USA, Deutschland, die Niederlande und Frankreich. Aus Deutschland *Mehr* kamen 2011 sogar 9,9 % mehr Touristen als im Vorjahr! Im Jahr 2012 wurden über 9 *Deutsche* Mio. Gäste gezählt, ein Zuwachs von 10,2 % gegenüber 2011. Nach diesen Erfolgszahlen steckte das Tourismusministerium die Ziele noch höher: So soll die Zahl der internationalen Besucher bis 2020 auf 15 Mio. anwachsen und damit den Anteil des Tourismus am Bruttoinlandsprodukt von ca. 19 auf ca. 49 Mrd. Euro steigern. Auf diese Weise sollen 225.000 Arbeitsplätze entstehen.

In den letzten Jahren hat sich ein **Massentourismu**s ins südliche Afrika mit voll organisierten Besucherprogrammen entwickelt. Verbilligte Gruppenflüge in Linien- und *Hohe* Chartermaschinen werden inzwischen von zahlreichen Reisediensten in Deutschland *Betten-* angeboten und gewinnen von Jahr zu Jahr an Bedeutung. Die Zusammenarbeit mit *kapazität* den südafrikanischen Eisenbahnen sowie mit internationalen Reiseagenturen und Luftfahrtgesellschaften macht dies möglich. Fast alle Besucher lockern ihr Reiseprogramm mit privaten oder offiziellen Rundreisen und Ausflügen zu den bekanntesten Touristenzentren, den Nationalparks und Seebädern auf. Die ganzjährig hohe Besucherzahl sowie die entsprechende Bettenkapazität in den Küstengebieten und die lange Belegzeit in den Camps der Nationalparks weisen auf die Bedeutung dieser Gebiete hin.

Auch abseits der Touristenzentren hat sich in den letzten Jahren viel getan: Naturschutzgebiete für bedrohte Pflanzen und Tiere wurden mit Naherholungsflächen verknüpft, **Heilbäder** verstärkt für den Tourismus ausgebaut und Mineralquellen für einen größeren thermalen Kurbetrieb erschlossen. Jagdfarmen und kommerziell geführte Wildfarmen erfreuen sich nach wie vor großer Beliebtheit und versuchen die Rentabilität ihrer Landwirtschaft mit dem Verkauf von Fellen und dem begehrten Dörrfleisch (Biltong) zu erreichen.

Für interessierte Touristen wird das südliche Afrika mit seiner regionalen Vielfalt und seinen zahlreichen Widersprüchen nichts von seiner **Attraktivität** einbüßen.

Die Gesellschaft Südafrikas

Die **Landflucht** in Südafrika schreitet unaufhaltsam voran: ein Trend, den die Klimaveränderungen noch verstärken werden. 2010 lebten bereits 62 % der Gesamtbevölkerung Südafrikas in Städten, bis 2015 wird mit einer jährlichen Zunahme von 1,2 % gerechnet. *Landflucht*

Es bestehen erhebliche Unterschiede im **Urbanisierungsgrad** bei den einzelnen Bevölkerungsgruppen. Die Asiaten leben fast komplett in Städten (97,5 %), gefolgt von den Weißen (knapp 90 %), während die schwarze Bevölkerung unterhalb des Gesamtdurchschnitts (56 %) liegt. Mit 87 % ist der Urbanisierungsgrad der Coloureds fast ebenso hoch wie der der Weißen. Der Anteil der schwarzen Bevölkerung in den Städten wächst aber rapide, da die regulierenden Zuzugsbestimmungen bereits 1986 abgeschafft wurden. Der Grund für diese Entwicklung liegt vor allem in der Hoffnung der Menschen, hier Arbeit zu finden.

Bevölkerung

Südafrika – ein Vielvölkerstaat im Wandel

Mit 51,77 Mio. Einwohnern (2011) ist die heutige Republik Südafrika (RSA) der bevölkerungsreichste Staat im südlichen Afrika. Dabei leidet das Land noch immer unter den Folgen der jahrzehntelangen Apartheidgesetzgebung, die die gesamte Bevölkerung in Gruppen unterteilte und ihre menschlichen Grundrechte bis ins Detail reglementierte. Gleichzeitig sorgte sie für die politische und wirtschaftliche Dominanz einer weißen Minderheit über die zahlenmäßig nicht-weiße Mehrheit. Von einem „Schmelztiegel der Rassen" oder dem Zusammenwachsen einer multikulturellen Gesellschaft konnte lange sicherlich nicht die Rede sein. *Schmelztiegel*

Die größte Bevölkerungsgruppe bilden die **schwarzen Afrikaner** (79,4 % der Gesamtbevölkerung), die zu den bantusprachigen Völkern des südlichen Afrika gehören. An zweiter Stelle stehen die **weißen Afrikaner** (9,1 %), die bis 1960 noch als Europäer bezeichnet wurden, obwohl viele von ihnen seit mehreren Generationen in Südafrika leben. Sie betrachten das Land ebenfalls als ihre Heimat und haben keine Verbindung mehr zu ihren europäischen Mutterländern. Kein anderer Staat in Afrika hatte jemals einen solch hohen weißen Bevölkerungsanteil.

Die drittstärkste Gruppe bilden mit 8,9 % Anteil an der Gesamtbevölkerung die **Coloureds** (ehem. „Farbige", also Menschen gemischter Herkunft), die historisch bedingt vorwiegend im westlichen Kapland leben. Die vierte und letzte größere Bevölkerungsgruppe sind die **Inder/Asiaten** (2,6 %), deren nach wie vor bestehende traditionell-kulturelle Eigenständigkeit insbesondere in ihrer Sprache und Religionszugehörigkeit sichtbar wird. Sie leben vorwiegend in KwaZulu-Natal und im Raum Durban-Pinetown. Eine Abwanderung in andere große Städte ist sowohl bei den Coloureds als auch bei den Indern festzustellen.

Bevölkerungsgruppen

Ein San zeigt die Waffenherstellung

San

Schon vor 12.000–15.000 Jahren scheinen San im südlichen Afrika gelebt zu haben. Ihre Herkunft ist bis heute unbekannt. Sie sind keine Beziehungen mit den Khoikhoi, Schwarzen oder Weißen eingegangen. Dazu war wahrscheinlich ihre Lebensweise zu unterschiedlich, denn seit jeher waren sie **umherziehende Jäger**, deren Lebensraum nie klar definiert war, sondern sich vielmehr den Naturgegebenheiten anpasste. Viele Felsmalereien in Namibia, Botswana und Südafrika sind Überbleibsel ihrer alten Kultur und legen Zeugnis von ihren Jagdzügen ab. Diese prähistorischen Kunstwerke zeigen sehr naturalistisch dargestelltes Wild, während der Mensch zurücktritt und nur abstrakt, langbeinig, ohne Gesicht und Profil skizziert ist.

Heute leben nur noch ca. **100.000 San** im südlichen Afrika, bevorzugt in den Gebieten der Kalahari, an der Namibia, Botswana sowie Südafrika Anteil haben. Sie zogen sich hierher zurück, als nomadisierende Viehzüchter bei der Suche nach neuen Weidegründen das Wild vertrieben und so den San die natürliche Nahrungsgrundlage raubten. Die San wurden immer weiter in unzugängliche und unwirtliche Gebiete zurückgedrängt, wo sie z. T. heute noch mit steinzeitlichen Werkzeugen jagen und in großem Einklang mit dem Rhythmus der Natur leben. Sie können u. a. tagelang ohne Nahrung und Wasser auskommen.

Khoikhoi

„Khoikhoi" bedeutet so viel wie „Mensch-Menschen" oder „die eigentlichen, wahren Menschen".

Die Khoikhoi untergliedern sich in viele Untergruppen, von denen zwei im südlichen Afrika leben:
- **Nama** (in Namibia)
- **Orlam** (im Gebiet der Republik Südafrika).

Klicklaut-Sprachen

Die Khoikhoi haben gewisse **Ähnlichkeiten mit den San**, auch ihnen ist ein etwas hellerer Hautton eigen. Ihre Ursprungsheimat vermutet man im Nordosten Afrikas. Manche Forscher meinen, dass dieses Volk aus einer Vermischung von San und Hamitisch sprechenden Hirtenvölkern hervorgegangen ist. Vor allem sprachliche Gemeinsamkeiten stützen diese Hypothese: Im heutigen Tansania werden Klicklaut-Sprachen gesprochen, die gewisse Ähnlichkeiten in Grammatik und Wortstamm aufweisen.

Als die Weißen ans Kap kamen, lebten die Orlam als Viehzüchter. Von Beginn an waren sie kooperationsbereit, doch gerade dadurch büßten sie ihre Identität ein und wurden von Coloureds, Malaien und Schwarzen „absorbiert". Heute leben in Südafrika keine ursprünglichen Orlam mehr. Den verwandten Stamm der Nama trifft man jedoch auch heute noch in Namibia an.

Schwarze

Vom 16. bis 19. Jh. sind viele schwarzafrikanische Stämme aus den Gebieten um die Großen Seen auf der Suche nach neuen Weidegründen in den südlichen Teil des Kontinents eingewandert. Die Gründe für ihren Wegzug können nur vermutet werden: Vielleicht mussten sie wegen Stammesfehden in andere Gebiete ziehen oder das zu beweidende Land wurde aufgrund steigenden Bevölkerungsdrucks und längerer Dürren zu klein, um alle versorgen zu können.

Die schwarzen Südafrikaner stellen keinen homogenen Bevölkerungsblock dar, sondern unterscheiden sich sehr stark voneinander. Insgesamt werden sie in **acht große Hauptgruppen** gegliedert, die jedoch auch keineswegs homogen sind (allein bei den Zulu gibt es ca. 200 Stämme). Von der Bantu sprechenden Bevölkerung sind etwa 10,4 Mio. Zulu, 8,3 Mio. Xhosa und ca. 0,4 Mio. Ndebele.

Da die Stammesgebiete nicht mit den heutigen Staatsgrenzen Südafrikas identisch sind, leben Teile der Stämme auch in den Nachbarländern. So kommen jährlich Hunderttausende von Schwarzafrikanern nach Südafrika, um als „**Gastarbeiter**" für eine begrenzte Zeit ein Arbeitsverhältnis einzugehen:

Bunter Schmuck gehört zur Zulu-Tradition

▸ Sie schließen Arbeitsverträge mit Anwerbern der großen Minengesellschaften oder
▸ sie werden von ihren Regierungen förmlich „vermietet", was ihrem Heimatland Devisen einbringt.

Nach Ablauf der stets befristeten Arbeitsverträge versuchen viele, neue Verträge zu bekommen. Wenn ihnen das nicht gelingt, bleiben sie oft illegal in Südafrika. *Illegale*

Coloureds

Der Ursprung der Südafrikaner gemischter Herkunft reicht in die Zeit der Holländer zurück. Ihre Vorfahren sind zum größten Teil Khoikhoi, also Angehörige der Orlam, aber auch San, schwarze Sklaven aus Westafrika, Malaien, Angehörige der verschiedenen schwarzafrikanischen Stämme, Inder und Europäer. Man unterscheidet bei ihnen drei Gruppen: Die **Kap-Coloureds** und die **Griquas** wohnen im nordwestlichen und nordöstlichen Teil des Kaplandes und haben überwiegend Orlam und Europäer als Vorfahren. Die **Kapmalaien** stammen von islamischen Volksgruppen ab, die von der Ost-Indischen-Gesellschaft hierher gebracht wurden. Ihre Zahl beträgt heute ca. 200.000, und sie leben meist in den Malaienvierteln Kapstadts und auf der Kaphalbinsel. Sie sind sehr traditionsbewusst und pflegen heute noch ihre alten Sitten und Gebräuche.

Die meisten Coloureds (75 %) leben in der Stadt und sprechen zu 80 % als erste Sprache Afrikaans.

Inder/Asiaten

In Südafrika gibt es heute ca. 900.000 Inder und 9.000 bis 10.000 Chinesen. Bei den Indern handelt es sich um die größte Gruppe, die außerhalb Indiens und Pakistans lebt. Sie kamen in zwei Wellen ins Land.

Zuckerrohrarbeiter

Ab 1860 wurden indische Vertragsarbeiter in Süd- und Ostindien für die Zuckerrohrfelder in Natal angeworben. Es handelt sich um Angehörige der untersten Kasten, die meisten kamen aus der Schicht der Unberührbaren (Parias). Die Mehrheit der angekommenen Inder waren Hindus, die Fünfjahres-Arbeitsverträge erhielten. Danach gab es für sie folgende Wahlmöglichkeiten:

▸ sie konnten ihren Vertrag verlängern,
▸ sie konnten auf Regierungskosten in ihre Heimat zurückkehren oder
▸ sie erhielten Land in KwaZulu-Natal im Wert ihrer Rückpassage.

Neue Heimat Natal Die meisten entschieden sich für die Möglichkeit, Land zu erhalten, da ihnen die Lebensumstände in Natal mehr zusagten als in ihrer indischen Heimat. Die in Südafrika

Die Regenbogennation Südafrika ...

... hat viele Gesichter

verbliebenen Inder gingen in der Folgezeit ihrer bisherigen Tätigkeit nach und bearbeiteten das ihnen übergebene Land.

„Passage-Inder"

Sie bezahlten ihre Überfahrt selbst. Als britische Staatsangehörige konnten sie frei reisen und wollten in KwaZulu-Natal gewerblich tätig werden. Die meisten dieser Inder waren Moslems, die entweder auf Plantagen arbeiteten oder sich als Geschäftsleute niederließen. Von KwaZulu-Natal aus zogen sie als Händler, Handwerker oder Geschäftsleute nach Gauteng und in die Kapprovinz. Im Zuge des „Goldrausches" am Witwatersrand eröffneten viele dort ihre Geschäfte. Ihre Verdienstspanne war stets niedriger als die der Weißen, sodass die weniger verdienenden Schwarzen ihre Hauptkundschaft bildeten. 20 % der heutigen südafrikanischen Inder sind Nachfahren jener „Passage-Inder".

Profit aus Goldrausch

Weiße

Die meisten weißen Südafrikaner sind Nachfahren holländischer, französischer, britischer und deutscher Siedler. Etwa 55 % von ihnen sprechen zu Hause Afrikaans, der Rest Englisch. Doch praktisch alle verstehen beide Sprachen.

Europäische Abstammung

Die Afrikaans Sprechenden bezeichnet man auch als die „**Afrikaaner**". Sie sprechen damit die jüngste der in Südafrika gesprochenen Sprachen. Die „Afrikaaner" setzen sich von ihrer Abstammung her wie folgt zusammen: 40 % aus Holländern, 40 % aus Deutschen, 7,5 % aus Franzosen und 7,5 % aus Engländern. Der Rest verteilt sich auf andere europäische Nationen.

Die meisten „**Buren**" (= Nachkommen deutscher und niederländischer Siedler) lebten ursprünglich auf dem Land. Sie und ihre Vorfahren haben die südafrikanische Landwirtschaft in ihrer heutigen Form aufgebaut, doch heute wohnen sie zu 70 % in städtischen Regionen.

Die Englisch Sprechenden waren dagegen von Anfang an eher „Stadtmenschen" und prägten deshalb entscheidend das architektonische und soziale Leben der Städte. Ihr Tätigkeitsfeld war die Wirtschaft, insbesondere der Handel und die Industrie. Es waren vor allem Englisch sprechende Geschäftsleute, die sich im südafrikanischen Bergbau engagierten und damit die großen Eckpfeiler des Wohlstands setzten.

Die Rolle der deutschsprachigen Südafrikaner

Die **deutschen Beziehungen mit Südafrika begannen vor über 360 Jahren**, zu Zeiten der Niederländisch-Ostindischen Gesellschaft. Bereits 1652 waren zwei Deutsche – Paulus Petkauw aus Leipzig und Wilhelm Müller aus Frankfurt am Main – Mitglieder des politischen Rates Jan van Riebeecks, des ersten Gouverneurs am Kap der Guten Hoffnung. 1662 wurde der Deutsche Zacharias Wagenaar (Wagner) aus Dresden Nachfolger Jan van Riebeecks als Gouverneur. Der als Held gefeierte Wolraad Woltemade, der im Januar 1773 bei der Rettung Schiffbrüchiger von der gestrandeten „Jonge Thomas" ertrank, war ebenfalls Deutscher.

Unter den ersten neun Freibürgern, die 1657 am Kap Land erwarben, um eine eigene Landwirtschaft aufzubauen, waren drei Deutsche. Später sollten Deutsche wie Philip Morkel auf „Onverwacht", Henning Hüsing auf „Meerlust" und Johannes Höffke „Welgelegen" wesentlich zur Entwicklung des Weinbaus am Kap beitragen. Carl Georg Wieder war einst Eigentümer von „Groot Constantia", der berühmtesten Weinfarm am Kap.

Unter den Deutschen, die zum Kap auswanderten, waren nicht nur Farmer, sondern auch Baumeister, Landvermesser, Lehrer, Kupfer- und Hufschmiede, Müller, Bäcker, Apotheker und Wissenschaftler. Von den 422 Soldaten, die 1761 zur Verteidigung des Kaps in Diensten standen, waren 24 Niederländer und 398 Deutsche. Wilhelm Müller und Hieronymus Cruse übernahmen die Führung bei der Erforschung des Binnenlandes. Paul Herman, Heinrich Claudius und Johann Auge gehörten zu den ersten Wissenschaftlern, die in Südafrika Pflanzen sammelten und botanische Studien betrieben. Unter den deutschen Landvermessern waren Karl Wentzel, der die Beutler-Expedition begleitete, und Hendrik Hop, der während der Expedition nach Namaqualand Tagebuch führte.

Deutsche Missionsgesellschaften (Herrnhuter, Rheinische, Berliner, Hermannsburger) engagierten sich besonders beim Zivilisationsprozess. Sie bauten im Laufe der Jahre zwei Dutzend Schulen, von denen manche heute noch bestehen. Neben ihrem Beitrag zur Bildung haben die deutschen Missionare wirkliche Pionierarbeit geleistet: zum Beispiel Ewald Esselen als Rechtsgelehrter, Dr. Louis Leipoldt als bekannter afrikaanser Schriftsteller, Dr. Hans Merensky als wohl bedeutendster Geologe Südafrikas, Dr. Theo Dönges als Finanzminister, Dr. Theo Schumann als Präsident der Südafrikanischen Akademie für Wissenschaft und Kunst und Dr. E. H. D. Arndt als angesehener Nationalökonom.

Unter den bildenden Künstlern findet man Namen wie Erich Mayer, Irma Stern, Maggie Laubser und Elly Holm. Deutsche Ingenieure waren am Bau großer südafrikanischer Unternehmen wie ISCOR, ESCOM und SASOL beteiligt. Bei der Gewinnung der unermesslichen Bodenschätze Südafrikas steht der Name Ernest Oppenheimer an erster Stelle. Sir Ernest stammte aus Friedberg in Hessen und gründete den heutigen Weltkonzern „Anglo American Corporation".

Einen **Wermutstropfen** gibt es allerdings in den engen Beziehungen zwischen Südafrika und Deutschland: Transnational agierende Unternehmen haben jahrzehntelang mit dem südafrikanischen Apartheid-Regime kollaboriert. Dabei waren Verstöße gegen UN-Sanktionen ebenso an der Tagesordnung wie Verletzungen humanitärer Normen.

Die sozioökonomische Struktur

Die recht unterschiedliche Bevölkerungsstruktur Südafrikas spiegelt sich leider immer noch in ihrer sozioökonomischen Zusammensetzung wider. Zu lange hatte die Apartheidgesetzgebung den Rahmen der Bildung und Ausbildung, der Erwerbstätigkeit sowie des Einkommens beeinflusst: Daher entsprechen bestimmte soziokulturelle Gruppen immer noch in nicht unerheblichem Maße bestimmten Berufs- und Einkommensgruppen. *Folgen der Apartheid*

Die Armut hat inzwischen aber auch in einem nicht unerheblichen Maß und Umfang die weiße Bevölkerung erreicht. Die Zahl der weißen Arbeitsuchenden und der sozialen Randgruppen wie z.B. Obdachlose ist stark angestiegen. Langes Warten selbst auf einfache und kurzfristige Lohnarbeiten (Hausarbeiten, Botengänge) ist für viele alltäglich geworden.

Die Regierung hat neue Arbeitsgesetze erlassen, um die Benachteiligung der schwarzen Afrikaner und der Coloureds in der Vergangenheit auszugleichen. Die beiden wichtigsten Gesetze, der **„Employment Equity Act"** von 1998 und der **„Equality Act"** aus dem Jahr 2000, sollten dafür sorgen, dass Arbeitgeber eine „demografische Pro- *Wichtige Gesetze*

Ein kleines Business hält viele gerade so über Wasser

portionalität" in der Arbeitnehmerschaft schaffen. Anstatt feste Quoten vorzugeben, wird von den Arbeitgebern erwartet, eigene Ziele zu setzen und die Regierung über die Erfolge zu informieren. Die neuen Gesetze sollten die Arbeitnehmerschaft bis zum Jahr 2005 zu einem alle Bevölkerungsgruppen adäquat repräsentierenden Spiegel der Gesellschaft werden lassen; gleichzeitig führte diese Politik aber auch dazu, dass es für weiße männliche Arbeitnehmer trotz sehr guter Qualifikation schwierig geworden ist, *Aus-* einen Job zu finden. Offizielle Statistiken belegen, dass etwa 20 % der weißen Akade-*wanderung* miker auf der Suche nach besseren Arbeitsmarktbedingungen auswandern. Die Dunkelziffer wird noch viel höher geschätzt, da viele der Auswanderer dies bei der Ausreise nicht angeben, sondern sich einfach ins Flugzeug setzen.

So beginnt sich das **Muster der Ungleichheit** allmählich zu ändern. Die Kluft zwischen Arm und Reich wächst weiter, doch es ist nicht mehr nur eine Kluft zwischen den Hautfarben. Weder Reichtum noch Armut kann heute allein auf die Hautfarbe zurückgeführt werden.

Die soziale Not ließ auch die Zahl der kriminellen **Delikte** landesweit rasch ansteigen. Durch gesicherte Wohnhaus- und Gebäudeeingänge, Alarmanlagen und den Einsatz eines privaten Wachdienstes versucht man, sich vor ihnen zu schützen. Inzwischen gehören diese Einrichtungen zum Alltag, wie in vielen Städten Amerikas und Europas.

Auch im Bereich der Bildung und Ausbildung vollzog und vollzieht sich ein bedeutender **Ausgleichsprozess**. Die Ausgaben für das staatliche Schulwesen der schwarzen *Schulpflicht* Afrikaner sind gestiegen. Der Schulbesuch wurde durch die schrittweise Einführung der Schulpflicht gesteigert. Der Zugang zu sämtlichen Universitäten steht nun allen Bevölkerungsgruppen offen. Der Stand der Ausstattung in den einzelnen Schultypen bleibt allerdings recht unterschiedlich. Eine besondere Stellung nehmen weiterhin die zahlreichen privaten Schulen und Ausbildungsstätten ein. Ihre ideologische Spannbreite reicht von einer erzkonservativen bis zu einer weltoffenen Lehrmeinung.

Das **Bildungsbudget** macht einen hohen Anteil der jährlichen Haushaltsausgaben aus. Vor allem ist an eine Ausbildung in Industrie- und Handwerksberufen gedacht, bei denen ein großer Nachholbedarf besteht.

Neben der offiziellen Ein- und Auswanderung existiert seit Jahrzehnten eine **starke Arbeitsmigration** (Wanderarbeit) aus den übrigen afrikanischen Staaten. Die Wanderarbeiter besitzen keinen offiziellen Einwanderungsstatus, sondern gelten als temporäre Arbeitskräfte ("Gastarbeiter"), die nach Ablauf ihres Kontraktes (max. 2 Jahre) wieder in ihre Herkunftsländer zurückkehren müssen. Der Bargeldbedarf, die unterentwickelte Landwirtschaft sowie die staatliche Besteuerungspolitik in der Heimat sind häufige Motive für die Aufnahme einer Tätigkeit in Südafrika. Ein Überweisungs-*Wander-* dienst sorgt dafür, dass ein Teil des Lohnes in die Heimatländer geschickt wird. Über *arbeiter* 80 % dieser Wanderarbeiter waren bzw. sind bei den Gold- und Diamantenminen beschäftigt, während nur 4 % in der Landwirtschaft und im verarbeitenden Gewerbe tätig sind. Seit Mitte der 1970er-Jahre stammten die meisten Wanderarbeiter aus den Nachbarstaaten wie Lesotho, Swasiland und Mosambik und nicht mehr aus weiter entfernt liegenden Staaten. Neben den offiziell gemeldeten Wanderarbeitern halten sich schätzungsweise über 1 Mio. Arbeitsuchende illegal in Südafrika auf.

Folgende Merkmale bestimmen das südafrikanische Populationsmuster:

- Es besteht ein deutlicher **Ost-West-Gegensatz**. Die trockenen westlichen Landesteile sind dünner besiedelt. Nur wenige Mittel- und Kleinstädte liegen hier wie Punkte in einem weiten und extensiv genutzten Farmland.
- Die Mehrzahl der Bevölkerung konzentriert sich auf **vier Ballungsräume**: Tshwane (Pretoria)-Johannesburg, Durban und Umland (Pinetown), Großraum Kapstadt und Port Elizabeth-Uitenhage.
- Die **Landflucht** aller Bevölkerungsteile in die vier Verdichtungsräume hält an.
- Die ursprüngliche Tendenz der wirtschaftlich aktiven Bevölkerung, in die Hauptmetropole Pretoria-Johannesburg abzuwandern – zeitweise als „Zweiter Großer Trek" bezeichnet –, hat nur gering nachgelassen.
- Die **Aufsiedlung** der von den Weißen aufgegebenen Gebiete im trockenen Binnenland durch Farbige und Schwarze geht ebenfalls weiter.
- Die Zahl und Ausdehnung der Marginalsiedlungen (**Elendsviertel**) am Rande aller städtischen Siedlungen nahm seit der Aufhebung der Zuzugskontrollen im Jahr 1986 **rapide** zu. Ausschlaggebendes Motiv für die Abwanderung ist die Arbeitssuche.
- Der rasant verlaufende **Verstädterungsprozess**, der sich in ganz Afrika bemerkbar macht, ist auch in Südafrika ungebremst. Erscheinungen der „Dritten Welt" und der „Ersten Welt" liegen räumlich oft dicht beieinander.
- Als spezifische Folge des starken wirtschaftlichen und infrastrukturellen Gefälles zwischen dem Kernraum Tshwane (Pretoria)-Johannesburg (Gauteng) und den peripheren Räumen im südlichen Afrika existiert weiterhin die internationale **Wanderarbeit**.

Populationsmuster

Amtliche Schätzungen (u. a. von UNO und Weltbank) gingen von einem weiteren hohen natürlichen Bevölkerungswachstum in den nächsten Jahren aus, wobei die schwarze Bevölkerung am stärksten zunehmen würde. Doch die hohe HIV-Infektionsrate hat diese Prognosen zunichtewerden lassen. Pro Jahr sterben fast 0,5 Mio. Menschen an der Krankheit. Die Auswirkungen auf das Bevölkerungswachstum sind noch nicht absehbar, werden jedoch mit Sicherheit gewaltig sein.

Zunächst ist es daher von grundlegender Bedeutung, Programme sowohl zur Verhütung und **AIDS-Aufklärung** zu realisieren. Daneben ist vor allem eine entscheidende Verbesserung der Lebensverhältnisse für weite Teile der schwarzen Bevölkerung geboten.

Aufklärungsaktivistin

2. SÜDAFRIKA ALS REISELAND

Straßenschild im West Coast National Park

Allgemeine Reisetipps A–Z

 Hinweis

In den **Allgemeinen Reisetipps** finden sich – alphabetisch geordnet – reisepraktische Hinweise für die Vorbereitung Ihrer Reise und Ihres Aufenthalts in Südafrika. **Regionale Reisetipps** – Infostellen, Sehenswürdigkeiten, Unterkünfte, Restaurants etc. – finden sich im Reiseteil bei den jeweiligen Städten, Ortschaften oder Regionen. Alle Angaben über Preise, Telefonnummern, Websites, Öffnungszeiten etc. waren zum Zeitpunkt der Drucklegung gültig, sind aber konstant Änderungen unterworfen.

A 〉 Adressen

- **South African Tourism Board**: Das südafrikanische Fremdenverkehrsbüro erteilt touristische Auskünfte über das Land und hält hervorragendes Informationsmaterial. *Siehe dazu auch Stichwort Fremdenverkehrsbüros.*
- In **Deutschland** (auch für **Österreich/Schweiz**): South African Tourism, Friedensstraße 6–10, D-60311 Frankfurt/Main, ☎ 0800-1189118 (kostenlos), www.dein-suedafrika.de, www.southafrica.net.
- In **Südafrika**: Bojanala House, 90 Protea Road, Chislehurston, Johannesburg 2196, Private Bag X 10012, Sandton 2146, ☎ 011-895 3000, www.southafrica.net.
- **Nomad Africa Adventure Tours**: Bietet Touren zu den Victoria-Fällen, zum Kruger Park, nach Botswana, Namibia, Uganda/Ruanda. 39 Castle Street, Cape Town, ☎ 021-426-5445, www.nomadtours.co.za.
- **Deutsch-Südafrikanische Gesellschaft e.V.**, z. B. Landesverband Hamburg, Wexstr. 28, 20355 Hamburg, ☎ 040-343604.
- **Ritztrade**: Geschäftsvermittlung und Immigrationsservice, www.ritztrade.de.

Für Web-Adressen s. Stichwort Internet/Internet-Tipps.

Alkohol

- Alkoholkonsum ist **ab 18 Jahren** erlaubt. Derzeit wird diskutiert, die Altersgrenze auf 21 Jahre anzuheben.
- Man kann alkoholische Getränke (auch Bier) nur in besonderen Geschäften, den sogenannten **Bottle Stores**, kaufen. Diese haben sonntags geschlossen. Wein kann allerdings Mo–Sa im Supermarkt gekauft werden.
- In nicht-lizensierten Lokalen darf zwar kein Alkohol ausgeschenkt, dafür aber mitgebracht und getrunken werden („bring your own").
- Alkoholkonsum in der Öffentlichkeit (außer in lizensierten Lokalen) wird nicht gern gesehen.

Apotheken

In Südafrika sind Apotheken gleichzeitig Drogerien. Sie heißen „Apteek" (Afrikaans) oder „Chemist" bzw. „Pharmacy" (Englisch). Wie in Europa gibt es auch einen Notdienst.

s. auch Stichwort Gesundheit zu Notapotheken

Auto fahren

s. auch Stichwort Tankstellen

- In Südafrika herrscht **Linksverkehr**.
- Folgende **Geschwindigkeitsbegrenzungen** gelten, wobei zu beachten ist, dass temporäre Geschwindigkeitsbegrenzungen zumeist nicht durch Schilder wieder aufgehoben werden:
  in städtischen Gegenden 60–80 km/h,
  auf Landstraßen 100 km/h,
  auf bestimmten Fernstraßen („Freeways" oder „Highways") 120 km/h.

‣ Das südafrikanische **Straßennetz** ist in gutem Zustand und relativ dicht, die wichtigsten Verbindungen sind asphaltiert (84.000 km). Auch ungeteerte „gravel roads" sind gepflegt. Deshalb kommt man innerhalb Südafrikas mit einem Pkw praktisch überall hin – ein Geländewagen ist ein Luxus, der sich u. U. nur für Lesotho und abgelegene Gebirgsregionen empfiehlt. Benzin ist überall erhältlich, das Tankstellen-Netz geknüpft. Es besteht Anschnallpflicht sowie eine Promillegrenze von 0,5 für Fahrer. Bei Übertretungen drohen strenge Strafen.

‣ Auch im Linksverkehr hat **rechts Vorfahrt**, dies gilt ebenso im Kreisverkehr.

‣ In abgelegenen ländlichen Gebieten Südafrikas sowie den ehemaligen Homelands muss man damit rechnen, dass öfter Vieh die Straße überquert. Von **Nachtfahrten in ländlichen Gebieten** ist abzuraten, oft fahren unzureichend beleuchtete Fahrzeuge. Die Townships der Großstädte sind auf jeden Fall zu meiden.

‣ „**Four-Way-Stop**": Viele Kreuzungen weisen an jeder Straße ein Stoppschild, unter dem „4-Way" steht, auf. Das bedeutet, dass derjenige zuerst fahren darf, der als Erster an der Haltelinie zum Stehen gekommen ist.

‣ Touristen benötigen einen **internationalen Führerschein** mit Foto und ihrer Unterschrift. Dieser ist gegen Vorlage des nationalen Führerscheins sowie eines biometrischen Lichtbildes beim Straßenverkehrsamt relativ schnell erhältlich, wenn man im Besitz eines Kartenführerscheins ist. Ansonsten muss der alte Papier-Führerschein erst gegen einen im Kartenformat getauscht werden, was Kosten verursacht und die Bearbeitungszeit auf viele Wochen ausdehnen kann. Zum Anmieten eines Fahrzeugs ist allerdings auch der jeweilige **nationale Führerschein** notwendig, außerdem ist der internationale nur in Verbindung mit ihm gültig!

‣ Wenn ein Fahrzeug zum **Überholen** Platz macht, bedankt man sich nach abgeschlossenem Überholmanöver mit dem Warnblinker.

‣ **Parkwächter** an offiziellen Parkflächen werden mittlerweile von den Städten und Gemeinden „autorisiert". Sie bekommen zwar kein Geld von Staatsseite, dafür aber bürgt der Staat dafür, diese Parkwächter vorher auf Ehrlichkeit „geprüft" zu haben. Dieses System funktioniert gut und gibt vielen Menschen eine Chance auf Arbeit. Zu erkennen sind die offiziellen Parkwächter an auffälligen, meist gelben oder orangefarbenen Gummijacken. Das Bewachen seines Fahrzeugs sollte man nach seiner Rückkehr mit 2–5 R vergüten.

 Hinweis

Einige Highways und N-Straßen unterliegen einer Nutzungsgebühr, deshalb sollten Sie immer Münzen bereit halten. Eine Liste dieser „Toll Routes" mit weiteren Informationen (u.a. zu Mautstationen) finden Sie im Internet unter www.routes.co.za/toll roads/index.html.

Automobilclubs

Die „Automobile Association of South Africa" (= AA) bietet hervorragende Dienste für den Autoreisenden an. Wenn man Mitglied z. B. in den deutschen Automobilclubs ADAC oder AvD ist, wird gegen Vorlage des Mitgliedsausweises kostenlos Hilfe gewährt. Man erhält u. a. Karten und Tourenvorschläge.

AA Pannenhilfe: Denis Paxton House, Kyalami Grand Prix Circuit, Allendale Road, Kyalami, ☎ 0861-000-234 (24h-Notfall-Hotline), 011-799-1001 (Allg. Anfragen), www.aa.co.za.

Autovermietung

▸ Höchstmaß an Individualität

Die Kombination von Mietwagen, Unterkünften und Inlandsflügen erweist sich zur Überbrückung weiter Strecken gerade für Südafrika als optimal. Wenn nicht die Kombination, so sollte man zumindest sein Fahrzeug bei einem Veranstalter in Deutschland vorausbuchen. Die hier gewährten Preise sind niedriger als in Südafrika, und das Fahrzeug steht sicher am Flughafen bereit – so erspart man sich vor Ort jeglichen Organisationsstress. Auf diese Weise kann man einen wirklich individuellen Südafrika-Urlaub gestalten.

Buchungen von Kombination oder Fahrzeugen sind z. B. möglich bei **Iwanowski's Individuelles Reisen**, ☎ 02133-26030, www.afrika.de.

▸ Mietwagenfirmen

Die großen Mietwagenfirmen in Südafrika, voran Budget, Europcar und Avis (Kontakt s. u.), verfügen über große Fahrzeugflotten mit unterschiedlichen Fahrzeugtypen (siehe Empfehlungen unten). Für die Vermietung ist eine Kreditkarte erforderlich, Fahrer unter 21 Jahren müssen eine Zusatzgebühr zahlen.

Budget Rent-A-Car
Südafrika: Zentrale Reservierungsnummer: ☎ 086-101-6622 oder 011-398-0123, www. budget.co.za.
Europcar
Deutschland: Service-Nummer: ☎ 040-520188000, www.europcar.de.
Südafrika: Zentrale Reservierungsnummer: ☎ 0861-131-000 oder 011-479-4000, www.europcar.co.za.
Avis Rent-A-Car
Deutschland: Internat. Reservierungsbüro und Informations-Hotline, ☎ 01806-217702, www.avis.de.
Südafrika: Zentrale Reservierungsnummer: ☎ 0861-021-111 oder 011-923-3660, www.avis.co.za.

▸ Lokaler oder überregionaler Vermieter?

Zweifelsohne sind die lokal operierenden Vermieter möglicherweise günstiger als die überregional arbeitenden Unternehmen. Einige kleinere Firmen wie Tempest versuchen sich derzeit auf dem überregionalen Markt. Aber: Ein lokaler Vermieter ist nur anzuraten, wenn man sich im engeren Umkreis bewegt. Sobald man weite Fahrten plant oder „one-way" fährt, empfiehlt sich die Anmietung bei einer der großen Firmen (s. o.). Im Pannen- oder sonstigen Notfall wird man den schnellen, professionellen Service zu schätzen wissen. Außerdem vermieten die großen Firmen stets neuwertige Fahrzeuge, während die lokalen Anbieter zumeist gebrauchte Fahrzeuge zur Verfügung stellen.

▸ Fahrzeugempfehlungen

Für die heißen Sommermonate sollte man auf jeden Fall ein Auto mit Klimaanlage wählen. Ein Wagen mit Automatik fördert die Fahrkonzentration und erleichtert so die Gewöhnung an den Linksverkehr. Wer auf Nummer sicher gehen will, sollte ein Sicherheitsfahrzeug wie Mercedes wählen. Südafrikanische Autofahrer sind meist nicht zimperlich, was das Übertreten von Geschwindigkeiten und das Missachten von Überholverboten betrifft.

Für **Camping-Ferien** oder bei Touren durch **unwegsames Gelände** mietet man am besten einen Camper. *Siehe Stichwort Camper.*

▸ **Versicherungsabkürzungen**
CDW (**Collision Damage Waiver**): Vollkasko mit Haftungsbefreiung für Schäden am Mietwagen.
TLW (**Theft Loss Waiver**): Diebstahlversicherung, bei der man aber unbedingt die Bedingungen lesen sollte, z. B. ist der Diebstahl von Einzelteilen (Reifen, Felgen, Spiegel etc.) i. d. R. nicht abgedeckt!
PAI (**Personal Accident Insurance**): Diese Versicherung deckt bei Unfall oder Todesfall Fahrer und Mitfahrer ab, wobei die maximal auszuzahlende Versicherungssumme nach europäischen Maßstäben sehr niedrig ausfällt.

 Achtung

Bei allen o. g. Versicherungen ist das persönliche Gepäck im Fahrzeug nicht mitversichert. Dazu benötigt man eine Reisegepäckversicherung, die man schon von zu Hause aus abschließen sollte.

▸ **Grenzübertritte**
Die Fahrzeuge der o. g. Firmen sind zugelassen für Namibia, Botswana, Lesotho und Swasiland. Die **Einwegmiete** Südafrika–Namibia wird derzeit mit ca. 4.600 Rand berechnet, Südafrika–Botswana mit ca. 2.300 Rand. Bei allen Vermietern muss man für Fahrten in die genannten Länder einen **Letter of Authority** bestellen. Fahrten nach Angola, Malawi, Sambia und Simbabwe sind derzeit nicht gestattet. Nach Mosambik gibt es einzelne Ausnahmen. Die staatliche **Cross Border Fee** (Straßensteuer) für das Fahrzeug muss bei Grenzübertritt zusätzlich gezahlt werden.

s. auch Stichwort Grenzübergänge

Badestrände B

Südafrika rühmt sich seiner schönen, insgesamt mehr als 3.000 km langen Badestrände. Doch muss man beim Baden in Südafrika Folgendes bedenken:
▸ Der kalte Benguelastrom sorgt an der Westküste dafür, dass die Wassertemperaturen selbst im Sommer Nordsee-Niveau kaum übersteigen.
▸ Entlang der Garden Route ist das Baden aufgrund der Wassertemperaturen in den Monaten November bis April angenehm.
▸ Die ganzjährig wärmsten Wassertemperaturen hat die Natal-Nordküste aufzuweisen. Allerdings erreichen auch hier die Wassertemperaturen nicht karibisches Niveau.

Westküste	Beliebte Strände gibt es bei Strandfontein (nördlich von Lambert's Bay).
Südwestliches Kapland	Westlich von Mossel Bay liegen schöne Strandabschnitte bei Still Bay, Witsand und Infata-on-River (jeweils gut auf Stichstraßen von der N2 erreichbar). Schöne Strände finden sich auch bei Muizenberg (False Bay) sowie Clifton, Camps Bay und Hout Bay bei Kapstadt.

Garden Route	Heroldsbaai (südwestlich von George): Sandstrände und Tidepool (Gezeitenschwimmbad)
	Mossel Bay: geschützte Lagunen in Hartebos, Groot Braakrivier
	Sedgefield (westlich Knysna): lange Sandstrände
	Buffels Bay (bei Knysna): ebenfalls schöne Sandstrände
	Plettenberg Bay: lang gestreckte Sandstrände
	Nature's Valley (östlich Plettenberg Bay): ruhige, schöne Badestrände
	Tsitsikamma Coastal National Park: weniger zum Baden geeignet, dafür aber eindrucksvolle Steilküste mit Flussmündung (Storm's River)
	Oyster Bay: lange, z.T. wenig besuchte Sandstrände
	St. Francis Bay: weite Sandstrände, bewegtes Meer
	Bushmans-Fluss-Mündung und Kariega (südlich Grahamstown): Sandstrände, Lagunen
	Morgan's Bay: weniger zum Baden geeignet, dafür aber tolle Kliff-Küste mit hoher Gischt
Eastern Cape Province	Hier beginnt die große Hai-Gefahr, vor allem im Bereich der Province-Flussmündung, wo nach heftigen Regenfällen Schlamm ins Meer fließt – ein Tummelplatz für Haie.
	Besonders schöne Strände haben Port St. Johns sowie die Umgebung von Kei Mouth (Mündung des Great Kei-Flusses).
KwaZulu-Natal / Küste südlich von Durban	Generell sind alle großen Natal-Badestrände durch Netze gegen Haie gesichert. Dennoch sollte man sich vorher erkundigen, um das Baden in Ruhe und ohne Angst genießen zu können.
	Zwischen Port Shepstone und Port Edward gibt es besonders viele sehr schöne Sandstrände.
KwaZulu-Natal / Küste nördlich von Durban	Beste Strände hier zwischen Umhlanga Rocks, Umdloti Beach und Ballito. Nördlich von Zinkwazi Beach keine geeigneten Badestrände mehr (schwere Zufahrten und Haigefahr, da die Strände nicht mehr gesichert sind). Die Binnenseen und Lagunen eignen sich auch nicht zum Baden, denn in ihnen leben Flusspferde und Krokodile.

Behinderte und blinde Reisende

Obwohl Südafrika seit Jahren versucht, sich auf die Bedürfnisse behinderter Reisender einzustellen, gibt es immer noch Einschränkungen.
SAA (South African Airways) stellt an allen größeren Flughäfen Hilfsgeräte zur Verfügung. Hotels sollten vorab nach den vorhandenen Einrichtungen befragt werden, ebenso die Autovermietungen nach Spezialfahrzeugen.

Folgende Organisationen widmen sich den Belangen von körperlich eingeschränkten Menschen:
APD – Association for the Physically Disabled, Section Greater Johannesburg, Private Bag XI, Parkview 2122. ☎ 011-646-8331/2/3/4, www.apd.org.za (siehe dortige Link-Sammlung für andere Provinz-Sektionen). Sie erteilen Informationen zu passenden Unterkünften sowie zu möglichen Outdoor-Aktivitäten.
DPSA – Disabled People of South Africa, Chief Executive Officer, P.O. Box 3467, Cape Town 8001, ☎ 021-422-0357, www.dpsa.org.za. Die Organisation für behinderte Menschen in Südafrika unterhält die o. g. Hauptstelle in Kapstadt und Büros in allen Provinzen.

Independent Living Centre, P.O. Box 248, Auckland Park 2006, Johannesburg, ☎ 011-482-5474, www.independentliving.org. Hier erhält man Informationen über behindertengerechte Beförderung und Unterkünfte.

South African National Parks, P.O. Box 787, Pretoria 0001, ☎ 012-428-9111 (nur Information, keine Reservierung), www.sanparks.org. Die Nationalpark-Behörde Südafrikas hat dafür Sorge getragen, dass es in allen Camps behindertengerechte Unterbringungsmöglichkeiten gibt.

Sehbehinderte und Blinde wenden sich an:

SA National Council for the Blind, 514 White Street, Bailey's Muckleneuk, Pretoria 0181, ☎ 012-452-3811, www.sancb.org.za. Hier kann ein Ratgeber angefordert werden.

Botschaften und Konsulate

‣ **in Deutschland**
Südafrikanische Botschaft, Tiergartenstr. 18, 10785 Berlin, ☎ 030-220730, www.suedafrika.org. Öffnungszeiten Mo–Fr 8–12.45 und 13.30–16.30 Uhr.
Südafrikanisches Generalkonsulat, Sendlinger-Tor-Platz 5, 80336 München, ☎ 089-2311 630, munich.consular@foreign.gov.za. Öffnungszeiten Mo–Fr 9–12 Uhr. Für Bayern und Baden-Württemberg.

‣ **in Österreich**
Südafrikanische Botschaft, Sandgasse 33, A-1190 Wien, ☎ www.dirco.gov.za/vienna. Öffnnungszeiten Mo–Fr 8–12.45 und 13.30–16.30 Uhr.
Südafrikanisches Konsulat, Villefortgasse 13/II, A-8010 Graz, ☎ 0316-322548.

‣ **in der Schweiz**
Südafrikanische Botschaft, Alpenstraße 29, CH-3006 Bern, ☎ 031-3501313, www.southafrica.ch. Öffnungszeiten Mo–Do 8–12.30 und 13.15–17, Fr 8–14 Uhr.
Südafrikanisches Generalkonsulat, 114 Rue de Rhône, CH-12041 Genf, ☎ 022-8495454. Für die Kantone Genf, Freiburg, Waadt und Wallis.

‣ **in Südafrika**
für Deutschland
Deutsche Botschaft, 180 Blackwood Street, Arcadia, Pretoria 0083, P.O. Box 2023, Pretoria 001, ☎ 012-427-8900, www.southafrica.diplo.de.
Generalkonsulat der Bundesrepublik Deutschland, Triangle House (ehem. „Safmarine House"), 19th Floor, 22 Riebeek Street, Cape Town 8001, ☎ 021-405-3000, www.kapstadt.diplo.de.
Honorarkonsulat der Bundesrepublik Deutschland, 9 Kensington Drive, Durban 3630, ☎ 031-266-3920.
Honorarkonsulat der Bundesrepublik Deutschland, Ecke William Moffet Expressway und Circular Drive, Walmer, Port Elizabeth 6070, ☎ 041-397-4721.

für Österreich
Österreichische Botschaft, 454 A Fehrsen Street (Eingang William Street), Brooklyn, Pretoria 0181, ☎ 012-4529-155, www.bmeia.gv.at/botschaft/pretoria.html.

Österreichisches Honorargeneralkonsulat Johannesburg, JHJ House, 7. Stock, 11 Cradock Avenue, Rosebank 2199, Johannesburg, ☎ 011-447-6551, austriancons@telkomsa.net.
Österreichisches Honorarkonsulat Durban, 10 A Princess Anne Place, Glenwood, Durban 4001, ☎ 031-261-6233, gerald@seboarch.co.za.
Österreichisches Honorarkonsulat Port Elizabeth, 26, Newton Street, Newton Park, Port Elizabeth 6056, ☎ 082 900 45 49 (mobil), ohkpe@tiscali.co.za.
Österreichisches Honorargeneralkonsulat Kapstadt, Protea Hotel Sea Point, Arthur's Road, Sea Point 8005, Kapstadt, ☎ 021-430-5133, austrianconsulcpt@gmail.com.

für die Schweiz
Schweizerische Botschaft, 225 Veale Street, Parc Nouveau, New Muckleneuk, Pretoria 0181, ☎ 012-452-0660, www.eda.admin.ch/pretoria.
Schweizerisches Generalkonsulat Kapstadt, 1 Thibault Square, 26th Floor (Ecke Long Street und Hans Strijdom Avenue), Cape Town 8001, ☎ 021-400-7500 (☎ Jan.–März: 021-418-3669), cap.vertretung@edaadmin.ch.
Honorarkonsulat Durban, 216 Cozumel, 33 Northbeach Road, Umdloti Beach 4350, ☎ 031-568-2457, durban@honrep.ch.

Busreisen und -verbindungen

Noch preiswerter als die Bahn – und vor allem flotter – fährt man mit dem gut ausgebauten Überland-Bussystem. Die regelmäßigen, pünktlichen Verbindungen sind ein Vorteil, allerdings werden nur die größeren Städte verbunden. Dies macht es schwierig, die meist abseits gelegenen, touristisch interessanten Stellen zu erreichen. Die omnipräsenten Minibusse – meist hoffnungslos überfüllt – kann man nicht reservieren, darüber hinaus sind sie wegen Überladung und ihrem z. T. nicht verkehrssicheren Zustand oft in Unfälle verwickelt.

▸ Überregionale Verbindungen

GREYHOUND, www.greyhound.co.za. Reservierung: ☎ 083-915-9000 (2,85 R/Min.) oder Johannesburg 011-611-8000. Luxuriös, verstellbare Sitze, Verkauf von Verpflegung an Bord, Toilette.
TRANSLUX, www.translux.co.za. Reservierung: ☎ 0861-589-282 oder Johannesburg 011-773-8056. Moderne Busse, oft Doppeldecker, Klimaanlage, Nichtraucher.
INTERCAPE, www.intercape.co.za. Reservierung: ☎ 0861-287-287 (aus dem Inland) oder Kapstadt 021-380-4400 (aus dem Ausland). U. a. Verbindungen bis Windhoek ab/bis Johannesburg und Kapstadt.

Für **Backpacker** ist der **Baz Bus** eine tolle Alternative! *Siehe Stichwort Unterkünfte, Backpacker-Unterkünfte*

C Camper

Südafrika ist dank seines guten Straßennetzes, seiner ausgezeichneten Campingplätze und natürlich aufgrund seines Klimas ein tolles Land für Camper-Ferien. Die größten Vermieter von Wohnmobilen sind die Firmen Maui und KEA. Diese Firmen bieten verschiedene Fahrzeug-Typen mit firmeneigener Bezeichnung. Empfehlenswert sind auf jeden Fall etwas stärker motorisierte Fahrzeuge mit mindestens 2-Liter-Motor. Für Fahrten in Nachbarländer wie z. B. Botswana sind **Allradfahrzeuge/4x4** mit Dachzelten die richtige Wahl. Unterschiedliche Camper-Typen werden im Internet unter **www.afrika.de** vorgestellt. Die Preise liegen je nach Typ, Mietbedingungen, Saison, Mietdauer etc. bei ca. 74 € pro Tag mit Selbstbehalt.

Auf jeden Fall sollte man eine „Super Cover-" bzw. „All Inclusive Cover"-Versicherung ohne Selbstbehalt abschließen. Diese greift nicht bei grober Fahrlässigkeit oder Vorsatz.

Einkaufen E

s. auch Stichwort Öffnungszeiten

Südafrika ist ein wahres Eldorado für Mitbringsel – hier eine kleine Auswahl:

- Am obligatorischen **Biltong** (gewürztes Trockenfleisch, meist vom Wild) scheiden sich die Geister: Manche schwören darauf, andere fürchten um ihre Zähne und finden den Geschmack so ekelhaft, dass sie dieser „südafrikanische Kaviar" an Hundefutter denken lässt. Einfach selbst probieren!
- Der Vitamin-C-haltige **Rooibos-Tee** hat ebenfalls seine Liebhaber.
- Die hervorragenden **südafrikanischen Weine** dürfte jeder Reisende unterwegs probiert haben, wobei sich das Mitbringen (es sei denn, es handelt sich um eine Besonderheit) nicht lohnt, da viele Importeure den Wein direkt ins Haus liefern (*s. Stichwort Wein*).
- **Proteen** sind auch ein Stückchen schönes Südafrika, das man leicht mitnehmen kann: An den Flughäfen kann man sie gut verpackt kaufen und problemlos nach Hause transportieren. Früher wurden deshalb Flugzeuge aus Südafrika auch als Proteen-Bomber bezeichnet.
- Natürlich sind **Schmuckwaren** aller Couleur ein beliebtes, wenn auch teures Mitbringsel. Als Diamanten- und Goldland bietet Südafrika beste Materialien zur Schmuckherstellung.
- Toll sind Südafrikas **Deko-Stoffe** mit Motiven und Farbkombinationen der Zulu, Xhosa und Bantu. Ob als Tischdecke, Sets, Wandbehang oder Kissenbezüge: In Kombination mit modernen Möbeln sind sie nach wie vor exotische Blickfänger.
- Beliebt sind alle **Straußen-Souvenirs**: Ob Straußeneier (naturbelassen oder künstlerisch aufgepäppelt oder auch als Teelicht-Umhüllung), wunderbare Straußenleder-Produkte (Taschen, Geldbörsen, Gürtel) oder Staubwedel aus Straußenfedern.
- Masken, Figuren sowie diverse andere **Holzschnitzarbeiten** werden fast überall angeboten. Es muss ja nicht die 2 m hohe Giraffe sein, es geht auch um einiges kleiner …
- Sehr schön sind die **Perlenarbeiten der Zulu**. Mit bunten Glasperlen besetzte Serviettenringe und Untersetzer sind eine attraktive Tischdekoration.
- **Kerzen aus Swasiland** („Swasi Candles") in ihren verschiedenen Formen und Mustern sind ebenfalls ein dekoratives Souvenir.
- Es gibt eine Vielzahl an verzierten **Bestecken** aller Art – vom Teelöffel bis zur Suppenkelle – mit afrikanischen oder schlichten Griffen und Mustern. Besonders bekannt sind die Produkte von Carol Boyes.
- **CDs** mit afrikanischer Musik sind ein Hörgenuss für zu Hause.
- Den herrlichen **Korbflechtarbeiten** der Zulu aus KwaZulu-Natal kann man kaum widerstehen.

 Tipp

Am Flughafen Johannesburg kann man im „Last Minute"-Souvenir-Shop auch noch nach der Passkontrolle Mitbringsel aussuchen.

Einreise und Ausreise

Besucher aus EU-Ländern sowie der Schweiz brauchen bei einem Aufenthalt von bis zu 90 Tagen kein Visum, dafür aber einen **Reisepass**, der über die Ausreise hinaus noch mindestens 3 Monate gültig ist (in Lesotho und Swasiland 6 Monate). In allen drei Ländern benötigen Kinder einen eigenen **Kinderausweis** mit Lichtbild. Südafrika hat das Reisen mit Kindern jüngst deutlich erschwert: Unter-18-Jährige müssen nun zusätzlich bei der Ein- und Ausreise eine **Geburtsurkunde**, die beide Eltern nennt, vorlegen, außerdem – wenn sie nicht mit beiden Eltern reisen – eine **eidesstattliche Einverständniserklärung** des abwesenden Elternteils (inkl. Passkopie und Kontaktdaten) bzw. den Nachweis der Unnötigkeit dieser Erklärung (Sterbeurkunde bzw. Gerichtsbeschluss über das alleinige Sorgerecht). Reist das Kind mit einer nicht-sorgeberechtigten Person, bedarf es einer Kopie der Geburtsurkunde sowie der Einverständniserklärung, Passkopien und Kontaktdaten beider Eltern bzw. der gesetzlichen Vertreter. Reisen Minderjährige ohne Begleitung, benötigen sie zudem die Passkopie, Kontaktdaten und eine schriftliche Bestätigung der Person, die sie in Südafrika besuchen wollen. Generell sollten die Erklärungen und Dokumente unbedingt in englischer Sprache vorgelegt werden. Nähere Informationen unter www.dha.gov.za.
Darüber hinaus legen die Grenzbeamten bei allen Pässen besonderen Wert darauf, dass noch mindestens zwei Seiten für die Stempel frei sind.

Bei **Weiterreisen** nach Namibia, Botswana, Simbabwe und Mosambik ist die Einreise entweder mit einem 6 Monate gültigen Reisepass möglich oder Visa werden an der Grenze ausgegeben.

Reist man aus einem Gelbfiebergebiet (zzt. u. a. Sambia) nach Südafrika ein, braucht man einen **Gelbfieber-Impfnachweis** – selbst wenn nur am Flughafen Johannesburg umsteigt!

Geld: Es dürfen zzt. 5.000 Südafrikanische Rand ein- bzw. ausgeführt werden, wobei der Umtauschkurs in Südafrika i. d. R. deutlich günstiger ist und es an den großen Flughäfen bis spätabends geöffnete Wechselschalter und ATM-Automaten gibt.
Reiseschecks und Devisen dürfen unbegrenzt eingeführt werden. Devisen dürfen allerdings nur in der Höhe ausgeführt werden, in der sie vorher importiert oder in Form von Reiseschecks als Gegenwert eingetauscht wurden (durch Umtauschquittungen belegt).

s. auch Stichworte Gesundheit (Impfungen), Geld und Zoll

Eintrittskarten

Bei **Computicket**, einem zentralen Reservierungssystem für Kino, Theater, Oper, Tanz, Sportveranstaltungen usw., kann man Eintrittskarten vorbestellen. Hier können sogar Tickets für die Überlandbusse gekauft werden. Die Reservierungsbüros befinden sich in allen südafrikanischen Großstädten (Shopping Centres). Nähere Informationen unter ☎ 0861-915-8000 (65 Cent/Min. aus dem Inland), www.computicket.co.za.

Elektrizität

Die Stromspannung in der Stadt und auf dem Land beträgt 220/240 V bei 50 Hz. Da die Stecker aber ein anderes Format als bei uns haben, ist ein **Dreipol-Adapter** nötig, den man in

Elektrogeschäften und Kaufhäusern in Südafrika erhält. Größere Hotels haben im Bad allerdings passende Steckdosen.

Essen und Getränke

Grundsätzlich ist die südafrikanische Küche europäisch geprägt. Sie zeigt Einflüsse der eingewanderten Hugenotten, Engländer, Südeuropäer, aber auch der Malaien und Inder. Besonders beliebt ist bei Südafrikanern das **„braaivleis"**, d. h. das Grillen unterschiedlicher Fleischwaren wie Schweine- oder Rindfleisch, Hammel- oder Lammstücke sowie die *„boerewors"* (s. u.). Nicht nur in der freien Natur, auf den Campingplätzen oder im privaten Kreise daheim frönt der Südafrikaner seiner Grill-Leidenschaft, auch Hotels bieten es in ihrem Garten an. *„Braai"* ist für die meisten Südafrikaner ein Kult, den sie perfekt zu beherrschen meinen. Man scheut sich allerdings oft nicht, richtig „scharf" zu grillen, also es gibt auch fast schwarz gegrillte Stücke.

Generell ist der Südafrikaner Fleisch-Esser. Zu den bekannten Fleischarten kommen Bratenstücke von den verschiedenen Wildarten (z. B. Springbock, Oryx, Kudu), aber auch vom Strauß. Natürlich gibt es außerdem noch exotischere Delikatessen wie Giraffen- oder Zebrafleisch, Stücke vom Krokodil usw. Dem Braai ähnlich ist die **potjiekos**. Mit *„potjie"* meint man die unter der einheimischen Bevölkerung weit verbreiteten dreibeinigen Gusskessel, unter denen Glut entfacht wird. Drinnen befinden sich kleinere Fleischstücke, die unterschiedlich gewürzt sind und relativ weich gekocht werden.

Tropische und subtropische Gemüsearten und Früchte sorgen für weitere kulinarische Höhepunkte. **Gemüsegerichte** sind in der indischen Küche durchaus verbreitet und haben auch in Afrika ihre Spuren hinterlassen. Sie schmecken dank der Gewürze einfach köstlich. Besonders beliebt sind Avocados, die oft Salaten beigemischt sind. Ein weiteres sehr beliebtes Gemüse ist *„butternut"*, eine Kürbisart, die in unterschiedlichen Variationen verzehrt wird: entweder als Gemüse gekocht oder gegrillt oder auch als Suppe oder Mus. Daneben werden – insbesondere in den Küstenregionen um Kapstadt und entlang der Natalküste – verschiedene **Fischgerichte** angeboten. Crayfisch (Languste) wird sicherlich vielen Liebhabern von Meeresfrüchten besonders munden. Auch Austern und Muscheln fehlen nicht, daneben gibt es viele Fischarten aus dem Meer oder den Binnengewässern. Oft sieht man auf Speisekarten *„Line Fish"*: Dabei handelt es sich um den Tagesfang und nicht um eine spezielle Fischart. Garantiert ist dabei absolute Frische.

Natürlich gibt es einige **regionale Spezialitäten**:

▸ **Malaiische Gerichte** bereichern insbesondere die Küche um Kapstadt. *Sosaties* (Spieße mit Hammel- oder Schweinefleischstückchen), *Bobotie* (scharf gewürzter Hackfleischauflauf) oder unterschiedliche Arten von *bredie* (Fleisch- und Gemüseeintöpfe) erfreuen sich hier besonderer Beliebtheit. Die malaiischen *Currys* sind gegenüber den indischen etwas süßlicher. *Samoosas* sind eine Art Teigtaschen, die mit Gemüse oder Fleisch gefüllt sind, wobei der Inhalt stets gut gewürzt ist (Curry).

▸ Um Durban und Pietermaritzburg ist besonders die **indische Küche** stark vertreten. Fleisch, Geflügel-, Fisch- oder Eiergerichte (*„Curry"* genannt) sind z. T. sehr „hot" angerichtet. Abhilfe bei zu scharfen Gerichten schaffen die dazu servierten Kokosraspeln, aber auch köstliches Brot.

Biltong ist – wie auch in Namibia – weit verbreitet. Es handelt sich um gewürztes, luftgedörrtes Fleisch vom Wild (z. B. Kudu oder Strauß).

🍴 **Bobotie – Malaiischer Hackfleischauflauf**	
Zutaten für 2 Personen	½ kg Rinder- oder Lammhackfleisch, Rosinen nach Geschmack, 1 Teelöffel Chutney (scharf), 1 oder 2 Bananen, 1–2 Eier, 120 ml Milch, Currypulver zum Würzen, 1 kleine Zwiebel, 1 Teelöffel Marillenmarmelade, 1 Scheibe Weißbrot, 1 kleines Stück Butter, 1 Schuss Zitronensaft, 2 Lorbeerblätter, Salz
Zubereitung	Das Weißbrot in ein wenig Milch einweichen, ausdrücken und mit dem Hackfleisch vermengen. Zwiebel, Marmelade, Zitronensaft, Chutney, Rosinen und Curry dazugeben und in einer Pfanne leicht anbraten. In eine feuerfeste Form geben, die Eier mit der restlichen Milch verquirlen, über die Masse gießen, die Bananen schälen, längs halbieren und auf den Auflauf geben und die Lorbeerblätter zwischen die Bananen legen. Bei 180 °C ungefähr 40–50 Min. in den Ofen geben.
🍴 **Boerewors – Würzige Grillschnecke.** Eine burische Spezialität!	
Zutaten	1,5 kg Rindfleisch, 1,5 kg Schweinefleisch, 500 g gewürfelter Speck, 5 ml gemahlener Pfeffer, 50 ml gemahlener Koriander, 2 ml frisch gemahlene Muskatnuss, 1 ml gemahlene Gewürznelke, 2 ml gemahlener Thymian, 2 ml gemahlener Piment, 125 ml Rotweinessig, 1 gepresste Knoblauchzehe, 50 ml Worcestersoße, Hülle für die Würste
Zubereitung	Das Rind- und das Schweinefleisch klein würfeln oder grob faschieren. Die gesamten Zutaten mit dem Fleisch gut vermischen. Nun die Masse in die Wursthülle füllen, dabei eventuell eine (Torten-)Spritze verwenden. Nicht zu viel Masse in die Hülle füllen und zu einer Schnecke zusammenrollen. Über Holzkohle 8–10 Minuten grillen oder in einer Pfanne braten.

Frühstück: typisch südafrikanisch gibt es morgens Eier in jeder Variation, Speck, Boerewors, Steaks, aber auch noch je nach Unterkunft alles, was wir auch gut kennen, also diverse Wurstsorten, Käse, Marmeladen.

Dank der beispielhaften Lebensmittelhygiene können **Salate** überall bedenkenlos verzehrt werden. Ebenso kann man überall das Wasser aus der öffentlichen Wasserversorgung trinken.

▸ Getränke
Zum Essen trinkt man das (gute) einheimische Bier oder die ausgezeichneten südafrikanischen Weine (*s. u.*) und natürlich auch Soft Drinks.

Bier ist sehr beliebt. Gängige einheimische Sorten sind Castle Lager, Mitchell's und Windhoek Lager (Namibia), internationale Amstel und Carlsberg. Die Brautradition hat deutsche und englische Wurzeln. Die *South African Breweries* (SAB) ist eine der größten Brauereien der Welt. Es werden verschiedene Sorten angeboten, beliebt ist das leichte Lager-Bier. Von vielen Bieren gibt es auch stets eine „light"-Version. Bier kann man im Gegensatz zu Wein (s. u.) nicht in Supermärkten kaufen, sondern wie auch andere alkoholische Getränke (Wodka, Whisky, Gin etc.) nur in den sog. Bottle Stores.

Die südafrikanischen **Weine** sind von hervorragender Qualität, nur beste Weintrauben werden zu Wein weiterverarbeitet. 75 % der Weine sind Weißweine der Rebsorten Chardonnay, Sauvignon Blanc, Chenin Blanc, seltener Riesling. Andere Weinsorten (z. B. Gewürztraminer) spielen eine untergeordnete Rolle. Zu den beliebtesten Rotweinsorten gehören Cabernet Sauvignon, Pinot Noir, Pinotage (Kreuzung Hermitage und Pinot Noir), aber auch Shiraz, der besonders kräftig ist und gut z. B. zu Lammgerichten oder Pasta passt. Anders als in Europa sind die Qualitätsunterschiede zwischen einfacheren und Spitzengewächsen nicht so gravierend. Jahrgänge spielen ebenfalls eine geringere Rolle, da das Klima am Kap von Jahr zu Jahr relativ gleichmäßig ist, wobei der Klimawandel sich hier bemerkbar zu machen beginnt. Einfachere Weine sind im Gegensatz zu Bier in den Supermärkten erhältlich.

Natürlich gibt es auch leichte Rosé-Weine und „Champagner", der nach der Méthode Champenoise hergestellt wird.

Soft Drinks umfassen neben den weltumspannenden Marken vor allem exotische Fruchtsäfte (Litschi, Mango, Ananas, Papaya). Erfrischend sind Appletizer und Grapetizer.

Es existieren zwei unterschiedliche **Restaurant-Typen**: Fully licensed Restaurants haben eine Ausschankgenehmigung für alle alkoholischen Getränke, während Unlicensed Restaurants nur nicht-alkoholische Getränke anbieten.

Neben den traditionellen einheimischen Gerichten findet man in allen großen Städten zahlreiche Restaurants europäisch geprägter Küche (britisch, französisch, niederländisch usw.).

Feiertage — F

01.01.	Neujahr (New Year's Day)
21.03.	Menschenrechtstag (Human Rights Day; Gedenken an die Opfer des Massakers von Sharpeville am 21.03.1960)
02.04.	Karfreitag (Good Friday)
05.04.	Ostermontag (Family Day)
27.04.	Verfassungstag (Freedom Day; Tag der ersten freien Wahlen in Südafrika am 27.04.1994)
01.05.	Tag der Arbeit (Workers' Day)
16.06.	Jugendtag (Youth Day; Gedenken an die Opfer des Schüleraufstandes von Soweto am 16.06.1976)
09.08.	Nationaler Frauentag (National Women's Day; Gedenken an den Frauenmarsch von Pretoria am 9.08.1956)
24.09.	Tag des Erbes (Heritage Day; Besinnung auf die verschiedenen Kulturen, ursprünglich Geburtstag des Zulu-Königs Shaka)
16.12.	Tag der Versöhnung (Day of Reconciliation; Förderung der nationalen Einheit, ursprünglich Gedenken an die Schlacht am Blood River 1838)
25.12.	1. Weihnachtsfeiertag (Christmas Day)
26.12.	2. Weihnachtsfeiertag (Day of Goodwill)

Fällt einer der Feiertage auf einen Sonntag, so ist der darauf folgende Montag frei. Die asiatischen und jüdischen Gemeinden begehen ihre eigenen Feiertage.

Festivals

So bunt die Völkervielfalt am Kap ist, so vielfältig sind auch die Feste in den verschiedenen Provinzen Südafrikas. Die folgende Übersicht kann deshalb nur eine kleine Auswahl darstellen. Bei South African Tourism (*s. Stichwort Adressen*) erhält man den kostenlosen **Calendar of Events**.

Januar	Alljährlich am 2. Januar findet an Kapstadt das bunte Treiben des Cape Town Minstrel Carnival statt. Vom späten Januar bis Anfang Februar bietet das Stellenbosch Wine Festival (www.stellenboschwinefestival.co.za) eine ausgezeichnete Gelegenheit, den köstlichen Tropfen vom Kap zu frönen.
Februar	Kunstmesse in Kapstadt. Außerdem läuft dort das schwul-lesbische Festival Cape Town Pride (www.capetownpride.co.za).
März/April	Im März steht der Jazz am Kap im Mittelpunkt: www.capetownjazzfest.com. In Johannesburg wird um Ostern herum zehn Tage lang die Rand Show (www.randshow.co.za), die größte Messe Südafrikas, veranstaltet.
Juni/Juli	In Grahamstown, der alten „Siedlerstadt" des Eastern Cape, findet das National Arts Festival (www.nationalartsfestival.co.za) mit Musik- und Theatervorstellungen statt. Im Juli kann man beim Knysna Oyster Festival (www.oysterfestival.co.za) Austern schlemmen.
September	In Jeffreys Bay nahe Port Elizabeth wird das Muschelfest („Shell Festival") begangen. Johannesburg zelebriert die Arts Alive (www.artsalive.co.za) ein großes Kulturfestival mit Lesungen, Ausstellungen, Musik u. v. m.
Oktober	In Eshowe, ca. 150 km nördlich von Durban, spielt sich das Shembe Religious Dance Festival ab. Die Shembe-Kirche wurde von einem vom Christentum geprägten Zulu-Propheten gegründet. Höhepunkt des Festivals ist ein Tanz von über 25.000 Menschen. In Roodepoort bei Johannesburg vollzieht sich alle zwei Jahre (wieder 2015, 2017 usw.) das zwei Wochen dauernde größte Musik- und Folklore-Fest der südlichen Hemisphäre, das „Roodepoort Dance Festival".
November	Im Botanischen Garten von Kirstenbosch (www.sanbi.org) nahe Kapstadt finden an Sonntagabenden bis Ende April die Summer Sunset Concerts statt. Wunderbare Picknickabende bei Musik vor traumhafter Kulisse.
Dezember	In Kirstenbosch wird es beim The Carols by Candlelight weihnachtlich. Am Wochenende vor Weihnachten wird gepicknickt, gesungen und das Krippenspiel verfolgt.

Flüge

Von Deutschland aus sind folgende Fluggesellschaften für **Direktflüge** nach Südafrika zu empfehlen:
South African Airways (SAA) fliegt täglich von Frankfurt und München nach Johannesburg. Umstieg nach Kapstadt sowie zu den anderen südafrikanischen Metropolen und weiteren

wichtigen Destinationen im südlichen Afrika, z. B. täglich nach Maun in Botswana. www.flysaa.com.

Lufthansa verbindet Frankfurt täglich mit Johannesburg, ein Umstieg ist auch hier möglich. Von Anfang November bis Ende März gibt es auch Direktflüge nach Kapstadt, allerdings von München aus. www.lufthansa.com.

Condor bietet von Ende September bis Ende April dienstags und samstags Verbindungen von Frankfurt nach Kapstadt und bis Ende März auch nach Johannesburg an. www.condor.com.

Umstiegsverbindungen dauern länger als Direktflüge und sind nicht immer günstiger. Folgende Möglichkeiten nach Johannesburg bzw. Kapstadt gibt es u. a.:

Air France über Paris; **British Airways** über London; **KLM** über Amsterdam; **Swiss Air** über Zürich; **Turkish Airlines** über Istanbul.

Die **Flugpreise** nach Südafrika schwanken je nach (Direkt-)Verbindung und Saison zwischen ca. 671 und 1.120 €.

Außer von SAA (www.flysaa.com) werden **Inlandsflüge** in Südafrika von den folgenden Gesellschaften angeboten:

Airlink: www.flyairlink.com; **Britisch Airways/Comair**: www.comair.co.za; **Kulula**: www.kulula.com; **Mango**: www.flymango.com; **SA Express**: www.flyexpress.aero.

Redaktionstipps zu Flügen

▸ Generell ist eine genaue Analyse der verschiedenen Kombinationen wichtig, um tatsächlich unterm Strich das günstigste Angebot zu bekommen.

▸ In Südafrika endet das vermeintlich günstige Angebot, wenn Tickets für Inlands- oder Anschlussflüge (z. B. nach Windhoek) im Nachhinein reserviert werden. Deshalb werden am besten alle Flüge nach ausführlicher Preisanalyse vom Heimatland aus gebucht. Inlandsflüge sind als Add-On bei Langstreckenbuchungen von SAA günstiger zu bekommen.

▸ Bei Länderverbindungen wie Namibia–Südafrika bzw. Sambia–Südafrika sind meist die Angebote von SAA und Lufthansa preislich konkurrenzlos.

▸ Wer Business Class fliegen möchte, aber die hohen Kosten scheut, kann z. B. bei Air France und British Airways eine Premium-Economy Class buchen. Man hat 40 % mehr Platz zur Verfügung und spart im Vergleich zur Business Class deutlich. Die Programme heißen „Premium Voyageur" (AF) bzw. „Traveller Plus" (BA).

Fotografieren

 ## Tipps für Tieraufnahmen

Die **besten Chancen** als Tierfotograf oder -filmer hat man in den Morgen- und Abendstunden sowie an Wasserstellen.

Die **Fluchtdistanz** in den Nationalparks und Wildreservaten gegenüber einem Auto ist oft erstaunlich gering. Das sollte jedoch nicht dazu verführen, dem Wild zu dicht „auf den Pelz zu rücken". Es geht in erster Linie darum, die Tiere nicht zu beunruhigen und sich ihnen vorsichtig zu nähern. Nicht nur Großaufnahmen, auch kleinere Aufnahmen von Tieren in ihrem Biotop sind reizvoll.

Vorsicht ist geboten beim Fotografieren und Filmen von **wehrhaftem Großwild** wie Büffeln, Elefanten und Nashörnern. Es sollte bei einem eventuellen Angriff ein ausreichender Fluchtweg mit dem Auto vorhanden sein.

Nicht nur Großwild, sondern auch kleinere Tiere sind ein **Verweilen**, **Beobachten** und eine **Aufnahme** wert.

Motive gibt es in Südafrika genug: Landschaften, die verschiedensten Menschen, Tiere oder Pflanzen. Der Gruppenreisende, aber noch mehr der Einzelreisende, wird je nach Interessenlage genügend Gelegenheit finden, in diesem vielseitigen Land seine Schnappschüsse oder Filmaufnahmen zu machen.

Dabei ist an eine große Speicherkarte, einen Ersatzakku sowie an einen Stromadapter für die **Digitalkamera** zu denken. Speicherkarten sind in allen Städten und größeren Dörfern Südafrikas zu bekommen.

Für Landschafts- und Tieraufnahmen (Tipps s. u.) setzen einige Experten noch auf **analoge Spiegelreflexkameras.** Diese sollten robust und staubsicher sein, außerdem mit auswechselbaren Objektiven. Hier neben Filmen bitte Ersatzbatterien für Kamera und Blitzlichtgerät nicht vergessen.

 Hinweise

Beim Aufnehmen von Einheimischen sollte man deren natürlichen Stolz und die **Menschenwürde** beachten. Der Respekt gebietet, vorher zu fragen, ob es gestattet ist, ein Foto zu machen. Meistens wird gerne eingewilligt.
Auf Safaris muss man stets „**schussbereit**"sein: Die Tiere warten nicht, bis z. B. die Kamera ausgepackt und das richtige Objektiv gewählt ist und die richtigen Einstellungen an der Kamera vorgenommen sind. Oft sind es nur Sekunden, die für einen Schnappschuss bleiben.
Die Kamera- und Filmausrüstung muss vor Stößen, Staub und Hitze **geschützt** werden.
Die Mitnahme einer **zweiten kleinen Kamera** für Schnappschüsse hat sich bewährt.

Fremdenverkehrsbüros

s. auch Stichwort Adressen (South African Tourism Board)

Am **Flughafen Johannesburg** gibt es in der Haupthalle einen großen Stand von South African Tourism, wo man Reisende gerne informiert und bei Problemen weiterhilft.

In den Kapiteln zu den Städten und Regionen sind die Adressen der jeweiligen **regionalen Tourist Offices** aufgeführt. Sie halten aktuelles Informationsmaterial bereit und stehen mit Rat und Tat zur Seite.

Reisenden in Südafrika steht außerdem die **Tourist-Info-Hotline** täglich 24 Stunden unter ☏ 083-123-6789 zur Verfügung. Sie wurde in Zusammenarbeit zwischen dem Ministerium für Tourismus und der nationalen Petroleum Raffinerie Engen gegründet. Speziell ausgebildete Gesprächspartner beantworten Fragen zu touristischen Belangen in allen Gebieten Südafrikas.

G **Geld**

▸ **Banken und Zahlungsmittel**
Die Kern-**Öffnungszeiten** der Banken sind i. d. R. wie folgt:
in der **Stadt**	9–15.30 Uhr (an Werktagen), 9–11 Uhr (samstags)
auf dem **Land**	9–12.45 und 14–15.30 Uhr (an Werktagen), Samstag geschlossen

Eine Bank ist auch zu den normalen Schalterstunden auf den drei internationalen Flughäfen in Johannesburg, Kapstadt und Durban geöffnet. Auf jedem dieser Flughäfen ist eine Wechselstube zwei Stunden vor dem ersten internationalen Abflug geöffnet und schließt zwei Stunden nach der letzten internationalen Ankunft. Bankautomaten (ATM = Automatic Teller Machines) gibt es in Südafrika genauso häufig wie bei uns.

An den ATM kann man mit den gängigen **Kreditkarten** Geld abheben. Sie können auch in größeren Geschäften, in den meisten Hotels und Restaurants, bei den Airlines, Mietwagenunternehmen und in anderen Zweigen der Touristikbranche als Zahlungsmittel eingesetzt werden. Gebräuchlich sind besonders VISA und Mastercard.

Hinweise

▸ Tankstellen akzeptieren häufig keine Kreditkarten! Deshalb ist es immer ratsam, auch Bargeld dabei zu haben.
▸ Man sollte gut darauf achten, beim Geldwechseln nicht beobachtet zu werden. Auch auf Hilfe verzichtet man besser; Betrüger versuchen so manchmal, Geld zu erbeuten.

Auch **EC-Karten** werden von den meisten Bankautomaten akzeptiert (bis zum Rand-Wert von 1000 € täglich). Die Abrechnungen sind günstig (Gebühren: ca. 5 €, dies variiert je nach Kreditinstitut). Beim Abheben muss man nur auf „Cheque" drücken und die Geheimnummer angeben. Wichtig ist, dass der Automat mit dem Maestro-System kooperiert.

Eine interessante Alternative ist die **South African Travel Card** (www.southafricantravelcard.com), die vorher aufgeladen wird (Prepaid). Mit ihr kann man im ganzen Land Geld vom Guthaben abheben und dort bezahlen, wo Mastercard akzeptiert wird.

Achtung

2011 haben einige deutsche Banken von Maestro auf V-Pay umgestellt, diese Karten sind in ganz Afrika nicht nutzbar! Bitte vorher bei der Bank nachfragen.

Bei **Kartenverlust** stehen die Notrufnummern der einzelnen Unternehmen oder die allgemeine Sperrnummer zur Verfügung, s. *Stichworte Notrufe und Telefonieren*.
Wer auf sichere **Reiseschecks** (gegen Diebstahl versichert) zurückgreifen möchte: Diese sind heute im Gegensatz zu früher in Rand zu haben. Selbstverständlich kann man auch Euro- oder US-$-Checks benutzen.

▸ **Währung**
Die Währung Südafrikas ist der **Südafrikanische Rand**. Ein Rand entspricht 100 Cent. Banknoten gibt es zu 200, 100, 50, 20 und 10 Rand, Münzen zu 5, 2 und 1 Rand sowie zu 50, 20, 10 und 5 Cent. Seit der Abschaffung der 2- und 1-Cent-Münzen 2005 wird alles auf 5 Cent gerundet.
Auf den Vorderseiten der fünf verschiedenen Banknoten ist seit November 2012 Nelson Mandela abgebildet, während ihre Rückseiten jeweils eine Gattung der „Big Five" (s. Kasten S. 60) zeigen.

Zur Ein- und Ausfuhr von Rand und Devisen s. Stichwort Einreise.
Zum aktuellen Kurs s. die Grünen Seiten.

☞ Hinweis

In diesem Buch wird bei Preisangaben das Kurzzeichen „R" für den Südafrikanischen Rand verwendet. In Südafrika selbst wird die Währung meist als „ZAR" ausgewiesen, wobei es sich um den international gültigen ISO-Code handelt.

▶ Weitere Währungen im südlichen Afrika

Lesotho: Der Loti (Plural „Maloti") ist an den südafrikanischen Rand gekoppelt, der im Land ebenfalls ein gesetzliches Zahlungsmittel ist.
ACHTUNG: In der Regel kann man hier nur mit Bargeld bezahlen! Allenfalls in der Hauptstadt bekommt man (mit Schwierigkeiten) Geld über Bank-/Kreditkarten. Es ist also ratsam, ausreichend finanzielle Mittel für den Aufenthalt mitzunehmen, da oftmals weder Euro noch US$ gegen Bargeld eingetauscht werden. Informationen über die Höhe der einführbaren Beträge sowie weitere Einreisebestimmungen erhält man über die Botschaft Lesothos in Berlin: www.lesothoembassy.de.
Swasiland: Der Lilangeni (Plural: „Emalangeni") ist ebenfalls an den Rand gekoppelt, der als Zahlungsmittel fast durchgängig akzeptiert wird.
Namibia: Auch der Namibia-Dollar ist paritätisch zum Rand.
Botswana: Der Pula ist wesentlich mehr wert als der Rand. In Botswana wird der Rand teilweise als Zahlungsmittel akzeptiert und entsprechend auf den Gegenwert des Pula umgerechnet.
Mosambik: Der Neue Metical wurde 2006 eingeführt.
Sambia: Hier gilt der Kwacha, der keine Münzen kennt.
Simbabwe: 2009 wurde der Simbabwe-Dollar vom Markt genommen. Alles wird in US-$ oder in Rand gezahlt.

Gesundheit

s. auch Stichwort Notrufe

Südafrika verfügt über eine **gute medizinische Versorgung**, die sich meist mit europäischen Verhältnissen messen kann. Entlang der touristischen Routen kann mit kompetenter Hilfe gerechnet werden, in sehr ländlichen Gebieten ist die Versorgung dünner.

Staatliche Krankenhäuser haben zu kleine Budgets und sind noch dazu oft überfüllt, weshalb es zu langen Wartezeiten kommen kann. **Private Krankenhäuser**, etwa die der Firma Netcare (www.netcare.co.za), arbeiten auf hohem Niveau und sind deshalb eher zu empfehlen: Z. B. die Netcare Travel Clinic in Kapstadt (☎ 021-4193172, www.travelclinic.co.za) vermittelt exzellente Spezialisten, bietet fachärztliche Beratung an und gibt Empfehlungen für Impfungen, Medikamente etc.

Eine **Auslands- bzw. Reisekrankenversicherung** sowie eine Rückholversicherung sind ratsam! Europäische Krankenscheine werden in Südafrika nicht akzeptiert – die Patienten müssen für die teils sehr hohen Kosten selbst und sofort aufkommen. Manche privaten Kassen decken das Auslandsrisiko ab.

Die **Rufnummern der lokalen Kliniken** stehen vorne in den südafrikanischen Telefon-büchern, Ärzte unter „Medical", Zahnärzte unter „Dentists". **Hotels** halten meist Ärzte-Listen für die Gäste bereit.

Notapotheken stehen außerhalb der normalen Öffnungszeiten in den größeren Städten stets zur Verfügung, auch oft innerhalb der (privaten) Krankenhäuser.

In diesem Buch finden sich zumindest bei den großen Städten Klinik- und Apotheken-Tipps in den Reisepraktischen Informationen.

▸ Impfungen
Cholera: Eine Impfung ist zumeist nicht mehr nötig. In der Region KwaZulu-Natal sollte das Baden in Naturgewässern jedoch unbedingt vermieden werden. Beim Verzehr von Fisch und Meeresfrüchten in dieser Region ist darauf zu achten, dass diese auf jeden Fall ausreichend durchgegart sind.
Gelbfieber: Alle Personen, die in Südafrika aus einer Gelbfieberzone in Afrika oder Süd-amerika eintreffen oder dort Orte oder Häfen passiert haben, müssen im Besitz einer in-ternationalen Bescheinigung über eine Impfung gegen Gelbfieber sein. Eine Bescheinigung über Gelbfieberimpfungen ist 10 Tage nach der Impfung für 10 Jahre gültig.
Masern: Besonders in Gauteng treten vermehrt Masernerkrankungen auf.
Weitere sinnvolle Impfungen: **Tetanus, Diphtherie, Keuchhusten, Typhus, Hepatitis A und B** (bei längerem Aufenthalt oder besonderer Exposition) sowie **Tollwut** für Jagd- und Trekkingreisen mit längerem Aufenthalt in ländlichen Gebieten (hier sollte der Kontakt zu her-umstreunenden Hunden vermieden werden).

▸ Malaria
Durch den Klimawandel und die dadurch sehr ergiebigen Regenzeiten nehmen die Malaria-Erkrankungen (insbesondere der Malaria tropica) wieder zu.
Risikogebiete (lt. Auswärtigem Amt):
   Hohes Risiko: Von Oktober bis Mai im Osten der Mpumalanga-Provinz (mit Kruger-Natio-nalpark), im Norden und Nordosten von Limpopo, im Nordosten von KwaZulu-Natal (mit Tembe- und Ndumo-Nationalpark). Eine Malariaprophylaxe (s. u.) ist empfohlen.
   Mittleres Risiko: Von Juni bis September im Osten von Mpumalanga (mit Kruger-National-park), im Norden und Nordosten von KwaZulu-Natal.
   Geringes Risiko: Restliches Tiefland von KwaZulu-Natal und weitere nicht genannte Provinzen.
Krankheitsursache und -verlauf: Etwa 40 verschiedene Mückenarten der Gattung „Ano-pheles" übertragen Malaria durch Stich, meistens in der Zeit zwischen Abenddämmerung und Sonnenaufgang. Nach dem Reifestadium im Blutkörperchen platzt der Erreger und zer-fällt durch Unterteilung des Kerns in zahlreiche selbstständige Stücke. Dieser Vorgang ver-ursacht den immer wiederkehrenden regelmäßigen Fieberschub (Wechselfieber) bei den Ma-lariakranken.
Prophylaxe: Die wichtigste Vorbeugungsmaßnahme gegen Malaria ist der **Mücken-schutz**! Man hat nachgewiesen, dass durch die Prophylaxe das Risiko einer Erkrankung auf etwa 15–25 % sinkt und auch die Auswirkungen wesentlich geringer sind. Folgendes ist deshalb ratsam:
Medikamente sind in den südafrikanischen Apotheken erhältlich, allerdings vielerorts nur gegen Rezept. Am besten sucht man **vor dem Aufenthalt** einen (Reise-)Mediziner, das Ge-sundheitsamt oder ein Tropeninstitut auf und informiert sich über das derzeit wirksamste Mit-

tel für die Zielregion (z. B. Chloroquin, Malarone, Doxycyclin, Lariam), die Dosierung oder eine Kombination verschiedener Medikamente. **Schwangeren** ist von einer Einnahme allerdings abzuraten.

▸ In Risikogebieten **künstliche Duftstoffe vermeiden** (Parfüm, After Shave o. Ä.).

▸ Helle, luftdurchlässige, aber **lange Kleidung** verwenden. Dazu evtl. einen Moskito-Kopfschutz.

▸ V. a. in der Nacht sollte man die freien Hautstellen wiederholt mit Insektenschutzmittel (**Mückensprays** oder **-salbe**) behandeln und unter einem **Moskitonetz** schlafen. Perethrin ist ein auf Pyrethrum basierendes Insektengift, mit dem das Moskitonetz imprägniert werden kann. Angezündete Räucherspiralen können ebenfalls helfen.

---

i ### Informationen
Malaria: *Südafrikanische 24-h-Hotline* ☎ *082-234-1800.*
Allgemein: *Informationen bzw. Beratung vor der Reise erhält man über www.crm.de oder die deutschen* **Tropeninstitute**, *z. B.:*
▸ *Berlin:* ☎ *030-301166, http://tropeninstitut.charite.de*
▸ *Düsseldorf:* ☎ *0211-8117031, www.uniklinik-duesseldorf.de*
▸ *Hamburg:* ☎ *0900-1234-999 (1,98/Min.), www.gesundes-reisen.de, www.bni-hamburg.de*
▸ *München:* ☎ *089-2180-13500, www.klinikum.uni-muenchen.de*
▸ *Weitere Adressen in anderen Städten unter www.dtg.org*

▸ Bilharziose

Diese Krankheit ist in den Tropen weit verbreitet, ca. 200 Millionen Menschen leiden unter ihr. Man kann sie sich durch das Waten und Baden in stehenden und träge fließenden Süßwassergewässern zuziehen. Die Bilharziose wird durch sehr kleine Saugwürmer (*Schistosomum haematobium*), die von dem Deutschen Theodor Bilharz entdeckt wurden, hervorgerufen. Diese winzigen Würmer bohren sich durch die Haut der Menschen, gelangen schließlich in den Unterleib und verursachen dort Blasenentzündungen sowie Darm-, Magen-, Nieren- und Lebererkrankungen. Die Eier des Wurms werden von den erkrankten Menschen ausgeschieden und gelangen über das Süßwasser von Teichen, Pfützen, Seen und langsam fließenden Gewässern über ein Larvenstadium in einen Zwischenwirt, eine Süßwasserschnecke. Hier entsteht die zweite Generation der Würmer, die wieder über das Süßwasser in den menschlichen Körper gelangt.

Die äußeren Krankheitsmerkmale bei fortgeschrittenem Verlauf sind: abgemagerter Oberkörper, unförmig aufgetriebener Bauch und Stauungen in den Beinen.

Risikogebiete (lt. Auswärtigem Amt):
Limpopo, Mpumalanga, KwaZulu-Natal und Eastern Cape (Region um Nelson Mandela Bay). Dort sollte das Baden im offenen Süßwasser grundsätzlich unterlassen werden.

▸ HIV/Aids

In einem Land mit einer so hohen HIV-Rate wie Südafrika sollte es obligatorisch sein, sich beim Geschlechtsverkehr mit Kondomen zu schützen.

▸ Darmerkrankungen/Durchfall

In allen warmen Ländern der Erde sind besonders Besucher aus kühleren Klimazonen anfällig für verschiedene Darmkrankheiten. Da jedoch Typhus und Amöbenruhr sehr selten auftreten, handelt es sich meist nur um leichtere Darmerkrankungen, die medikamentös schnell zu beheben sind. Rohes und nicht ganz durchgebratenes Fleisch, ungeschältes Obst, Salate,

Salat-Dressings mit Mayonnaise und rohes Gemüse können zu Darmerkrankungen führen. Die **einfachste Regel** lautet: „Koch es, schäl es oder lass es!"
Bei **Durchfall** ist immer auf eine ausreichende Flüssigkeits- und Elektrolytzufuhr zu achten. Abgepackte Glukose-Elektrolyt-Mischungen sind im Handel erhältlich und gehören in jede Reiseapotheke.

▸ Wasser

Das südafrikanische Leitungswasser kann man – trotz nicht immer einwandfreiem Geschmack – bedenkenlos trinken, ebenso braucht man vor Salaten und anderen Nahrungsmitteln keine Angst zu haben. Im Zweifel sollten Sie Flaschenwasser verwenden, im Notfall gefiltert, desinfiziert oder abgekocht.

▸ Schwimmen

Im Ozean muss auf Strömungen und auf evtl. Gefährdung durch Haie geachtet werden (beliebte Strände sind z. T. durch Stahlnetze gesichert; ebenso gibt es an den Badeorten – besonders in Natal – „Haiwachen"). Die Hai-Gefahr ist sehr gering. Bei Einheimischen kann man sich darüber vergewissern.

▸ Sonnenbestrahlung

Ein Risiko, das immer wieder und immer noch unterschätzt wird! In der südlichen Hemisphäre ist die Sonneneinstrahlung wesentlich stärker und intensiver als in Europa, auch durch die dünnere Ozonschicht. Deshalb sollte man sich nicht übermäßig lange ungeschützt in der Sonne aufhalten. Vorsichtsmaßnahmen:
- ▸ ein **Sonnenschutzmittel** mit Lichtschutzfaktor 25–30 oder mehr, evtl. ein zusätzlicher Lippenschutz
- ▸ eine gute **Sonnenbrille** hilft gegen die UV-Strahlung
- ▸ ein breitkrempiger **Hut** hat sich gegen direkte Sonneneinstrahlung bewährt

Grenzübergänge

Die staatliche **Cross Border Fee** (Straßensteuer) für das Fahrzeug muss beim Grenzübertritt zusätzlich zum Permit des Autovermieters gezahlt werden. *Siehe auch Stichwort Autovermietung.*

Für Reisende in die Nachbarländer gelten an den Grenzübergängen folgende **Öffnungszeiten**, die auf der Website der südafrikanischen Grenzbehörde nachzulesen sind, dort sind auch aktuelle Änderungen zu finden: www.borders.sars.gov.za.

nach Namibia (von West nach Nordost)		
	Alexander Bay (nach Oranjemund/NAM)	6–22 Uhr
	Sendelingsdrif (|Ai-|Ais/Richtersveld Transfrontier Park)	8–16.30 Uhr
	Vioolsdrift (nach Noordoewer/NAM)**	durchgehend
	Onseepkans (nach Velloorsdrif/NAM)	8–16.30 Uhr
	Nakop (nach Ariamsvlei/NAM)*	durchgehend
	Rietfontein	8–16.30 Uhr
	Mata Mata (Kgalagadi Transfrontier Park)***	8–16.30 Uhr

nach Botswana	(von West nach Ost)	
Northern Cape	Twee Rivieren (Kgalagadi Transfrontier Park)	8–16.30 Uhr
	Gemsbok	7.30–16.30 Uhr
	Middelputs	7.30–16.30 Uhr
	McCarthy's Rest (nach Tshabong/BW)	7.30–16.30 Uhr
North West	Makopong	8–16 Uhr
	Bray	8–16 Uhr
	Phitshane/Makgobistad	6–18 Uhr
	Ramatlabama (bei Mmabatho bzw. Mafinkeng)	6–22 Uhr
	Skilpadshek/Pioneer Gate (nach Lobatse/BW)*	6–24 Uhr
	Swartkopfontein Gate (nach Ramotswa/BW)	7–19 Uhr
	Kopfontein Gate (nach Tlokweng bzw. Gaborone/BW)*	6–24 Uhr
	Derdepoort (nach Sikwane/BW)	7–19 Uhr
Limpopo	Stockpoort/Parr's Halt*	8–18 Uhr
	Groblers's Bridge/Martins's Drift*	6–22 Uhr
	Zanzibar	8–16 Uhr
	Platjan	6–18 Uhr
	Pontdrift (in den Tuli Block/BW)	8–16 Uhr
nach Simbabwe		
	Beit Bridge	durchgehend
nach Mosambik	(von Nord nach Süd)	
Limpopo	Pafuri (Kruger National Park)***	8–16 Uhr
	Giriyando (Kruger National Park)***	8–15 (Apr.–Sept.), sonst bis 16 Uhr
Mpumalanga	Lebombo (bei Komatipoort/SA)	6–24 Uhr
	KwaZulu-Natal/Kosi Bay	8–17 Uhr
nach Swasiland	(Auswahl)	
Mpumalanga	Josefsdal (aus Nelspruit und Barberton/SA)	8–16 Uhr
	Oshoek (nach Mbabane/SD)*	6–22 Uhr
	Nerston (aus Ermelo über Sandlane/SA)*	7–18 Uhr
	Mahamba (aus Piet Retief/SA)*	7–22 Uhr
KwaZulu-Natal	Golela	7–22 Uhr
nach Lesotho	(Auswahl)	
Free State	Ficksburg Bridge	durchgehend
	Peka Bridge	8–16 Uhr
	Maseru Bridge	durchgehend
	Van Rooyen's Gate	6–22 Uhr

* aus Richtung Johannesburg/Tshwane (Pretoria)
** aus Richtung Kapstadt
*** keine reine Durchfahrt. Es müssen 1–2 Übernachtungen im entsprechenden Park nachgewiesen werden!

Hinweis Mpumalanga–Swasiland

Die Strecke über Barberton und den Grenzübergang Josefsdal ist landschaftlich wirklich schön, aber unbefestigt und in sehr schlechtem Zustand. Vorsicht vor allem nach Regenfällen, dann ist die Strecke nur mit einem 4x4-Fahrzeug befahrbar!

Internet und Internet-Tipps — I

Mittlerweile gibt es im ganzen Land **Internet-Cafés**, auch in kleineren Orten, wo man ab 10 R/Stunde (in Großstädten bis zu 30 R/Stunde) surfen oder E-Mails verschicken kann. Auch in Hotels, Lodges, Ferienwohnungen und Hostels gibt es Internet-Zugang, oft sogar per **WLAN** (engl. „Wi-Fi"). **Wi-Fi-Hotspots** für den Gebrauch des eigenen Laptop/Tablet sind in den Großstädten in Cafés, Malls und in anderen öffentlichen Gebäuden eingerichtet.

Hier einige **Tipps** für interessante Websites:

www.afrika.de: Website des **Reiseveranstalters** Iwanowski's Individuelles Reisen, u. a. mit aktuellen Hinweisen auf die Länder des südlichen Afrika

www.auswaertiges-amt.de: aktuelle **Reise- und Sicherheitshinweise** zu Südafrika

www.southafrica.net: Website des südafrikanischen **Fremdenverkehrsbüros**

www.suedafrika.org: Nachrichten und Berichte der südafrikanischen **Botschaft** in Deutschland

www.suedafrika.net: alle erdenklichen landeskundlichen und reisepraktischen **Auskünfte** zu Südafrika

www.sanparks.org: Website der südafrikanischen **Nationalparks**

www.sa-venues.com: Fülle von **touristischen Infos**, mit Suchmaschine

www.weathersa.co.za: südafrikanischer **Wetter**-Service (offizielle Seite)

www.transnet.net: staatliches **Eisenbahnunternehmen** mit Strecken, Fahrpläne etc.

www.gautrain.co.za: die neue **Eisenbahnstrecke** Gautengs

www.travelclinic.co.za: **medizinische Auskunft**, Vermittlung von Ärzten, Beratung über Medikamente, Impfungen etc.

www.museums.org.za: Vorstellung der südafrikanischen **Museen** – mit Hintergrund-Informationen, Öffnungszeiten etc.

www.hihostels.com: Liste aller **Jugendherbergen** Südafrikas

www.foreversa.co.za: Liste der **Forever-Resorts** mit Karte und Beschreibung

www.computicket.com: **Programme aller Theater** Südafrikas – und man kann direkt reservieren! Auch Buchung von Bustickets oder Kinokarten sowie Karten für verschiedene Events (inkl. Sportveranstaltungen)

www.bdlive.co.za: Informationen aus der **Wirtschaft**

www.onlinenewspapers.com/sa.htm: Links zu verschiedenen **Tageszeitungen** Südafrikas

www.iol.co.za und *www.news24.co.za*: die aktuellsten nationalen und internationalen **Nachrichten**

www.ananzi.co.za: die größte südafrikanische **Suchmaschine** im Internet – übersichtlich und klar gegliedert

Kartenmaterial — K

Eine gute **Iwanowski-Reisekarte** im Maßstab 1:2.000.000 liegt diesem Buch bei. Als **Autokarte** empfehlenswert ist auch „Südafrika, 1:1.500.000" von Freytag & Berndt, erhältlich im Buchhandel zum Preis von 9,99 €, ISBN 978-3-7079-1259-3.

Kostenlos ist das einfach gehaltene Kartenmaterial von South African Tourism, s. *Stichwort Adressen.*

Kinder

Südafrika ist ein ausgesprochen **kinderfreundliches** Land, entsprechend gibt es viele Unterhaltungsprogramme und Spielplätze. Auch zahlreiche Restaurants sind auf Kinder eingestellt, bieten spezielle Gerichte und Hochsitze für die ganz Kleinen. Mit Kleinkindern zu verreisen ist in Südafrika so „normal", dass größere Hotels über einen eigenen **Babysitter** verfügen bzw. Adressen von seriösen Babysittern vermitteln. Sogar im Gelbe-Seiten-Telefonbuch finden sich professionelle Babysitter (Stichwort „Babysitters & Child Care"). In Kapstadt genießt die Organisation „Super Sitters" (☎ 021-551-7082, www.supersitters.net) einen sehr guten Ruf. Es gibt auch südafrikanische Bücher, die sich speziell damit beschäftigen, was Kindern in Kapstadt Spaß machen könnte.
Bei der **Unterkunftsbuchung** (v. a. privat, Guesthouse, Camp) sollte man darauf achten, ob bzw. ab welchem Alter Kinder generell aufgenommen werden. Falls nicht, ist das kein böser Wille, sondern i. d. R. Folge davon, dass die Sicherheit der Kinder nicht gewährleistet werden kann. Beim **Baden** an Stränden sollte man sich vorher unbedingt über die Strömungsverhältnisse informieren. Sogenannte „Tide Pools" (flache Becken im Küstengestein) bieten an vielen Stränden mehr Sicherheit.

Kleidung

Der **Temperaturunterschied** zwischen Tageshitze und nächtlicher Kälte ist enorm. Wer in der Trockenzeit reist (südlicher Winter), kann ohne Weiteres tagsüber Temperaturen bis 35 °C und nachts weit unter 10 °C erleben. Bewährt hat sich das „Zwiebelschalenprinzip": Man zieht mehrere Schichten übereinander an und zieht sie nach und nach aus, wenn die Tageshitze kommt. Eine **Fleecejacke** sollte nicht fehlen. Im Sommer (Regenzeit) sollte eine leichte Regenjacke mitreisen.

Die **Kleidungssitten** sind sportlich-leger, abgesehen von offiziellen Anlässen oder besonderen Feierlichkeiten (Weihnachten). In Hotels und Restaurants wird allerdings angemessene Kleidung erwartet: kein Trainingsanzug, keine Schlappen oder Flip-Flops – abends möglichst Jackett und Krawatte für die Herren, Damen genießen, wie in vielen Ländern der Welt, größere Freiheit hinsichtlich der Gestaltung ihrer Kleidung, sonst gilt: „No shoes, no shirt – no service!"

Wichtig ist **leichte, luftdurchlässige Kleidung**. Halbhohe feste Schuhe („**Trekkingschuhe**") sollten den Reisenden wegen der Dornen und der gelegentlich vorkommenden Skorpione unbedingt in die Naturparks begleiten, selbst wenn keine weiten Wanderungen geplant sind. Sandalen gehören nur in die Wohnumgebung. Eine leichte Kopfbedeckung (Mütze, Sonnenhut) ersetzt weder eine Sonnencreme mit hohem Lichtschutzfaktor noch eine gute Sonnenbrille! Will man campen und/oder wandern, so gehören unbedingt ein (Tages-)Rucksack, eine große Wasserflasche und auch eine Stirnlampe (notfalls eine Taschenlampe) ins Gepäck! Für die Pirsch im Gelände sollte die Kleidung in **Naturfarben** gehaltensein.

Vorsicht bei feuchtem Gewebe: Eine bestimmte Fliegenart legt ihre Eier dort hinein! Deshalb wird in den Hotels und Lodges alle Kleidung vom Waschservice auch gebügelt. Deshalb muss man darauf achten, dass nicht bügelbare Kunstfasern (v. a. Fleecekleidung) schnell trocknen!

Klima und Reisezeit

Die **Jahreszeiten der Südhalbkugel** sind den europäischen entgegengesetzt: Wenn wir Winter haben, herrscht in Südafrika Sommer. Klimatisch sind Reisen nach Südafrika zu jeder Jahreszeit möglich. Generell gilt, dass die beste Zeit für die Wildbeobachtung die Monate der Trockenzeit (Juni–August) sind. Im Kapland dagegen nimmt in dieser Zeit die Regenhäufigkeit zu.

▸ **Die besten Reisezeiten**
1. **Mitte September bis Anfang Dezember**: Im September/Oktober blühen die Pflanzen, und in dieser Zeit herrschen auch landeinwärts durchgehend erträgliche Temperaturen. Der Regen hält sich zurück. Im Oktober/November muss nur mit starken Winden gerechnet werden, die vereinzelt kühlere Tage mit sich bringen.
2. **Mitte Januar bis Mitte März** ist es warm und wenig regnerisch. Im Landesinneren wird es allerdings sehr heiß.
3. Die Wintermonate von **Mitte Mai bis Anfang September** sind kühl, und es regnet auch am meisten - i. d. R. in kurzen, heftigen Schauern. Dazwischen können sonnige Tage auftreten. Der besondere Vorteil liegt in dieser Zeit aber darin, dass die Nebensaison für günstigere Preise sorgt und man ohne große Vorbuchung individuell und spontan herumreisen kann. Für „Sonnenanbeter" ist diese Zeit jedoch nichts.

Meiden sollte man auf alle Fälle die Zeit zwischen **Mitte Dezember und Mitte Januar**. Dann herrscht absolute Hochsaison. Die Preise sind hoch, die Straßen zu den touristischen Zielen voll und die Zimmer oft wochenlang im Voraus ausgebucht. Auch die beiden Wochen **um Ostern** sind aus diesen Gründen nicht zu empfehlen.

Krankenversicherung

Es ist ratsam zu prüfen, ob die Krankenversicherung im Krankheitsfalle für die Kosten im außereuropäischen Raum aufkommt. Die medizinische Versorgung im Lande ist gut, aber es besteht kein Sozialabkommen zwischen Deutschland und Südafrika. I. d. R. ist daher eine **Auslands- bzw. Reisekrankenversicherung** sowie eine Rückholversicherung empfehlenswert.

s. auch Stichwort Gesundheit

Kriminalität

Die **Kriminalitätsrate** in Südafrika ist weiterhin hoch (*s. auch Kapitel „Südafrika aktuell"*). Die meisten Überfälle und Diebstähle ereignen sich in den Großstädten, wobei **Touristen** aber nur selten Opfer werden.

s. auch Stichwort Sicherheit

Literatur

L

Alle, die sich mit weiterführender Literatur, Landkarten oder Medien über Südafrika vertraut machen möchten, sollten sich an das **Namibiana Buchdepot** wenden: Bismarckplatz 2, 27749 Delmenhorst, ☏ 04221-1230240, buchdepot@nambiana.de, www.namibiana.de.

s. auch „Ausgewählte Buchtipps" im Anhang

M   Maße und Gewichte

In Südafrika gilt, wie in Deutschland, Österreich und der Schweiz, das **metrische System**.

Mehrwertsteuer

Die Mehrwertsteuer (Value Added Tax = **VAT**) beträgt zzt. 14 % und ist in den Warenpreisen einbegriffen. Bei der Ausreise kann die Mehrwertsteuer in eigener Währung oder Rand erstattet werden, wenn die Einzelrechnungen (Gesamtsumme 250–3.000 Rand, in Sonderfällen bis 10.000 Rand) vorgelegt werden und der Hinweis „Tax Invoice", VAT-Nummer und Invoice-Nummer etc. darauf stehen. Die Waren müssen im VAT- bzw. Tax Refund Office am Flughafen vorzeigbar sein, dürfen also nicht im aufgegebenen Gepäck verstaut werden! Informationen zum genauen Vorgehen: www.taxrefunds.co.za (auch auf Deutsch).
Mehrwertsteuerfrei ist der Kauf von Kleidungsstücken, Souvenirs, Schmuck, Teppichen etc., wenn der Versand an die Heimatadresse direkt durch den Laden erfolgt.
Für diejenigen, die teuren **Schmuck und Diamanten** kaufen möchten, gibt es folgende Möglichkeit, um die VAT herumzukommen: Man kauft in den Mitgliedsgeschäften des Jewellery Council of SA, 27 Ridge Road, Parktown, Johannesburg 2193, ☎ 011-484-5528, www.jewellery.org.za. Per Kreditkarte und Quittung hinterlegt man gesondert die VAT. Wenn man das Land verlässt, lässt man sich die Ausfuhr direkt hinter der Passkontrolle beim Schalter des Councils bestätigen. Danach wird das Geschäft, in dem man gekauft hat, informiert, und dieses zerreißt dann den Kreditkarten-Beleg für die VAT.

VAT-Lesertipp

In der Sandton City Mall in Johannesburg befindet sich ein VAT-Refund-Büro. So kann man sich lange Warteschlangen am Flughafen ersparen. Geöffnet Mo–Fr 9–16.30, Sa 10–14.30, So 10–13.30 Uhr. ☎ 011-784-7399, www.sandtoncity.com.

Bei manchen Unterkünften und Autovermietern wird eine Touristensteuer, die sog. **TOMSA,** in Höhe von 1 % auf alle Leistungen fällig. Es handelt sich um eine nicht-staatliche Initiative, die damit das Tourismusmarkting finanziell unterstützt. www.tomsa.co.za.

Zusätzlich kann eine **Community Levy** von ebenfalls 1 % erhoben werden. Dies tun z. B. die Nationalparks seit 2011 bei jeder Buchung. Damit sollen Gesundheit- und Bildungseinrichtungen finanziert werden.

Motorräder

Vermietung von Motorrädern in Kapstadt und Organisation von **Touren**:
Cape Bike Travel, 125 Buitengracht, City Centre, Cape Town 8001, ☎ 084-606-4449, www.capebiketravel.de. Deutsche Website und Ansprechpartner. BMW und Harley Davidson.
Karoo-Biking, Loft 4 Five Howe Street, Observatory 7925, Cape Town, ☎ 082-533-6655 (SA), 0221-3553-32002 (Deutschland), www.karoo-biking.de. Ebenfalls Website und Ansprechpartner deutsch. Ausschließlich BMW.
Le Cap Motor Cycle Hire, Unit B9 Edgemead Business Park, Southdale Road, Edgemead 7441, ☎ 072-259-0009, www.lecapmotorcyclehire.co.za.

Nationalparks

Besonders schöne Landschaften wurden in Form von **Nationalparks** geschützt. Die meisten Parks werden kontrolliert und verwaltet von: **South African National Parks** (SANParks), P.O. Box 787, Pretoria 0001, ☎ 012-428-9111, www.sanparks.org.
Unterkunftsbuchungen werden bis zu 11 Monate im Voraus akzeptiert und können online getätigt werden.

Eintritt SANParks (Conservation Fees), gültig ab November 2014

Internationale Gäste müssen folgende **Gebühren** in Rand pro Besuchstag entrichten, die Kinderpreise gelten bis zum Alter von 11 J., Kleinkinder bis 2 J. frei.
Die **Öffnungszeiten** sind auf www.sanparks.org zu finden, ebenso GPS-Daten.

64 R Erw./32 R Kind	Namaqua, West Coast (Okt.–Juli)
76 R Erw./38 R Kind	Nature's Valley (Garden Route NP)
84 R Erw./42 R Kind	Bontebok, Camedoo
104 R Erw./52 R Kind	Knysna (Garden Route NP)
106 R Erw./52 R Kind	Wilderness (Garden Route NP)
110 R Erw./55 R Kind	Table Mountain
128 R Erw./64 R Kind	Agulhas, Mokola, Tankwa Karoo, West Coast (Aug.–Sept.)
152 R Erw./76 R Kind	Augrabies Falls, Golden Gate Highlands, Karoo, Mapungubwe, Marakele, Mountain Zebra
168 R Erw./84 R Kind	Tsitsikamma (Garden Route NP)
180 R Erw./90 R Kind	|Ai-|Ais/Richtersveld
216 R Erw./108 R Kind	Addo Elephant
264 R Erw./132 R Kind	Kgalagadi Transfrontier, Kruger

Wild Card

Mit dieser bei SANParks zu beziehenden Karte hat man 365 Tage freien Zugang zu über 80 Parks und Reservaten im südlichen Afrika. Sie ist personalisiert und wird mit der Post zugestellt. Als Kinder werden alle Personen unter 18 J. zum Zeitpunkt der Kartenausstellung betrachtet.

Eine Person	Paare	Familie
(Erw. o. Kind)	(2 Pers., Erw. o. Kinder)	(7 Pers., max. 2 Erw. und 5 Kinder)
1.670 R	2.610 R	3.120 R

Das unten genannte **Pilanesberg Game Reserve** (North West Province) gehört nicht zu den SANParks. Siehe www.pilanesberggamereserve.co.za.
Ebenso wenig die **Game Reserves von KwaZulu-Natal**. Sie werden gebucht bei: **KwaZulu-Natal Wildlife**, P.O. Box 13053, Cascades 3202, ☎ 033-845-1000 (Reservierung/Buchungen), 033-845-1002 (Informationen), www.kznwildlife.com.
Unterkunftsbuchungen können auch online unter https://bookings.kznwildlife.com getätigt werden sowie über **Tourism KwaZulu-Natal**, Tourist Junction Building, Third Floor, 160 Pine Street, Durban 4001, ☎ 031-366-7500, www.zulu.org.za.

Eintritt KwaZulu-Natal Wildlife-Parks (Conservation Levy/Park Permit Fee)

Die folgenden Eintrittspreise gelten nur für Tagestouristen ohne gebuchte Übernachtung, dies gilt nicht für den iSimangaliso Wetland Park. Kinder von 3–12 J. zahlen nur 50 % von Eintritten, Steuern und Übernachtung, Kinder unter 3 J. frei. Die **Öffnungszeiten** sowie **Check-In-** und **Check-Out-Zeiten** sind auf www.kznwildlife.com zu finden.

30–40 R Erw./15–20 R Kind	Ukhahlamba Drakensberg Park (je nach Unterkunft, tw. plus Fahrzeuggebühr)
40 R Erw./20 R Kind	Ithala Game Reserve, Ndumo Game Reserve, Tembe Elephant Park (jeweils plus Fahrzeuggebühr)
25–35 R Erw./ 15–25 R Kind	iSimangaliso Wetland Park (je nach Unterkunft, plus 5 R Community Levy und Fahrzeuggebühr)
35 R Erw./25 R Kind	uMkhuze Game Reserve
130 R Erw./65 R Kind	Hluhluwe-iMfolozi Park

 ## Hinweis zu den NP-Unterkünften

Zur Erklärung der Unterkunftsarten in den Nationalparks s. Stichwort Unterkünfte, Nationalpark-Unterkünfte

Eastern Cape Province

Name	Entfernungen/Lage	Größe	Natur/Tiere/Besonderheiten/Unterkünfte
Addo Elephant National Park (s. S. 465)	72 km nördlich von Port Elizabeth	1.640 km²	Buschlandschaft, viele Elefanten, Nashörner, Büffel – gut für Selbstfahrer. Zwei Rest Camps, ein Bush Camp und ein Tented Camp.
Camdeboo National Park (s. S. 478)	bei Graaff-Reinet, 250 km nördlich von Port Elizabeth	194 km²	Am Nqweba-Staudamm und am Rande der Großen Randstufe, bizarre Felsformationen im Valley of Desolation. Wanderwege. Gute Straßen für Selbstfahrer. Camping und feste Zelte mit Seeblick.
Mountain Zebra National Park (s. S. 480)	ca. 30 km nördlich von Cradock	284 km²	Trockensavanne, manchmal dichter Wald. Bergzebras, Elenantilopen, Springböcke, Wasserbüffel (aggressiv), Gnus. Wandermöglichkeiten. Gut für Selbstfahrer. Cottages, ein Guest House, Camping.

Northern Cape Province

Name	Entfernungen/Lage	Größe	Natur/Tiere/Besonderheiten/Unterkünfte
|Ai-|Ais/Richtersveld Transfrontier Park (s. S. 313)	südlich des Oranjeflusses, Grenze zu Namibia	1.625 km²	Bizarre Gebirgslandschaft, herrlich am Oranje-Ufer gelegen. Viele Sukkulenten. Sehr einsam. 4x4 erforderlich.
Augrabies Falls National Park (s. S. 301)	120 km westlich Upington	820 km²	Wüstenähnliche Landschaft mit Euphorbien und Köcherbäumen. Hoher Wasserfall (240 m), tolle Schluchten, herrliche Wanderwege. Straßen und Pisten für Selbstfahrer. Chalets, Family Cottages und Camping.

Name	Entfernungen/Lage	Größe	Natur/Tiere/Besonderheiten/Unterkünfte
Kgalagadi Transfrontier Park/Kalahari (s. S. 304)	360 km nördlich von Upington	38.000 km²	Tolle, wüstenähnliche Landschaft mit roten Dünen und großen Trockenfluss-tälern. Löwen, Geparde und Leoparden, Antilopen (Spingbock, Oryx). Gutes, nicht befestigtes Wegsystem (zum größ-ten Teil auch Pkw-tauglich, hängt aber von der Jahreszeit ab). Drei Rest Camps und sechs Wilderness Camps.
Mokala National Park (s. S. 299)	10 km westlich von Barkly West	196 km²	Viele Kampferbäume. Tiere: Antilopen, Giraffen, Büffel, Nashörner. Rest Camp, Lodge, Camping.
Namaqua National Park (s. S. 323)	ca. 60 km südwestlich Springbok	1.047 km²	Besonders lohnend in der Frühlingszeit (Wildblumenblüte). 3.500 Pflanzenar-ten. Rundweg für Selbstfahrer. Ein Rest Camp, ein Beach Camp und Camping.
Tankwa Karoo National Park (s. S. 329)	95 km südlich von Calvina	1.463 km²	Steppenvegetation, bergiges Gelände. Schwarzadler, Nashörner. Track für All-radfahrer. V. a. Camping, Cottage.

Western Cape Province

Name	Entfernungen/Lage	Größe	Natur/Tiere/Besonderheiten/Unterkünfte
Agulhas National Park (s. S. 409)	bei Algulhas, 170 km östlich von Kapstadt	209 km²	200 einheimische Pflanzen, davon viele endemisch. Zum kulturellen Erbe ge-hören die Schiffswracks entlang der Küste. Raue Umgebung. Cottages, (Fa-mily-)Chalets.
Bontebok National Park (s. S. 414)	8 km südöstlich Swellendamm	28 km²	Farbenprächtige Botanik im Frühling. Buntböcke, Bergzebras, Antilopen. Kurze Wanderwege. Chalet, Camping.
Garden Route National Park (s. S. 438, 442, 447)	von Wilderness (ca. 450 km östlich von Kap-stadt) über Knysna bis zum Kap St. Francis	1.210 km²	2009 aus den Nationalparks Tsitsikamma und Wilderness sowie der Knysna Na-tional Lake Area entstanden. Wilderness: Seen und Wasserläufe, üppige Berge. Naturpfade. Cottages, Cabins, Ronda-vels, Camping. Knysna: Besonders ar-tenreiches Wasservogel-Gebiet, Fynbos-Vegetation. Kapottern. Strände. Chalets. Tsitsikamma: Abhänge zum Meer mit dichtem Waldbewuchs. Tolle Küstensze-nerie am Groot River Mouth. Schöne Wanderwege. Zwei Rest Camps (ver-schied. Unterkunftsarten und Camping).
Karoo National Park (s. S. 422)	Beaufort West, 270 km nördlich von Mossel Bay	831 km²	Savannenlandschaft, sanfte Hügel. Ex-treme Lebensbedingungen für anpas-sungsfähige Arten wie Kaffernadler, Springböcke. Chalets, Cottages, Cam-ping.

| Table Mountain National Park (s. S. 347) | Kaphalbinsel | 243 km² | U. a. Tafelberg und Kap der Guten Hoffnung. Vielfältigste Pflanzenwelt. Paviane (Vorsicht!). |
| West Coast National Park (s. S. 377) | 110 km nördlich von Kapstadt | 363 km² | Gebiet an der Langebaan-Lagune. Tolle Vogelwelt. Viele Wanderwege, Naturlehrpfade. Zwei Cottages. |

Mpumalanga und Limpopo Province

Name	Entfernungen/Lage	Größe	Natur/Tiere/Besonderheiten/Unterkünfte
Kruger National Park (s. S. 209)	400 km nordöstlich Johannesburg	20.000 km²	Großer Artenreichtum an Fauna und Flora. „Big Five" neben praktisch allen afrika-typischen Tieren. Ideal für Selbstfahrer, gutes Straßen- und Wegesystem. Im Park selbst zahlreiche, über das gesamte Gebiet verteilte Unterkünfte, am Westrand viele private Game Lodges.
Mapungubwe National Park (s. S. 232)	an der Grenze zu Simbabwe 85 km westlich von Musina (Messina)	2.561 km²	Idyllische Lage am Zusammenfluss Sashe-/Limpopo River. Begräbnis- und Ritualgegend mit dem Fund des „Golden Rhino" (Grabbeilage einer alten Kultur). Bush Camp, Tented Camp, Lodge, Camping.
Marakele National Park (s. S. 235)	etwa 250 km nordwestlich Johannesburg/Nähe Thabazimbi	670 km²	Am Waterberg gelegen, gebirgige Szenerie mit Tafelbergen und schroffen Felsen, große Höhenunterschiede. Geier, viele Antilopenarten, auch Elefanten, Nashörner, Löwen. Allrad obligatorisch. Ein Tented Camp, Camping.

KwaZulu-Natal

Name	Entfernungen/Lage	Größe	Natur/Tiere/Besonderheiten/Unterkünfte
Hluhluwe-iMfolozi Park (s. S. 539)	270 km nordöstlich von Durban	1.100 km²	Hügeliges, von tiefen Tälern durchzogenes Gebiet. Viele Nashörner (auch u. a. Löwen, Elefanten, Giraffen, Büffel). Gutes Wegenetz für Selbstfahrer. Tolles Camp (Hilltop) sowie weitere Lodges.
iSimangaliso Wetland Park (s. S. 541)	200 km nördlich von Durban	3.280 km²	UNESCO-Weltnaturerbe (siehe www.isimangaliso.com). Unterschiedliche Landschaftstypen (Wüstenlandschaften, Sümpfe, Trockenregionen). Der Lake St. Lucia ist das größte Binnengewässer Südafrikas. Toll für Vogelbeobachtungen. Flusspferde, Krokodile. Große Unterkunftsvielfalt.
Ithala Game Reserve (s. S. 545)	70 km nordöstlich von Vryheid	300 km²	Offene Buschfeldlandschaft, von tiefen Tälern zerfurcht. Nashörner, Impalas, Wasserbüffel, auch Kudus, Giraffen. Gute Wege für Selbstfahrer. Bush Camp, Chalets, Lodge, Camping.

Ndumo Game Reserve (s. S. 545)	ca. 60 km nördlich von Jozini/Grenze zu Mosambik/470 km nördlich von Durban	100 km²	Feuchtgebiet mit z. T. dichten Flusswäldern. Beste Vogelbeobachtungsmöglichkeiten in Südafrika (400 Arten). Gut für Selbstfahrer. Hütten und Camping.
Tembe Elephant Park (s. S. 546)	östlich des Ndumo Game Reserve	300 km²	Unterschiedliche Landschaftypen (Wald, offene Flächen). Viele Elefanten. Zufahrt nur im Allradwagen. Privatisierte Unterkunft.
Ukhahlamba Drakensberg Park (s. S. 557)	ca. 100 km westlich von Ladysmith	2.428 km²	Hochgebirgspark mit tollen Gebirgsszenerien (Felszeichnungen). Gut markierte Wanderwege. Einfache Anfahrt für Selbstfahrer. Viele Unterkünfte unterschiedlichster Art (von Camps bis zu sehr guten Hotels).
Mkuze Game Reserve (s. S. 543)	340 km nördlich von Durban	250 km²	Relativ offene Landschaft mit schönen Bäumen. Nashörner, Giraffen, Leoparden, Flusspferde, Vogelreichtum. Wandermöglichkeit. Gute Straße für Selbstfahrer. Cottages, Chalets, Hütten, Camping.

North West Province

Name	Entfernungen/Lage	Größe	Natur/Tiere/Besonderheiten/Unterkünfte
Pilanesberg National Park (s. S. 246)	bei Sun City, 160 km nordwestlich von Johannesburg	580 km²	Hügelige Vulkanlandschaft. Die Big Five neben fast allen Antilopenarten, beste Tierbeobachtung in relativer Nähe zu Johannesburg. Gutes Wegesystem für Selbstfahrer. Zwei Lodges.

Free State Province

Name	Entfernungen/Lage	Größe	Natur/Tiere/Besonderheiten/Unterkünfte
Golden Gate Highlands National Park (s. S. 567)	etwa 300 km nordöstlich von Bloemfontein	116 km²	Liegt am Fuße des Maluti-Gebirges, tolle Sandsteinformationen, Blütenpracht zwischen Frühling und Herbst. Steppenzebras, Springböcke, Elenantilopen. Wandermöglichkeiten. Cultural Village, Hotel, Rest Camp, Camping.

Transfrontier Parks

Eine neuere Entwicklung im südlichen Afrika sind die sogenannten **Transfrontier Parks**, auch *Peace Parks* (www.peaceparks.org) genannt. Seit Ende der 1980er-Jahre hatte der Unternehmer und Milliardär Anton Rupert († 2006) unermüdlich für diese grenzübergreifenden Parks gekämpft, um so die Eingrenzung der Lebensräume vieler afrikanischer Tierarten zumindest teilweise rückgängig machen zu können.

Northern Cape Province

|Ai-|Ais/Richtersveld Transfrontier Park

Mit einer Größe von ca. 6.000 km² umfasst dieser von den SANParks (s. Tabelle oben) verwaltete Park eine der spektakulärsten Landschaften im südlichen Afrika, in der trockene Umgebung und Wüsten vorherrschen. Außerdem ist hier mit dem Fish River Canyon der zweitgrößte Canyon der Welt zu finden. Zum Park vereint wurden der Ai-Ais Hot Springs Game Park in **Namibia** und der Richtersveld National Park in Südafrika.

Kgalagadi Transfrontier Park

Hier stoßen der Gemsbok National Park von Botswana und der Kalahari Gemsbok National Park von Südafrika aneinander. Der größere Anteil der Gesamtfläche von ca. 38.000 km² liegt in **Botswana**. Trockensavanne und Sanddünen bestimmen das Klima. Auch dieser Park wird von den SANParks verwaltet (s. Tabelle oben).

Limpopo Province

Greater Mapungubwe Transfrontier Conservation Area

Am Zusammenfluss des Limpopo und Shashe Rivers der Grenzregion zu den benachbarten Ländern Südafrika, **Botswana** und **Simbabwe** befindet sich dieses Naturschutzgebiet. Savanne und Auenwälder prägen das Klima der ca. 5.000 km² großen Region. Archäologisch interessant ist das Mapungubwe Village. Das Gebiet wird auf südafrikanischer Seite von den SANParks als **Mapungubwe National Park** verwaltet (s. o.).

Great Limpopo Transfrontier Park

Dieser Park ist ein Naturschutzgebiet, das durch ein Abkommen der Länder Südafrika, **Mosambik** und **Simbabwe** entstanden ist. Es bedeckt eine Fläche von 35.000 km², was in etwa der Größe Baden-Württembergs entspricht. Der Park fasst den südafrikanischen Kruger sowie den Limpopo Nationalpark im benachbarten Mosambik sowie den Gonarezhou-Nationalpark, das Manjinji-Pan-Schutzgebiet und das Malipati-Safarigebiet in Simbabwe zusammen. Das Klima ist tropisch-feucht. Hier entdeckt man eine große Anzahl an Wildtieren, insbesondere die „Big Five".

KwaZulu-Natal

Maloti-Drakensberg Transfrontier Conservation and Development Area

Dieses ca. 8.200 km² große Gebiet erstreckt sich über die Berge an der nordöstlichen Grenze zwischen Lesotho und Südafrika. Es unterstützt ein einzigartiges bergiges und sub-alpines Ökosystem. Hier sind noch seltene Pflanzenarten, die nur in den Bergen vorkommen, erhalten. In dieser Region finden sich zudem eine größere Anzahl Naturreservate verschiedenster Provinzen wie z. B. der Ukhalamba Park im südafrikanischen KwaZulu-Natal und der Sehlaba-Thebe National Park Lesothos. Interessant ist diese Region vor allem für Geologen, insbesondere wegen ihrer großen Klippen.

Lubombo Transfrontier Conservation and Resource Area

Von dieser Naturschutzregion wird die Grenze zwischen der südafrikanischen Provinz KwaZulu-Natal südlich von **Mosambik** und **Swasiland** überbrückt. Im Westen befinden sich die Lebombo Hills, im Osten die Indische Ozean. Ihre Fläche von 4.195 km² verteilt sich zur Hälfte auf Südafrika, die andere Hälfte auf Botswana und Simbabwe. Charakteristisch sind die Lebombo Mountains, die südlichen mosambikanischen Talauen und das Weideland an der Küste. Kulturell hervorzuheben sind die traditionellen Fischfang-Methoden, das Königreich Swasiland und das benachbarte Zentrum des Zulureiches.

Notrufe

Polizei: 10111
Krankenwagen: 10177 oder 082911
Notruf vom Mobiltelefon: 112 (Weiterleitung zur zuständigen Stelle)
Sperr-Notruf (EC-, Kredit-, Mobilfunk- und Kundenkarten sowie Mitarbeiterausweise, Online-Banking-Accounts u. v. m.): ☏ 0049-116-116 oder 0049-30-4050-4050, www.sperr-notruf.de.

s. auch Stichwort Telefonieren

Öffnungszeiten   O

Normale Öffnungszeiten im **Handel**: Mo–Fr 09–17/18 Uhr; Sa 8.30/9–17/18 Uhr (in städtischen Gebieten, bis 13 Uhr auf dem Land); So 10–15/16 Uhr in städtischen Gebieten. Dies kann von Provinz zu Provinz variieren.
Viele große **Supermärkte** und **Shopping Centres** haben täglich oder an bestimmten Tagen **verlängerte Öffnungszeiten**, besonders in städtischen Gebieten teilweise bis 22 Uhr.

Öffnungszeiten von **Büros** und (**Regierungs-**)**Organisationen**: Mo–Fr 8.30/9–16.45/17 Uhr

Post   P

Die südafrikanische Post heißt **Post Office** (www.postoffice.co.za), ein anderer effizienter Anbieter ist **PostNet** (www.postnet.co.za). Die Post-Farbe ist Rot, daran erkennt man auch die meist säulenförmigen **Briefkästen**. Die Filialen haben folgende **Schalterstunden**: Mo–Fr 8.30–16.30, Sa 8–12 Uhr. Dort kann man **Briefmarken** für Postkarten (5,70 R per Luftpost) oder Briefe (6,60 R für Brief bis 50 g per Luftpost) erstehen. **Nach Mitteleuropa** dauert die Luftpost zwischen fünf Tagen und drei Wochen.

Hotels und **Geschäfte** verkaufen neben Postkarten i. d. R. auch Briefmarken, verlangen aber meist einen geringen Aufpreis (Leserhinweis).

Briefmarkensammlern bietet die Post mit ihren **Philatelic Services** Serviceleistungen auf dem Sektor der Philatelie an: Private Bag X505, Pretoria 0001, ☏ 012-845-2814/15, sa.stamps @postoffice.co.za, www.postoffice.co.za (siehe „Personal Customers" – „Shopping" – „Philately"). Die **Philatelie-Vereinigung** Südafrikas ist zu finden unter www.philatelysa.co.za.

Rauchen   R

Bei der **Hotelbuchung** sollte geprüft werden, ob im Zimmer geraucht werden darf. **Restaurants**, Bars und selbst Shebeens müssen separate Raucherzonen aufweisen, kleinere Lokalitäten sind dadurch oft ganz rauchfrei. **Öffentliche Gebäude** (Staatsgebäude, Shopping Malls, Flughäfen etc.) und **Verkehrsmittel** sind rauchfreie Zonen, seit 2009 auch **überdachte Freiräume** wie Veranden, Balkone, Patios, Gehwege und Parkflächen.

Beim **Reisen mit Kindern** muss beachtet werden, dass in einem Auto mit Kindern bis 12 J. nicht geraucht werden darf. Jugendliche bis 18 J. dürfen weder Raucherzonen betreten noch Zigaretten kaufen. Die **Strafgelder** für Zuwiderhandlung bzw. das Wegwerfen von Zigarettenkippen sind empfindlich hoch.

Reiseleiter

Deutschsprachige Reiseleiter sind in Südafrika verfügbar. Anschriften über **South African Tourism**, *s. Stichworte Adressen und Fremdenverkehrsbüros.*

S) Safari

Das Wort leitet sich von dem **Kisuaheli-Begriff 'safar'** her, der wiederum ein Lehnwort aus dem Arabischen ist und so viel wie 'Reise' bedeutet. Als 'safar' bezeichnete man zunächst Reisen von Trägerkarawanen in Ostafrika. Später wurden mehrtägige Jagdausflüge so genannt. Heute wird der Begriff „Safari" auf den Tourismus übertragen und meint Tierbeobachtung und Fotografieren (Fotosafari).

Die preiswertesten Safaris kann man auf eigene Faust mit einem Mietwagen unternehmen. Die südafrikanischen **Nationalparks**, z. B. der Kruger National Park oder der Hluhluwe-iMfolozi Park (*s. Stichwort Nationalparks*), laden Selbstfahrer zu eigenständiger Erkundung ein. Die Unterkünfte in den Parks sind durchaus erschwinglich. Die Ranger der Parks geben gerne Auskunft, wo man mit etwas Glück bestimmte Tierarten beobachten kann. Als **beste Reisezeit** eignen sich die vegetationsarmen Wintermonate (Juni–August), in denen das lichte Gebüsch einen guten Durchblick gewährt.

Private Wildschutzgebiete (Private Game- oder Nature Reserves) mit z. T. sehr luxuriösen Lodges bieten eine sichere „Safari-Ausbeute". Am Westrand des Kruger Parks liegen die meisten privaten Wildschutzgebiete, hier fährt man mit offenem Landrover und erfahrenen Rangern durch die afrikanische Wildnis.

Sowohl in den Nationalparks als auch den privaten Wildschutzgebieten werden **Fuß-Safaris** mit fachkundiger Begleitung angeboten.

Wo ist Süden? Ein Sternbild hilft

Das **Kreuz des Südens** ist so ziemlich das einzige Sternbild, das uns Bewohnern der nördlichen Hemisphäre bekannt ist. Und wer sich im südlichen Afrika aufhält, wird stets nach diesem Sternbild Ausschau halten – und oft ein anderes Kreuz als das „Southern Cross" deuten. Die Seefahrer der Vergangenheit konnten mit seiner Hilfe auch ohne GPS den Süden genau bestimmen.

Um das Kreuz des Südens schneller zu finden, ist natürlich das Wissen um die Südrichtung hilfreich. Dabei ist ein Kompass nützlich. Je nach Jahreszeit steigt das Kreuz zu unterschiedlichen Uhrzeiten über den Südhorizont. Es wird von vier sehr hellen Sternen und einem weniger hellen gebildet. Wenn es nun gelingt, die Längsachse des Kreuzes um das 4 ½–5-Fache zu verlängern, dann muss man vom Endpunkt dieser Achse die Senkrechte fällen. Dort, wo diese Senkrechte den Horizont trifft, ist Süden.

Wenn man es noch genauer haben möchte, dann sollte man sich der hellen Zeige-Sterne, der sog. „pointers", bedienen, die am Southern Cross zu finden sind. Wenn man diese Sterne verbindet und von der Mitte der Verbindungsstrecke die Senkrechte nach oben fällt, so kreuzt sie die oben beschriebene 4 ½–5-fache Verlängerung der Längsachse des Südkreuzes. Von diesem Kreuzpunkt fällt man dann die Senkrechte und bestimmt damit genau den Süden.

Schiffsverbindungen

Früher war es üblich, mit dem Schiff nach Südafrika zu reisen. Doch die Zeiten, in denen zwischen Europa und dem Kap wöchentlich Postschiffe verkehrten, sind vorbei. Längst ist der schnelle Flug billiger als die mindestens 16 Tage dauernde Schiffsreise. Es gibt zahlreiche Angebote für Kreuzfahrten, die Kapstadt oder Durban anfahren, aber nur wenige Linienverbindungen.

Mitfahrgelegenheiten auf Frachtschiffen sind eine interessante Anreise-Alternative, hier ein Anbieter:

Frachtschiff-Touristik Kapitän Zylmann GmbH: von Hamburg über Antwerpen und Walvis Bay/Namibia nach Kapstadt (in 21 Tagen) oder Durban (in 29 Tagen). 90 € p. P./Tag. Informationen: Mühlenstr. 2, D-24376 Kappeln, ☎ 04642-9655-0, www.zylmann.de.

Schlangen

Es gibt zwar viele und z. T. giftige Schlangen, übermäßige Angst ist deshalb aber nicht angebracht – in der Regel flüchten die Tiere schon lange, bevor man sie sehen kann. Dennoch sollte man natürlich auf den Weg achten. Sollte es trotzdem zu einem **Schlangenbiss** kommen, ist es wichtig, sich **Farbe und Kopfform** der Schlange zu merken, damit der behandelnde Arzt oder ein anderer sachkundiger Helfer weiß, welches Gegenserum anzuwenden ist.

Schulferien

Hauptferienzeit in Südafrika ist um Weihnachten, von Anfang Dezember bis Mitte Januar. Die Osterferien finden etwa von Mitte März bis Mitte April statt, die Winterferien zwischen Mitte Juni und Mitte Juli und die Frühjahrsferien gegen Ende September. Für die **Urlaubsplanung** bedeutet das: Da sich die Ferienzeiten Europas mit denen Südafrikas im April, Juli und Dezember/Januar überschneiden, ist in dieser Zeit eine Vorausbuchung der Unterkünfte dringend anzuraten!

Schusswaffen

Schusswaffen dürfen nur **mit Genehmigung** eingeführt werden. Diese Genehmigung erteilen die Zollbeamten bei der Einreise, sofern der Besitzer den legalen Besitz dieser Waffen nachweisen kann und die Waffen über eingestanzte Seriennummern verfügen. Die erteilten Genehmigungen sind 180 Tage gültig. Unerlaubter Waffenbesitz ist in Südafrika strafbar. Eine Waffenbesitz-Karte muss deshalb vorgelegt werden.

Sicherheit

Zur **Kriminalität** im Land s. *Kapitel „Südafrika aktuell".*

Touristen werden nur in seltenen Fällen Opfer von Kriminellen. Trotzdem sollten die Hinweise in den entsprechenden Kapiteln, z. B. zu Johannesburg, sowie folgende **Sicherheitshinweise** beachtet werden:

▸ Vorsicht vor Taschendieben. In den Großstädten, v. a. in überfüllten Shopping Malls, an Flughäfen etc.
▸ Nur wenig Bargeld oder Schmuck mit sich führen. Alle Wertsachen kann man im Hotelsafe einschließen lassen.
▸ Den Zimmerschlüssel nach dem Abschließen in die Tasche stecken und nicht öffentlich zeigen.
▸ Townships und Problemviertel sollte man nur mit geführten Touren oder in Begleitung von Einheimischen besuchen.
▸ Keine Nachtspaziergänge, v. a. nicht in einsamen Vierteln oder Parks.
▸ Nicht per Anhalter fahren oder Vorortzüge nutzen.
▸ Verhalten und Kleidung sollten unauffällig sein. Eine Kamera um den Hals weist Sie als Tourist aus, also besser in der Tasche verstauen.
▸ Im Auto sollte man während der Fahrt, besonders in Städten, alle Türen verriegeln und keine Wertsachen darin offen liegenlassen.
▸ Die Polizei ist in den Touristenzentren sichtbar präsent und hilft gern weiter. Man sollte keine falsche Scheu vor den Beamten haben, wenn man sich unsicher fühlt oder wissen möchte, ob man eine bestimmte Gegend bereisen kann.

Ausführliche Sicherheitshinweise erteilen die Reiseveranstalter oder das deutsche Auswärtige Amt: www.auswaertiges-amt.de.
Die Telefonnummer der nächstgelegenen **Polizei-Station** ist zu finden unter www.saps.gov.za. Im **Notfall:** ☎ 10111, *s. auch Stichwort Notrufe*

Sport

Südafrika ist ein sportbegeistertes Land und entwickelt sich immer mehr zu einem Paradies für den **Aktivurlaub**: Paragliding am Western Cape, eine Fahrt mit dem Heißluftballon, Fallschirmspringen oder Windsurfen über den Drakensbergen, Aktivitäten im und am Wasser – in seinen unterschiedlichen Landschaften und Klimazonen sind praktisch alle Sportarten möglich! Da sich immer mehr Menschen auch im Urlaub aktiv betätigen wollen, folgt an dieser Stelle eine alphabetisch geordnete Darstellung der entsprechenden Sportmöglichkeiten. Eine Komplettübersicht über alle sportlichen Angebote in Südafrika erhält man bei der South African Sports Commission, ☎ 012-304-5000, www.srsa.gov.za. Auch South African Tourism hat für verschiedene Sportarten hervorragende Übersichten ausgearbeitet, so z. B. für Golf und Surfen.

> **! Achtung**
>
> Für die meisten folgenden Aktivitäten ist eine Reservierung beim Anbieter erforderlich!

▸ **„Abseiling"**: Das Wort wurde aus dem Deutschen abgeleitet. Abseilen ist eine beliebte Sportart, besonders dort, wo es kleine Canyons gibt. Dabei wird man an einem Seil z. B. in einen Canyon und/oder an einer steilen Wand abgeseilt. Wenn man es etwas aufregender liebt, kann man sich auch ins Leere fallen lassen, ähnlich dem Bungee Jumping. Beliebteste Abseiling-Regionen um Kapstadt sind der Chapman's Peak, das Tafelberg-Gebiet und der Kamikaze Canyon. Letzterer beinhaltet zuerst eine Wanderung durch eine Schlucht, das Raufkraxeln auf die Kante und schließlich einen Abseil-Sprung von 60 m in die Tiefe.

Informationen unter: www.southafrica.info/travel/adventure/abseiling.htm.
Anbieter in Kapstadt: www.abseilafrica.co.za.

‣ **Angeln**: Mit ca. 250 Arten von Frischwasserfischarten laden die Gewässer in den Wild- und Nationalparks Petrijünger zum Fischfang ein. Dazu ist allerdings eine **Lizenz** erforderlich. Dieses „Recreational fishing permit" kann in der Provinz Western Cape für 76 R in den Postämtern erworben werden, dort eignen sich Bergketten besonders zum Forellenfischen.
Informationen: www.westerncape.gov.za.
Weitere Websites zum Thema: www.southafrica.info/travel/surf/fishing.htm; www.sea line.co.za.

Besonders das **Hochseeangeln** erfreut sich großer Beliebtheit in den Kapprovinzen. In fast jedem Hafen kann man Boote mit fachkundigen Fischern chartern.
South African Deep Sea Angling Association: www.sadsaa.com.
Die kleinen Flüsse in den Bergen nördlich der Garden Route eignen sich hervorragend fürs **Fliegenfischen**.
Federation of South African Flyfishers (FOSAF): www.fosaf.org.za.

‣ **Bungee-Jumping**: Südafrika und insbesondere die Kapprovinzen sind ein klassisches Ziel fürs Bungee-Jumping. Die erste der beiden bekanntesten Bungee-Brücken liegt gut 350 km östlich von Kapstadt am Gourits River (ca. 30 km vor Mossel Bay). Die zweite, die Bloukrans Bridge über den gleichnamigen Fluss, liegt nahe Tsitsikamma (Teil des Garden Route Nationalparks, östl. von Plettenberg Bay) und ist mit 216 m Höhe der **welthöchste Absprungplatz**!
Informationen: www.southafrica.info/travel/adventure/bungee.htm.
Anbieter an der Bloukrans Bridge: www.faceadrenalin.com.

‣ **Drachenfliegen**: Drachenflieger aus Übersee dürfen aus Versicherungsgründen nur fliegen, wenn sie Mitglied der South African Hang Gliding and Paragliding Association (SAHPA) sind. Eine vorübergehende Mitgliedschaft ist möglich. Falls man nicht sein eigenes Fluggerät mitbringt (und wer kann das schon), ist man allerdings auf Clubhilfen angewiesen, da es in Südafrika keinen offiziellen Drachenverleih gibt.
Hervorragend eignen sich zum Drachenfliegen die KwaZulu-Nataler Drakensberge sowie die Tafelberglandschaften am Kap (allerdings nur in den Sommermonaten).
SAHPA: www.sahpa.co.za.

‣ **Fahrrad fahren**: Südafrika ist kein klassisches Radfahrer-Land, deshalb gibt es auch keine Radwege. Allerdings kann man abseits der großen Autostraßen durchaus die herrlichen Landschaften genießen. Das **Kapland** eignet sich für Unternehmungen in den regenarmen Zeiten von Oktober bis April. **KwaZulu-Natal** ist fast ganzjährig klimatisch geeignet, ebenso **Gauteng**.
Kapstadt: Die Firma Downhill Adventures in der Innenstadt verleiht Mountainbikes für rund 200 R/Tag. Sie bietet auch geführte Touren in Kleingruppen an: zum Cape Point, durch die Wälder und Weinberge von Constantia und auf den Tafelberg (Table Mountain Double Descent).
Downhill Adventures, Shop 10, Overbeek Building, Ecke Kloof, Long und Orange Street, ☎ 021-422-0388, www.downhilladventures.com.

Ein weiterer interessanter Anbieter ist die Firma Bike & Saddle, die Räder verleiht (Mountainbike 110–350 R/Tag), aber auch interessante Fahrradsafaris von bis zu 14 Tagen anbietet, u. a. in Nationalparks und zu den Victoria Falls. Abfahrt: V&A Waterfront, West Quay Road.

Bike & Saddle, ☎ 021-813-6433 oder 06421-3796768 (in Deutschland), www.bikeand saddle.com.
Durban: 2Ride Bicycle Rentals, 914 Umgeni Road, Morningside, ☎ 031-312-2559, www.2ride.co.za.
Johannesburg: Linden Cycle and Canoe, 63 B 3rd Avenue, Linden, Randburg, ☎ 011-782-7313.

Mountainbiker erhalten hier Tipps zu den besten Trails: www.jacanacollection.co.za (unter „Other Trails", „Mountain Bike Trails") oder www.mtbroutes.co.za.
Rennrad-Freunde finden ausführliche Informationen hier: www.ride.co.za; www.cycling news.co.za.

▸ **Fallschirmspringen**: Für Fallschirmspringer herrschen in Südafrika ideale landschaftliche und klimatische Bedingungen. Bevorzugte Regionen sind das Kap, die KwaZulu-Nataler Drakensberge sowie Gauteng mit den Magaliesbergen. Dieser Sport ist mittlerweile so populär geworden, dass sich mehrere Veranstalter darauf spezialisiert haben.
Parachute Association of South Africa: www.para.co.za.
Anbieter in Kapstadt: Skydive Cape Town, ☎ 082-800-6290, www.skydivecapetown.za.net. Hier werden Anfängerkurse, Tandemsprünge und Kurse zum Erwerb der Fallschirmspringerlizenz angeboten.

▸ **Golf**: Der Sport ist in Südafrika sehr populär, und fast alle Plätze sind in einem hervorragenden Zustand. Außerdem liegen die beinahe **500 Golfplätze** in spektakulären Landschaften, sodass es schwer fällt, hier Qualitätswertungen vorzunehmen. Nicht von ungefähr bieten zahlreiche Reiseveranstalter daher Golftouren am Kap an, die mit einer Rundreise verbunden sind. Welcher begeisterte Golfsportler ist nicht fasziniert, wenn der Blick beim Abschlag Richtung Tafelberg geht, oder wenn – wie bei den Plätzen in der Nähe des Kruger National Park – auch schon mal wilde Tiere über die Fairways spazieren!
South African Golf Association: ☎ 011-476-1713/4, www.saga.co.za.
Weitere Informationen: www.golfinsouthafrica.com; www.southafrica.info/about/sport/golf.htm; www.suedafrika-golf.de; www.dein-suedafrika.de/reiseangebote/golfreisen.
Golfplätze Kruger NP: Skukuza Golf Course, www.sanparks.org; Hans Merensky, www.hansmerensky.com.
Golfplätze mit Tafelbergblick: Mowbray, www.mowbraygolfclub.co.za; Milnerton, www.milnertongolf.co.za.

▸ **Kanufahrten/Rafting**: Südafrikas Flüsse eignen sich zum Teil hervorragend für Kanufahrten oder Schlauchboot-Abenteuer. Verschiedene Firmen haben sich in den letzten Jahren auf Trips von 4–6 Tagen Dauer spezialisiert. Besonders der Oranje in Höhe des einsamen, spektakulären **Richtersveld National Park** im Nordwesten Südafrikas ist ein Eldorado. Dabei sind die Kanufahrten keinesfalls wild, sogar Kinder dürfen daran teilnehmen. Man schläft in Zelten und kocht über dem offenen Lagerfeuer unter einem unvergesslichen Sternenhimmel. U. a. folgende Unternehmen bieten ein- und mehrtägige Kanu- und Schlauchboottouren auf Oranje, Breede und vielen anderen Flüssen im südlichen Afrika an.
Felix Unite River Adventures: ☎ 021-702-9400, www.felixunite.com.
The River Rafters: ☎ 021-975-9727, www.riverrafters.co.za.

▸ **Kloofing (Canyoning)**: Aktivitäten in Schluchten erfreuen sich auch in Südafrika immer größerer Beliebtheit. Dabei werden Canyons mittels aller möglichen Fortbewegungsarten überwunden: Abseilen, Springen, Rutschen, Klettern, Tauchen etc. Organisierte Touren führen z. B. in das Gebiet um den Tafelberg, aber auch in andere Regionen. Ein Anbieter dafür ist: **GoVertical**: ☏ 082-731-4696, www.govertical.co.za.

‣ **Marathon**: Marathon ist in Südafrika sehr populär – ob am Kap, an der Strandpromenade von Durban oder anderswo.
Informationen: www.runnersguide.co.za.
Besonders berühmte Laufveranstaltungen:
Comrades Marathon: an einem Sonntag Ende Mai/Anfang Juni. Ca. 90 km Strecke, abwechselnd von Pietermaritzburg oder Durban ausgehend. www.comrades.com.
Old Mutual Two Oceans Marathon: Jeweils am Osterwochenende auf der Kaphalbinsel. Als Halb- (21 km) oder Ultramarathon (51 km) laufbar. Die Veranstalter sprechen vom „schönsten Marathon der Welt". www.twooceansmarathon.org.za.

‣ **Reiten**: Auch für diesen Sport sind die abwechslungsreichen Gegenden nahezu ideal: Buschlandschaften, Weingebiete, Strände u. v. m. können erritten werden. Ein besonderer Tipp: Ponytrekking in Lesotho! Dort sind mehrtägige Ausritte mit Übernachtung in einfachen Hütten möglich. Man sollte aber keine Höhenangst haben, die Pfade sind teilweise sehr schmal und es geht direkt am Berghang steil aufwärts.
Informationen: www.erasa.co.za.
Ausritte im Weingebiet: ☏ 083-226-8735 oder 083-657-5135, www.horsetrails-sa.co.za.
Ponytrekking: Die empfehlenswerte Malealea Lodge ist einfach und rustikal ausgestattet und bietet als Pony Trek Centre die Möglichkeit zu verschiedenen Ausritten (1–3 Tage). ☏ 082-552-4215, www.malealea.com.

‣ **Segelfliegen**: Nicht nur das australische Outback hat weltberühmte Segelflug-Reviere. Auch Südafrika bietet vor allem im Bereich der Magaliesberge aufgrund optimaler Aufwinde und klarer Wetterlagen traumhafte Voraussetzungen für lange Flüge.
Informationen und Adressen: Soaring Society of South Africa, www.sssa.org.za.

‣ **Surfen**: Südafrika ist das Surfer-Paradies schlechthin. Weltberühmte Surfer zieht es immer wieder an Südafrikas Küsten, um ihre Künste im Wellenreiten in Top-Form zu erhalten oder zu verbessern. Die generellen Wetterbedingungen sehen so aus:
Von **September bis Mai** liegt der südafrikanische Küstenbereich im Einzugsbereich ausgedehnter Hochs, die nur selten von Tiefausläufern gestört werden. Wenn dann über dem Kapstädter Tafelberg das „Tischtuch" liegt, sonst aber ringsherum der Himmel stahlblau ist, kündigt sich der „Cape Doctor" an, der berühmte Südostwind, der den Surfern 6–10 Beaufort sideshore beschert und für extrem gute Bedingungen sorgt.
Im südafrikanischen Winter von **Juni bis August** zieht der Hochdruckgürtel Richtung Äquator und die Tiefdruckrinne gelangt ans Kap. Wellen unter 2 m sind dann eher eine Seltenheit. Doch nicht nur Surfer, die auf extreme Wellen und Sprünge aus sind, werden zufriedengestellt. In Langebaan (nördlich von Kapstadt an der Westküste) greift eine fjordartige Meeresbucht ins Land. Hier gibt es ideale Voraussetzungen für Geschwindigkeitsfanatiker, die dann auf das schnellste Brett umsteigen.

Berühmtheit haben folgende **Spots** erlangt:
Garden Route: Cape St. Francis, Jeffrey's Bay, das Mündungsgebiet des Swartkops River (nördl. Port Elizabeth) sowie Noordhoek (bei Kapstadt, an der Westküste der Kaphalbinsel) und die False Bay (Muizenberg/Kalk Bay bei Kapstadt). Anfänger dagegen begnügen sich lie-

ber mit den Gebieten um die Algoa Bay bei Port Elizabeth (Flachwasser und Brandung). Hobie Beach (Port Elizabeth) ist berühmt geworden als Austragungsstätte der Weltmeisterschaften im Windsurfen (s. u.).

Durban: Der beliebteste Ort für Surfen und generell für Wassersport. Strandabschnitte: South Beach, Dairy Beach und der ruhigere North Beach. Im stürmischen Winter finden hier offizielle Meisterschaften statt.

 ## Tipps für Surfer

Informationen über den Frachttarif für die Mitnahme des eigenen Gerätes erhält man bei der entsprechenden Airline.

Sinnvoll zwecks Mobilität sind das Mieten eines Wagens und der Kauf eines passenden Dachgepäckträgers (die meisten Vermieter sind nicht Surfer-freundlich eingestellt, da sie um ihren Wagen bangen).

Informationen: South African Longboard Surfing Association, www.longboardingsa.blogspot.com.

Weitere Informationen: www.surfingsouthafrica.co.za; www.wavescape.co.za.

Windsurfer finden auf den großen Inlandseen oder Lagunen entsprechende Reviere. Hier einige Beispiele:

Gauteng: u. a. Hartebeesport Damm, Ebenezer Dam (Tzaneen), Stausee Bona Manzi.

KwaZulu-Natal: u. a. Midmar Lake, Zinkwazi (Lagune), Mtunzini (Lagune), Warner Beach (bei Scottburgh).

Western Cape: u. a. George (Swartvlei), Plettenberg Bay, Struisbay.

▸ **Tauchen**: Aufgrund des kalten Benguela-Meeresstroms an der Westküste und des warmen Algulhas-Meeresstroms an der Ostküste verfügt Südafrika über eine sehr differenzierte Meeresflora und -fauna.

Western-/Eastern Cape: Besonders im Mischbereich zwischen dem warmen und dem kalten Meeresstrom gibt es ein vielfältiges Meeresleben. Bekannt ist bei Kapstadt das Gebiet um Cape Hangklip. Im Tsitsikamma-Gebiet (Teil des Garden Route National Park) gibt es einen Schnorchel- und Taucherlehrpfad. In East London werden Tages-Tauchlehrgänge angeboten. Interessant sind hier die Tauchreviere zwischen dem Great Fish River und Kidd's Beach. **Anbieter** z. B.: The Scuba Shack, ☎ 072-603-8630, www.scubashack.co.za.

KwaZulu-Natal: Zwischen dem Lake St. Lucia und Kosi Bay (an der Grenze zu Mosambik) liegt der iSimangaliso Wetland Park mit den südlichsten Korallenbänken der Welt. Bekannt als Tauchquartiere sind Sodwana Bay und Rocktail Bay. Im Park gibt es Unterkünfte. Tauchlehrgänge werden außerdem angeboten. **Anbieter** z. B.: Sodwana Bay Lodge Scuba Centre, ☎ 035-571-0117, www.sodwanadiving.co.za.

Auch in und um **Durban** werden Tauchlehrgänge angeboten. **Anbieter** z. B.: Durban Undersea Club, ☎ 031-368-1199, www.duc.co.za oder Underwater World, ☎ 031-332-5820, www.underwaterworld.co.za.

▸ **Tennis**: In Südafrika gibt es sehr viele Tennisplätze, das Spiel gehört auch zum Schulsportprogramm. Die bekanntesten südafrikanischen Tennisspieler sind Fred McMillan und Bob Hewitt, die viele Titel im Herrendoppel bei Grand-Slam-Turnieren gewannen. In jüngerer Zeit erfolgreich war Wayne Ferreira, bei dem es allerdings nie zu einem Grand-Slam-Titel reichte.

South African Tennis Association (SATA): ☎ 011-442-0500, www.satennis.co.za.

▸ **Wandern/Bergwandern/Klettern**: Seit Jahren wird die Einrichtung staatlich kontrollierter Wanderwege – das National Hiking Way System (NHW) – ausgebaut. Aus diesem Grund gibt es in Südafrika ein hervorragendes Wanderwegenetz. **Mitbringen** bzw. in Südafrika kaufen sollte man vor allem festes Schuhwerk (Wanderschuhe), Regenkleidung, warme Kleidung (für einige Gebiete), Sonnenschutz (Hut, Creme), pro Person einen Tagesrucksack, Proviant und ausreichend Wasser (3 Liter/Tag/Person), bei längeren Routen eine Karte und einen Kompass.

Die schönsten und beliebtesten Wandergebiete sind:
Western-/Eastern Cape: Kaphalbinsel, Lion's Head und Tafelberg, Hottentots' Holland Nature Reserve, südlich des Weinlandes, Limietberg Nature Reserve um den Bain's Kloof Pass, östlich von Paarl, Cederberg Wilderness Area, südöstlich von Clanwilliam, Garden Route National Parks (u. a. die Gebiete Wilderness, Knysna, Tsitsikamma), Gebiet um Montagu, Gebiet des ehem. Zuurberg National Park (heute Teil des Addo Elephants NP).
Limpopo: Soutpansberge.
KwaZulu-Natal: Drakensberge (insbesondere für Bergsteiger und Kletterer).
Northwest Province/Gauteng: Magaliesberge.

Informationen:
Mountain Club of South Africa: ☏ 021-465-3412, www.mcsa.org.za. Gleicht unserem Alpenverein, ebenfalls in Sektionen aufgeteilt.
Weitere informative Websites: www.sahikes.co.za; www.southafrica.info/travel/adventure/hiking.htm.

Sprachen

In Südafrika gibt es **11 offizielle Sprachen**. Neben Englisch und Afrikaans werden die Sprachen der verschiedenen Ethnien, darunter der Xhosa, Zulu und Sotho, gesprochen, wobei sich Englisch als Amtssprache weitgehend durchgesetzt hat. Mit Englisch kann man sich überall im Land verständigen. Deutsch und Französisch werden in zahlreichen Hotels gesprochen, zudem leben zahlreiche Deutsche, Österreicher und Schweizer in Südafrika.

Hier eine Übersicht über einige **nützliche Ausdrücke in Afrikaans**:

Guten Morgen!	Goeie more!	Guten Tag!	Goeie midday!	Gute Nacht!	Goeie nag!	Auf Wiedersehen!	tot siens!
bitte	asseblief	danke	dankie	ja/nein	ja/nee	Verzeihung	ekskuus
wo	waar	wieviel	hoeveel	wann	wannee	gut/schlecht	goed/sleg
Montag	Maandag	Dienstag	Dinsdag	Mittwoch	Woensdag	Donnerstag	Donderdag
Freitag	Vrytdag	Samstag	Saterdag	Sonntag	Sondag		
Tag/Woche		dag/week		Monat/Jahr		maand/jaar	
Verstehen Sie?		Verstaan u?		Wann fährt...?		Wanneer vertrek?	
Wie spät ist es?		Hoe laat is dit?		Wie viel kostet dies?		Hoeveel is dit?	
Tageszeitung		dagblad		Trinkgeld		Tip	
Mitfahrgelegenheit/Fahrstuhl		Lift		Tankstelle, Autowerkstatt		Garage	
Grillen		Braai					

Zahlen

eins	een	zwölf	twaalf	dreißig	dertig
zwei	twee	dreizehn	dertien	vierzig	veertig
drei	drie	vierzehn	veertien	fünfzig	vyftig
vier	vier	fünfzehn	vyftien	sechzig	sestig
fünf	vyf	sechzehn	sestien	siebzig	sewentig
sechs	ses	siebzehn	sexentien	achtzig	tagtig
sieben	sewe	achtzehn	agtien	neunzig	negentig
acht	ag	neunzehn	negentien	hundert	honderd
neun	nege	zwanzig	twintig	hunderteins	eenhonderd-en-een
zehn	tien	einundzwanzig	een-en-twintig	fünfhundert	vyfhonderd
elf	elf	zweiundzwanzig	twee-en-twintig	tausend	'n Duisend

Sprachschulen

Was könnte es Schöneres geben, als Englisch in Südafrika zu lernen? So verbindet man den Urlaub mit dem Erlernen bzw. Intensivieren einer Sprache. Sprachschulen gibt es zur Genüge in Südafrika. Die Kurse dauern i. d. R. zwischen 10 Tagen und 5 Wochen (ca. 20 Wochenstunden). Kapstadt ist das Zentrum der Sprachschulen. Hier zwei Tipps:
Eurocentres: ☎ 021-423-1833, www.eurocentres.co.za. Diese Schule arrangiert auch Unterkünfte in Gastfamilien und Freizeitaktivitäten. Angeboten wird alles, vom Anfängerkurs bis hin zu TOEFL und Fachkursen.
Cape Town School of English: ☎ 021-674-4118, www.ctenglish.co.za. Programme, Touren, Ausflüge und Unterkünfte. Neben Englisch werden auch afrikanische Sprachen unterrichtet.

T) Tankstellen

An Tankstellen in Südafrika herrscht **keine Selbstbedienung**, ein Tankwart füllt das Benzin ein. Das Tankstellennetz ist dicht. Die Benzinpreise liegen bei ca. 9 R/Liter. Öffnungszeiten ca. 7–18 Uhr, große Tankstellen der Ketten Shell, BP etc. haben inzwischen auch 24 Stunden geöffnet.

Hinweise

Tankstellen akzeptieren oft keine Kreditkarten! Deshalb ist es immer ratsam, auch Bargeld dabei zu haben.
Man sollte darauf achten, dass die Zapfsäule auf Null gestellt ist und der Tankwart auch tatsächlich Benzin einfüllt. Ein Leser erlebte in Wilderness, dass der Tankwart zwar so tat und anschließend kassierte, der Tank aber nicht gefüllt war.

Taxi

In Südafrika muss man zwischen den **Taxis** im europäischen Verständnis, also Taxi-Limousinen, und den **Minibus-Taxis** unterscheiden.

Taxis: Sie haben in Südafrika keine einheitliche Farbe. In den Großstädten gibt es **Taxistände**, die Fahrer warten oft auch vor großen Hotels und an von Touristen stark frequentierten Orten. Die Taxis werden **per Telefon** bestellt, die Zentralen rufen sie von den Taxiständen ab. Da es wegen dieser Praxis keine Leerfahrten gibt, ist Heranwinken also nicht üblich. Am besten fragt man in seiner Unterkunft nach einem empfehlenswerten Anbieter.
Die **Tarife** sind regional unterschiedlich: Die Grundgebühr beträgt ca. 10 R + 10 R/Kilometer. Wartezeiten kosten ca. 50 R/Stunde.

Minibus-Taxis: Das Prinzip des **Sammeltaxis** ist aus vielen Ländern bekannt. In Südafrika sind sie ein Haupttransportmittel der Einheimischen v. a. in die Vorstädte/Townships. Die Routen sind meist zumindest ungefähr festgelegt. Viele Backpacker schwören auf diese Art des Reisens, weil man so Land und Leute kennenlernt. **Achtung**: Trotz stärkerer Kontrollen sind die Kleinbusse nicht immer im besten Zustand, man sollte sie sich genau anschauen, bevor man einsteigt. Dazu kommen oft der starke Verkehr und wenig umsichtige Fahrer. Dann berichten selbst deutsche Zeitungen von Minibus-Unfällen in Südafrika mit vielen Todesopfern.
Die **Tarife** sind wesentlich niedriger als bei normalen Taxis und entsprechen ungefähr den innerstädtischen Bussen.

Telefonieren

Wichtige und nützliche Telefonnummern für Südafrika

Landesweiter Polizei-Notruf	10 111	**Landesweiter Notruf für Rettungswagen**	10 177
Lokale Telefonauskunft	1023	**Nationale Telefonauskunft**	1025
Internationale Telefonauskunft	0903	**Internationale Voranmeldung** (R-Gespräche)	0900
Zeitansage	1026	**Computicket** (Reservierungen)	083-915-8000 (65 Cent/Min. aus SA)
AA-Automobilclub (24 Std.-Notfall-Hotline)	0861-000-234	**Tourist-Info-Hotline** (24 Std.)	083-123-6789
South African Tourism, Hauptbüro in Johannesburg	011-895-3000	**South African National Parks**	012-428-9111
KwaZulu-Natal Wildlife (Game Reserves)	033-845-1002		

Flughäfen A–Z (Allg. Kundenservice)

Bloemfontein: 051-407-2200; Durban (King Shaka): 032-436-6758; East London: 043-706-0306; George: 044-876-9310; Johannesburg (O. R. Tambo): 011-921-6262; Kapstadt: 021-937-1200; Kimberley: 053-830-7101; Port Elizabeth: 041-507- 7319; Upington: 054-337-7900

Kreditkartenverlust A–Z (in Südafrika)

American Express: 0800-110-929; Diners Club: 0860-346377 oder 011-358-8500; Master Card: 0800-990-418; Visa Card: 0800-990-475

Sperrnummer für alle Karten

049-116-116, im Ausland auch 049-30-4050-4050

▸ **Vorwahlen**
Die **Vorwahl für Deutschland** von Südafrika aus ist 0049 + die Ortsnetzzahl ohne die Null + die Teilnehmernummer. Die **Vorwahl für Österreich** ist 0043, **für die Schweiz** 0041. Die **Vorwahl für Südafrika** von Deutschland/Österreich/Schweiz aus ist 0027 + die Ortsnetzzahl ohne die Null + die Teilnehmernummer.
Vorwahlen der angrenzenden Staaten: Botswana: 09267 (von Südafrika aus), 00267 (intern., von Deutschland aus), Swasiland: Vorwahl 09268 (von Südafrika aus), 00268 (intern., von Deutschland aus), Lesotho: Vorwahl 09266 (von Südafrika aus), 00266 (intern., von Deutschland aus), Namibia: Vorwahl 09264 (von Südafrika aus), 00264 (intern., von Deutschland aus), Mosambik: Vorwahl 09258 (von Südafrika aus), 00258 (intern., von Deutschland aus).

 Achtung

Auch bei regionalen Telefongesprächen muss in Südafrika die Vorwahl immer mitgewählt werden.

Internationale Telefonate vom Festnetz: Wenn man von den reichlich vorhandenen **Telefonzellen** (auch in Malls, Tankstellen, Restaurants etc.) ein Übersee-Gespräch führen möchte, muss man sehr viel Kleingeld (50-Cent- bzw. 1-Rand-Münzen) oder eine Telefonkarte zur Hand haben. Die Telefonkarten gibt es in Werten von 10–200 R bei Telkom-Filialen (größte Telefongesellschaft), bei der Post oder in Kiosken. Bequem ist auch die Vermittlung in einem **Postamt**, dann allerdings muss man mindestens 3 Minuten telefonieren. Durchschnittliche **Kosten** für ein 1–2-minütiges Telefonat nach Mitteleuropa: ca. 20 R. **Vorsicht in Hotels**: Hier wird der 2- bis 3-fache Tarif berechnet!

▸ **Das eigene Handy nutzen …**
… **mit eigenem Vertrag**: Die meisten aus Europa mitgebrachten Handys (in Südafrika „Cellular Phone", „Cell Phone" – kurz „Cell" – oder „Mobile Phone" genannt) können via **Roaming** in Südafrika genutzt werden. Dies kann allerdings teuer werden: Wird man aus Deutschland angerufen, zahlt man dafür den Auslandstarif, der Anrufer nur den Deutschlandtarif. Zudem sind die Preise für die Einheiten teurer als die eines gemieteten Handys, was sich für Viel-Telefonierer lohnt (s. u.). Zudem sind die Preise für die Einheiten so teurer als die eines gemieteten Handys, was sich für Viel-Telefonierer lohnt (s. u.).
Informationen zur Höhe der Roaming-Gebühren und zur Frage, ob das eigene Handy technisch dafür gerüstet ist, erhält man bei seinem Mobilfunk-Anbieter.

… **mit südafrikanischer SIM-Karte**: Diese kann in Mobilfunkshops sowie einigen Supermärkten etc. gekauft und ins eigene Handy eingesetzt werden. Die Bezahlung erfolgt über **Prepaid-Cards**. Manche Pakete enthalten gleich ein **neues Handy**. Dies kann nützlich sein, wenn das eigene Gerät sehr teuer war und man es in Südafrika nicht nutzen möchte.

▸ **Weitere Möglichkeiten** zum Telefonieren in Südafrika:
Mietwagenfirmen: Die großen Anbieter stellen kostenlos Handys zur Verfügung, wenn man einen Wagen mietet (beim Buchen des Wagens angeben!). Hierbei muss man nur für die Versicherung des Handys zahlen. *Siehe Stichwort Autovermietung.*

Telefonläden: Da nicht alle Bewohner, vor allem der ehemaligen Townships, Telefonanschlüsse haben, hat sich ein lukrativer Markt für Läden entwickelt, in denen man ohne Kleingeld oder Telefonkarte telefonieren kann. Hier sind die Warteschlangen kürzer als in den Postämtern, dafür zahlt man allerdings auch mehr als an einem öffentlichen Fernsprecher (aber weniger als von den Hotels aus). Ein Preisvergleich ist also empfehlenswert. Faxen ist ebenfalls möglich. **Internet-Cafés**: *s. auch Stichwort Internet*

Trinkgelder

Sie sollten nach Umfang und Qualität einer Leistung gegeben werden (z. B. bei Gepäckträgern oder Zimmermädchen ca. 10 Rand). Als **Leitlinie** gilt, dass das Trinkgeld 10–15 % des Preises/der Rechnung entsprechen sollte. **Taxifahrer** erwarten etwa 10 % Trinkgeld.

Unterkünfte   U

Dieses Buch bietet unter der Rubrik „Reisepraktische Informationen" (gelb unterlegt) innerhalb der Reisekapitel sehr viele detaillierte Übernachtungstipps.

South African Tourism (*s. Stichwort Adressen*) gibt alljährlich detaillierte Hotel- und Unterkunftsverzeichnisse sowie eine Übersicht über Campingplätze in Südafrika heraus. Hier finden Sie entsprechende Details wie Adressen, Ausstattung, Preise etc. Bei der Suche nach qualitätsvollen Unterkünften hilft „The Starguide", der bebilderte Katalog der vom **Tourism Grading Council** bewerteten Unterkünfte: www.tourismgrading.co.za. Auch zu erhalten über South African Tourism.

Folgend sind die verschiedenen **Unterkunftsarten von A–Z** sortiert:

Die Übernachtungs-Kategorien (Preise i. d. R. pro Person/Nacht im Doppelzimmer)

$$$$$	über 2.000 R	
$$$$	1.500–2.000 R	Ein + (z. B. $$+) kennzeichnet, dass die nach Saison und Zimmerart variierenden Preise auch in der nächsten Kategorie (also $$$) liegen können.
$$$	1.000–1.500 R	
$$	500–1.000 R	
$	unter 500 R	

▶ **Backpacker-Unterkünfte / Hostels / Jugendherbergen**

Nach dem Ende der Apartheid sind die Backpacker Lodges und Youth Hostels aus dem Boden geschossen. Selbst in kleineren Orten gibt es nun für Low-Budget-orientierte Reisende diese Art der Unterkunft. Generell sind die Häuser sauber und verfügen über Schlafsäle und Doppelzimmer

Die Bandbreite an Unterkünften in Südafrika ist riesig – vom luxuriösen Safari-Camp über familiäre B&B bis hin ehemaligen Farmen (Montana Guest Farm)

sowie Gemeinschaftsräume. Sie werden meist auch vom **Baz Bus** (*s. Kasten unten*) angefahren und bieten vor allem jüngeren Menschen gute Kommunikationsmöglichkeiten. Oft sind auch Selbstversorgungseinrichtungen vorhanden.

Hostelling International South Africa (**HISA**): www.hisouthafrica.com (oder auf Deutsch unter www.hihostels.com). Man muss Mitglied des Jugendherbergwerks im eigenen Land oder in Südafrika sein, um hier übernachten zu können. Mitglied kann man online werden oder einfach bei der ersten Übernachtungsstelle anfragen.

 Tipp

Backpacker-Traum „Baz Bus" – Busservice und Unterkünfte in einem!
Rucksackreisende haben seit ein paar Jahren eine neue preiswerte Möglichkeit, Südafrika nach individuellen Vorstellungen zu entdecken. Mit dem Baz Bus kann man nahezu alle Hostels in 40 Städten und Orten in Südafrika und Swasiland erreichen. Will man weiterfahren, bestellt man den Baz Bus und lässt sich vor der Tür der Unterkunft abholen. Das Hop-on-hop-off-System ermöglicht damit eine freie, zeitlich unbeschränkte Reisegestaltung sowie einen optimalen Verkehrsanschluss. Die derzeitigen Route ist Jo'burg/Pretoria über Durban und Port Elizabeth nach Kapstadt (und umgekehrt). Ein One-Way-Ticket für die ganze Strecke kostet derzeit R 3.600. Zusätzlich gibt es noch Zeit- oder Flexi-Tickets zu kaufen. Die Website informiert nicht nur über das Bussystem, sondern auch über die 180 angefahrenen Unterkünfte, die direkt gebucht werden können.
Baz Bus, 32 Burg Street, Cape Town 8001, ☎ 0861-229-287 oder Kapstadt 021-422-5202 (aus dem Ausland), www.bazbus.com.

▸ Bed and Breakfast

Diese Übernachtungsform, ursprünglich in England „erfunden", hat sich in Südafrika rasant entwickelt. Entlang aller touristischen Routen gibt es viele Angebote von Privatleuten, die ein Bett und ein Frühstück anbieten. Die meisten Häuser bieten ein ausgezeichnetes Preis-Leistungsverhältnis (ab ca. 50 € p. P./Nacht) und können u. a. über Portfolio gebucht werden. Gute Übersichten und Buchungsmöglichkeiten:

Portfolio Collection: ☎ 021-702-1236 (Information) oder 021-701-9632 (Reservierung), www.portfoliocollection.com.

Weitere Websites: www.bedandbreakfast.co.za; www.southafricanbedandbreakfast.info (jeweils landesweite Darstellung von B&Bs, Anfragemöglichkeit).

▸ Camping

Die wohl günstigste Möglichkeit zu übernachten, wenn man über das nötige Equipment und ein Fahrzeug verfügt (*s. auch Stichwort Camper*).

Südafrika ist auch aufgrund des Klimas ein **ideales Land** für einen Camping- oder Outdoor-Urlaub. Es gibt landesweit über 700 Campingplätze, vor allem entlang der touristisch interessanten Routen sowie in den vielen Nationalparks und Naturschutzgebieten. Aus Sicherheitsgründen sollte man aber überall darauf achten, dass die Plätze bewacht sind. „Wildes" Campen ist verboten.

Es gibt **private** („private") **und öffentliche** („municipal", „public", „community") Campingplätze. Erstere sind i. d. R. besser ausgestattet, letztere dafür oft kostenlos. Bei einem Großteil aller Plätze findet man alle notwendigen Selbstversorgungseinrichtungen vor, saubere sanitäre Anlagen sowie die Grillstelle für das obligatorische „Braai". Die Campingplätze stehen

nicht nur Zeltnutzern zur Verfügung, sondern auch Fahrern von Wohnmobilen und Allrad-fahrzeugen mit Dachzelten. Oft befinden sich auf den Plätzen auch schlichte Chalets mit ei-genem Bad/WC.
Die Südafrikaner sind leidenschaftliche Camper, und so ist es nicht verwunderlich, dass in den südafrikanischen Schulferien die Campingplätze schnell ausgebucht sind. Dann steigen die sonst günstigen **Preise** rasant an. Deshalb am besten frühzeitig reservieren!

Informationen:
www.caravanparks.com: Sehr gute Seite, die landesweit Campingplätze ausführlich vorstellt. Mit Buchungsmöglichkeit.
www.foreversa.co.za: Die Firma Forever Resorts stellt ihre ausgezeichneten Campingplätze vor, die man auch online buchen kann.
www.campsa.co.za: Diese übersichtliche Suchmaschine findet Plätze im ganzen Land. Prakti-sche Übersetzungsfunktion.

▸ Couchsurfing
Diese neue Art der Gastfreundschaft wird weltweit immer populärer. Dabei erklären sich Menschen bereit, andere bei sich zu Hause für eine festgelegte Zeit aufzunehmen. Dies ge-schieht **kostenlos**, weil man durch das Netzwerk selbst die Möglichkeit hat, international un-entgeltlich zu übernachten. Alles andere, z. B. Beteiligung an Mahlzeiten, wird individuell ver-handelt. Manche „Vermieter" bieten sogar Stadtführungen an. Beim sogenannten **Social Travelling** lernt man schnell Leute kennen und bekommt einen Einblick in das Leben und Wohnen von ganz unterschiedlichen Menschen.
Informationen: www.couchsurfing.org; www.hospitalityclub.org.

Mittlerweile gibt es nicht auch **andere Netzwerke**, bei denen ein von den Wohnungs- oder Hausbesitzern **festgelegter Preis** gezahlt werden muss, der meist über Hostel-, aber unter Hotelniveau liegt. Hier mischt sich der Markt mit dem der **Ferienwohnungen** (s. u.).
Informationen: www.airbnb.com; www.housetrip.com; www.9flats.com; www.wimdu.de.

Oder man kann sein **Zuhause tauschen**. *Siehe unten unter Wohnungs- und Haustausch.*

▸ Ferienwohnungen / Apartments / Selbstversorger-Unterkünfte
Die Südafrikaner sind reisefreudig und lieben Selbstversorger-Unterkünfte (Self-Catering Ac-commodation), weil diese für Familien preiswerter sind. Neben Ferienwohnungen und Apart-ments können auch Chalets oder Rondavels für Selbstversorger mit allen nötigen Einrichtun-gen und Equipment ausgestattet sein.
Informationen: Bei der Suche nach bewerteten Unterkünften hilft „The Starguide" des Tou-rism Grading Council: www.tourismgrading.co.za. Auch zu erhalten über South African Tourism, *s. Stichwort Adressen. Siehe außerdem die o. g. Websites der „anderen Netzwerke" unter Couchsurfing.*

▸ Gästehäuser
Die Guest Houses ähneln Privatpensionen, wobei mindestens ein Mitarbeiter angestellt sein muss. Frühstück wird meist angeboten, ist aber nicht unbedingt im Preis enthalten.
GHASA (Guest House Association of Southern Africa): Diese Vereinigung der Gästehäuser achtet auf hohen Standard, man kann also mit Qualität rechnen. Informationen: www. ghasa.co.za, Buchungsmöglichkeit online.

Private Game Lodges

Südafrika verfügt über eine Vielzahl von Private Game Lodges, vor allem am Westrand des Kruger National Parks, aber auch in KwaZulu-Natal und in der Provinz Eastern Cape. Private Lodges unterscheiden sich ganz wesentlich von den staatlichen Camps. Der wichtigste Unterschied: Sie sind wesentlich teurer. Der hohe Preis ist aber durch folgende Aspekte gerechtfertigt:
Die Unterkünfte sind z. T. exzeptionell schön, sowohl von der Außen- als auch Innenarchitektur. Auf jeweils individuelle Weise passen sie sich der Natur und dem Gelände an.
Die Mahlzeiten genügen höchsten Standards, ebenso wird man durch ausgewähltes Personal verwöhnt.

Mit erfahrenen Rangern, die oft noch einen Tracker als Assistent haben, fährt man kreuz und quer durch den Busch und spürt Tieren nach. Während man im „staatlichen" Gebiet wie dem Kruger National Park nur auf den ausgewiesenen Straßen und Wegen fahren darf, fühlt man sich hier – immer in einem offenen, hochsitzigen Geländewagen unterwegs – wirklich wie auf prickelnder Safari. Die Ranger sind meist junge Leute, die voller Enthusiasmus über Flora und Fauna zu berichten wissen (fast immer auf Englisch). Aufregende Szenen (die Ranger sind sicherheitshalber bewaffnet und im Schießen geschult) sind garantiert und die Führer wissen stets, wie nah man beispielsweise an Elefanten, Büffel oder Nashörner heranfahren kann.

Typischer Tagesablauf auf einer privaten Lodge
Je nach Jahreszeit geht es nach einem Early-Morning-Tea ab etwa 5.30–6.30 Uhr auf Morgenpirsch. Nach den ersten Tierbeobachtungen kehrt man gegen 10–10.30 Uhr zu einem opulenten Frühstück in die Lodge zurück. Manchmal wird die Morgenpirsch auch ausgedehnt, und es gibt ein tolles Überraschungsfrühstück mitten im Busch oder an einer besonderen Stelle (Flussufer oder Hügel mit schöner Aussicht). Nach dem Frühstück und nach der Rückkehr zur Lodge legt man bis zum leichten Lunch (ca. 13–13.30 Uhr) eine Ruhepause ein. Gegen 15.30 Uhr wird dann Kaffee, Tee und Kuchen serviert, bevor man gegen 15.30–16.30 Uhr auf Nachtmittags- bzw. Abendpirsch geht. Zum Sonnenuntergang hält man zu einem Sundowner an, um Drinks jeglicher Art an einer besonders schönen Stelle zu genießen.

Gegen 20 Uhr steuert man wieder die Lodge an, um sich zu erfrischen und anschließend im gemütlichen Boma zu Abend zu essen. Ein Boma ist ein runder, von Schilfmatten umsäumter Innenhof. In der Mitte gibt es meist ein Lagerfeuer, drumherum sind Tische eingedeckt. Der Tag klingt mit dem Austausch von Erfahrungen aus. Man geht relativ früh schlafen, da ja die nächste Morgenpirsch lockt. Ein Ranger begleitet dann die Gäste, um Sicherheit vor gefährlichen Tieren zu bieten. Übrigens: In den Pausen (später Vormittag/früher Nachmittag) werden auch geführte Wanderungen durch die Wildnis angeboten. Zudem variiert oft der Tagesablauf, wenn noch eine Nachtpirschfahrt veranstaltet wird.

▸ Hotels
Generell kann man feststellen, dass Südafrikas Hotels zum Großteil **beispielhaft** geführt werden und **sauber** sind. Die Top-Hotels des Landes halten jedem internationalen Vergleich stand. Auch auf dem Land und in niedriger klassifizierten Hotels findet man durchaus empfehlenswerte Unterkünfte. Bereits 2-Sterne-Hotels genügen durchschnittlichen Ansprüchen, 5 Sterne zeichnen die besten Hotels aus.

Über das ganze Land sind Häuser der verschiedenen **Hotelketten** verteilt. Gerade in den letzten Jahren haben aber auch immer mehr kleine und **individuelle Häuser** eröffnet. Einige davon werden im Reiseteil dieses Buches jeweils unter „Reisepraktische Informationen" empfohlen.

Die meistverbreiteten Hotelketten sind:

Tsogo Sun, ehem. „Southern Sun", bietet mit seinen verschiedenen Marken InterContinental (Luxus), Southern Sun Hotels und -Resorts (gehoben), Garden Court (preiswert, Standard-Service), Stayeasy (einfach) u. v. m. in allen Preisklassen etwas. Informationen: www.tsogosunhotels Buchungsmöglichkeit online.

Protea-Hotels, seit 2014 im Besitz von Marriott, verfügen über Hotels im ganzen Land, wobei die meisten Häuser dem 3–4-Sterne-Bereich zuzuordnen sind (Touristen, Geschäftsleute), Informationen: www.proteaho tels.com, auch Buchungsmöglichkeit online.

Portfolio ist ein Marketing-Zusammenschluss von Hotels, Lodges und Bed-and-Breakfast-Häusern. Die einzelnen Häuser werden von einem Firmenangehörigen inspiziert, aber nur in eines der herausgegebenen Hefte bzw. auf die Website aufgenommen, wenn sie dafür bezahlen. Trotzdem ist die Auswahl der Häuser ordentlich. Informationen: www.portfoliocollec tion.com, ebenfalls Buchungsmöglichkeit online.

› **Nationalpark-Unterkünfte**
Die folgenden Übernachtungsmöglichkeiten stehen je nach Park zur Verfügung (*s. auch Stichwort Nationalparks*). Meist sind die Unterkünfte in **Camps** gruppiert, oft auch **Rest Camps** genannt. Dabei handelt es je nachdem um Chalets, Cottages oder Rondavels. Eine Anlage von fest-installierten Safari-Zelten wird als **Tented Camp** bezeichnet. Die **Preise** variieren je nach Park und Saison, hier sind die absoluten Untergrenzen angegeben!

Bungalows: 1-Zimmer-Einheiten mit Badezimmer. Mit Gemeinschaftsküche oder eigener kleiner Küchenzeile und Grundausstattung. Teilweise mit Blick auf den Fluss und/oder Luxusausstattung. Ab ca. 570 R.

Bush Lodges: exklusive private Lodges, mit individueller Note und Atmosphäre, mehrere Schlafzimmer und Badezimmer. Ab ca. 2.500 R.

Camping: Plätze für Wohnmobile und Zelte. Ab 50 R/Erw.

Chalets: alleinstehende kleine Häuser mit einem oder mehr Schlafzimmern (**Family Chalets**), Bad und Küche. Ab ca. 600 R, 1.100 R als Familien-Chalet.

Cottages: Schlafzimmer, Wohnzimmer, Badezimmer und Küche. **Family Cottages** haben mehrere Schlafzimmer. Ab ca. 550 R und ca. 780 R als Familien-Cottage.

Guest Cottages: mehrere Schlafzimmer, mindestens zwei Badezimmer, voll ausgestattete Küche. Ab ca. 1.500 R.

Guest Houses: mehrere Schlafzimmer, Badezimmer, Wohnbereich mit Bar und besonders schöner Aussicht. Ab 1.300 R, oft eher Richtung 2.000–3.000 R.

Hütten: 1-Zimmer-Einheiten mit Gemeinschaftsküche und Badezimmer. Ab ca. 250 R.

Rondavels: rund gebaute, strohgedeckte Hütten mit Einrichtungen für Selbstversorger. Nicht unbedingt mit eigenem Bad. Ab ca. 600 R.

Safari-Zelte: permanente Leinenzelte auf einer Plattform. Einige mit Gemeinschaftsküche und Badezimmer, einige mit etwas luxuriöserer Ausstattung. Ab ca. 400 R.

› **Wohnungs- und Haustausch**
Eine interessante, preiswerte Unterkunftsalternative ist der Wohnungs- bzw. Haustausch. Die Firma **International Home Exchange** (www.homeexchange.com) vermittelt Mitgliedern den Tausch untereinander.

Vorteile:
- Man bekommt im Tausch häufig Objekte, die sonst sehr teuer wären und die man sich vielleicht gar nicht leisten könnte.
- Sein eigenes Haus/seine Wohnung kann man getrost überlassen, da man weiß, dass der Tauschpartner sein Haus/seine Wohnung ebenso gut behandelt wissen möchte.
- Eintauchen in die Rolle eines „Einheimischen": Durch Kontakte zu den Nachbarn, tägliches Einkaufen usw. gewinnt man einen guten Eindruck vom Leben abseits der touristischen Infrastruktur. Manche Tauschpartner vertrauen ihren Gästen sogar Auto und Haustiere an.

W) Wein und Weinanbau

Der Besuch einer der Weinregionen gehört zum Pflichtprogramm bei einem Besuch Südafrikas, ebenso sollte zumindest eine Weinkellerei besichtigt werden. Die klassischen und historisch interessantesten Weingüter befinden sich im **Constantia Valley** (s. S. 370) südlich des Tafelbergs (*Steenberg Vineyards* ist das älteste Weingut des Landes: www.steenberg-vineyards.co.za) und im **Wineland** (s. S. 383) um die Orte Paarl, Stellenbosch, Franschhoek und Somerset West. In **Worcester** (s. S. 417) mag zudem noch die größte Brandy-Fabrik Südafrikas von Interesse sein. Besonders zu empfehlen ist das Weingut Vergelegen bei Somerset West (www.vergelegen.co.za; s. S. 399).

Immer wieder fragen Leser nach **guten Adressen in Deutschland**, über die man südafrikanische Weine beziehen kann. Hier ein paar Empfehlungen:
VINOTHEK Bauer: Große Auswahl an Rotwein, Weißwein, Rosé – Jürgen Bauer bietet ausgesuchte Weine von besten südafrikanischen Weingütern zu guten Preisen. Kieler Str. 4, 41540 Dormagen, ☎ 02133-5022-25, www.bauer-vinothek.de.
Buitenverwachting-Weine: Diese Top-Weine gibt es bei Wein-Wolf, Königswinterer Straße 552, 53227 Bonn, ☎ 0228-4496-0, www.weinwolf.de.
Kapwein Import 1991 GmbH: Postfach 450115, 28295 Bremen, ☎ 0421-409-7340, www.kapwein-import.de.
Nederburg-Weine: Mack & Schühle AG, Neue Straße 45, 73277 Owen/Teck, ☎ 07021-5701-100, www.mack-schuehle.de.

Z) Zeit

Südafrikanische Zeit = **Europäische Sommerzeit**. Im europäischen Winter muss die Uhr um eine Stunde vorgestellt werden (Frankfurt 12 Uhr ist = Johannesburg 13 Uhr). Aufgrund der größeren Nähe zum Äquator ist der Übergang vom Tag zur Nacht viel schneller: Innerhalb von maximal 30 Minuten wird es stockfinster. Die Tage im südafrikanischen Sommer sind kürzer als die europäischen Sommertage, dafür sind die südafrikanischen Wintertage (= Trockenzeit) länger als die europäischen Wintertage. Im Sommer wird es gegen 19.15 Uhr dunkel, im Winter gegen 17 Uhr.

Zoll

Erlaubt sind alle Dinge des persönlichen Gebrauchs. **Zu deklarieren** sind über 5000 Rand, Tiere, Pflanzen/pflanzliche Lebensmittel und Medikamente über einen Monatsvorrat hinaus.

Zollfreimengen (Angabe „nicht mehr als"): 200 Zigaretten und 20 Zigarren pro Person, 250g Zigaretten- oder Zigarrentabak pro Person, 50 ml Parfüm und 250 ml Eau de Toilette pro Person, 2 Liter Wein pro Person, insgesamt 1 Liter Spirituosen und andere alkoholische Getränke pro Person.

Weitere Informationen gibt der South African Revenue Service (SARS) unter www.sars.gov.za.

Zugverbindungen

Südafrikas Städte sind durch ein **gutes Eisenbahnnetz** verbunden, z.T. gibt es auch auf Nebenstrecken gute Verbindungen. Da viele Strecken so lang sind, dass eine Nachtfahrt unabdingbar ist, ist der Schlafwagenpreis bereits im regulären Fahrpreis eingeschlossen, allerdings muss zusätzlich noch eine Platzkarte gekauft werden (kann bei der Reservierung oder erst beim Zugschaffner erfolgen).

‣ Auskünfte über Routen und Preise
Alle Intercity-Züge gehören zu **Shosholoza Meyl** und sind in verschiedene Klassen eingeteilt: Economy (1. Klasse), Premier (2. Klasse) und Tourist. Die Economy-Wagen verfügen über 2er-4er-Abteile, die Premier-Wagen über 3er–6er-Abteile. Auf den Langstrecken führen die Züge gewöhnlich einen Speisewagen mit.
Reservierung und Information (Verbindungen, Fahrpläne, Preise): ☏ 086-000-8888, www.shosholozameyl.co.za.

‣ Hauptverbindungen in Südafrika
Die meisten Verbindungen starten von Johannesburg ins ganze Land und wieder zurück. Außerdem gibt es z. B. die Strecken Durban – Bloemfontein – Kimberley – Kapstadt (und zurück) sowie Kapstadt – East London (und zurück).

‣ Gautrain
Der neue Schnellzug durch Gauteng zwischen Johannesburg und Tshwane (Pretoria) verbindet die Städte auch mit dem O. R. Tambo International Airport und den wichtigen Touristenzentren im Norden Johannesburgs. Siehe www.gautrain.co.za und Kasten S. 179.

‣ Besondere Züge
Blue Train (www.bluetrain.co.za)
Der Wunschtraum vieler Südafrika-Reisender scheitert oft daran, dass dieser berühmte Zug nicht früh genug gebucht wird. Ein halbes Jahr im Voraus zu buchen ist dringend zu empfehlen! Leider ist der Blue Train in den letzten Jahren immer teurer geworden, wenngleich der schwache Rand diese Entwicklung für Reisende derzeit kaum spürbar werden lässt. Die 2-tägige Fahrt von Tshwane (Pretoria) nach Kapstadt – oder umgekehrt – kostet 2014 schon zur Nebensaison in der Kategorie Deluxe ca. 900 € p. P./Doppelkabine und in der Kategorie Luxury ca. 970 € p. P./Doppelkabine, beides inkl. Verpflegung, Getränke und Ausflug (Kimberley bzw. Matjiesfontein auf umgekehrter Strecke).

Der Ruf, der dieser „Legende auf Schienen" vorauseilt, verführt viele Reisende dazu, immer mehr Geld für 27 Stunden Zugfahrt auszugeben. Man sollte sich gut überlegen, ob man nicht für ein Viertel des Geldes (oder weniger) fliegt. Essen und Service sind allerdings exzellent, und während der sehr gemächlichen Fahrt kann man die Landschaft in vollen Zügen genießen. Dadurch, dass der Blue Train um ca. 8.30 Uhr losfährt und am nächsten Tag um 12–12.30 Uhr ankommt, durchfährt man sehr schöne Abschnitte allerdings zwangsläufig im Dunkeln.

Rovos Rail (www.luxurytrain.co.za)
„Reisen wie in längst vergangenen Zeiten" lautet hier die Devise. Streckenweise zieht sogar noch eine Original-Dampflok die liebevoll restaurierten Waggons. Auf Radio und Fernsehen wurde dabei verzichtet, nichts soll von den schönen Landschaften und dem einzigartigen Zugerlebnis ablenken. Dabei genügen die Suiten höchsten Standards. Es werden verschiedene Routen angeboten. Auch dieses Erlebnis muss mindestens ein halbes Jahr vorher gebucht werden.

Nachdem die Preise lange günstiger als beim Blue Train waren, haben sie nun angezogen. Die 3-tägige Fahrt von Tshwane (Pretoria) nach Kapstadt – oder umgekehrt – kostet 2014 in den einfacheren Pullman Suites ca. 1.000 €, auch hier inkl. Verpflegung, Getränken und Ausflügen nach Kimberley und Matjiesfontein. Für einen vergleichbaren Preis ist der Rovos Rail dem „Blue Train" von der Qualität und Tiefe des Erlebnisses her allerdings weit überlegen. Ein exklusives, wirklich nostalgisches Zugerlebnis!

Shongololo Express (www.shongololo.com)
Auch in diesem Zug kann man bequem im eigenen Abteil ohne ständiges Kofferpacken durch Südafrika reisen. Neben grenzübergreifenden Fahrten (u. a. nach Windhoek und zu weiteren Highlights Namibias) ist wie bei den vorgenannten Zügen die Strecke „Good Hope" von Johannesburg nach Kapstadt der Klassiker. Dabei handelt es sich allerdings nicht um eine Fahrt von wenigen Tagen, sondern um eine Reise von 13 Tagen, für die man je gebuchter Kabinenklasse ab ca. 2.400 € kalkulieren muss. Dabei erwartet einen kein 5-Sterne-Luxus, sondern ein funktionales Abteil. Viele verschiedene Ausflugsmöglichkeiten sind dafür bereits inklusive.

Entfernungstabelle

	Bloemfontein	Cape Town	Colesberg	Durban	East London	Gaborone	George	Grahamstown	Johannesburg	Kimberley	Ladysmith	Mafikeng	Maputo	Maseru	Mbabane	Port Elizabeth	Pretoria	Umtata	Welkom	Windhoek (Nam.)
Beaufort West	544	460	318	1178	505	1942	258	492	942	504	954	884	1349	609	1129	501	1000	713	697	1629
Bloemfontein		1004	226	634	584	622	773	601	398	177	410	464	897	157	677	677	456	570	153	1593
Britstown	398	710	195	1032	609	791	509	496	725	253	808	633	1289	555	1075	572	783	688	551	1378
Cape Town	1004		778	1753	1099	1501	438	899	1402	962	1413	1343	1900	1160	1680	769	1460	1314	1156	1500
Colesberg	226	778		860	488	848	547	375	624	292	636	672	1123	383	903	451	682	517	379	1573
De Aar	346	762	143	980	557	843	571	444	744	305	756	685	1243	503	1023	520	802	636	499	1430
Durban	634	1753	860		674	979	1319	854	578	811	236	821	625	590	562	984	636	439	564	2227
East London	584	1079	488	674		1206	645	180	982	780	752	1048	1301	630	1238	310	1040	235	737	1987
Gaborone	622	1501	848	979	1206		1361	1223	358	538	755	158	957	702	719	1299	350	1192	479	1735
George	773	438	547	1319	645	1361		465	1171	762	1183	1203	1670	913	1450	335	1229	880	926	1887
Graaff-Reinet	424	787	198	942	395	1012	349	282	822	490	834	854	1321	599	1101	291	880	503	577	1697
Grahamstown	601	899	375	854	180	1223	465		999	667	932	1065	1478	692	1418	130	1057	415	754	1856
Harrismith	328	1331	554	306	822	673	1010	929	274	505	82	514	649	284	468	1068	332	587	258	1921
Johannesburg	398	1402	624	578	982	358	1171	999		472	356	287	599	438	361	1075	58	869	258	1801
Keetmanshoop	1088	995	1068	1722	1482	1230	1382	1351	1296	911	1498	1072	1895	1245	1657	1445	1354	1561	1205	505
Kimberley	177	962	292	811	780	538	762	667	472		587	380	1071	334	833	743	530	747	294	1416
Klerksdorp	288	1271	514	645	872	334	1061	889	164	308	421	176	763	368	525	1009	222	858	145	1693
Kroonstad	211	1214	437	537	795	442	984	812	187	339	313	284	742	247	522	888	245	781	71	1724
Ladysmith	410	1413	636	236	752	755	1183	932	356	587		597	567	366	386	1062	414	517	340	2008
Mafikeng	464	1343	672	821	1048	158	1203	1065	287	380	597		886	544	648	1141	294	1034	321	1577
Maputo	897	1900	1123	625	1301	957	1670	1478	599	1071	567	886		853	223	1609	583	1064	813	2400
Maseru	157	1160	383	590	630	702	913	692	438	334	366	544	853		633	822	488	616	249	1750
Mbabane	677	1680	903	562	1238	719	1450	1418	361	833	386	648	223	633		1548	372	1003	451	2162
Messina	928	1932	1154	1118	1512	696	1701	1529	530	1002	894	691	725	960	808	1605	472	1403	788	2331
Nelspruit	757	1762	985	707	1226	672	1530	1358	355	827	471	635	244	713	173	1434	322	976	639	2156
Oudtshoorn	743	506	517	1294	704	1241	59	532	1141	703	1194	1083	1705	959	1417	394	1199	1341	896	1828
Pietermaritzburg	555	1674	781	79	595	900	1240	775	499	732	157	742	706	511	640	905	557	360	485	2148
Pietersburg	717	1721	943	897	1301	485	1490	1318	319	791	675	580	605	749	515	1394	261	1192	577	2120
Port Elizabeth	677	769	451	984	310	1299	335	130	1075	743	1062	1141	1609	822	1548		1133	545	830	1950
Pretoria	456	1460	682	636	1040	350	1229	1057	58	530	414	294	583	488	372	1133		928	316	1859
Queenstown	377	1069	280	676	207	999	615	269	775	554	754	841	1302	423	1240	399	833	237	525	1829
Umtata	570	1314	517	439	235	1192	880	415	869	747	517	1034	1064	616	1003	545	928		718	2066
Upington	588	894	568	1222	982	730	882	851	796	411	998	572	1395	745	1157	945	854	1061	669	1005
Welkom	153	1156	379	564	737	479	926	754	258	294	340	321	813	249	451	830	316	718		1679
Windhoek (Nam.)	1593	1500	1573	2227	1987	1735	1887	1856	1801	1416	2008	1577	2400	1750	2162	1950	1859	2066	1679	

IWANOWSKI'S
Das kostet Sie das Reisen in Südafrika

Stand August 2014

Die Grünen Seiten präsentieren ausgewählte Preisbeispiele, die eine realistische Einschätzung der Reise- und Aufenthaltskosten während eines Südafrika-Urlaubes ermöglichen. Selbstverständlich verstehen sich die folgenden Angaben nur als **Richtschnur**, bei einigen Produkten/Leistungen ist zudem eine Preis-Spannbreite angegeben.

Aktueller Kurs	
1 €	ca. 14,36 R
1 R	ca. 0,07 €

In diesem Buch wird bei Preisangaben das Kurzzeichen „**R**" für den Südafrikanischen Rand verwendet. In Südafrika selbst wird die Währung (s. auch S. 95) meist als „**ZAR**" ausgewiesen, wobei es sich um den international gültigen ISO-Code handelt.

Beförderung

Flüge
Es gibt sowohl bei den Fluggesellschaften, die Direktflüge nach Südafrika anbieten (South African Airways, Lufthansa, Condor), als auch bei den Umstiegsverbindungen, die allerdings länger dauern, z. T. günstige Angebote. Die Preise schwanken je nach (Direkt-)Verbindung und Saison zwischen ca. 671 und 1.120 € p. P.
Für Kinder unter 12 J. wird je nach Fluggesellschaft ein Rabatt auf den reinen Flugpreis (ohne Zuschläge) von ca. 25–30 % gewährt.

 Tipps

Am besten bei einem spezialisierten Afrika-Reiseveranstalter nachfragen. Die dortigen Experten können die jeweils beste Tarif- und Airline-Kombination für den Kunden ermitteln.
Die **Buchung von Inlandsflügen** ist in Verbindung mit der Langstrecke (z. B. bei SAA) immer günstiger. Weitere **Redaktionstipps** zu Flügen s. S. 93.

Flughafentransfers
Wenn man keinen Mietwagen ab Airport gebucht hat, ist der Service **Budget Door2Door** praktisch und bequem (Buchung über www.budget.co.za). Grundlage für den Preis sind drei verschiedene Zonen, die sich nach der Kilometerzahl richten und für die Zeit von 6.30–21.30

Uhr gelten. In der Economy-Klasse (Toyota Corolla oder ähnliches Modell) kostet Zone 1 (1–20 km) 385 R, Zone 2 (21–50 km) 456 R und Zone 3 (51–70 km) 533 R. Folgende Einwegmieten gelten für max. 3 Passagiere pro Fahrzeug:

O. R. Tambo International Airport – Johannesburg (City bzw. Rosebank, Sandton)	456 R
O. R. Tambo International Airport – Tshwane (Pretoria)	533 R
Cape Town International Airport – Kapstadt City	385 R
King Shaka International Airport – Durban City	456 R

Eine Alternative am Airport Johannesburg ist der **Gautrain** (www.gautrain.co.za), s. auch S. 179. Eine Strecke p. P. kostet:

O. R. Tambo International Airport – Sandton	125 R
O. R. Tambo International Airport – Rosebank, Johannesburg Park Station	135 R
O. R. Tambo International Airport – Tshwane (Pretoria)	145 R

Mietwagen und Camper

Preisbeispiele Mietwagen

Bei Safe!Cars® operated by Budget kosten die mit einer Klimaanlage ausgestatteten Fahrzeuge bei einer Mietdauer von z. B. 14 Tagen inkl. unbegrenzter Kilometerzahl, Steuer und Super-Cover-Versicherung (Vollkasko):

21 €/Tag	Hyundai i10 oder ähnliches Modell
27 €/Tag	Toyota Corolla o. ä. M.
32 €/Tag	Toyota Corolla mit Automatikschaltung o. ä. M.
53 €/Tag	Nissan X-Trail o. ä. M.

Preisbeispiele Camper

Bei KEA kosten die mit einer Klimaanlage ausgestatteten Camper bei einer Mindestmietzeit ab 7–20 Tage inkl. unbegrenzter Kilometerzahl, Steuer und Standard-Versicherung mit Selbstbehalt:

	ab/bis Kapstadt		ab/bis Johannesburg	
	KEA 2ST (für 2 Pers.)	KEA 4ST (für 4 Pers.)	KEA 2ST (für 2 Pers.)	KEA 4ST (für 4 Pers.)
01.11.–31.12.14 / 01.09.–31.10.15	115 €	133 €	126 €	148 €
01.02.–30.04.15	77 €	91 €	85 €	99 €
01.01.–31.01.15 / 01.05.–31.08.15	69 €	82 €	76 €	89 €

In der Hochsaison (Mai–Dezember) sind die Preise höher. Der Abschluss einer Super-Cover-Versicherung wird empfohlen.

>   **Tipp**
>
> Meist ist es günstiger, die Mietwagen vorab in Europa zu buchen als vor Ort. Beachtet werden müssen vor allem die Versicherungsbedingungen. Günstige Fahrzeugpreise mit bestmöglichen Versicherungsbedingungen gibt es unter www.afrika.de.

Benzin

Normalbenzin und Super kosten ca. 13,80 R/Liter, Diesel ist nur geringfügig günstiger (kann je nach Gegend variieren).

Taxi

Der Kilometer kostet ca. 12 R (kann je nach Gegend variieren).

Aufenthalt

Rundreisen/Safaris
24-tägige Selbstfahrertour ab Johannesburg zu den schönsten Landschaften Südafrikas (Ziel Kapstadt) inkl. Mietwagen und Übernachtungen in Mittelklassehotels ab ca. 1.700 €/p. P. (Flugpreis nicht enthalten).
18-tägige geführte Camp-/Lodge-Safari ab Johannesburg mit allen Highlights des Landes (Ziel Kapstadt) inkl. Pirschfahrten/Buschwanderung und Übernachtung in landestypischen Unterkünften ab ca. 1.700 €/p. P. (Flugpreis nicht enthalten).
12-tägiges Übernachtungsarrangement für Familien mit Kindern inkl. Übernachtungen (tw. mit Verpflegung) und Aktivitäten ab ca. 1.900 € für 2 Erw./1 Kind unter 12 J. bzw. 2.100 € für 2 Erw./2 Kinder unter 12 J. (Flugpreise und Mietwagen nicht enthalten).

Unterkunft

Folgende Preiskategorien werden bei den Übernachtungstipps in diesem Buch verwendet:

Die Übernachtungs-Kategorien (Preise i. d. R. pro Person/Nacht im Doppelzimmer)		
$$$$$	über 2.000 R	
$$$$	1.500–2.000 R	Ein + (z. B. $$+) kennzeichnet, dass die nach Saison und Zimmerart variierenden Preise auch in der nächsten Kategorie (also $$$) liegen können.
$$$	1.000–1.500 R	
$$	500–1.000 R	
$	unter 500 R	

Bei der Kategorie $ handelt es sich meist um einfache Unterkünfte (z. B. Backpacker-Hostels), bei $$ um gute Mittelklasse-Häuser. Ab $$$ ist man im gehobenen Segment, das ab $$$$ schon luxuriös ist. $$$$$ und mehr bedeutet Luxusklasse.

Essen gehen

Untere Preiskategorie: Imbiss, „Fastfood" bis ca. 50 R
Mittlere Preiskategorie: Hauptspeise im Restaurant ca. 80–150 R (Menü ab ca. 250 R)
Gehobene Preiskategorie: Hauptspeise im Restaurant ab ca. 150–250 R (Menü ab ca. 500 R)

Selbstverpflegung

Die Lebensmittelpreise für Grundnahrungsmittel sowie für Fleisch, Gemüse und Früchte (außer lokale Produkte) liegen generell über dem Niveau in Deutschland, sodass Selbstverpfleger mit etwas höheren Kosten als zu Hause rechnen müssen.

Nationalparks

Eintritt

Je nach Park 64–264 R/Tag für Erwachsene, 32–132 R/Tag für Kinder bis 11 J. Bei einem längeren Aufenthalt und dem Besuch mehrerer Parks kann sich die Buchung der sog. Wild Card lohnen, die es für Einzelpersonen, Paare und Familien gibt. Für eine detaillierte Aufstellung s. S. 105.

Übernachtung

Die Preise variieren je nach Park, Unterkunftsart und Saison. Für Erklärungen zu den Unterkunftsarten inkl. Preisuntergrenzen s. S. 127.

Einkaufen – Mehrwertsteuer-Rückerstattung an Ausländer

Südafrika ist durchaus ein interessantes Land für Einkäufe. Afrikanische Kunst, Lederwaren oder Schmuck sind besonders reizvoll. Die Mehrwertsteuer (VAT = Value Added Tax) beträgt zzt. 14 % und wird dem ausländischen Besucher ab einem Warenwert von 250 R unter bestimmten Bedingungen zurückerstattet, s. S. 104.

 Tipp

Viele Geschäfte verfügen nicht über VAT-Formulare, deshalb besorgt man sich diese am besten direkt bei der Einreise am Flughafen im VAT- bzw. Tax Refund Office. Bei der Ausreise reicht man dann seine Belege dort ein und erhält die Mehrwertsteuer zurück.

Reisen in Südafrika

Routenvorschläge

Im Folgenden werden 5 Routen vorgestellt, die je nach individueller Urlaubslänge variiert werden können. Sie sind selbstverständlich nur eine **Orientierungshilfe** und nicht etwa ein „Reise-Diktat".

Die unten aufgeführten km-Angaben beinhalten die konkreten Distanzen zwischen den Orten plus einem „Zuschlag" von 25 % (nach oben gerundet), damit die **Gesamt-Fahrleistung** in etwa realistisch eingeschätzt werden kann. Generell werden Verkürzungs- und Verlängerungsmöglichkeiten angegeben.

Route Nr. 1 favorisiert den Ostteil Südafrikas mit der Garden Route und Kapstadt einschließlich Verkürzungs- und Verlängerungsalternativen. Gesamt-Kilometer: mit Abstechern ca. 3.200.

Route Nr. 2 favorisiert den Westteil Südafrikas mit dem Kruger National Park sowie dem Blyde River Canyon einschließlich Verkürzungs- und Verlängerungsalternativen. Gesamt-Kilometer: mit Abstechern ca. 5.300.

Route Nr. 3 favorisiert „unbekanntere" Gebiete Südafrikas wie das ehem. Venda, Swasiland und Lesotho einschließlich Verkürzungs- und Verlängerungsalternativen. Gesamt-Kilometer: mit Abstechern ca. 3.600.

Route Nr. 4 favorisiert die „Highlights" Südafrikas wie den Kruger National Park, Natals Berge und Badeküste sowie das Kapland. Gesamt-Kilometer: mit Abstechern ca. 3.800.

Route Nr. 5 favorisiert den „Aufenthaltsurlaub" mit nur 6 Übernachtungsstätten, von denen aus man sternförmig Ausflüge machen kann (Blyde River Canyon, Royal Natal National Park, Tsitsikamma-Gebiet, Kapstadt). Gesamt-Kilometer: 2.600.

Als **Camper** muss man sich die Zeit so einteilen, dass man die Flugstrecken auf dem Landweg überbrückt. Außerdem ist daran zu denken, dass man mit seinem Fahrzeug insgesamt ca. 20 % langsamer vorankommt als Pkw-Fahrer, besonders auf bergigen Strecken. Es empfiehlt sich, den Wagen in Johannesburg anzunehmen und je nach Routenführung in Kapstadt, Port Elizabeth oder Durban wieder abzugeben. Bitte an den Zuschlag für Einwegmieten denken!

Südafrika ist ein so vielseitiges Land, dass es eigentlich schade wäre, seinen Urlaub hier mit einem Aufenthalt in Namibia, Botswana oder Simbabwe zu kombinieren. Wenn man aber trotzdem gerne über die Grenzen schauen möchte, hier einige Empfehlungen:

Für **Namibia** benötigt man mindestens 10 Tage, um entweder den Norden (Etosha National Park) oder den Süden von Windhoek aus „vernünftig" und ausgiebig zu bereisen. Nach **Botswana** empfiehlt sich im Anschluss an einen Südafrika-Urlaub eventuell eine Safari ab/bis Johannesburg. Um Zeit zu sparen, sollte man nach Maun fliegen und dann mit einer kleinen Safarigesellschaft u. a. entlang des Okavango-Deltas bis nach **Victoria Falls** reisen (oder umgekehrt). Auch kann man ab/bis Johannesburg auf einer 3-Tage-Flugreise schwerpunktmäßig die Fälle besuchen.

Routenvorschlag I
Johannesburg – Blyde River Canyon – Kruger National Park – Swasiland – Natals Badeküste – Garden Route – Weingebiet – Kapstadt

Redaktionsmeinung: Diese große Südafrika-Rundfahrt erschließt die wesentlichen Höhepunkte des Nordostens, des Ostens sowie der Küste bis nach Kapstadt. Ideal für alle, die viel sehen möchten.

Tag	Ort/Fahrstrecke	ca.-km	Übernachtungstipps	Sehenswertes
1+2	Johannesburg/Tshwane (Pretoria) S. 144 bzw. 185	60	Jo'burg: The Westcliff, Garden Court Sandton City, Heia Safari Ranch; Tshwane: Rozenhof Guest House, Illyria House	Jo'burg: Apartheid Museum, Cradle of Humankind, Gold Reef City; Tshwane: Church Square, Voortrekker Monument
3+4	Johannesburg/ Blyde River Canyon S. 201	480	Porcupine Ridge Guest House, Tanamera Lodge	God's Window, Wasserfälle, Bourke's Luck Potholes, Blyde River Canyon, Echo Caves
5–7	Kruger National Park oder private Wildschutzgebiete an dessen Westrand S. 209	70	Letaba, Olifants u. a.; privat z. B. im Mala Mala Game Reserve	Tierbeobachtung: Im Park Safari auf vorgegebenen Strecken, in den Game Reserves kreuz und quer durch den Busch
8+9	Swasiland S. 255	350	Mountain Inn, Mantenga Lodge, Summerfield Botanical Garden, Mlilwane Wildlife Sanctuary (Reilly's Rock Hilltop Lodge)	Swazi Market/Mbabane, Lobamba Royal Village, Mantenga Falls, Mlilwane Wildlife Sanctuary
10+11	Hluhluwe S. 539	300	Hilltop Camp (Hluhluwe-iMfolozi Park)	Hluhluwe-iMfolozi Park, iSimangaliso Wetland Park (Vogelwelt)
12+13	Umhlanga Rocks S. 535	290	Beverly Hills, Cabana Beach, Oyster Box, Fleetwood on Sea	Baden, Besichtigung Durban, Umhlanga Rocks
14–16	Flug Durban – Nelson Mandela Bay (S. 456); Weiterfahrt bis Tsitsikamma bzw. Plettenberg Bay (S. 447 bzw. 444)	240	Tsitsikamma: Storms River; Mouth Restcamp; Plettenberg Bay: The Plettenberg, The Country House	Tsitsikamma Section des Garden Route National Park, Baden in Plettenberg Bay
17+18	Oudtshoorn S. 429	170	Rosenhof Country House, Altes Landhaus	Straußenfarmen, Cango Caves; Mossel Bay: Dias Museum
19+20	Weingebiet um Stellenbosch/Paarl S. 383	480	Stellenbosch: 22 Die Laan, Delaire Graff; Paarl: Mountain Shadows, Palmiet Valley Estate	Kapholländische Häuser, Stellenbosch Village Museum, Weingüter, Sprachenmonument, Paarl, Hugenotten-Denkmal, Franschhoek
21–23	Kapstadt S. 331	60	Mount Nelson, Cape Grace, 2inn1 Kensington; Constantia: The Cellars-Hohenort	V&A Waterfront, Robben Island, Bo-Kaap, Tafelberg, Weingüter, Kirstenbosch Garten, Kap der Guten Hoffnung
24	Flug Kapstadt – ggf. Johannesburg – Europa			

Verkürzungsmöglichkeiten auf 20 Tage

Nur I Übernachtung in Johannesburg/Tshwane (Pretoria) – nur I Übernachtung in Swasiland auf dem Weg nach Natal – nur I Übernachtung in Hluhluwe – nur I Übernachtung in Stellenbosch/Paarl = Ersparnis 4 Tage

Verlängerungsmöglichkeiten auf 27 Tage

Von Umhlanga Rocks Abstecher nach Norden zum Royal Natal National Park in den Nataler Drakensbergen/3 Übernachtungen z. B. im herrlichen Mont-Aux-Sources-Hotel

Routenvorschlag 2

Johannesburg – Blyde River Canyon – Kruger National Park – Kimberley – Augrabies Falls – Kgalagadi Transfrontier Park – Fish River Canyon (Namibia) – Clanwilliam – Kapstadt – Garden Route

Redaktionsmeinung: Eine wahrhaft „große" Tour für alle, die Natur lieben. Kontrastreich durch das Erlebnis der Tierwelt, Landschaften (Wasserfälle, Kalahari-Dünen, Fish River Canyon), Pflanzenwelt (Sukkulenten, Protea), Kulturlandschaften (Weinland am Kap), des Erlebnisses Kapstadt sowie der Garden Route mit den Höhepunkten Oudtshoorn (Straußenfarmen) und der Steilküste von Tsitsikamma.

Tag	Ort/Fahrstrecke	ca.-km	Übernachtungstipps	Sehenswertes
1+2	Johannesburg/Tshwane (Pretoria) S. 144 bzw. 185	60	Jo'burg: The Westcliff, Garden Court Sandton City, Heia Safari Ranch; Tshwane: Rozenhof Guest House, Illyria House	Jo'burg: Apartheid Museum, Cradle of Humankind, Gold Reef City; Tshwane: Church Square, Voortrekker Monument
3+4	Johannesburg/ Blyde River Canyon S. 201	480	Porcupine Ridge Guest House, Tanamera Lodge	God's Window, Wasserfälle, Bourke's Luck Potholes, Blyde River Canyon, Echo Caves
5–7	Kruger National Park oder private Wildschutzgebiete an dessen Westrand S. 209	70	Letaba, Olifants u. a.; privat z. B. im Mala Mala Game Reserve	Tierbeobachtung: im Park Safari auf vorgegebenen Strecken, in den Game Reserves kreuz und quer durch den Busch
8	Rückfahrt nach Jo'burg/ Flug nach Kimberley	550		
9	Kimberley S. 291	k.A.	Garden Court, Protea Hotel Kimberley, Riverton on Vaal/Riverton, Pleasure Resort (Chalets, Camping)	„Big Hole" inkl. Diamantenmuseum
10–12	Fahrt zum Augrabies Falls National Park S. 301	517	Augrabies Falls NP (Chalets, Campingplätze), Vergelegen Guesthouse	Augrabies-Fälle (Oranje), Sukkulenten
13–15	Kgalagadi Transfrontier Park S. 304	370	Kgalagadi Transfrontier Park, Camps: Twee, Rivieren, Mata Mata, Nossob (Chalets, Campingplätze), !Xaus Lodge	Tierbeobachtung (u. a. Geparde, Oryx, Springböcke)
16	Keetmannshoop	359	Canyon Hotel, Pension Gessert, Quivertree Forest Restcamp	Köcherbaumwald
17+18	Ai Ais (S. 313) / Fish River Canyon	210	Fish River Lodge, Ai Ais Rastlager, Gondwana Cañon Lodge	Fish River Canyon, Sukkulenten, Thermalbad
19	Clanwilliam S. 326	570	Blommenberg Guest House, Clanwilliam Dam Municipal (Chalets, Camping)	Ramskop Naturschutzgebiet (Namaqua-Blumen), Rooibos-Tee
20–23	Kapstadt S. 331	60	Mount Nelson, Cape Grace, 2in1 Kensington; Constantia: The Cellars-Hohenort	V&A Waterfront, Robben Island, Bo-Kaap, Tafelberg, Weingüter, Kirstenbosch Garten, Kap der Guten Hoffnung

24+25	Oudtshoorn S. 429	170	Rosenhof Country House, Altes Landhaus	Straußenfarmen, Cango Caves; Mossel Bay: Dias Museum
26+27	Plettenberg Bay/Tsitsikamma (S. 444 bzw. 447)	170	The Plettenberg, The Country House; Storms River Mouth Rest Camp	Baden in Plettenberg Bay; Wandern und Natur erleben in der Tsitsikamma Section
28	Flug Nelson Mandela Bay (S. 456) – Johannesburg – Europa			

Verkürzungsmöglichkeiten auf 23 Tage
Nur 1 Übernachtung in Johannesburg/Tshwane (Pretoria) – nur 2 Übernachtungen im Kgalagadi Transfrontier Park – keine Übernachtung in Keetmanshoop – nur 1 Übernachtung in Oudtshoorn – nur 1 Übernachtung in Plettenberg Bay = Ersparnis 5 Tage

Verlängerungsmöglichkeiten auf 30 Tage
Ab Kapstadt 2 Tage ins Weingebiet um Stellenbosch/Paarl oder dort nur 1 Übernachtung und eine weitere in Montagu bzw. Ladismith, weiter nach Oudtshoorn = Anschluss an die Vorschlagsroute

Routenvorschlag 3
Johannesburg – Blyde River Canyon – Kruger National Park – ehem. Venda – Swasiland – Royal Natal National Park – Lesotho
Redaktionsmeinung: Eine Reise für alle, die „Besonderheiten" der südafrikanischen Reiselandschaft erkunden möchten. Aus diesem Grunde besonders für Wiederholungsreisende interessant.

Tag	Ort/Fahrstrecke	ca.-km	Übernachtungstipps	Sehenswertes
1+2	Johannesburg/Tshwane (Pretoria) S. 144 bzw. 185	60	Jo'burg: The Westcliff, Garden Court Sandton City, Heia Safari Ranch; Tshwane: Rozenhof Guest House, Illyria House	Jo'burg: Apartheid Museum, Cradle of Humankind, Gold Reef City; Tshwane: Church Square, Voortrekker Monument
3+4	Johannesburg/ Blyde River Canyon S. 201	480	Porcupine Ridge Guest House, Tanamera Lodge	God's Window, Wasserfälle, Bourke's Luck Potholes, Blyde River Canyon, Echo Caves
5–7	Kruger National Park oder private Wildschutzgebiete an dessen Westrand S. 209	70	Letaba, Olifants u. a.; privat z. B. im Mala Mala Game Reserve	Tierbeobachtung: im Park Safari auf vorgegebenen Strecken, in den Game Reserves kreuz und quer durch den Busch
8–10	Limpopo S. 225	380	Peermont Metcourt, Sigurwana Lodge	Thatha Vondo; Kunsthandwerk, Mythen, Stammesleben
11–15	Swasiland S. 255	350	Mountain Inn, Mantenga Lodge, Summerfield Botanical Garden, Mlilwane Wildlife Sanctuary (Reilly's Rock Hilltop Lodge)	Swazi Market/Mbabane, Lobamba Royal Village, Mantenga Falls, Mlilwane Wildlife Sanctuary
16–19	Royal Natal NP S. 561	490	Orion Mont-Aux-Sources, Royal Natal NP (Chalets/Camping)	Hochgebirgswelt, Wandern, Zuludörfer
20–25	Lesotho S. 272	370	Maseru Sun, Semonkong Lodge	Hochgebirgswelt, Ponysafaris
26	Rückfahrt Maseru – Jo'burg/ Rückflug nach Europa	440		

Verkürzungsmöglichkeit auf 21 Tage
1 Tag weniger Johannesburg/Tshwane (Pretoria) – 1 Tag weniger Swasiland – 2 Tage weniger Royal Natal National Park – 1 Tag weniger Lesotho = Ersparnis 5 Tage

Verlängerungsmöglichkeit auf 29 Tage
Flug Bloemfontein – Kapstadt, 3 Tage Kapstadt, 1 Tag Weingebiet um Stellenbosch/Paarl – Rückflug von Kapstadt (ggf. über Johannesburg) nach Europa

Routenvorschlag 4
Johannesburg – Blyde River Canyon – Kruger National Park – Royal Natal National Park – Natals Badeküste – Garden Route – Weingebiet – Kapstadt
Redaktionsmeinung: Eine wunderschöne Route für alle Reisenden, denen die Erfahrung der Vielfalt und Wechselgestalt Südafrikas am Herzen liegt. Auf dieser ihr erschließen sich die wesentlichen Höhepunkte Südafrikas.

Tag	Ort/Fahrstrecke	ca.-km	Übernachtungstipps	Sehenswertes
1+2	Johannesburg/Tshwane (Pretoria) S. 144 bzw. 185	60	Jo'burg: The Westcliff, Garden Court Sandton City, Heia Safari Ranch; Tshwane: Rozenhof Guest House, Illyria House	Jo'burg: Apartheid Museum, Cradle of Humankind, Gold Reef City; Tshwane: Church Square, Voortrekker Monument
3+4	Johannesburg/ Blyde River Canyon S. 201	480	Porcupine Ridge Guest House, Tanamera Lodge	God's Window, Wasserfälle, Bourke's Luck Potholes, Blyde River Canyon, Echo Caves
5–7	Kruger National Park oder private Wildschutzgebiete an dessen Westrand S. 209	70	Letaba, Olifants u. a.; privat z. B. im Mala Mala Game Reserve	Tierbeobachtung: im Park Safari auf vorgegebenen Strecken, in den Game Reserves kreuz und quer durch den Busch
8	eMalahleni (Witbank)	355	Protea Hotel Highveld (Zwischenübernachtung)	
9+11	Royal Natal NP S. 561	425	Orion Mont-Aux-Sources, Royal Natal NP (Chalets/Camping)	Hochgebirgswelt, Wandern, Zuludörfer
12+13	Umhlanga Rocks S. 535	290	Beverly Hills, Cabana Beach, Oyster Box, Fleetwood on Sea	Baden, Besichtigung Durban, Umhlanga Rocks
14–16	Flug Durban – Nelson Mandela Bay (S. 456); Weiterfahrt bis Tsitsikamma bzw. Plettenberg Bay (S. 447 bzw. 444)	240	Tsitsikamma: Storms River Mouth Restcamp; Plettenberg Bay: The Plettenberg, The Country House	Tsitsikamma Section des Garden Route National Park, Baden in Plettenberg Bay
17+18	Oudtshoorn S. 429	170	Rosenhof Country House, Altes Landhaus	Straußenfarmen, Cango Caves; Mossel Bay: Dias Museum
19+20	Weingebiet um Stellenbosch/Paarl S. 383	480	Stellenbosch: 22 Die Laan, Delaire Graff; Paarl: Mountain Shadows, Palmiet Valley Estate	Stellenbosch Village Museum, Kapholländische Häuser, Weingüter, Sprachenmonument, Paarl, Hugenotten-Denkmal, Franschhoek
21–23	Kapstadt S. 331	60	Mount Nelson, Cape Grace, 2inn1 Kensington; Constantia: The Cellars-Hohenort	V&A Waterfront, Robben Island, Bo-Kaap, Tafelberg, Weingüter, Kirstenbosch Garten, Kap der Guten Hoffnung
24	Flug Kapstadt – ggf. Johannesburg – Europa			

Verkürzungsmöglichkeiten auf 21 Tage
1 Tag weniger Johannesburg/Tshwane (Pretoria) – 1 Tag weniger Umhlanga Rocks oder Royal Natal National Park – 1 Tag weniger Weingebiet um Stellenbosch/Paarl = Ersparnis 3 Tage

Verlängerungsmöglichkeiten auf 27 Tage
Abstecher von Umhlanga Rocks nach Hluhluwe/St. Lucia in Nordnatal für 3 Tage oder: Abstecher vom Kruger National Park ins ehem. Venda für 3 Tage oder: 1 Tag länger Umhlanga Rocks – 1 Tag Addo Elephant Park bei Nelson Mandela Bay – 1 Tag länger Kapstadt

Routenvorschlag 5

Reise mit Schwerpunktaufenthalten in der Gegend um Johannesburg – Blyde River Canyon/ehem. Venda – Nataler Drakensberge – Garden Route – Kapstadt

Redaktionsmeinung: Dies ist eine Tour für all diejenigen, die sich von wenigen festen Quartieren aus ein möglichst vielschichtiges Bild Südafrikas machen wollen. Die ausgewählten Unterkünfte bieten einen angenehmen Komfort, um sich mehrere Tage an einer Stelle wohlzufühlen. Man sollte trotz oder gerade wegen der Aufenthalte einen Mietwagen zur Verfügung haben, um die Umgebung „sternförmig" zu erkunden.

Tag	Ort/Fahrstrecke	ca.-km	Übernachtungstipps	Sehenswertes
1–3	Johannesburg/Tshwane (Pretoria) S. 144 bzw. 185	60	Jo'burg: The Westcliff, Garden Court Sandton City, Heia Safari Ranch; Tshwane: Rozenhof Guest House, Illyria House	Jo'burg: Apartheid Museum, Cradle of Humankind, Gold Reef City; Tshwane: Church Square, Voortrekker Monument
4–9	Fahrt in die Region Blyde River Canyon/nach Limpopo S. 201 bzw. 225	510	Porcupine Ridge Guest House, Tanamera Lodge; Venda: Peermont Metcourt, Sigurwana Lodge, Venda: Thatha Vondo	God's Window, Wasserfälle, Bourke's Luck Potholes, Blyde River Canyon, Echo Caves
10	eMalahleni (Witbank)	355	Protea Hotel Highveld (Zwischenübernachtung)	
11–15	Royal Natal NP S. 561	425	Orion Mont-Aux-Sources, Royal Natal NP (Chalets/Camping)	Hochgebirgswelt, Wandern, Zuludörfer
16–20	Durban S. 522	200		
	Flug Durban – Nelson Mandela Bay (S. 456); Weiterfahrt bis Tsitsikamma bzw. Plettenberg Bay (S. 447 bzw. 444)	240	Tsitsikamma: Storms River Mouth Restcamp; Plettenberg Bay: The Plettenberg, The Country House	Tsitsikamma Section des Garden Route National Park, Baden in Plettenberg Bay
20–25	Zurück nach Nelson Mandela Bay – Flug nach Kapstadt (S. 331)	240	Kapstadt: 2inn1 Kensington; Constantia: The Cellars-Hohenort; Stellenbosch: 22 Die Laan, Delaire Graff	Highlights Kapstadt, Tafelberg, Kaphalbinsel, Weingebiet um Stellenbosch/Paarl
26	Flug Kapstadt – ggf. Johannesburg – Europa			

3. GAUTENG

Johannesburg: Weltstadt und wirtschaftliches Zentrum Südafrikas

Gauteng ist die kleinste Provinz Südafrikas. Sie wurde 1994 aus einem Teil der alten Provinz Transvaal gebildet. Der Name ist Sotho und bedeutet „Ort des Goldes". Gold spielt in der Gegend um die **Weltstadt** Johannesburg seit 100 Jahren eine zentrale Rolle. Seitdem entwickelten sich (Gold-)Bergwerke, Industrien und Verkehrsanlagen. Die natürliche Leitlinie dieser bandförmigen und mehrkernigen Städteballung wurde von den Gold und Uran führenden geologischen Schichten des Witwatersrand-Systems bestimmt.

Alle städtischen Siedlungen in diesem „**Goldenen Bogen**" (Golden Arch) sind aus Goldgräbercamps entstanden und wuchsen zu bedeutenden Bergbau-, Industrie- und Dienstleistungszentren heran: Zusammen bilden sie inzwischen die wohl interessanteste „Conurbation" Afrikas.

Die „Goldprovinz" wartet heute mit der wichtigsten **Geschäftsmetropole** (Johannesburg) sowie der offiziellen **Exekutivhauptstadt** der Nation (Tshwane/Pretoria) auf. Laut der letzten offiziellen Zahlen leben in Johannesburg ca. 4,4 Mio., in Tshwane ca. 2,9 Mio. Menschen. Die beiden Städte wachsen an einigen Stellen bereits zusammen, wie z. B. die Siedlung Midrand nahe der Verbindungsautobahn vor Augen führt. Reisende erkennen diesen Prozess auch, wenn sie die 2011 fertiggestellte „Gautrain"-Bahnstrecke (s. S. 179) nutzen, die im stärker werdenden Individualverkehr der Metropolregion eine Alternative zum Auto darstellt. *Der „Gautrain" verbindet*

In Zukunft werden wohl nicht mehr Bergbau und Industrie, sondern Dienstleistung und Service (Handel, Finanzen, Transport, Kommunikation) die **Wirtschaftslandschaft** Gautengs prägen. Dieser Verlagerung stehen derzeit allerdings noch die **Armut** und die damit verbundene hohe Kriminalität sowie die dafür notwendige Aus- und Weiterbildung vieler Menschen im Wege.

Die expandierenden modernen **Citybereiche** mit ihren Bürohochhäusern, Fußgängerzonen und Einkaufsmöglichkeiten bilden einen starken Gegensatz zu den Außenzonen des Verdichtungsraumes, in denen sich die meisten der nach dem Zweiten Weltkrieg gegründeten, ausschließlich für die nicht-weiße Bevölkerung gedachten „**Townships**" befinden. Sie entstanden überwiegend im Zuge umfangreicher städtischer Sanierungsmaßnahmen, die meist der Umsetzung der räumlichen Apartheid dienten. Besonders durch die starke Überbevölkerung entwickelten sich viele Townships zu Elendsvierteln. Die größte und bekannteste ist Soweto (Southwestern Township), die 1976 aufgrund der dortigen Proteste weltweit in die Schlagzeilen geriet und heute ein Stadtteil von Johannesburg ist. *Urbane Unterschiede*

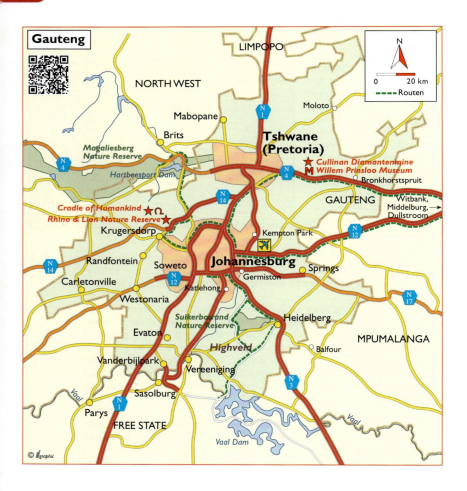

Johannesburg und Umgebung
Überblick

„Stadt des Goldes"

Johannesburg wird in den Bantu-Sprachen „Egoli" („Stadt des Goldes") genannt – ein passender Name, ist sie doch die menschliche Ansiedlung, in deren Umfeld man die reichsten **Goldvorkommen** der Erde findet. „Jo'burg" war lange die größte Stadt südlich der Sahara, wurde aber mittlerweile von Lagos in Nigeria abgelöst. Allerdings ist die Stadt wohl noch immer die größte der Welt, die nicht am Meer, an einem Fluss oder einem See liegt. Sie bedeckt eine Fläche von derzeit etwa 1.650 km².

Die „dumps", wie man die gelb leuchtenden Abraumhalden der Minen bezeichnet, prägen noch die Landschaft, obwohl sich der Goldbergbau verlagert hat und nur noch zwei der ursprünglich 14 Minenbetriebe bestehen. Die Goldfelder sind gleichzeitig die größten **Uranlager** der Welt, da Uranoxid gewöhnlich als Nebenprodukt des Goldbergbaus abfällt. Der mineralische Reichtum führte auch zur Ansiedlung vielfältiger **Industriezweige**: Es gibt etwa 40 Diamantenschleifereien, Maschinenbau, Textilfabriken und Lederverarbeitung, Nahrungsmittelwerke und Chemiefabriken. Die Stadt ist *die* Finanz-Hochburg des Landes und Sitz zahlreicher Banken, Versicherungen sowie der Börse. Außerdem ist Johannesburg Standort einer englisch- und einer afrikaanssprachigen **Universität**.

Für die meisten ausländischen Touristen stellt Johannesburg die **erste Begegnung mit Südafrika** dar. Man landet ca. 25 km vor der Stadt auf dem O. R. Tambo International Airport, der auf dem Gebiet der Gemeinde Kempton Park liegt. Anfang des 19. Jh. wanderte ein Deutscher namens Adams aus Kempten im Allgäu ein und benannte die Gegend nach seiner Heimat.

Schon beim **Anflug** gewinnt man einen ersten Eindruck von der Stadt: In der City drängen sich Hochhäuser mit bis zu 50 Stockwerken (dies war möglich, weil die Stadt *Jo'burgs Skyline*

Redaktionstipps

▸ **Übernachten**: Luxuriös im Westcliff, kostenbewusst im Garden Court Sandton City oder idyllisch in der Heia Safari Ranch in Honeydew, S. 168-171.

▸ **Abendprogramm** in Newtown: Theaterbesuch im Market Theatre, S. 152.

▸ **Soweto kennenlernen**: Auf den Spuren der Proteste von 1976 sowie von zwei Nobelpreisträgern, S. 158.

▸ **Einkaufsbummel** durch die Einkaufspassagen in Sandton und Rosebank, S. 177, oder über die Märkte der Stadt, S. 153.

▸ **Die bedeutendsten Sehenswürdigkeiten besuchen**: Das Apartheid Museum, S. 155, die Weltkulturerbestätte Cradle of Humankind, S. 157, und Gold Reef City, S. 153.

▸ **Besondere Aktivitäten**: Ein paar spezielle Tipps auf S. 176.

Dumps and the City: Johannesburgs typische Abraumhalden

auf Felsen gebaut ist), in den Vororten glitzern unendlich viele Swimmingpools, und auch die „dumps" (s. o.) bestimmen das Bild. Je nach Jahreszeit ist die Savannenlandschaft im Stadtumfeld gelb-braun (während der winterlichen Trockenzeit) oder grün (in den regenreichen Sommermonaten).

Nie zu heiß

Johannesburg zeichnet sich durch ein für Europäer besonders **angenehmes Klima** aus. Aufgrund der Höhenlage (1.753 m über NN) ist es auch im Sommer nie zu heiß, und nachts kühlt es sich angenehm ab. In der winterlichen Trockenzeit wird es nachts empfindlich kalt, während tagsüber die Temperaturen in der Sonne Werte von ca. 20 °C erreichen können. Der meiste Niederschlag fällt in den Sommermonaten (Oktober bis März).

Die Stadt hat viel zu bieten

Viele **Erstbesucher** Johannesburgs erwarten keine solche Metropole im südlichen Afrika und sind fassungslos angesichts der Hektik, die die vielen Wolkenkratzer und vollen Autobahnen ausstrahlen. Eine hier lebende Deutsche beschreibt ihre Stadt so: „Johannesburg ist wie Frankfurt: eine Finanzmetropole mit einem großen Flughafen, aber nicht unbedingt ein Urlaubsparadies. Auch wenn es auf den ersten Blick nicht so erscheint, hat diese Stadt so viel zu bieten – man muss sich nur darauf einlassen."

Sieht man einmal von der langweiligen Architektur ab und verbucht die Hektik unter „Vitalität", bietet diese junge Weltstadt, die sich in nur 120 Jahren entwickelt hat, tatsächlich eine **Vielzahl von Möglichkeiten** für Touristen. Deshalb lohnt es sich, 3–4 Tage in Johannesburg zu bleiben. Nicht nur aus Vorsicht (s. Kasten unten) ist es allerdings besser, über Tag ein Taxi zu benutzen oder an organisierten Touren teilzunehmen – der Verkehr der Metropole kostet Nerven.

Im Vergleich zu Kapstadt, das sehr europäisch anmutet, ist Johannesburg der **Schmelztiegel der Regenbogen-Nation**. Menschen aller Hautfarben, Religionen und Sprachen geben ihr ein sehr kosmopolitisches Flair, das sich besonders in der belebten Kunst- und Kulturszene widerspiegelt. An den Wochenenden empfiehlt sich ein Besuch der Flohmärkte (s. S. 153), und wer einmal etwas Besonderes erleben möchte, sollte sich unter die High Society auf der Pferderennbahn von Turffontein mischen (s. S. 176).

Die hohe Kriminalität ließ viele Geschäfte, Büros und sogar die Börse aus der Innenstadt in Vororte wie Sandton und Rosebank abwandern. Die Innenstadt (genannt CBD = „Central Business District") wurde zum „No-Go"-Gebiet. Inzwischen hat man aber viel Geld in Sicherheit und Überwachungsmaßnahmen inves-

Geschäfts- und Tourismuszentrum Sandton

tiert. Firmen schlossen sich zusammen und gründeten die Initiative „Business against Crime", die heute fast das gesamte Stadtzentrum mit Videokameras überwachen lässt. Damit konnte die Kriminalitätsrate entscheidend gesenkt werden, sodass die **Innenstadt wieder sicherer** und damit belebter ist als früher. Zudem begannen private Investoren, ganze Häuserblöcke zu kaufen und zu sanieren.

Privatwirtschaftliche Initiative

Das Johannesburg City Council hat einen visionären Plan für die Zukunft der Region entworfen, der die Wirtschaft und Geografie nachhaltig verändern und die Region zu einem Geschäftszentrum von Weltklasse machen soll. Der Plan **Jo'burg 2030** sieht vor, Investitionen anzutreiben, das wirtschaftliche Wachstum anzukurbeln und die Lebensqualität aller Einwohner zu erhöhen.

 Vorsichtsmaßnahmen trotz verbesserter Sicherheitslage

Folgende Punkte sowie S. 113/114 sind dringend zu beachten:
- Reisende sollten sich unbedingt in ihrem Hotel über die aktuelle Sicherheitslage und die Stadtteile, die man derzeit besser nicht besucht (z. B. Hillbrow, Berea, Yeoville), informieren. Außerdem sollte man einsame Parks meiden.
- Touristen, die Johannesburg für längere Zeit besuchen möchten, wohnen am besten in den nördlichen Vororten wie Sandton, Hyde Park, Rosebank, Parkview und Houghton.
- Längere Strecken legt man besser nicht zu Fuß zurück, sondern per Taxi, das man sich vom Hotelpersonal bestellen lässt. Außerdem sollte man nachfragen, ob derzeit von Sammeltaxis Abstand zu nehmen ist, denn in den letzten Jahren herrschten immer mal wieder „Taxikriege" – als Fahrgast konnte man so schnell in bewaffnete Auseinandersetzungen geraten.
- Trotz höherer Sicherheit in der Innenstadt bei Autofahrten dort die Fahrzeugtüren und -fenster geschlossen halten! Bei Ampelstopps ist eine Wagenlänge „Fluchtabstand" zum Vordermann einzuhalten.

Geschichte

Im Jahre 1886 breitete sich hier noch eine fast **menschenleere Savannenlandschaft** aus, in der verstreut einige Farmen lagen. Zufällig fand George Harrison, Farmarbeiter auf „Langlaate", während seiner Arbeit ein blau-weißes Gestein, in dem er Gold vermutete. Da er als Golddigger in West-Australien Erfahrung gesammelt hatte, waren seine Augen in dieser Hinsicht besonders geschult. Er zermalmte das „verdächtige" Gestein, wusch eine Probe aus und fand tatsächlich Goldpartikel in seiner Pfanne.

Erster Golddigger

Niemand konnte damals ahnen, dass damit eine der **goldreichsten Lagerstätten der Welt** entdeckt war. Man wusste aus Erfahrungen auf anderen Kontinenten (Amerika, Australien), dass ein Goldrausch auch erhebliche negative Folgen nach sich ziehen konnte, wenn erst die Glücksritter aus aller Welt einfallen würden. Obwohl Präsident Paul Kruger diese Entwicklung wohl voraussah, konnte er sie nicht verhindern, sondern bestenfalls steuern. So entstand bald eine Goldgräbersiedlung; aber von Anfang an bemühte man sich, die Ereignisse unter Kontrolle zu halten.

Glücksritter aus aller Welt

Der Landvermesser Johann Rissik und der Direktor des Minendepartments Johannes Christian Joubert begannen, Claims abzustecken, und waren zudem mit der Aufgabe

Minenarbeiter Anfang des 20. Jh.

betraut, die Basis für eine geordnete Ansiedlung zu schaffen. Und natürlich brauchte dieser neu entstehende Ort einen Namen. Da beide Männer den Vornamen Johannes trugen, soll man beschlossen haben, den Ort **Johannesburg** zu nennen. Bald entwickelte sich aus ihm ein kleines Städtchen.

Weil das Gold hier nicht in Klumpen („Nuggets"), sondern in Form fein verteilter Partikelchen im Gestein auftrat, erforderte seine Gewinnung von Beginn an viel Kapital. Harrison sah bald keine Möglichkeit mehr, lukrativ zu arbeiten, und soll seine Claims für nur 150 Pfund verkauft haben. Gewinne konnten erst die großen **Minenunternehmer** erwirtschaften. Einer von ihnen war Cecil Rhodes, der spätere Premierminister der Kapkolonie.

Bereits Ende des 19. Jh. zählte Johannesburg 100.000 Einwohner, die größtenteils Ausländer waren und im Minengeschäft arbeiteten. Die Anwesenheit der „**Uitlanders**" wurde von der burischen Regierung der Südafrikanischen Republik unter Präsident Kruger nicht gern gesehen, man reagierte mit Repressionen (kein Wahlrecht, Einschränkung der Zuwanderung).

Die Spannungen zwischen Buren und Briten führten zum Zweiten Burenkrieg, in dem Johannesburg britisch wurde. Die ersten Barackensiedlungen für Schwarze und Inder waren schon unter Kruger errichtet worden, unter den Briten entstanden weitere Townships wie z. B. Sophiatown. Dieses Township bestand nur rund 50 Jahre und wurde 1955 Opfer der Apartheid-Politik. Fortan durften nur noch Weiße hier leben, was **Zwangsumsiedlungen** nach sich zog.

Erste Townships

Bis zum Abbau der Apartheid in den 1980ern und den ersten freien Wahlen 1994 kam es immer wieder zu Aufständen (Soweto 1976, s. S. 160), Anschlägen (Autobombenexplosion vor dem Amtsgericht 1987) und Ausnahmezuständen, allerdings entwickelte sich im Laufe der Jahre auch eine eigene schwarze **Kultur-Szene**, die die Stadt noch heute prägt.

Es lohnt sich, den Blick zu weiten und entgegen aller Klischees und Kriminalitätsängste die schönen Seiten Johannesburgs zu entdecken.

Mini-Quakes: die kleinen Erschütterungen Johannesburgs

Einige Male im Jahr wird Johannesburg von kleinen Erdstößen heimgesucht, doch dies sind keine „richtigen" Erdbeben. Vielmehr handelt es sich um unterirdische Ausgleichsbewegungen, die von den tiefen Goldminen am Witwatersrand stammen und das Gestein erzittern lassen.

Für Menschen und Gebäude besteht aber keine Gefahr, da die Erdstöße zu schwach sind. Unter der Johannesburger City existieren keine Goldminen. Sie erstrecken sich – leicht an den Abraumhalden („dumps") zu erkennen – in Ost-West-Richtung und teilen damit die Stadt in zwei Hälften.

Sehenswertes im Zentrum

The Top of Africa: Rundblick über Johannesburg

Das 1971–73 als Wohn-, Geschäfts- und Hotelkomplex erbaute Carlton Centre (Entwurf Skidmore, Owings and Merrill, Chicago) ist heute noch das höchste Gebäude Afrikas. Das umgestülpte „Y" ragt 50 Stockwerke in den Himmel und ist 223 m hoch. Bis Ende der 1990er-Jahre war hier das bekannte Carlton Hotel untergebracht. Heute befinden sich hier u. a. die Hauptstelle von Transnet, der halbstaatlichen südafrikanischen Eisenbahngesellschaft, und ein Einkaufszentrum. Vom Glanz vergangener Zeiten ist im Gebäude nicht mehr viel übrig, dafür gibt es nirgendwo einen besseren und weiteren Blick über Johannesburg und das Umland als von der 50. (Panorama-)Etage. Zu beachten sind allerdings die Sicherheitshinweise: Der Central Business District ist nicht die sicherste Gegend!
Carlton Centre (1): 15 R/Erw. Geöffnet Mo-Fr 9–18, Sa 9–17, So 9–14, feiertags 9–18 Uhr. 150 Commissioner Street, ☎ 011-308-1331.

Constitution Hill (2)

Hier in Braamfontein findet man nicht nur das seit 1993 bestehende **Verfassungsgericht** Südafrikas, sondern auch den **Old Fort Prison Complex**, der 100 Jahre mehr Geschichte erlebt hat. Hier saßen Engländer ein, die auf Seiten der Buren gekämpft hatten, streikende Minenarbeiter und schließlich Anti-Apartheids-Aktivisten. So wurde das auch als **„Number Four"** bekannte Gebäude zu einem der berüchtigtsten Gefängnisse der Apartheid-Ära. Tausende Menschen waren hier inhaftiert, unter ihnen Nelson Mandela und Mahatma Ghandi. Einen Besuch wert ist auch das im englischen Stil gehaltene **Frauengefängnis** („Woman's Goal") von 1910, in dem u. a. Winnie Madikizela-Mandela einsaß.

Berüchtigtes Gefängnis

Auf geführten Touren durch das Museum und die verschiedenen Gebäude werden den Besuchern die grausamen Haftbedingungen und der allgemeine Schrecken jener dunklen Epoche Südafrikas vor Augen geführt. Aber auch Südafrikas bemerkenswerter Weg zu Freiheit und Demokratie wird dokumentiert.
Constitution Hill: 50 R Erw./15 R erm. Geöffnet Mo–Fr 9–17, Sa–So und feiertags 9–15 Uhr. Visitor Centre, 11 Kotze Street, Eingang Sam Hancock Street, ☎ 011-381-3100, www.constitutionhill.org.za.

Windybrow Theatre (3)

Die Lage des Theaters in Hillbrow, umgeben von großen Wohnanlagen, ist sicherlich nicht einladend. Das Viertel sollte man aus Sicherheitsgründen nur in Begleitung von Ortskundigen besuchen.

Der viktorianische Bau im Tudor-Stil (1896) mit schöner Veranda ist zum Teil noch ursprünglich erhalten. In diesem so traditionell anmutenden Gebäude bekommen junge

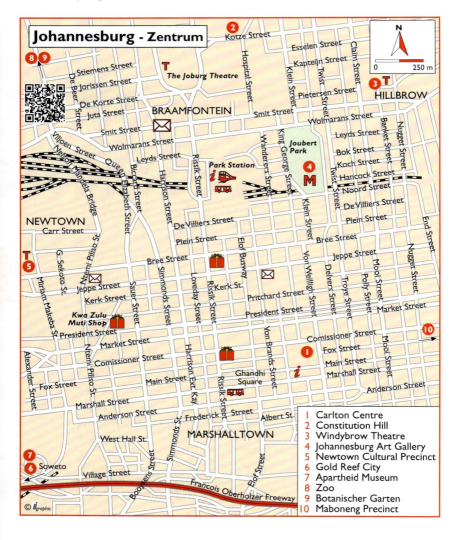

Künstler eine Chance. Man betrachtet sich als „home of creative writers", die Stücke behandeln meist Stoffe aus der schwarzen, afrikanischen Szene. Diese experimentelle Bühne wird staatlich gefördert. Pittoresk ist die unterhalb des Gebäudes befindliche „wall of fame". Hier ist u. a. Sol Plaatje dargestellt, der einige Shakespeare-Stücke in die Tswana-Sprache übersetzte.

Experimentelles Theater

Windybrow Theatre: *161 Nugget Street,* ☎ *011-720-0003, www.windybrowarts.co.za.*

Johannesburg Art Gallery (4)

In Joubert kann man der größten Galerie des Subkontinents einen Besuch abstatten – ein unbedingt empfehlenswerter Abstecher, denn der Stifter des Museums, Sir Hugh Lane, hat eine hervorragende Sammlung zusammengetragen, die mit der Zeit immer weiter ergänzt wurde. Darunter befinden sich Werke von Pablo Picasso, Camille Pissarro, Claude Monet und Edgar Degas. Auch holländische Werke aus dem 17. Jahrhundert sind hier zu sehen.

Eine großartige Abteilung südafrikanischer Kunst, unter anderem von Gerard Sekoto (s. Kasten), Alexis Preller, Maud Sumner, Sydney Kumalo und Ezrom Legae, rundet das Bild ab. Der Schwerpunkt soll in Zukunft vor allem auf zeitgenössische Kunst aus Südafrika gelegt werden. Dazu zählen Masken, Skulpturen oder Schmuck aus Holz und Stein, aber auch die sogenannte Township-Kunst. Sie umfasst z. B. aus Metall- und Plastikabfällen hergestellte Figuren, Spielzeugautos, -motorräder und -flugzeuge sowie Alltagsgegenstände.

Zeitgenössische Kunst

Johannesburg Art Gallery: *Eintritt frei. Geöffnet Di–So 10–17 Uhr. Ecke Klein und King George Street, Joubert Park,* ☎ *011-725-3130, www.joburg.org.za (Quick Help – Site Map – Museums).*

Gerard Sekoto – Begründer der Township-Kunst

Der 1993 im Alter von 80 Jahren im französischen Exil verstorbene Begründer der Township-Kunst ist einer der wichtigsten und bekanntesten künstlerischen Vertreter des Landes und für viele der „Vater" der modernen südafrikanischen Kunst. In seinen farbenfrohen, aber weder beschönigenden noch mitleiderregenden Bildern zeigte Sekoto das alltägliche Leben in den Townships der 1940er-Jahre und wurde so zum Pionier von urbaner schwarzer Kunst und sozialem Realismus.

Newtown Cultural Precinct (5)

Der Weg aus der nördlichen Innenstadt (Braamfontein) nach Newtown führt über die **Nelson Mandela Bridge**. Der Entwurf eines dänischen Architektenbüros gewann mehrere Preise. 2003 wurde die 284 Meter lange Schrägseilbrücke mit zwei Pylonen eröffnet, sie überspannt über 40 Bahngleise!

Spektakuläre Brücke

Newtown ist das Kulturviertel Johannesburgs und in ganz Südafrika ein Begriff, wenn es um Theater, Museen und Kunst geht. Der ausgewiesene Kulturbezirk umfasst mehrere Blocks nord- und südöstlich des **Mary Fitzgerald Square**, wo man sich ungefährdet bewegen kann.

Die Hauptsehenswürdigkeit des Viertels ist der **Marktkomplex** von 1913, ursprünglich für den indischen Obst- und Gemüsemarkt erbaut. Hier befinden sich neben einer Galerie und einem Pub zwei der wichtigsten kulturellen Einrichtungen der Stadt:

Anti-Apartheid-Theater

Auf der Ostseite liegt das **Market Theatre**. Es wurde 1976 nach einer Spendenaktion (das verfallene Gebäude musste aufwendig renoviert werden) von zwei Johannesburger Künstlern als freies Theater eröffnet und mit Anti-Apartheid-Stücken bekannt. Lange vor dem Abbau dieser Gesellschaftsordnung spielten und arbeiteten hier Menschen verschiedener Hautfarben zusammen. Es werden sowohl klassische als auch experimentelle Stücke auf drei Theaterbühnen geboten.
Market Theatre: *56 Margaret Mcingana Street,* ☎ *011-832-1641, www.marketthea tre.co.za.*

Unter dem Namen des Theaters findet an der vorbeilaufenden Bree Street ein sehr lebendiger „Original"-Flohmarkt mit Gegenständen aus ganz Afrika statt. Hier werden sowohl Souvenirs (Holzschnitzereien, Kleider, Lederwaren) als auch Kunstgegenstände und einfache Haushaltswaren angeboten.
Market Theatre Flea Market: *Geöffnet Mo–Sa 9 bis mind. 16 Uhr.* ☎ *083-586-8687.*

Kulturgeschichte Jo'burgs

Das **MuseuMAfricA** ist auf der Westseite des Marktkomplexes zu finden. Besonders ausführlich stellt das kulturhistorische Museum die Geschichte Johannesburgs dar, einen Schwerpunkt bildet dabei das Arbeitsleben der Minenarbeiter. Außerdem ist hier vor oder nach einem Townships-Rundgang eine Vertiefung des Themas möglich. Die Themen der Wechselausstellungen sind vielfältig, die Herangehensweise sehr modern – aktuelle Informationen dazu auf der Website.
MuseuMAfricA: *7 R Erw./2 R erm. Geöffnet Di–So 10–17 Uhr. 121 Bree Street,* ☎ *011-833-5624, www.joburg.org.za (Quick Help – Site Map – Museums).*

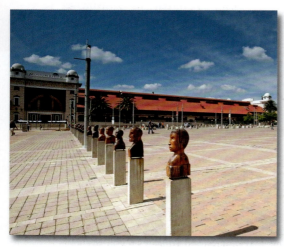
Der alte Marktkomplex am Mary Fitzgerald Square in Newtown

Ganz in der Nähe befinden sich noch das **Worker's Museum** (*www.joburg.org.za, Quick Help – Site Map – Museums*), das sich der Geschichte der Gastarbeiter widmet, das Wissenschafts- und Technologiemuseum **Sci-Bono Discovery Centre** (*www.sci-bono.co.za*) sowie die **SAB World of Beer** (*www. worldofbeer.co.za*), wo Gerstensaft und Braukunst im Mittelpunkt stehen.

Rote Info-Tafeln leiten die Besucher durch das Viertel. **Weitere Attraktionen**, Information zum Distrikt sowie eine Karte sind zu finden unter: *www. newtown.co.za/content/attractions.*

Johannesburgs Märkte – eine Auswahl

Neben dem Market Theatre Flea Market (s. o.) gibt es sowohl in Zentrumsnähe als auch außerhalb weitere empfehlenswerte Handelsplätze:

Sonntags treffen sich Flaneure auf dem Dach der Rosebank Mall. An über 500 Ständen werden Kunstgegenstände, Bücher, afrikanische Souvenirs, Kleidung, Leckereien aller Art, Möbel u. v. m. angeboten. Wird oft als bester Markt Südafrikas bezeichnet! *Bester Markt Südafrikas*
Rooftop Market: *Geöffnet So/Feiertage 9–17 Uhr. Rosebank Mall, Ecke Cradock Avenue und Baker Street, Rosebank, ☎ 011-442-4488.*

Im Norden des Stadtzentrums in Braamfontein öffnet in einem ehemaligen Bürogebäude jeden Samstag der Neighbourgoods Market seine Pforten. Frische Lebensmittel finden sich hier ebenso wie Süßspeisen, außerdem werden Kleidung und Kunsthandwerk angeboten. Das wahre Erlebnis ist aber die ausgelassene Atmosphäre des Marktes, wenn man sich in das Gewirr aus Stimmen, Musik und Düften stürzt – ein Fest für alle Sinne.
Neighbourgoods Market: *Geöffnet Sa 9–15 Uhr. 73 Juta Street, Braamfontein, ☎ 082-370-4075, www.neighbourgoodsmarket.co.za/johannesburg.*

Östlich des Central Business District findet man einen der größten Märkte mit der Spezialisierung auf traditionelle Heilmethoden. Für Nicht-Eingeweihte sehen manche Waren womöglich seltsam aus: Haarbüschel, Tierkrallen, Federn und Hufe. Daneben gibt es Kräuter und Wurzeln zur Herstellung von Medizin und Heilmitteln. Beeindruckend sind die Fetische und die verschiedenen Knochen, mit denen die Medizinmänner versuchen, die bösen Geister zu vertreiben.
Mai Mai Market: *Ecke Anderson und Berea Street.*

1996 wurde in Randburg, 30 km nordwestlich des Zentrums, mit der „Randburg Waterfront" der Wunsch nach einer eigenen Ufermeile à la Victoria & Alfred Waterfront in Kapstadt erfüllt. Nach wirtschaftlichen Schwierigkeiten wurde das Gelände 2003 komplett umgestaltet und der große künstliche See durch einen Park überbaut – ade Ufermeile! Unter neuem Namen bietet der Komplex alles, was das (Freizeit-)Herz begehrt: Geschäfte, Kinos, Theater, Bowling, Restaurants, den festen Flohmarkt **The Market Place** mit 350 Ständen sowie weitere Veranstaltungen am Wochenende. *Fester Flohmarkt*
The Brightwater Commons: *Geöffnet Mo–Fr 9–18, Sa 8–18, So 9–15 Uhr. Republic Road, Randburg, ☎ 011-789-5052, www.brightwatercommons.co.za.*

Weitere Einkaufstipps s. S. 176/177.

Sehenswertes außerhalb des Zentrums / in der Umgebung von Johannesburg

Gold Reef City (6)

Kein Besucher Johannesburgs sollte es versäumen, den auf dem Gelände der 1977 stillgelegten Crown-Goldmine (mit über 3.000 m die tiefste im Stadtgebiet) entstan- *Alte Goldmine* denen Themenpark Gold Reef City zu besuchen – obwohl ein Hauch von Disney World über dem Ganzen liegt. Die ursprüngliche Idee für den Bau dieser „Stadt" stammt von John Rothschild, und auch die Chamber of Mines teilte gelangte zu der Überzeugung, dass das frühere kleine Gold Mine Museum nicht so recht zu einem Land passte, dessen Reichtum im Wesentlichen auf Gold basiert. Bald fanden sich Investoren (u. a. die Barclays Bank), die die Bauten finanzierten. Das Konzept sah vor, der Nachwelt am Beispiel einer sich an Originalen orientierenden Kulisse das Leben im Johannesburg des 19. Jh. zu zeigen. Zur „lebendigen Geschichte" tragen die Kostüme der Mitarbeiter, historische Fortbewegungsmittel wie Kutsche und Dampflok sowie musikalische Einlagen bei.

„Jozi's Story of Gold" — Unter dem Motto „Jozi's Story of Gold" informieren Videovorführungen und eine geologische Ausstellung über die Goldvorkommen. Im alten Shaft No. 14 kann der Besucher unter Tage einen Blick auf goldhaltige Gesteinsadern werfen. Im Schmelzhaus wird das Goldschmelzen vorgeführt. Man kann zusehen, wie ein Goldbarren von 25 kg (= 833 Unzen) Gewicht gegossen wird. Dieser Ziegelstein-große Barren kann aufgrund des hohen Eigengewichtes von Gold nicht mit nur einer Hand hochgehoben werden. Je nach aktuellem Goldpreis beträgt sein Wert ca. ½ Mio. Euro. Doch mit Argusaugen wird darüber gewacht, dass niemand dieses „Souvenir" mitnimmt.

Den Großteil des Parks nehmen Fahrgeschäfte und Achterbahnen wie „Golden Loop" oder „Tower of Terror" ein, weitere Attraktionen sind ein 4D-Theater und ein Tierpark.

Themenpark rund ums Gold

Gold Reef City: *165 R Erw./Schulkinder (Wochenende). Geöffnet Mi–So, feiertags 9.30–17 Uhr, Mo–So in den Gauteng-Schulferien. Northern Park Way (8 km südlich der Stadt an der M1 gelegen).* ☎ *011-248-6800, www.goldreefcity.co.za.*

🛏 **Unterkunft**
Gold Reef City Hotels: *siehe Reisepraktische Informationen Johannesburg, S. 170.*

Apartheid Museum (7)

Das neben der Gold Reef City liegende, 2001 eröffnete Museum zeigt auf 6.000 m² in beeindruckender und aufwühlender Weise Szenen der Apartheid: auf Fotos und Bildschirmen, durch aufgezeichnete Erfahrungsberichte und alte, die Rasse kennzeichnende Ausweise. Schon die Eintrittskarten für das Museum machen deutlich, auf welch emotionale Reise sich der Besucher einlässt: auf den Plastikkarten steht entweder „Non-white" oder „White". Die neue Nach-Apartheid-Verfassung Südafrikas ist ebenfalls ausgestellt – in einem Raum mit Kieselsteinen auf dem Boden. Als Zeichen der Solidarität mit den Opfern der Apartheid kann jeder Besucher selbst einen Kieselstein auf einen Haufen legen. Zum Durchatmen nach diesen Eindrücken im Museum lädt die Umgebung ein: Buschlandschaft, Parkwege und ein kleiner See.

Vor dem Apartheid Museum

Apartheid Museum: *70 R Erw./55 R erm. Geöffnet Di–So 9–17 Uhr. Northern Parkway & Gold Reef Road,* ☎ *011-309-4700, www.apartheidmuseum.org.*

Zoologischer und Botanischer Garten

Das Gebiet des **Zoos (8)** gehört zum Herman Eckstein Park (ehem. „Sachsenwald", heute Stadtteil Saxonwold) nördlich der City. Auf dem Zoogelände leben etwa 2000 Tiere 320 verschiedener Arten, so auch Elefanten, Löwen und viele Affenarten. Wer also noch nicht alle gewünschten Tiere auf freier Wildbahn erleben durfte, hat hier vor dem Abflug noch eine letzte Gelegenheit. Manche der Gehege sind offen, das heißt nur durch Wasserflächen getrennt. Auf dem **Zoolake** gegenüber kann man Boote mieten.

Im „Sachsenwold"

Zoological Garden: *65 R Erw./40 R Kinder (3–12 Jahre). Geöffnet tgl. 8.30–17.30 Uhr, letzter Einlass 16 Uhr. Jan Smuts Avenue, Parkview (Ausfahrt 13 der M1),* ☎ *011-646-2000, www.jhbzoo.org.za.*

Das am Westufer des Emmarentia-Staudamms (ca. 5 km nordwestlich des Zoos) gelegene, 81 ha große Gebiet des **Botanischen Gartens (9)** ist besonders für seinen

4.500 Rosen Rosengarten berühmt, der ab 1964 angelegt wurde. Man kann über 4.500 Rosen 60 verschiedener Arten bewundern. Interessant ist auch der Kräutergarten (Herb Garden), in dem es neben Gewürzkräutern auch Kräuter afrikanischer Medizinmänner gibt. Der Stausee ist ein Eldorado für Kanuten und andere Wasserfahrer.
Johannesburg Botanical Garden: *Eintritt frei. Geöffnet von Sonnenauf- bis Sonnenuntergang. Olifants Road, Emmarentia, www.jhbcityparks.com.*

Maboneng Precinct (10)

Der östlich des Stadtzentrums in Jeppestown gelegene Bezirk **Maboneng (10)** hat sich seit seiner Eröffnung im Jahr 2009 schnell zu einem beliebten Trendviertel in Johannesburg entwickelt. Hier locken auf engstem Raum interessante Restaurants, Märkte, Szene-Läden, Buchhandlungen und vielfältige kulturelle Einrichtungen und Angebote zum Stöbern und Staunen. Auf jeden Fall einen Besuch wert ist das **Arts on Main**: Der aus fünf alten Lagerhäusern bestehende Komplex (Ecke Fox und Berea Street) ist heute eine lebendige Begegnungsstätte für Künstler und Kunstinteressierte mit Ateliers, Galerien und Geschäften.

Da dieses junge Viertel allerdings auf Initiative privater Investoren entstand, wird auch immer wieder Kritik an Maboneng (Sesotho für „Platz des Lichts") und ähnlichen städtebaulichen Projekten laut: So befürchten einige, die mit derartigen kommerziellen Sanierungen einhergehenden Miet- und Preissteigerungen könnten ausgerechnet die schwarze, ärmere Bevölkerung aus der Innenstadt verbannen.
Info: www.mabonengprecinct.com.

Ranches and Reserves

Die folgenden Tipps liegen nordwestlich von Johannesburg:

An der N 14 Krugersdorp–Tshwane (Pretoria), ca. 30 km nordwestlich von Johannesburg, liegt das **Rhino & Lion Nature Reserve**, ein 1.600 ha großes Gelände auf dem Gebiet der Cradle of Humankind (s. u.). Vom Wagen aus kann man viele der in Mpumalanga und KwaZulu-Natal beheimateten Tiere, u. a. Strauße, Zebras und Impalas, sehen. Hauptattraktion sind natürlich die Löwengruppen. Es ist möglich, sich mit Löwenbabys fotografieren zu lassen (wenn diese noch klein genug sind). Weitere Hauptattraktionen sind Geparde, Wildhunde, Büffel und natürlich Nashörner. Durch das Gelände führt ein 10 km langes Wegenetz. Restaurant und Swimmingpool sind vorhanden.

1,5 Mio. Jahre alte Höhle Auf dem Gelände des Reserves liegt außerdem die Wonder Cave, eine der größten Höhlen Südafrikas. Sie ist ca. 1,5 Mio. Jahre alt und kann durch einen eigenen Eingang unabhängig besucht werden. Sehenswert aufgrund der schönen Tropfstein-Formationen.
Rhino & Lion Nature Reserve: *140 R Erw./100 R Kinder. Geöffnet tgl. 8–15.55 Uhr, nach den Fütterungs- und Showzeiten fragen! Kromdraai Road, ☎ 011-957-0109, www.rhinolion.co.za.*
Wonder Cave: *90 R Erw./70 R Kinder. Geöffnet Mo–Fr 8–17, Sa–So 8–18 Uhr (letzte Tour 1h vor Schließung). Kontakt und Anfahrt über Rhino & Lion.*
Kombinationstickets: *210 R Erw./130 R Kinder.*

Ca. 20 km nordwestlich der City (nach Norden Überquerung der R564 und R28, danach weitere 4 km/links) ist die **Heia Safari Ranch** beheimatet. Sie ist umgeben von einem idyllischen Hügelpanorama. Bereits am Tor erwarten den Besucher Pfauen, Springböcke, Giraffen oder Zebras. Die riedgedeckten Bungalows sind der Landschaft angepasst und bieten jeden Komfort. Neben dem Restaurant (Menu, an manchen Tagen Buffet) gibt es eine Bar und einen Swimmingpool. Auf der gegenüberliegenden Seite findet sich ein nachgebautes Zuludorf. Eine bekannte Attraktion der Heia Safari Ranch ist das sonntägliche Grillen („Braaivleis") rund um den Pool. Hier kann man während des Genusses von leckerem Grillgut die freilaufenden Wildtiere beobachten.

Unterkunft
Heia Safari Ranch: *Muldersdrift Road, Honeydew,* ☏ *011-919-5000, www.heia-safari.co.za. Zur Unterkunft siehe Reisepraktische Informationen Johannesburg, S. 170.*

Weltkulturerbe „Cradle of Humankind": Sterkfontein Caves und Maropeng Visitor Centre

Unter dem Namen „Wiege der Menschheit" werden verschiedene Fundstätten fossiler Hominiden auf einem Gebiet von ca. 47.000 Hektar, das ca. 60 Autominuten nordwestlich von Johannesburg liegt, zusammengefasst. 1999 wurden die Sterkfontein Caves und die Fundstellen Swartkrans und Kromdraai zum Weltkulturerbe erklärt (www.gauteng.net/cradleofhumankind, dort ist eine Karte der Fundstätten in Gauteng zu finden). 2005 kamen noch Funde in der North West- (Taung) sowie der Limpopo Province (Makapansgat) hinzu.

Wenn Südafrika als Zeugen seiner Geschichte auch keine antiken Tempel, Amphitheater oder mittelalterliche Ritterburgen aufweisen kann, so hat die Forschung doch einwandfrei festgestellt, dass bereits in urgeschichtlichen Zeiten Menschen und ihre evolutionären Vorgänger das südliche Afrika bewohnten. Der **Australopithecus africanus** („Südlicher Affe aus Afrika") wurde von Raymond Dart nach seinem Fund des „Kindes von Tauung" erstmals 1925 beschrieben. 1947 entdeckte Robert Broom in *Funde von „Fast-Menschen"* den **Sterkfontein Caves** einen ca. 2,1 Mio. Jahre alten, nahezu vollständig erhaltenen menschlichen Schädel, den man **Mrs. Ples** taufte, obwohl bis heute nicht geklärt ist, ob der Knochen zu einem weiblichen Hominiden gehörte. „Ples" ist die Abkürzung von „Plesianthropus" („Fast-Mensch"). Tatsächlich ist die Verbindung zwischen der Fast-Mensch-Gattung Australopithecus und der Gattung Homo, zu der wir Menschen gehören, noch nicht vollständig geklärt.

2010 wurde ein spektakulärer neuer Fund vorgestellt: Ab 2008 fanden die

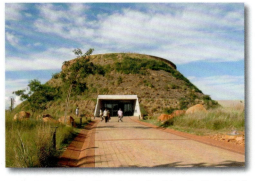

Das Maropeng Visitor Centre liegt in der „Wiege der Menschheit"

Forscher in Sterkfontein zwei gut erhaltene Skelette (ein pubertierender Junge und eine Frau um die 30), beide ca. 2 Mio. Jahre alt. Wegen ihrer Kombination aus menschlichen und affenähnlichen Merkmalen (v. a. wg. der menschlich greifenden Hand) ist die neu entdeckte Art **Australopithecus sediba** („Südlicher Affe an der Quelle/am Ursprung") wohl als Bindeglied zwischen „Fast-Mensch" und Mensch einzuordnen.

Bei der Benennung der neuen Art orientierte man sich am Fundort: Sterkfontein ist Afrikaans und bedeutet „starke Quelle". Im **Sterkfontein Visitor Centre** kann man sich über die Entdeckungen vor Ort informieren, die Funde selbst liegen allerdings im National Museum of Natural History (ehem. „Transvaal Museum") in Pretoria (s. S. 188).

Vom Visitor Centre aus führt ein Pfad in die bis zu 60 Meter tiefen Höhlen hinab, wo bisher über 600 Fossilien und Überreste der Gattung Australopithecus gefunden wurden. Die geführten Touren finden halbstündlich statt und dauern ca. eine Stunde, dabei ist gutes Schuhwerk nötig! Danach kann man sich im angeschlossenen Restaurant stärken.

„Rückkehr zum Ursprung" Etwa zehn Kilometer nordwestlich der Höhlen eröffnete 2005 ein weiteres, sehr modernes Visitor Centre: **Maropeng**. Auf Setwsana, der in dieser Region Südafrikas weitverbreitetsten Sprache, bedeutet dies „Rückkehr zum Ursprung".

Auf dem Weg zum Eingangsbereich des Centre, der einem Grabhügel („Tumulus") nachempfunden ist, lohnt ein Blick auf die links und rechts des Weges liegende Ausgrabungsstätte. Die hier entdeckten Werkzeuge, unter anderem Hackmesser und Faustkeile, stammen aus der altsteinzeitlichen Acheuléen-Kultur.
Die interaktive Ausstellung über die generelle Entwicklung des Menschen über Jahrmillionen ist hochinformativ. Ein besonderes Erlebnis für Kinder ist die Bootsfahrt zurück in die Vergangenheit. Auch in Maropeng gibt es ein Restaurant.
Sterkfontein Caves/Visitor Centre: *150 R Erw./88 R Kinder (4–14 Jahre). Geöffnet 9–17 Uhr, letzte Tour 16 Uhr. Sterkfontein Caves Road (Abfahrt von der R 563),* ☎ *014-577-9000, www.maropeng.co.za.*
Maropeng Visitor Centre: *145 R Erw./82 R Kinder (4–14 Jahre). Von der R 563 auf die R 400, Hekpoort, Road,* ☎ *014-577-9000, www.maropeng.co.za.*
Kombinationstickets: *215 R Erw./155 R Kinder (4–14 Jahre). Die Tickets müssen bis 13 Uhr an einem der beiden Orte gekauft sein, damit noch genug Zeit für die Besichtigung beider Centres bleibt.*

Soweto

„Weder Slum noch Stadt" Für die einen ist die „**So**uth **We**stern **To**wnship", der Zusammenschluss (1963) verschiedener schwarzer Vorstädte im Südwesten Johannesburgs, ein unmenschliches Ghetto mit slumähnlichen Behausungen, wo Menschen in „Streichholzschachteln" untergebracht sind. Für die anderen ist Soweto „weder Slum noch Stadt", wie es in einem Artikel beschrieben wird. Die Wahrheit liegt wie so oft zwischen den Extremen.

Soweto, soweit das Auge reicht

Geschichte Sowetos

Die Geschichte der Townships ist wie die Geschichte Johannesburgs eng mit der Entdeckung der **Goldfelder** 1886 verbunden. Die öden und kaum besiedelten Savannenregionen wurden, nachdem hier vorher Weiße und Schwarze nebeneinander lebten, von immer mehr schwarzen Arbeitern besiedelt, die durch relativ hohe Löhne angelockt wurden.

Die Verwaltung schätzte den Arbeitskräftebedarf lediglich als vorübergehend ein, weshalb sich auch niemand für die Art der Behausungen verantwortlich fühlte. 1904 lebten bereits über 110.000 Schwarze in der Umgebung, als aufgrund der unhygienischen Wohnbedingungen die Pest ausbrach. Die Menschen mussten die **Elendsquartiere** *Pestausbruch* verlassen und zogen in Behelfssiedlungen wie Pimville (1905) um. Diese Maßnahmen und der Bau weiterer Siedlungen standen jedoch in keinem Verhältnis zur Zahl der Zuziehenden, die Folge waren illegale Barackenlager. Der Zweite Weltkrieg verstärkte diese Entwicklung, weil viele weiße Südafrikaner im Krieg dienten und durch schwarze Arbeitskräfte ersetzt wurden.

1951 stellte das **Administration Board**, eine Art Verwaltungsgesellschaft, einen Siedlungsplan auf und begann mit dem Bau von Kanalisation, Straßen und Wasserleitungen. Bis 1956 entstanden rund 6.000 kleine Ziegelhäuser. Sir Ernest Oppenheimer, für dessen Minenarbeiter Anfang des 20. Jh. Siedlungen wie Kliptown (Klipspruit) errichtet worden waren, besichtigte die neuen Bauten und zeigte sich betroffen von dem Elend, das in manchen Vierteln immer noch herrschte. Daraufhin stellten er und andere Unternehmer 6 Mio. Rand als zinslose Darlehen auf 30 Jahre zur Verfügung.

Mitte der 1970er-Jahre wurden weitere Slum-ähnliche Behausungen durch menschenwürdigere Unterkünfte ersetzt. Zu dieser Zeit entwickelte sich Soweto auch zum Symbol des Kampfes gegen die Apartheid: Am **16. Juni 1976** demonstrierten viele tausend Schüler und Lehrer gegen eine Verordnung der burischen Regierung, der zufolge Afrikaans – die Sprache der Unterdrücker – neben Englisch als zweite Pflichtsprache an den Schulen eingeführt werden sollte. Diese friedliche Demonstration wurde von der Polizei brutal niedergeschlagen und forderte über 500 Opfer.

Ab 1983 war Soweto eine „**eigenständige**" **Stadt**, d. h. es verfügte über eine von der schwarzen Bevölkerung gestellte kommunale Selbstverwaltung mit Bürgermeister und Stadtrat. In Wirklichkeit entschied allerdings nach wie vor das West Rand Administration Board über das Schicksal der Township-Stadt.

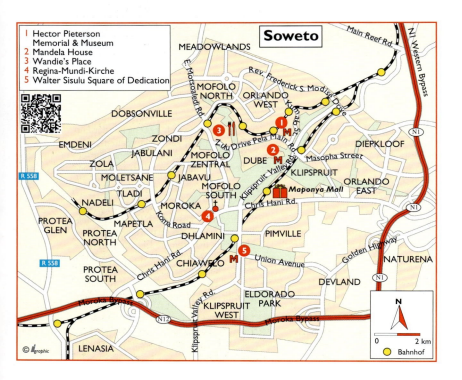

1 Hector Pieterson
  Memorial & Museum
2 Mandela House
3 Wandie's Place
4 Regina-Mundi-Kirche
5 Walter Sisulu Square of Dedication

Soweto heute

Fakten zu Soweto	
Gesamtgebiet	ca. 130 km², bestehend aus über 30 einzelnen Townships
Einwohnerzahl	offiziell ca. 1 Mio., inoffiziell ca. 3,5 Mio.
Arbeitslosigkeit	ca. 50 %
Erwerbstätige	offiziell ca. 500.000, die nach Johannesburg pendeln
Wirtschaft	fast ausschließlich Handel, keine Industrie – deshalb oft als reine „Wohn- und Schlafstadt" bezeichnet
Bebauung	ca. 120.000 Häuser, durchschnittlich 56 m² groß
Grundtyp eines Hauses	mit Strom-, Kanal- und Wasseranschluss; ein Wohnzimmer, zwei Schlafzimmer, eine eingerichtete Küche und ein gekacheltes Bad; zwei Bäume nach Wahl; Kosten: 6.000 Rand
Familiengröße	durchschnittlich 7 Personen
ethnische Zusammensetzung	vor allem Zulu und Sotho, faktisch ist heute aber jeder Stamm des südlichen Afrika hier vertreten

Seit 2002 ein **Stadtteil Johannesburgs**, darf man sich Soweto nicht als eine homogene Ansiedlung von Einheitshäusern des o. g. Grundtyps vorstellen. Neben den gefährlichen No-Go-Areas (z. B. White City) gibt es hier durchaus noble Viertel wie *Neuer* Dube oder Orlando West, die die Besucher ins Staunen versetzen. Gerade in den *Mittelstand* neuen Siedlungen entwickelt sich spürbar ein Mittelstandsbewusstsein, und die **soziale Differenzierung** wird als eine (wenn auch vage) Möglichkeit der allmählichen Überwindung von Stammesgegensätzen betrachtet. Immerhin leben in Soweto bereits Millionäre, die vor allem mit Immobilien und Taxiunternehmen zu Wohlstand kamen.

Leider aber ist der unkontrollierte, illegale Zuzug bei weitem nicht gestoppt, und der tatsächliche **Wohnraumbedarf** wird wohl nie wirklich ausgeglichen werden können. Viele Hausbesitzer lassen als weitere Einnahmequelle Blechhütten in ihre Gärten stellen, wo unter primitivsten Bedingungen Wohnungssuchende für bis zu 250 Rand *Kampf um* Miete pro Monat hausen. Diese Menschen kämpfen heute noch um notwendigste *das Not-* Dinge wie Wasser, Strom und Lebensmittel. Überbevölkerung, Armut und hohe Ar- *wendigste* beitslosigkeit führen in manchen Gebieten zu einem erhöhten Gewaltpotenzial. Besonders elend geht es den Wanderarbeitern in den sechs „Hostels", wobei es sich um riesige **Arbeiterwohnheime** handelt. Die illegal hergezogenen Bewohner kommen heute aus Nigeria, dem Kongo oder Simbabwe. Die Enge und Perspektivlosigkeit sowie der Alkoholmissbrauch beschwören Konflikte geradezu herauf. Doch obwohl Polizei und private Sicherheitskräfte noch viele Einsätze zu absolvieren haben, kann man den Namen Soweto heute nicht mehr nur mit Gewalt und Kriminalität gleichsetzen. Gerade in den letzten Jahren haben wichtige Entwicklungen auf verschiedenen Sektoren eingesetzt:

Der **Arbeitsmarkt** wurde 2007 zumindest kurzzeitig durch die Eröffnung der Maponya Mall (s. S. 177) in Kliptown belebt. Das 65.000 m2 große Shopping Centre brachte 3.500 Menschen in Lohn und Brot. Bei einer weiter um die 40 % liegenden Arbeitslosenquote leider nur ein Tropfen auf dem heißen Stein.

Der **Gesundheitssektor** weist neun Krankenhäuser auf. Das Chris Hani Baragwanath Hospital ist mit seinen ca. 3.200 Betten und 6.700 Angestellten das größte Krankenhaus der südlichen Hemisphäre und zumindest das zweitgrößte der Erde, manche Quellen bezeichnen es gar als das größte. Der Hospitalaufenthalt kostet hier – unabhängig von Dauer und Komplexität der Behandlung – lediglich einen Rand. Der Großteil der Ärzte kommt aus anderen afrikanischen Ländern sowie aus Europa. Neben den Einrichtungen der klassischen Schulmedizin gibt es in Soweto noch tausende traditionelle Heilerinnen und Heiler, die sogenannten Sangomas.

Riesiges Krankenhaus

Auf dem **Bildungssektor** investierte der südafrikanische Staat in den Ausbau von Schulen und Universitäten. Soweto verfügt außerdem über etwa 80 zumeist sehr vorbildlich eingerichtete Kindergärten. Von den 200.000 Kindern im schulpflichtigen Alter besuchen 90 % die Schule. In den Anfangsklassen lernen sie in den entsprechenden Bantu-Dialekten, später kommen Englisch und Afrikaans hinzu. Ein Problem ist der akute Lehrermangel aufgrund der schlechten Bezahlung. Die qualifizierten Schwarzen gehen deshalb lieber in die Wirtschaft, die mit besseren Löhnen und Aufstiegschancen lockt. Dabei ist die Weiterbildung des Lehrkörpers ansehnlich: Auf Initiative der Deutsch-Südafrikanischen Kammer für Handel und Industrie entstand z. B. ein Lehrerfortbildungszentrum in Diepkloof.

Touren und Informationen

Auch wenn die Viertel um die folgend genannten Sehenswürdigkeiten heute touristisch stark frequentiert und damit recht sicher sind, ist es doch empfehlenswert, sich einer geführten Tour anzuschließen.

Soweto erradeln

Empfehlenswert sind die **Soweto Bicycle Tours**, bei denen man sich die Township unter der Führung von gut informierten Führern erradelt. Auf der 4-stündigen Tour (480 R p. P.) werden die wichtigen Sehenswürdigkeiten angefahren, außerdem ist ein lokales Mittagessen und der Besuch einer Shebeen-Kneipe inbegriffen. Es sind auch 2-stündige sowie Ganztagstouren möglich. Die Besitzer betreiben zudem eine Backpacker-Unterkunft in Soweto.
Soweto Bicycle Tours, ☏ *011-936-3444, www.sowetobicycletours.com.*

Seit 2006 hat Soweto eine eigene **Tourism Information** am Walter Sisulu Square of Dedication (s. u.) in Kliptown.
Soweto Tourism and Information Centre: ☏ *011-342-4316.*

Gedenkschrift am Hector Pieterson Memorial

Sehenswertes

„Zu Ehren der Jugend, die ihr Leben gab im Kampf für Freiheit und Demokratie. Zum Andenken an Hector Peterson (sic!) und alle anderen jungen Helden und Heldinnen unseres Kampfs, die für Freiheit, Frieden und Demokratie ihr Leben ließen." – So lautet die Inschrift am **Hector Pieterson Memorial** in Orlando West, das an einen der schrecklichsten Tage des Apartheid-Regimes erinnert. Der zwölf Jahre alte Schüler Hector Pieterson hatte am 16. Juni 1976 mit Tausenden anderen an einer Demonstration teilgenommen, um friedlich gegen die Einführung von Afrikaans als Unterrichtssprache zu demonstrieren. Die Polizei beendete die Demonstration auf brutale Weise (s. S. 160).

Ein Foto dieser Niederschlagung wurde weltberühmt und sorgte sowohl im Ausland als auch in Südafrika selbst für Entsetzen und Empörung. Es zeigt den von einer Kugel getroffenen, sterbenden Hector auf dem Arm eines Mitschülers. Daneben ist Hectors Schwester Antoinette Sithole zu sehen. Sie leitet heute das Museum – zwei Blocks entfernt von der Stelle, an der ihr Bruder starb.

Weltberühmtes Foto

Hector Pieterson Memorial & Museum (1): *25 R Erw. Geöffnet Mo-Sa 10–17, So 10–16.30 Uhr. 8287 Khumalo Street (Memorial) bzw. 8288 Maseko Street (Museum), Orlando West, ☎ 011-536-061-1 (Museum) bzw. -1/2/3 (Memorial), www.joburg.org.za (Quick Help – Site Map – Museums).*

Auf den Spuren der Friedenssteine

Schritt für Schritt kann man den 16. Juni 1976, einen der geschichtsträchtigsten Tage Südafrikas, nacherleben. Der erste von über einer Million „Friedenssteinen" auf dem 8,5 km langen Weg durch Soweto wurde in Naledi gelegt. Von hier führt der Gedenkweg bis zum Ort der Niederschlagung in Orlando West. Rote Ziegel-

steine sowie schwarze Granitsteine mit Gravierungen dienen Besuchern als Erklärungstafeln an markanten Stellen. Entlang der Route laden kleine Oasen in Form von Gärten zur Besinnung und zum Gedenken ein.
In ganz Südafrika wird an jedem 16. Juni im Rahmen des **National Youth Day** der Opfer gedacht.

Ebenfalls in Orlando West befindet sich etwas weiter südlich die **Vilakazi Street**, die einzige Straße der Welt, in der zwei Nobelpreisträger gelebt haben: Desmond Tutu, der ehemalige anglikanische Erzbischof und Friedensaktivist, und Nelson Mandela, Anti-Apartheid-Kämpfer und erster allgemein und frei gewählter Präsident Südafrikas. Beide wurden für ihre Friedensaktivitäten mit dem Nobelpreis geehrt (Tutu 1984, Mandela 1993).

Erinnerungs-
stücke
Mandelas

Ein kleines Haus aus rotem Backstein war von 1946 bis 1962 das **Zuhause von Mandela** und seiner ersten Frau Evelyn, später seiner zweiten Frau Winnie. In den Mauern sieht man noch Einschusslöcher und Spuren von Molotowcocktails. Innen wurde ein kleines Visitor Centre und Museum eingerichtet, in dem unter anderem Original-Mobiliar, Fotografien und persönliche Gegenstände Mandelas zu sehen sind. Die Touren durchs Haus dauern ca. 40 Min.
Nach seiner Haftentlassung 1990 lebte Mandela nur wenige Tage hier, bevor er in den feineren Norden Johannesburgs umzog. Später lebte er zurückgezogen in seinem Heimatort Qunu (Eastern Cape).
Mandela House (2): *60 R Erw./20 R Kinder ab 7 J. Geöffnet Mo-So 9–16.45 Uhr. 8115 Vilakazi Street, Ecke Ngakane Street, Orlando West, ☏ 011-936-7754. www.mandelahouse.com.*

Legendäre
Kneipe

Im etwas weiter westlich gelegenen, unscheinbaren Restaurant **Wandie's** in Dube trifft sich, untermalt von Klängen des Meister-Trompeters Hugh Masekala, Kwaito-Musik oder der legendären Miriam Makeba, alles, was in Soweto Rang und Namen hat. Wandie Ndala bietet seit den 1990er-Jahren traditionelles afrikanisches Essen mit den verschiedensten Fleischsorten, serviert mit Pap, einem Maisbrei, oder Brot, an.
Die Mauern des ehemaligen Shebeen (Privatkneipen ohne Lizenz zur Zeit der Apartheid) sind übersät mit Visitenkarten Besuchern aus aller Welt, auch internationale Prominenz war hier – eine einzigartige Dokumentation der lokalen Geschichte und eine außergewöhnliche Dekoration für diese „trendy location".
Wandie's Place (3): *Geöffnet von 10 Uhr bis zum späten Abend. 618 Makhalemele Street, Dube, ☏ 011-982-2796, www.wandies.co.za.*

Hier
predigte
Tutu

Mit der **Regina Mundi Roman Catholic Church** wurde 1964 in Kliptown die größte römisch-katholische Kirche Südafrikas erbaut. Sie war in der Zeit der Aufstände Schauplatz vieler politischer Treffen sowie Zufluchtsstätte zahlreicher politisch Verfolgter. 1984 predigte der mit dem Friedensnobelpreis ausgezeichnete Erzbischof Desmond Tutu hier für den gewaltlosen Kampf gegen das Apartheidsregime. Von 1995–98 fanden hier unter seiner Leitung Anhörungen der Wahrheits- und Versöhnungskommission statt.
Der Backsteinbau fasst bis zu 7.000 Menschen. Im Inneren ist die schwarze Madonna mit Kind sehenswert, auf der Empore befindet sich eine Kunstgalerie.
Regina-Mundi-Kirche (4): *1149 Kumalo Street, Rockville, ☏ 011-986-2546, http://reginamundichurch.co.za.*

Der **Walter Sisulu Square** (ehem. „Freedom Square"), ebenfalls in Kliptown, ist der Ort, an dem der Congress of the People am 26. Juni 1955 die Freedom Charter verabschiedete. Dem Congress gehörten neben dem ANC weitere Widerstandsgruppen an, insgesamt kamen ca. 3.000 Personen zusammen und forderten eine Gesellschaftsordnung auf der Grundlage von (Rassen-)Gleichheit, Demokratie und Einhaltung der Menschenrechte.

„Congress of the People"

50 Jahre später eröffnete der ehemalige Präsident Thabo Mbeki auf dem früheren Fußballplatz das Freedom Charter Memorial in Form einer ewigen Flamme, kreisrund umgeben von Steinplatten, die die 10 Punkte der Charta wiedergeben. Zur Vertiefung des Themas lädt das multimedial gestaltete Museum ein.

Walter Sisulu Square of Dedication und **Kliptown Open Air Museum (5)**: *Eintritt frei. Geöffnet Mo–Sa 10–16 Uhr. Ecke Union Avenue und Main Road, Kliptown,* ☏ *011-528-8689/90, www.joburg.org.za (Quick Help – Site Map – Museums).*

Vorwahl: *011*

📞 Wichtige Telefonnummern und Adressen

Notdienst (24h): **Charlotte Maxeke Johannesburg Hospital** (*staatlich*) ☏ *488-4911;* **Netcare** (*privat – Versorgung in einem der Netcare Hospitals*) ☏ *082-911.*

Apotheke: *Die Apotheken der Netcare Hospitals haben tagsüber durchgehend geöffnet, z. B. im Netcare Linkwood Hospital 8–17 Uhr,* ☏ *647-3600, www.netcare.co.za.*

Post: *Jeppe Street, Innenstadt, oder 5th Avenue, Sandton.*

Buslinien, *innerstädtisch: Metrobus Tel. 0860-562-874.*

Flughafen *O. R. Tambo Int. Airport: Kundenservice* ☏ *921-6262; Fluginformationen:* ☏ *086-727-7888; www.acsa.co.za.*

Fluggesellschaften *am Airport (Auswahl):*
Air Botswana: ☏ *390-3070;* **Air France**: ☏ *0861-34-0340;* **Air Namibia**: ☏ *970-1767 oder 390 2876;* **Air Mauritius**: ☏ *394-4548/49;* **Air Zimbabwe**: ☏ *970-1687;* **British Airways (Int.)**: ☏ *441-8400;* **British Airways (Comair)**: ☏ *441-8400 oder 921-0111;* **KLM**: ☏ *961-6700;* **Lufthansa**: ☏ *0861- 842-538;* **South African Airways**: ☏ *978-1000;* **Swiss**: ☏ *390-2446.*

ℹ️ Informationen

Johannesburg Tourism:
Park Station Tourism Information Centre: *Siehe Karte S. 150. Geöffnet Mo–Fr 8–17 Uhr.* ☏ *333-1488, Info-Line 0860-333-999, www.joburgtourism.com.*

Soweto Tourism Information Centre: *Walter Sisulu Square of Dedication, Kliptown, Soweto.* ☏ *342-4316.*

Gauteng Tourism Authority: *124 Main Street, Central Business District,* ☏ *085-2500, www.gauteng.net.*

South African Tourism: *91 Protea Road, Sandton,* ☏ *895-3000, Call Centre 083-123-6789, www.southafrica.net.*

Rundfahrten/Touren/Besichtigungen

Viele Tour Operator bieten in und um Johannesburg ihre Dienste an, eine Liste ist zu finden unter www.joburgtourism.com. Beratung und Buchung bietet das Park Station Tourism Information Centre (s. o.). Folgende Anbieter sind empfehlenswert:

City Sightseeing Jo'burg: 12 wesentliche Sehenswürdigkeiten (u. a. Carlton Centre, Gold Reef City, Apartheid Museum, Newtown) werden im offenen Doppeldecker-Bus angefahren (Audio-Kommentar auf Deutsch). Hop-on-Hop-off-System, man kann also immer aussteigen und später weiterfahren, Abfahrt alle 40 Min. 170 R Erw./80 R Kinder 5 bis 15 J. ☎ 0861-733-287, www.citysightseeing.co.za.

Springbok Atlas: Büro Kapstadt, ☎ 021-460-4700, http://springbokatlas.com. Z. B. halbtägige Tour zu den Highlights Johannesburgs (ca. 5 h, 986 R p. P.) oder nach Tshwane/Pretoria (ca. 8,5 h, 1.615 R p. P.). Abholung in den Hotelbezirken Sandton und Rosebank.

Soweto Bicycle Tours ist für sichere und gut geführte Radtouren durch Soweto zu empfehlen, s. S. 162.

Main Street Walks bietet verschiedene Touren (Dauer: 2,5 bis fünf Std.) durch die Johannesburger Innenstadt an. Ein besonderes Erlebnis sind die sonntäglichen Picnics in the Sky: Während eines Picknicks auf dem Dach des Carlton Centre genießt man einen unvergleichlichen Panoramablick und erfährt gleichzeitig viel über die Stadt. Rechtzeitig buchen! ☎ 072-880-9583, www.mainstreetwalks.co.za.

Banken/Geld

Johannesburg hat als Wirtschaftsmetropole genügend Banken, sodass schnell eine zu finden ist. Schalterstunden sind Mo–Fr 9–15.30 Uhr und Sa 9–11 Uhr. Bankautomaten sind an vielen anderen Orten, z. B. in Einkaufszentren, zu finden.

Der Tausch von Bargeld und Reiseschecks ist außerdem möglich bei den folgenden Geschäftsstellen von **Rennies Travel**, *z. B. in der Eastgate Shopping Mall in Bedfordview, geöffnet Mo–Do 9–18, Fr 9–21, Sa–So 9–17 Uhr (weitere u. a. in Sandton und am Flughafen – 24h geöffnet) sowie beim Foreign Exchange Service von* **American Express**, *Filialen („Forex Branch Locator") zu finden unter www.americanexpressforex.co.za.*

Auch die meisten größeren Hotels tauschen zu den aktuellen Kursen, aber größtenteils mit hohen Gebühren. Es werden alle gängigen Kreditkarten zur Zahlung akzeptiert.

Konsulate/Botschaften

Siehe S. 85.

Internetzugang

In den meisten Hotels und Einkaufszentren gibt es Computerterminals mit Internetzugang (ab ca. 30 Rand/Stunde). Eines der bekanntesten Internetcafés liegt in Rosebank:

Milky-Way Internet Café: 10 R/15 Min., 35 R/Stunde, Ausdrucke ab 1 R/Seite. Geöffnet täglich 8.30–23 Uhr. Im Einkaufszentrum The Zone@Rosebank, Laden zur Oxford Road, ☎ 447-1295, www.milkyway.co.za.

Unterkunft

Johannesburg bietet die unterschiedlichsten Übernachtungsmöglichkeiten. Wem die **Hotelpreise** *der Weltstadt (durchschnittlich 1.000 R, Tendenz steigend) zu teuer sind, kann auf ein Landhotel ausweichen. Diese sind meist sehr individuell und schön gelegen, für*

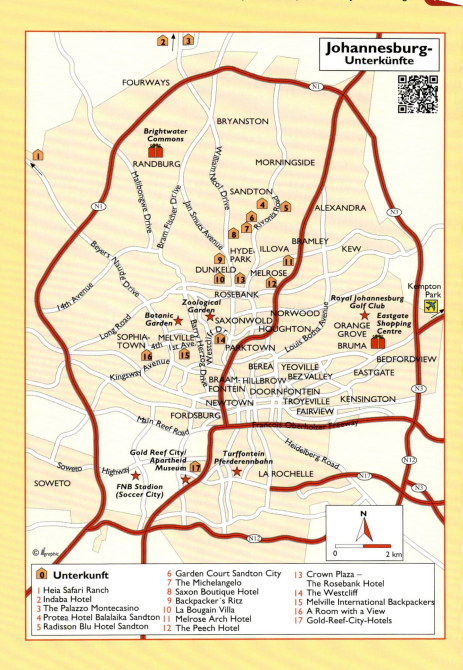

Johannesburg-
Unterkünfte

FOURWAYS

BRYANSTON

Brightwater
Commons

RANDBURG

MORNINGSIDE

SANDTON

ALEXANDRA

KEW

BRAMLEY

HYDE-
PARK

ILLOVA

DUNKELD

MELROSE

Kempton
Park

ROSEBANK

Zoological
Garden

Royal Johannesburg
Golf Club

Botanic
Garden

SAXONWOLD

NORWOOD

Eastgate
Shopping
Centre

SOPHIA-
TOWN

MELVILLE

HOUGHTON

ORANGE
GROVE

PARKTOWN

BRUMA

BEDFORDVIEW

BEREA

YEOVILLE

EASTGATE

BRAAM-
FONTEIN

HILLBROW

BEZ VALLEY

NEWTOWN

DOORNFONTEIN

KENSINGTON

FORDSBURG

TROYEVILLE

FAIRVIEW

François Oberholzer Freeway

Main Reef Road

Gold Reef City/
Apartheid
Museum

Turffontein
Pferderennbahn

LA ROCHELLE

Soweto
Highway

SOWETO

FNB Stadion
(Soccer City)

© graphic

N

0   2 km

🏠 **Unterkunft**

1 Heia Safari Ranch
2 Indaba Hotel
3 The Palazzo Montecasino
4 Protea Hotel Balalaika Sandton
5 Radisson Blu Hotel Sandton

6 Garden Court Sandton City
7 The Michelangelo
8 Saxon Boutique Hotel
9 Backpacker's Ritz
10 La Bougain Villa
11 Melrose Arch Hotel
12 The Peech Hotel

13 Crown Plaza –
   The Rosebank Hotel
14 The Westcliff
15 Melville International Backpackers
16 A Room with a View
17 Gold-Reef-City-Hotels

abendliche Unternehmungen in Johannesburg aber ungeeignet. **Bed-and-Breakfast-Häuser** *(durchschnittlich 400–500 R p. P.) bieten Kontakt zu Südafrikanern und meist großzügige Räumlichkeiten, liegen aber häufig in abgelegeneren Stadtteilen. Außerdem kann man ein* **Apartment** *mieten. Hier ist man selbstbestimmt und hat alles an Inventar für das tägliche Leben – oft inklusive Garagenplatz. Mit dieser Unterkunftsart spart man bis zu 40 %, durch eigenes Kochen sogar mehr, ein Nachteil kann jedoch ebenfalls der Stadtteil sein – deshalb sollte man vor der Buchung die eigenen Bedürfnisse abwägen. Neben den* **Jugendherbergen** *(www.hihostels.com, www.hisouthafrica.com) und Backpacker-Häusern gibt es eine Reihe privater Herbergen. Da die Adressen ständig wechseln, ist hier eine Beratung im Tourist Information Centre (s. o.) sinnvoll. Reist man mit dem eigenen Fahrzeug, bleibt als günstigste Übernachtungsoption noch das* **Camping**. *Dabei aber immer vorher anrufen und reservieren! Zudem sollte man keinesfalls mit einem Campingbus in Johannesburgs City fahren – diese Fahrzeuge sind häufig Zielscheibe von Autoknackern.*
Die folgende Auflistung stellt nur eine kleine Auswahl von Unterkunftsmöglichkeiten dar.

> ▸ **Hotels/Gästehäuser/Bed & Breakfast**

Wegen der relativen Unsicherheit ist von Übernachtungen im Stadtzentrum eher abzuraten. Die von Touristen besuchten Unterkünfte liegen zumeist in nördlichen Stadtteilen wie Sandton, Rosebank und Melrose.

Nördliche Stadtteile (bis zu 15 km nördlich der City)
La Bougain Villa $$ (10), *die hilfsbereite Fay heißt ihre Gäste in ihrem sehr privat gehaltenen B & B in warmer Atmosphäre willkommen. Auf der Terrasse mit Blick in den üppigen Garten wird das Frühstück serviert. Große Zimmer, ruhig gelegen, Pool. In der Nähe der großen Einkaufszentren. 6 Smits Road, Dunkeld West,* ☏ *447-3404, www.labougainvilla.co.za.*
A Room with a View $$ (16), *das kleine, toskanisch angehauchte Gästehaus bietet einen fantastischen Blick über bewaldete Hügel. Das Interieur ist bis ins Detail gestaltet, das ganze Haus strahlt Herzlichkeit und Gemütlichkeit aus. Das üppige Frühstück begeistert. Zimmer mit offenem Kamin buchbar. 1 Tolip Street, Melville,* ☏ *482-5435, www.aroomwithaview.co.za.*
Garden Court Sandton City $$ (6), *das moderne und geräumige Hotel mitten in Sandton ist eine gutes Basis für jeden Besucher Jo'burgs. Super Preis-Leistungs-Verhältnis. Ecke West und Maude Street, Sandown/Sandton,* ☏ *269-7000, www.tsogosunhotels.com.*
Protea Hotel Balalaika Sandton $$$ (4), *Landhausatmosphäre seit 1949, mit gediegenen Gesellschaftsräumen und Bar. Gepflegter Garten mit Pool im Innenhof, Restaurant. Tolle Kingsize-Betten. 20 Maude Street, Sandown/Sandton,* ☏ *322-5000, www.proteahotels.com.*
The Peech Hotel $$$ (12), *das schicke und beliebte „Boutique-Hotel" mit 16 Zimmern und -suiten (Balkon oder Blick ins Grüne) liegt nicht weit vom Melrose Arch. Das Bistro-Restaurant verwöhnt mit raffinierten Gerichten. Pool und Fitness-Center. Gegenüber liegt ein schöner Park zum Joggen. Gratis WLAN. 61 North Street, Melrose,* ☏ *537-9797, www.thepeech.co.za.*
Radisson Blu Hotel Sandton $$$+ (5) *eleganter Hotelturm mit Aussicht auf die Skyline, moderner Lobby und Pool. Große Zimmer und Bäder, sehr sauber und komfortabel. Ecke Rivonia Road und Daisy Street, Sandown/Sandton,* ☏ *245-8000, www.radissonblu.com/hotel-johannesburg.*
Crown Plaza – The Rosebank Hotel $$$$ (13), *zentrale Lage in Rosebank, in der Nähe der Mall. Moderner Schick in Lobby und Restaurant. Gut ausgestattete Zimmer. Im hoteleigenen Reisebüro können Stadttouren gebucht werden. Ecke Tyrwhitt und Sturdee Avenue, Rosebank,* ☏ *448-3600, www.therosebank.co.za.*
The Michelangelo $$$$+ (7), *im Renaissance-Stil gestaltetes „Leading Hotel of the World" mit beeindruckendem Lobby-Atrium, mit Anschluss an die Shoppingtempel. Großzü-*

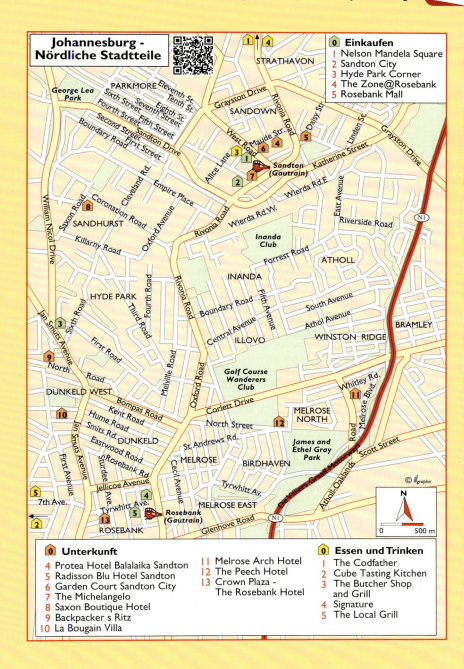

Johannesburg - Nördliche Stadtteile

0 Einkaufen
1 Nelson Mandela Square
2 Sandton City
3 Hyde Park Corner
4 The Zone@Rosebank
5 Rosebank Mall

0 Unterkunft
4 Protea Hotel Balalaika Sandton
5 Radisson Blu Hotel Sandton
6 Garden Court Sandton City
7 The Michelangelo
8 Saxon Boutique Hotel
9 Backpacker s Ritz
10 La Bougain Villa
11 Melrose Arch Hotel
12 The Peech Hotel
13 Crown Plaza -
The Rosebank Hotel

0 Essen und Trinken
1 The Codfather
2 Cube Tasting Kitchen
3 The Butcher Shop and Grill
4 Signature
5 The Local Grill

gige und geschmackvolle Zimmer. Frühstück lobenswert lecker. 135 West Street, Nelson Mandela Square, Sandown/Sandton, ☎ 282-7000, www.legacyhotels.co.za.

Melrose Arch Hotel $$$$+ (11), trendiges Designhotel im Shopping-District Melrose Arch. Eine besondere Idee sind die in einem flachen Pool stehenden Bartische. Etwas für den besonderen, ultramodernen Geschmack. 1 Melrose Square, Melrose, ☎ 214-6666, www.afri canpridehotels.com.

Four Seasons Hotel The Westcliff $$$$$ (14), Super-Luxus pur. Wegen der hügeligen Landschaft und der verwinkelten Anlage glaubt man weder in der Stadt noch in einem großen Hotel (115 Zi.) zu sein. Nur wenige Fahrminuten nach Sandton. Hervorragendes Restaurant. Die Terrasse eignet sich großartig für einen Sundowner. Infinity-Pool mit Blick auf den Zoo. 67 Jan Smuts Avenue, Westcliff, ☎ 481-6000, www.fourseasons.com/johannesburg.

Saxon Boutique Hotel, Villas & Spa $$$$$+ (8), Haus in einer der schönsten Villengegenden Johannesburgs mit individuell-afrikanischem Stil und aufmerksamem Service. Exzellentes Spa. Hier lebte Nelson Mandela nach seiner Freilassung und beendete sein Buch „Der lange Weg zur Freiheit". 36 Saxon Road, Sandhurst, ☎ 292-6000, www.saxon.co.za.

In Gold Reef City (s. S. 153; ca. 8 km südlich der City)
Gold Reef City Theme Park- bzw. **Casino Hotel** $$$/$$$$ (17), 8 km südlich der Stadt. Pseudo-nostalgisch, sehr sicher (bewacht) und ruhig. Beide Häuser bieten sich für Familien an, die länger im Park bleiben möchten. Northern Park Way (an der M 1). ☎ 248-5700, www.goldreefcity.co.za.

Kempton Park/Airport (ca. 30 km nordöstlich der City)
Safari Club Hotel $$, schöne Lodge mit vorzüglichem Service. 17 Zimmer (mit eigenem Bad), die individuell gestaltet sind und jeweils eine afrikanische Region zum Thema haben. Ein Hingucker ist die Bar, die das Nguni-Rind dekorativ in den Mittelpunkt stellt. Airport-Transfer für Gäste kostenlos. 68 Pomona Road, Kempton Park, ☎ 979-0321, www.safariclubsa.co.za.

African Rock Hotel $$$, Boutique-Hotel mit 9 Zimmern mit Bädern en-Suite. Ansprechender Gästebereich. Außen Swimmingpool und tropischer Garten. Gutes Preis-Leistungs-Verhältnis. Leser schrieben uns: „Sehr sympathisch geführt, alle sind sehr zuvorkommend und freundlich." 48 de Villiers Avenue, Kempton Park, w 976-3486, www.africanrockhotels.com.

Southern Sun O. R. Tambo International Airport $$$, nur 500 m zum Flughafen, trotzdem ruhig. Geräumige und komfortable 366 Zimmer. Zum Dinner Wahl zwischen Buffet und À-la-Carte-Bestellung. Jones Road, Kempton Park, ☎ 977-3600, www.tsogosunhotels.com.

Peermont D'oreale Grande at Emperors Palace $$$$+, dieses 5-Sterne-Luxushotel ist Teil eines üppig gestalteten Casino-Komplexes. Service auf höchstem Niveau. Große, stilvolle Zimmer. Ausgezeichnetes Frühstück. Spa mit römischem Bad. 64 Jones Road, Kempton Park, ☎ 928-1770, www.doreale.com.

In der Umgebung von Johannesburg (bis zu 70 km nordwestlich/nördlich der City)
Für alle folgenden Unterkünfte ist eine Reservierung essenziell! Sollten sie ausgebucht sein, bieten sich im Dreieck Magaliesberge-Honeydew-Krugersdorp weitere Unterkunftsmöglichkeiten.
Heia Safari Ranch $$ (1), die 50 riedgedeckten Rondavels für je 2 Pers. sind sehr geräumig und komfortabel eingerichtet (Sat.-TV, Internet, Tel., Kaffeemaschine). Sie stehen auf einer leicht abfallenden Wiese mit Baum- und Buschbestand. Herrlich: Afrikanische Tiere wie Zebras und Giraffen laufen frei herum und schauen vielleicht ins Fenster. Swimmingpool und Restaurant vorhanden. Sonntags großes Grillfest am Pool, s. S. 157. Muldersdrift Road, Honeydew, ☎ 919-5000, www.heia-safari.co.za.

Belvedere Estate $+, *in einer 2,5 ha großen Gartenlandschaft gelegene, gut ausgestattete Lodge. Anlage im Stil eines italienischen Dörfchens. Bed and Breakfast, aber auch Lunch- und Dinner-Angebote. Pool, Braai, eigener Shuttle Service. Belvedere Estate, 341 Belvedere Road, Midrand,* ☏ *082-441-6384, www.belvedereestate.co.za.*

Indaba Hotel $$ **(2)**, *Lesertipp: „Luxuriöses, ruhig gelegenes Hotel mit günstiger Anbindung." Riedgedecktes Landhotel, 210 Zimmer mit Klimaanlage, Swimmingpool außerhalb, Joggingstrecke und Tennisplätzen. William Nicol Drive, Fourways,* ☏ *840-6600, www.indabahotel.co.za.*

The Palazzo Montecasino $$$+ **(3)**, *Luxus-Hotel inmitten des Montecasino-Komplexes. Ein mediterranes Restaurant und ein toskanischer Garten verleihen dem Hotel eine italienische Note. Montecasino Boulevard, Fourways/Sandton,* ☏ *510-3000, www.southernsun.com.*

Lesedi African Lodge and Cultural Village $$+, *liegt auf dem Gebiet der „Cradle of Humankind" (s. S. 157). In Lesedi ist der Anspruch, auf authentische Weise das Leben der Stämme Südafrikas zu zeigen. 38 Zimmer in verschiedenen Stammesdörfern. Lanseria Road (R 512), nahe Broederstroom,* ☏ *071-507-1447 oder 087-940-9933, www.lesedi.com.*

Misty Hills Country Hotel $$$+, *idyllisch gelegene Lodge mit dem bekannten Restaurant „Carnivore" (s. u.). Ursprünglich war die Anlage ein Kloster. Geschmackvoll eingerichtet, ruhig gelegen. 69 Drift Boulevard (R 114), Muldersdrift,* ☏ *950-6000, www.recrea tionafrica.co.za/misty-hills.*

Mount Grace Country House & Spa $$$$$, *eines der luxuriösesten Landhotels Südafrikas, es eignet sich ideal zum Entspannen. Riedgedeckte Chalets, gutes Restaurant „The Rambling Vine", Bücherei und Sportmöglichkeiten. Frühmorgens bietet sich eine fabelhafte Aussicht über den Bodennebel des Magaliestales. Ca. 1 ½ Autostunden von Jo'burg. Rustenburg Road, Magaliesburg,* ☏ *014-577-5600, www.africanpridehotels.com.*

Apartments/Self Catering

Alle Unterkünfte liegen in den nordwestlichen sowie nördlichen Stadtteilen/Vororten und wurden vom Tourism Grading Council mit drei Sternen (sehr guter Qualitätsstandard) bewertet, www.tourismgrading.co.za.

Moonflower Cottages $, *Jamie MacLeod, 12 Yaron Avenue, Victory Park, Randburg,* ☏ *888-2667, www.moonflowercottages.co.za.*

Fern Glen Guest Cottages $$, *Grace McKibbin, 420 Vale Avenue, Ferndale, Randburg,* ☏ *781-2035, www.wheretostay.co.za/fernglen.*

One Sandra $$, *Kate Dempsey, 1 Sandra Avenue, Buccleuch, Sandton,* ☏ *802-0834, www.onesandra.co.za.*

Jugendherbergen

Melville International Backpackers $ **(15)**, *im lebendigen Szeneviertel Melville, nahe der Restaurantmeile Seventh Avenue. Nettes Interieur, Pool. Gehört zum südafrikanischen Jugendherbergsverband HISA. 37 First Avenue, Melville,* ☏ *482-5797, www.hiho stels.com (deutsch).*

Backpacker's Ritz $ **(9)**, *zwischen Rosebank und Sandton. Sehr beliebt, angeblich das älteste Hostel Jo'burgs. Pool, Bar, Garten, Zeltplätze vorhanden. Das Gebäude ist schön und sauber. Es wird viel Wert auf Sicherheit gelegt. 1A North Road, Dunkeld West,* ☏ *325-7125 oder -2520, www.backpackers-ritz.com.*

MoAfrika Backpackers Lodge $, *ländliche Lage, 10 Autominuten zum Airport. Die Zimmer sind geschmackvoll afrikanisch eingerichtet. Gehört zum südafrikanischen Jugendherbergsverband HISA. 120 Sandham Road, Benoni,* ☏ *82-506-9641, www.moafrika.com; www.hihostels.com (deutsch).*

⚠ Campingplätze

Lovers Rock Family Resort $, *über 100 Stellplätze. Pool, Restaurant. Vor allem für Familien geeignet. In Magaliesburg, nordwestlich von Jo'burg, R 24 nach Rustenburg, Rustenburg Road.* ☎ *014-577-1327/8, www.loversrock.co.za.*

Brookwood Estate Trout Farm $, *idyllische Stellplätze sowie zwei gut ausgestattete Chalets. Picknickbereich direkt am Blaaubank Spruit River, ausgiebige Braai- und v. a. Angel-Möglichkeiten. Eine Autostunde nördlich von Johannesburg im Kromdraai Valley nahe Muldersdrift.* ☎ *011-957-0126, www.brookwoodtroutfarm.co.za.*

🍴 Restaurants

Es gibt eine Fülle von Restaurants aller Geschmacksrichtungen in Johannesburg. Tipp: Mittags isst man besser nur eine Kleinigkeit in den teilweise sehr guten Fast-Food-Restaurants und hebt sich den Hunger für abends auf. Insbesondere die guten Meeresfruchtspezialitäten und afrikanisches Wildfleisch sind sehr zu empfehlen. Nicht jedermanns Sache ist die deftige burische Küche mit Boerwürsten u. Ä. sowie schwarzafrikanische „Leckereien" wie Würmer. Dennoch sollte man sich ein Herz fassen und diese probieren! Die Köche geben sich alle Mühe, es dem verwöhnten europäischen Gaumen recht zu machen. Mit einem Steakgericht liegt man in Südafrika niemals falsch.

Stellt sich der Kellner mit seinem Vornamen vor, was gerade bei jüngerem Personal sehr häufig der Fall ist, gebietet es schon die Höflichkeit, diesen zu verwenden, statt einfach „Waiter" zu rufen.

In fast allen Restaurants darf man seine eigene Flasche Wein mitbringen und sie dort für eine geringe Gebühr genießen.

Besonders an Wochenenden ist eine Reservierung empfehlenswert, auch weil die reservierten Tische meist die besten sind.

Die folgende Liste ist nur eine kleine Auswahl von guten bis sehr guten Restaurants. Ausführlichere Aufstellungen finden sich im „Eat Out Restaurant Guide" (www.eatout.co.za) und in Rossouws's Restaurantführer (www.rossouwsrestaurants.com).

Mittlere bis gehobene Preisklasse
Nördliche Stadtteile

The Codfather (1), *nicht nur in Kapstadt, auch in Johannesburg gibt's tolle Meeresgerichte. Den Fisch kann man selbst auswählen, u. a. Butterfisch und Kaplachs. Es gibt auch eine Sushi-Theke. Täglich ab 11 Uhr. 1 First Avenue, Morningside, Sandton,* ☎ *803-2077, www.codfathermorningside.co.za.*

Cube Tasting Kitchen (2), *schlichte, elegant-weiße Atmosphäre. Platz für nur 30 Gäste – unbedingt reservieren! Es werden kulinarische Highlights der internationalen Küche serviert. Geöffnet Di–Sa abends. 17 4th Avenue, Park Town North,* ☎ *082-422-8158, www.cubekitchen.co.za.*

The Butcher Shop and Grill (3), *Steak House und Metzgerei in einem. Fleisch von feinster Qualität, dazu ausgesuchte Weine. Auch Salate und Vegetarisches. Hausgemachte Desserts. Am Eingang gibt's gemütliche alte Sofas für einen Kaffee oder Aperitif. Shop 30, Nelson Mandela Square, Sandton,* ☎ *784-8676, www.thebutchershop.co.za.*

Signature (4), *exzellente internationale und afrikanische Küche, dazu großartiger Service in gediegenem Ambiente inkl. Live-Musik. Als Dessert sollte man sich das Chocolate Duo nicht entgehen lassen! Geöffnet tägl. 12–24, So –16 Uhr. Morningside Shopping Centre, Ecke Outspan und Rivonia Road, Sandton,* ☎ *087-940-3880, www.signaturerestaurant.co.za.*

The Local Grill (5), hier wird die südafrikanische Liebe zum Grillen ausgelebt, mit feinem Fleisch (u. a. Rind, Lamm), aber auch Fisch. Monatlich wechselnde Weinkarte, exzellenter Service. Mo–Sa 12-14.30, 18–22 Uhr. 40 7ᵗʰ Avenue, Parktown North, ☎ 880-1946, www.localgrill.co.za.

Weiter außerhalb

Ristorante La Trinita, einfach gehaltenes, italienisches Restaurant mit herzlicher Gastgeberin. Die Lasagne ist köstlich! Di–Sa 12–15, 17.30–22, So 12–15 Uhr. Kyalami Downs Shopping Centre, Midrand, ☎ 466-7949, www.latrinita.co.za.

Carnivore „Erlebnisrestaurant" im Misty Hills Country Hotel (s. o.). Viele exotische Fleischsorten vom Spieß, besonders gut sind die afrikanischen Wildgerichte. 69 Drift Boulevard (R 114), Muldersdrift, ☎ 950-6000, www.recreationafrica.co.za/carnivore.

Preiswertere Restaurants

Günstige Lokale und Restaurants aller Geschmacksrichtungen finden sich an der 7ᵗʰ Street in Melville, in Greenside, Rosebank, an der Grant Avenue in Norwood und natürlich auch in allen größeren Shopping Malls.

Asiatische Restaurants

Wer nun gar nicht mehr südafrikanisch essen mag und auch die englische Küche satt hat, der sollte sich einmal in ein asiatisches Restaurant begeben. Neben der in Mitteleuropa ja schon hinreichend bekannten chinesischen Küche empfiehlt es sich in Südafrika vor allem, malaiische und indische Restaurants aufzusuchen. (Aber Vorsicht: Besonders die Inder kochen sehr scharf!) Zu empfehlen:

The Golden Peacock, ein Geheimtipp für (süd-)indische Spezialitäten. Selbst viele Inder kommen hierher, um ihre geliebten Samosas im angeschlossenen Take-away zu kaufen. Die Gerichte im Restaurant sind einfach, aber gut und preisgünstig. Shop N28, Oriental Plaza, Fordsburg, ☎ 836-4986.

The Classic India, nett eingerichtetes Restaurant mit dem Schwerpunkt auf der nordindischen Küche. Geöffnet tägl. 10-22 Uhr. Key Largo Shopping Centre, Ecke Trichardts und North Rand Road, Boksburg, ☎ 894-7323, www.theclassicindia.com.

🅼 Museen

Neben den oben genannten hat die Museumslandschaft Johannesburgs noch viel mehr zu bieten. Eine nützliche Übersicht ist zu finden unter: www.museumsonline.co.za.

🕺 Unterhaltung

In einer Stadt wie Johannesburg ist eigentlich immer etwas los. Sich durch den Dschungel an Möglichkeiten zu finden ist nicht immer ganz einfach. Ständig werden neue Broschüren und Stadtmagazine herausgegeben, die leider aber auch oft genauso schnell wieder verschwinden. Darin sind die wesentlichen Adressen, Restaurants, Hotels usw. aufgeführt. Hier einige etablierte Informationsquellen:

JHB Live, Kunstausstellungen, Events, Konzerte, mit vielen In-Tipps vor allem für jüngere Leute: www.jhblive.com.

Johannesburgs offizielle Website gibt unter dem Stichwort „Nightlife / Fun in the city" allerlei Tipps: www.joburg.org.za.

Gauteng- und **Johannesburg Tourism,** *neben den Informationsbüros (s. o.) bieten sie sehr übersichtliche Websites mit Unterhaltungs-, Kunst- und Kulturtipps: www.gauteng.net und www.joburgtourism.com.*

Eat Out, *ein sehr ausführlicher Restaurant-Führer, der ganz Südafrika abdeckt. Die gut recherchierten Einträge machen es leicht, für jeden Geschmack das richtige Restaurant zu finden. Online verfügbar: www.eatout.co.za.*

Rossouw's Restaurants, *hier findet man die besten Lokale und Restaurants in Südafrika: www.rossouwsrestaurants.com.*

Computicket, *die Ticketbüros befinden sich in jedem größeren Shopping Centre Südafrikas. ☎ 0861-915-8000 (zentrale Rufnummer). Informationsbroschüren und die Website bieten aktuelle Informationen zu Tagesereignissen, Theater, Musicals u. Ä. www.computicket.com (auch Online-Buchung).*

The Star, *die für die Terminplanung hilfreichste Tageszeitung, da viele Veranstalter hier inserieren. www.iol.co.za/the-star.*

🍸 Nachtleben

Das Nachtleben in Johannesburg kennt keine Grenzen. Wer also nicht ins Theater möchte oder nicht nur zum Essen ausgehen will, dem bieten sich zahllose Möglichkeiten. Zu empfehlen sind vor allem die Musikkneipen, die besonders am Wochenende mit Livemusik aufwarten. In der Regel kann man in jedem dieser Lokale auch speisen, sodass sich das „Nützliche" mit dem Angenehmen gut verbinden lässt. Alle aufgeführten Lokalitäten lassen sich – bei Einhaltung der Sicherheitsregeln – bedenkenlos besuchen. Zu beachten ist, dass junge Menschen wegen des Alkoholausschanks erst ab 21 Jahren freien Einlass in die folgenden Einrichtungen haben, ansonsten ist die Begleitung Älterer Voraussetzung.

Livemusik

The Blues Room, *wie der Name schon sagt: Blues, Jazz und gelegentlich auch Rock. Sehr beliebt. Ab 19 Uhr. Village Walk, Ecke Rivonia und Maude Street, Sandton, ☎ 784-5527.*

Roxy's Rhythm Bar, *Musik aller Stilrichtungen für jüngeres Publikum. Mo–Sa ab 20 Uhr. 20 Main Road, Melville, ☎ 726-6019.*

Bassline, *kleiner, angesagter Laden, bietet modernen internationalen Jazz. 10 Henry Nxumalo Street, Newtown, ☎ 838-9142-5/6, www.bassline.co.za.*

Diskotheken und Nightclubs

Discos *in Johannesburg bieten Ähnliches wie in Europa. Wer aber trotzdem gerne einmal losziehen möchte, sollte sich in den Stadtteilen Melville, Norwood und Rosebank umschauen. Da sich die Szene sehr schnell ändert, fragt man am besten in seinem Hotel oder einen Ortskundigen, welche Clubs gerade angesagt und sicher sind. Hier eine kleine Auswahl:*

Taboo, *wird als einer der besten Clubs der Stadt gehandelt – absolut angesagt. Ecke Fredman Drive und Gwen Lane, Sandton, ☎ 783-2200, Reservierungen unter 076-783-2810, www.taboo.co.za.*

Manhattan Club, *elegant mit exzellenten Cocktails, ausgezeichnetem Whiskey und Zigarren. Es gibt auch eine Raucher-Bar. Geöffnet Mi+Fr ab 20 Uhr. 19 Wessels Road, Rivonia, Sandton, ☎ 803-7085, www.manhattanclub.co.za.*

Hush, *exklusives Ambiente: Die große (Cocktail-)Bar, VIP-Bereiche und eine Smoking Lounge gruppieren sich um eine die Szenerie bestimmende Hand-Skulptur. Geöffnet Do–Sa und vor Feiertagen ab 21 Uhr. 160 Jan Smuts Avenue, Ecke 7th Avenue, Design District, Rosebank, ☎ 447-0203, www.hushclub.co.za.*

Unter **Nightclub** versteht man in Johannesburg Tanz- oder Showlokale, in denen man auch zu Abend essen kann. Häufig wird dieses auch als „Dinner Dancing" bezeichnet. Für das Publikum ab Mitte 30 bieten sich aber eher die gleichnamigen Veranstaltungen der größeren Hotels an, die an den Wochenenden stattfinden. Hier eine kleine Auswahl von Dinner-Dancing-Möglichkeiten, eine Reservierung ist unbedingt erforderlich:

Cantare, im bekannten Casino-Komplex von Montecasino. Das Restaurant bietet mediterrane Küche und Cabaret-Shows. Geöffnet Mo 10–17, Di–Sa von 10 Uhr bis in die Nacht. Shop 9A, Montecasino Boulevard, Fourways, ☏ 511-0505, www.cantare.co.za.

Rodizio, hier treffen brasilianische und südafrikanische Lebensfreude aufeinander, gerade wenn am Wochenende ein DJ, eine Latino-Band und Profi-Tänzer für Stimmung sorgen. Die Karte bietet von Steaks über Seafood bis zu vegetarischen Gerichten für jeden Geschmack etwas. Besser reservieren! Shop 21 & 22, Leaping Frog Shopping Centre, William Nicol Drive, Fourways, ☏ 616-8229, www.rodizio.co.za.

Pubs

Guildhall, seit 1888. Pub mit Atmosphäre im Central Business District. Hier treffen sich ältere Banker und Büroangestellte zum Lunch. Geöffnet Mo–Sa ab 11 Uhr. 42 Harrison Street, Ecke Market Street, ☏ 833-1770.

The Radium Beerhall, seit 1929. Echte Kneipe, wie sie im Buche steht: alt, etwas verbraucht, aber urig. Eines der ersten ethnisch gemischten Lokale in Südafrika. Auch Restaurant. 282 Louis Botha Avenue, Orange Grove, ☏ 728-3866, www.theradium.co.za.

Theater

Von der englischen Tradition mitgeprägte Städte sind immer für ihr reichhaltiges Theater- und Musicalangebot bekannt gewesen – da macht Johannesburg keine Ausnahme, an jeder zweiten Straßenecke im Stadtzentrum gibt es ein Theater. Meist werden Komödien gezeigt, aber auch anspruchsvollere experimentelle Stücke gehören zum Angebot. Vor Ort informieren Tageszeitungen und Broschüren über das aktuelle Programm, buchen kann man über Computicket (für beides s. o.). Eine Auswahl guter Theater (neben **Market Theatre**, s. S. 152, und **Windybrow Theatre**, s. S. 150):

The Joburg Theatre, Klassisches und Ballett ebenso wie Comedy, Musik u. v. m. auf vier Bühnen. 25 Civic Boulevard, Braamfontein, ☏ 877-6800, www.joburgtheatre.com.

Pieter Toerien's Montecasino Theatre, Musicals und bekannte Theaterstücke. Shop 65, Montecasino Boulevard, Ecke William Nicol Drive und Witkoppen Road, Fourways, ☏ 511-1818, www.montecasinotheatre.co.za.

Theatre on the Square, bunt gemischtes Unterhaltungsprogramm. Neben dem „The Butcher Shop And Grill" (s. o.) gelegen. Nelson Mandela Square, Sandton, ☏ 883-8606, www.theatreonthesquare.co.za.

Galerien

Aus der Fülle von Galerien sind die folgenden besonders hervorzuheben:

Johannesburg Art Gallery, s. S. 151.

Everard Read Gallery, Tradition seit 1912. Häufig Ausstellungen bekannter schwarzer Künstler. Geöffnet Mo–Fr 9–18, Sa 9–13 Uhr. 6 Jellicoe Avenue, Rosebank, ☏ 788-4805, www.everard-read.co.za.

Kim Sacks Contemporary Gallery, neben gelegentlichen Gemäldeausstellungen vor allem spezialisiert auf Skulpturen und Porzellan. Geöffnet Mo–Fr 9–17.30, Sa 10–17 Uhr. 153 Jan Smuts Avenue, Parkwood, ☏ 447-5804, www.kimsacksgallery.com.

Goodman Gallery, *eine der bekanntesten Galerien des Landes, nicht nur durch „Art against Apartheid" 1985. Geöffnet Di–Fr 9.30–19.30, Sa bis 16 Uhr. 163 Jan Smuts Avenue, Rosebank,* ☎ *788-1113, www.goodman-gallery.com.*

CIRCA Gallery, *architektonisch eindrucksvolle Ausstellungsstätte, v. a. Gegenwartskunst, z. B. Skulpturen und Video-Projekte. Eintritt frei. Geöffnet Mo–Fr 9–18, Sa 9–13 Uhr. 2 Jellicoe Avenue, Rosebank,* ☎ *788-4805, www.circaonjellicoe.co.za.*

Besondere Aktivitäten

Bill Harrop's Original Balloon Safaris, *im Heißluftballon über die Magaliesberge schweben. Ca. 1-stündiger Ballonflug mit Abholung im Hotel (optional, kostet extra!) sowie Verpflegung vor und Champagnerfrühstück nach dem Flug. Täglich möglich (abhängig vom Wetter). 1365–2450 R p. P. (je nach Auslastung). 2 Poplar Avenue, Sandton,* ☎ *705-3201, www.balloon.co.za.*

Turffontein Racecourse, *Pferderenntradition seit 1887. Renntag ist meist samstags, besondere Highlights sind das South African Derby im April und der Summer Cup im November. Turf Club Street, Turffontein (5 km südlich der City),* ☎ *681-1500.*

Royal Johannesburg and Kensington Golf Club, *besteht seit 1890. Hier puttete der spätere englische König Edward VIII. Nur samstags ist für „Member's only". 1 Fairway Avenue, Linksfield North (12 km nordöstlich der City),* ☎ *640-3021, www.royaljk.za.com.*

Weitere Golfplätze *in ganz Südafrika: www.saga.co.za, www.southafrica.info/about/sport/golf.htm, www.golfinsouthafrica.com.*

Einkaufstipps

Commissioner und **Market Street**: *Hier findet man alles, was Fotoapparate, Kameras und Souvenirläden angeht.*

Zwischen dem Bahnhof **Park Station** *und der südlich gelegenen* **Kerk Street** *gibt es unzählige kleine Geschäfte, die alles verkaufen, was man sich nur vorstellen kann: z. B. alte Taschenuhren, Ferngläser und andere Trödelwaren, die in Deutschland nur noch schwer zu*

Einkaufsparadies Sandton City

bekommen sind. Meist kann man auch mit dem Ladenbesitzer handeln, was das Ganze noch unterhaltsamer macht. Bei Wertgegenständen wie Goldschmuck, Diamanten o. Ä. ist jedoch vom Handeln abzuraten.

Traditionelle Medizin

Mai Mai Market, s. S. 153.
Kwa Zulu Muti (siehe Karte S. 150), der Shop nennt sich „Museum of Man and Science". Nahezu 2.000 getrocknete Pflanzenarten und viele Skurrilitäten. Geöffnet Mo–Fr 7.30–17, Sa 7.30–13.30 Uhr. 14 Diagonal Street, Newtown, ☏ 836-4470.

Buchhandlungen

Exclusive Books in allen größeren Einkaufszentren (u. a. Hyde Park Corner, Sandton City, Rosebank Mall – s. u.), www.exclusIves.co.za.

Juweliere und Edelsteine

In der Stadt des Goldes und der Diamanten ist die Auswahl groß. Zwei Tipps:
Schwartz Jewellers, der Laden gilt als Top-Adresse für Gold. Geöffnet Mo–Sa 9–18, So 10–16 Uhr. Store H6a, Sandton City, Sandton, ☏ 883-5015/6, www.schwartzjewellers.com.
Browns – The Diamond Store, Juwelier mit langer Tradition und großer Auswahl an Diamantschmuck. Shops in den großen Malls (u. a. Rosebank, Sandton City, Nelson Mandela Square – s. u.), ☏ 438-7920 (Zentrale), www.brownsjewellers.com.

Shopping Malls

Ein Einkaufsparadies ist das **Sandton City Shopping Centre (2)**, www.sandtoncity.com. Hier findet man alles, was das Herz begehrt. Das Einkaufszentrum ist sehr sicher und bietet eine ausreichende Anzahl an Parkplätzen – ein Luxus in Johannesburg!
Nelson Mandela Square (1), neben Sandton City, www.nelsonmandelasquare.co.za.
Hyde Park Corner (3), Hyde Park, www.hydeparkshopping.co.za.
The Zone@Rosebank (4), Rosebank, www.thezoneatrosebank.co.za.
Rosebank Mall (5), Rosebank, www.themallofrosebank.co.za.
The Brightwater Commons, Randburg, www.brightwatercommons.co.za.
Fourways Mall, Fourways, www.fourwaysmall.com.
Eastgate Shopping Centre, Bedfordview, www.eastgatecentre.co.za.
Maponya Mall, Soweto, www.maponyamall.co.za.

Einkaufen für eine Campingtour

Gegenstände des täglichen Bedarfs kauft man besser in der nächsten kleineren Stadt oder in einer der Shopping Malls der Vorstädte. Das ist erheblich angenehmer, und man kann direkt beim Geschäft parken.
In den Malls befinden sich auch meist die Fachgeschäfte, in denen man Camping- sowie teilweise Angelzubehör kaufen (und manchmal auch leihen) kann:
Drifter's Adventure Centre, Shop LL337, Sandton City Shopping Centre, ☏ 783-9200.
Outdoor Warehouse, z. B. Filiale im Fourways View Centre, Ecke Cedar und Witkoppen Road, Fourways, ☏ 465-1307, www.outdoorwarehouse.co.za.
Cape Union Mart, z. B. Filiale im Sandton City Shopping Centre, Sandton, ☏ 884-9771, www.capeunionmart.co.za.

Taxis

Die Fahrt vom Flughafen in die Stadt kostet mit dem Taxi ca. 350–400 R. Die Organisation **JIATA** ist eine anerkannte Vereinigung von Taxis und Shuttle Services am Flughafen, jedes Taxi mit dieser Kennung ist zuverlässig. Kontakt: ☎ 0861-243-243 (Call Centre) und 390-1502 (Büro), www.jiata.co.za.

In Johannesburg müssen Taxis telefonisch angefordert werden, sie dürfen nicht auf der Straße angehalten werden. Reisende können bei ihrer Unterkunft ein zuverlässiges und auf Sicherheit bedachtes Unternehmen erfragen. Ein Tipp:

Rose Taxis, ☎ 403-0000 oder 403-9625.

Mietwagen

Mietwagen sollten auf jeden Fall in Deutschland über einen Veranstalter gebucht werden, da dies wesentlich günstiger ist. Es gibt unzählige Mietwagenunternehmen in Johannesburg. Wer auch noch durchs Land fahren will, sollte sich an die teureren überregionalen Unternehmen halten. Denn gibt es einmal Probleme mit dem Fahrzeug, kann dieses leicht an jeder Filiale im Land umgetauscht werden. In Johannesburg selbst fährt man besser mit dem Taxi, das schont die Nerven, erspart die Parkplatzsucherei und ist sicherlich auch billiger. Falls man aber die Umgebung erkunden will oder außerhalb wohnt, ist ein Mietwagen unumgänglich, da die Taxis nur im Stadtgebiet und zum Flughafen fahren dürfen. Eine Auswahl der größten Mietwagenunternehmen:

Avis, Reservierung ☎ 0861-021-111 oder 923-3660; Flughafen ☎ 394-5433; Braamfontein ☎ 336-0703, www.avis.co.za.

Budget, Reservierung ☎ 086-101-6622 oder 398-0123; Flughafen ☎ 230-1200; Gautrain Hotel, Sandton ☎ 784-5722, www.budget.co.za.

Europcar, Reservierung ☎ 0861-131-000 (Kunden Inland) oder 11-479-4000 (Kunden Ausland); Flughafen ☎ 390-3909; Sandton Eye Centre, Sandton ☎ 666-8340, www.europcar.co.za.

Hertz, Reservierung ☎ 0861-600-136 (Kunden Inland) oder 21-935-4800 (Kunden Ausland); Flughafen ☎ 390-9700; Sandton Hilton ☎ 783-7943, www.hertz.co.za.

Campers Corner (**Campmobile**), ☎ 082-928-2612, 11 Mimosa Street, Randpark Ridge, Randburg, www.campers.co.za.

Thrifty Car Rental, Reservierung ☎ 086-100-2111 (Kunden Inland) oder 230-5201 (Kunden Ausland); Flughafen ☎ 390-3454; Radisson Blu Gautrain, Sandton, ☎ 784-7796/-5937, www.thrifty.co.za.

Innerstädtischer Busverkehr

Beim **Metrobus** gibt es sechs Tarifzonen. Fahrscheine erwirbt man beim Fahrer oder an einer der sechs Verkaufsstellen, z. B. am Gandhi Square, nahe dem Carlton Centre, im Central Business District. Die Busse fahren je nach Linie zwischen ca. 5–6 Uhr morgens und ca. 18–19 Uhr abends. An jeder Bushaltestelle sind die Strecken der einzelnen Linien beschrieben. Der größte Busbahnhof befindet sich ebenfalls am Gandhi Square, von hier aus fahren Linien z. B. nach Rosebank, Sandton und Tshwane (Pretoria). Weitere Informationen erhalten Sie von unter ☎ 0860-562-874 oder unter www.joburg.org.za.

Überregionale Busverbindungen

In der Regel reist man in Südafrika längere Strecken mit dem Bus, der billiger und schneller ist als die Eisenbahn. Alle Busse fahren vom Transit Centre der Park City Station.

Die größten Busunternehmen sind:
Intercape:*Reservierung* ☎ *0861-287-287 (Kunden Inland) oder 021-380-4400 (Kunden Ausland), www.intercape.co.za.*
Translux: *Reservierung* ☎ *0861-589-282 oder 773-8056 (Büro Jo'burg), www.trans lux.co.za.*
Greyhound: *Reservierung* ☎ *083-915-9000 oder 611-8000, www.greyhound.co.za.*
Tägliche Verbindungsbeispiele Greyhound:
Tshwane (Pretoria) – Jo'burg – Bloemfontein – Kapstadt: Abfahrt nachmittags.
Tshwane (Pretoria) – Jo'burg – (verschiedene Zwischenhalte) – Durban: Abfahrt morgens, z.T. vormittags und abends.
Tshwane (Pretoria) – Jo'burg – Bloemfontein – Port Elizabeth: Abfahrt nachmittags.
Tshwane (Pretoria) – Jo'burg – Nelspruit – Maputo: Abfahrt morgens, Buswechsel in Jo'burg.

Reservierungen können für alle Busunternehmen auch über **Computicket** *durchgeführt werden.* ☎ *0861-915-8000, www.computicket.com.*

 Eisenbahnverbindungen

 Gautrain

Hochgeschwindigkeitszug im Dreieck O. R. Tambo Airport – Jo'burg – Tshwane (Pretoria)

„Gautrain" ist ein Verbindungswort aus „Gauteng" und „train". Zehn Jahre nach der Bauentscheidung verkehrte im Juni 2010, rechtzeitig zur Fußballweltmeisterschaft, der erste Hochgeschwindigkeitszug mit bis zu 160 km/h auf der Teilstrecke zwischen dem O. R. Tambo International Airport und Sandton (Fahrtzeit 14 Min.). Dieser Streckenast ist nur einer von dreien, deren wichtigster die Verbindung zwischen Tshwane (Pretoria) und Johannesburg (Fahrtzeit 35 Min.) sicherstellt. Der letzte Abschnitt zwischen Rosebank und Park Station wurde erst im Juni 2012 eröffnet. Damit sind 80 km Schienenstrecke fertig, die sowohl von den Pendlern Gautengs als auch von den Touristen gut angenommen wird.

Die Betriebszeiten sind je nach Bahnhof täglich von ca. 5.30–21 Uhr. Die Züge kommen in Spitzenzeiten alle 12 Min., sonst alle 20 und am Wochenende alle 30 Min. Eine einfache Fahrt Pretoria–Johannesburg Park Station kostet 53 R, vom Airport nach Sandton 125 R. Es werden auch Busrouten rund um die Bahnhöfe bedient.
Information: ☎ 0800-428-87246, www.gautrain.co.za.

Alle Intercity-Züge gehören zu **Shosholoza Meyl** *und sind in verschiedene Klassen eingeteilt: Tourist, Economy und Premier. Die Züge sind in der Regel langsamer als Busse und etwas teurer. Wer den Genuss einer Zugreise mit Bett und Restaurant trotzdem nicht missen möchte, sollte allerdings rechtzeitig buchen, besonders Plätze in der zweiten (Economy) und der ersten Klasse (Premier).*
Shosholoza Meyl: *Reservierung und Information* ☎ *086-000-8888, www.shosholoza meyl.co.za.*

Folgende Zugverbindungen werden ab Johannesburg angeboten, Abfahrtstage bzw. -zeiten können sich immer wieder ändern, daher sollte man sich vor Ort noch einmal informieren:
Jo'burg – Kapstadt: Abfahrt Mi, Fr, So mittags
Jo'burg – Durban: Abfahrt Mo, Mi, Fr, So abends
Jo'burg – Nelson Mandela Bay (Port Elizabeth): Abfahrt Mi, Fr, So mittags
Jo'burg – Buffalo City (East London): Abfahrt Mi, Fr, So frühnachmittags
Jo'burg – Komatipoort: Abfahrt Mi, Fr abends
Jo'burg – Musina: Abfahrt Mi, Fr abends

 Johannesburg als Drehscheibe für Flugsafaris
Zum Kruger National Park: Wer nur wenig Zeit zur Verfügung hat, kann Flugsafaris zum Kruger National Park buchen. Die Abflüge finden täglich statt. Die Übernachtung kann wahlweise in den Camps des Kruger National Parks erfolgen oder in den privaten Wildschutzgebieten am Westrand des Parks.

Ins Okavango-Delta in Botswana: Im Anschluss an eine Südafrika-Reise ist die Organisation eines Aufenthaltes im herrlichen Okavango-Delta in Botswana gut von Johannesburg aus möglich. Man fliegt von hier aus nach Maun und nimmt dann je nach der zur Verfügung stehenden Zeit an einer Safari ins Okavango-Delta teil.

Zu den Victoria-Fällen in Simbabwe: Von Johannesburg aus gibt es tägliche Flugverbindungen nach Victoria Falls, wo man die eindrucksvollsten Wasserfälle Afrikas erleben kann. Für diesen Ausflug sollten drei Tage angesetzt werden.

Ausflüge in die Umgebung von Johannesburg

Von Johannesburg bieten sich folgende Tagesausflüge an:

Fahrt in das Highveld südlich von Johannesburg

i Streckenbeschreibung

Länge der Tour: ab/bis Johannesburg ca. 250 km
Route/Sehenswertes: Vom Zentrum in Johannesburg fährt man die Eloff Street in Richtung Süden, bis man den Hinweisschildern auf die M2 folgen kann. Dann geht es ostwärts die M2 entlang (M2 East), später wechselt man am Geldenhuis Interchange auf die N3 Richtung Heidelberg. Von der N3 fährt man ab dem Interchange 29 km nach Süden, biegt an der Abfahrt zur R550 nach links ab und überquert die N3, um nach weiteren 6 km westwärts der Ausschilderung zum Suikerbosrand Nature Reserve zu folgen. Nach weiteren 4 km ist das Gate erreicht.

Suikerbosrand Nature Reserve

Am modernen Verwaltungsgebäude (Diepkloof) kurz hinter dem Eingang befindet sich eines der ältesten Farmhäuser von Gauteng (etwa um 1850 erbaut).

🚶 Wanderweg

Für den Tagesbesucher mag der „Cheetah Trail" (Wanderweg von etwa 4 km Länge, Dauer etwa 60–70 Minuten) interessant sein, denn man gelangt an einen steinzeitlichen Kraal – ein Zeitzeuge für die Besiedelung des Gebietes vor der Ankunft der Weißen.

Von Diepkloof im Suikerbosrand-Gebiet führt eine 36 km lange, geteerte Straße durch eine Landschaft, wie man sich das Highveld schon vor etwa 200 Jahren vorstellen muss. Zwischen Felsgraten liegen weite Grasflächen, auf denen Antilopen weiden. Das gesamte Naturschutzgebiet umfasst etwa 13.500 ha. Außer Antilopen leben hier auch Geparde, Kudus, Paviane, Gnus, Hyänen, Schakale und über 200 Vogelarten. In der Pflanzenwelt fällt vor allem die Aloe davayana ins Auge, die zu den besonders kleinen Aloearten zählt und nie größer als etwa 50 cm wird. Ihre lachsroten Blüten kann man auf dem trockenen „veld" besonders in den späten Wintermonaten (Juli/August) sehen. *Lachsrote Aloen*

Das Naturschutzgebiet verlässt man Richtung R557 und folgt der Straße nach Südosten bis zur R549, die nach Südwesten führt zum

Vaal Dam

Der Stausee, auch „Highveld Inland Sea" genannt, versorgt Johannesburg mit Wasser, dient aber auch als Erholungsgebiet (Segeln, Schwimmen, viele kleine Erholungsresorts). Die Uferlänge des Sees misst mehrere hundert Kilometer. Auch wenn man es kaum glauben mag: Das Wasser des Vaal-Damms stammt von den Midlands in Natal. Es wird über den Drakensberg gepumpt und in den Sterkfontein-Damm geleitet. Von hier fließt das Wasser in den Wilge River, der den Vaal-Damm speist.

Vom Vaal-Damm fährt man die R549 wieder zurück und dann Richtung Nordosten nach

Heidelberg

Diese Kleinstadt entstand am Kreuzungspunkt der alten Ochsenkarren-Trails, die nach Tshwane (Pretoria), Potchefstroom, Bloemfontein und Durban führten. 1860 gründete hier der deutsche Kaufmann Heinrich Ückermann ein Geschäft und benannte das entstehende Örtchen nach seiner alten Universitätsstadt in Deutschland. In der Zeit des Goldrausches eröffneten hier 18 Hotels, und während des Anglo-Transvaal-Krieges (1880–81) residierte vorübergehend sogar die Transvaal-Regierung in Heidelberg. *Deutscher Gründer*

Fahrt zum Hartbeespoort Dam und zu den Magaliesbergen

ℹ️ Streckenbeschreibung

Länge der Tour: ca. 280 km
Route/Sehenswertes: Von Johannesburg aus folgt man der Straße nach Sandton oder fährt die N1 North und von dort aus auf den N1 Western Bypass. ▸

Bei Fourways nimmt man die R511 North von Fourways weiter nach Norden. Diese Straße stößt auf die R27, der man nun nach Nordwesten folgt. Nach einigen Kilometern zweigt die R514 nach Nordosten Richtung Tshwane (Pretoria) ab. Gleich nach der Abbiegung (ca. 1 km) geht es zum Hartbeespoort Cableway.

Hartbeespoort Cableway

Exzellenter Blick

Diese Seilbahn ist 1.200 m lang und führt auf die Höhe der Magaliesberge, die die Grenze zwischen Gauteng und der Limpopo Province bilden. Von oben genießt man einen exzellenten Blick auf die Gebirgskette.

Hartbeespoort Cableway: *160 R Erw./90 R Kinder. Geöffnet Mo–Do 8.30–16.45, Fr, So –17.45, Sa –18.45 Uhr (Tickets bis 16/17/18 Uhr).* ☎ *072-241-2654 oder 79-023-3012, www.hartiescableway.co.za.*

Nun fährt man die gleiche Strecke bis zur R27 wieder zurück und folgt ihr Richtung Westen durch Schoemansville bis zum Abzweig auf die R512, die nach Kosmos am Hartbeespoort Dam führt.

Der Stausee Hartbeespoort Dam

Hartbeespoort Dam

Dieser bereits 1923 erbaute Stausee dient der Bewässerung der umliegenden Farmregionen. Das Wasser wird mittels eines 544 km langen Kanalsystems auf etwa 16.000 ha große Feldflächen geleitet, auf denen Tabak, Weizen, Luzerne, Blumen und verschiedene subtropische Früchte angebaut werden. Daneben dient die 12 km^2 große Wasserfläche der Naherholung (Wassersport, Fischen).
Über die R512 zurück nach Osten und den oben beschriebenen Weg gelangt man wieder nach Johannesburg.

Fahrt zum Wilhelm Prinsloo Agricultural Museum und dem Botshabelo Game Reserve mit Fort Merensky sowie dem malerischen Ndebele-Dorf

i Streckenbeschreibung

Länge der Tour: ca. 350 km
Route/Sehenswertes: Von Johannesburg aus kommend, fährt man auf der N1 nach Tshwane (Pretoria) und von hier aus weiter auf die N4 East. Nach etwa 25 km auf der N4 zweigt die R515 nach Norden ab. Etwas später biegt man nach Osten in die R104 ab, die parallel zur N4 verläuft. Etwa 4 km hinter dieser Abzweigung führt ein kurzer Weg zum Willem Prinsloo Agricultural Museum.

Willem Prinsloo Agricultural Museum

Die einstige Farm wurde 1980 als Freilichtmuseum zur Agrarkultur Südafrikas wiederbelebt. Am Wochenende finden verschiedene Vorführungen statt (Brotbacken, *Freilicht-* Schmieden, Schafschur). Außerdem wird hier ein leckerer Peach Brandy (Pfirsich- *museum* Obstler) gebrannt.

Willem Prinsloo Agricultural Museum: *25 R. Geöffnet Mo–Fr 8.30–16, Sa–So 9–16 Uhr.* **Farm Kaalfontein**, *Rayton,* ☎ *012-736-2035/6, www.willemprinsloomuseum.co.za.*

Im nahen Bronkhorstspruit erreicht man wieder die N4 und folgt ihr bis zur Abzweigung nach **Middelburg** (der Name dieses Städtchens rührt aus den alten Siedlerzeiten her, als Middelburg in der Mitte zwischen Tshwane (Pretoria) und Lydenburg lag). Wenn Sie im Stadtzentrum sind, kommen Sie automatisch auf die N11, die bis zur Abzweigung zum Botshabelo Game Reserve führt. Auf einer Gravel-Road gelangen Sie zum Fort Meretsky.

🛏 Unterkunft

Forever Resort Loskopdam, *am Loskopdamm nördlich von Middelburg, ca. 45 km über die N11 nach Norden (Richtung Groblersdal). Private Bag X1525, Middelburg 1050,* ☎ *013-262-3075, www.foreverloskopdam.co.za.*

Fort Merensky

1865 gründete Alexander Merensky, ein Missionar der Berliner Missionsgesellschaft, hier die Mission Botshabelo („Ort der Zuflucht") als Zufluchtsort für zum Christentum konvertierte Afrikaner, die von den Kriegern des Häuptlings Sekukuni verfolgt wurden. Um Botshabelo und seine Bewohner besser schützen zu können, erbaute Merensky auf dem Hügel des Missionsgeländes ein Fort, das er zunächst „Fort Wilhelm" nannte. Die kleine Schutzburg ist eine Mischung aus Sotho-Steinbaukunst und deutscher Burgarchitektur.

Fort Merensky

Wenn man nun den Zufahrtsweg wieder zurückfährt, gelangt man zum alten Missi- *Altes* onshaus. Am gegenüberliegenden Ufer des Klein Olifants River liegt ein malerisches *Missions-* Dorf: *haus*

Ndebele-Dorf

Hier leben Nachkommen der ehemaligen Glaubensflüchtlinge, die in der Mission Zuflucht gesucht hatten. Besonders sehenswert sind die farbigen, mit abstrakt wirkenden Mustern bemalten Hütten und Schutzwände. Der gesamte Komplex liegt inmitten des kleinen Botshabelo Game Reserve.

Botshabelo Game Reserve

Auf kleineren Wanderungen begegnen einem vor allem Elenantilopen, Springböcke und Gnus.

Zurück nach Johannesburg geht es wieder über die N11 auf die N4. Bei eMalahleni (Witbank) biegt man auf die N12 ab.

Anschluss-Strecken

Aufgrund seiner verkehrsmäßig äußerst zentralen Lage kann man von Johannesburg alle Ziele des Landes ohne Umstände per Flugzeug und Auto erreichen. Die Haupt-Straßenachsen führen nach Osten zum Kruger Park/Blyde River Canyon, in Richtung Süden nach Durban, nach Südwesten nach Kapstadt und westwärts nach Kimberley und nach Namibia. Als **Zwischenstopp auf dem Weg nach Nordosten** (zum Blyde River Canyon bzw. Kruger Park) ist der kleine, friedliche Ort **Dullstroom** (ca. 2 ½ Fahrstunden vom Flughafen Johannesburg) zu empfehlen. Die Landschaft erinnert an das schottische Hochland und liegt ca. 2.000 m über dem Meer. Hier gibt es intensive Forellenzucht und viele Angelmöglichkeiten.

Abstecher für Angler

Vorwahl: *013*

ℹ Informationen

Dullstroom Reservations. *Geöffnet Mo–Sa 9–17, Sa bis 16.30, So bis 14 Uhr. Auldstone House, Main Road,* ☎ *254-0254, www.dullstroom.biz.*
Weitere Website *mit nützlichen Infos: www.dullstroom.co.za.*

🛏 Unterkunft

Fox's Hill Guest House $$, *privat geführtes Haus mit vier individuell eingerichteten Gästezimmern. 139 Voortrekker Street,* ☎ *254-0155oder 076-205-5746 (mobil), www.foxhill.co.za.*
The Highlander Country Retreat & Spa $$$, *komfortable Zimmer in ruhiger Umgebung, schöne Anlage. Mit Restaurant „St. Bernard". Ecke Lion Cachet und Bosman Street,* ☎ *254-8000, www.urbanhiphotels.com.*
Critchley Hackle $$$, *verschiedene Steinhäuser, um idyllische Forellenteiche gelegen. Angeln möglich! Sehr gemütlich und atmosphärisch. Mit Restaurant. 585 Teding van Berkhout Street,* ☎ *0861-226-787, www.urbanhiphotels.com.*
Walkersons Hotel & Spa $$$$, *luxuriöses Landhotel mit riedgedeckten, sehr gemütlichen Steinhäuschen am See. Angelmöglichkeit in 10 Seen! Mit Restaurant. An der R 540, 10 km nördlich des Ortes Richtung Lydenburg,* ☎ *253-7000, www.walkersons.co.za.*

🍴 Restaurants

Die Restaurants der o. g. Unterkünfte bieten gute bis gehobene Küche. Für einfachere Gerichte zu empfehlen ist:
Harrie's Pancakes, *tolle Pfannkuchen, leichte Gerichte (Sandwiches, Suppen). Geöffnet 8–17 Uhr. Ecke Main Road und Gunning Street,* ☎ *254-0801, www.harriespancakes.com.*

Tshwane (Pretoria)

Überblick

Natürlich ist die **Exekutivhauptstadt** der Republik ein kleines „Muss" für jeden Südafrika-Reisenden. Sobald man das eher hektische Johannesburg verlassen hat, erreicht man nach knapp 60 km die „Beamtenstadt", in der die Gangart merklich ruhiger ist. Sie liegt mit 1.367 m etwa 400 m niedriger als Johannesburg. Dadurch ist das Klima im Sommer heißer und im Winter milder, wozu natürlich auch die geschützte Lage zwischen einer südlichen Hügelkette und den nordwestlichen Magaliesbergen beiträgt.

Die Stadt wurde bereits 1855 durch Marthinus Wessel Pretorius gegründet, der sie zu Ehren seines Vaters Andries „Pretoria" nannte. Dieser hatte nämlich die entscheidende Schlacht am Blood River gewonnen und damit die weiße Besiedlung Gautengs eingeleitet. Schon zu Zeiten der Transvaal-Republik fungierte Pretoria als Hauptstadt, heute allerdings nur noch als der Exekutive, also als Sitz der Regierung und der Verwaltung. Lange tagte das südafrikanische Parlament in der ersten Jahreshälfte in Kapstadt und in der zweiten in Pretoria, die Regierung musste dann ebenfalls umziehen.

Dies hat sich seit einigen Jahren erübrigt, die Kapmetropole ist nun ausschließlicher Parlamentssitz.

*Der Gründer der Stadt:
Marthinus Wessel Pretorius*

„Afrikanisierung" von Städte- und Straßennamen

Im Rahmen der Reorganisation der Verwaltungsbezirke bemüht sich die heutige Regierung um eine „Afrikanisierung" der aus der Kolonialzeit stammenden Städtenamen. 2005 benannte der Stadtrat Pretoria in "Tshwane" um. Nach Bürgerprotesten wird diese Namensgebung vor Gericht verhandelt. Bis zur Entscheidung heißt die Stadt weiterhin offiziell „Pretoria", auch auf den meisten Schildern steht noch der alte Name. Ebenso verhält es sich mit den Straßennamen in der Stadt. Manche Straßenkarten weisen schon die neuen afrikanischen Namen aus, Geschäfte, Hotels etc. verwenden oft noch die alten Namen.

Im Zweifel sind **in diesem Kapitel** beide Bezeichnungen angegeben, die **Karte** zeigt die gebräuchlichen alten Namen.

Tshwane hat insgesamt etwa 2,9 Mio. Einwohner. Trotz der räumlichen Ausdehnung über 570 km² wirkt die Hauptstadt eher provinziell. Zum „gemütlichen" Eindruck tragen viele alte Gebäude ebenso bei wie die hügelige Lage, aber auch die zahlreichen gepflegten Parks mit ihren bunten Blumenbeeten. In ein wahres Blütenmeer ist die Stadt im Oktober getaucht, wenn die Jacaranda-Bäume blau-lila blühen, daher der Spitzname

Gemütliche Stadt

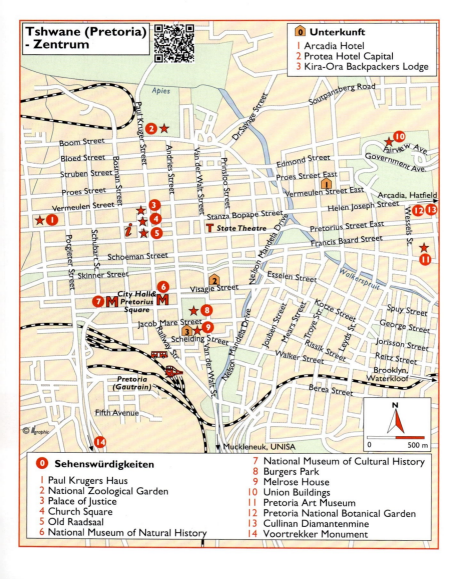

Tshwane (Pretoria) - Zentrum

❶ Unterkunft
1 Arcadia Hotel
2 Protea Hotel Capital
3 Kira-Ora Backpackers Lodge

❶ Sehenswürdigkeiten
1 Paul Krugers Haus
2 National Zoological Garden
3 Palace of Justice
4 Church Square
5 Old Raadsaal
6 National Museum of Natural History
7 National Museum of Cultural History
8 Burgers Park
9 Melrose House
10 Union Buildings
11 Pretoria Art Museum
12 Pretoria National Botanical Garden
13 Cullinan Diamantenmine
14 Voortrekker Monument

„**Jacaranda City**". Über 70.000 dieser Bäume umsäumen dann knapp 500 km Stadtstraßen: sicherlich die schönste Besuchszeit des Jahres. 2005 gewann Tshwane den LivCom-Award für Städte über 750.000 Einwohner und durfte sich damit für ein Jahr als „lebenswerteste Stadt der Welt" bezeichnen.

Die Stadt hat mit der **University of South Africa (UNISA)** außerdem ein Bildungshighlight vorzuweisen, denn es handelt sich um die größte Hochschule Afrikas und eine der größten der Welt. Der architektonisch gewöhnungsbedürftige Campus liegt auf einem Hügel im Süden der Innenstadt, Stadtteil Muckleneuk. Hier sind ca. 270.000 Studenten eingeschrieben, die meisten absolvieren ein Fernstudium – die UNISA ist auch die älteste Fernuniversität der Welt! *Älteste Fernuniversität*

👉 **Fototipp**

Einen hervorragenden Blick über die Stadt hat man von der Willem Punt Avenue unterhalb der UNISA. Am besten kann man hier morgens und abends fotografieren.

Mit außergewöhnlichen Sehenswürdigkeiten kann Tshwane nicht aufwarten – ausgenommen das Voortrekker-Monument. Trotzdem sind die folgenden Stätten einen Besuch wert.

Sehenswertes

Paul Krugers Haus (1)

Das Museum ist in Paul Krugers ehemaligem Wohnhaus untergebracht und zeigt viele Objekte aus dem Leben des viermal gewählten Transvaal-Präsidenten. Sogar seine Staatskarosse und der private Eisenbahnwaggon sind zu besichtigen. *Erinnerungen an den „Ohm"*
Kruger Museum: 35 R Erw./15 R Kinder. Geöffnet Mo–Fr 8.30–16.30, am Wochenende ab 9, Sept–Nov bis 17.30 bzw. 17 Uhr (Wochenende). 60 Church Street, ☎ 012-326-9172, www.ditsong.org.za.

National Zoological Garden (2)

Dieser Zoo ist einer der größten der Welt und beherbergt gut 9.000 Tiere über 700 verschiedener Arten. Mit einer Bahn kann man durch den Park zu den einzelnen interessanten Punkten fahren. Besonders beeindruckend ist das Aquarium- und Reptilien-Haus. Sogar nächtliche Führungen sind möglich.
National Zoological Garden: 75 R Erw./50 R. Kinder bis 15 J. Geöffnet tgl. 8.30–17.30 Uhr (Tickets bis 16.30 Uhr). 232 Boom Street, ☎ 012-339-2700, www.nzg.ac.za.

Church Square (4)

Hier stand die erste Kirche, um die herum die Stadt wuchs. Dies ist das Herz der City, wo vor allem die **Paul-Kruger-Statue** besichtigt werden kann. Am Sockel des Monuments befinden sich vier Bronze-Statuen, die Soldaten der damaligen Bürgerwehr *Herz der Stadt*

Der Church Square ist das historische Herz der Stadt

darstellen. Auch der 1898 fertiggestellte **Palace of Justice (3)** steht hier. Während der britischen Besatzung wurde er im Jahre 1900 als Militärkrankenhaus benutzt. 1963/64 war der Justizpalast Schauplatz des Rivonia-Prozesses mit Nelson Mandela als einem der Angeklagten. Ebenfalls am Church Square befindet sich der **Old Raadsaal (5)** (von Sytze Wierda im italienischen Renaissancestil konzipiert), dessen Grundstein 1889 Präsident Kruger legte.

Natur- und kulturhistorische Nationalmuseen

Hier „lebt" Mrs. Ples

Im ehemaligen „Transvaal Museum" erwartet den Besucher eine eindrucksvolle Sammlung zur Natur und Naturgeschichte, u. a. Säugetiere, Amphibien, Fossilien, Vögel und Mineralien. Außerdem sind hier die Funde aus dem Gebiet der „Cradle of Humankind" zu sehen, u. a. der spektakuläre Fund von 1947, Mrs. Ples (s. S. 157).
National Museum of Natural History (6): *30 R Erw./15 R. für Kinder unter 13 J. Geöffnet täglich 8–16 Uhr. 432 Paul Kruger Street, ☏ 012-322-7632, www.ditsong.org.za.*

Gegenüber dem naturhistorischen Museum liegt die **City Hall** von 1931 mit ihren Grünflächen und Springbrunnen. Dahinter befindet sich das kulturhistorische Nationalmuseum. Es zeigt prähistorische Felskunst, eine ethnologische Abteilung zu den Stämmen Transvaals sowie Sammlungen von Gegenständen der europäischen Bevölkerung.
National Museum of Cultural History (7): *35 R Erw./20 R Kinder. Geöffnet täglich 8–16 Uhr. 149 Visagie Street, ☏ 012-324-6082, www.ditsong.org.za.*

Burgers Park (8)

Erholsamer, zentral gelegener und öffentlicher Park, der bereits 1882 angelegt und nach dem 2. Präsidenten (1873–77) Transvaals, Thomas F. Burgers, benannt wurde. Dieser Park lädt mit seinem Teilanlagen und einem Café zum Verweilen ein.
Burgers Park: *Geöffnet täglich, Schließung im Winter bei Sonnenuntergang, im Sommer um 22 Uhr.*

Melrose House (9)

Friedensvertrag von 1902

Dieses Haus ist eines der schönsten Gebäude im **viktorianischen Stil** in ganz Südafrika. 1884 für den Unternehmer George Heys errichtet, wurde hier 1902 der Friedensvertrag unterzeichnet, der den Burenkrieg beendete. Die Inneneinrichtung ist be-

Blühende Jacaranda-Bäume vor den Union Buildings

sonders eindrucksvoll. Man kann noch das Originalporzellan betrachten, von dem die Unterzeichner des Friedensvertrages gegessen haben.

Melrose House: *20 R Erw./5 R Schüler. Geöffnet Di–So 10–17 Uhr. 275 Jacob Mare (Jeff Masemola) Street, ☏ 012-322-2805, www. tshwane.gov.za (unter „Services" – „Arts, Culture and Heritage").*

Union Buildings (10)

Das Regierungsgebäude wird von besonders patriotischen Südafrikanern und in manchen Prospekten als einer der schönsten Regierungssitze der Welt bezeichnet. Das von Sir Herbert Baker errichtete Gebäude mit seinen Ministerien und dem Staatsarchiv der Republik ist weniger aufgrund der architektonischen Originalität („griechischer Stil", wie es manchmal heißt) sehenswert, sondern vielmehr wegen der schönen Aussicht vom „Meintje's Kop" genannten Regierungshügel auf Tshwane. Unterhalb der Gebäude fällt das Gelände terrassenförmig nach Süden hin ab. Hier befinden sich sehr gepflegte Parkanlagen mit einer Vielzahl von Blumen und **Standbildern** dreier ehemaliger Premierminister (Louis Botha, J. C. Smuts und J. B. M. Hertzog). Ein neuer Blickfang bei den Union Buildings ist die neun Meter hohe Bronzestatue Nelson Mandelas, die im Dezember 2013 enthüllt wurde.

Architektur und Aussicht

Union Buildings: *Government Avenue.*

Pretoria Art Museum (11)

Die Sammlung legt einen ihrer Schwerpunkte auf die südafrikanischen „Alten Meister". Eine Meisterin ist Irma Stern (1894–1966), geboren in Transvaal als Tochter deutschjüdischer Eltern. Sie studierte in Weimar und hatte ihre erste Ausstellung 1919 in Berlin. Ihr Bild „Bahora Girl" wurde 2010 in London für 34 Mio. Rand verkauft und ist damit das teuerste südafrikanische Gemälde aller Zeiten.

Weitere Werke von Maggie Laubser (wie Stern eine interessante Expressionistin) u. v. m.

Pretoria Art Museum: *20 R Erw./5 R Schulkinder. Geöffnet Di–So 10–17 Uhr. Arcadia Park, Ecke Schoeman (Francis Baard) und Wessels Street, ☎ 344-1807/8, www.tshwane. ov.za (unter „Services" – „Arts, Culture and Heritage").*

Pretoria National Botanical Garden (12)

Großes Herbarium

Westlich der City liegt das 76 ha große Gelände, auf dem einheimische Pflanzen aus allen Teilen Südafrikas gezeigt werden, darunter ca. 50 % der 1.000 heimischen Baumarten. Zudem beherbergt der botanische Garten das größte Herbarium der südlichen Hemisphäre und zeigt in einer Sonderausstellung medizinische Pflanzen.

Botanischer Garten: *26 R Erw./12 R Kinder ab 6 J. Geöffnet Mo–So 8-18 Uhr, Einlass bis 17 Uhr. 2 Cussonia Avenue, ☎ 012-843-5071, www.sanbi.org/gardens/pretoria.*

Die Geschichte von Jacaranda-Jim

Überall wird Tshwane heute als die „Stadt der Jacarandas" bezeichnet. Während der Monate Oktober und November sind die Bäume von Millionen Blüten bedeckt, und die ganze Stadt leuchtet in zartem Lila.

Das war nicht immer so. In den frühen Jahren nach ihrer Gründung war Pretoria als „Stadt der Rosen" bekannt. Kletterrosen blühten überall, noch heute kann man ihre Ableger allerorten im Stadtbild entdecken. 1888 importierte ein Bürger Pretorias, J. A. Celliers, zwei „Jacaranda mimosifolia" aus Rio de Janeiro. Der ursprünglich aus dem Nordwesten Argentiniens stammende Baum gedieh im Klima Gautengs ausgezeichnet. Celliers pflanzte die Bäume in seinem Garten in Sunnyside, und dort kann man sie immer noch bewundern. Auf dem Grundstück des Hauses steht allerdings inzwischen die Schule von Sunnyside.

1898 kam der Gärtner James Clark nach Pretoria, um im Auftrag der Regierung geeignete Baumsorten zu züchten. Dazu bestellte er Samen aus Australien und fand in der Lieferung auch ein Paket Samen der gleichen Jacaranda-Art, die Celliers gepflanzt hatte. In der staatlichen Baumschule von Groenkloof entwickelten sich daraus stämmige Bäumchen, die Clark 1906 der Stadt Pretoria schenkte. Diese „Ur-Jacarandas" wurden entlang der Bosman Street gepflanzt und fanden so viel Anklang bei der Bevölkerung, dass man diese Bäume in ganz Pretoria pflanzte. James Clark erhielt den Spitznamen „Jacaranda-Jim".

Heute sieht man in Tshwane auch einige weiße Jacarandas, die 1961 der Park-Direktor Tshwanes, H. Bruinslich, aus Südamerika einführte. Jacarandas wachsen gut in warmen Klimata und benötigen genügend Wasser. Sie erreichen eine Höhe von etwa 15 Metern und bieten wunderbaren Schatten.

Ausflüge

Cullinan Diamantenmine (13)

Die Premier Diamond Mine liefert alljährlich ca. **eine Million Karat Diamanten**, allerdings zumeist Industriediamanten.

1905 wurde hier ein 3.106 Karat schwerer Stein gefunden, der als größter je gefundener Diamant der Welt gilt. Insgesamt konnte man nach seiner Spaltung neun größere Edelsteine, 96 kleinere Brillanten und zehn Karat an Splittern herstellen. Diese verantwortungsvolle Aufgabe übernahm Joseph Asscher in Amsterdam. „Cullinan I", *Britische* der „**Stern von Afrika**", hat 530 Karat und ziert das Königlich-Britische Zepter. „Cul- *Kronjuwelen* linan II", 317 Karat, ist in die Krone der britischen Majestät eingearbeitet. Cullinan III– IX sind ebenfalls Teil der britischen Kronjuwelen. Zur Relation: Um 29 Karat Diamanten zu fördern, müssen in der Cullinan-Mine 720.000 kg Kimberlit-Gestein gefördert werden.

Cullinan Diamond Mine: ☎ *012-734-2626, www.cullinandiamonds.co.za. Auf der Website findet sich eine Übersicht der Tour Operator. Zum Beispiel* **Premier Diamond Tours** *(www.diamondtourscullinan.co.za): Führungen 10.30 und 14, Sa–So 10.30 und 12 Uhr, Dauer 1,5–2h, Kindern unter 10 J. ist der Besuch nicht gestattet.*

Voortrekker Monument (14)

Das Denkmal liegt vor den südlichen Toren Tshwanes auf einem Hügel. Es erinnert an *Schlacht am* die Entscheidungsschlacht am Blood River vom 16. Dezember 1838 (s. Kapitel zur *Blood River* Entstehung der Burenrepubliken, S. 28). In der Nachschau steht der Tag eigentlich für zwei sehr unterschiedliche Standpunkte:

▸ Für die **Weißen** war das historische Datum ein bedeutender Markstein in Bezug auf die Sicherung ihrer Position und ein Beweis ihrer Durchsetzungsfähigkeit.
▸ Die **Schwarzen** verbanden mit diesem Ereignis den Beginn des Widerstands gegen den Herrschaftsanspruch der Weißen.

Heute ist der 16. Dezember immer noch ein **Nationalfeiertag**: der Tag der Versöhnung (*Day of Reconciliation*).

Das Voortrekker Monument besteht aus Granit und und macht einen äußerst trutzigen Eindruck. Es wurde am 16. Dezember 1949, 111 Jahre nach der Schlacht, eingeweiht. Um das Denkmal herum befindet sich eine ebenfalls granitene Ringmauer, die eine Wagenburg mit 64 Wagen symbolisiert. Am Aufgang befindet sich ein Ehrenmal für die Voortrekker-Frauen (gestaltet von

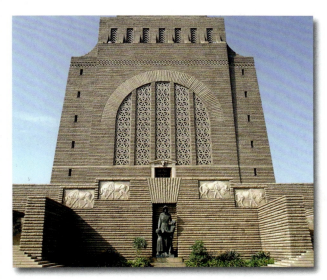

Das Voortrekker Monument vor den Toren Tshwanes

Anton v. Wouw): Eine Mutter beschützt ihre Kinder. An den vier Ecken des Gebäudes erinnern Granitköpfe an die Trekführer: Hendrik Potgieter, Piet Retief, Andries Pretorius sowie ein unbekannter Voortrekker. In der Heldenhalle erzählen 27 Marmor-Reliefs die Geschichte des Treks. Die Kuppel des Doms weist eine Öffnung von ca. 10 cm auf, die so angebracht ist, dass am 16.12., dem Nationalfeiertag, genau mittags Sonnenstrahlen direkt auf den Ehrenschrein Piet Retiefs und eine Tafel scheinen, auf der zu lesen steht: „*Ons vir jou, Suid-Afrika*" („*Wir für Dich, Südafrika*").

Geschichte aufarbeiten

Inzwischen ist aus dem Denkmal eher ein **Mahnmal** geworden. Schämte sich Südafrika zunächst seiner burischen Vergangenheit, so wird die Geschichte heute nicht mehr totgeschwiegen, sondern im angeschlossenen Museum aufgearbeitet. Besonders am Tag der Versöhnung besuchen sehr viele Südafrikaner Monument und Museum zum Gedenken an die Ereignisse.

Voortrekker Monument Heritage Site*: 55 R Erw./30 R Schüler (für Monument und Museum). Geöffnet Mo–So 8–17, vom 01.09.–30.04. bis 18 Uhr. Eeufees Road, Groenkloof, ☎ 012-326-6770, www.vtm.org.za.*

Detail eines Marmorreliefs

Vorwahl: *012*

☎ **Wichtige Telefonnummern und Adressen**
Feuerwehr *und* **Ambulanz***: 10177.*
Krankenhaus*: Steve Biko Academic Hospital, Ecke Voortrekkers Road und Malan Street,* ☎ *354-1000, www.pah.org.za.*

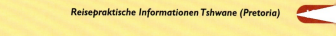

Apotheke: *z. B. Doornpoort Pharmacy, Doornpoort Shopping Centre, 481 Airport Road.*
Post: *Ecke Church Street und -Square.*

i Information

Tourist Information Centre: *Old Nederlandsche Bank Building, Church Square.* ☏ *358-1430, www.tshwanetourism.co.za. Vielfältige Informationshefte. Die Website bietet Auskünfte zu Sehenswürdigkeiten, Übernachtungsmöglichkeiten u. v. m.*

Weitere nützliche Websites
www.pretoria.co.za: *Viele Hinweise zu Sehenswürdigkeiten, Unterkünften u. v. m.*
www.tshwane.gov.za: *Auch die offizielle Verwaltungswebsite bietet unter „What to do" viele touristische Informationen, u. a. eine gute Museumsliste.*
www.museumsonline.co.za: *Information zu den Museen der Stadt. Achtung, gelistet unter „Pretoria".*
Pretoria News: *für Tagesereignisse oder aktuelle Infos die beste Zeitung.*

@ Internetzugang

In der Innenstadt befinden sich mehrere Internetcafés. Außerdem bieten die meisten Hotels und Einkaufszentren Computerterminals mit Internetzugang (ab ca. 30 R/ Stunde).

Zu empfehlen:
Camelot Internet Cafe: *liegt zwar ca. 5 km außerhalb der City, ist aber 24h geöffnet und bietet ein sehr gutes Preis-Leistungs-Verhältnis (15 R/Stunde). Angeschlossen an einen 24h-Shop und einen Autowäsche-Service. 204 Wilhelmina Avenue, New Muckleuk,* ☏ *346-2142, www.camelotholdings.co.za.*

🛏 Hotels/Gästehäuser

Garden Court Hatfield $$+, *gutes Mittelklassehotel mit über 150 Zimmern in warmer, gemütlicher Atmosphäre. Hier, westlich der City, ist die ideale Basis, um die historischen Stätten zu besuchen, ganz in der Nähe befindet sich der Botanische Garten. Ecke End und Pretorius Street, Hatfield,* ☏ *432-9600, www.tsogosunhotels.com.*
Protea Hotel Capital $$+ (2), *zentral gelegenes und recht vornehmes Innenstadthotel. Vom Speisesaal aus herrlicher Blick auf einen schönen Garten. Möglichkeiten zum Kegeln, Golfen und Tennis spielen. 390 Van der Walt (Lilian Ngoyi) Street,* ☏ *322-7795, www.proteahotels.co.za.*
Arcadia Hotel $$+ (1), *gutes Hotel in Innenstadtnähe, modern, zeitgemäß, informelle Atmosphäre. Spektakulär ist die Glas- und Eisenfassade mit Blick auf den großzügigen Garten und Pool. 515 Proes (Johannes Ramokhoase) Street, Arcadia,* ☏ *326-9311, www.arcadiahotel.co.za.*
Waterkloof Guest House $$, *schöne Anlage mit kleinem Pool. Gut ausgestattete Zimmer, freundliches Personal. Gutes Frühstück und leichte Snacks, auf Wunsch auch Dinner. 445 Albert Street, Waterkloof,* ☏ *460-2014/-6455, www.waterkloofguesthouse.com.*
Rozenhof Guest House $$$, *das elegante Gästehaus im Süden der Stadt zeigt in Stil und Ausstattung Einflüsse der französischen Hugenotten, der Briten sowie der Holländer. Das Gelände gehörte dem früheren südafrikanischen Justizminister Tielman Roos († 1935). Nahe der Brooklyn Mall (Geschäfte, Boutiquen, Restaurants). 525 Alexander Street, Brooklyn,* ☏ *460-8075, www.rozenhof.co.za.*

Court Classique Suite Hotel $$$, *elegant, mit hübschem Palmengarten zur Entspannung. 58 komfortable Zimmer/Suiten mit Bad und vielen Extras wie einer zimmereigenen Lounge! Mit Restaurant „Orange Restaurant & Wine Cellar" (s. u.) und Swimmingpool. Der belebte Stadtteil Arcadia bietet ein Einkaufszentrum, Kino, Restaurants etc. Ecke Schoeman (Francis Baard) und Beckett Street, Arcadia,* ☏ *344-4420, www.court classique.co.za.*

Irene Country Lodge $$$, *49 Gästezimmer und 3 Suiten, wie das ganze Hotel im englischen Country-Stil gehalten. Im Zentrum des historischen Städtchens Irene, in schöner Landschaft und mit nahem See. Bar, Pool, Golf-Möglichkeit. Nellmapius Drive, Irene,* ☏ *667-6464, www.africanpridehotels.com.*

Illyria House $$$$$, *erstklassiges Herrenhaus im Kolonialstil für anspruchsvolle Gäste. Ursprünglich residierten hier nur Adlige, jetzt steht das Haus mit seinen antiken Möbeln und den Wandteppichen aus dem 17. Jh. sowie dem barocken Speisesaal jedem offen. Außergewöhnliche Gastfreundlichkeit und beste Küche. Vom Haus aus hat man einen ausgezeichneten Blick auf die historische „Jacaranda-Stadt" und ist in 25 Min. am Johannesburger Flughafen. 327 Bourke Street, Muckleneuk Hill,* ☏ *344-6035/-5193/-4641, www.illyria.co.za.*

🛏 Apartments/Self Catering

Lavender and Rose Cottage $+, *drei einfach gehaltene Einheiten, jeweils mit kleiner, gut ausgestatteter Küche und eigenem Eingang. Netter Garten mit Pool und Grillmöglichkeit. 238 Rubens Street, Faerie Glen (ca. 18 km südöstlich der Stadt),* ☏ *083-308-4257, www.lavenderandrose.co.za.*

Absolute Farenden $$$, *stylische Luxus-Apartments mit Loft-Atmosphäre und allen Annehmlichkeiten. 396 Farenden Street, Arcadia,* ☏ *343-3051, www.absolutefarenden.com.*

222 On Silver Oak Guest House $$$$, *die Herren Riaan und Jaco bieten luxuriöse Selbstversorger-Suiten in ihrer modernen Villa, die in einer Gartenstraße, wenige Kilometer von der Innenstadt entfernt, liegt. 222 Silver Oak Avenue, Waterkloof,* ☏ *082-926-60-41 (mobil), www.222onsilveroakguesthouse.co.za.*

🛏 Backpackers

Pretoria Backpackers $, *sehr nettes Hostel mit freundlichem Wirt, schönen Schlafsälen und Doppelzimmern in zwei älteren Häusern. Die Einrichtung vermittelt eine etwas gediegenere Atmosphäre als andere Häuser. 425 Farenden Street, Arcadia,* ☏ *343-9754, www.pretoriabackpackers.net.*

Kia-Ora Backpackers Lodge $ (3), *große Zimmer, netter Service, sehr zentral gelegen. 257 Jacob Mare (Jeff Masemola) Street,* ☏ *322-4803.*

⚠ Camping

Fountain's Valley Resort $, *115 R pro Stellplatz (max. 4 Pers.). Mit Pool und Restaurant. 7 km von der Innenstadt, entlang der M18 nach Süden. Ecke Christina de Wit und Eeufees Road, Fountain's Valley,* ☏ *440-2121.*

🍴 Restaurants
Südafrikanisch-internationale Küche

The Godfather, *super Steak- und Burgergrill – hier gehen auch die Locals hin. Geöffnet tägl. zum Lunch (außer Sa) und Dinner. 2 Biella Centre, Ecke Heuwel und Mike Crawford Street, Centurion,* ☏ *663-1859/-3302, www.godfather.co.za.*

Orange Restaurant & Wine Cellar, *chic-rustikale Einrichtung. Neben leichten Gerichten (Salate, Pasta) auch Fisch und Fleisch (Burger). Probieren: „Chefs South African Antipasti". Geöffnet 12–15 und 18.30–21.30 Uhr. Im Court Classic Suite Hotel (s. o.).*

Französische Küche
La Madeleine, *französisch-belgische Küche vom Feinsten. Der Chef besucht jeden Tisch und gibt Empfehlungen, eine feste Karte gibt es nicht. Sicher eines der besten Franco-Restaurants in Südafrika. Geöffnet Di–Sa ab 19 Uhr, Lunch nur Fr und Sa. 122 Priory Road, Lynnwood, ☎ 361-3667, www.lamadeleine.co.za.*

Indische Küche
Pride of India, *ausgezeichnete indische Curries und vegetarische Gerichte, gute Weinkarte. Gepflegtes Ambiente. Geöffnet tägl. 11–22.30, sonntags bis 15.30 Uhr. 22 Groenkloof Plaza, 43 George Storrar Drive, Groenkloof, ☎ 346-3684, www.prideofindia restaurant.co.za.*

🍸 Unterhaltung
Das Unterhaltungs- und Kulturprogramm kann zwar nicht mit dem von Johannesburg konkurrieren, bietet aber ebenfalls zahlreiche Möglichkeiten. Das Nachtleben spielt sich hauptsächlich in den Vierteln Hatfield und Brooklyn ab. Das Kino- und Theaterprogramm findet sich im Veranstaltungskalender der **Pretoria News**.

🚗 Mietwagen
Am besten ab Flughafen O. R. Tambo, s. Reisepraktische Informationen Johannesburg, S. 178.

🚖 Taxi
Mehrere Anbieter, z. B. **Rixitaxi** *(24h-Service), ☎ 086-100-7494, www.rixitaxi.co.za.*

🚌 Innerstädtischer Busverkehr
Tshwane Bus Services, *alle Linien und Fahrpläne übersichtlich zu finden unter www.tshwane.gov.za.*

🚌 Überregionale Busverbindungen
Der Busbahnhof befindet sich an der Ecke Paul Kruger und Scheiding Street. Anbieter sind **Intercape**, **Translux** *und* **Greyhound**. *Die Linien starten meist in Tshwane und gehen über Johannesburg ins ganze Land weiter.*

Siehe Reisepraktische Informationen Johannesburg, S. 178/179.

🚆 Eisenbahnverbindungen
Shosholoza Meyl, *Reservierung und Information ☎ 086-000-8888, www.shosho lozameyl.co.za.*
Gautrain, *☎ 0800-428-87246, www.gautrain.co.za. Siehe dazu auch Kasten S. 179.*

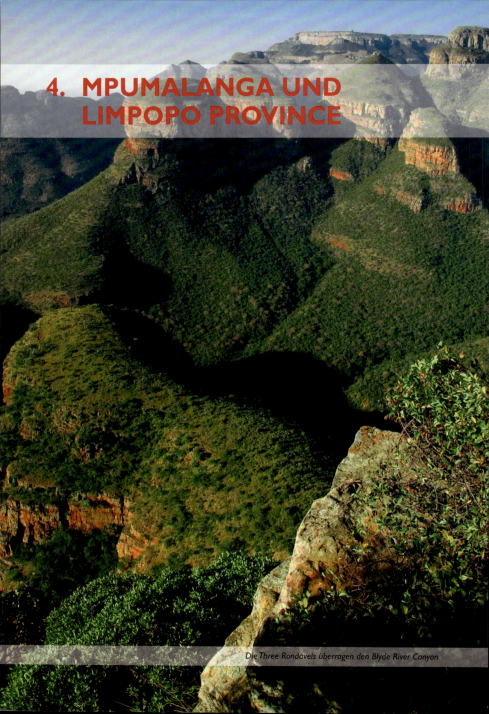

4. MPUMALANGA UND LIMPOPO PROVINCE

Die Three Rondavels überragen den Blyde River Canyon

Panorama-Route (Blyde River Canyon) und Kruger National Park

Überblick

Im Nordosten der Provinz Mpumalanga, in deren Gebiet die ehemaligen Homelands KaNgwane, KwaNdebele und Teile Bophuthatswanas aufgegangen sind, liegt eine der **schönsten Landschaften Südafrikas**. Hier, an den Nahtstellen des Highvelds und des Lowvelds, erschließt die Panorama-Route großartige landschaftliche Eindrücke, deren Höhepunkt der **Blyde River Canyon** ist.

Entfernungen	
Die schnellsten Strecken von Johannesburg nach	
Mbombela (Nelspruit)	ca. 350 km
Sabie/Graskop/Pilgrim's Rest	ca. 370–380 km
Blyde River Canyon	ca. 485 km

Vom Hochland, das sich z. T. über 2.000 m über den Meeresspiegel erhebt, bricht eine Landstufe in das durchschnittlich 300 bis 600 m hohe Lowveld ab. In diesen schon subtropisch geprägten Buschebenen liegt der **Kruger National Park**, eines der größten Natur- und Wildreservate der Erde. Als sich die Menschen anschickten, diese Landschaft zu erobern und damit zu zerstören, erkannten weitsichtige Politiker die Notwendigkeit, intakte Ökosysteme durch Gesetze zu sichern. Bereits seit 1898 wird in dem riesigen Gebiet einer Vielzahl verschiedenster Pflanzen und Tieren Lebensraum gewährt. Fauna und Flora des Kruger Park repräsentieren daher auch heute noch in exemplarischer Weise einen großen Teil der Natur des südlichen Afrika. *Schutz intakter Ökosysteme*

Außerdem ist diese Landschaft von großer historischer Bedeutung: Auf Ochsenkarren zogen einst die **Voortrekker** hierher, und unter großen Entbehrungen und Opfern (z. B. durch Malaria) erschlossen sie das High- und Lowveld. Die Wagemutigsten unter ihnen stellten erste Verbindungswege zu öden portugiesischen Häfen her, denen später Verkehrsverbindungen folgten. Doch auch Glücksritter prägten die Regionalgeschichte: Schon vor den Goldfunden am Witwatersrand stießen Schatzsucher auf das Edelmetall. Ob an den Bourke's Luck Potholes oder in Pilgrim's Rest – die stummen Zeugen dieser Periode lassen die Vergangenheit für den Besucher wieder lebendig werden. *Goldfundorte*

Mpumalanga und Limpopo Province

N

0   20 km

Serowe

Palapype

Mahalapype

Maastroom

R 572

Martin's Drift

Tomburke

Baltimore

Blouberg NR

Mapung Nat

Magalakwena

2046 m

Glen Alpine Dam

Uitzicht

BOTSWANA

Stockpoort

Monte Christo

Villa Nora

Marken

Mokolo

Lephalale (Ellisras)

Lapalala Wilderness

N 11

LIMPOPO

Mokolo Dam Nature Reserve

Mokolo Dam

R 33

R 518

R 510

Welgevonden Game Res.

Vaalwater

Mokopane (Potgietersrus)

Matlabas

W a t e r b e r g e

Marakele Nat. Park

2085 m

1954 m

Marico

Ben Alberts NR

Thabazimbi

Rooiberg

Modimolle (Nylstroom)

Roedtan

Derdepoort

Leeupoort

Heiße Mineralquellen

Madikwe Game Res.

Pilanesberg National Park

Borakalalo Nat. Park

Bela-Bela (Warmbaths)

Tuniplaas

Elands

Mogwase

Assen

Sun City

R 510

Temba

Dennilton

N 4

Groot Marico

Mapoch Ndebele Village

Moloto

Phokeng

R 556

Mabopane

Rustenburg

Marikana

Brits

Tshwane (Pretoria)

N 1

Magaliesberg Nature Reserve

Derby

Hartbeesport Dam

Cullinan Diamantenmine

Willem Prinsloo Museum

N 4

Bronkhorstspruit

© igraphic

NORTH WEST

Cradle of Humankind

Rhino & Lion Nature Reserve

N 14

GAUTENG

Bapsfontein

Johannesburg

N 12

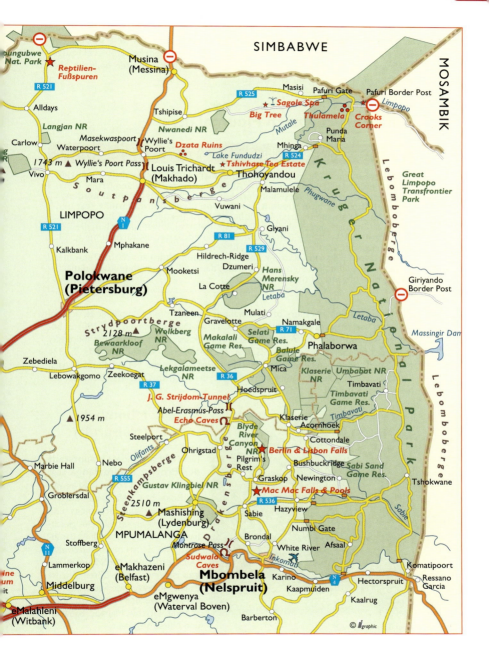

SIMBABWE

MOSAMBIK

...ungubwe Nat. Park

Reptilien-Fußspuren

R 521

Musina (Messina)

Alldays

Masisi

Pafuri Gate

Pafuri Border Post

R 525

Sagole Spa

Big Tree

Thulamela

Crooks Corner

Limpopo

Tshipise

Langjan NR

Nwanedi NR

Wyllie's Poort

Dzata Ruins

Punda Maria

Great Limpopo Transfrontier Park

Carlow

Masekwaspoort

Mhinga

Waterpoort

Lake Fundudzi

Tshivhase Tea Estate

1743 m

Wyllie's Poort Pass

Louis Trichardt (Makhado)

Thohoyandou

Vivo

Mara

S o u t p a n s b e r g e

Malamulele

Phugwane

Lebomboberge

LIMPOPO

N 1

Vuwani

Giyani

R 521

Kalkbank

Mphakane

R 81

R 529

Hildrech-Ridge

Dzumeri

Giriyando Border Post

K r u g e r

Polokwane (Pietersburg)

Mooketsi

La Cotte

Hans Merensky NR

Letaba

Massingir Dam

Tzaneen

Mulati

Gravelotte

Namakgale

R 71

Letaba

Strydpoortberge

2128 m

Wolkberg NR

Makalali Game Res.

Selati Game Res.

Phalaborwa

Bewaarkloof NR

Balule Game Res.

Zebediela

Lekgalameetse NR

Mica

Klaserie NR

Umbabat NR

N a t i o n a l

Lebomboberge

Lebowakgomo

Zeekoegat

R 37

R 36

Hoedspruit

Timbavati

Timbavati Game Res.

1954 m

J. G. Strijdom-Tunnel

Abel-Erasmus-Pass

Echo Caves

Klaserie

Acornhoek

Timbavati

Steelport

Blyde River Canyon NR

Cottondale

P a r k

Marbie Hall

Nebo

Ohrigstad

Pilgrim's Rest

Berlin & Lisbon Falls

Bushbuckridge

Sabi Sand Game Res.

Tshokwane

R 555

Gustav Klingbiel NR

Graskop

Newington

Groblersdal

Steenkampsberge

2510 m

Mac Mac Falls & Pools

Mashishing (Lydenburg)

R 536

Hazyview

Sabie

Stoffberg

MPUMALANGA

Montrose-Pass

Sudwala Caves

Brondal

Numbi Gate

Lammerkop

N 11

eMakhazeni (Belfast)

White River

Afsaal

Komatipoort

...ine ...um ...t

Middelburg

Karino

Mbombela (Nelspruit)

Hectorspruit

Ressano Garcia

eMgwenya (Waterval Boven)

Kaapmuiden

N 4

Kaalrug

eMalahleni (Witbank)

Barberton

© igraphic

Von und bis Johannesburg werden 3– bis 5-tägige geführte Bustouren und Fly-In-Safaris zum Kruger Park (meistens 2–3 Tage) angeboten. Buchbar sind sie über Reiseveranstalter in Deutschland. Selbstfahrer erwartet in diesem Reisegebiet ein ausgezeichnetes Straßennetz. Einige Nebenstrecken sind mit Schotter bedeckt, aber ebenfalls gut mit normalen Pkw befahrbar.

Auf dem Weg nach Mpumalanga

i Streckenbeschreibung

Alle Straßen sind sehr gut ausgebaut und fast sämtlich asphaltiert. Auch kleinere Zufahrtstraßen zu Hotels bzw. Abkürzungen zwischen den Orten, die z. T. mit einer Kiesdecke versehen sind, können problemlos befahren werden.
Schnellster Weg zum Blyde River Canyon (Gegend um Pilgrim's Rest und Blyde River Canyon Resorts): Von Johannesburg aus über die N1 bis Tshwane, dann N4 bis kurz hinter eMgwenya (ehem. Waterval Boven), danach in die R36 bis nördlich Mashishing (ehem. Lydenburg) und später ostwärts in die R533. Wer weiter nach Norden will, bleibt auf der R36.
Schnellster Weg zum Kruger Park: Von Johannesburg aus N1 bis Tshwane, dann N4 bis Mbombela (ehem. Nelspruit), danach R40 bis White River, danach R538 bis zum Numbi Gate/Kruger Park.

Ausflugstipps Wenn man von Johannesburg bzw. Tshwane (Pretoria) kommt, empfiehlt es sich, auf dem Weg nach Mpumalanga nicht nur die Cullinan-Diamantenmine (s. S. 190) zu besuchen, sondern auch das Willem Prinsloo Agricultural Museum, das Fort Merensky sowie das Ndebele-Dorf auf dem Gebiet des Botshabelo Game Reserve (s. S. 182–184). Später biegt man bei eMakhazeni (ehem. Belfast) von der N4 auf die R540 nach Dullstroom und weiter Richtung Mashishing (Lydenburg) ab. Oder man bleibt auf der N4 und kommt nach

Im Lowveld National Botanical Garden

Mbombela (Nelspruit)

Die 1890 gegründete **Hauptstadt der Provinz Mpumalanga** liegt 660 m hoch im Crocodile River Valley. Rosa- bzw. lilafarbene Bougainvilleen, herrliche Jacarandas und Akazien prägen das Bild. Der gleichnamige Verwaltungsbezirk ist das industrielle Zentrum des Lowvelds. Der **Gemüsegarten Mpumalangas** ist eines der größten Zitrusfrucht-Anbaugebiete Südafrikas, außerdem werden hier Avocados, Papayas, Litschis, Mangos, Bananen und Nüsse angebaut.

Interessant sind das im spanischen Stil erbaute Rathaus sowie der nördlich der Stadt gelegene **Lowveld National Botanical Garden** (www.sanbi.org/gardens/lowveld), wo in natürlich belassener Wildnis z. B. ein Drittel der 800 Gehölzarten des Lowvelds und viele Tiere (u. a. 240 Vogelarten) zu sehen sind.

Vegetation des Lowvelds

Abstecher nach Barberton und weiter nach Swasiland

Barberton liegt ca. 40 km südlich von Mbombela (Nelspruit). Auch wenn es heute nicht mehr so scheint, ist die Stadt eine der historisch wichtigen Stätten Südafrikas: 1884 fanden die Geschwister Barber hier Gold und lösten damit sofort einen wahren „Rush" aus. Binnen kürzester Zeit lebten hier 8.000 Menschen, eröffneten **200 Pubs** und gleich **zwei Goldbörsen**. Von einer ist heute noch die Fassadenruine zu besichtigen. 1885 stieß man im benachbarten Eureka City auf noch mehr Gold, doch schon 1888 waren die meisten Goldschätze geplündert, und die Goldsucher zogen weiter an den Witwatersrand, wo zu gleicher Zeit das erste Gold gefunden wurde. Barberton wird heute meist auf dem Weg nach Swasiland durchfahren, s. S. 257.

Panorama-Route

Überblick

Diese Route umfasst die **westlichen Drakensberge**, die steil – über 1.000 m – über eine Randstufe ins Lowveld abbrechen. Durch diese Randstufe haben sich Flüsse ihren Weg gebahnt, und so gibt es hier viele Schluchten und Wasserfälle. Die uralten präkambrischen Gesteine (Dolomite und Quarzite) werden sehr oft von verschiedenfarbigen Flechten bedeckt. Große Gebiete sind wiederaufgeforstet, andere ursprünglich bewachsen.

Redaktionstipps

▸ **Unterkünfte** zwischen Sabie und Hazyview sind ideal für Ausflüge sowohl zum Blyde River Canyon als auch in den Kruger Park, S. 208–209.
▸ **Zeitplanung**: Am besten 3 Übernachtungen (= 2 volle Tage).
▸ **Beste Besichtigungspunkte**: Wasserfälle, Bourke's Luck Potholes, Blyde River Canyon, S. 202–203.

Rundtour

Der „Einstieg" in die Panorama-Route kann von verschiedenen Orten erfolgen. Hier eine empfehlenswerte Rundtour:
Sabie – über R532 Richtung Norden zu den MacMac Pools und Falls – weiter bis Graskop – in nördlicher Richtung über die Schleife der R534 zu The Pinnacle und God's Window – zurück auf die R532 in nördlicher Richtung zu den Wasserfällen und weiter zu den Bourke's Luck Potholes, zum Blyde River Canyon und den Three Rondavels – der R532 weiter folgen, hinter dem Ort Marapeng Wechsel auf die R36 nach Süden zu den Echo Caves und über Ohrigstad, Rusplaas und Mashishing (Lydenburg) via R37 nach Sabie bzw. hinter Rusplaas nach Osten auf die R533 über Pilgrim's Rest Richtung Graskop.

Tourbeschreibung

An den verschiedenen Aussichtspunkten ist meist eine Schutzgebühr von 5–10 R pro Fahrzeug, an den Bourke's Luck Potholes 25 R p. P. plus 10 R p. Fahrzeug zu zahlen.

Sabie

Der kleine Ort liegt 1.109 m über dem Meer, direkt am Abhang des Mount Anderson (2.285 m) und des Mauchbergs (2.115 m). Letzterer wurde nach dem deutschen Geologen Carl Mauch benannt, der 1871 die berühmten Ruinen von Great Zimbabwe entdeckte. Der Ort ist von dichten Wäldern umgeben, und in seiner Nachbarschaft liegen **herrliche Wasserfälle** wie z. B. die **Sabie Falls (1)**, die **Lone Creek Falls (2)** – 68 m, eindrucksvoller Wasserschleier – und die **Bridal Veil Falls (3)**, die ihren Namen der Ähnlichkeit mit einem Brautschleier verdanken.

In der unmittelbaren Umgebung von Sabie wurde von 1895 bis 1950 Gold abgebaut. Heute lebt der Ort vorwiegend von der Forstwirtschaft und vom Tourismus. **Informationen**: www.sabie.info.

MacMac Pools und Falls (4)

Herrliche Naturpools

Im MacMac-Gebiet finden sich herrliche Naturpools mit wunderbar klarem, kaltem Wasser. 2 km nördlich (weiter auf der R532) stürzen die Zwillingswasserfälle MacMac Falls 56 m tief in eine bewaldete Schlucht.

1873 entdeckte in diesem Flusslauf Johannes Muller Gold in guter Qualität. Obwohl die relativ geringen Mengen nur wenige Digger erfolgreich schürfen ließen, kam es zu einem „Rush" in diese Gegend. 1874 besuchte der damalige südafrikanische Präsident Thomas François Burgers die Fundstätte und war erstaunt, sehr viele Schotten an der Arbeit zu sehen: Jeder Zweite war irgendein „Mac" – und fortan hießen die Wasserfälle einfach „MacMac".

Graskop

Einen Verkehrsknotenpunkt bildet die kleine Ortschaft Graskop: Die R532 führt nordwärts zum Blyde River Canyon. Nach Westen gelangt man über die R533 nach Pilgrim's Rest, nach Osten über die R533/R535 nach Hazyview und zum Kruger National Park. **Informationen**: www.graskop.co.za.

God's Window

Landschaftliche Leckerbissen

3 km nördlich von Graskop führt die Schleife der R534 nach Osten zu folgenden sehenswerten landschaftlichen „Leckerbissen":
- **The Pinnacle (5)**: Dies ist eine freistehende Granitsäule, die aus einer Waldschlucht herausragt.
- **God's Window (6)**: Von hier aus schweift der Blick über das 1.000 m tiefer liegende Lowveld.

Wasserfälle

Von der R534 biegt man nach rechts auf die R532 Richtung Norden ab. In der Nähe der Einmündung westlich der R532 kann man die 92 m hohen **Lisbon Falls (7)** be-

Die Lisbon Falls sind Teil der Panorama-Route

wundern. Ebenfalls besonders schön sind die **Berlin Falls (8)**: Hier stürzt das Wasser über 80 m tief in einen Pool.

Bourke's Luck Potholes (9)

Diese geologisch interessanten Potholes am Zusammenfluss des Blyde River mit dem Treur River sind schon **vor Jahrmillionen entstanden**: Damals führte der Fluss noch mehr Wasser und Geröll mit sich, wodurch diese Strudelkessel im Untergrund aus weicherem Gestein ausgehöhlt wurden. Man kann sie heute auf Pfaden und über kleine Holzbrücken erreichen. Hier fand Tom Bourke um 1870 Gold, zwar keine sehr ergiebigen Vorkommen, aber trotzdem fühlte er sich glücklich – „lucky" – deshalb der Name „Bourke's Luck Potholes". *Strudelkessel*

Hinter den Potholes stürzt der Blyde River in eine bis zu 800 m tiefe Schlucht. Hier beginnt der Blyde River Canyon seinen spektakulären Verlauf.

Blyde River Canyon (10)

Der Canyon ist sicherlich einer der größten **landschaftlichen Höhepunkte** im südlichen Afrika und wird oft mit dem Grand Canyon in Arizona/USA verglichen. Geschaffen haben diese Szenerie die beiden Flüsse Blyde und Ohrigstad River: Der Blyde River Canyon ist stolze 32 km lang, der kürzere Diepkloof Canyon immerhin 16 km.

Überragt wird der Canyon von den **Three Rondavels (11)** und dem Mariepskop (1.944 m). Das Ufer ist von Bäumen umsäumt. Natürlich ist der Fluss heute wesentlich schmaler als in der regenreicheren Vergangenheit. Dazu trägt auch der weiter aufwärts liegende Stausee bei, der die im Lowveld gelegene Bergbaustadt Phalaborwa mit Wasser versorgt.

Für den relativ gleichmäßigen Wasserstand des Blyde River sorgt auch die Ufervegetation. Das dichte Wurzelwerk von Sträuchern und Bäumen wirkt *Wurzelwerk als Schwamm* wie ein Schwamm, der Schutz vor Hochwasser bietet und in trockeneren Perioden das Wasser wieder abgibt.

Weshalb ist hier eine so beeindruckende Tallandschaft entstanden?

Das östlich gelegene Lowveld weist eine durchschnittliche Höhe von 600 m auf, dann steigt die Landschaft bis auf 1.944 m (Mariepskop) an. Der Höhenunterschied beträgt damit mehr als 1.300 m. Vom Indischen Ozean werden *Großer Höhenunterschied* feuchte Luftmassen herangetragen, die über diesen Höhenzug steigen müssen. Dabei kühlen sie sich ab, die mitgebrachte Feuchtigkeit kondensiert zu Wolken und fällt als Regen auf die Berge. Hier fließt das Wasser – im Sinne des Kreislaufs – wie-

1 Sehenswürdigkeit

1 Sabie Falls
2 Lone Creek Falls
3 Bridal Veil Falls
4 MacMac Pools und Falls
5 The Pinnacle
6 God's Window
7 Lisbon Falls
8 Berlin Falls
9 Bourke's Luck Potholes
10 Blyde River Canyon
11 Three Rondavels
12 Blyde River Canyon Hiking Trail
13 Fanie Botha Hiking Trail
14 Echo Caves

0 Unterkünfte

1 Forever Resort Swadini
2 Forever Resort Blyde Canyon
3 Hannah Game Lodge
4 Forever Resort Mount Sheba
5 Porcupine Ridge Guest House

N

0   5 km

Panorama-Route und Blyde River Canyon

der zurück zum Ozean und trägt auf seinem Weg zur See aufgrund des starken Gefälles immer mehr vom anstehenden Gestein ab. Die Niederschlagsunterschiede sind enorm: Betragen sie im Lowveld lediglich 500 mm pro Jahr, so erreichen sie im Gebiet des Blyde River Canyon Werte von jährlich 2.000 mm. Natürlich hat das auch für die Pflanzenwelt Folgen: Dichte Wälder gedeihen hier ebenso wie Stinkwood- und Eisenholzbäume.

Geschichte

Im Winter 1840 leitete der Voortrekker Hendrik Potgieter eine Expedition zum portugiesischen Hafen Lourenço Marques (heute Maputo/Mosambik). Die Frauen wurden auf den malariafreien Höhen in der Nähe von Graskop zurückgelassen. Als die Männer zur vereinbarten Zeit nicht zurückkehrten, glaubten die Frauen, dass ihnen Unheil zugestoßen sei, und nannten den Fluss, an dem sie lagerten, „Treur" (Trauer). Dann brachen sie in Richtung Ohrigstad auf, wurden jedoch auf ihrem Weg am weiter westlich verlaufenden Fluss von Potgieter und den anderen Männern eingeholt. Um ihr Wiedersehen zu feiern, nannten sie den Fluss „Blyde" (Freude). *Fluss der Freude*

Wanderungen

Für Wanderfreunde stehen **zwei Fernwanderwege** sowie weitere kleinere Wanderwege zur Verfügung, die alle eine besonders intensive Begegnung mit dieser Landschaft ermöglichen:
Blyde River Canyon Hiking Trail (12), ca. 33 km, 2,5 Tage, und der **Fanie Botha Hiking Trail (13)**, ca. 79 km, 5 Tage.

ℹ Informationen
Allgemeine Informationen: *www.sahikes.co.za.*
Anbieter: *www.blyderiversafaris.com (beide); www.komatiecotourism.co.za (Fanie Botha).*
Weiterer Trail *im Gebiet des Blyde River Canyon: Geelhout Hiking Trail.*

Echo Caves (14)

Die Einheimischen glauben, dass ihre Vorfahren einst in diesen Höhlen Zuflucht vor den Angriffen der Swasi fanden. Als erster Weißer betrat A. J. Claasen die Echo Caves, nachdem er 1923 eine Farm gekauft hatte, auf deren Gelände die Höhlen liegen. Gefundene Waffen und Messer weisen ebenso wie die rußigen Decken darauf hin, dass hier einst Menschen wohnten. Das Höhlensystem mit seiner Stalaktiten- und Stalagmitenwelt erstreckt sich über viele Kilometer. *Weitläufiges Höhlensystem*

An der Straße, die zu den Höhlen führt, befindet sich das **Museum of Man**, wo u. a. auch in den Echo Caves gefundene Gegenstände ausgestellt sind.
Echo Caves: *Der Preis für eine 45-minütige Tour wird mit dem Guide vereinbart. Geöffnet 8.30–16 Uhr. ☎ 013-23800-15, www.echocaves.co.za.*

Pilgrim's Rest

1873 entdeckten Alec Patterson und William Trafford hier am Fuße des Mauchberges, entlang des Pilgrim's Creek, Gold. Patterson trug den Spitznamen „Wheelbarrow Alec"

Ein Paradies für Wanderfreunde, hier das Gebiet um die Bourke's Luck Potholes

„The pilgrim is at a rest"

(Schubkarren-Alec), da er seine ganze Habe in einem solchen Gerät mit sich führte. Trafford soll bei der Entdeckung vor Freude gerufen haben: „The pilgrim is at a rest" (der Pilger hat seine Ruhe gefunden), das Echo der Berge verkürzte den Ausruf zu „Pilgrim's Rest". Diese bis dahin **ergiebigsten Goldfunde** im südlichen Afrika machten weltweit Furore und lockten sogar bekannte Digger von den Goldadern Kaliforniens und Australiens hierher. Die Goldsucher liebten Pilgrim's Rest wegen des angenehm kühlen Klimas – und weil man praktisch entlang des gesamten Creeks fündig wurde. Seit 1986 ist der Ort aufgrund seiner Bedeutung ein National Monument.

> ## ! Achtung in Pilgrim's Rest
>
> Nachdem Pilgrim's Rest jahrelang ein beliebtes Touristenziel war und die Besucher mit seinem Charme und nostalgischem Goldgräber-Gefühl verzauberte, ist der Ort heute nicht mehr unbedingt sehenswert. Viele der etablierten Ladenmieter, die diese Atmosphäre mit viel Liebe zum Detail aufrecht erhielten, verloren ihre Mietverträge. So ist kaum etwas vom traditionellen Tourismusangebot übrig geblieben, und die Übernachtungsgäste bleiben aus. Außerdem sind viele junge Einwohner arbeits- und perspektivlos, die Folgen sind Bettelei, Drogenmissbrauch und Autoeinbrüche. Man sollte also nicht unbedingt im Ort übernachten. Ein Kurzbesuch ist selbstverständlich möglich, dann sollte das Auto aber nicht vollgepackt sein und zum Einbruch „einladen".

Mashishing (Lydenburg)

Voortrekker-Gründung

Weiter südlich – eigentlich nicht mehr zur Panorama-Route gehörend – liegt der Ort Mashishing, der 1849 gegründet wurde und bis 2006 noch „Lydenburg" hieß. Die Voortrekker unter Andries Potgieter hatten ihre Siedlung nach den **großen Leiden** der Bewohner von Ohrigstad benannt, die von einer Malaria-Epidemie heimgesucht wor-

Pilgrim's Rest: leider nicht mehr der sicherste Ort

den waren. Im Ort steht das älteste Schulhaus in Mpumalanga (1851). Sehenswert ist das **Lydenburg Museum**, das Kopien der bekannten Lydenburg Heads zeigt. Die Originale der archäologischen Funde liegen heute im South African Museum in Kapstadt.
Lydenburg Museum: *Eintritt frei. Geöffnet Mo–Fr 8–16, Sa–So –17 Uhr, Long Tom Pass,* ☎ *013-235-7300.*

Information
Mpumalanga Tourism and Parks Agency, *Hall's Gateway an der N4, Nelspruit,* ☎ *013-759-5300/01, www.mpumalanga.com.*
Kruger Lowveld Tourism, *LCBT House, Crossing Centre, Ecke N4/R40, Nelspruit,* ☎ *013-755-2069, www.krugerlowveldtourism.com.*

Flüge
Täglich von Durban (außer Wochenende), Johannesburg und Kapstadt zum **Kruger Mpumalanga International Airport** (**KMIA**) *nordöstlich von Mbombela (Nelspruit),* ☎ *013-753-7500, www.kmiairport.co.za.*

Autovermietungen
Einige Autovermieter sind am Flughafen und in der Innenstadt von Mbombela (Nelspruit) vertreten, z. B. **Budget** *im Protea Hotel (s. u.),* ☎ *013-753-3386.*

Unterkunft/Camping
Es ist empfehlenswert, mindestens zwei volle Tage in dieser Gegend einzuplanen, um die Schönheit der Landschaft ganz aufnehmen zu können.

Mbombela (Nelspruit)
Nelspruit Protea Hotel $$, *Haus der bekannten Kette mit allem 4-Sterne-Komfort. 30 Jerepico Street,* ☎ *013-752-3948, www.proteahotels.com.*

Am Blyde River Canyon
Forever Resort Swadini $$–$$$$ **(1)**, *Chalets, Camping- und Caravanplätze, Schwimmbad mit Panorama-Bergblick, Restaurant – alles topsauber und preiswert. Private Bag X 3003, Hoedspruit 1380,* ☎ *015-795-5141, www.foreverswadini.co.za.*
Forever Resort Blyde Canyon $$–$$$$ **(2)**, *ebenfalls Chalets, Camping- und Caravanplätze, Restaurant, Schwimmbad – in Qualität und Preis ähnlich wie Swadini (s. o.), aber landschaftlich und als Anlage noch schöner. Private Bag X 405, Graskop 1270,* ☎ *0861-22-69-66, www.foreverblydecanyon.co.za.*

Bei Ohrigstad
Hannah Game Lodge $$ **(3)**, *in einem 8.000 ha großen Reservat u. a. mit vier Leoparden und 28 Antilopenarten. 68 riedgedeckten Chalets mit romantisch-nostalgischem Ambiente und wunderbarem Ausblick auf ein Wasserloch. Swimmingpool. Pirschfahrten möglich. Von der R35 auf die R555, Old Burgersfort Road, Ohrigstad,* ☎ *013-238-8100, www.hannahlodge.co.za.*

Mount Sheba (nahe Pilgrim's Rest)
Forever Resort Mount Sheba $$–$$$ **(4)**, *das gediegene Haus liegt auf einer Anhöhe vor der Stadt. Zimmer mit Kamin, erstklassige Küche. Tagsüber bieten sich Wanderungen durch die Wälder an. Campingplatz vorhanden. P.O. Box 100, Pilgrim's Rest 1290,* ☎ *013-768-1241, www.mountsheba.co.za.*

Zwischen Sabie und Hazyview
Gute Ausgangpunkte zu allen attraktiven Zielen der Panorama-Route und zum Kruger National Park:
Hippo Hollow Country Estate $$, *Leser schrieben uns dazu: „In dem modernen Hotel mit vorzüglichem Service und sehr gutem Essen haben wir uns sehr wohl gefühlt. Das kleine Einzelhäuschen als Unterkunft war gemütlich und sauber. Ein wunderschöner Aufenthalt" – besonders auch für Familien mit Kindern. An der R40 nördlich von Hazyview.* ☎ *013-737-7752, www.seasonsinafrica.com/hotels-in-south-africa/lowveld-hotels/hippo-hollow-country-estate.*
Porcupine Ridge Guest House $$ **(5)**, *auf einem bewaldeten Hügel in einem alten Goldgräberdorf südlich der R536. 5 stilvolle Zimmer mit eigenem Bad. Traditionelles englisches Frühstück. Privater Wasserfall auf dem Gelände. 5 Vanaxe Estate, Hazyview Road, Sabie,* ☎ *082-818-0277 o. 073-611-6349, www.porcupineridge.co.za.*
Chestnut Country Lodge $$, *schönes Schwimmbad, ruhige Lage, nette Zimmer – preiswert und sehr persönlich! Kulinarischer Lesertipp: die Spare Ribs. Anfahrt: von der R536 in die 2ⁿᵈ Kiepersol Road. P.O. Box 156, Kiepersol 1241,* ☎ *013-737-8195, www.chestnutlodge.co.za.*
Rissington Inn & Restaurant $$+, *ruhig gelegenes, legeres Haus zum Wohlfühlen. Leser schrieben uns dazu: „Angenehme Atmosphäre, ausgezeichneter Service, große Zimmer, gutes Essen." Außerdem Swimmingpool. Sehr gutes Preis-Leistungs-Verhältnis. 2 km südlich der Stadt, nahe der R 40. P.O. Box 650, Hazyview 1242,* ☎ *013-737-7700, www.rissington.co.za.*
Tanamera Lodge $$$$+, *an den Hängen des Sabie-Tals mit tollem Ausblick auf die Wälder des Lowveld. Hier kann man schön und luxuriös nächtigen. Die acht Chalets liegen einsam im Busch und bieten neben romantischer Atmosphäre Highlights wie Naturbadewannen und Wasserfallduschen. Nördlich der R536,* ☎ *013-764-2900, www.tanamera.co.za.*

Kruger National Park

Überblick

„Kein Südafrika-Urlaub ohne den Kruger National Park" – so könnte man es formulieren. Das riesige Gebiet von fast **20.000 km²** (mit der Größe von Israel oder Slowenien vergleichbar) lockt jährlich bis zu 1,5 Millionen Besucher an. Die Entfernung von Johannesburg aus ist nicht besonders groß, selbst mit dem Auto braucht man nicht länger als einen Tag. Bei wenig Zeit kann man direkt vom O. R. Tambo Airport ins Königreich der Tiere fliegen. Für den Kruger Park sind **mind. 3 Tage** einzuplanen.

Wenn die europäische Reisewelle mit den südafrikanischen Ferien zusammentrifft, sind die staatlichen Unterkünfte und Campingplätze hoffnungslos ausgebucht. Auch Tagesbesucher sollten insbesondere an Wochenenden, Feiertagen und während der südafrikanischen Schulferien **vorher reservieren**, um sich eine Enttäuschung zu ersparen.

Der Kruger Park ist ein staatlich verwaltetes Naturschutzgebiet, auch die Camps sind staatlich organisiert. Das Parkgebiet ist ganzjährig geöffnet. Die **beste Zeit zur Tierbeobachtung** sind die Trockenmonate **Juni–September**: In dieser Zeit ist die Savanne trocken, und die Tiere ziehen an die verbliebenen Wasserstellen, sodass man die Chance hat, sie aus unmittelbarer Nähe zu beobachten. Da auch die Vegetation um diese Zeit wesentlich lichter ist, kann man die Tiere schneller entdecken. Es ist selbstverständlich nicht möglich, den Park und seine Tierwelt vollständig kennenzulernen. Tierbeobachtungen sind eben immer auch **vom Zufall abhängig**. Daher sollten die Erwartungen nicht zu hoch gespannt sein.

Das gesamte Parkgebiet ist von einem **Straßennetz** (Asphalt, Schotter) durchzogen. Man darf auf keinen Fall von den vorgeschriebenen Wegen abweichen, was natürlich die Beobachtungsmöglichkeiten stark einschränkt. Während der Hochsaison kommt es öfters zu **Staus**, wenn jemand Tiere in der Nähe der Straße entdeckt hat. Doch weder Afrika-Neulinge noch die meisten Wiederholungsreisenden sehen darin einen Nachteil.

Vorgeschriebene Wege

Staatliche Unterkünfte im Park

Folgend werden die zwölf Haupt- sowie einige der Satellitencamps kurz vorgestellt:

Redaktionstipps

▸ Je nach Geldbeutel muss eine Grundsatzentscheidung fallen: **staatliches Camp** im Kruger National Park (einfache Unterkunft, Safarifahrt nur auf den vorgeschriebenen Straßen und Wegen, ohne Führung) oder privates Wildschutzgebiet (exzellente Unterkünfte, geschulte Safarileiter dürfen kreuz und quer im offenen Geländewagen auf eigenem Gebiet durch den Busch fahren).

▸ **Die schönsten staatlichen Camps**: Shingwedzi, Letaba und Lower Sabie, S. 211–213 bzw. 221.

▸ **Private Wildschutzgebiete für jeden Anspruch**: sehr gutes Preis-Leistungs-Verhältnis = Elephant Plains; gehoben = Arathusa, Motswari; Luxus = Inyati, Kings Camp (alle am Westrand; S. 213–216 bzw. 222). Im Park empfehlenswert: The Outpost (S. 222).

▸ Für alle Unterkünfte gilt: Unbedingt vorausbuchen, und das möglichst langfristig!

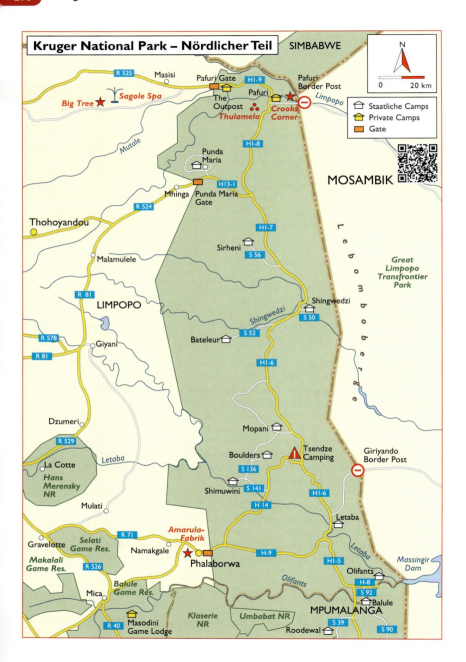

Kruger National Park – Nördlicher Teil

SIMBABWE

MOSAMBIK

R 525
Masisi
Pafuri Gate
H1-9
Pafuri Border Post
Big Tree
Sagole Spa
The Outpost
Pafuri
Limpopo
Thulamela
Crooks Corner

Mutale

Staatliche Camps
Private Camps
Gate

0   20 km

N

Punda Maria
H1-8

Mhinga
Punda Maria Gate
H13-1
R 524

Thohoyandou

Malamulele

H1-7
Sirheni
S 56

Great Limpopo Transfrontier Park

R 81
LIMPOPO

Shingwedzi
Shingwedzi
S 50

R 578
Giyani
Bateleur
S 52

R 81

H1-6

Lebomboberge

Dzumeri

R 529
Mopani
Letaba

La Cotte
Boulders
Tsendze Camping
Giriyando Border Post

Hans Merensky NR
S 136
Shimuwini
S 141

Mulati
H 14
H1-6

Letaba

Amarula-Fabrik

Selati Game Res.
R 71
Namakgale
H-9
H1-5
Letaba

Gravelotte

Makalali Game Res.
R 526
Phalaborwa
Olifants
Massingir Dam

Balule Game Res.
Olifants
H-8

Mica
S 92
Balule

MPUMALANGA

Klaserie NR
Umbabat NR
S 39
S 90

R 40
Masodini Game Lodge
Roodewal

Savannenlandschaft im Kruger Park

Nördlicher Teil

Punda Maria: das nördlichste Camp, von üppiger tropischer Vegetation umgeben (Affenbrotbäume). Es liegt 8 km vom gleichnamigen Gate entfernt und versprüht die Atmosphäre der Gründerzeit des Kruger Park – auch weil der Massentourismus am Camp (bislang) vorübergegangen ist.

Shingwedzi: ein großes, sehr schönes Camp inmitten von Mopane-Bäumen und Mlala-Palmen. Oft werden Elefanten, Nyalas (eine Antilopenart) und Elenantilopen gesichtet.

Mopani: modernes, fast luxuriöses Camp am Ufer des Pioneer Damms. Die Lage am Wasser ist toll für Tierbeobachtungen.

Letaba: sehr schönes Camp am Südufer des Great Letaba River, 53 km vom Phala-borwa Gate entfernt. Open-Air-Restaurant inmitten von Mahagoni-Bäumen. Oft kommt Wild zum Trinken an den Fluss. In der Nähe zeigen sich häufig Löwen, Leo-parden und Elefanten. *Essen unter Mahagoni-Bäumen*

Olifants: das landschaftlich am schönsten gelegene Camp, hoch über dem Olifants River! Man kann die Aussicht auf die Weite der Savannenlandschaft bis zu den Le-bombo-Bergen genießen, außerdem gibt es in dieser Gegend viele verschiedene Tier-arten zu sehen. Eine besonders interessante Route mit vielen Beobachtungsmöglich-keiten ist die Strecke, die dem Great Letaba-Fluss zum Letaba Camp nach Norden folgt (48 km).

Südlicher Teil (s. Karte S. 212)

Satara: ein großes Camp im Zentrum des Parks, inmitten einer Graslandschaft mit guten Weiden und vielen Wasserstellen. In dieser Gegend werden oft Zebras, Ele-fanten, Giraffen, Löwen, Leoparden und Geparde gesichtet. Zum Orpen Gate sind es 45 km.

Kruger National Park – Südlicher Teil

N
0 — 20 km

Mulati
H 14
Letaba
H1-6
Gravelotte
Selati
Game Res.
R 71
Namakgale
Amarula-
Fabrik
H-9
Phalaborwa
Makalali
Game Res.
LIMPOPO
R 526
R 40
H1-5
Olifants
Barrier de
Massingir
Letaba
Olifants
H-8
Mica
Balule
Game Res.
S 92
Balule
R 40
Masodini
Game Lodge
Klaserie
NR
Umbabat NR
S 39
Roodewal
H1-4
S 90
R 526
Blyde
Elephants
Conservancy
Motswari
Hoedspruit
Kings Camp
Simbavati River Lodge
Timbavati
S 127
L
e
b
o
m
b
o
b
e
r
g
e
R 527
Kopama
Game Res.
Timbavati NR
Ngala
Satara
R 531
Thornybush
Game Res.
Timbavati
H 7
Blyde
River
Canyon
NR
Klaserie
Orpen Gate
S 36
H 6
R 532
Acornhoek
Cottondale
Bushman's
Adventure Lodge
Talamati
S 140
S 126
S 145
H1-3
S 125
MOSAMBIK
R 40
Mayeleti
Game Res.
siehe Detailkarte
Pilgrim's
Rest
Bushbuckridge
Sabi Sand
Game Res.
Tshokwane
Kowyn Pass
Newington
H1-2
Graskop
Marite
R 535
Sabie
R 536
Hazyview
Kruger Gate
S 1
Skukuza
Sabie
H 10
R 37
R 537
Numbi Gate
R 538
S 3
Phabeni
Gate
H1-1
S 114
H4-1
MPUMALANGA
Pretoriuskop
H 3
H2-2
Lower Sabie
Brondal
White River
Plaston
Afsaal
H4-2
Jatinga Country Lodge
Oliver's Lodge
Thokozani Lodge
Marloth
Park
Marloth Park
Karino
Mthethomusha
NR
Berg-en-Dal
S 139
Biyamiti
Royale Marlothi
Safari Lodge
Crocodile
Bridge Gate
N 4
S 110
Malélane Gate
Komatipoort
Buhala Lodge
Hectorspruit
Ressano Garcia
Kaapmuiden
R 570
R 40
R 38
Kaalrug
R 571

© graphic

Staatliche Camps
Private Camps
Gate

© graphic

Orpen: kleines Camp, besonders für Erkundungen in der Park-Mitte geeignet – allerdings dient es als Anlaufcamp für Spätankömmlinge. Zu Orpen gehören die wenige Kilometer östlich am Timbavati River gelegenen Satellitencamps **Maroela** (nur für Caravan-Fahrer und Camper) und **Tamboti** (Safari-Zelte).

Skukuza: das größte Camp, nur 12 km vom Paul Kruger Gate entfernt. Es eignet sich insbesondere zur Erkundung des Südens. In der Nähe werden häufig Löwen, Giraffen, Elefanten, Büffel und Flusspferde gesehen. Aufgrund der Größe (bis zu 1.000 Personen!) nur wenig Atmosphäre. Außerdem sitzt hier die Hauptverwaltung.

Paviane

Pretoriuskop: das erste Camp, das im Nationalpark gebaut wurde. Hier befindet sich ein erfrischendes Schwimmbad aus Naturgestein. Da dieses Camp – inmitten einer interessanten Felsenlandschaft - etwas höher liegt, ist es besonders in der Sommerhitze angenehm. Nahe dem Shitlhave-Damm trifft man Rappenantilopen an, auch Löwen, Geparde und Leoparden werden oft gesichtet. Bis zum Numbi Gate sind es 9 km.

Lower Sabie: kleineres, sehr schönes Camp am Sabie-Fluss. Hier können oft große Elefanten- und Büffelherden beobachtet werden, und an der Lower Sabie Road zeigen sich manchmal Löwen. Interessant auch für Ornithologen! Bis nach Skukuza sind es 46 km.

Crocodile Bridge: in der Südost-Ecke des Parks, leicht über das gleichnamige Gate zu erreichen. In der Nähe des kleinen Camps befindet sich ein „hippo pool", wo Flusspferde baden. Das Grasland lieben vor allem Zebras, Gnus, Impalas und Büffel.

Steinböckchen

Berg-en-Dal: einziges Lager in einer Berglandschaft, umgeben von trockenen Flussbetten und großem Baumbestand. Hier sind u. a. Breitmaulnashörner und Leoparden zu sehen.

Entfernungen und Fahrtzeiten

Die durchschnittliche Fahrgeschwindigkeit im Kruger Park beträgt 25 km/h, verschiedene Straßenbeläge berücksichtigt. Für die 56 km zwischen Numbi Gate und Skukuza Camp braucht man so z. B. 2h 15 min (kürzester Weg).

Eine Entfernungstabelle zwischen allen Gates und Camps findet sich in Andy und Lorrain Tinkers Heft „Kruger Nationalpark, Handbuch und Karte", das es im Park auf Deutsch zu kaufen gibt.

Private Wildschutzgebiete am Westrand

Besucher, die die Tierwelt Kenias, Tansanias oder gar Botswanas erlebt haben, sind vom Kruger Park und der Safari auf vorgegebenen Wegen eher enttäuscht. Für „tierverwöhnte" Reisende ist daher der Aufenthalt in einem der **großen Wildreservate** am Westrand des Kruger Parks wie dem **Sabi Sand** Game Reserve oder dem nördlicheren **Timbavati** Game Reserve zu empfehlen. Diese Großgebiete sind in weitere

Hyänenwelpe

Büffelstau

kleine **Private Game Reserves** unterteilt (s. u.). Hier dürfen die Wildhüter (game rangers) bei Safari-Fahrten im offenen Geländewagen kreuz und quer durch den Busch fahren, hervorragende Tiererlebnisse sind für die Gäste damit vorprogrammiert. Allerdings liegen die **Übernachtungskosten** in den z. T. sehr luxuriösen privaten Camps wesentlich höher als im staatlich kontrollierten Kruger Park, da neben dem höheren Standard auch die Verpflegung und die fachkundig geführten Safari-Fahrten (und Fußsafaris) im Preis eingeschlossen sind. Zusätzlich zu den Übernachtungskosten fällt ggf. pro Person eine einmalige **Conservation levy** an, in Timbavati z. B. 170 R.

Die **Buchung** kann selbstständig (s. S. 222) oder über entsprechende Reiseveranstalter erfolgen. Als **Aufenthaltsdauer** sind 3 Übernachtungen (= 2 volle Safari-Tage) optimal. Die nachfolgende Auflistung zeigt eine **Auswahl**.

Sabi Sand Game Reserve

Arathusa Safari Lodge (2): Die ebenso komfortable wie intime Lodge bietet einen 180-Grad-Blick auf ein Wasserloch. 9 Rondavels und 4 Luxus-Rondavels (letzte allerdings ohne Wasserloch-Blick) mit En-Suite-Bädern. Offene Boma, Pool, Lounge, Spa und weitere Annehmlichkeiten stehen zur Verfügung.

Elephant Plains Game Reserve (4): Unterkunft in 6 Luxussuiten und 5 günstigeren Rondavels – sehr gutes Preis-Leistungs-Verhältnis. Im Haupthaus Aussichtsdeck mit herrlichem Ausblick auf ein Wasserloch, außerdem Spa und Curio Shop vorhanden.

Chitwa Chitwa Private Game Lodge (5): schöne Lage direkt an einem kleinen Stausee, besonders im Winter findet sich Wild hier ein. Die Suiten sind am See entlang gruppiert und geschmackvoll afrikanisch-modern eingerichtet. Genauso hochwertig wirkt der Hauptbereich mit Essbereich und Bar mit Blick auf den See.

Ulusaba Game Reserve (7): gehört dem britischen Virgin-Gründer und Unternehmer Richard Branson und ist nur eines seiner „Virgin Limited Edition"-Luxusresorts. Drei Lodges, zudem sind Pool, Boma und Curio Shop vorhanden: Die 11 Baumhaus-Zimmer und -Suiten der hochwertigen **Safari Lodge** verfügen über eigene Veranden zur Tierbeobachtung und Entspannung. Die stilvolle **Rock Lodge** liegt auf einem 800 m hohen Felsen und gewährt einen beeindruckenden Blick über den afrikanischen Busch. Alle 10 Zimmer und Suiten bieten eine eigene Terrasse und weiteren Luxus, zwei locken sogar mit einem eigenen Tauchbecken. Swimmingpool mit natürlichem Wasserfall. Die **Cliff Lodge** liegt nahe der Rock Lodge und hat nur zwei luxuriöse Safari-Suiten. Diese sind privat und exklusiv mit eigenem Chefkoch, Fahrzeug und Whirlpool mit Weitblick.

Richard Bransons Luxusresort

Lion Sands Game Reserve (19): im Süden des Sabi Sands Game Reserve gelegen. Fünf Lodges mit geschmackvoll eingerichteten Suiten und v. a. mit direktem Zugang zum Fluss. Traumhafte Aussicht und beste Gelegenheiten zu Tierbeobachtungen.

Inyati Game Lodge (8): Rustikal-luxuriöse Chalets, Aufenthaltsraum, Swimmingpool, Boma, Laden. Leser schrieben: „Der Service war hervorragend. Es fehlen die Worte, um unsere Begeisterung auszudrücken."

Singita Sabi Sand Game Reserve (14): Hier eröffnen sich fantastische Wildbeobachtungsmöglichkeiten, da Großwild und sogar Leoparden konzentriert auftreten. Die nicht eingezäunten Unterkünfte bieten Luxus pur: In der **Ebony Lodge** stehen 12 Suiten mit Bad zur Verfügung, die u. a. mit einem offenen Kamin und einer privaten Terrasse samt Pool und Außendusche aufwarten. Spa möglich. Die 12 Suiten der **Boulders Lodge** oberhalb des Sand River halten ähnlichen Luxus bereit wie die der Ebony Lodge, zusätzlich Zugang zur Bibliothek mit Internet und zum Weinkeller. Spa auch hier möglich. Das **Castleton Camp** ist als Farmhaus mit 6 klimatisierten Zimmern gestaltet.

Londolozi Game Reserve (15): Dieses Game Reserve mit 5 verschiedenen Camps ist besonders ex-

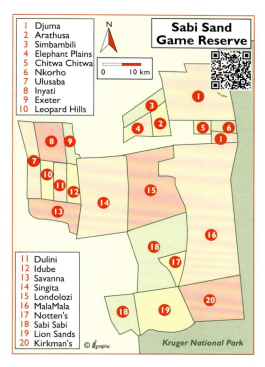

1	Djuma
2	Arathusa
3	Simbambili
4	Elephant Plains
5	Chitwa Chitwa
6	Nkorho
7	Ulusaba
8	Inyati
9	Exeter
10	Leopard Hills
11	Dulini
12	Idube
13	Savanna
14	Singita
15	Londolozi
16	MalaMala
17	Notten's
18	Sabi Sabi
19	Lion Sands
20	Kirkman's

Sabi Sand Game Reserve

© *igraphic*

Kruger National Park

klusiv. Am Sand River gelegen, offene Veranda, Swimmingpool, Bar, Boma, Laden. Das Naturschutzgebiet ist international bekannt – und prämiert – für sein Management, das in außergewöhnlicher Weise die Erhaltung der Natur, Integration der Tierwelt und die Einbeziehung der Einwohner vor Ort gewährleistet. Von hier aus besteht die beste Möglichkeit in Südafrika, Leoparden zu sehen und natürlich auch andere Wildtiere zu beobachten. Das Optimum an Exklusivität und Privatheit!

MalaMala Game Reserve (16): Der weltberühmte Klassiker unter den privaten *Weltberühm-* Game Reserves ist das weitaus größte private Wildschutzgebiet im Sabi Sand Game Re- *ter Klassiker* serve und wird von den beiden Flüssen Sabi und Sand durchquert, was hervorragende Wildbeobachtungsmöglichkeiten garantiert. Dazu weist MalaMala das beste Preis-Leistungs-Verhältnis unter den Top-Unterkünften auf! Auf dem Gebiet liegen 3 Lodges mit Aufenthaltsraum, Bar, Boma, Pool und Laden: Das **MalaMala Main Camp** bietet Rondavels mit komfortablen Zimmern inkl. zweier Bäder – für sie und für ihn! Das Sable Camp ist im Stil der 1920er-Jahre oberhalb des Sand River erbaut, koloniale Atmosphäre. **Rattray's on MalaMala** ist das kleinste Camp in MalaMala. Alle Camps zeigen durch ihre spezifische Architektur und Dekoration einen Ausschnitt aus der afrikanischen Kultur. In Rattray's werden die geometrischen Muster und Figuren der Ndbele nachempfunden.

Sabi Sabi Game Reserve (18): seit 1979, heute ein Modell für ökologischen Tourismus. Die verschiedenen Unterkünfte haben alle eine Bar, einen Swimmingpool, eine

Boma und weitere Annehmlichkeiten. Unter dem Motto „Gestern, heute und morgen" stehen sie jeweils für einen Zeitabschnitt in der 100-jährigen Safarigeschichte: Das **Selati Camp** liegt am Msuthlu-Fluss und steht mit seinem romantisch-kolonialen Stil

Ökologischer
Tourismus

für das Gestern. Mit 8 Zimmern ist es sehr intim gehalten. Die **Bush Lodge** in ihrem Ethno-Design repräsentiert das Heute. Sie ist die größte Unterkunft im Game Reserve mit 25 schönen Chalets (jeweils eigene Terrasse) und liegt ebenfalls am Flussbett. Hier gibt es einen Curio Shop und eine Bücherei. Die noch relativ neue **Little Bush Lodge** verfügt über 6 luxuriöse Suiten mit eigenem Whirlpool auf dem Aussichtdeck. Hier hat man sein eigenes Spa mit Blick auf den Fluss! Zuletzt die **Earth Lodge**: Sie liegt versteckt in einer Erdmulde und symbolisiert mit ihrem beeindruckenden Design das Morgen. Alle 13 Zimmer mit eigener Terrasse und Pool sowie Innen- und Außenduschen. Pool, Boma, Curio Shop, Kunstgalerie sowie Wellnessbereich „Amani Spa at Earth Lodge" vorhanden.

Timbavati Game Reserve

Motswari Private Game Reserve: 1981 von einem Deutschen errichtet, heute als Familienbetrieb geführt. Neben den „Big 5" und vielen Vogelarten ist hier insbesondere der weiße Löwe zu Hause. Die **Motswari Game Lodge** bietet 15 Luxuswohneinheiten für 30 Gäste sowie Swimmingpool, Boma, Konferenzraum, Bar, Veranda.
Ngala Game Reserve: „Ngala" bedeutet in der Eingeborenensprache Shaangan „Ort der Löwen". Hier ist ein idealer Ort für Tierbeobachtungen, und es gibt nicht nur Löwen zu sehen! Die exklusive **Ngala Game Lodge** mit Aufenthaltsraum, Laden, Bar, Boma und Swimmingpool bietet 20 luxuriös eingerichtete Rondavels. Außerdem gibt es das **Ngala Tented Camp.**
Kings Camp Game Reserve: Das Kings Camp liegt gegenüber einer offenen Savanne und einem Wasserloch – viele Tiere garantiert. Die im Kolonialstil gehaltene Lodge bietet 11 hochluxuriöse Suiten mit Bad und privaten Veranden, zwei sogar mit

Viele Tiere
garantiert

eigenem Pool, das separate Waterbuck Private Camp verfügt über vier Zimmer. Das Restaurant offeriert feinste Küche. Lounge, Bar, Boma, Bibliothek, Curio Shop, Spa mit verschiedenen Therapie- und Massageangeboten.
Simbavati River Lodge: am Ufer des Nhlaralumi River im nördlichen Teil des Game Reserve, ideal zur Vogelbeobachtung, aber auch für die Entdeckung der großen Tiere. 8 großzügige, moderne, klimatisierte Safari-Zelte mit Badezimmer en-Suite. Außerdem 3 Familien-Chalets mit je zwei separaten Schlafzimmern und Bad. Alle Unterkünfte mit Außendeck. Hauptbereich mit Pool, Boma, Lounge und Bibliothek.

Wilderness Trails

Im Kruger National Park werden faszinierende **Wildniswanderungen** auf sieben verschiedenen Pfaden unter dem Schutz und der Führung von erfahrenen Wildhütern veranstaltet:
Wolhuter Trail, Startpunkt Berg-en-Dal Camp; **Bushman Trail**, Berg-en-Dal Camp; **Olifants Trail**, Startpunkt Letaba Camp; **Nyalaland Trail**, Startpunkt Punda Maria; **Metsi-Metsi Trail**, Startpunkt Skukuza Camp; **Napi Trail**, Startpunkt Pretoriuskop Camp; **Sweni Trail**, Startpunkt Satara Camp.

> ### ℹ️ Informationen
> *zu den einzelnen Trails unter www.sanparks.org/parks/kruger/all.php.*

Die Wanderungen bieten die Möglichkeit, die Tierwelt und die Vegetation des Nationalparks in all ihrer Vielfalt zu erleben. Die **Dauer** der Trails ist drei Nächte, die Wanderung an sich ist auf zwei Tage ausgelegt. Angeboten werden sie von Mi–Sa oder So–Mi. Die **Übernachtung** erfolgt in rustikalen Hütten im Busch. **Ausrüstung** und **Verpflegung** werden gestellt und durch den National Parks Board befördert, Rucksäcke sind nicht notwendig. Es ist auf passende Kleidung und Sonnenschutz zu achten (s. S. 99 und S. 102). Mobiltelefone und MP3-Player sind verboten. Die Gruppengröße ist auf max. 8 Personen beschränkt, die 12–65 Jahre alt sein dürfen.

Ratschläge für den Aufenthalt im Nationalpark

▸ Das **Aussteigen aus dem Auto** außerhalb der eingezäunten Camps ist **verboten**, da es zu gefährlich ist. Die Tiere decken sich oft farblich mit der Landschaft.
▸ Die meisten Straßen sind in sehr gutem Zustand und sogar asphaltiert, was manchen Besucher zum schnellen Fahren verleitet (die **Geschwindigkeitsbegrenzung beträgt 50 km/h**!). Bei ca. 20 km/h hat man die Chance, die Landschaft voll zu erfassen und Tiere zu sichten. Ein langsames Ausrollen des Wagens – ggf. Motor abstellen – ermöglicht ungestörtes Beobachten. Allerdings ist es ratsam, bei Elefanten den Motor laufen zu lassen, um bei Gefahr schnell starten zu können. Gereizte Elefanten nehmen es auch mit einem Auto auf!
▸ Während der **heißen Tageszeit** suchen auch die Tiere Schatten und halten sich oft unter Bäumen und Büschen auf. Diese Zeit eignet sich nur **schlecht für Pirschfahrten**.
▸ Viele **Dämme, Flüsse und Wasserlöcher** sind ausgeschildert. **Tiere** trifft man hier **insbesondere morgens**, aber auch spätnachmittags, wenn sie zum Trinken kommen.
▸ Kreisende Geier und umherschleichende Schakale weisen auf gerissenes Wild hin. Vielleicht sind dann Löwen oder andere Raubtiere in der Nähe.
▸ Man sollte genau auf Geräusche achten und sich im Wagen nur **leise unterhalten** – manche Tiere haben ein erstaunliches Gehör und zeigen sich erst gar nicht. Außerdem lohnt es sich, die Bäume und Sträucher in Augenschein zu nehmen: Über 500 Vogelarten leben im Nationalpark!
▸ Die Fotografen sollten ihre **Kamera immer schussbereit** halten. Empfehlenswert sind ein sehr guter Zoom und ein Fernglas. Bei analogen Fotoapparaten ist ein Teleobjektiv unentbehrlich.
▸ **Pirschfahrten** sind nur **zwischen Sonnenaufgang und -untergang** gestattet. Die Zeiten ändern sich deshalb ständig.
▸ Die **Schließzeiten** der Camps und Gates sind dringend zu beachten. Wer nicht rechtzeitig den Park verlassen hat bzw. zurück im Camp ist, muss mit einer empfindlichen Geldstrafe rechnen.
▸ Das Kruger Park-Gebiet gilt als **Malaria-gefährdet**, s. S. 97.
▸ Das **Füttern und Stören** der Tiere ist **strengstens verboten**.

Beschreibung des Kruger National Parks

Der Nationalpark, der im Osten an Mosambik und im Norden an Zimbabwe grenzt, bedeckt heute eine Fläche von ca. 20.000 km², das sind immerhin knapp 1,7 % der Gesamtfläche Südafrikas. Die Ausdehnung beträgt von **Nord nach Süd** ca. 350 km, von **West nach Ost** 40–80 km. Das gesamte Gebiet ist vollständig eingezäunt. Die Pirschfahrt bereitet hier keine Schwierigkeiten: Insgesamt stehen 1.863 km Straßen,

20.000 km²
Fläche

z. T. asphaltiert (697 km), zur Verfügung, sodass man auch in der Trockenzeit nicht immer Staubpisten befahren muss. Sicherlich nehmen die geteerten Straßen etwas vom „Urtümlichen" der Landschaft, sie sind zum Fahren aber bequemer, und durch das leisere Rollen der Autos werden die Tiere weniger gestört. Es ist verboten, von den Wegen abzuweichen, um kreuz und quer durch den Busch zu fahren. Und das zu Recht, denn schließlich ist der Mensch hier zu Gast im Reich der Tiere – und nicht umgekehrt!

Geschichte

In früher Zeit jagten hier **San**, wovon Felszeichnungen noch immer Zeugnis ablegen. Sie zogen jeden Winter vom Hochveld in dieses Gebiet, da es dann keine Moskitos gab. Später durchquerten **Voortrekker** wie Louis Trichardt und Hendrik Potgieter die Gegend, um eine Verbindung mit den portugiesischen Häfen in Mosambik zu knüpfen.

Malaria-Gebiet

Gegen **Ende des 19. Jh.** war die Malaria stark verbreitet, und in allen Flüssen des Parks gab es die Bilharziose, eine gefährliche Wurmkrankheit. Moskitos und Tsetsefliegen behinderten die Besiedlung der Landschaft, doch in der Trockenzeit kamen Wilderer, die allmählich einige Tierarten – insbesondere Elefanten wegen ihres Elfenbeins – auszurotten drohten. Vereinzelt wohnten hier Schwarzafrikaner, die sich von den Nachbarstämmen abgesondert hatten, doch sie wurden durch das Malaria-Fieber und die Bilharziose-Krankheit geschwächt, und auch ihre Tiere wurden durch Krankheiten erheblich dezimiert. Aber immerhin wurde das Gebiet durch die umherstreifenden Jäger und von durchziehenden Händlern gut erforscht.

„Vater des Kruger Parks"

Die Notwendigkeit des Naturschutzes wurde in Südafrika schon früh erkannt. **1898** stellte der Volksrat der Südafrikanischen Republik unter Präsident Paul Kruger das Gebiet zwischen dem Sabie- und dem Crocodile-Fluss als „Sabie Game Reserve" unter Schutz. Diese Maßnahme erfolgte allerdings nicht in erster Linie aus ökologischen Motiven, sondern zur Sicherung des Jagdwildbestands. **1926** erhielt der Park seinen heutigen Namen im Gedenken an den Präsidenten. Als „Vater des Kruger Parks" gilt jedoch James Stevenson-Hamilton, der von 1902–1946 als oberster Wildhüter (Chief Warden) wirkte und dessen rigorosem Vorgehen gegen die Wilderei der heutige Tierreichtum zu verdanken ist.

Geografie

Der Park liegt auf einer Höhe von 200–800 m. Bis auf den hügligeren Norden ist die Landschaft eher flach. Der Niederschlag verteilt sich auf die Sommermonate Oktober–März und beträgt im Norden durchschnittlich 125 mm, im Süden 750 mm pro Jahr. Die Temperaturen können im Sommer auf über 40 °C ansteigen, während sie in der Trockenzeit bis auf 2 °C absinken. Im Sommer sind die tiefer liegenden Bereiche im Norden wegen der Hitze geschlossen.

Das Parkgebiet lässt sich in **fünf Hauptregionen** einteilen:
Nördlich des Olifant River wachsen mittelgroße Mopane-Bäume, die den klimatischen Bedingungen, dem geringen Niederschlag und den alkalischen Böden mit enormer Anpassungsfähigkeit trotzen: Bei Hitze falten sich ihre Blätter entlang einer mitt-

Am Luvuvhu River

leren Kerbe zusammen. So fängt der Mopane-Baum keine Sonne auf und bewahrt seine Feuchtigkeit. Aus diesem Grund ist er als Schattenspender zwar völlig ungeeig- *Essbare* net, dafür sind seine nahrhaften Blätter bei Elefanten und Antilopen sehr beliebt. Der *Raupen* Mopane-Wurm, eine fette Raupenart, kann auch von Menschen gegessen werden: Er weist einen hohen Proteingehalt auf und wird getrocknet oder geröstet.

Südlich des Olifant River bis zum Crocodile-Fluss (östlicher Teil) ist die Erde fruchtbar, und die Landschaft erhält viel Niederschlag. Die süß schmeckenden Gräser garantieren vielen Tierarten beste Lebensbedingungen. Man trifft hier insbesondere auf Büffelherden, Giraffen, Zebras und Gnus. Die in diesem Bereich wachsenden Dornakazien bieten zusätzlich nahrhafte Blätter und Samenschoten. Im Frühjahr stehen sie in duftender, weiß-gelber Blüte. Die Akazienbäume spenden aufgrund ihrer schirmartigen Form den Tieren viel Schatten während der heißen Tageszeit.

Südlich des Olifant- und des Crocodile-Flusses (Mittelgebiet) erstreckt sich eine weite Parklandschaft mit süß schmeckenden Gräsern und roten Busch-Weiden.

Entlang der Westgrenze zwischen Olifant River und Crocodile-Fluss fällt viel Regen (760 mm pro Jahr), sodass die Landschaft gut bewässert wird. Das Gras schmeckt in diesem Bereich allerdings sauer, was die Antilopen weniger mögen. Hier finden sich viele Baumarten.

Entlang der Nordgrenze, in den Tälern des Luvuvhu- und Limpopo-Flusses trifft man auf tropischen Regenwald mit Mahagoni-, Ebenholz- und Baobab-Bäumen.

Tierwelt

Die vielgestaltige Tierwelt des Kruger National Park verteilt sich auf eine sehr große Fläche. Was man zu sehen bekommt, bestimmen Ort, Jahreszeit und Zufall. Man kann

Auge in Auge mit dem Elefanten

eben von einer Wasserstelle weggefahren sein – und nur eine Minute später tritt eine Elefantenherde aus dem Savannendickicht und inszeniert ein unvergessliches Bad.

Der Nationalpark ist in insgesamt **400 Kontrollblöcke** eingeteilt. Jede dieser Regionen wird von Fachleuten sorgfältig beobachtet, der Zustand der Vegetation registriert und die Arten sowie die Population des Wildes notiert. So kann auch die maximale Tragfähigkeit eines Gebietes ermittelt werden, die vom Zustand der Vegetation sowie der Anzahl der Tiere bestimmt wird.

Diese **ständigen Kontrollmaßnahmen** sind wichtig, weil die Natur hier in die Grenzen eines Schutzgebietes gewiesen wurde: Die normalen Zugwege in benachbarte Landschaften sind den Tieren so versperrt. Außerdem vermehren sich manche Tierarten so stark, dass sie die natürlichen Grundlagen aus dem Gleichgewicht bringen und die Lebensmöglichkeiten bestimmter Pflanzen und Tiere beschneiden könnten. Daher muss künstlich für ein ökologisches Gleichgewicht gesorgt werden, indem Tiere gezielt getötet werden.

 s. Tierlexikon ab S. 579.

 Information und Buchung
South African National Parks, ☎ *012-428-9111, www.sanparks.org/parks/kruger.*

Eintritt
Der Aufenthalt im Kruger Park für internationale Gäste kostet 264 R/Tag pro Erwachsener und 132 R pro Kind (bis 11 Jahre). Weitere Informationen s. S. 105.

☞ **Hinweis**

Seit Ende 2011 darf der Park nicht mehr durchfahren werden, um über die Grenzposten Pafuri oder Giriyando nach Mosambik zu gelangen. Es muss eine Übernachtung im Park nachgewiesen werden.

Im Skukuza Camp

Flüge
Täglich von Durban (außer Wochenende), Johannesburg und Kapstadt zum **Kruger Mpumalanga International Airport** (**KMIA**) nordöstlich von Mbombela (Nelspruit), ☏ 013-753-7500, www.kmiairport.co.za.

Mietwagen
sind am Kruger Mpumalanga International Airport verfügbar.

Unterkunft
▸ **Staatliche Unterkünfte im Park** (Beschreibungen s. S. 211–213)
Die zwölf beschriebenen **Hauptcamps** (Main Rest Camps) haben alle Strom, ein Erste-Hilfe-Zentrum, einen Laden, Grillplätze, Gemeinschaftsküchen, Waschmöglichkeiten, Restaurant und/oder Cafeteria (außer Orpen und Crocodile Bridge), Telefonzellen und eine Tankstelle. Informationszentren gibt es in Letaba, Skukuza und Berg-en-Dal, Wanderwege in Punda Maria, Berg-en-Dal und Pretoriuskop.
Weiterhin gibt es einige **Satellitencamps** (Satellite Camps) ohne Restaurant, Laden und Rezeption. Die Anmeldung erfolgt über das Hauptcamp in Klammern: Balule (Olifants), Malelane (gleichnamiges Gate), Maroela (Orpen), Tamboti (Orpen).
Die fünf **Buschcamps** (Bushveld Camps) sind klein und vermitteln dem Besucher ein Gefühl der Abgeschiedenheit. Auch hier sind weder Restaurant noch Laden vorhanden: Bateleur, Biyamiti, Shimuwini, Sirheni und Talamati.
Außerdem gibt es zwei sehr exklusiv und abgeschieden gelegene **Buschlodges**: Boulders und Roodewal. Neu dazu gekommen ist ein Campingplatz: Die Tsendze Camp Site liegt ca. 7 km südlich des Mopani Camps und bietet ca. acht Einheiten.
Behindertengerechte Einrichtungen stehen in verschiedenen Camps zur Verfügung. Ausführliche Informationen unter www.sanparks.org/parks/kruger/groups/disabilities.php. Die zentrale Buchung aller staatlichen Unterkünfte erfolgt über South African National Parks (s. o.). Da es regelmäßig, gerade während der südafrikanischen Schulferien, zu Kapazitätsengpässen kommt, sind Reservierungen unbedingt zu empfehlen.

▸ **Private Wildschutzgebiete im Park**
Pafuri Wilderness Camp $$$$, liegt im Makuleke-Konzessionsgebiet im Norden des Kruger-Nationalparks, zwischen den Flüssen Limpopo und Luvuvhu. 20 Zelte im Meru-Stil, alle mit Bad (Innen- und Außendusche) und eigener Veranda, davon sind 6 Familienzelte (bis zu 4 Pers.) – alle mit Blick auf den Luvuvhu. Pool, Lounge, Restaurant vorhanden. In der Umgebung sind 2 Mio. Jahre alte Spuren des Makuleke-Volkes zu finden, Besichtigung der steinernen Befestigungsanlage Thulamela empfohlen. Nach starken Überflutungen wird das Camp 2014 wiederaufgebaut, in dieser Zeit sind keine Reservierungen möglich. Bitte vorher erkundigen unter: ☏ 011-257-5111, www.wilderness-safaris.com.
The Outpost $$$$$+, im Norden des Parks auf einem Hügel gelegen, bietet diese moderne Lodge eine atemberaubende Panoramaaussicht auf das Luvuvhu River Valley. 12 toll gestaltete Luxus-Suiten mit allem Komfort und bester Service. Freizeitangebote von Safaris bis zu Massagen. ☏ 011-327-3920, www.seasonsinafrica.com.

▸ **Private Wildschutzgebiete am Westrand** (Beschreibungen s. S. 213–216)
Sabi Sand Game Reserve (s. Karte S. 215)
Arathusa Safari Lodge $$$$$+ **(2)**, ☏ 011-431-3852 (Reservierung), 013-735-5363 (Camp), www.arathusa.co.za.
Elephant Plains Game Lodge $$$$$–$$$$$+ **(4)**, ☏ 013-735-5358 o. -5691, www.elephantplains.co.za.
Chitwa Chitwa Private Game Lodge $$$$$+ **(5)**, ☏ 013-744-0876, www.chitwa.co.za.
Ulusaba Private Game Reserve $$$$$+ **(7)**, ☏ 011-325-4405 (Reservierung), 013-735-5460 (Game Reserve), www.ulusaba.virgin.com.
Inyati Game Lodge $$$$$+ **(8)**, ☏ 011-486-2027 o. -4073 (Reservierung), 013-735-5125 o. -5381 (Lodge), www.inyati.co.za.
Singita Sabi Sand Game Reserve $$$$$++ **(14)**, ☏ 021-683-3424 (Reservierung), www.singita.com.
Londolozi Game Reserve $$$$$+ **(15)**, ☏ 011-280-6655 (Reservierung), www.londolozi.com.
MalaMala Game Reserve $$$$$+ **(16)**, ☏ 011-442-2267 (Reservierung), 013-735-3000 (Rattray's), 013-735-9200 (Main Camp und Sable), www.malamala.com.
Sabi Sabi Game Reserve $$$$$+ **(18)**, ☏ 011-447-7172 (Reservierung), www.sabisabi.com. Repräsentanz in Deutschland: Exclusive Travel Choice, Hella Göbel, ☏ 060-81688489, www.exclusivetravelchoice.com.
Lion Sands Game Reserve $$$$$+ **(19)**, ☏ 011-880-9992 (Reservierung), www.lionsands.com.

Timbavati Game Reserve
Motswari Private Game Reserve $$$$$+, ☏ 021-427-5900 (Reservierung), 015-793-1718 (Lodge), www.newmarkhotels.com.
Ngala Game Lodge $$$$$+, über &Beyond, ☏ 011-809-4300 (Reservierung), www.andbeyond.com.
Kings Camp Game Reserve $$$$$+, ☏ 013-751-1621/-2834 (Reservierung), 015-793-1123/-0381 (Lodge), www.seasonsinafrica.com.
Simbavati River Lodge $$$$$+, ☏ 021-945-3751 (Reservierung), ☏ 015-793-9051/3, http://simbavati.com.

▸ Unterkunft außerhalb des Kruger Parks

Wenn keine Unterkunft im Kruger Park oder den Game Reserves mehr frei ist, kann man in einen der Orte nahe der Eingangstore des Parks ausweichen.

Phalaborwa und Umgebung (Einfahrt Phalaborwa Gate)

Kaia Tani $$, *ca. 2 km zum Gate. Bed & Breakfast-Gästehaus mit 4 Doppel- und 2 Familienzimmern in afrikanischem Stil. Fernsehraum mit Bibliothek und Bar, Swimmingpool, Restaurant und wunderschöner Garten. Außerdem Massagen und Flughafentransfers möglich. 29 Boekenhout Street, Phalaborwa, ☎ 015-781-1358, www.kaiatani.com.*

Masodini Game Lodge $$, *ca. 60 km zum Gate (ähnlich weit zum Orpen Gate). Gemütliche und familiär geführte Lodge mit 2 Bush-Chalets (für Familien bis 4 Pers. geeignet), 2 Blockhäusern und einer Junior-Suite mit eigener Terrasse. Pool, Bibliothek, Souvenir-Shop. Airport-Shuttle möglich. Nr. 16 Cambridge 5, Balule Nature Reserve (nahe R40), ☎ 079-321-6434, www.masodini.co.za.*

Hoedspruit und Umgebung (Einfahrt Orpen Gate)

Bushman's Adventure Lodge $, *ca. 35 km zum Gate. 6 DZ-Hütten, Camping möglich. Touren in den Kruger Park werden angeboten – insbesondere eine Einführung in die Welt der Schlangen. Orpen Road R531, ☎ 083-337-4835 (Reservierung), www.bushman safaris.de.*

Hazyview (Einfahrt Phabeni Gate)

Entfernung zum Gate ca. 15 km, Unterkünfte s. S. 208.

White River (Einfahrt Numbi Gate)

Die Stadt liegt nahe Mbombela (Nelspruit), Unterkunft dort s. S. 208.

Thokozani Lodge $, *unter deutscher Leitung, familiäre Atmosphäre. In gepflegter Gartenanlage, schön für Naturliebhaber (Birdwatching, Fotosafaris, Panorama-Tour), aber auch für Aktivurlaub (Golf, Tennis, Rafting, Reiten). Gut geeignet für Ausflüge in den Kruger Park. Jatinga Road, White River, ☎ 013-751-5551 www.thokozanilodge.com.*

Jatinga Country Lodge $$+, *ca. 38 km zum Gate. Tolle Lage inmitten tropischer Vegetation direkt am White River. Sehr gediegenes Ambiente, gemütliche Zimmer, außerordentlich gutes Restaurant. Südöstlich der Stadt, nahe der R538. Jatinga Road, Plaston, White River, ☎ 083-235-3460 oder 083-277-0917, www.jatinga.co.za.*

Oliver's Restaurant & Lodge $$$–$$$$$, *ca. 35 km zum Gate. Der Besitzer ist Österreicher, daher alpines Flair, auch in der Auswahl der Speisen. Komfortable Zimmer, insgesamt sehr gepflegt. Direkt am White River Golf Course. Pine Lake Drive, White River Country Estate, ☎ 013-750-0479, www.olivers.co.za.*

Malelane (Einfahrt Malelane Gate)

Buhala Lodge $$$–$$$$$, *ca. 2 km zum Gate. Sehr schönes, riedgedecktes Haus inmitten von Plantagen, schöner Ausblick auf den Crocodile-Fluss. Geräumige Zimmer. Malelane 1320, ☎ 082-909-5941 o. 078-456-1534, www.buhala.co.za.*

Marloth Park (Einfahrt Crocodile Bridge)

Royale Marlothi Safari Lodge $$, *ca. 20 km zum Gate. Hier streifen Zebras, Gnus u. v. m. über das Gelände. Persönlicher Service in familiärer Atmosphäre. Drei strohgedeckte, luxuriöse Chalets für 2–4 Pers., alle individuell eingerichtet und mit Küche und*

Bad. Frühstück und Sundowner-Pirschfahrt im Preis enthalten. Auch für Selbstversorger. 2024 Scorpion Street, Marloth Park, ☎ 083-743-7703, www.royalemarlothi.co.za.

 Restaurants
In den Unterkünften des Krugers Parks und entlang seiner Hauptstraßen.

 Touren
Nyawuti-Safaris, *deutschsprachige, persönliche und individuell geführte Kruger-Safaris im offenen Game-Drive-Fahrzeug, auf Wunsch auch als Paket mit Transfer, Unterkunft & Verpflegung (verschiedene Varianten). Margot und Andy Schröpf, Soenie Street 3649, Marloth Park, ☎ 083-746-3926 oder 073-357-9312, www.nyawuti-safaris.de.*

 Benzin/Motoröl
In allen Hauptcamps gibt es eine Tankstelle, Diesel bieten allerdings nicht alle an. Informationen bei South African National Parks (s. o.).

 Kreditkarten
Alle international gängigen Kreditkarten werden akzeptiert.

 Waschen
Waschautomaten gibt es in allen Hauptcamps.

i **Straßenkarten**
Sie sind erhältlich bei South African National Parks (s. o.), an den Gates und in den Camps.

Vom Blyde River Canyon oder Kruger Park zur Limpopo Province

Abstecher nach Simbabwe? Ähnlich wie das ehem. Homeland Bophuthatswana wurde das ehem. Venda 1979 von Südafrika in eine international nicht anerkannte „Unabhängigkeit" entlassen. Später wurde diese jedoch wieder aufgehoben und das Gebiet in die Provinz Limpopo integriert. Das relativ ursprünglich gebliebene, hügelige Gebiet ist besonders für diejenigen reizvoll, die viel Zeit für ihren Südafrika-Urlaub mitbringen. Und von hier aus ist es nur ein „Katzensprung" ins angrenzende Simbabwe, um eventuell die Victoria-Fälle und die Great Zimbabwe Ruins zu besuchen.

 ## Streckenbeschreibung

Es gibt folgende Möglichkeiten, die Limpopo Province nach dem Aufenthalt im Kruger National Park bzw. dem Besuch des Blyde River Canyon zu bereisen:
▸ **Vom Kruger Park aus**: Man durchfährt den Park bis Punda Maria, übernachtet hier und fährt danach die R524 nach Thohoyandou.
▸ **Vom Gebiet des Blyde River Canyon aus**: R36 nach Norden, dann über die R529 und R81 auf die R524 und direkt nach Thohoyandou.

Limpopo Province (s. Karte S. 198/199)

Ehemaliges Venda

Das Gebiet beeindruckt allein schon durch seine unterschiedlichen und teilweise noch sehr natürlichen Landschaftsformen. Wegen des trockenen Klimas ist der Norden nur spärlich besiedelt. Im Süden, der aufgrund seines gebirgigen Charakters erheblich mehr Regen erhält, leben zwar mehr Menschen, aber auch hier gibt es keine richtigen Städte. Faszinierend ist vor allem die **Kultur** des Landes. Kaum von fremden Einflüssen berührt, spiegelt sie noch einiges von den alten Mythen Afrikas wider, die in anderen Gebieten kaum noch zu finden sind.

Redaktionstipps

▸ **Übernachtung**: in Thohoyandou im Peermont Metcourt at Khoroni (S. 229).
▸ Am nächsten Tag empfiehlt sich eine **Rundfahrt** mit einem Führer des Tourist Office zu den Dzata-Ruinen, dem Sacred Forest und zum Lake Fundudzi (S. 230/231).
▸ Am dritten Tag kann man eine **Teeplantage** besichtigen und danach zum **Nwanedi Nature Reserve fahren** (S. 231).
▸ Am vierten Tag zum **Big Tree** (S. 232).

Nach unzähligen Weiden und Dörfern kommt man plötzlich zu einer etwas größeren Siedlung und einer Straßenkreuzung mit Ampel – die wohl erste Ampel seit Hunderten von Kilometern für Reisende aus Richtung Osten. Dies ist **Thohoyandou**, die *Heilige* ehemalige Hauptstadt des Homelands. Hier in der Nähe gibt es so einige Sehens- *Stätten* würdigkeiten, die mit dem Privatwagen oder mit Minibussen besucht werden können. Viele dieser Sehenswürdigkeiten sind eng mit der **Kultur der VhaVenda** verbunden und gelten teilweise als heilig.

 Gesundheit
Empfehlenswert ist eine Malaria-Prophylaxe vor allem in der feuchten Jahreszeit (Sommer). Außerdem gehört die Limpopo Province zu den potenziellen Bilharziose-Gebieten. Vorsicht also beim Baden, besonders in stehenden Gewässern.

Geschichte und Politik der VhaVenda

Von den **großen Seen Zentralafrikas** wanderten die Vorfahren der VhaVenda ab dem 12. Jh. nach Süden. Im 18. Jh. überquerte eine Gruppe der Vhasenzi und der Vhalemba unter der Führung von Dimbanyika den Limpopo, zog durch das heiße und trockene Limpopo-Tal und entdeckte im **Gebirge des Soutpansberges** ein neues Siedlungsgebiet, das sie Venda nannten. Der neue Häuptlingskraal erhielt den Namen Dzata. Nach dem Tode Dimbanyikas wanderte das Volk ins Nzehele-Tal, wo ein zweiter Dzata gegründet wurde. Unter der Führung des Häuptlings Thohoyandou entfaltete sich hier der Stamm, gewann an Wohlstand und Einfluss, der vom Olifant-Fluss im Süden bis zum Sambesi im Norden reichte. Thohoyandou verschwand auf geheimnisvolle Weise, und Dzata wurde verlassen.

Es folgte eine Zeit der inneren Unruhe. Venda, „das angenehme Land", wurde Ziel an- *„Das ange-* derer Einwanderer: Es kamen die Buren unter Paul Kruger; die eindringenden Swasi *nehme* wurden von Makhado, dem „Löwen des Nordens", zurückgeschlagen; auch gegen die *Land"*

Mystische Landschaften: hier der heilige Lake Fundudzi

Bapedi und Tsonga konnten sich die VhaVenda behaupten. 1951 verordnete der südafrikanische Apartheidstaat im Sinne des „Bantu Authority Act" dem Land 27 Stammesund 3 Kolonialbehörden, denen 1962 eine Territorialbehörde folgte. 1969 wurde Venda eine **„partielle Selbstbestimmung"** zugestanden, 1973 erhielt es dann den Status zur internen „Selbstverwaltung". Bei der anschließenden Wahl errang die Venda Independence People's Party (VIPP) die Stimmenmehrheit und damit 10 der 18 wählbaren Sitze im Abgeordnetenhaus. Zweite große Partei war die von den traditionellen Führern (meist Häuptlingen) gegründete Venda National Party (VNP). Seit 1994 ist Venda Teil der Limpopo Province.

Geografie und Bevölkerung

Das Gebiet des ehemaligen Venda grenzt im Nordosten an den Kruger National Park, im Süden und Westen an die Soutpansberge und ganz im Norden fast bis an die Ufer des Limpopo. Der ca. 5 km breite Streifen, der dort noch zu Südafrika gehört, war strategisch wichtig, denn man wollte die Grenze zum Frontstaat Simbabwe selbst kontrollieren.

Strategisch wichtig

Das Land lässt sich **geografisch in drei Teile** gliedern:
Der Norden: Er ist klimatisch relativ trocken. Das Land fällt sanft zum Limpopo bis auf 400 m über dem Meeresspiegel hin ab und wird auch als Malanga-Ebene bezeichnet. Hier gibt es keine auffälligen Erhebungen.
Das Bushveld: Dieses Gebiet ist etwas hügeliger und durch dichteren Bewuchs gekennzeichnet. Seine durchschnittliche Höhenlage beträgt 600 m. Dank höherer Niederschläge wird hier bereits intensivere Landwirtschaft betrieben, vorwiegend aber noch Weidewirtschaft.
Die Soutpansberge: Sie erheben sich bis auf 1.900 m und sind Quellort vieler Flüsse, weswegen Venda auch das „Land der hundert Flüsse" genannt wird. Hohe Niederschläge, besonders an den Südhängen, lassen hier größtenteils Ackerbau zu. Für Bewässerungskulturen in den Tälern wurden kleine Wasserkraftwerke und Staudämme errichtet.

> **Information**
> *Das* **Institut zur Erhaltung der Soutpansberge** *informiert über die Natur-geschichte des Gebirges unter www.soutpansberg.com.*

Klima

Die Niederschlagsmengen variieren beträchtlich: Im äußersten Norden fällt teilweise weniger als 300 mm Regen im Jahr, an den Südhängen der Soutpansberge sind es hingegen bis zu 1.500 mm. Der meiste Niederschlag fällt in den Sommermonaten. In dieser Zeit kann das Klima daher sehr drückend und schwül sein, nur in den höheren Berglagen bleibt es leidlich kühl. Die durchschnittlichen Sommertemperaturen in den Tieflagen liegen bei 27 °C, können aber bis auf 40 °C ansteigen. Im Winter zeigt das Thermometer eher um die 14 °C an. Frost tritt nur selten auf und dann in den Bergen.

Im Sommer drückend

Vegetation

Für den botanisch interessierten Reisenden ist dieser Teil der Limpopo Province besonders sehenswert, vor allem beeindruckt die **Vielzahl an Baumarten**. Während in den Bergen noch teilweise Feuchtwaldvegetation anzutreffen ist, herrscht im Norden der Mopane-Busch vor, der des Öfteren mit Affenbrotbäumen *(Baobabs)* durchsetzt ist. Die Flussläufe in dieser Region sind mit Galeriewäldern bestanden. Die offenen Flächen kann man als (meist landwirtschaftlich genutzte) Parksavanne bezeichnen, für die die Schirmakazie charakteristisch ist.

Ehemals waren die Hänge der Soutpansberge dicht bewaldet, heute jedoch sind zusammenhängende Waldflächen selten geworden. Einzelne Aufforstungen (Eukalyptus und Kiefern) unterbrechen das Bild einer nunmehr landwirtschaftlich genutzten Feuchtsavanne in dieser Region.

Bevölkerung

Der überwiegende Teil der Bevölkerung (ca. 80 %) lebt im klimatisch günstigeren Süden. Da die Industrie kaum Arbeitsplätze anbietet, wohnen fast alle **VhaVenda** auf ihren kleinen Farmen oder in den Dörfern. Der Anteil der Stadtbevölkerung an der Gesamtbevölkerung blieb in den letzten Jahren mit weniger als 5 % nahezu konstant.

Kunst und Handwerk

Die VhaVenda sind **gute Handwerker** und zählen heute zu den besten Holzschnitzern, Korbflechtern, Webern und Töpfern im südlichen Afrika. Die Frauen fertigen Tonkrüge an, wobei sie weder Töpferscheibe noch Brennofen verwenden. Die Krüge werden auf einem alten Töpferhaufen geformt und mit einem Lederstück geglättet. Die traditionellen Krüge gibt es in verschiedenen Größen und Formen. Obwohl sie mit ihren schönen Mustern und Farben vor allem zur Dekoration dienen, werden die Töpfe auch zum Kochen, zum Servieren von Speisen und Getränken und zur Lebensmittelaufbewahrung verwendet.

Schön gestaltete Krüge

Körbe, Matten, Handtaschen und Hüte werden aus Sisal, Rohr, Ried, Rinde und Palmblättern hergestellt und sind sowohl funktionell als auch dekorativ. Besonders nützlich und interessant sind die Holzschnitzarbeiten: Die Schüsseln, Töpfe, Löffel, Tabletts und

Spazierstöcke schmücken traditionelle Muster der Venda-Kultur. Das Handwerkszentrum in Thohoyandou beliefert ganz Südafrika mit den Erzeugnissen der Venda.

Mythen und Menschen

Die ersten Bewohner des Landes waren **San**, die als Jäger und Sammler in den Wäldern lebten und die großen Wildherden jagten. Ihr Vermächtnis sind die in entlegenen Höhlen versteckten Felszeichnungen. Mit der **Ankunft der Venda** verließen die San *Natur- und* das Land, aber sie ließen die unzähligen Geister ihrer Vorfahren und die Naturgeister *Wasser-* der Flüsse, Berge und Wälder zurück. Jeder Fluss war von Wasserelfen und Wasser-*geister* geistern bewohnt, auch in den Wäldern lebten Geister, und auf den einsamen Bergspitzen standen verzauberte Bäume. Aberglaube und Legenden beeinflussen bis in die Gegenwart das Alltagsleben der VhaVenda, denn die Geschichten sind bis heute im ganzen Land verbreitet und lebendig.

Der Ursprung vieler Geschichten und Bräuche der Venda liegt im Dunkeln, so auch der Beginn der bedeutendsten und spektakulärsten aller Initiationszeremonien – der **Domba**, die Mädchen auf ihr Erwachsensein vorbereitet. Die großen Domba-Trommeln ertönen Nacht für Nacht, im ganzen Land werden Geschichten erzählt, es wird musiziert und getanzt. Die Mädchen tanzen in einer langen Reihe, weshalb dieser Tanz auch Schlangen- oder Pythontanz genannt wird. Der Chief wohnt dieser Zeremonie bei und sucht sich dabei neue Frauen aus. Kein Wunder, dass einige Chiefs mehr als fünfzig Frauen und Hunderte von Kindern haben.

Die Venda sind berühmt für ihre Handwerkskunst

Von Kindheit an lernt man Lieder für alle Lebenslagen. Die Alten und Kranken vertrauen ihr Leben den Medizinmännern und Kräuterkundigen an, und mit Hilfe des „ndilo" vermag der Medizinmann zu lesen, was die Geister offenbaren. Traditionell glauben die VhaVenda, dass die Funktionen des Körpers zentral von einem Organ, dem „**nowa**" (= Schlange) gesteuert werden. Es liegt in der Nähe des Magens, daher wird einem Kranken die Medizin oral verabreicht, damit dieses Organ sie aufnehmen kann. Nachdem die Medizin verdaut worden ist, beginnt deren Wirkung, und das kranke Organ wird ausgeschieden. Ein Medizinmann kann aber auch Übeltäter bestrafen: Zum Beispiel vermag er einen magischen Blitzschlag auszulösen, der die Hütte des Betreffenden zerstört. Oder er verwünscht einen Stock und legt ihn der zu strafenden Person auf den Heimweg, sodass diese ihn unwissentlich berührt. Kurze Zeit später beginnt das Bein zu schmerzen und stirbt im schlimmsten Fall sogar ab.

Sehenswürdigkeiten

Thohoyandou

Entfernungen	
nach	
Louis Trichardt (Makhado)	ca. 75 km

Thohoyandou ist eine neue „Stadt" und hat eigentlich nichts zu bieten. Alles wirkt halb fertiggestellt, und es herrscht ein Durcheinander von neuen Geschäften, Regierungsgebäuden und traditionellen Rundhütten. Vor den Geschäften sitzen viele Frauen, die das Gemüse ihrer kleinen Farmen verkaufen. Einige von ihnen kommen aus Simbabwe oder Malawi, um hier etwas harte Währung zu verdienen, mit der sie dann Dinge kaufen, die es bei ihnen zu Hause nicht gibt.

Regierungsbauten und Rundhütten

Der größte Markt ist in Sibasa, der Siedlung auf dem Berg oberhalb von Thohoyandou. Von hier führt die Straße nach Mphephu und Louis Trichardt (Makhado). Nach wenigen Kilometern bietet sich eine schöne Aussicht über die Hauptstadt und ihr Umland. Ein Stück weiter geht es bereits zu den ersten Dörfern und zu zwei der **Teeplantagen**.

Vorwahl: *015*

Information

Informationen zu dieser Region erhalten Sie beim **Vhembe Tourism & Parks Resource Centre**, *P.O. Box 331, Makhado 0920,* ☎ *516-3415 o. -0040, www.golimpopo.com.*
Außerdem liegen Informationen im **Peermont Metcourt at Khoroni** *in Thohoyandou aus.*

Unterkunft

Mphephu Resort *$, ca. 35 km nordwestlich von Thohoyandou an der R523 gelegen. 20 schöne Naturstein-Chalets mit Küchenzeile und Duschbad für Selbstversorger. Campingplatz. Der Park liegt am Uferhang des Nzhelele-Flusses und ist für Familien besonders geeignet (Spielplatz, zwei Pools). Außerdem Restaurant und Bar mit Disco. In der Nähe liegen die warmen Munwamadi-Quellen. Zu buchen über* **Limpopo Wildlife Resorts**, *Southern Gateway Ext 4, N1 Main Road, Polokwane 0700,* ☎ *293-3611/2/3, www.wildliferesorts.co.za. In Thohoyandou betreiben die LWR außerdem das einfacher gehaltene* **Acacia Park Resort** *$–$$.*
Peermont Metcourt at Khoroni *$$+, ist Teil eines Casino- und Kongress-Resorts. Komfortables Haus mittlerer Klasse mit 82 Zimmern plus Bad, Sat-TV etc. Pool mit Cocktailbar. Das Essen (Buffet oder à la carte) wird im Malingani Restaurant serviert. Unterhaltungsmöglichkeiten für Kinder (Spielbereich, Minigolfanlage) und Eltern (Automaten, Spieltische). Gute Lage in Thohoyandou, Einkaufszentrum gegenüber. Mphephu Street, Thohoyandou,* ☎ *962-4600, www.metcourt.com.*

Sigurwana Lodge $$$$$+, *inmitten eines 50 km² großen Reservates am Soutpansberg westlich von Louis Trichardt (Makhado), Nähe R522. Spektakuläre Aussichten, alte Felsformationen und klarstes Quellwasser – ein Ort von jahrtausendealter Schönheit. Die Hauptlodge und ihre 4 reetgedeckten Chalets (stilvoll, individuell gestaltet, mit Bad) liegen eingebettet in eine gepflegten Gartenanlage. Tägliche Wanderungs- und Ausflugangebote inklusive. Herzliche Betreuung durch das engagierte Inhaberpaar Neil und Liesel Wright.* ☎ 015-593-7911l-10, www.sigurwana.co.za.

Thatha Vondo

Dies ist eine Bergwelt mit Flüssen, Wasserfällen und Wäldern. Von einem Aussichtspunkt bietet sich ein Blick auf den Vondo-Damm. In diesem Gebiet findet sich eine Reihe von Sehenswürdigkeiten. Um sie alle zu besuchen, benötigt man teilweise ein Geländefahrzeug oder zumindest ein Fahrzeug mit ausreichender Bodenfreiheit. Besonders für den Besuch der heiligen Stätten empfiehlt es sich aber sowieso, eine Tour mit einem Führer zu unternehmen, um die Geschichten und Sagen aus dem Mund eines VhaVenda zu hören und zu verstehen.

Begräbnis-stätte

Sacred Forest: In diesem heiligen Wald werden schon seit frühester Zeit die Vha-Venda-Chiefs beigesetzt; die Begräbnisstätte selbst kann man allerdings nicht besuchen. Nach einer der vielen Sagen, die sich um den Wald ranken, wacht der ehemals mächtige Chief Nethathe in Gestalt eines weißen Löwen mit seinen Gehilfen, den Affen, darüber, dass niemand diesen heiligen Ort betritt. Wer hier Feuerholz sammelt, wird von einer Schlange gewarnt und bei Ungehorsam gebissen, was zum Tode führt. Die Chiefs wurden alle mit ihrem besten Freund und Berater bestattet. Bei Wassermangel wurden ihre Knochen ausgegraben, zermalmt und mit Wasser vermengt. Diese Mischung wurde dann den Dorfangehörigen verabreicht, die dabei schweigend auf einem Feld sitzen mussten, um ihnen Stärke zu verleihen.

Man gelangt über eine Piste in diesen Wald und darf, mit Genehmigung, auch das Auto verlassen und die magische Kraft auf sich wirken lassen, die von diesem Ort ausgeht.

Herz und Seele des Venda

Lake Fundudzi: Auch dieser See gilt als heilig, seine Magie ist eng verbunden mit der des heiligen Waldes. Die VhaVenda betrachten ihn als das Herz und die Seele des Vendalandes. In seinen Tiefen lebt eine große, weiße Python, und ein Krokodil wacht darüber, dass niemand Trinkwasser aus dem See entnimmt. Obwohl es gerade in diesem Gebiet sehr viel regnet, erhält der See sein Wasser in der Trockenheit, wenn die Erde der Berghänge es freigibt. Diese Tatsache hat die VhaVenda fasziniert und zu dem Glauben geführt, dass sich einfaches Regenwasser nicht mit dem heiligen Wasser des Sees vermengen könne und selbst das Wasser des Mutale River nur durch ihn hindurchfließe, um am anderen Ufer wieder auszutreten. Der See ist sehr fischreich, doch versucht niemand, diese Fische zu fangen, denn wer sich ihm mit einer Angel auch nur nähert, wird aus seinen Tiefen eine warnende Stimme vernehmen. Von einer Anhöhe aus lässt sich der ganze See überblicken. An die Ufer darf aber nur, wer vorher die Erlaubnis des ansässigen Chiefs eingeholt hat.

Tshatshingo Potholes: In diese in Granitgestein geformten Wasserlöcher wurden in alten Zeiten die „Staatsfeinde" geworfen, wenn ein Häuptlings-Gericht sie für schuldig befunden hatte. Allerdings durfte niemand von der Hinrichtung erfahren, und lediglich ein paar ausgewählte starke Männer vollbrachten die Tat. Dabei legten sie den *Hinrichtungs-* Verurteilten einen Strick um den Hals und brachten sie dann zu den Löchern, um sie hin- *stätte* einzuwerfen. Wer diese Tat weitererzählte, musste auf die gleiche Weise sterben.

Die Teeplantage **Tshivhase Tea Estates** liegt nicht weit von der Hauptstadt entfernt und eignet sich deshalb am besten für einen Besuch. Die Bergregion bietet in der Regel genügend Niederschlag, um Tee anzubauen, und falls dieser einmal nicht ausreichen sollte, wird Wasser aus den Bergen entnommen, die eine hohe Wasserspeicherkapazität aufweisen. Der Tee wird in einer angeschlossenen Fabrik weiterverarbeitet. **Tshivhase Tea Estates**: *Tshivhase Tea Gardens Sibasa, Wylliespoort Road, Thulamela Municipality, Vhembe District,* ☏ *0860-116-434, www.ventecofoods.co.za.*

Dzata-Ruinen

Sicherlich nicht so eindrucksvoll wie die Simbabwe-Ruinen, aber ein weiteres Zeug- *Archäologi-* nis dafür, dass die afrikanische Kultur vor dem Eindringen der Europäer Steinbauten *sche Stätte* errichtete. Viel ist noch nicht bekannt über diese Ruinen, aber eine Theorie geht davon aus, dass der Bau maßgeblich von den Simbabwe-Ruinen beeinflusst war. Ein kleines Museum zeigt eine Ausstellung zur Geschichte der **VhaVenda**.

Nwanedi Nature Reserve

Der Park liegt etwa 70 km nördlich von Thohoyandou und ist ca. 110 km² groß. Der Eingang liegt nahe der R525, die zwischen Louis Trichardt (Makhado) und Musina (Messina) von der N1 abzweigt und zum Pafuri Gate des Kruger Parks führt.

In diesem Gebiet liegen die Zwillingsseen **Nwanedi** und **Luphephe**, an denen sich gute Angelmöglichkeiten bieten. Im Park sind Giraffen, Kudus, Zebras, Impalas, Warzenschweine und Rhinozerosse zu beobachten. Außerdem kann man einem Naturlehrpfad folgen.

Am Ende des Nwanedi-Sees liegt ein Wasserfall, dessen Wasser in drei Pools aufgefangen wird. Das Schwimmen in diesen Pools gilt als sicher. Wer sich näher mit der Tierwelt beschäftigen will, kann auf eigene Faust, besser aber mit einem Führer auf einem geländegängigen Fahrzeug den Park erkunden. Ferner kann

Sagenumwobene Wälder

man sich ein Kanu ausleihen und auf dem See herumpaddeln. Dies ist aber während der heißen Mittagsstunden nicht ratsam!

🛏 Unterkunft

Nwanedi Resort $+, *15 Selbstversorger-Rondavels mit Kochmöglichkeit für 2 Pers. sowie weitere komfortablere Einheiten für 2–4 Pers. ohne Kochmöglichkeit. Außerdem Campingplatz. À-la-carte-Restaurant, Pool. Reservierungen über* **Limpopo Wildlife Resorts**, *s. S. 229.*

Sagole Spa und der „Big Tree"

In Sagole, östlich des Nwadeni Park an der R525 entlang Richtung Masisi, gibt es heiße Quellen und ein kleines Erholungsgebiet. Legenden zufolge wird das heiße Wasser von einer Python ausgespuckt, die unterhalb der Quellen lebt. Niemand darf sie stören, ansonsten trocknen entweder die Quellen aus oder das Wasser wird eiskalt. Im nahe gelegenen Schilf beruhigt eine freundliche, mit einem Wollkopf versehene Schlange die Geister der Quellen.

Spuckende Python

Dies ist ein idealer Ort zum Entspannen. Man kann von hier aus aber auch Touren unternehmen, u. a. zu den Tshiungane Fortress Ruins, den Sandsteinhöhlen in den Damba Hills und zum **einem der größten Affenbrotbäume Afrikas**, den die Venda einfach „The Big Tree" nennen.

Es wird behauptet, der Baum sei über 3.000 Jahre alt. In ihm finden 15 Leute Platz, und sein Umfang beträgt 43 m. Die Früchte des Affenbrotbaumes nutzen die Venda als Medizin. Eine häufige Zubereitungsmethode: Die Medizinmänner schneiden nur das zentrale Fruchtfleisch heraus, trocknen es, vermischen es mit einer Reihe von anderen Heilkräutern (u. a. den Blättern der „Leberwurstbäume") und kochen es dann auf. Zum Schluss wird Knochenmehl untergerührt. Die Medizin soll besonders Magenleiden bekämpfen.

Venda-Medizin

Weitere interessante Sehenswürdigkeiten im ehemaligen Venda

▸ das **Nzehelele Nature Reserve** zwischen Louis Trichardt (Makhado) und Musina (Messina): Es liegt um einen kleinen Stausee und bietet besonders botanisch Interessierten einen ersten Überblick über die vielfältige Vegetation der Region;
▸ der **Breathing Stone**;
▸ und die **Felsen von Kokwane** mit den prähistorischen Fußspuren

Mapungubwe (Vhembe-Dongola) National Park

Entfernungen	
Von **Louis Trichardt** *(Makhado)*	
nach Norden	ca. 170 km

Dieser Park liegt im äußersten Nordosten der Limpopo Province, Zufahrt 60 km westlich von Musina (Messina), und gehört zur ca. 5.000 km² großen **Greater Mapungubwe Transfrontier Conservation Area**. An diesem grenzübergreifenden Projekt sind Südafrika, Simbabwe und Botswana beteiligt.

Der südafrikanische Teil des Transfrontier Parks wurde 2003 aufgrund der archäologischen Funde der sog. „Mapungubwe-Kultur" zum

Beeindruckender Baobab

UNESCO-Weltkulturerbe erhoben. Schon 1932 entdeckte man alte Begräbnisstätten auf dem **Mapungubwe Hill** („Ort der Schakale"). Die berühmte Grabbeilage des *„Ort der* „Golden Rhino" war ein Symbol für die Macht des Königs des Mapungubwe-Stamms, *Schakale"* der vor etwa 1.000 Jahren das Gebiet am Limpopo River im Zusammenfluss mit dem Shashe River bewohnte. Dieser Stamm lebte u. a. davon, dass er alte Handelswege zwischen dem Indischen Ozean und der Ostküste kontrollierte.

Das berühmte „Golden Rhino" und weitere Funde

Noch immer symbolisiert das Nashorn in manchen Kulturen Macht, etwa bei den Shonas in Simbabwe, die z. T. Nachfolger der Mapungubwe-Zivilisation sind. Das „Goldene Rhino", in der Bedeutung durchaus vergleichbar mit den Grabbeilagen in Ägypten, ist ein Beweis für die alte Geschichte Schwarzafrikas. Es handelt sich um eine 22 cm lange Holzfigur, die mit Hilfe winziger Stifte mit Goldfolie umwickelt wurde. An der gleichen Fundstelle grub man auch eine Goldschale und alte Töpferwaren aus.
Vor Ort sind heute nur Replikate der Funde in einem kleinen Museum im nahen Musina (Messina) ausgestellt. Die Originale liegen im **Mapungubwe Museum** im Old Arts Building der Universität von Pretoria (geöffnet Di–Fr 10–16 Uhr. ☎ 012-420-2968, http://web.up.ac.za).

ℹ️ **Information und Buchung**
South African National Parks, ☎ *012-428-9111, www.sanparks.org. Park-Büro:*
☎ *015-534-7923 o. -7924. Geöffnet April–August 6.30–18, Sept.–März 6–18.30 Uhr.*

Unterkunft

Leokwe Camp $$, ist das Hauptcamp, seine Umgebung im Ostteil des Parks prägen Sandstein-Formationen. Es gibt Rondavels für 2 und 4 Pers., jeweils mit offener Küche und Duschbad. Gemeinsame Nutzung von Pool, Sonnenveranda und Grillmöglichkeit.
Tshugulu Lodge $$$, luxuriöse Lodge mit 6 Doppelzimmern, jeweils mit Bad, ausgestatteter Küche, Klimaanlage, Pool auf dem Gelände.
Des Weiteren kann man im Park in einem **Zeltcamp**, einem **Wildniscamp** sowie auf einem **Campingplatz** übernachten.

Versorgung

Vor dem Besuch des Parks muss vorgesorgt werden (Lebensmittel, Benzin). Öffentliche Telefone gibt es ebenfalls nicht, dafür aber ein Restaurant am Interpretive Centre, das allerdings von einigen Unterkünften weit entfernt liegt.

Polokwane (Pietersburg)

Entfernungen	
Von **Louis Trichardt** (Makhado)	
nach Süden (N1)	ca. 110 km

Polokwane ist die Hauptstadt der Provinz Limpopo. Der alte Name der Stadt geht auf den Voortrekker Piet Joubert zurück. In der ehemaligen Hauptstadt der Burenrepublik Transvaal fanden während der Fußball-Weltmeisterschaft 2010 vier Gruppenspiele statt. Neben vielen Jacarandabäumen gibt es wunderschöne Parkanlagen und historische Gebäude zu bewundern.

Nach Piet Joubert benannt

Sehenswert ist das Freiluft-Museum Bakone Malapa 9 km südlich der Stadt (über R37, Burgersfort Road). Hier gibt es neben Wandmalereien alte Handwerksarbeiten live zu sehen: Korbflechten, Töpfern oder Bierbrauen.
Bakone Malapa: 7,5 R Erw/5 R Kinder. Geöffnet Mo–Fr 8.30–15 Uhr (Achtung, Mittagspause 11–12.30 Uhr). ☎ 015-295-2432.

Nur 5 km südlich befindet sich das größte städtische Naturschutzgebiet des Landes: Der Union Park ist 25 km² groß und beheimatet u. a. Nashörner, Zebras und Giraffen. Unterkunft in einfachen Chalets möglich.
Polokwane Game Reserve: 17 R Erw/13 R Kinder/25 Rand Fahrzeug. Geöffnet Mai–Sept. 7–15.30, Okt.–April –18.30 (letzter Einlass jeweils zwei Std. vor Schließung). ☎ 015-290-2331.

Vorwahl: 015

Information

Visitor Information Centre, ☎ 015-290-2010, www.polokwane.gov.za.

Limpopo Tourism Agency, *Southern Gateway Ext. 4, N1 Main Road, Polokwane 0700,* ☎ *290-3600, www.golimpopo.com.*

🛏 Unterkunft

The Lofts $$, *bietet 10 geschmackvoll und modern eingerichtete Loft-Appartments über zwei Etagen mit privatem Patio im Zentrum (Shopping-Malls in der Nähe). Für bis zu 4 Selbstversorger, Frühstück auf Anfrage. Internet, TV, Air Condition. 78b Voortrekker Street,* ☎ *015-297-5605/-5729, www.the-lofts.co.za.*

Protea Hotel The Ranch Resort $$+, *beliebtes Haus ca. 30 km südlich der City an der R101 (parallel zur N1). 1 km² schönes Naturschutzgebiet mit 30 Wildtierarten umgibt die Anlage mit 150 Zimmern im afrikanischen Landhaus-Stil, auch Selbstversorger-Chalets und -Zelte. Zwei Restaurants (u. a. **Basil's**, s. u.), Bar, Fitness-Centre, Jogging-Strecke, vier Pools, 12-Loch-Golfplatz. Farm Hollandrift, District Polokwane,* ☎ *015-290-5000, www.pro teahotels.com; www.theranch.co.za.*

Fusion Boutique Hotel $$$, *das edle und üppig dekorierte Innenstadt-Hotel strahlt mit seinen 30 stilvollen Zimmern (Internet, DVD-Player) eine intime und behagliche Atmosphäre aus. Das Gourmet-Restaurant **Saskia** verwöhnt mit feinsten Speisen, z. B. köstlichem Lamm (von einem lokalen Bauernhof) und einer exzellenten Weinberatung. Die Dekoration ist Rembrandt gewidmet, nach dessen Gattin Saskia das Restaurant benannt ist. 4 Schoeman Street,* ☎ *015-291-4042, www.fusionboutiquehotel.co.za.*

🍴 Restaurants

Saskia, *im Fusion Boutique Hotel (s. o). Geöffnet tgl. 12–23 Uhr.* ☎ *015-291-4174.*

Basil's Fine Dining Restaurant, *im The Ranch Resort (s. o.). Eine der besten Adressen für feine und saisonal bestimmte Küche in Polokwane. Für ein Hauptgericht sind Wild und Meeresfrüchte zu empfehlen. Geöffnet tgl. ab 19 Uhr.* ☎ *015-290-5000.*

Café Pavillon Family Buffet & Grillhouse, *neben üppigen und schön angerichteten Buffets (besonders am Samstag) gibt es Salate, Suppen, Kuchen, Gegrilltes und ausgezeichnete Currys von der Karte. Im Schatten des Außenbereiches isst es sich besonders gut. 1171 Church Street,* ☎ *015-291-5359.*

🚌 Busverbindungen

Viele tägliche Buslinien (z. B. von Translux) befahren die N1 von Johannesburg nach Breitbridge und halten an den großen Orten [Warm Katus, Louis Trichardt (Makhado) und Musina (Messina)]. Viele fahren weiter nach Bulawayo, Victoria Falls und Harare.

🚂 Eisenbahn

Mit Shosholoza Meyl Mi und Fr (abends) von Johannesburg über Pretoria, Hammanskraal und Molopane nach Polokwane. Und weiter nach Louis Trichardt (Makhado) und Musina (Messina). www.shosholozameyl.co.za.

Marakele National Park

Entfernungen	
Von **Polokwane**	
nach Südwesten	ca. 300 km

Allgemeiner Überblick

Löwenparade im Marakele National Park

Der jüngste National-
park Südafrikas umfasst
ca. 670 km². Er liegt
nahe der Stadt Thaba-
zimbi im Nordwesten
der Limpopo Province,
nach Johannesburg sind
es etwa 250 km.

Die nicht asphaltierten
Naturwege sind Sand-
und Schotterpisten und
erfordern zur Erkundung
des Gebiets einen All-
radwagen. In der Tswa-
na-Sprache heißt „Mara-
kele" so viel wie „Hei-
liger Zufluchtsort". Und
genau das ist der Park
für die Tiere, die hier in
einem Übergangsgebiet

*„Heiliger Zu-
fluchtsort"*

zwischen den trockenen westlichen Landschaften und dem feuchteren Osten Südafrikas leben. Angesiedelt wurden Elefanten, Nashörner, Büffel, Giraffen und Nilpferde,
aber auch Löwen, Rappenantilopen und vor allem 800 Kapgeier-Paare leben im Park.
Das Landschaftsbild ist durch die **Bergregion des Waterberges** geprägt: Es gibt
Bergzüge, grüne Hügel und tief eingeschnittene Täler – und damit auch einen Arten-
reichtum an Vegetation. Seltene Yellowwood-Bäume, Zedern, Zykaden und Baumfarne
(bis 5 m hoch) gedeihen hier.

Klima/Reisezeit

Die Winter sind trocken und manchmal so kalt, dass die Nachttemperatur unter
0°C Grad sinkt. Die Sommer können sehr heiß und nass sein, heftige Gewitter sorgen für kurze Abkühlung. Obwohl es im Sommer nicht ganz so nass ist wie im Kruger
Park, empfiehlt sich auch hier die Trockenzeit zur Reise, um bessere Tierbeobachtungen zu genießen (Mai–Oktober).

i **Information und Buchung**
South African National Parks, ☎ *012-428-9111, www.sanparks.org.*
Park-Büro: ☎ *014-777-6928/-29/-30/-31. Geöffnet 1. Mai–31. August 7–17.30, 1.
Sept.–30. April 7–18 Uhr.*

Unterkunft

Tlopi Tented Camp $$, *am Matlabas River, ca. 17 km vom Reception Office entfernt, liegt ein sehr schönes Zeltcamp. Die großen Safari-Zelte verfügen über eigene Veranden mit Tischen, Stühlen und Grillmöglichkeit, Dusche, Toilette und voll eingerichteter Küche. Nachts gibt es keinen elektrischen Strom. Das Camp selbst ist nicht eingezäunt, Tiere können also einen Besuch abstatten. An Aktivitäten werden Wildfahrten, Nachtsafaris und Wanderungen angeboten, geführt von den Rangern des Parks.*
Außerdem ist ein **Campingplatz** *vorhanden.*

Versorgung

Im Nationalpark keine. Lebensmittel, Restaurant, Telefon und Benzin gibt es in Thabazimbi.

Anschluss-Strecken von Limpopo Province/Mpumalanga

Über Musina (Messina) nach Simbabwe

Die N1 verbindet die Limpopo Province über Makhado (Louis Trichardt) und Musina (Messina) mit Simbabwe. Von hier aus kann man auf geteerter Straße leicht Bulawayo, die Great Zimbabwe Ruins sowie die Victoria Falls erreichen.

> **!** Achtung
>
> Mit südafrikanischen Mietwagen ist eine solche Tour nicht gestattet!

Über Malelane und Jeppes Reef nach Swasiland

Wenn man den Blyde River Canyon sowie die Region Kruger National Park besucht hat, bietet sich eine Weiterfahrt durch den Südteil des Kruger Parks nach Malelane und weiter zum **Grenzübertritt nach Swasiland** bei Jeppes Reef (geöffnet 7–20 Uhr) an. Nach einem Aufenthalt und den Erkundungen in Swasiland kann man dann weiter nach KwaZulu-Natal an den Indischen Ozean fahren und hat Anschluss an die Hauptstrecke nach Durban.

... und weiter nach Kwa-Zulu-Natal

Nach Kimberley/Northern Cape Province

Nach einem Besuch des Blyde River Canyons und des Kruger Parks kann man den „großen Bogen" fahren: Von Phalaborwa über die R71 und Tzaneen nach Polokwane, dann weiter über die N1 nach Bela-Bela (Warm Baths) und auf der R516 nach Westen bis Thabazimbi. Die R510 führt nach Süden, und ca. 30 km hinter Northam geht es zum Pilanesberg National Park/Sun City. Von hier fährt man dann die R565 nach Rustenburg, danach die R30 weiter nach Klerksdorp. Auf der N12 erreicht man schließlich Kimberley.

„Großen Bogen" fahren

5. NORTH WEST PROVINCE

Leopard im Madikwe Game Reserve

Überblick

Die North West Province ist
das ehemalige Homeland Bophuthatswana. Dies war ein nahezu klassisches Relikt der
Apartheid mit sieben voneinander isolierten Teilen und ist sicherlich auch heute noch nicht
das Reisegebiet Südafrikas. Aber:
Neben dem Spieler-Eldorado
Sun City bietet der **Pilanesberg National Park**, an dessen Rand die Vergnügungsstadt
liegt, auch eine „ruhigere" Alternative für alle, die per Wagen
dieses Gebiet aus Richtung Limpopo und Mpumalanga auf dem

Weg nach Northern Cape streifen. Unter der heutigen schwarzen Mehrheitsregie-
rung ist der ehemalige Flickenteppich Bophuthatswana ebenso verschwunden wie der
von Venda, der Transkei oder der ehemaligen Zulu-Homelands.

 ## Streckenbeschreibung

Von Johannesburg über Krugersdorp, Rustenburg und Boshoek nach Sun
City bzw. Pilanesberg NP (R565).
Aus Richtung Limpopo Province: von Louis Trichardt (Makhado) über
Tshwane (Pretoria) nach Sun City bzw. Pilanesberg NP (N1, N4, R556).

Entfernungen	
Johannesburg – *Sun City*	*ca. 170 km*
Aus Limpopo: *Louis Trichardt (Makhado) – Sun City*	*ca. 500 km*

Geschichtlich-geografischer Überblick

Das Tswana-Volk ist bereits im 14. Jh. ins südliche Afrika gelangt. Heute gibt es
59 Stämme in Südafrika, die den übergreifenden Namen **Tswana** akzeptieren. Etwa
600.000 Tswana leben in Botswana. Zu Beginn seiner Stammesdifferenzierung soll das
Volk aus zwei Stämmen bestanden haben: den „**Bafokeng**" und den „**Rolong**". Letztere wanderten nach Transvaal und siedelten am Mosega River. Von Natur aus bevor-
zugten diese sehr friedlichen und geselligen Menschen es, in großen Gruppen zusam-
menzuleben. Ein Teil des Tswana-Volkes, der im Gebiet von Swasiland und Zululand

*59 Tswana-
Stämme*

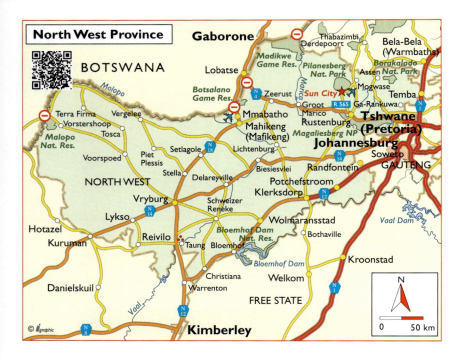

dem Nguni-Volk begegnete, wurde später als Sotho bzw. als **Basotho** bekannt. Heute leben sie in Lesotho und sprechen die gleiche Sprache wie die Tswana, auch ihr Lebensstil ist sehr ähnlich.

Heutiges Botswana

Als die Weißen nach Nordtransvaal kamen, verdrängten sie die Tswana, sodass viele von ihnen nach Norden ins heutige Botswana ausweichen mussten. Doch gilt als gesichert, dass diese bereits um 1600 in Teilen des heutigen North West Province lebten. Das traditionelle Siedlungsgebiet der Tswana umfasste vor Ankunft der Weißen das gesamte Gebiet der heutigen Republik Botswana und reichte bis nach Südafrika hinein. Die Briten kolonisierten die Region und nannten sie „Betschuana-Land". 1885 erfolgte die Teilung: Das südliche Gebiet wurde Teil der britischen Kronkolonie „Britisch Betschuanaland", das nördliche blieb Protektorat und erlangte 1966 als Republik Botswana die Unabhängigkeit. Der Süden wurde gegen den Willen der Tswana-Häuptlinge durch die Kapkolonie annektiert und damit später ein Teil der Republik Südafrika.

Am **6. Dezember 1977** entließ Südafrika **Bophuthatswana** (Tswana: „Der Platz, an dem die Tswana sich versammeln") – neben drei weiteren Homelands zwischen 1976–1981 – als „selbstständiges" Homeland in eine international nicht anerkannte Unabhängigkeit. Alle Einwohner mussten ihre südafrikanische Staatsangehörigkeit 1980

Highlight der Provinz: Pilanesberg National Park

aufgeben, obwohl die Zukunft des Landes faktisch weiterhin von der innenpolitischen Entwicklung Südafrikas abhing. Allerdings, so die Meinung des damaligen bophuthatswanischen Präsidenten Lucas Mangope, müssten sich die Bürger seines Landes zu einem Zeitpunkt, wenn die Zukunft Südafrikas feste Konturen angenommen habe, frei entscheiden, ob sie lieber selbstständig bleiben oder in die Republik Südafrika eingegliedert werden wollten. 1994 fiel diese Entscheidung zugunsten des Vielvölkerstaates.

Die Gesamtfläche Bophuthatswanas betrug rund 44.000 km² (ungefähr die Größe Dänemarks). Die Landschaft ist generell flach bis hügelig und weist Höhen von 900–1.829 m über dem Meeresspiegel auf. Hier leben 1,66 Mio. Tswana, in Südafrika selbst leben noch weitere 1,1 Mio. Die Tragik dieses „autonomen" Gebietes war, dass es aus **sieben isolierten Teilgebieten** bestand, die z. T. weit voneinander entfernt lagen. Dass dadurch Verwaltung und Wirtschaft große Schwierigkeiten zu überwinden hatten, liegt auf der Hand. *Ehemalige „Autonomie"*

Klimatisch gehört das Land nicht gerade zu den attraktivsten Regionen Südafrikas. Die Sommer (Oktober–April) sind heiß und in der Regel trocken, den Winter prägen hohe Tag-/Nacht-Unterschiede. Tagsüber ist es angenehm warm, während die Temperaturen nachts unter den Gefrierpunkt absinken können. Die Niederschläge fallen praktisch ausschließlich in der Sommerzeit und betragen im Westen gerade 300 mm, im Osten steigen sie bis auf 600 mm/Jahr an. Von Natur aus eignet sich die Landschaft besonders zur Rinderzucht. Nur etwa 6 % des Bodens taugen für den Ackerbau. Die

Hauptstadt Mmabatho („Mutter des Volkes") entstand in der Nähe von **Mahikeng** (**Mafikeng**), der heutigen Provinzhauptstadt der North West Province, und ist nun dorthin eingemeindet.

Reich an Bodenschätzen Der wahre Reichtum dieses Gebiets liegt unter der Erde: 50 % des auf der Welt geförderten **Platins** werden hier gewonnen. In „Impala", der größten Platinmine, sind heute 57.000 Menschen beschäftigt. Ebenso verfügt das Land über Reserven an Chrom, Mangan und Vanadium. In der Nähe von Sun City entdeckte man 1980 außerdem ein ausgiebiges Uranlager. Die Bergwerke, Düngemittelfabriken und kleinindustriellen Betriebe sichern insgesamt ca. 100.000 Arbeitsplätze. Trotz vieler langer Dürreperioden ist die North West Province **wirtschaftlich gesund**. Neben der Metallgewinnung wurde die Landwirtschaft besonders gefördert und hat heute wieder an Bedeutung im Anbau u. a. von Weizen und Mais, aber auch in der Viehwirtschaft gewonnen.

Sehenswertes

Borakalalo National Park

 Lage
Ca. 100 km nördlich von Tshwane (Pretoria) und 60 km nördlich von Brits.

Der ca. 140 km² große Park wird bestimmt von Laub-, Akazien- und Auenwäldern an den Ufern des Flusses Marakele und des Klipvoor Dams. Hier leben u. a. Antilopen, Giraffen, Leoparden und ca. **350 Vogelarten**, letztere wegen der Nähe zum Wasser. Durch das Gebiet sind etwa 100 km Schotterpisten angelegt. Es stehen 3 Camps mit guten sanitären Anlagen (s. u.) zur Verfügung. Außerdem besteht die Möglichkeit zum Wandern, Picknicken, Angeln und zu Pirschfahrten – nicht umsonst bedeutet Borakalalo „**Ort der Entspannung**".

 Buchung und Information
North West Parks and Tourism Board, *Heritage House, Cookes Lake, 30/31 Nelson Mandela Drive, Mafikeng,* ☏ *018-397-1500, www.tourismnorthwest.co.za.* **Borakalalo National Park**, *P.O. Box 1890, Brits 0250,* ☏ *012-252-0131 (Reservierungen) und 012-729-4101/2/3, www.borakalalo.co.za.*

Öffnungszeiten und Eintrittspreise
September–März 5–19, April–August 6–18.30 Uhr; 35 R Erw., 20 R Kind, 10 R Fahrzeug.

Unterkünfte im Park
Alle Camps sollten unbedingt im Voraus gebucht werden, Pitjane vor allem an langen Wochenenden.

Moretele $, 10 eingerichtete Safari-Zelte für je 2 Pers. am Ufer des Marakele. Keine Küchenutensilien. Keine Elektrizität, aber Paraffinlampen. Duschen und Toiletten in der Nähe, warmes Wasser. Grillmöglichkeit. Auch Zelt- und Campingplätze.
Phudufudu $, 10 Safari-Zelte wie Moretele, zusätzlich 4 Luxus-Zelte mit Bad und Küche. Sanitäre Anlagen (Duschen und Toiletten), Gemeinschaftsküche und Speiseraum, Pool.
Pitjane Camp $, Campingplatz für Angler an der Nordseite des Klipvoor Dams. Alle Parzellen mit Grillmöglichkeit. Warme Duschen und Spültoiletten vorhanden. Eine **Angelerlaubnis** wird am Gate erteilt.

Sun City

Sun City ist ein riesiger **Vergnügungskomplex** mitten in einer Savannenlandschaft und die zweitwichtigste Einnahmequelle der North West Province. Da im calvinistisch geprägten Südafrika früher Glücksspiele und Nacktrevuen verboten waren, kamen viele Südafrikaner hierher, um sich an den verbotenen Früchten zu laben. Oft wird Sun City deshalb im Volksmund als „Sin City" (Sündenstadt) bezeichnet. Bis zu 40.000 Menschen am Tag besuchen Sun City und lassen pro Jahr mehr als 500 Millionen Rand zurück. Doch viele Südafrikaner finden allein schon wegen der regelmäßigen großen Sportveranstaltungen hierher. Auch **zwei Golfplätze (1;14)** sorgen für sportliche Unterhaltung.

Das „Las Vegas des südlichen Afrika" bietet neben 4 Luxushotels das zweitgrößte Spielcasino der Welt (Roulette, Black Jack, Spielautomaten etc.). Daneben locken Kinos, Diskotheken, der Wasserpark **Valley of the Waves (6)** sowie der Abenteuer-Spielplatz **Adventure Mountain (9)** für Kinder. Auf einem großen, selbstverständlich künstlich angelegten See werden in der **Waterworld (18)** verschiedene Wassersportarten angeboten. Alle Besucher, die mit einem Pkw anreisen, werden mit einem **Sky Train** (Einschienenbahn) zu den Hotels gebracht.

„Las Vegas Südafrikas"

Seit den 1990er-Jahren erwartet den Besucher **Lost City**, ein weiterer Casino-Komplex im Stil einer „versunkenen, legendären afrikanischen Stadt". Die Anlage ist märchenhaft schön gestaltet und soll an alte, versunkene afrikanische Kulturen erinnern.

Zusammenfassend kann man Sun City durchaus als eine gelungene Mischung zwischen Natur, Sporterlebnis und „Glitzerwelt" der Casinoszene bezeichnen. Die grüne Oase im Busch ist aber sicherlich nicht jedermanns Geschmack. Gerade Budget-bewusste Reisende werden auf dieses Ziel gerne verzichten.

Abstecher von bzw. Zwischenstopp auf dem Weg nach Sun City

Wagemutige und Schwindelfreie erwartet in Rustenburg (104.000 Ew.), ca. 50 km südlich von Sun City an der R104, ein besonderes Abenteuer: Begleitet von erfahrenen Guides, schwebt man auf der **Magalies Canopy Tour** in luftiger Höhe an Drahtseilen über die Baumkronen der Magaliesberge. Reservierung erforderlich.
Magalies Canopy Tour: Sparkling Waters Hotel & Spa, Rietfontein Farm JQ 348, Rietfontein, Rustenburg, ☎ 014-535-0150, www.magaliescanopytour.co.za.

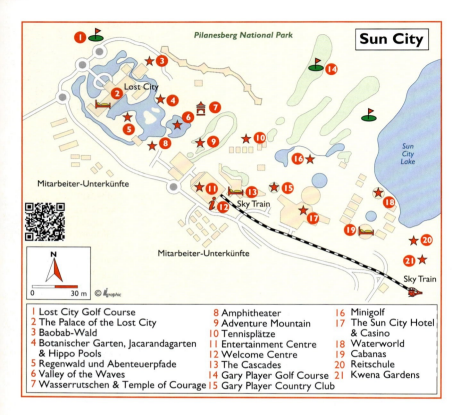

Sun City

Pilanesberg National Park

Lost City

Sun City Lake

Mitarbeiter-Unterkünfte

Sky Train

Mitarbeiter-Unterkünfte

Sky Train

N

0   30 m   © *Igraphic*

1 Lost City Golf Course	8 Amphitheater	16 Minigolf
2 The Palace of the Lost City	9 Adventure Mountain	17 The Sun City Hotel
3 Baobab-Wald	10 Tennisplätze	& Casino
4 Botanischer Garten, Jacarandagarten	11 Entertainment Centre	18 Waterworld
& Hippo Pools	12 Welcome Centre	19 Cabanas
5 Regenwald und Abenteuerpfade	13 The Cascades	20 Reitschule
6 Valley of the Waves	14 Gary Player Golf Course	21 Kwena Gardens
7 Wasserrutschen & Temple of Courage	15 Gary Player Country Club	

Vorwahl: *014*

ℹ️ **Information und Buchung**
Sun City Resort, *North West Province 0316,* ☎ *557-1000 (Resort) und 011-780-7800/-7810 (Reservierungen), www.suninternational.com.*
Das **Welcome Centre (12)** *berät Tagestouristen und anreisende Übernachtungsgäste. Die Mitarbeiter nehmen Reservierungen vor, verteilen Karten des Geländes und helfen bei allen Fragen.* ☎ *557-1543 o. -3381/2.*

🚌 **Busverbindungen**
Tägliche Fahrten Johannesburg – Sun City und zurück mit **Ingelosi Shuttles**, ☎ *012-546-3827 (Pretoria), www.ingelositours.co.za. 400 R einfache Fahrt (ab 2 Pers.), Vor-*

ausbuchung und -zahlung notwendig! Buchbar auch über **Computicket**, ☎ *0861-915-8000, www. computicket.co.za.*

Flugverbindungen
Pilanesberg Airport, ☎ *552-2134.*

Unterkunft
Hotel Palace of the Lost City $$$$$+ (2), *die Architektur des Gebäudes (338 Zimmer und Suiten) orientiert sich an einer legendenhaften nordafrikanischen Vergangenheit. Ausgestattet mit allem, was das Herz begehrt: Schönheitsfarmen, Tennisplätze, Shows ... die Krönung – Luxus vom Allerfeinsten.* ☎ *557-4307.*
The Cascades $$$$$+ (13), *der Luxus-Hotelpalast verfügt über 248 Zimmer und Suiten. Sehr schöne Anlage mit tropischen Wasserfällen, Grotten, Lagunen, üppigem Pflanzenwuchs und vielen Vögeln.* ☎ *557-5840.*
The Sun City Hotel $$$$+ (17), *riesiges Casino-Hotel mit 340 Zimmern und Suiten, die über alle Annehmlichkeiten wie Klimaanlage, TV, Telefon etc. verfügen. Direkt neben einem der Golfplätze gelegen.* ☎ *557-5380/-5370/-5110.*
Cabanas $$$+ (19), *zwangloses Familienhotel – „Mittelklasse", aber mit Zugang zu allen Annehmlichkeiten von Sun City, Lage direkt an der Waterworld. 380 gut eingerichtete Zimmer. Für Kinder: Abenteuerspielplatz, Minigolf, Streichelzoo.* ☎ *557-1580.*

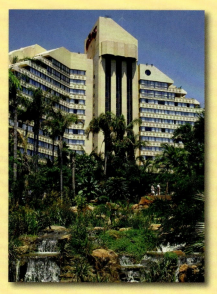
The Cascades in Sun City

Restaurants
In allen Hotels stehen eine Vielzahl von Restaurants (Reservierung empfohlen) der verschiedensten Richtungen zur Verfügung. Eine kleine Auswahl:
Villa del Palazzo, *im Hotel Palace of the Lost City. Beste italienische Küche im edlen Ambiente – einfach traumhaft!*
Peninsula, *im The Cascades. Mit Blick auf die Gartenanlagen und Wasserfälle. Internationale Speisekarte.*
The Raj, *im Sun City Hotel. Elegantes indisches Restaurant mit hervorragenden Curry-Gerichten.*
Palm Terrace, *im Cabanas. Selbstbedienungsbuffets zu allen Mahlzeiten, abends Motto-Buffets. Spielbereich für Kinder.*

👁 Abstecher zur Krokodilfarm

Sehr sehenswert ist die kurz hinter dem Gate nach Sun City gelegene Krokodilfarm **Kwena Gardens** (**21**) mit über 7.000 Tieren, u. a. Arnold, einem der weltweit größten Nilkrokodile. Hier kann auch in 14 Luxus-Chalets übernachtet werden. Geöffnet tgl. 10–18 Uhr. ☎ 014-552-1262.

Pilanesberg National Park

> ## Streckenbeschreibung
>
> Direkt nördlich an den Sun-City-Komplex anschließend. Der Park hat 3 Eingänge, am beliebtesten ist die Einfahrt am Bakubung Gate (bei Sun City). Zum Bakgatla Gate gelangt man über die R510, die von Norden über Thabazimbi und Northam verläuft. Das Manyane Gate liegt bei Mogwase und ist von Süden über die R510 (Rustenburg Richtung Thabazimbi) zu erreichen.

Der Pilanesberg National Park liegt in einem erloschenen alkalischen **Vulkankrater**; davon gibt es weltweit nur drei. Das Zentrum dieses Kraters umgeben drei konzentrische Hügelketten. Der Pilanesberg ist mit 1.687 m die höchste Erhebung der North West Province.

Tier-
ansiedlung
Bis zur Mitte der 1970er-Jahre war diese Region Farmland. Als die Regierung beschloss, hier einen Nationalpark zu errichten, mussten die Farmer auf neue Siedlungsgebiete ausweichen. Danach wurde ein hoher Wildschutz-Zaun errichtet, und in der sogenannten **Operation Genesis** siedelte die Southern African Nature Foundation hier Tiere an: Aus Namibia stammen die Elenantilopen, aus dem ehemaligen Transvaal die Zebras und Wasserböcke, aus KwaZulu-Natal Breit- und Spitzmaulnashörner und vom Addo Elephant Park bei Port Elizabeth Elefanten und Büffel. Mittlerweile gibt es auch Geparde, Leoparden, Zebras, Löwen, Kudus und Hyänen zu sehen.

Auf Pirschfahrt im Pilanesberg Park

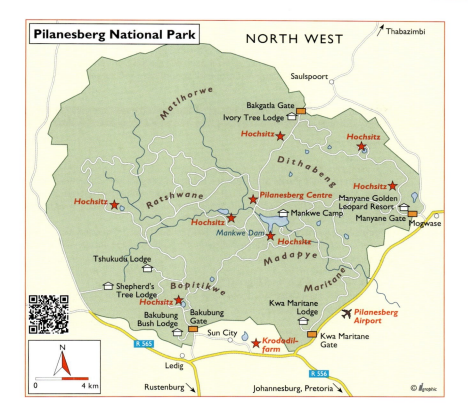

Pilanesberg National Park

NORTH WEST

↗ Thabazimbi

Saulspoort

Matlhorwe

Bakgatla Gate
Ivory Tree Lodge

Hochsitz ★   *Hochsitz* ★

Dithabeng

Hochsitz ★

Hochsitz ★   *Pilanesberg Centre*

Ratshwane

Manyane Golden
Leopard Resort
Mankwe Camp

Hochsitz ★   Manyane Gate   Mogwase

Mankwe Dam   *Hochsitz*

Madapye

Tshukudu Lodge

Maritane

Shepherd's
Tree Lodge   *Bopitikwe*

Hochsitz ★   Kwa Maritane
Lodge

Bakubung   Bakubung   ✈ *Pilanesberg
Bush Lodge   Gate   Airport*

Sun City

★ *Krododil-
farm*   Kwa Maritane
Gate

R 565

Ledig

N

0   4 km

Rustenburg ↘

Johannesburg, Pretoria ↘

R 556

© *graphic*

Der etwa 580 km² große Park musste der einheimischen Bevölkerung allerdings erst „schmackhaft" gemacht werden. Die zeigte sich von einem Wildschutzpark zunächst nicht sehr begeistert, schließlich verlor sie mit dem Wild eine traditionell wichtige **Nahrungsquelle**. Die Bedeutung der Wildtiere für die hier ansässigen Batswana zeigt sich schon daran, dass ihr Wort für „Antilope" gleichzeitig die allgemeine Bezeichnung für „Fleisch" ist.

Diese Überzeugungsarbeit hatte der erste Parkdirektor, Jeremy Anderson, zu leisten. Seiner Meinung nach sollte das Tierschutzgebiet keineswegs nur eine große Spielwiese für reiche Touristen werden. Es galt also, die Menschen von der ökonomischen und ökologischen Wichtigkeit der Parkeinrichtung zu überzeugen. Überzählige Tiere, die das ökologische Gleichgewicht gefährden, sollten geschlachtet und ihr Fleisch der Bevölkerung preiswert angeboten werden. Außerdem sollte das Geld, das reiche Trophäenjäger einbringen würden, direkt den neuen Ansiedlungen zugutekommen. Heute wird natürlich nur noch mit Kameras auf die Tiere „geschossen".

Kontrast zu Sun City Über 8.000 Großtiere sind hier beheimatet, dazu über 300 Vogelarten. 150 km gut ausgebaute Sandpisten erschließen das Gebiet. Die meisten Besucher kommen aus Sun City, von dort aus können die Gäste 2–3-stündige Safari-Fahrten in den Park buchen. Der Kontrast zwischen der „Glitzerwelt" der Casino-Stadt und der urwüchsigen Landschaft des Pilanesberg National Park könnte nicht größer sein.

Vorwahl: *014*

i Information

North West Parks and Tourism Board, *Heritage House, Cookes Lake, 30/31 Nelson Mandela Drive, Mafikeng,* ☎ *018-397-1500, www.tourismnorthwest.co.za.* **Park-Büro**, ☎ *014-555-1600, http://pilanesberggamereserve.com und www.pilanes bergnationalpark.org.* **Pilanesberg Centre,** *Aussichtsbereich im Parkzentrum, bietet neben einem kleinen Restaurant und Shop einen interaktiven Bildschirm mit Parkkarten und Anzeigen, wo zuletzt welche Tiere gesichtet wurden.*

☞ Öffnungszeiten und Eintrittspreise

März/April und Okt. 6–18.30, Mai–Sept. 6.30–18, Nov.–Februar 5.30–19 Uhr; 65 R Erw, 20 R Kind, 20 R Fahrzeug.

🛏 Unterkünfte im Park

Hierbei handelt es sich um eine kleine Auswahl, weitere Unterkünfte siehe genannte Websites.
Manyane Golden Leopard Resort $$, *das Resort liegt am östlichen Rand des Parks nahe des gleichnamigen Gates. Das saubere und atmosphärisch ansprechende Gelände bietet Studio-Zimmer mit Minibar und Dusche, Frühstück ist buchbar. Selbstversorger können zwischen Chalets für 2–4 Pers. wählen, diese haben Bad, Küche und eine eigene Terrasse. Es gibt auch Safari-Zelte, einen Caravan- und Campingplatz sowie ein Camp für größere Gruppen auf dem Gelände:* **Bosele Camp** $$, *mit warmem Wasser und Speiseraum. Bar, Laden, Pool und Restaurant. Achtung, Leser berichten im ganzen Resort von angriffslustigen Pavianen. Buchung über* **Golden Leopard Resorts**, ☎ *555-1000, www.goldenleopardre sorts.co.za.*
Bakubung Bush Lodge $$$$, *im Süden des Parks nahe Sun City. Mehrfach ausgezeichnete, in Hufeisenform erbaute Anlage mit 76 geräumigen Zimmern mit bequemen Betten, Bad, Sat-TV, Direktwahl-Telefon und vielen weiteren Extras. Morgens und abends große Auswahl schmackhafter Buffetspeisen. Game Drives, Pool, Tennisplatz, Abenteuerspielplatz u. v. m. Gute Qualität und Lage zu vernünftigen Preisen!* ☎ *011-806-6888 (Reservierung), 552-6000 (Lodge), www.legacyhotels.co.za.*
Ivory Tree Game Lodge $$$$$+, *im Norden beim Bakgatla Gate. Diese exklusive Lodge mit 60 großzügigen Luxussuiten mit Bad (edle Außendusche mit Blick in den Himmel!) bietet alle Annehmlichkeiten, dazu eine atemberaubende Umgebung mit besten Safari-Möglichkeiten in Fahrzeugen mit Rundumsicht und professionellen Guides. Ansprechender Bar-Lounge-Bereich, Pool, Spa. Ein besonderer Ort!* ☎ *011-781-1661 (Reservierung), 556-8100 (Lodge), www.ivorytreegamelodge.com.*

Madikwe Game Reserve

 ## Streckenbeschreibung

Von **Rustenburg** über die N4 nach Zeerust, dann die R49 nach Norden zum Abjarterskop Gate des Parks (ca. 230 km). Oder alternativ von **Sun City** bzw. dem Pilanesberg National Park über Nebenstraßen und Schotterpisten nach Nordwesten bis zum Derdepoort Gate (ca. 120 km), diese Strecke sollte nur bei trockenem Wetter befahren werden, Vierradantrieb ist empfehlenswert.

An der Grenze zu Botswana (ca. 20 km bis zur Hauptstadt Gaborone) liegt das Madikwe Game Reserve. Die Grenzen des ca. 75 km² großen Gebietes, das aus Gras- und Buschebenen und einzelnen Inselbergen besteht, bilden im Osten der Marico River und im Süden die Dwarsberg Mountains. Hier leben in reicher Vegetation Elefanten, *Reiche* Breitmaul- und Spitzmaulnashörner, Büffel, Giraffen, Zebras, Geparden und Antilopen *Vegetation,* – insgesamt etwa 12.000 Tiere (66 Säugetier- und etwa 300 Vogelarten). Damit ist Ma- *viele Tiere* dikwe das **viertgrößte Wildreservat in Südafrika** und besitzt die zweitgrößte Population an Elefanten.

 ## Hinweis

Ein Tagesbesuch im Madikwe Game Reserve ist nicht möglich, man muss eine Reservierung für eine der Lodges vorweisen können. Camping- oder Selbstversorger-Unterkünfte sind ebenso wenig vorhanden wie Grill- oder Picknickeinrichtungen.

Vorwahl: *018*

 Information
North West Parks and Tourism Board, *Heritage House, Cookes Lake, 30/31 Nelson Mandela Drive, Mafikeng,* ☏ *018-397-1500, www.tourismnorthwest.co.za.* **Park-Büro,** ☏ *018-350-9931/2, www.madikwe-game-reserve.co.za.*

Eintrittspreise für gebuchte Gäste
160 R Erw., 80 R Kinder.

Unterkunft
The Bush House *$$$$$+, ein ehemaliges Farmhaus, das renoviert und umgebaut wurde. Sehr persönliche Atmosphäre, da nur 6 Zimmer, alle komfortabel und mit Bad (Wanne und Dusche), Klimaanlage, Heizung für kalte Winterabende und Veranda zur Tierbeobachtung (Blick auf ein Wasserloch mit vielen Tierbesuchen). Gesellschaftsraum, Restaurant (sehr gute Speisen), Bar, Pool. Viel Leistung zu gutem Preis.* ☏ *mobil 076-694-0505 o. 083-379-6912, www.bushhouse.co.za.*

Sonnenaufgang im Madikwe Game Reseve

Impodimo Game Lodge $$$$$+, 10 luxuriöse Suiten (u. a. Bad, Kühlschrank, Kamin, Terrasse), zwei davon besonders hochklassig (privates Tauchbecken sowie Boma-Deck). Die freistehenden Hütten liegen direkt an einem Hügel – mit herrlichem Blick auf die Landschaft. Leser berichten über die beeindruckenden Tierbeobachtungen auf den Game Drives und in der Lodge (keine Umzäunung). Swimmingpool, Bibliothek, kleiner Shop, Weinkeller. ☎ 018-350-9400, www.impodimo.com.

Madikwe Hills Private Game Lodge $$$$$++, inmitten von Tamboti- und Marula-Bäumen gelegen. 10 luxuriöse Suiten, die geschickt in die felsige Landschaft eingefügt wurden, außerdem die Familienvilla „Little Madikwe" mit zwei Schlafzimmern. Moskitonetze, neben Klimaanlage auch Fußbodenheizung für den Winter. Voll ausgestatteter Fitnessraum, Spa-Anwendungen und Maniküre. Bücherei, Shop, kleiner Laden. Sehr engagierte und erfahrene Ranger laden die Gäste zu Game Drives mit außergewöhnlichen Tierbegegnungen ein. ☎ 018-350-9200, www.madikwehills.com.

Madikwe River Lodge $$$$$+, sehr familienfreundliche, umzäunte Lodge am Marico River, nahe der Grenze zu Botswana. 16 reetgedeckte Chalets, darunter drei gemütliche Familienchalets, sowie ein Haupthaus mit Bar, Restaurant, Boma, Swimmingpool und Veranda mit Blick auf den Fluss. Pirschfahrten (auch für Kinder), Wanderungen und Vogelbeobachtungen. Auf Anfrage Babysitter-Service. ☎ 014-778-9000, www.madikwegamereserve.co.za.

Mahikeng (Mafikeng) und Mmabatho

Entfernungen	
Von **Rustenburg** (N4) über Zeerust (R49)	ca. 200 km
Von **Lichtenburg** (N503)	ca. 65 km

Überblick

Mahikeng (ca. 55.000 Einwohner) ist heute die Hauptstadt der North West Province. Bis 2010 hieß die Stadt Mafikeng, bis 1980 Mafeking. Es handelte sich ursprünglich um eine britische Ansiedlung, die auf das Jahr 1857 zurückgeht. 1899/1900 wurde sie

Britische Siedlung 217 Tage von Buren belagert, doch die britischen Soldaten unter dem Befehl von Colonel R. Baden-Powell trotzten dem Druck. Im Verlauf der Belagerungszeit gründete der Colonel ein Kadettenkorps, das sich auf die Übermittlung von Nachrichten und auf Botengänge spezialisierte. Auf der Grundlage dieser Erfahrungen entwickelte Baden-Powell ab 1907 in England die Pfadfinder-Bewegung.

Bis ins Jahr 1965 wurde von hier aus das britische Protektorat Betschuana-Land (heute Botswana) verwaltet, obwohl der Ort außerhalb des Betschuana-Gebietes lag. 1980 übergab Südafrika die Stadt an Bophuthatswana, trotzdem fungierte ab 1984 das benachbarte **Mmabatho** als Regierungssitz. 1994 wurden die beiden Städte, die etwa 5 km auseinander lagen, aber faktisch zu einem Siedlungsgebiet verschmolzen waren, *Doppelstadt* auch verwaltungstechnisch vereint. Mmabatho erhielt den Status eines Stadtteils, und Mahikeng wurde Hauptstadt.

Sehenswertes

Mahikeng (Mafikeng)

Das Mafikeng-**Museum** im ehemaligen Rathaus von 1902 zeigt Exponate u. a. zur lokalen Geschichte sowie zur Entwicklung der Batswana. Hauptausstellungsstück ist eine 1971 stillgelegte Dampflok der Strecke Mafikeng–Bulawayo (Simbabwe). *Geöffnet Mo– Fr 8–16, Sa 10–12.30 Uhr. Ecke Carrington und Martin Street,* ☏ *018-381-6102.* Die **Anglikanische Kirche** wurde von Sir Herbert Baker, der auch die Union Buildings in Tshwane konzipierte, zu Ehren der Toten der Belagerungszeit erbaut. **Weitere Tipps** unter www.tourismnorthwest.co.za.

Mmabatho

In der ehemaligen Stadt gibt es das für afrikanische Verhältnisse riesige und ultramoderne **Einkaufszentrum Mega City** mit Geschäften, Boutiquen und Restaurants (Ecke University Drive und Sekame Road), ein großes **Sportstadion** (59.000 Sitzplätze, vor allem Fußballspiele) sowie einen Campus der **North-West University** (1979 gegründet).

Vorwahl: *018*

ⓘ Information

Mafikeng Tourism Information & Development Centre, *Ecke Carrington und Martin Street, Mmabatho,* ☏ *381-7341, www.tourismnorthwest.co.za. Geöffnet Mo– Fr 8–16.30 Uhr.*
Kommunale Website: *www.mafikeng.gov.za.*

✈ Flugverbindungen

Mahikeng Airport, ☏ *018-385-1038, www.nwpg.gov.za/transport/airport.*

🛏 Unterkunft

Protea Hotel Mafikeng $$+, *modernes Innenstadthotel mit 100 Zimmern, in dem viele Geschäftsleute absteigen. Große und bequeme Betten. Edle Rezeptionshalle mit Galerie. Pool, Restaurant, Kaffee- und Cocktailbar. 80 Nelson Mandela Drive,* ☏ *018-381-0400, www.proteahotels.com.*
Buffalo Park Lodge $+, *20 klimatisierte Zimmer in entspannter Atmosphäre. Restaurant, Bar, Pool. Sehr zentral gelegen, 10 Minuten Laufweg zur Stadtmitte.* ☏ *018-381-2159, www.buffalolodge.co.za.*

Abstecher zum Botsalano Game Reserve

Das ca. 60 km² große Reservat liegt 30 km nördlich der Stadt. Hier kann man ca. 2.000 Tiere, u. a. Giraffen, Springböcke, Elenantilopen, Warzenschweine und Nashörner, in einer Vulkanlandschaft mit Akazienwäldern und weiten Ebenen beobachten. Geöffnet Okt.–März 6.30–19, April–Sept. 7–18 Uhr. 35 R Erw., 20 R Kind, 5–80 R Fahrzeug (je nach Größe). **Unterkunft**: Zeltcamp, Bush Camp und Campingplatz.
Botsalano Game Reserve, ☎ *018-386-8900 (Park-Büro), 018-397-1675/6/7 (Reservierung der Unterkünfte über Mafikeng Game Reserve), www.tourism northwest.co.za.*

Vryburg

Entfernungen	
*Von **Mahikeng** nach Süden über N18*	*ca. 160 km*

Vryburg war 1882 Hauptstadt der kleinen Burenrepublik Stellaland, die aber nur bis 1885 bestand. Dann wurde sie in das Gebiet von Britisch-Betschuanaland eingegliedert, das wiederum ab 1895 zur Kapkolonie gehörte. Der Name stammt von der stolzen Selbstbezeichnung seiner Einwohner: „Vryburghers" – „freie Bürger".

Die Stadt ist heute vor allem von Rinderzucht und Landwirtschaft geprägt. Zu sehen gibt es einen wöchentlichen Viehmarkt, eine Missionskirche aus dem Jahr 1904 sowie das Vryburg Museum. Darüber hinaus ist das etwa 20 km² große **Leon Taljaard Nature Reserve** nur wenige Kilometer vom Stadtrand entfernt. Es liegt nordwestlich an der R378 in Richtung Ganyesa.

Vryburg – Stadt der freien Bürger

ℹ️ Information
Dr. Ruth Segomotsi Mopati District Municipality, *21 De Kock Street, Vryburg*, ☎ *053-927-2222.*
Online: *http://vryburg.com.*

🛏️ Unterkunft
Boereplaas Holiday Resort $, *schönes Resort mit Chalets für Selbstversorger, gehobeneren Doppelzimmern, Campingmöglichkeiten. Restaurant (mit Bar), Pool, Stellplätze. 19 km von Vryburg an der Stella/Mafikeng Road*, ☎ *053-927-4462, www.boere plaas.co.za.*
Peace Haven Guest House $, *in einem Vorort gelegenes B&B mit Garten und angenehmen Zimmern mit Bad. Englisches Frühstück. 14 Koedoe Drive*, ☎ *053-927-3850 oder 928-7014.*

Taung

Entfernungen	
Von **Vryburg** *nach Süden über N18*	*ca. 70 km*
Weiter nach **Kimberley** *(Northern Cape)*	*ca. 140 km*

Die Stadt ist nach dem Volksstamm der Ba Taung, ihr Name bedeutet „**Ort des Löwen**". Bekannt wurde die Stadt, als der Ärchäologe Raymond Dart 1924 das sogenannte **Kind von Taung** entdeckte: Dieser ca. 2,5 Mio. Jahre alte Schädel ist der erste Fund der Gattung Australopithecus africanus (s. Kasten und S. 22).

Der Fundort im Buxton-Steinbruch ist seit 2005 auf der **Weltkulturerbe-Liste** der UNESCO: eine weitere wichtige Stätte fossiler Hominidenfunde neben der Cradle of Humankind (s. S. 157).

Urmenschliche Funde im südlichen Afrika

Die vorgeschichtlichen Knochenfunde bezeichnet man als „Australopithecinen" (aus dem Griechischen, heißt so viel wie „südliche Affen"). Es handelt sich um ein Übergangsstadium zwischen Tieren und Menschen, wobei die Funde andeuten, dass es sich bereits um menschliche Wesen handelte. Sie werden als kleinhirnige, aufrecht gehende Hominiden beschrieben, die schon Geräte herzustellen vermochten. Sie waren etwa 120 cm groß, hatten einen hohen Gehirnschädel sowie einen ausladenden Vorderkiefer.
Infos im Internet: http://humanorigins.si.edu/evidence/human-fossils/fossils/taung-child.

6. SWASILAND UND LESOTHO

Die Basotho sind ein aus Lesotho stammendes Bergvolk

Swasiland

Überblick

Swasiland ist mit 17.364 km² kaum größer als Schleswig-Holstein, und doch bietet es dem Reisenden ein **vielseitiges Landschaftsbild**. Auf relativ kleiner Fläche finden sich Gebirge (bis 1.800 m), Hochflächen, Buschland, Wälder, Plantagen und eine Vielzahl von Kleinstfarmen, sodass man bei einer Durchreise einen guten Überblick über den afrikanischen Naturraum erhält. Besonders reizvoll sind das von vielen tiefen Flusstälern durchschnittene Bergland im Westen und natürlich die **Wildparks**, die, abseits der Hauptreiserouten des südlichen Afrika gelegen, einen geruhsamen Aufenthalt versprechen. Swasiland besitzt kaum natürliche Wälder, doch wurden durch Aufforstungsprogramme seit den 1940er-Jahren über 1.250 km² Wald geschaffen. Es handelt sich überwiegend um Eukalyptus- und Kiefernanpflanzungen.

Swasiland ist ein angenehmes Reiseland mit **erträglichen Durchschnittstemperaturen**, die mit zunehmender Höhe fallen. Die mittleren Sommertemperaturen betragen im Lowveld um 26 °C und im Highveld um 18 °C. Die Winterwerte liegen bei 16 °C bzw. 12 °C. In fast allen Teilen des Landes tritt in den Wintermonaten Frost auf. Mit abnehmender Höhe sinken auch die Niederschlagsmengen. Der Regen fällt im Sommer.

Swasiland & Lesotho
SIMBABWE
BOTSWANA
NAMIBIA
Pretoria · Mbabane
Johannesburg
Alexander Bay
Maseru · SWASILAND
ATLANTIK
LESOTHO
Durban
INDISCHER OZEAN
Kapstadt
Port Elizabeth
500 km © *i̇graphic*
N

Redaktionstipps

▸ Besichtigung von **Mbabane**, S. 260, und des **Ezulwini Valley**, S. 262, mit Mlilwane Wildlife Sanctuary, S. 261.

▸ Ein Tag im **Malolotja Nature Reserve** und Besuch der wohl ältesten Mine der Welt, S. 259.

▸ Ausflug zur **Ngwenya-Glasbläserei**, S. 260, oder zu Swazi Candles, S. 264.

▸ **Übernachtungstipp**: Mountain Inn, S. 269, oder Foresters Arms, S. 269.

▸ **Restaurants**: The Calabash und La Casserole, S. 270.

▸ **Einkaufen**: Kerzen, S. 264, und Glasbläserarbeiten, S. 260.

Swasiland verfügt über eine vergleichsweise **gute Infrastruktur**, es sollten also auch für den Individualreisenden keinerlei Probleme auftreten. Für die Hochsaison (Weihnachten/Neujahr und Ostern) ist es allerdings ratsam, rechtzeitig Reservierungen vorzunehmen, am besten schon 2–3 Monate vorher. Das **Straßennetz** ist relativ gut ausgebaut. Sowohl die Asphaltstraßen als auch die Hauptpisten werden regelmäßig unterhalten und sind deshalb ohne Probleme mit einem herkömmlichen Pkw zu befahren. Während der Regenzeit (Oktober bis März) empfiehlt es sich aber, vorher Erkundigungen über den Zustand der Pisten einzuholen.

Eine **Durchreise** bietet sich auch auf dem Weg vom Kruger Park nach Durban oder von Durban nach Johannesburg an. Außerdem eignet sich Swasiland gut als Zwischenstopp für Reisende nach Maputo, da der einzige Korridor am Grenzübergang Lomahasha (Nordosten) beginnt.

Swasiland auf einen Blick	
Fläche/ Einwohnerzahl	17.364 km²/1,37 Mio. Einwohner
Bevölkerung	Über 90 % Swasi, die zur Nguni-Gruppe der Bantu gehören und ethnologisch mit den Zulu verwandt sind. Weitere Gruppen: Zulu, Tongas, Shangaan, Europäer, Asiaten
Staatssprache	Si-Swati, Englisch als Verwaltungs- und Bildungssprache
Religion	60–70 % Christen, Bantu-Religionen
Unabhängigkeit	6.9.1968
Staatsoberhaupt	König Mswati III.
Regierungschef	Premierminister Barnabas Sibusiso Dlamini
Städte	Mbabane (Hauptstadt) 95.000 Ew., Manzini 110.000 Ew., Big Bend 10.000 Ew., Malkerns 9.700 Ew.
Wirtschaft	Bruttoinlandsprodukt: 2.500 US $/Ew.
Ausfuhr	Zucker, Fleisch, Baumwolle, Kohle, Holz, Zitrusfrüchte, Kühlschränke
Nationalflagge	Die rote Farbe symbolisiert den Kampf der Swasikönige und Chiefs, um das Land zu dem aufzubauen, was es heute ist. Gold steht für den Reichtum an natürlichen Schätzen (gute Böden, regelmäßiger Regen, Gold, Diamanten und Asbest). Blau steht für den Frieden im Land. Das schwarz-weiße Schild erinnert an das Emasotja-Umsizi-Regiment, das im 2. Weltkrieg gekämpft hat.

i Anfahrten nach Swasiland

▸ direkt von Johannesburg aus über Ermelo und den Grenzübergang Oshoek nach Mbabane (bis zur Grenze N17, dann MR3 bis Mbabane); auf dieser Strecke befinden sich allerdings derzeit viele Baustellen, und man fährt außerdem durch viele kleinere Städte, sodass es oft nur recht langsam voran geht. Folgende **Alternative** bietet sich an:
▸ von Johannesburg/Pretoria aus über die N4 bis Machadodorp, dann über die R541, N17 und MR3 nach Mbabane
▸ von Nord-Natal (Wildschutzgebiete um St. Lucia/Hluhluwe) auf der N2 bis Grenzübergang Golela/Lavumisa, danach über Nsoko, Big Bend nach Manzini/Mbabane (MR8/MR3)
▸ vom Kruger National Park aus: Ausfahrt im Kruger Park bei Malelane, danach R570 bis Grenzübergang Jeppes Reef/Matsamo, dann über Pigg's Peak nach Mbabane (MR1/MR3)
▸ aus Mpumalanga über Nelspruit und Barberton (R40)

Planungshinweise		
Einzelstrecken	**km**	**Tage**
Barberton – Pigg's Peak – Mbabane	150	2 (davon 1 in Phophonyane Lodge. S. 269)
Mbabane – Hlane Royal N. P. – Mhlume – Mbabane	330	2 (davon 1 im Hlane Royal N. P., S. 268)
Alternativen		
Mbabane – Big Bend – Lavumisa	190	½
Mbabane – Grand Valley – Nhlangano – Mahamba	160	½

Grenzübergänge

Der **Maputo-Korridor** sollte am besten bis 16 Uhr durchfahren sein, d. h., am sichersten ist es, man beginnt die Grenzformalitäten spätestens um 12 Uhr.

Bulembu/Josefdal	8–16 Uhr	Gege/Bothashoop	8–16 Uhr
Lavumisa/Golela	7–22 Uhr	Lomahasha	7–20 Uhr
Lundzi/Warvely	7–16 Uhr	Mahamba	7–22 Uhr
Mananga	7–18 Uhr	Matsamo/Jeppes Reef	7–20 Uhr
Mhlumeni	24 h	Ngwenya/Oshoek	7–22 Uhr
Salitje/Onverwacht	8–18 Uhr	Sandlane/Nerston	8–18 Uhr
Sicunusa/Houdkop	8–18 Uhr		

Sehenswertes

(von Norden nach Süden, s. Karte S. 258)

Pigg's Peak

Der Ort entstand aufgrund von **Goldfunden**. Bereits 1881 fand Tom McLachlan die ersten Unzen im Fluss. Im Jahr 1885 stieß dann der Franzose William Pigg auf eine so reiche Ader, dass hier für die nächsten 80 Jahre die größte Goldmine des Landes operieren konnte. Die ersten Goldsucher waren es auch, die den Pfad nach Barberton begehbar machten, da die Strecke nach Süden zu weit und kostspielig war. Doch war der Weg über die Höhen damals gefährlich. Banditen lauerten den Glücksrittern auf, *Schönes* und Barberton war ein von Malaria verseuchtes Gebiet. Heute ist hier in erster Linie *Kunsthand-* die Holzindustrie ansässig. Für Reisende ist vor allem das angebotene Kunsthandwerk *werk* interessant, z. B. im Peak Craft Centre nördlich des Orts.

Etwa 20 km nordwestlich von Pigg's Peak befindet sich **Havelock Mine**, wo einst Gold und Asbest abgebaut wurden. Über eine Transportseilbahn zur nächsten Bahn-

Swasiland

Middelburg
Nelspruit
Hectorspruit
Komatiepoort
Malelane
Kaapmuiden
R 570
MPUMALANGA
Barberton
Matsamo
Jeppes Reef
Hhohho
Mastbekele
Herefords
MOSAMBIK
Namaacha
Havelock
Bulembu
Pigg's Peak
Tshaneni
Lomahasha
Malolotja
Nature Reserve
MR 1
MR 2
Bhalekane
Mhlume
Mlawula
NR
Nkhaba
Croydon
Maphiveni
Simunye
Goba
Hartebeeskop
Osthoek
Ngwenya
Motshane
MR 5
Mliba
Hlane
Royal
NP
Ngwenya Glassworks
Pine Valley
Luve
Mbuluzi R.
Mbabane
Usutu
Forest
Mlilwane
Wildlife Sanctuary
Sicusha
Lonhlupheko
MR 3
Siteki
Ezulwini Valley
Lobamba
Royal Village
Mafutseni
Mhlambanyatsi
Mahlanye
Bhunya
Timbutini Hills
Nerston
Swazi Candles
Manzini
Mapokane
Palala
Sandlane
MR 9
Siphofaneni
Mkhaya
Game Reserve
Tikhuba
Mankayane
Luyengo
Lusutfu R.
MR 8
Amsterdam
MR 4
Grand Valley
Hondkop
Tofu
Big Bend
Mambane
Jabulani
Kubutsa
Sithobela
Matata
Piet
Retief
Gege
Mkhondvo R.
Hlatikulu
Maloma
Mahamba
Nhlangano
Nsoko
MR 8
Lismore
Commondale
Mhlosheni
Hluti
Isihlangweni
MR 11
Salitje
Lavumisa
N 2
Golela
Pongola Dam
Bivane R.
Pongola
KWAZULU-NATAL
0   15 km
Richards Bay
© igraphic

Höfe in Pigg's Peak

station in Barberton konnten 200 Lastengondeln jeweils bis zu 200 kg Asbest transportieren. Auf dem Rückweg von Barberton wurde Steinkohle für die Maschinen der Mine befördert. Der gesunkene Weltmarktpreis für Asbest ließ die Mine jedoch unrentabel werden, 2001 wurde sie geschlossen. Die ehemalige Minenstadt **Bulembu** wurde zunächst zur Geisterstadt, inzwischen ist hier aber auf private Initiative ein Heim für Waisenkinder entstanden. Nun leben wieder etwa 1.400 Menschen in Bulembu, es gibt eine Schule sowie andere Ausbildungseinrichtungen, und es werden Lebensmittel und Souvenirs verkauft.

Malolotja Nature Reserve

Das Malolotja Nature Reserve zieht mit seiner geologischen Vielfalt (hier hat man Steine gefunden, die dem Mondgestein sehr ähnlich sind), den ältesten Eisenerzvorkommen der Welt (ca. 45.000 Jahre) und einer besonders artenreichen Vegetation nicht nur Touristen, sondern auch Wissenschaftler aus der ganzen Welt an. Der Park ist 180 km² groß und bietet für Naturliebhaber eine Fülle von Attraktionen. Die Pflanzenwelt umfasst u. a. verschiedenste **Proteenarten** (besonders in den Tälern) und Zykaden. Neben bekannten Savannentieren wie Zebras und Gnus kommen besonders viele Reptilien vor, wobei vor den Schlangen gewarnt sei (Puffotter und Mosambik-Kobra). Besonders interessant ist aber die Geologie. Es gibt hier die **ältesten Sedimentgesteine der Erde**, und fossile Algen datieren 3,5 Milliarden Jahre zurück.

Interessante Geologie

Nach vorheriger Anmeldung im Parkbüro kann man im Süden des Parks die wohl **älteste Mine der Welt** besichtigen, die Ngwenya Mine. Hier haben Menschen bereits vor 45.000 Jahren Hämatite und Smectite abgebaut, die sie zum Färben und als Kosmetik benutzten. In der Neuzeit baute man hier Eisenerz ab, bis die Förderung Ende

der 1970er-Jahre eingestellt wurde. Für Wanderfreudige gibt es ausreichend Wanderwege und Übernachtungsgelegenheiten in 17 Camps. Dabei sollte man eine Route
wählen, die zu den Bushman Paintings im Komati-Tal führt.

Ngwenya Glassworks und Endlotane Studios

Diese kleine Glasfabrik wurde 1979 errichtet. Unter der Woche kann man von einer
Galerie aus zusehen, wie etwa **20 einheimische Glasbläser** Tierfiguren und Gebrauchsgegenstände aller Art produzieren. Ein kleiner Fabrikladen verkauft ausge-

Glaskunst   suchte Ware. Besonders beeindruckend ist, dass fast das gesamte Rohmaterial aus Alt-
und Teppiche   glas gewonnen wird, das vor allem Kinder für ein Taschengeld heranbringen.
Ngwenya Glassworks: *An der Kreuzung in Motshane biegt man in Richtung Ngwenya
ab und fährt ca. 3 km. Rechts deutet ein Wegweiser zu der Glasfabrik. Weitere Informationen auf www.ngwenyaglass.co.sz.*

Etwa 700 m hinter den Ngwenya Glassworks liegen die Endlotane Studios. Die Einrichtung wurde von dem deutschen Künstlerehepaar Reck gegründet. Die Werkstatt
produziert hauptsächlich sehr ansprechende **Wandteppiche**, bei deren Herstellung
man zugucken kann.

Hlane Royal National Park

Der **Hlane Royal National Park** ist das wohl bekannteste Wildschutzgebiet des
Landes. Der Name „Hlane" bedeutet in Swasi „Wildnis". Mit 300 km² ist dieser Park
der größte in Swasiland. Er wurde 1967 von König Sobhuza II offiziell zum Schutzgebiet erklärt, und seitdem hat man sich bemüht, den Wildbestand aufzustocken. Es gibt
hier mittlerweile Elefanten, Rhinos, Giraffen, Wasserbüffel, Strauße, Zebras, Krokodile
und viele andere Savannentiere. In letzter Zeit nistet hier sogar jedes Jahr ein Stor-
chenpaar, das wohl südlichste in ganz Afrika. Einmal im Jahr findet die „**Butimba**", die
vom König eröffnete Jagd, statt, an der nur erfahrene, eingeladene Jäger teilnehmen
dürfen. Besonders eindrucksvoll ist auch die dichte Buschvegetation, die man in vielen anderen Parks vermisst. Das erschwert natürlich das Ausspähen von Tieren, doch
hat man dazu an den Wasserstellen genügend Gelegenheit.

Mlawula Nature Reserve

Direkt hinter Simunye führt eine kleine Straße nach rechts zum **Mlawula Nature Reserve**. Es ist ca. 165 km² groß und bietet u. a. über 350 Vogelarten einen Lebensraum.
Einfache Unterkünfte sind vorhanden.

Mbabane

Die Stadt ist nach Chief Mbabane benannt. Er wurde von König Mbandzeni beauftragt,
auf die königlichen Viehbestände zu achten, denn zu dieser Zeit wurde immer mehr Vieh
vom Middleveld ins Highveld getrieben, da hier das Gras noch ausreichend vorhanden
war. Die ersten weißen Pioniere hatten diese Stelle zunächst „Sonnenbergs Retreat"
genannt, nach dem Abenteurer Isaac Sonnenberg, der sein Glück schon in Südafrika ver-

sucht hatte. 1888 eröffnete Michael Wells dann einen Pub sowie ein kleines Geschäft. Insbesondere der Pub florierte, lag er doch direkt an dem Weg, den viele Glücksritter – unterwegs zu den Goldentdeckungen – beschritten. Um den Pub und den Laden entstand *Der Beginn* bald ein kleines Dorf. Am Ende des Anglo-Burischen Krieges wählten die Briten diesen *war ein Pub* Platz als Verwaltungssitz für das annektierte Gebiet, da es hier viel kühler war als in Bremersdorp (jetzt: Manzini), dem ehemaligen Sitz ihrer Verwaltung.

Die Stadt ist in den letzten Jahrzehnten sprunghaft gewachsen. Im Stadtkern werden immer neue Bauten errichtet, meistens Regierungsgebäude oder Banken. Haupteinkaufsstraße ist die **Allister Miller Street**. Die Planung der umliegenden Siedlungen *Wachstum* beruht zum einen darauf, wo und wie man am besten Wasser heranschaffen kann, und zum anderen auf dem Bedürfnis der Swasi, möglichst einen kleinen Garten anlegen zu können, in dem sie einige Grundnahrungsmittel für den Eigenbedarf anpflanzen können. Blickt man von oben auf die Stadt, ist sie viel grüner als vergleichbare Städte in Südafrika. Faszinierend ist auch das bunte Treiben auf den Straßen.

Touristische Höhepunkte bietet Mbabane nicht. Zu erwähnen wäre höchstens der **Swazi-Market** am Südende der Allister Miller Street, wo eine breite Palette handwerklicher Produkte und Souvenirs angeboten wird (u. a. bedruckte Stoffe, Masken, Speere, Korb- und Flechtwaren, Keramikarbeiten etc.). Einkaufen kann man auch in den Geschäften der Allister Miller Street oder in den beiden Einkaufszentren (Swazi Plaza und The Mall).

Mbabane bietet sich als Alternative zu den Touristenzentren im Ezulwini Valley für **Tagesausflüge** entlang der Tea Road, dem Pine Valley, nach Pigg's Peak oder in das Grand Valley an. Das **Pine Valley** ist direkt nördlich von Mbabane gelegen und ein reizvolles Ziel für einen 2-stündigen Kurztrip. Linker Hand sieht man eine Reihe von Wasserfällen des Black Umbeluzi River, rechter Hand imponieren Granitfelsen („Domes"). Dieses Gebiet eignet sich hervorragend für Spaziergänge. Die **Tea Road** gewährt eine Möglichkeit zum Zwischenstopp auf der Hauptstraße nach Manzini. Achtet man hinter Ezulwini auf das Hinweisschild nach links (von Mbabane kommend), wird man mit einer schönen Aussicht über die Mdzimba Mountains belohnt. Wie der Name schon sagt, durchfährt man hier auch die Teegärten des Landes. Bei Lozitha wird die neue Residenz des Königs passiert.

Mlilwane Wildlife Sanctuary

Das Gebiet war Privateigentum, bis der Besitzer es 1964 dem Staat als Schutzgebiet schenkte. Spenden von Privatpersonen und der Southern African Wildlife Foundation ließen den Park zu seiner heutigen Größe von 45 km² anwachsen. Sobhuza II wurde von der Notwendigkeit des Naturschutzes überzeugt, als eines Tages 20 königliche Jäger nach vier Tagen Jagd mit nur zwei Impalas zurückkamen. Die ersten Tiere wurden mit einem alten Landrover aus entfernten Gebieten (bis aus Sambia) hierher ge- *Tiere von* bracht. Dämme mussten errichtet und bestimmte Pflanzen und Bäume angesiedelt *weit her* werden, um allen Tierarten einen für sie angemessenen Lebensraum zu schaffen. Heute leben hier u. a. Rappen- und Elenantilopen, Wasser-, Spring-, Stein-, Ried- und Buschböcke, daneben Zebras, Hippos, Nashörner, Krokodile und Giraffen. Die Wege sind in

Mlilwane war das erste Naturschutzgebiet in Swasiland

der Trockenzeit gut mit dem Pkw zu befahren. Es werden aber auch Touren in Landrovern angeboten. Empfehlenswert ist ein Zwischenstopp an den Mantenga Falls und dem Mantenga Craft Village.

Usutu Forest

Mit 70 Mio. Kiefern auf über 650 km² ist der Usutu Forest einer der größten künstlich angelegten Wälder der Erde, und es lohnt sich, ihn von Mbabane aus auf einer **Rundtour** (ca. 110 km) zu erkunden. Hierzu nimmt man die Straße nach Bhunya und fährt südlich übers Malkerns Valley zurück nach Ezulwini. Schon kurz hinter Mbabane fährt man durch das erste Waldgebiet und erreicht vor Meikles Mount das Mhlambanyatsi-Tal. Von da an steigt die Straße an und führt in die ersten Forstplantagen. In Mhlambanyatsi hat die Forstverwaltung ihren Sitz. Die Wegstrecke danach gewährt schöne Ausblicke auf die bewaldeten Höhenzüge. Etwa 27 km hinter Mbabane liegt linker Hand das **Foresters Arms Hotel** (s. S. 269), ein Hotel im englischen Kolonialstil, das sich für eine Lunchpause anbietet.

Künstlich angelegter Forst

In Bhunya zweigt die Straße nach Sandlane und Amsterdam ab, man fährt aber weiter bis ins Malkern Valley. Nachdem man das Forstgebiet verlassen hat, tauchen rechts und links der Straße große, aufgeteilte Felder auf: Dies sind Ananaskulturen, die zu der Konservenfabrik in Malkerns gehören. Das untere Malkernstal ist eines der fruchtbarsten Gebiete Swasilands. Knapp 80 km hinter Mbabane trifft man dann wieder auf die Hauptstraße im Ezulwini Valley.

Ezulwini Valley

Ezulwini bedeutet „Platz des Himmels". Benannt wurde das Tal nach den früheren königlichen Krals. Hier liegen die meisten Hotels des Landes, auch die meisten Sehenswürdigkeiten sind nicht weit entfernt. Für „Gambler" wurde ein Casino errichtet, eine lohnende Einnahmequelle für das Königreich. Golf- und Tennisplätze sowie Reiterhöfe und eine heiße Mineralquelle sorgen für Entspannung nach durchspielten Nächten.

Glücksspiele gehören zu den Leidenschaften der Südafrikaner, auch die Swasi-Chiefs spielen gerne (und das oft in Nationaltracht). Besonders an den Wochenenden *Casino-* herrscht ein buntes Treiben. Im Ezulwini Valley findet man auch die meisten Craft *Hochburg* Shops. Sie reihen sich wie Perlen an der Hauptstraße auf. Außerdem gibt es noch einige an der Straße nach Malkerns (hinter Ezulwini nach rechts und ca. 2 km fahren).

Lobamba Royal Village

Im Herzen des Ezulwini Valley gelegen, befinden sich hier Königskral, Parlamentsgebäude, Nationalmuseum sowie weitere Staatsgebäude. Im **Embo State Palace** empfängt der König seine Untertanen und hält Audienzen ab. Das **State House** wurde 1978 erbaut und mit viel Pracht besetzt (Marmorböden, Kuppelanlage u. a.), es dient vorwiegend staatlichen Anlässen und als Schule für die Kinder des Königs. Beide Anlagen sind aber leider nicht zu besichtigen.

Das **Parlament** wurde 1979 in der Form eines Hexagon errichtet und beherbergt neben den Parlamentsräumen auch Konferenzsäle, eine Bücherei und die Presse. Besucher können Debatten verfolgen, müssen sich aber entsprechend kleiden (Jackett, Krawatte, keine Jeans). Im **Somhlolo Stadium** werden alle größeren kulturellen und sportlichen Veranstaltungen abgehalten. Neben den Staatsfeierlichkeiten sind dies vor allem Konzerte, Tanzveranstaltungen und Fußballspiele, aber auch Reden des Königs an seine Untertanen.

Sehenswert ist das **Swaziland National Museum** (☎ *2416-1179/-1875, www. Exponate sntc.org.sz*), das in die Kultur und Geschichte der Swasi einführt. Neben den typischen *aus allen* Rundhütten werden auch Bücher, Fotografien und andere historische Gegenstände *Epochen* ausgestellt. Interessant ist die Abteilung mit den traditionellen Kleidern, die die Symbolik der einzelnen Kleidungsweisen gut veranschaulicht. Außerdem ist neben dem Museum ein echter Swasikral aufgebaut.

Manzini

Erst 1960 wurde der Ort in „Manzini" umbenannt (= am Wasser gelegen). 1885 unterhielt hier der Händler Bob Rogers in einem Zelt am Ufer des Mzimneni River einen „Laden". Im folgenden Jahr kaufte Albert Bremer die Stelle und errichtete hier ein festes Gebäude und ein Hotel. Allmählich entstand um das kleine Anwesen der Ort „Bremersdorp". 1890 wurde Bremersdorp gar „Hauptstadt", nachdem sich Briten und Buren entschlossen hatten, die europäischen Interessen in Swasiland gemeinsam zu kontrollieren. Doch am Ende des Anglo-Burischen Krieges wurde fast alles zerstört und Mbabane erhielt wegen seines angenehmeren Klimas den Status der Hauptstadt.

Heute ist Manzini der wirtschaftliche Mittelpunkt des Landes. Im Frühjahr blühen hier violette Jacarandabäume und die roten „Flametrees". Auch in Manzini gibt es einen

Zu Besuch bei Swazi Candles

Markt, auf dem man verschiedene in Swasiland produzierte Andenken kaufen kann.

Swazi Candles

Hier im Malkerns Valley werden wunderschöne Kerzen in allen Farben und Formen von Hand gefertigt. Inzwischen gibt es auch diverse Lampen sowie duftende Seifen und viele andere Produkte zu kaufen. Man kann bei der Produktion zusehen oder sich im angegliederten Café stärken.
Weitere Infos: ☎ *2528-3219*, *www.swazicandles.com*.

Grand Valley

Dieses Tal besticht durch seine faszinierenden Ausblicke von den Höhen herunter. Die Strecke führt auf und ab und ist sehr kurvenreich. An diesem Ort ließen sich die ersten Swasi nieder und erweiterten von hier aus ihr Reich. Die regelmäßigen Niederschläge sicherten die Landwirtschaft. Die Swasi bezeichnen dieses Gebiet noch heute als das „most picturesque in the Kingdom". Den wohl schönsten Ausblick hat man von Hlatikulu hinunter ins Tal. In Nhlangano („Treffpunkt"), ca. 90 km von Ezulwini entfernt, haben sich schon die ersten Swasihäuptlinge zu ihren Beratungen getroffen. 1947 fand hier das legendäre Treffen zwischen Sobhuza II und King George IV statt. Heute ist die Region das **Haupttabakanbaugebiet** des Landes.

Siteki

„Siteki" bedeutet „Heiratsplatz". Mbandzeni hat hier stationierten Soldaten seines Regimentes erlaubt, sich ihre Frauen aus den Einwohnerinnen des Ortes auszusuchen. Siteki ist ein guter Ausgangspunkt, um das östliche Swasiland zu erkunden, wirkt selbst aber etwas trostlos: Verlassene Häuser und zerfallene Kirchen zeugen von einer besseren Zeit, als der Ort noch Garnisonsstadt, Durchgangsstation und letzter Rastplatz vor der Grenze auf der alten Straße nach Mosambik war. Mit dem Ausbau der neuen Strecke über Lomahasha wird sich auch in Zukunft wenig ändern. Heute leben hier etwa 6.100 Menschen.

Gute Ausgangsstation

Mkhaya Game Reserve

Dieser knapp 63 km² große Park ist im Privatbesitz von Ted Reilly, der auch schon den Mlilwane- und den Hlane-Park aufgebaut hat. Diesen Park legte er speziell für gefährdete Tiere an, sodass man neben den „üblichen" Tieren Elefanten und einige schwarze

Rhinos sehen kann. Letztere wurden extra vom Sambesi-Tal hierher gebracht. Der Park ist nur nach vorheriger Anmeldung zu betreten, und Privatfahrzeuge müssen am Eingang (sicheres Parken) abgestellt werden. Von dort geht es mit Parkfahrzeugen zum Camp. Die Zelte sind einfach, aber bequem.

Internationale Vorwahl: *00268*

 Information
Swaziland Tourism Authority, *Informationen über Unterkünfte, Sehenswürdigkeiten und Aktivitäten in Swasiland, www.thekingdomof swaziland.com. Die Tourismusbehörde wird auf dem europäischen Markt vertreten durch: Geo Group, Großbritannien, +44 (0) 115-972-7250, http://geo-group.co.uk.*
Kingdom of Swaziland's Big Game Parks, *am Mlilwane Wildlife Sanctuary,* ☏ *2528-3944, www.biggameparks.org.*

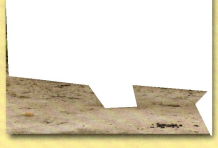

Ein Elefant im Mkhaya Nature Reserve

Informationsheft: Der **Swasiland-Guide „What's on"** *erscheint jeden Monat und bietet neben den Aktivitäten des Monats auch eine Auflistung der interessantesten Touristenattraktionen. Erhältlich in allen Hotels und in vielen Geschäften. „What's on" gibt es auch online: www.swaziwhatson.com.*

📞 **Wichtige Telefonnummern und Adressen**
Mobiltelefon: *GSM 900 Mobilfunknetz betrieben durch Swazi MTN, www.mtn.co.sz*
Polizei, Notruf: *999*
Krankenhäuser:
Mbabane Clinic Service: *404-2423*
Mbabane Government Hospital: *404-2111*
Feuerwehr: *404-3333*

☞ **Botschaften und Honorarkonsulate**
Europa: *Embassy of the Kingdom of Swaziland, Avenue Winston Churchill 188, B-1180 Brüssel, Belgien,* ☏ *00322-347-5725.*
Südafrika: *Consulate of the Kingdom of Swaziland, 23 Jorissen Street, Braamfontein Centre, 6ᵗʰ Floor, Johannesburg,* ☏ *011-403-2050, 715 Government Avenue, Tshwane (Pretoria),* ☏ *012-344-1910/1917.*
Deutschland: *Honorargeneralkonsulate des Königreichs Swasiland, Worringer Str. 59, 40211 Düsseldorf,* ☏ *0211-350-866, Amtsbezirk Länder Bremen, Hamburg, Mecklenburg-Vorpommern, Niedersachsen, Nordrhein-Westfalen, Sachsen-Anhalt, Schleswig-Holstein und*

Thüringen; *Große Präsidentenstr. 5, 10178 Berlin,* ☏ *030-280-962-50, Amtsbezirk Länder Baden-Württemberg, Bayern, Berlin, Brandenburg, Hessen, Rheinland-Pfalz, Saarland, Sachsen. Website beider Konsulate: www.swasiland.de.*
Schweiz: *Generalkonsulat, Linthescergasse 17, 8001 Zürich,* ☏ *01-211-5203.*
Swasiland: *In Swasiland gibt es keine deutsche Botschaft. Zuständig ist die Deutsche Botschaft in Pretoria, Südafrika, 180 Blackwood Street, Arcadia,* ☏ *012-427-8900, www.south africa.diplo.de. Für Notfälle gibt es in Mbabane ein Verbindungsbüro der Botschaft in Pretoria: Samhlolo Street, Lilunga House, 3rd Floor,* ☏ *404-3174.*

Visum und Reisepass

Für Deutsche ist ein Visum für touristische Aufenthalte von bis zu drei Monaten nicht erforderlich. Bei der Einreise erhält man eine Aufenthaltsgenehmigung für 4 Wochen, Verlängerungen können beim Innenministerium beantragt werden. Der Reisepass muss bei Einreise eine Mindestgültigkeit von sechs Monaten aufweisen. Kinder ab 6 Jahren sollten einen eigenen Reisepass mit Lichtbild besitzen, obwohl der alte Kinderausweis durchaus noch anerkannt wird.

Gesundheit

Es bestehen keine Impfvorschriften. Impfempfehlungen des Auswärtigen Amtes: Tetanus, Diphtherie, Polio, Hepatitis A, evtl. Tollwut, Typhus und Hepatitis B; Malaria-Prophylaxe. Malaria kommt das ganze Jahr vor, besonders im Regenwaldgebiet (Osten).
Vor der Einreise sollte man sich auf jeden Fall über die aktuelle Cholera-Situation erkundigen. Bei Einreise aus einem Gelbfieber-Gebiet (Südafrika gilt nicht als solches) muss eine Gelbfieber-Impfbescheinigung vorgelegt werden.
Informationen unter: **Zentrum für Reisemedizin**: *www.crm.de.*
AIDS ist in Swasiland ein großes Problem. Das Land hat die höchste Rate an HIV-Infizierten weltweit. Man schätzt, dass beinahe die Hälfte der erwachsenen Bevölkerung mit dem HI-Virus infiziert ist.

Sicherheit

Swasiland ist eine absolute Monarchie. Die Rechte auf freie Meinungsäußerung, Vereinigungs- und Versammlungsfreiheit werden laut Amnesty International nach wie vor unterdrückt. Zudem leben große Teile der Bevölkerung in Armut, während der König im Luxus schwelgt. Daher kommt es gelegentlich zu Protestkundgebungen und anderen politischen Aktionen, die von der Polizei gewaltsam aufgelöst werden. Bisher hat es durch die **politisch unruhige Stimmung** *im Land kaum Beeinträchtigungen oder Gefährdungen von ausländischen Touristen gegeben. Das Auswärtige Amt empfiehlt aber, sich vor der Reise über die aktuelle Situation und über eventuell bevorstehende Proteste zu informieren und die entsprechenden Regionen und Örtlichkeiten zu meiden. Außerdem weist das Auswärtige Amt darauf hin, dass* **gleichgeschlechtliche Beziehungen** *in der Gesellschaft Swasilands nicht akzeptiert werden und sexuelle Handlungen zwischen Männern unter Strafe stehen.*

Währung

Die Währung heißt Lilangeni (Pl.: Emalangeni) und wird im Verhältnis 1:1 gegen Rand getauscht. Der Rand (nur Noten) wird immer noch als Währung akzeptiert, besonders in den größeren Hotels, ist aber kein offizielles Zahlungsmittel.

Stromstärke
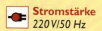
220 V/50 Hz

🏃 Gesetzliche Feiertage

1. Januar	**Neujahr**
Karfreitag	
Ostermontag	
19. April	**Geburtstag von King Mswati III**
25. April	**Tag der Nationalflagge**
1. Mai	**Tag der Arbeiter**
Himmelfahrt	
22. Juli	**Public Holiday (= King Sobhuza II´s Geburtstag)**
Aug./Sept	**Umhlanga/Reed Dance**
6. September	**Unabhängigkeitstag (Somhlolo Day)**
25./26. Dezember	**1./2. Weihnachtstag**
Dezember/Januar	**Incwala-Tag**

☞ Tankstellen
Generelle Öffnungszeiten sind 7–18 Uhr.
Es gibt aber in Mbabane und im Ezulwini Valley einige Tankstellen mit 24-Std.-Service.

💲 Banken
*Die meisten Banken haben ihren Sitz in Mbabane, hier tauscht man auch am besten
sein Geld. Die Öffnungszeiten variieren ein wenig. In der Regel sind aber alle Banken von
8.30–14.30 Uhr in der Woche, samstags von 8.30–11 Uhr geöffnet. Die Standard Bank of
Swaziland in der Swazi Plaza ist auch zusätzlich von 14–15.30 Uhr geöffnet.*

✉ Post
*Luftpost nach Europa ist bis zu zwei Wochen unterwegs. es gibt nur wenige Postäm-
ter. Öffnungszeiten: Mo–Fr 8–13, 14–17, Sa 8–11 Uhr.*

@ Internet
*Es gibt eine ganze Reihe von Internet-Cafes in Mbabane, außerdem bieten viele Ho-
tels einen Internetzugang.*

🛏 Unterkunft
(alphabetisch nach Ortsnamen bzw. Regionen sortiert)

Ezulwini
Sondzela Backpackers $, *sehr sauber und mit tollem Preis-Leistungsverhältnis. Man
kann im Schlafsaal, Doppelzimmer, Rondavel (3 Personen) übernachten oder campen. Frühstück und Abendessen auf Bestellung. Gehört zu den Häusern des Jugendherbergswerks Süd-*

afrikas, Hostelling International South Africa (HISA). Mlilwane Wildlife Sanctuary, Ezulwini Valley, ☏ 0268-528-3117, www.biggameparks.org.

Mantenga Lodge $, *saubere Lodge mit 38 einfachen aber zweckmäßigen Zimmern. Gutes Restaurant mit toller Aussicht ins Grüne. 2 Mantenga Falls Road,* ☏ *2416-1049, www.mantengalodge.com.*

Lugogo Sun $$$, *relativ großes Hotel mit über 200 Zimmern. Entsprechend viele Gruppen auf der Durchreise. Moderne Anlage mit angenehmen Zimmern. Pool und Restaurant. Old Mbabane/Manzini Main Road,* ☏ *2416-5000, www.suninternational.com.*

Royal Swazi Spa $$$–$$$$, *Casinohotel mit Golfplatz und Spa-Bereich; sehr „lebendig". Familienzimmer und Babysitter-Service vorhanden. Es gibt verschiedene Restaurants und Bars zur Auswahl. Straße Mbabane-Manzini,* ☏ *2416-4000, www.suninternational.de.*

Ezulwini Game Lodge, $$$$$, *wunderschöne, von reicher Vegetation und vielen Tieren umgebene Lodge mit 25 Übernachtungsmöglichkeiten von privatem Luxus-Chalet bis zum Baumhaus. Pool vorhanden. Balule Nature Reserve,* ☏ *087-803-5691 oder 035-562-7002, www.ezulwini.co.za.*

Hlane Royal National Park
Unterkunft in **Lodges** unterschiedlicher Größe und Ausstattung: **Bhubesi** und **Ndlovu Camp**. Reservierung: s. Kingdom of Swaziland's Big Game Parks, S. 265.

Die Landschaft um das Foresters Arms Hotel ist traumhaft

Malolotja Nature Reserve
Chalets und Campingplatz sowie Restaurant vorhanden, allerdings nur bis zum Nachmittag geöffnet. ☎ *2444-3241, www.sntc.org.sz.*

Manzini
Esibayeni Lodge $–$$, *nettes Hotel in der Nähe des Matsapha International Airport. 200 Zimmer, außerdem 28 Chalets (Self Catering) und Campingmöglichkeit. 3 hauseigene Restaurants. Matsapha,* ☎ *2518-4848/-49/-60, www.esibayenilodge.com.*
Summerfield Botanical Garden, $$–$$$$, *traumhaft schönes Hotel in liebevoll gestalteter Gartenanlage mit Pool und freilaufenden Pfauen, die Zimmer sind luxuriös und stilvoll eingerichtet. Matshpa Valley Road, Manzini,* ☎ *2518-4693, www.summerfield resort.com.*

Mbabane
Bombaso's Backpackers $, *im Norden von Mbabane. Doppelzimmer, Schlafsäle und Campingmöglichkeiten. Mit Pool, Bar und Braai-Platz. Lukhalo Street,* ☎ *2404-5465, www.swazilandhappenings.co.za.*
Eden Guest House $, *9 km südlich von Mbabane. 15 klimatisierte Räume mit Bad. Schöner Garten, Bar, kleiner Pool, Braai. Sehr freundliches Personal. Malagwane Hill (an der MR3),* ☎ *2404-6317.*
The Mountain Inn $$, *sehr schönes Hotel am Berg mit faszinierender Aussicht auf das Ezulwini Valley, Swimmingpool, Mountainbikes können ausgeliehen werden. Ca. 4 km südöstlich der Stadt gelegen. Princess Drive,* ☎ *2404-2781/-2773, www.mountaininn.sz.*
27 km außerhalb: **Foresters Arms Hotel** $$, *ruhig gelegen mit Wander- u. Angelmöglichkeiten, sehr gemütlich, Swimmingpool und Sauna. An der Piste nach Mhlambanyati,* ☎ *2467-4177, www.forestersarms.co.za.*

Mkhaya Game Reserve
Unterkunft in komfortablen **Zelten**, *Reservierung: s. Kingdom of Swaziland's Big Game Parks, S. 265.*

Mlawula Nature Reserve
Einfache Unterkünfte und Camping: ☎ *2383-8885 und 2343-5108/9, www.sntc.org.sz.*

Mlilwane Wildlife Sactuary
Das Mlilwane Wildlife Sanctuary verfügt über einfache Unterkünfte, einen Zeltplatz und ein Restaurant. Reservierung: Big Game Parks' Central Reservation, ☎ *2528-3943/4, www.big gameparks.org.*
Reilly's Rock Hilltop Lodge $$, *die Zimmer sind eher altmodisch und einfach, aber die grandiose Lage der Lodge inmitten eines üppigen Gartens und mit tollem Blick auf das Ezulwini Valley lässt dies rasch vergessen. Auf dem Gelände können zahlreiche Vögel sowie Bush Babies beobachtet werden. Reservierung über Big Game Parks, s. o.*

Mhlume
Mhlume Country Club $, *einfache, aber hübsche Zimmer in gepflegter Anlage und mit gutem Restaurant und Bar. Großer Pool, vielfältige Freizeit- und v. a. Sportmöglichkeiten (Tennis, Squash, Gym, Spa, Wandern).* ☎ *2313-4777/-1235/-7023, www.mhlumeclub.com.*

Pigg's Peak

Phophonyane Lodge $$–$$$, *die ehemalige kleine Farm liegt in der Nähe von* **Wasserfällen** *inmitten der Bergwelt des Nordwestens, ein Teil der Unterkünfte befindet sich direkt am Fluss. Es gibt insgesamt nur elf Einheiten (Cottages und eingerichtete Zelte), was einen angenehmen und ruhigen Aufenthalt verspricht. Die Anlage ist inzwischen etwas in die Jahre gekommen, aber wer wegen des Naturerlebnisses reist und bereit ist, einige Abstriche beim Komfort zu machen, wird sich hier trotzdem wohlfühlen. Besonders beeindruckend sind die* **Vegetation** *und die* **artenreiche Vogelwelt***, die man auf kleinen Wanderwegen erkunden kann. Touren in die nähere Umgebung, aber auch nach Südafrika, Botswana und Simbabwe werden auf Wunsch organisiert. 10 km nach Norden (Jeppes Reef), dann nach links, 3 km auf Piste. ☎ 2431-3429, www.phophonyane.co.sz.*

Siteki

Mabuda Farm B & B $, *Übernachtungsangebote von Rondavels über Chalets bis zum Camping. Pool, Ausrittmöglichkeit. Mabuda Avenue, ☎ 7638-2001, www.mabuda.com.*

Restaurants
Ezulwini

eDladleni Swazi Restaurant, *traditionelle Swasiküche in großen Portionen, zwischen Mbabane und Ezulwini an der MR3 (etwas versteckt gelegen, aber ausgeschildert), ☎ 404-5743, http://edladleni.100webspace.net.*

The Calabash, *süddeutsche, österreichische und schweizerische Küche. Hinter dem Timbali-Campingplatz, ☎ 416-1187.*

Malandela's Farmhouse, *belebtes Restaurant mit Pub, beliebt bei Einheimischen und Touristen. Auch Bed and Breakfast und Internet-Café. Südlich der Hauptstraße zwischen Mbabane und Manzini, an der MR103 gelegen, ☎ 528-3115, www.malandelas.com.*

Manzini

Marimba, *frische und abwechslungsreiche afrikanische Küche. Samstagabends Livemusik. Im Asante Guest House in der Nähe vom Manzini City Centre, ☎ 2505-3556, www.swazilandhappenings.co.za.*

Global Village Guest House Restaurant, *2 km außerhalb von Manzini, größeres Restaurant, Mix aus moderner und traditioneller afrikanischer Küche. ☎ 2505-2226, www.globalvillage.co.sz.*

Mbabane

Ramblas Restaurant, *nicht ganz günstig, aber sehr guter Service und leckeres Essen. Internationale Küche mit Fleisch- und Fischgerichten. Mantshlolo Road. ☎ 2404-4147, http://ramblasswaziland.webs.com.*

La Casserole Restaurant, *eines der besten Restaurants der Stadt, auch gute vegetarische Gerichte. ☎ 404-6462, Omni Centre, Gwamile Str.*

Einkaufen
Mbabane

African Fantasy Shop, *hier findet man ausgesuchte handwerkliche Produkte aus allen Teilen Swasilands und Kleidung (mit afrikanischen Aufdrucken). In der Mall, ☎ 404-0205.*

African Bookshop, *ausgesuchte Bücher zu allen Themen, die das südliche Afrika betreffen; vor allem Romane afrikanischer Schriftsteller und politische Bücher, die man sich sonst in den verschiedensten Buchläden Südafrikas zusammensuchen müsste. Swazi Plaza.*

Reiseveranstalter

Swazi Trails, *bei dieser Gesellschaft kann man alles buchen, was touristische Angelegenheiten angeht (Hotels, Nature Reserves, Touren u. a.), im Mantenga Craft & Lifestyle Centre, Ezulwini Valley,* ☎ *2416-2180, www.swazitrails.co.sz, www.swazi.travel.*

Busverbindungen

Der Busbahnhof liegt direkt zwischen der Swazi Plaza und der Innenstadt Mbabanes. Hier fahren alle Stadt- und Regionalbusse ab. Abfahrtszeiten gibt es nicht, der Bus fährt i. d. R., wenn er halbwegs voll ist. Man kann aber davon ausgehen, dass morgens Busse in alle Teile des Landes starten und zu den größeren Destinationen auch noch weitere Busse im Laufe des Tages abfahren.

Eisenbahnverbindungen

Eine Zugverbindung zwischen Durban und Maputo verläuft durch Swasiland mit Aufenthalt in Mpaka, 35 km östlich von Manzini.

Flugverbindungen

South African Airlines bietet täglich Flüge nach Johannesburg.
South African Airlines, *www.flysaa.com.*

Wie kommt man zum Flugplatz?

*Mit dem **Auto** fährt man in Richtung Manzini. 8 km vor Manzini liegt der Matsapha Airport auf der rechten Seite.*

*Mit dem **Bus**: Es gibt keine offizielle Busverbindung dorthin, aber die Airlines bieten meistens einen Minibus-Service zu den wichtigsten Abflügen an.*

Taxi

Taxis stehen am Busbahnhof hinter der Swazi Plaza. Die Preise werden mit dem Fahrer ausgehandelt.

Mietwagen

Europcar: *Airport Matsapha,* ☎ *2518-4393*

Anschluss-Strecken von Swasiland

‣ zum **Kruger National Park**: über Grenzübergang Matsamo/Jeppes Reef nach Malelane;
‣ zum **Blyde River Canyon** und zur **Limpopo Province**: über Grenzübergang Bulembo/Josefsdal und Barberton nach Nelspruit, Whiteriver oder Hazyview;
‣ in den Norden **KwaZulu-Natals** und nach **Durban**: über die Grenzübergänge Lavumisa/Golela oder Nsalitje/Onverwacht.

Redaktionstipps

▸ In Maseru greift man besser etwas tiefer in die Tasche und übernachtet in einem der Sun-Hotels. Wenn man sparen möchte, ist das **Lancer's Inn** die beste Alternative, S. 285.

▸ Man sollte **maximal einen Tag in Maseru** bleiben, ein längerer Aufenthalt lohnt nur, wenn man sich näher mit den Handwerkskooperativen befassen will.

▸ Das **Restaurant Rendezvous** in Maseru bietet stilvolle koloniale Atmosphäre, S. 286.

▸ Man sollte **zwei bis drei Tage in den Blue Mountains** oder besser in einer der Lodges im Landesinneren verbringen: Semonkong, S. 285 oder Malealea, S. 284, wobei letztere sicherlich den schönsten und interessantesten Aufenthalt verspricht – empfehlenswert ist ein **Ausritt mit einem Pony**.

Lesotho
(Übersichtskarte s. S. 273)

Überblick

Lesotho ist mit 30.355 km² eines der kleinsten Länder Afrikas und nur knapp so groß wie Nordrhein-Westfalen. Es bildet eine Enklave im Staatsgebiet der Republik Südafrika und ist umgeben von den Provinzen Free State, Eastern Cape und KwaZulu/Natal. Das Land erhebt sich als **mächtiges Hochplateau** über das südafrikanische Hochland. Der höchste Berg, der Thabana Ntlenyana, überragt mit seinen 3.482 m jeden anderen Gipfel im südlichen Afrika. Lesotho ist eine interessante Alternative für einen etwa einwöchigen Aufenthalt und hat mit seiner faszinierenden Bergwelt schon so manchen Reisenden begeistert.

Eines darf man in Lesotho allerdings nicht erwarten: besonderen Luxus. Auch die Hinweise auf historische Gebäude und Monumente sind etwas irreführend. In der Regel handelt es sich nur um einfache, häufig verfallene Kirchen oder gar um simple Steinplatten. Die Geschichte ist aber trotzdem interessant, und besonders die „Geschichtchen", die ein sachkundiger Reiseführer zu erzählen weiß, sind schon den Besuch wert. Es verbirgt sich so manch Unerwartetes in jedem kleinen Dorf am Rande der Straße. Man sollte Lesotho daher unter dem landschaftlichen Aspekt und mit stets offenem Geist bereisen.

Die ersten Bewohner Lesothos waren die San, die eindrucksvolle Felszeichnungen hinterließen

Lesotho ist ein **Königreich**, dessen Bewohner hauptsächlich von der Landwirtschaft für den Eigenbedarf leben. Nur wenige Talregionen sind für den Ackerbau nutzbar und aus klimatischen Gründen kann in den Bergen nur extensive Weidewirtschaft betrieben werden. In den dicht besiedelten Tälern schreitet die Bodenerosion somit besonders schnell voran.

Dank seiner Höhenlage herrscht in Lesotho ein **gemäßigt warmes Klima**.

Mit zunehmender Höhe schwanken die Jahrestemperaturen allerdings immer stärker. Im Highveld liegen die Temperaturen im Juli bei 8 °C und im Januar bei bis zu 30 °C, in den Hochlagen des Nordens und Ostens betragen die Werte hingegen -12 °C bzw. +16 °C. Im Winter kann es in allen Gebieten frieren. Während die überwiegend im Sommer auftretenden Niederschläge kurz und heftig ausfallen, ist in den höchsten Gebirgslagen das ganze Jahr hindurch Schneefall möglich. *Gemäßigt warmes Klima*

Die **Vegetation** besteht in den Hochlagen aus Bergweiden und in den tieferen Gebieten aus Grasflächen. Bäume und Sträucher finden sich nur in geschützten Tälern. Hierbei handelt es sich häufig um Ölbäume, Aloearten und wilden Knoblauch. Beeindruckend ist die Blüte der Pfirsich- und Aprikosenbäume im September. Sie stehen hauptsächlich in den Gärten der Sotho oder vereinzelt auf den Feldern. Die rosarote

Ponytrekking ist eine der Hauptattraktionen des Landes

Blüte verleiht der Landschaft während der Trockenzeit einen besonders schönen Kontrast. Um Weihnachten herum erblühen die ebenfalls rosaroten Kosmospflanzen.

Routen durch Lesotho

Im Pkw durch Lesotho

Aufgrund der schlechten **Straßenzustände** im Osten des Landes ist es empfehlenswert, nur die Hauptrouten bis Moyeni (Quthing) im Süden, Oxbow im Norden sowie bis Makarabei und entlang der Leribe-Strecke im Landesinneren mit einem herkömmlichen Pkw zu befahren. Zudem ist inzwischen die Rundstrecke Maseru – Marakabei – Katse-Dam – Leribe (Hlotse) – Maseru so weit ausgebaut, dass sie mit einem normalen Pkw befahrbar ist. Diese Strecke berührt alle Landschaftselemente Lesothos. 12 km hinter Maseru (noch im Vorortbereich), auf der Straße nach Mafeteng, biegt eine Asphaltstraße nach links ab in Richtung Roma und Thaba Bosiu. Man folgt dieser Straße einige Kilometer bis zum Wegweiser nach Thaba Bosiu, biegt dort ab und erreicht den Ort nach 10 km.

Für andere Strecken, besonders die **Durchquerung des Landes** nach Qacha's Nek und zum Sani-Pass, ist ein Geländewagen unumgänglich. Pisten, wie die nach Malealea, Qaba und Semonkong, sind sehr rau und sollten daher langsam befahren werden. Außerdem ist es hierbei ratsam, sich vor der Abfahrt bei Ortskundigen über den aktuellen Zustand der Strecken zu informieren. Besonders in der Regenzeit (Oktober bis April) sind manche Pisten unbefahrbar. Für Touren in die abgelegenen Gebiete stehen gut organisierte Reiseunternehmen zur Verfügung, die einen per Kleinbus, Flugzeug und sogar per Pony zu den Sehenswürdigkeiten bringen. Alle diese Touren kann man sowohl vor Reiseantritt in Europa als auch spontan im Land buchen.

Lesotho auf einen Blick	
Fläche/ Einwohner	30.355 km²/1,9 Mio. Ew.
Bevölkerung	Rund 99 % Basotho, Rest andere afrikanische Gruppen (Zulu u. Xhosa); Europäer und Asiaten
Staatssprache	Sesotho; Englisch als Verwaltungs- und Bildungssprache
Religion	Etwa 90 % Christen (45 % Katholiken, 45 % Protestanten und Anglikaner), daneben Muslime und Anhänger traditioneller Naturreligionen
Unabhängigkeit	4. Oktober 1966 (ehemalige britische Kolonie)
Staatsoberhaupt	König Letsie III.
Regierungschef	Tom Thabane
Regierungsform	Parlamentarische Monarchie seit 1993
Städte	Maseru (Hauptstadt) 227.000 Ew. (Distrikt: 429.000 Ew.), Teyateyaneng 75.000 Ew., Mafeteng 57.000 Ew., Hlotse 50.900 Ew., Mohale's Hoek 41.000 Ew.
Wirtschaft	Bruttoinlandsprodukt: 1.260 US$/Einwohner
Ausfuhr	Wolle, Mohair, Fleisch, elektrotechn. Erzeugnisse, Fahrzeuge
Nationalflagge	Wie in den meisten Ländern symbolisieren auch hier die Farben der Nationalflagge bestimmte Sehnsüchte. Für Lesotho gilt Folgendes: blau = Regen, weiß = Frieden, grün = Wohlstand. Im Oktober 2006 wurde die neue Flagge eingeführt, die in der Mitte einen schwarzen Mokorotlo zeigt, die traditionelle Basotho-Kopfbedeckung.

Tipp

Wenn man von der Garden Route, ob von Port Elizabeth oder East London, kommt, fährt man einfach über Lady Grey und die Grenzstation Tele Bridge ins Land. Dann nimmt man die Route über Mohale's Hoek und Mafeteng nach Maseru (s. Faltkarte) und unternimmt von dort aus Ausflüge ins Landesinnere. Zum Schluss kann man Lesotho im Norden bei Butha-Buthe verlassen, um zurück nach Johannesburg zu gelangen. Dabei bieten sich mindestens zwei bis drei Zwischenübernachtungen an.

Grenzübergänge

Maseru Bridge	durchgehend	Makhaleng Bridge	Mo–Fr 8–16 Uhr
Caledoonspoort	6–22 Uhr	Tele Bridge	6–22 Uhr
Ficksburg Bridge	durchgehend	Qacha's Nek	6–22 Uhr
Peka Bridge	8–16 Uhr	Sani Pass	8–16 Uhr
Van Rooyen's Gate	6–22 Uhr		

Alle hier nicht aufgeführten kleineren Grenzübergänge haben in der Regel von 8–16 Uhr geöffnet.

Planungsvorschläge		
Einzelstrecken	km	Tage
Aliwal North – Moyeni (Quthing) – Maseru	310	1–2
Maseru u. nähere Umgebung	150	1–2
Maseru – Blue-Mountain-Pass – Maseru	150	1
Maseru – Semonkong – Maseru	240	2 (1 Tag Aufenthalt)
Maseru – Butha-Buthe – Oxbow – Butha-Buthe	310	2–3 (1 Tag Bethlehem Aufenthalt)

Sehenswertes

(Von Norden nach Süden, s. Karte S. 273)

Butha-Buthe

Die Kleinstadt mit etwa 10.000 Einwohnern bietet für Touristen kaum etwas. Es gibt ein Crafts Centre und eine Moschee, die vornehmlich von der hier ansässigen indischen Gemeinschaft genutzt wird. In Butha-Buthe hat Moshoeshoe I die Basothovölker um 1823 vereint, daher stammt wahrscheinlich auch der Name („Platz, wo man sich niedergelassen hat").

Afri-Ski

Skifahren in Lesotho

Lesothos einzige Ski-Station. Neben Wander- und Ponyreitmöglichkeiten ist die Region im Winter auch für Skiläufer interessant (beste Monate: Juni bis August). Die Slopes sind in der Regel nicht so steil wie z. B. in den Alpen. Die Vegetation in dieser Höhe ist natürlich sehr spärlich und besteht eigentlich nur aus niedrigem Gras. Auch im Winter gibt es keine kontinuierliche Schneedecke. Mal schneit es, und binnen weniger Tage schmilzt der Schnee wieder; dann wird mit Schneekanonen nachgeholfen.

Leribe (Hlotse)

Ehemals ein Camp, das 1876 errichtet wurde und seinen ursprünglichen Namen dem Fluss Hlotse verdankte, geriet Leribe während des „Gun War" häufiger unter Beschuss. Aus dieser Zeit stammt auch der Doppelname. Mittlerweile ist der Ort zu einer „modernen" afrikanischen Kleinstadt mit etwas Industrie herangewachsen, und nur die St. Saviour's Church und der Major's Bell Tower zeugen von den vergangenen Tagen. Das älteste Gebäude der Stadt ist die 1877 erbaute Anglikanische Kirche im Rectory Garden.

Wer hier einen Zwischenstopp machen möchte, kann sich das Leribe Crafts Centre am Ortseingang anschauen. Es ging aus einer Missionsschule hervor, die Schwestern der Anglikanischen Kirche 1911 gegründet hatten. Von ihnen lernten die Basothofrauen das Weben. Heute kann man hier eine Reihe verschiedener Kunsthandwerksprodukte besichtigen und erwerben, wobei die typischen Ponchos der Bergbewohner sicherlich die reizvollsten Erzeugnisse sind.

Wenn man einen Tag Zeit hat, sollte man die Asphaltstraße zum Katse Dam fahren. Sie führt durch den Leribe-Distrikt und überwindet dabei auch einen über 3.000 m hohen Pass. Je weiter man sich von Leribe selbst entfernt, desto spärlicher wird die Besiedlung – und umso schöner die Landschaft.

Tsikoane

3 km vor der Hlotse-Brücke (5 km vor Leribe) biegt man nach rechts ab und erreicht nach weiteren 4 km die Kirche von Tsikoane, in der ein Altar aus Oberammergau mit dem Motiv des Abendmahls zu bewundern ist. Die Kirche wurde 1904 aus Sandstein erbaut. Ganz in der Nähe, auf einem Felsüberhang über der Kirche, finden sich 60 dreizehige Dinosaurierspuren. Am besten fragt man die Dorfbewohner nach dem Weg.

Dinosaurierspuren

Teyateyaneng

Teyateyaneng (oder „TY", wie die Basotho es nennen) ist eine kleine Stadt 45 km nördlich von Maseru mit etwa 75.000 Einwohnern. Der Name bedeutet „Schneller Sand" und kommt daher, dass häufig Rinder im Lehm des nahe gelegenen Flusses versackten. Heute ist der Ort Handelszentrum des Berea-Distrikts, und ein Besuch lohnt nur dann, wenn man sich für Teppichknüpfereien interessiert. In und um TY gibt es fünf **Kooperativen**, die diesem Handwerk nachgehen, sowie eine Töpferei im nahe gelegenen Kolonyama. Alle sind ausgeschildert.

Von TY führt eine teilweise schwierig zu befahrende Piste über Mohathlane und Sefikeng nach Maseru. An dieser Strecke befinden sich, nach etwa 22 km auf der linken Seite, einige „**Höhlenhäuser**", die Ende des 19. Jh. von zwei Familien erbaut worden sind. Auf der Flucht vor den einfallenden Buren und herumwandernden Kannibalen suchten sie hier Schutz. Um die heute unbewohnten Häuser zu besichtigen, muss man etwa 20 Minuten den Hang hinauflaufen.

Höhlenhäuser

Mokhotlong

Der Ort bildet das Zentrum des abgelegensten Distriktes von Lesotho. Im Ort selbst gibt es wirklich nichts zu sehen, aber er eignet sich hervorragend für Wanderungen und Ausritte in die **Welt der Drakensberge** oder entlang des Mokhotlong River. Auskünfte darüber erhält man im Hotel, das Interessenten auch einen Führer vermittelt. In dieser einsamen Gegend ist es empfehlenswert, eine längere Tour nicht alleine zu unternehmen.

Das Landschaftserlebnis steht bei einer Tour durch Lesotho im Vordergrund

Maseru

Maseru ist die Hauptstadt von Lesotho und auch die größte Stadt des Landes (227.000 Ew.). Sie liegt am Caledon River im westlichen Tiefland. Die Lage am Berghang mit Blick über das Flusstal veranlasste 1869 die britische Kolonialmacht unter Leitung ihres High Commissioners, Commandant J. H. Bowler, die Hauptstadt von Thaba Bosiu hierher zu verlegen. Zunächst ließen sich hier hauptsächlich Kaufleute nieder. Der erste von ihnen, Richard Trower, errichtete auch das erste feste Gebäude: Sein Krämerladen stand an der Stelle, wo sich heute das Lancer's Inn befindet. Ein Polizeicamp und ein kleines Regierungsgebäude mit 3 Räumen waren zu jener Zeit die einzigen Staatsgebäude.

Maseru wuchs langsam und hatte 1906 erst 1.000 Einwohner. 1966, am Tag der Unabhängigkeit, zählte es 14.000 Einwohner, zuzüglich etwa 6.000 Einwohner in den Randgemeinden. Es gab damals nur zwei befestigte Straßen im Stadtgebiet. Mittlerweile ist die Stadt stark gewachsen. Fast alle Straßen sind geteert, und ein Stadtbebauungsplan versucht, das Wachstum zu lenken – großenteils vergeblich.

Ausgangspunkt für Touren
Touristische Höhepunkte erwarten den Reisenden hier kaum. Man kann sich ein wenig mit der Geschichte vertraut machen und bei einem Rundgang durch die Stadt Überreste der **Pionierzeit** entdecken (Lancer's Inn, St. John's Church u. a.). In erster Linie aber ist Maseru Ausgangspunkt für Touren ins Landesinnere, und ein Aufenthalt von 1 bis maximal 2 Tagen genügt, um Stadt und Umland zu erkunden.

Thaba Bosiu

Thaba Bosiu wurde von Moshoeshoe I 1824 als kleines Fort gegründet. Über den Ursprung des Namens, „Berg bei Nacht", kursieren verschiedene Erklärungen, einer Variante zufolge erinnert er daran, dass Moshoeshoe das Plateau während der Nacht mit seiner 4.000 Mann starken Truppe besiedelte. Lange Jahre war dieser Platz Hauptstadt des Landes, und angreifende Ndebele konnten diese Festung ebenso wenig einnehmen wie die Buren unter Louw Wepener, der bei der Attacke fiel. Während der Kriegshandlungen zogen sich die Basotho auf den Bergkamm zurück, weil sie von dort aus ihre Feinde leichter bekämpfen konnten. In Friedenszeiten siedelten sie unterhalb des Berges. Es gibt viele Geschichten über diesen Platz: So erzählt man sich z. B., wie Moshoeshoe Kannibalen friedlich davon überzeugte, Rind- statt Menschenfleisch zu essen. Danach, so heißt es, starb der Kannibalismus im ganzen Land aus.

Heute ist Thaba Bosiu einer der wichtigsten historischen Plätze im Land, verstorbene Chiefs werden auf dem Berg begraben. Man kann den Berg besteigen und die Aussicht über das Berea-Plateau genießen. In der Verlängerung des Tales erkennt man den **Berg Qiloane**, dem die Form der Basotho-Strohhüte nachempfunden ist.

Wichtiger historischer Ort

Ha Baroana Rock Paintings

Kurz vor Nazareth, in der kleinen Ortschaft HaNhatsi, zweigt eine kleine Piste nach links zu den **Ha Baroana Rock Paintings** (6 km von der Hauptstraße) ab. Ha Baroana bedeutet „Haus des kleinen Buschmanns", und die Felsmalereien sind die am besten zugänglichen in Lesotho. Neben einigen Savannentieren sind auch Jäger und Tänzer auf den Fels gezeichnet. Diese Malereien sind aufgrund ihrer exakten Darstellung und ausgefeilten Zeichenkunst sicherlich nicht besonders alt.

Matsieng und Morija

Wenn man Maseru in Richtung Mafeteng verlässt, erreicht man nach 20 km die Abzweigung nach **Matsieng**, dem **Königsdorf**. Hier lebt die Königsfamilie in einem Palast, der eher einem besseren Wohnhaus gleicht. Während des „Gun War" hat sich die Königsfamilie hier niedergelassen, da man von dem Berghang aus herannahende Feinde besser sichten konnte und das darunter liegende Tal relativ fruchtbar ist. Der erste König, der hier lebte, war Letsie I. Er bewohnte eine Rundhüttensiedlung etwa 100 m oberhalb des heutigen Palastes, da sich die Steine an dieser Stelle hervorragend als Essplattformen eigneten. Von der Winderosion leicht ausgehöhlt, konnten in ihnen bei Zusammenkünften oder Gerichtssitzungen verschiedene Gerichte angeboten werden. Jeder Stein hatte eine eigene Funktion, so gab es einen „Suppenstein", eine „Fleischplatte" und einen Stein für kleine Leckereien.

Steine statt Teller

Ein besonderer Stein war der „Umbrella-Stone", wo sich Letsie I im Schatten niederlassen konnte, um zu meditieren oder seinen Untergebenen bei der Feldarbeit im Tal zuzusehen. Spricht man einen Chief im Dorf an, wird er einem gewöhnlich gerne für ein paar Rand von der Geschichte des Ortes erzählen. Allerdings ist das Dorf Sicherheitszone und das Fotografieren des Palastes strengstens verboten.

Morija, 8 km weiter entlang der Seitenstraße, ist der älteste Missionsstandort des Landes. Er wurde 1833 von Missionaren der Pariser Evangelischen Missionsgemeinschaft errichtet. Auch die Kirche stammt aus diesen ersten Jahren. Der bekannteste

Besonders in den einsamen Regionen benötigen die Menschen in Lesotho noch viel Pioniergeist

Missionar war Eugene Casalis, der Moshoeshoe I als Berater zur Seite stand.

Seit Beginn des 20. Jh. sammelten die Missionare Kulturgegenstände der Basotho und archäologische Funde, seit den 1950er-Jahren auch Schriftstücke. Aus dieser Sammlung entstand das **Morija Museum & Archives**, das trotz seiner überschaubaren Größe einen guten Überblick über die Geschichte des Landes gewährt. Besonders interessant ist die Sammlung archäologischer Funde (z. B. Dinosaurierknochen). Inzwischen gibt es auch ein kleines Café.

Morija Museum & Archives: *geöffnet Mo–Sa 8–17, So 12–17 Uhr.* ☏ *2236-0308, www.morija.co.ls.*

Semonkong

Von hier aus kann man Wanderungen und Ausritte unternehmen. In der Nähe befinden sich auch die gleichnamigen Wasserfälle – mit 192 m die höchsten des südlichen Afrika. Die Gischt dieser Fälle gab ihnen und dem Ort den Namen (,,Platz des Rauches"). Das Gebiet liegt so abgelegen, dass Lasten und Gepäck nur mit Eseln von und nach Maseru gebracht werden konnten, und bevor 1971 überhaupt das erste Auto hier ankam, wurden die Gäste der Semonkong Lodge mit dem bereits 1952 eingerichteten Linienflug hergebracht. Auch die heutige Piste ist noch sehr schlicht und nicht zu jeder Jahreszeit für ein herkömmliches Fahrzeug zu empfehlen.

Einst nur mit Eseln erreichbar

Basotho Pony Trekking Centre

Von hier aus starten verschiedene Ponytrecks. Für einen ersten Eindruck empfiehlt sich ein 3- bis 4-stündiger Ritt zu den **Qiloane-Fällen**. Man kann aber auch mehrtägige Ausritte mit Übernachtung in einfachen Hütten zu verschiedenen Zielen im Land unternehmen.

Basotho Pony Project: ☏ *2231-2318.*

Mafeteng

Mafeteng ist eine Industriestadt mit etwa 57.000 Einwohnern. Auf dem Friedhof gibt es einen Obelisken, auf dem 116 Namen gefallener Soldaten der Kaptruppen eingraviert sind, die im ,,Gun War" ihr Leben ließen. Dieser Ort ist ansonsten einigermaßen trostlos, aber man erhält sicherlich einen Eindruck von den Lebensbedingungen vieler Basotho und dem Pioniergeist, der in diesen Gegenden noch immer gefragt ist.

Sehlabathebe National Park

In dem 65 km² großen Park leben Antilopen, Oribis, Wildkatzen, Affen und andere Tiere. Die Vegetation besteht aus Berggras. Das Plateau ist umgeben von den „Three Bushmen Mountains". Wanderungen oder Ausritte sind ein Muss, um die Schönheit der Landschaft voll auskosten zu können. Im Winter fällt gelegentlich Schnee, der aber meist nicht lange liegen bleibt. Winter und Herbst bieten klare, sonnige Tage, während im Frühling und Sommer nach den warmen Regenfällen die Pflanzen blühen.

Wanderungen und Ausritte

Moyeni/Quthing

Moyeni hat etwa 15.000 Einwohner und ist die Hauptstadt des Distrikts Quthing. Der oft verwirrende Doppelname kam so zustande: Die erste Poststation, um die sich der heutige Ort entwickelt hat, hieß Quthing, Moyeni wiederum bedeutet in der Sprache der hier ansässigen Sephuti „Platz des Windes" und verweist darauf, dass es um den Berghang und entlang der nahe gelegenen Schlucht immer stark windet. 8 km von Moyeni entfernt liegt in Richtung Maseru die Masitise-Mission, deren großer Kirchenbau hier allerdings etwas deplatziert wirkt. Gegründet wurde sie von Rev. D. F. Ellenberger, einem der bekanntesten Missionare in Lesotho. Ellenberger lebte in einem Haus unterhalb eines Felsüberhangs, das heute „Cave House" genannt wird. Sonst gibt es hier nicht viel zu sehen, deshalb sollte Moyeni höchstens als Ausgangspunkt für eine **Exkursion ins Senqutal** genutzt werden.

Internationale Vorwahl: *00266*

 Information
Lesotho Tourism Development Corporation, *Ecke Linare und Parliament Road, Maseru,* ☏ *2231-2238, www.ltdc.org.ls.*
Botschaft des Königreichs Lesotho, *Kurfürstenstr. 84, 10787 Berlin,* ☏ *030-257 5720, www.lesothoembassy.de.*
Auf der Website **www.gov.ls** *finden sich zahlreiche Informationen über Lesotho.*

📞 **Wichtige Telefonnummern und Adressen**
Mobiltelefon: *Vodacom Lesotho, www.vodacom.co.ls.*
Internet/E-Mail: *Es gibt nur wenige Internet-Cafés in Maseru, bei Bedarf bitte im Hotel nachfragen.*
Feuerwehr: *122.*
Polizei: *123 oder 124.*
Krankenhäuser und Ambulanz: *Das größte Krankenhaus des Landes ist das Queen Elizabeth II. Hospital in Maseru, Kingsway Avenue,* ☏ *2231-2501. Außerdem: Maseru Private Hospital, Hatsane Road,* ☏ *2231-3260.*

Anreise

Bus- und Flugverbindungen existieren von Johannesburg nach Maseru und zurück. Johannesburg ist auch der Zwischenhalt bei Flügen aus Kapstadt oder aus der Nelson Mandela Bay Municipality nach Maseru. Grenzübergänge liegen im Nordwesten bei Ficksburg, im Südwesten bei Mafeteng und im Süden bei Matatiele/Qacha's Nek. Der Weg im Osten über den Sani Pass ist für Allradfahrzeuge oder mit Taxibussen passierbar. Ebenso kann man Lesotho von der ehemaligen Transkei aus gut auf dem Landweg erreichen.

Botschaften und Honorarkonsulate

Deutschland: Honorarkonsul, 70 C Maluti Road, Maseru, ☎ 2233-2292, maseru@hk-diplo.de.
Schweiz: Botschaft in Pretoria, 225 Veale Street, Parc Nouveau, New Muckleneuk 0181, ☎ 012-452-0660, pre.vertretung@eda.admin.ch.

Visum

Unabhängig von ihrem Herkunftsland benötigen Touristen, die weniger als drei Monate im Land bleiben wollen, kein Visum. Achtung: Vor Reiseantritt nochmals nachfragen!
Folgende Unterlagen sind bei der Einreise notwendig: Reisepass (noch mindestens sechs Monate gültig), Nachweis über Mittel zur Bestreitung der Aufenthaltskosten, Rückflugticket.

Gesundheit

Es bestehen keine Impfvorschriften, aber folgende Impfungen werden vom Auswärtigen Amt empfohlen: Tetanus, Diphtherie, Polio und Hepatitis A, evtl. Hepatitis B und Tollwut. Malariaprophylaxe ist nicht notwendig. Eine gut ausgestattete Reiseapotheke ist wichtig. Wie in Südafrika ist auch in Lesotho die HIV-Infektionsrate sehr hoch.

Währung

Die Währungseinheit ist der Loti (1 Loti = 100 Lisente); Plural: Maloti („Berg"). Zurzeit entsprechen rund 14,46 Maloti 1 € (Stand: Juli 2014). Der Rand gilt in Lesotho auch als legales Zahlungsmittel, die Münzen werden allerdings nicht immer akzeptiert.
Da es in Südafrika schwierig ist, mit Maloti-Scheinen zu bezahlen, sollte man vor der Ausreise versuchen, diese auszugeben bzw. wieder umzutauschen.

Stromstärke
220 V/50 Hz

Gesetzliche Feiertage

1. Januar	Neujahr
11. März	Moshoeshoe's Day
Karfreitag	
Ostermontag	
Himmelfahrt	
1. Mai	Tag der Arbeit
25. Mai	Africa/Heroes' Day
17. Juli	Geburtstag des Königs
4. Oktober	Unabhängigkeitstag
25./26. Dezember	1./2. Weihnachtstag

Tankstellen

Mittlerweile gibt es entlang der Asphaltstraßen und auch in den größeren Ortschaf- ten genügend Tankstellen, die 24 Stunden geöffnet sind. Wer ins Landesinnere oder in den Ost- teil des Landes fährt, sollte aber sicherheitshalber einen Reservekanister mitnehmen, da hier das Tankstellennetz sehr dünn ist und die Tankstellen auch manchmal kein Benzin mehr haben.

Banken

In Maseru können Sie Geld und Reiseschecks u. a. bei folgenden Banken umtau- schen: **Standard Bank**, *1ˢᵗ Floor, Bank Building, Kingsway Street, und* **Nedbank**, *Nedbank Building, Kingsway Street. Öffnungszeiten: Mo–Fr 8.30–15.30, Mi –13, Sa 8.30–11.30 Uhr.*

Post

Öffnungszeiten: Mo–Fr 8–13, 14–16.30, Sa 8–12 Uhr

Telefonieren

Lesotho verfügt zzt. noch nicht über ein modernes Telefonsystem. Daher kann man abgelegene Gebiete, z. B. Mokhotlong und Qacha's Nek, nicht direkt anwählen. Es gibt ver- schiedene Möglichkeiten, diese anzurufen oder von hier zu telefonieren. Am besten er- kundigt man sich vor Ort über das System. Nach der Vorwahl von Lesotho folgt der Haus- anschluss, wobei die Nummern durch Voranstellen der „22" 8-stellig werden. Mobiltelefone sind weit verbreitet.

Unterkunft

Die Hotels und Lodges in Lesotho entsprechen nicht immer den gewohnten Ansprüchen und sind oft nur eine bessere Bar mit einfachen Zimmern. Die Hotelpreise sind etwas höher als in Südafrika und die Preise der weniger guten Hotels relativ hoch. Die Jugendherbergen sind sehr schlicht. Häufig bieten kirchliche oder Entwicklungshilfeorganisationen günstige Übernachtungs- möglichkeiten. Alternativen zu den Hotels in Maseru findet man in der kleinen Stadt Ladybrand auf südafrikanischer Seite (20 km von Maseru), wo es neben einfachen, aber sauberen Hotels einen schönen Caravanpark gibt, der auch Selbstversorgungs-Chalets vermietet. Low-Budget- Reisenden und Campern sei daher von einem Aufenthalt in Maseru abgeraten bzw. sie sollten genügend Zeit mitbringen, um von Maseru aus die o. g. Alternativen aufsuchen zu können.

Butha-Buthe und Umgebung
Bird Haven Bed and Breakfast $, *4 in einem schönen Garten gelegene, rustikale Ron- davels mit Dusche, Küchenzeile und TV. Bed and Breakfast und Self Catering. Ca. 25 km süd- lich von Butha-Buthe. Lisemeng II, Hlotse, ☎ 5885-3295, www.birdhavenleribe.com.*
Afri-Ski Resort $$–$$$, *in Butha-Buthe, größere Anlage für bis zu 350 Übernachtungs- gäste. Hier wurden auch schon die südafrikanischen Meisterschaften im Skifahren und Snow- boarden ausgetragen. Verschiedene Unterkünfte: Chalets für Familien und Gruppen, Apart- ments, Doppelzimmer und Schlafsäle für bis zu 8 Personen. Buchung über ☎ 086- 1237-4754, www.afriski.net.*
Maliba Mountain Lodge $$$–$$$$, *knapp 40 km von Butha-Buthe entfernt, im Tseh- lanyane National Park liegt diese luxuriöse Lodge mit 5 großzügigen Chalets und 3 Selbst- versorger-Unterkünften. Ein Platz zur Erholung und zum Genießen der traumhaften Kulisse, besonders beliebt bei Honeymoonern. Tsehlanyane National Park, Butha Buthe, ☎ 031-702- 8791, www.maliba-lodge.com.*

Landschaft um die Malealea Lodge

Leribe und Umgebung

Orion Katse Lodge $$, *landschaftlich schön gelegene größere Anlage mit Apartments, Doppelzimmern und Schlafsälen. Restaurant und Bar vorhanden. Die Gebäude wurden ursprünglich für die höheren Angestellten beim Staudamm-Bau errichtet und sind inzwischen etwas in die Jahre gekommen. Service und Essen sind in Ordnung. Katse Village, Bokong, ☏ 2291-0202, www.orionhotels.co.za, www.katselodge.co.za.*

Mafeteng und Umgebung

Malealea Lodge $, *diese Lodge kann man wohl als die beste im Land bezeichnen. Nicht etwa wegen ihrer luxuriösen Einrichtung: Die Zimmer sind eher rustikal, und der Strom wird um 22 Uhr abgestellt. Es ist aber alles absolut sauber und gepflegt. Die Atmosphäre ist herzlich, die Gemeinschaftsräume sind großzügig, und nach kurzer Zeit hat man Kontakt zu anderen Gästen. Es lassen sich Ausritte zu den verschiedensten Zielen in den nahe gelegenen Bergen unternehmen, z. B. zu den Riboneng-Fällen, oder man wandert oder setzt sich einfach in den Garten und schaut über das Makhaleng-Tal auf die dahinter liegende Thaba Putsua Range. Darüber hinaus haben Mike und Di Jones verschiedenste Routen ausgearbeitet, die jeder Art von Abenteuerlust entsprechen. Von hier aus kann man auch über eine einfache Piste (mit einem normalen Pkw etwas schwierig zu befahren) nach Roma fahren, um von dort nach Maseru zu gelangen. Für diese Strecke, die entlang schöner Seitentäler des Makhaleng-Flusses führt, sind 4 Stunden einzuplanen. Ca. 55 km südöstlich von Maseru, ☏ 082-552-4215, www.malealea.co.ls.*

Maseru

Für **Low Budget-Touristen** *bieten sich die Unterkünfte der Kirchen (z. B.* **Anglican Training Centre**, *Assisi Road) an. Diese bieten aber nur Unterkünfte an, wenn sie nicht vom eigenen Personal benötigt werden. Das Tourist Board gibt dazu vor Ort aktuelle Auskünfte.*

Little Rock Holiday Resort $, *großer gepflegter Caravanpark, auch mit Selbstversorgungshütten. 25 km von Maseru, Leliehoek Street, Ladybrand, Südafrika, ☏ 051-924-0260.*

Lancer's Inn $–$$, *ältestes Hotel, mitten im Zentrum, sauber, aber sehr belebt, britisches Ambiente – auch Chalets für Selbstversorger. Netter Biergarten, schöner Garten und Pool. Hier kann man sich wohlfühlen! Ecke Kingsway und Pioneer Road,* ☎ *2231-2114, www.lancers inn.co.ls.*

Maseru Sun $$, *luxuriöses Hotel, kleines Casino. Besser geeignet für Familien mit Kindern als Lesotho Sun. 12 Orpen Road,* ☎ *2231-2434, www.suninternational.com.*

Lesotho Sun Hotel & Casino $$–$$$$, *Luxushotel, kleine Zimmer, aber großes Buffet. Kleines Casino, Pool und Kino vorhanden, zentrale Lage. Hilton Rd.,* ☎ *2224-3000, www.suninternational.com.*

Mohale's Hoek

Hotel Mount Maluti $, *kleines, angenehmes Hotel entlang der Hauptstrecke. Hier haben Sie die Möglichkeit, Pony-Trekking-Touren zu buchen. Durch das südliche Hochland kann man entlang einer Allrad-Strecke fahren. Pool sowie ein Zeltplatz sind vorhanden, Buchung von Pony-Trekking-Touren ist möglich. Gutes Restaurant (auch vegetarische Gerichte). Hospital Road,* ☎ *2278-5224, www.hmmlesotho.com.*

Mokhotlong

Mokhotlong Hotel $, *kein schönes Hotel, aber die einzige nutzbare Unterkunft im gesamten Distrikt.* ☎ *2292-0212.*

Morija

Morija Guest Houses & Tours $, *rustikale, aber gemütliche Lodge für bis zu 24 Gäste. Hügellage mit toller Aussicht. Je nach Wunsch für Selbstversorger oder mit Frühstück und Abendessen.* ☎ *2236-0306, www.morijaguesthouses.com.*

Sehlabathebe National Park

Es gibt neben einer Lodge eine einfache Herberge und einen kleinen Campingplatz. Buchung: **Lesotho National Parks,** ☎ *323-600.*

Semonkong

Semonkong Lodge $, *wunderschöne kleine Lodge mit unterschiedlich großen, gemütlichen Zimmern – teilweise mit Kamin. Das Essen im Restaurant ist sehr schmackhaft, es gibt aber auch eine Küche für Selbstversorger. Die lange und nicht ganz einfache Anfahrt von Maseru lohnt sich! Von Maseru rechts abfahren in Richtung Mafeteng/Mohale. Links nach Roma abbiegen, dann 3 Stunden lang immer geradeaus fahren. Die Lodge liegt etwa 120 km von Maseru entfernt. Ponytrekking kann von der Lodge aus gebucht werden.* ☎ *2700-6037, www.placeofsmoke.co.ls.*

Teyateyaneng

Blue Mountain Inn $–$$, *traditionelles, aber sehr einfaches Hotel, das allenfalls eine Notlösung darstellt. Im Hotel gibt es ein Restaurant mit ganz passabler Küche. Camping möglich.* ☎ *2250-0362, www.skymountainhotels.com.*

 Restaurants
Maseru

Mimmo's Italian Deli, *gutes italienisches Restaurant. United Nations Road, Maseru Club,* ☎ *2232-4979.*

China Garden, *chinesische Küche. Die Atmosphäre ist nicht berauschend. Orpen Road,* ☎ *2231-3915.*

Rendezvous, *stilvolle „koloniale" Atmosphäre, internationale Küche. Im Hotel Lancer's Inn, Ecke Kingsway und Pioneer Road,* ☎ *2231-2114.*

Regal *(Basotho Hat), indische Küche, sehr lecker und frisch. Kingsway,* ☎ *2231-3930. Ansonsten bieten die* **Sun Hotels** *ein erstklassiges Buffet an, und im* **Lesotho Sun** *gibt es ein asiatisches Restaurant.*

Einkaufen

Teppichweberei: *Helang Basali, 35 km nördlich von Maseru, an der Straße nach Teyateyaneng, an der St. Agnes Mission. Die Teppiche werden meist aus Mohairwolle hergestellt, seltener aus normaler Schafwolle. Wer sich statt klassischer afrikanischer Motive lieber ein eigenes Bild knüpfen lassen will, muss einfach nur ein Foto von seinem Wunschmotiv mitbringen.*

Grasflechterei: *Hierbei handelt es sich hauptsächlich um Hüte, Körbe und seltenen Wandschmuck. Produkte dieser Art sind bei Straßenhändlern und in der Basotho Hat zu finden.*

In vielen Werkstätten kann man mit Kreditkarten bezahlen, und man schickt dem Kunden auf Wunsch die ausgewählten Waren direkt nach Europa und übernimmt dabei auch alle Zollformalitäten in Lesotho.

Sightseeing-Touren

Lesotho Tourism Development Corporation *(Adresse s. S. 281) bietet eine Reihe von Touren an. Die Palette reicht von halbtägigen Stadtrundfahrten in Maseru bis hin zu 10-tägigen Tourpaketen, bei denen man das ganze Land kennenlernt (inkl. Pferdeausritte zu den Wasserfällen).*

Pony-Trekking

Man kann mehrtägige Pony-Trekking-Touren unternehmen. Die Ponys sind sehr friedlich und genügsam und gehorchen dem Guide aufs Wort, sodass selbst unerfahrene Reiter keine Probleme haben werden. Pony-Touren werden an zahlreichen Stellen im ganzen Land angeboten und bilden einen Höhepunkt des Aufenthaltes in Lesotho. Zu empfehlen sind besonders die Tourangebote der **Malealea Lodge**, *Kontakt s. S. 284.*

Busverbindungen von Maseru

Inlandbusse in die nähere Umgebung fahren vom Busterminal auf dem Pits Ground (Market Street, in der Nähe der Main North 1 Street) ab. Überlandbusse fahren ab dem Bushalteplatz an der Main South 1, etwa 600 m vom Kreisel entfernt. Tickets löst man beim Fahrer. Viele Kleinbusse in die Umgebung fahren auch entlang des Kingsway und nehmen winkende Fahrgäste auf. Ein offizieller Busservice zum Flughafen existiert nicht, aber die Hotelbusse fahren ihre Gäste zum Flughafen.

Flugverbindungen von Maseru

South African Air Link, ☎ *2235-0418/9, www.flyairlink.com, fliegt täglich von Johannesburg zum Moshoeshoe Airport.*

Mietwagen

Avis, *Moshoeshoe International Airport, Maseru,* ☎ *2235-0328.*

🚗 Straßen

Viele Straßen sind keine Allwetterstraßen, deshalb sollte man sich vor Ort über den Straßenzustand und die Wetterverhältnisse (im Winter sind einige Strecken zugeschneit!) erkundigen. Der Osten des Landes ist nicht für herkömmliche Pkw geeignet. Auch die Asphaltstraßen sind mit Vorsicht zu befahren, da sie sehr kurvenreich sind und viel Vieh frei herumläuft. An Geschwindigkeitsbegrenzungen hält sich selbst in den Ortschaften kaum jemand. Die Straße nach Marakabei ist sehr schmal und verläuft über mehrere Pässe. Da sie häufig an steilen Abhängen entlangführt und nicht immer mit Planken gesichert ist, sollte man diese Strecke nur selbst fahren, wenn man einigermaßen schwindelfrei ist und das Fahrzeug beherrscht. Besonders schnell fahrende Busse und Lkw zwingen einen des Öfteren an den äußersten Fahrbahnrand. Auf den Hauptverkehrsstraßen (mit „A" und einer Zahl gekennzeichnet) kommt man gut voran. Auf Pisten sollte man nicht schneller als 30 km/h fahren.

Anschluss-Strecken von Lesotho

Strecke Butha-Buthe – Bethlehem – Johannesburg

Sicherlich ist es einfacher und schneller, die Strecke von Maseru bzw. Butha-Buthe nach Johannesburg über Winburg und Ventersburg entlang der N1 zu fahren. Diese Strecke wird aber eher von Bussen als von Individualreisenden genutzt und ist nicht besonders reizvoll. Wer Zeit und Muße hat, sollte lieber ein bis zwei zusätzliche Tage einplanen und über den Golden Gate Highlands Park, Qwa-Qwa, Bethlehem und den Vaal Dam fahren (s. S. 565ff). *Busstrecke für Eilige*

Weiter nach Bloemfontein/Kapstadt oder Gardenroute

(Anschluss Port Elizabeth/Nelson Mandela Bay Municipality)

Man fährt von Maseru über den Grenzübergang Maseru Bridge auf der N8 über Thaba 'Nchu nach Bloemfontein und dann weiter die N1 nach Kapstadt (1.161 km). Anschluss an die Gardenroute: N1 bis Colesberg, dann über N9 (bis Middelburg) und N10 bis zur Einmündung auf die N2 (Port Elizabeth – Grahamstown).

Weiter nach Buffalo City (East London)

Man fährt von Maseru über den Grenzübergang Maseru Bridge auf der N8 über Thaba 'Nchu nach Bloemfontein und von hier auf der N6 nach East London (741 km).

Weiter in die östliche Kapprovinz/ Gebiet der ehemaligen Transkei

Grenzübergang Tele Bridge in der Südwestecke Lesothos, dann über Lady Grey auf die R58 nach Süden über Elliot nach Engcobo, von hier nach Osten auf der R61 nach Mthatha, wo man auf die N2 stößt (620 km).

7. NORTHERN CAPE PROVINCE

Köcherbäume können im Augrabies Falls National Park oder auch im Namaqualand bewundert werden

Kimberley – Kgalagadi Transfrontier Park

Überblick

Die Landschaft, durch die man fährt, ist im Wesentlichen flach und liegt ungefähr 800–1.000 m über dem Meeresspiegel. Je weiter man nach Westen gelangt, desto geringer werden die Niederschläge. Die Abstände von Siedlung zu Siedlung vergrößern sich stetig. Werden im östlichen Teil Mais und Sonnenblumen angebaut, so grasen im Westen Rinder und Schafe auf den weiten, oft spärlichen Weideflächen. Inmitten dieser stillen und einsamen Landschaft lockten im 19. Jh. Diamanten Menschen aus aller

Welt an. Der Edelstein-Rausch ließ Kimberley entstehen, und das Big Hole als das größte von Menschenhand geschaffene Erdloch dokumentiert eindrucksvoll die Mühen Tausender von Schürfern. Weiter westwärts gelangt man zu einem der großen landschaftlichen Höhepunkte Südafrikas, den **Augrabies Falls**, wo inmitten einer Halbwüstenlandschaft der Oranje hinabstürzt. Noch einsamer wird die Fahrt zum Kgalagadi Transfrontier Park. Entlang der breiten, meist trockenen Flusstäler des Nossob und des Auob kann man die faszinierende Tierwelt beobachten. Die roten, mit wenigen Grasbüscheln bestandenen Dünen der Kalahari zeichnen einen scharfen Kontrast zum tiefblauen Himmel.

Redaktionstipps

▸ **Übernachten** im Garden Court oder im Edgerton Guest House, S. 297.

▸ **Speisen** im Butler's und ein **Publunch** im Star of the West, abends einmal im Halfway House Pub reinschauen, S. 298.

▸ **Besichtigung**: Big Hole inkl. Museum, S. 294 – Duggan-Cronin Gallery, S. 296.

Auf dem Weg nach Kimberley

 Streckenbeschreibung

Nach Kimberley über Sun City und Pilanesberg National Park: Die Anfahrtsbeschreibung finden sich im Kapitel „North West Province" (s. S. 239). Rückfahrt von hier aus über die R565 nach Rustenburg, von hier weiter auf der R24, später R30 (nach Südwesten) nach Klerksdorp. Dann über die N12 nach Kimberley.
Nach Kimberley über Taung: Ab Warrenton (an der N12 gelegen) fährt man die Stichstrecke N18 nach Taung (hin und zurück ca. 130 km).
Direkt ab Johannesburg über die N 1 und N12: Ab der City richtet man sich nach dem Highway 2 East und fährt dann die N1 Richtung Vanderbijlpark, biegt aber bald nach Osten auf die N12 (R29) Richtung Potchefstroom und Kimberley ab.

Planungsvorschläge		
Einzelstrecken	*km*	*Tage*
Johannesburg (auf N12) – Potchefstroom – Riverton on Vaal – Kimberley	510	1
Kimberley/Besichtigung	30	1
Kimberley – Campbell – Griekwastad – Upington	411	1
Upington – Augrabies Falls (über Keimoes – Alheit)	114	1
Augrabies Falls – Kakamas – Lutzputs – Keetmanshoop – Bokspits – Twee Rivieren	386	1
Rundfahrten im Kgalagadi Transfrontier Park zum Nossob/ Mata Mata Camp und zurück nach Twee Rivieren	320	ca. 3
gesamt	1.771	8

Potchefstroom

Potchefstroom wurde nach dem Voortrekker-Führer Potgieter benannt und bedeutet „Strom vom Chef Potgieter". Der 1838 von Andries Potgieter gegründete Ort war jahrelang die Hauptstadt des ehemaligen Transvaal. Die Stadt liegt inmitten eines besonders fruchtbaren Gebietes von Südafrika. Der Mooi River liefert genügend Wasser zur Bewässerung und auch die Niederschläge sind mit über 600 mm pro Jahr relativ hoch. Die Sommer sind warm, sodass man hier Obst, Gemüse und Mais anbaut. Allerdings kann es im Winter kalt und frostig werden.

Fruchtbares Gebiet

Heute leben in der Stadt ungefähr 150.000 Menschen, und an der Universität studieren etwa 27.000 Studenten. Sehenswert ist die Nederduits Hervormde Kerk, die erste afrikaanse Kirche nördlich des Vaals. Sie wurde 1866 eingeweiht und ist heute ein Nationaldenkmal. In der Nähe des Bahnhofs gibt es Überreste eines alten Forts aus dem ersten Burenkrieg. Hier liegt auch ein Friedhof, und ein Gedenkstein erinnert an die Belagerung der britischen Garnison. Im Fort selbst waren damals 322 Männer, Frauen und Kinder 95 Tage lang eingeschlossen.

Bloemhof Dam

Der Damm befindet sich unterhalb des Zusammenflusses vom Vet und Vaal River. Am Nordufer liegt das Bloemhof Nature Reserve, wo interessante Wildarten leben, u. a. das Weiße Nashorn. Ornithologen kommen insbesondere auf der Halbinsel zwischen den beiden Teilen des Stausees im **Sandveld Nature Reserve** auf ihre Kosten (Campingmöglichkeiten, Chalets).

Kimberley

Überblick

Kimberley liegt im semiariden bis ariden Hochland der Northern Cape Province und verdankt seine Existenz allein den Diamantenfunden, die hier seit 1866 gemacht wurden. Namen wie Barnato, Rhodes und de Beers prägten die Geschichte dieser Stadt wie auch des ganzen Landes. Man kann wohl mit Recht behaupten, dass hier die Grundpfeiler des südafrikanischen Wohlstandes gesetzt wurden.

Grundpfeiler des Wohlstandes

Diese Vergangenheit hat bleibende Spuren hinterlassen. Das Big Hole, das größte je von Menschenhand geschaffene Loch, legt Zeugnis vom Diamantenfieber der 80er-Jahre des 19. Jh. ab.

Geschichte

Im Jahre 1866 (in manchen Quellen 1867) wurde durch Zufall der erste Diamant in Südafrika gefunden: Der Burenjunge Erasmus Stephanus Jacobs las auf dem „Veld" einen besonders glitzernden Stein auf und gab ihn seinen Schwestern zum Spielen.

Blick in das Big Hole

Dieses auffällige „Spielzeug" erregte bald die Aufmerksamkeit der Mutter, die den Stein ihrem Nachbarn Schalk van Niekerk zeigte. Dieser vermutete, dass es sich um einen Diamanten handelte, war sich aber nicht sicher.

Also wurde ein örtlicher Händler ins Vertrauen gezogen, der den Stein untersuchen ließ. Es war tatsächlich ein Diamant mit einem Gewicht von 21,75 Karat. Bald darauf – 1869 – brachte ein Hirte van Niekerk einen weiteren „Stein". Dieser tauschte den ihm angebotenen Diamanten gegen 500 Schafe, 11 Kälber, ein Pferd mit Sattel und ein Gewehr. In Hopetown (120 km südwestlich von Kimberley) erhielt van Niekerk für den Diamanten kurz darauf die damals gewaltige Summe von 11.200 Pfund, denn der Edelstein wog immerhin stolze 83,5 Karat. Gespalten erlangte er als 47,7-karätiger „**Stern von Südafrika**" Berühmtheit.

Doch das alles sollte nur der Anfang sein. Im Mai 1871 wurden Diamanten auf der Farm Vooruitzicht gefunden, die den Brüdern Diederick und Nicolaas Johannes de Beer gehörte. Hier sammelte der Holländer Corneilsa eine Streichholzschachtel voller Diamanten, und am 18. Juli 1871 brachte Esau Damon von einem nahe gelegenen Hügel, dem **Colesberg Koppie**, sogar eine Handvoll Diamanten mit.

Vom Hügel zum Loch   Die Stelle um den Colesberg Koppie wurde für viele Jahre der Brennpunkt des Diamantenrausches. Binnen kurzem war der Hügel abgetragen, doch Tausende von Schürfern gruben weiter in die Tiefe. Zeitweise waren bis zu 16.000 Claims abgesteckt. Chaotische Verhältnisse bestimmten den Alltag. Bald entstand auf dem Gelände von Vooruitzicht eine „Stadt" mit dem Namen New Rush. Am Rande des sich allmählich vertiefenden „Big Hole" wurden Hütten, Häuser und Straßen erbaut – der Grundstein für das spätere Kimberley, benannt nach dem britischen Kolonialminister Earl of Kimberley.

Bis zum 14. August 1914 wurden Diamanten aus dem „Big Hole" gefördert, das inzwischen auf einen Umfang von 1,6 km angewachsen war. Auf der Suche nach Diamanten drangen die Männer immer tiefer in die Erde vor – und wurden fündig. Bis zur Tiefe von 400 m arbeiteten sie im Tagebau, danach legten sie Schächte an und gruben bis auf 1.100 m weiter. Über 28 Millionen Tonnen Schutt mussten bearbeitet werden, um an die Ausbeute von 14.504.566 Karat zu gelangen, was rund 3 Tonnen Diamanten entspricht (Wert ungefähr 150 Millionen Euro). Das „Big Hole" lief voll Wasser, dessen Oberfläche heute ca. 135 m unterhalb des Randes liegt; dieser „See" ist an die 240 m tief.

Informationen über Diamanten

Die Diamanten in Kimberley kommen als Einsprengsel in vulkanischen Schloten („Pipes") vor, die einen Durchmesser von 200 bis 300 m aufweisen und aus einem vulkanischen Gestein, dem dunkelblauen Kimberlit, bestehen, das während einer vulkanisch aktiven Zeit vor 60 Millionen Jahren durch die Röhren bis an die Erdoberfläche drang.

An der Erdoberfläche verwittert der Kimberlit zum sog. „yellow ground" und ist so weich, dass er relativ schnell weggeschwemmt wird. Im Kimberlit sind Diamanten eingeschlossen, die aus ihren tief in der Erde liegenden „Geburtsstätten" hinaufkatapultiert wurden. Denn nur in der Tiefe kann der Kohlenstoff unter hohem Druck und hohen Temperaturen kristallisieren. Unter diesen Bedingungen hat sich die Materie zu harmonisch geordneten Körpern geformt, die von regelmäßigen Flächen begrenzt sind: Oktaeder (8 Flächen) oder seltener Dodekaeder (12 Flächen) und Würfel (6 Flächen).

Lagerstätten wie in Kimberley bezeichnet man als **primäre Lagerstätten**, weil die Diamanten am Ort der Entstehung gefunden werden. Von den ca. 150 vulkanischen Schloten, die man ausfindig gemacht hat, enthalten allerdings nur 25 Diamanten. **Sekundäre Lagerstätten** – also weiter entfernt liegende Gebiete, in denen Diamanten abgelagert wurden – gibt es z. B. in Namibia (z. B. Oranjemund) oder Botswana (z. B. Orapa).

Das Diggers Memorial in Kimberley

Kimberley heute

Die Stadt hat heute etwa 225.000 Einwohner und ist wirtschaftlich nicht mehr allein auf die Diamantenförderung angewiesen. Dennoch haben das Auf und Ab des Diamantenpreises und die immer wieder wackelige Stellung des De-Beers-Diamantenkartells Spuren hinterlassen: Junge Leute finden häufig keine Arbeit mehr und müssen in die großen Industriezentren abwandern. In Kimberley gibt es u. a. Kalkwerke, Asbest-, Mangan- und Eisenerzabbaubetriebe. Hinzu kommen noch einige Unternehmen der Leichtindustrie, wie z. B. Textil-, Möbel-, Papier- und Nahrungsmittelfabriken. Als größte Stadt in dieser Region ist Kimberley auch das Zentrum der Agrarwirtschaft im nördlichen Kapland. *Wirtschaftliche Probleme*

Von wenigen Hochhäusern abgesehen, hat Kimberley seinen kleinstädtischen Charakter nie ganz abstreifen können. Einige alte Gebäude und Pubs zeugen noch heute von der aufregenden Vergangenheit. Der Innenstadtbereich ist überwiegend modern und langweilig gestaltet, dafür finden sich aber in den Randgebieten eine Reihe von alten und schönen Häusern, meist im viktorianischen Baustil.

Klima: Kimberley liegt in 1.197 m Höhe auf dem südafrikanischen Hochplateau. Die Regenfälle sind mäßig (414 mm/Jahr). Der Sommer ist sehr heiß, die durchschnittliche Höchsttemperatur beträgt im Dezember/Januar 33 °C, wobei durchaus auch Temperaturen von 40 °C auftreten können. Im trockenen Winter liegen die Durchschnittswerte bei 19 °C.

Sehenswertes

The Big Hole Museum (1)

Geschichte und Diamanten

Das Museum liegt direkt am Big Hole, und von einem Aussichtspunkt erhält man einen guten Überblick über das Gelände. Das Minenmuseum lässt die Geschichte des Diamantenrausches wieder lebendig werden, Gebäude aus dieser Zeit sind restauriert. Am interessantesten dürfte die Diamantenausstellung sein, die rohe und geschliffene Exemplare, aber auch Replikate aller weltberühmten Diamanten präsentiert. Der zehntgrößte je gefundene Diamant (616 Karat), der 1974 in der Dutoitspan Mine entdeckt wurde, ist ebenfalls zu sehen.

The Big Hole Museum: *geöffnet tgl. 8–17 Uhr, Tucker Street, ☎ 053-839-4600, http:// thebighole.co.za.*

Market Square und City Hall (3)

An diesem Platz befand sich während des Diamantenrausches das Zentrum der Zeltstadt. Hier handelte man mit allem, was die Diamantengräber brauchten. Die **City Hall** wurde 1899 zu einem Preis von 26.000 Pfund errichtet.

Im Minenmuseum wird die Geschichte des Diamantenrausches lebendig

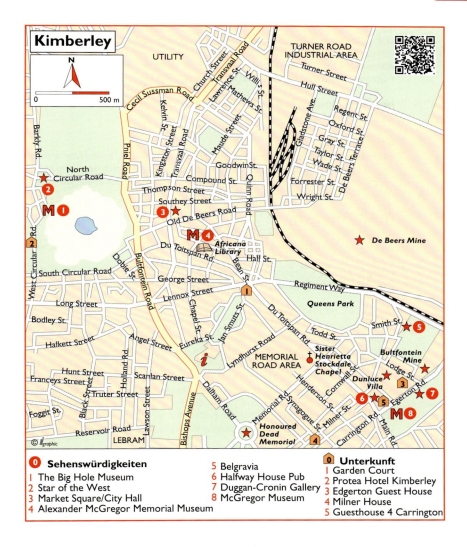

Kimberley

N

0   500 m

Sehenswürdigkeiten		Unterkunft
Sehenswürdigkeiten	5 Belgravia	**Unterkunft**
1 The Big Hole Museum	6 Halfway House Pub	1 Garden Court
2 Star of the West	7 Duggan-Cronin Gallery	2 Protea Hotel Kimberley
3 Market Square/City Hall	8 McGregor Museum	3 Edgerton Guest House
4 Alexander McGregor Memorial Museum		4 Milner House
		5 Guesthouse 4 Carrington

McGregor-Museen

Während das alte **Alexander McGregor Memorial Museum (4)**, das insbesondere naturgeschichtliche Exponate und eine Steinsammlung zeigt, südlich der City Hall
in der Chapel Street gelegen ist, befindet sich das **McGregor Museum (8)** in der
Egerton Road in einem ehemaligen Sanatorium. Während der viermonatigen Belagerung Kimberleys im Anglo-Burischen Krieg diente es den Reichen der Stadt, unter

ihnen auch Cecil Rhodes, als Unterkunft. Später wurde das Gebäude zu einem Hotel umfunktioniert und danach zur Schule einer Religionsgemeinschaft. 1971 brachte man hier das Museum unter. Eine große Abteilung widmet sich der Belagerung Kimberleys, daneben gibt es eine naturwissenschaftliche Ausstellung und eine „Hall of Religion".

Alexander McGregor Memorial Museum: *Geöffnet Mo–Fr 9–17 Uhr. Chapel Street,* ☎ *053-839-2722.*

McGregor Museum: *20 R Erw./13 R Kinder. Geöffnet Mo–Sa 9–17, So 14–17 Uhr. Egerton Road,* ☎ *053-839-2717.*

Belgravia (5)

Belgravia ist ein Viertel südöstlich des Zentrums. Ab 1873 bauten hier wohlsituierte Einwohner schöne Villen, und auch heute noch erfreut sich der Stadtteil bei betuchten Bürgern großer Beliebtheit. Sehenswert sind viele der alten, gut restaurierten Häuser.

Halfway House (6)

Drive-in-Pub

An der Ecke Du Toitspan Road/Egerton Road steht der 1880 erbaute, einzige „Drive-in-Pub" der Welt. Nahm man früher von der Kutsche aus seinen Drink, so heute vom Auto aus.

Halfway House $, *Traditionshotel, relativ laut durch den Pub, günstige Preise. 229 Du Toitspan Road,* ☎ *053-831-6324, www.halfwayhousehotel.co.za.*

Duggan-Cronin Gallery (7)

Das Haus diente bis in die 1950er-Jahre häufig als Versammlungsort der Reichen und Mächtigen der Stadt, und selbst Königin Elizabeth II von England stattete ihm einen Besuch ab. In dem nun hier untergebrachten kleinen Museum kann man sich über das Leben der verschiedenen afrikanischen Ethnien informieren. Das Herzstück des Museums ist die eindrucksvolle Fotosammlung von A. M. Duggan-Cronin, der in den ersten 30 Jahren des 20. Jh. unentwegt in einem klapprigen Auto durch das südliche Afrika bis hoch nach Sambia reiste. Neben den Fotos gibt es auch eine Ausstellung über Sanzeichnungen und eine über den Freiheitskampf der Schwarzen.

Duggan-Cronin Gallery: *Geöffnet Mo–Sa 9–17 Uhr. 2 Egerton Road,* ☎ *053-839-2722.*

Vorwahl: *053*

📞 **Wichtige Telefonnummern**
Feuerwehr: *832-4211.*
Krankenhaus: *802-2124.*
Apotheke: *831-3035 (Centre Pharmacy).*

ℹ️ **Informationen**
Tourist Information Office, *Diamantveld Visitor Centre, 121 Bultfontein Road,* ☎ *832-7298.*

@ Internet-Café
Small World Net Café, 42 Sidney Street (nahe des Tourist Information Office), ☎ 831 3484.

🚶 Touren
Es gibt eine Reihe von Tourorganisatoren. Buchen kann man über das Tourist Office. Wer gerne ein Diamantenbergwerk besichtigen möchte, sollte sich im Voraus anmelden. Man sollte mit zwei Tagen Anmeldefrist rechnen, besonders wenn man unter Tage fahren möchte.

🛏 Hotels
Garden Court $$ (1), 135 geräumige Zimmer, gehobener Standard, kleiner Pool, gutes Preis-Leistungs-Verhältnis. Viele Geschäftsreisende. 120 Du Toitspan Road, ☎ 833-1751, www.tsogosunhotels.com.
Protea Hotel Kimberley $$ (2), direkt am Big Hole gelegen. 94 saubere und zweckmäßige Zimmer, Restaurant und Bar vorhanden. The Kimberley Big Hole, West Circular Road, ☎ 802-8200, www.proteahotels.com.
Edgerton Guest House $–$$ (3), stilvolles Hotel in Zentrumsnähe. Schöne Zimmer, Swimmingpool, sehr gutes Dinner (entsprechend teuer). 5 Egerton Road, Belgravia, ☎ 831-1150, www.edgertonhouse.co.za.

🛏 Gästehäuser
Milner House $–$$ (4), ruhig gelegen, Swimmingpool, gepflegter Garten. 11 individuell eingerichtete Zimmer im viktorianischen Stil, darunter auch Familienzimmer. 31 Milner Street, Belgravia, ☎ 831-6405, www.milnerhouse.co.za.
Langberg Guest Farm $, eine echte Karoo-Wild- und Viehfarm. Das Haupthaus ist im kapholländischen Stil gebaut. Schön: die viktorianischen Bäder, Schwimmbad. 21 km südlich von Kimberley an der N12, ☎ 832-1001, www.langberg.co.za.

🛏 Jugendherberge
Greatbatch Guest House $, Schlafsaal und hübsche Doppelzimmer für Selbstversorger. Swimmingpool, TV-Raum, voll ausgestattete Küche. 3 Egerton Road, ☎ 832-1113, www.greatbatchguesthouse.co.za.

🛏 Bed and Breakfast
Guesthouse 4 Carrington $ (5), liebevoll von einer Mutter und ihren Töchtern restaurierte alte Luxusvilla mit 6 individuell und stilvoll gestalteten Suiten. Swimmingpool. Memorial Road Area, 4 Carrington Road, ☎ 831-1674, www.guesthouse4carrington.co.za.

Außerdem kann man auf Farmen oder bei Privatleuten unterkommen. Aktuelle Infos gibt das Tourist Office.

⚠ Camping
Riverton Pleasure Resort, 28 km außerhalb, Diamond Fields, zuerst entlang der Transvaal Street (N12), nach etwa 15 km nach links abbiegen, schön gelegen. Hier gibt's auch luxuriöse Hütten. ☎ 832-1703.

Restaurants und Pubs

Die gastronomische Seite der Stadt bietet nicht allzu viel. Sie können also getrost im Hotelrestaurant speisen. Ausnahme sind die Publunches in den beiden u. g. Pubs.

Star of the West (2), *ältester Pub der Stadt. Gezapftes Bier. North Circular und Barkley Road,* ☏ *832-6463.*

Butler's Restaurant *(im The Estate Private Hotel), südafrikanische und internationale Speisen werden auf hohem Niveau mit frischen Zutaten serviert. 7 Lodge Street, Belgravia,* ☏ *832-2668, www.theestate.co.za.*

Halfway House Pub (6), *alter Pub, in dem Rhodes auf halbem Weg nach Hause sein Bier im Sattel eingenommen hat. Am Wochenende häufig Livemusik. Im zum Haus gehörenden* **Annabell's Restaurant** *gibt es leckeres Essen in gemütlicher Atmosphäre. 229 Du Toitspan Road,* ☏ *831-6324, www.halfwayhousehotel.co.za.*

Choctaw Spur, *Steakhaus mit guter Salatbar. 1–9 Jacobus Smit Street,* ☏ *832-4231, www.spur.co.za.*

Mario's, *geöffnet Mo–Fr 12–15 und ab 18, Sa/So ab 18 Uhr, gute italienische Speisen, Nudelgerichte sind zu empfehlen. 159 Du Toitspan Road,* ☏ *831-1738, http://marios kimberley.co.za.*

Tram

Die Straßenbahn verbindet die Innenstadt (City Hall) mit dem Big Hole Museum. In der Nebensaison verkehrt sie alle 2 Stunden, in der Hochsaison im Stundentakt, jeweils zwischen 9 und 16.15 Uhr. Hinweis: Die Straßenbahn ist immer mal wieder außer Betrieb, bitte vor Ort oder im Museum (Kontakt s. S. 294) über den aktuellen Stand informieren.

Busverbindungen

Mehrere größere Buslinien fahren Kimberley an und unterhalten Verbindungen zu den anderen Großstädten des Landes. Die folgenden Abfahrtstage dienen nur als Anhaltspunkt und können sich nach Aussage der Busunternehmen ändern. Also sollte man sich vorher noch einmal nach dem aktuellen Stand der Dinge erkundigen.

Greyhound, *Busverbindungen täglich nach Johannesburg und nach Kapstadt, www.greyhound.co.za.*

Intercape, *mehrfach wöchentlich nach Kapstadt und Johannesburg.* ☏ *0861-287-287, www.intercape.co.za.*

Greyhound und Intercape fahren ab Shell Ultra City an der N12.

Zugverbindungen

Shosholoza Meyl, *mehrfach wöchentlich fahren Züge nach Johannesburg und Kapstadt, www.shosholozameyl.co.za.*

Flugverbindungen

SAA *unterhält mehrere Flüge täglich von und nach Kapstadt, Johannesburg und Upington. Nähere Informationen erhalten Sie bei SAA (*☏ *838-3339, www.flysaa.com). Einen Flughafenbus gibt es nicht, aber alle größeren Hotels bringen und holen ihre Gäste vom Flughafen. Ansonsten stehen Taxis zur Verfügung. Der Flughafen liegt 12 km außerhalb und ist über die Oliver Road zu erreichen.*

Mietwagen am Flughafen

Avis, ☏ *851-1082*
Budget, ☏ *851-1182*
Europcar, ☏ *851-1131*

Taxis
Taxis stehen an der City Hall und an der Pniel Street. Hierbei handelt es sich meist um
Minibusse, die auch den Nahverkehr bestreiten. Taxiruf: ☏ 861-4015.

Unterwegs von Kimberley nach Upington

i Streckenbeschreibung

Man fährt die 411 km von Kimberley nach Upington auf der N8/N10.

Mokala National Park

Der 2007 eingeweihte Nationalpark ist fast 200 km² groß. Er ersetzt den alten Vaalbos National Park, der im Zuge der Landrückgabe an die Bevölkerung aufgelöst wurde. Folgende Tierarten können u. a. im Mokala National Park beobachtet werden: Spitz- und Breitmaulnashorn, Wasserbüffel, diverse Antilopenarten wie Eland, Pferdeantilope und Weißschwanzgnu. Der Park eignet sich gut für einen Tagesausflug, da er nur 75 km von Kimberley entfernt liegt. Der größte Teil der Vegetation besteht

Landschaft im Mokala National Park

aus Kalahari-Dornsavanne. Niederschlag fällt hauptsächlich im Sommer und kann zwischen 300 und 700 mm jährlich betragen. Die Temperatur steigt gerne bis 44 °C. Dagegen sind die Winter kalt und erreichen bis -4 °C.
Mokala National Park: ☏ 053-2040-158, www.sanparks.org.

Tagesausflug von Kimberley

Orania

Ca. 110 km südlich vom Mokala National Park (N12 bis Hopetown, von dort über die R369 Richtung Südosten) liegt der erst 1990 von burischen Familien gegründete Ort Orania, in dem die burische Lebensweise und Kultur gepflegt und bewahrt werden soll.

Die Verwaltung ist basisdemokratisch organisiert und bemüht sich um weitestgehende Autarkie, inklusive eigener Währung. Derzeit zählt Orania etwa 900 Einwohner, Zuzügler müssen sich vor ihrer Niederlassung einem Aufnahmeverfahren unterziehen. Die Einwohner leben vornehmlich von der Landwirtschaft sowie von Touristen, die diesen ruhigen, aber auch befremdlichen Ort besuchen, der nicht wenige an die Zeit der Apartheid gemahnt.

Upington

Upington ist mit ca. 75.000 Einwohnern der zentrale Ort der Northern Cape Province und liegt inmitten des Bewässerungsgebietes des Oranje River. Die Stadt selbst bietet eigentlich nicht viel. Unzählige Geschäfte und moderne Ladenzeilen prägen das Stadtbild.

Wein-kooperative

In der alten Missionsstation kann man das **Kalahari Oranje Museum** besuchen, in dem Objekte zur Geschichte dieses Gebietes ausgestellt sind. Sicherlich einen Besuch wert ist die **Oranje River Cellars Co-Operative**: die größte Wein-Kooperative Südafrikas und die zweitgrößte der Welt. Weinproben sind möglich; günstigste Jahreszeit ist die Erntezeit (Jan. bis Apr.). Ein großer Teil der Ernte wandert allerdings nicht in die Weinproduktion, sondern gelangt als Tafeltrauben per Flugzeug nach Europa. Daher sind diejenigen Weinfarmer im Vorteil, deren Ernte bereits Anfang Dezember beginnen kann, sodass die Trauben zur Weihnachtszeit bei uns in den Supermärkten ausliegen.

Kalahari Oranje Museum: *4 Schroder Street,* ☎ *054-331-2640, geöffnet Mo–Fr 9–12.30 Uhr und 14–17 Uhr.*
Oranje River Cellars Co-Operative: ☎ *054-337-8800, www.orangeriverwines.com.*
Traubenfarm „Karsten Boerdery": *Informationen im Tourist Office in Upington (Adresse s. u.) oder auf www.karsten.co.za.*

Auf der Fahrt nach Upington führt der Weg ab **Groblershoop** durch das Oranje-Tal. Am südlich gelegenen **Boegoeberg Dam** gibt es einen Campingplatz und Chalets.

Missionarische Überbleibsel

Die Strecke ist recht langweilig. In **Griekwastad** (Griquatown) kann man das **Mary Moffat Museum** besuchen. In diesem Gebäude wurde Mary Moffat geboren, die Tochter des bekannten Missionars Robert Moffat und Gattin David Livingstones. Das Museum zeigt vornehmlich Gegenstände aus der Pionierzeit der Missionare.

Mary Moffat Museum: *Main Street, Griekwastad, 150 km von Kimberley, nördlich des Oranje,* ☎ *053-343-0180, geöffnet Mo–Fr 9-13, 14–17 Uhr.*

Vorwahl: *054*

 Informationen
Tourist Office, *im Kalahari Oranje Museum,* ☎ *332-6064.*

Unterkunft

à La Fugue Guesthouse $, *sehr persönliches Haus, dessen Zimmer nach Komponisten benannt sind. Die Bungalows und Chalets im Garten sind ideal für Selbstversorger eingerichtet. Klimaanlage! 40 Jangroentjieweg,* ☎ *338-0424, www.lafugue-guesthouse.com.*

A Chateau de Lux Guesthouse $, *nettes B&B-Haus in der Stadt, im Art-Déco-Stil. 9 Coetzee Street,* ☎ *332-6504.*

Oasis Protea Hotel $$, *moderner Anbau zum Upington Protea. 26 Schroder Str.,* ☎ *337-8500, www.proteahotels.com.*

Le Must River Manor $, *schön am Oranje-Ufer gelegenes Gästehaus (kapholländischer Stil). Die Einrichtung und das Ambiente sind sehr gediegen, hervorragendes Frühstück. 14 Budler Street,* ☎ *332-3971, www.lemustupington.com.*

Three Gables Guesthouse $, *gemütliches Gästehaus mit viel Charme und 7 Zimmern in malerischer Gartenanlage, Pool. 34 Bult Street,* ☎ *083-264-2982, www.threegables.co.za.*

Backpackers

Aardwolf Backpackers $, *sehr familiäres, ruhiges Hostel mit Schlafsälen und Doppelzimmern. Grillplatz und kleiner Shop vorhanden. 22 Malherbe Street,* ☎ *083-291-4817 (mobil), http://aardwolfbackpackers.wozaonline.co.za.*

Restaurants

Le Must, *à-la-Carte Restaurant mit vorwiegend kontinentaler Küche. Sehr persönlicher Service, Reservierung empfohlen. 11a Schroder Street,* ☎ *332-6700.*

Totem Creek Spur, *Steak-Restaurant der Spur-Kette, mit Salatbar. Ecke Schroder und Lutz Street,* ☎ *331-1240.*

Öffentliche Verkehrsmittel

Intercape-Bus, *Haltepunkt: die Protea-Hotels. Verbindungen: Kapstadt: 6x wöchentl., Johannesburg: tgl., Tshwane: tgl.,* ☎ *0861-287-287, www.intercape.co.za.*

Flüge

Je 1–2x täglich nach Kapstadt und Johannesburg.

Weiterfahrt zum Augrabies Falls National Park

Von Upington zum Augrabies Falls National Park sind es 128 km über die N14 durch Keimoes und Kakamas.

Augrabies Falls National Park

Für die San und Khoikhoi war der Oranje „die Mutter aller Flüsse". Sie nannten ihn Igarib, „den großen Fluss". Allein der Oranje ermöglicht Leben in diesen extrem trockenen Halbwüstenlandschaften im Norden Südafrikas.

Der Oranje, der eine Gesamtlänge von 1.860 km aufweist, entspringt auf 3.160 m Höhe in den Drakensbergen, wo starke Niederschläge für eine ganzjährige Wasserführung sor-

Die Augrabies Falls gehören zu den größten Wasserfällen der Welt

gen. Aufgrund seines unruhigen Laufs mit vielen Katarakten und Sandinseln ist er nicht schiffbar. Dafür spielt der größte Fluss Südafrikas eine herausragende Rolle bei der Wasserversorgung. Das **Oranje-Fluss-Projekt** (**ORP**) ermöglicht die Bewässerung von insgesamt 2.500 km² Land – dies garantieren zwei riesige Staudämme: der Gariep Dam mit einer Kapazität von 6 Milliarden m³ und der Vanderkloof Dam mit 3 Milliarden m³.

Kurz vor der Grenze zu Namibia sorgt der Oranje für ein besonderes Naturschauspiel: Er stürzt hier in eine tiefe Schlucht, die er selbst vor ca. zwei Millionen Jahren in den rötlichen Granit gegraben hat. Die Augrabies-Fälle, 1967 zum Augrabies Falls National Park erklärt, gehören zu den 6 größten Wasserfällen der Welt. 146 m tief stürzen die braunen Fluten beim Hauptfall hinab, und während der spätsommerlichen Hochwasserzeit steigern weitere 19 Fälle das Spektakel. Die gesamte Schlucht ist 9 km lang und bis zu 260 m tief.

Natur-
schauspiel

Im Zuge der Anhebung der Landmassen vor 70 Millionen Jahren begann der Oranje, sich in den Untergrund einzugraben. Man vermutet, dass der Fluss im Laufe der Zeit eine große Menge von Diamanten transportiert und vor allem in seinem Mündungsbereich abgelagert hat. Dort liegt heute **Oranjemund**, das Zentrum des namibischen Diamantenabbaus. Ein Teil dieser Diamanten ruht sicherlich auf dem Grunde der Schlucht, in die die Wassermassen des Oranje stürzen. Die Pflanzen- und Tierwelt ist vielfältig: Es wachsen Kapweiden, Oliven- und Köcherbäume. Turmschwalben, Bachstelzen, Finken, Regenpfeifer, Trappgänse und Fischadler leben ebenso in dieser Gegend wie Paviane, Klippspringer, Stein- und Springböcke.

Flora und
Fauna

Der Augrabies Falls National Park, etwa 820 km² groß, verfügt über vielseitige Camping-Möglichkeiten, hat einen schön gelegenen Caravan-Platz und bietet außerdem noch Übernachtungen in kleinen Häuschen an. Unmittelbar vom Camp führt ein kurzer Weg zur Schlucht des Oranje sowie zu den Wasserfällen. Der Weg geht über Felsen und ist zur Schluchtseite hin durch Gitter gesichert. Etwa am Ende des offiziellen Weges befinden sich große Potholes (herausgewaschene, ausgeschmirgelte runde Löcher, bis 2 m tief), in die man hineinfallen kann. Für eine Autofahrt empfiehlt sich die Parkstraße Richtung Westen, auf der man in wenigen Minuten zu verschiedenen spektakulären Aussichtspunkten gelangt:

▸ **Ararat**: ein unvergesslicher Blick in die Schlucht des mäandrierenden Oranje.
▸ **Oranjekom**: auch hier eine spektakuläre Landschaftsszenerie.

▸ **Echo Corner**: Hier sollte man vom Parkplatz ca. 100 m Höhenunterschied hinuntersteigen (10 Minuten). Dann sieht man die eindrucksvolle Schlucht des Oranje mit sehr schönem Blick zu beiden Seiten und kann vor allem das Echo testen!

 Hinweis

Bei Hochwasser können einzelne Lookouts gesperrt sein. Bitte vor Ort über den aktuellen Stand informieren.

Sukkulenten, die Trockenheits-Künstler

Köcherbäume sind extrem anpassungsfähig

Die Sukkulenten wenden verschiedene Strategien an, um sich in ihren ariden Lebensräumen zu behaupten: Sie speichern Wasser im Stamm, in Wurzeln oder Blättern. Vor Verdunstung schützen sie sich durch Wachsüberzüge (z. B. Aloen und Welwitschien), Behaarung oder dichte Bestachelung (z. B. Euphorbien). Manche haben ihren Stamm sogar in die Erde verlegt (z. B. Welwitschien). Die Wasseraufnahme erfolgt über die Blätter oder die Pfahlwurzeln. In der Biologie unterscheidet man folgende Sukkulenten-Arten:

▸ **Blatt-Sukkulenten** (z. B. Lithops) speichern in stark verdickten, manchmal walzenförmigen Blättern Wasser. Diese genügsamen Pflanzen haben ihren Stammplatz im Sand (oft sind sie gar von ihm zugedeckt) oder im Gesteinsschutt. In der feuchten Jahreszeit sind die beiden dickfleischigen Blätter, zwischen denen die Blüte erscheint, mit Wasser gefüllt. Lithops-Arten können lange Dürreperioden überleben. Es gibt zahlreiche Arten und Unterarten.

▸ **Stamm-Sukkulenten** (z. B. Köcherbäume): Die verdickten Sprosse speichern das Wasser. Köcherbäume erreichen eine Höhe von bis zu 8 m.

▸ **Wurzel-Sukkulenten**: Verdickte Wurzeln dienen als Wasserspeicher, so z. B. bei Welwitschia mirabilis, deren kurzer Stamm im Boden steckt. Feine Haarwurzeln saugen das Wasser des Bodens auf.

 Information
South African National Parks, ☏ *012-428-9111, www.sanparks.org.*
Augrabies Falls National Park, ☏ *054-452-9200, tgl. 7–19 Uhr.*

 Eintritt
Erwachsene 152 R, Kinder 76 R.

Unterkunft

In Augrabies: **Vergelegen** $$, schöne Zimmer, Restaurant, Shop und Informations-zentrum. N14, Kakamas, ☎ 054-431-0976, www.augrabiesfalls.co.za.
Im Park selbst gibt es ein sehr schön gelegenes **Camp** mit Chalets und Campingplätzen sowie Restaurant und Schwimmbad. Zu buchen über **Augrabies Falls National Park** oder **South African National Parks**, Adressen s. o.

Restaurants

Im Hotel sowie im National Park vorhanden.

Klipspringer-Wanderweg

Am Caravanpark der Augrabies-Fälle beginnt ein 26 km Rundweg, der über Twin Falls, Oranjekom und Echo Corner führt. Man veranschlagt den Weg mit drei Tagen. Unterwegs gibt es Hütten; Verpflegung und Schlafsäcke müssen aber mitgebracht werden. Von Mitte Oktober bis Ende Februar werden keine Wanderungen genehmigt.
Anmeldung über **South African National Parks**, Adresse s. o., 220 R, ab 2015 235 R pro Person.

Weiterfahrt zum Kgalagadi Transfrontier Park

Man fährt zurück bis Kakamas, über die N14 bis nach Upington und dann über die R360 Richtung Norden nach Twee Rivieren.

Kgalagadi Transfrontier Park

Dieser auf südafrikanischem und botswanischem Staatsgebiet liegende Wildpark hat eine Größe von 38.000 km². Nach 10 Jahren Verhandlungen einigten sich beide Staaten darauf, den botswanischen Gemsbok Park und den südafrikanischen Kalahari Gemsbok Park zu vereinigen und so ein einzigartiges Ökosystem zu schaffen. Die entlang des Nossob-Flusses verlaufende Grenze zwischen Süd-afrika und Botswana ist nun offen, damit das Wild bei seinen Wanderungen nicht behindert wird: Lediglich Grenzsteine im Nossob Rivier signalisieren dem Reisenden, in welchem Staat er sich gerade aufhält. Es ist der erste Park in Afrika, der auch formal zum „Transfrontier Park" erklärt worden ist, da er zwei Ländergrenzen überschreitet.

Der Kgalagadi Transfrontier Park erstreckt sich über südafrikanisches und botswanisches Gebiet

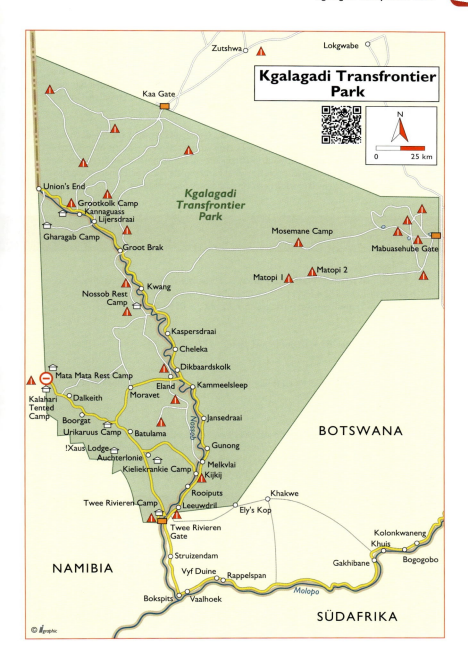

Wild an Auob und Nossob

Die Wege, entlang derer man das Wild beobachtet, folgen den Flüssen Auob und Nossob, die jedoch nur selten Wasser führen. Die beiden Flusstäler unterscheiden sich landschaftlich: Während die Auob Rivier (Rivier = Bezeichnung für Flusstäler) enger, grasreich und mit vielen Bäumen bestanden ist (vor allem mit Kameldorn-Bäumen, einer Akazienart), liegt der Nossob Rivier breit und weit vor dem Besucher. Im Parkgebiet tummeln sich große Herden von Springböcken, Oryxantilopen, Blaugnus und Straußen. Oft sind auch Löwen und Geparde zu sehen.

Bevor der Park 1931 errichtet wurde, diente das Gebiet als Farmland. Da es jedoch sehr mühsam war, hier gewinnbringend Landwirtschaft zu betreiben, gab man die ökonomische Nutzung der Region schließlich auf. Insbesondere in der sommerlichen Regenzeit erwarten den Besucher unbeschreiblich schöne Farbenspiele: Rötliche Dünen, grüne Akazien und ein tiefblauer Himmel sichern ein grandioses Naturerlebnis.

---

i Information

South African National Parks, *Campingplätze sollten grundsätzlich vorausgebucht werden.* ☎ *012-428-9111, www.sanparks.org.*
Kgalagadi Transfrontier Park, *tgl. ab 7.30 Uhr,* ☎ *054-561-2000.*

☞ Eintritt
Erwachsene 264 R, Kinder (bis 15 Jahre) 132 R pro Tag.

☞ Reisezeit
Optimal sind die Monate Februar bis Mai. Im Süd-Sommer (November–Februar) fallen die meisten Niederschläge.

🚗 Straßen
Alle Straßen im Park sind unasphaltierte, in der Regenzeit z.T. überflutete Pisten. Die Verbindungsstraße zwischen Auob und Nossob Rivier führt über die Kalahari-Dünen und ist deshalb mit Schotter bedeckt. Insgesamt ist der Park für Pkw geeignet. Die Weiterfahrt nach Namibia ist seit 2007 durch die Öffnung der Grenze bei Mata Mata wieder möglich.

☞ Hinweis

Für Mata Mata muss eine Reservierung von 2 Übernachtungen im Park nachgewiesen werden, da man die reine Durchfahrt durch den Park als Abkürzung unterbinden möchte. Am Grenzübergang gibt es eine Tankstelle.

Unterkunft
*Neben den unten aufgeführten Rest Camps gibt es noch mehrere **rustikale Wilderness Camps**. Hier dürfen jeweils nicht mehr als 8 Gäste übernachten, damit die Ruhe und das Naturerlebnis nicht gestört werden. Die Camps verfügen über einfache sanitäre Anlagen, Feuerholz und Trinkwasser müssen in der Regel mitgebracht werden.*

Twee Rivieren Camp $+, *direkt im Süden am Nossob-Fluss (Trocken-Flussbett). Das größte Camp des Parks, gleichzeitig Hauptquartier der Parkverwaltung. Das einzige Camp mit durchgehender Stromversorgung. Kleine Geschäfte, auch Lebensmittel, Restaurant, Tankstelle, Swimmingpool. Es gibt unterschiedlich große Chalets (immer mit eingerichteter Küche und Außengrill; z.T. etwas ungewöhnliche Raumaufteilung) und schöne Campingplätze mit sauberen Toiletten/Duschen und Grillmöglichkeit.*

Nossob Rest Camp $, *etwa 3 ½ Stunden nördlich von Twee Rivieren, direkt am Trockenfluss Nossob. Chalets in verschiedener Größe (alle mit eingerichteter Küche, Außengrill). Campingplätze mit Grillmöglichkeit, Strom 18 h/Tag. Tankstelle, kleiner Laden. Ranger bieten Nachtsafaris und Tages-Fußsafaris an.*

Mata Mata Rest Camp $–$$, *am Ufer des Auob-Trockenflusses 2 ½ Stunden nordwestlich von Twee Rivieren, direkt an der namibischen Grenze. Camp mit unterschiedlichen Chalets (eingerichtete Küche, Grillstelle), Campingplätze mit Grillmöglichkeit und sauberen Toiletten/Duschen. Strom 18 h/Tag.*

 ### Literaturtipp

Für einen Abstecher über Mata Mata ins südliche Namibia bietet sich an: Iwanowski's Reisehandbuch Namibia, 27. Auflage 2014, www.iwanowski.de.

Die einzige private Unterkunft im Park ist die **!Xaus Lodge** $$$$$: *12 Doppelzimmer (mit WC/Dusche) in urigen Chalets auf Stelzen und mit Grasdächern. Das Camp liegt an einer Salzpfanne, umgeben von einer malerischen Dünenlandschaft. Jedes Zimmer hat ein eigenes Aussichtsdeck. Anfahrt über die Auob River Road zwischen Mata Mata und Twee Rivieren. Vom Rooibrak Waterhole aus geht es ca. 35 km durch Sand zur Lodge. Man wird an der Kamqua picnic site abgeholt. Reservierung:* ☎ 021-701-7860, www.xauslodge.co.za.

Außerhalb des Parks
Molopo Kalahari Lodge $, *ca. 60 km südlich von Twee Rivieren gelegen. Einfache Lodge mit Schwimmbad, Restaurant. Von der Lodge aus werden Ausflüge in die Kalahari angeboten.* ☎ 054-511-0008, www.molopo.co.za.

Kalahari Trails $, *ca. 35 km südlich von Twee Rivieren gelegen. Sehr saubere Lodge, Self-catering ohne Restaurant, 35 km² großes Naturschutzgebiet. Es werden hier insbesondere Wanderungen angeboten, unterwegs wird in Außencamps übernachtet. Toll: Übernachtung in einem Zelt-Buschcamp.* ☎ 054-511-0900, www.kalahari-trails.co.za.

 Benzin
In jedem Rastlager ist Benzin erhältlich.

 Öffnungszeiten
Der Park ist ganzjährig geöffnet.

Anschluss-Strecken

▸ Nach Namibia: über Mata Mata nach Keetmanshoop oder Mariental.
▸ Über Upington und Pofadder (R360/N14) nach Springbok/Namaqualand.
▸ Über Upington die R27 nach Calvinia, dann über Vanrhynsdorp nach Kapstadt (= N7).

Pofadder

Der Ort liegt inmitten eines Karakulschaf-Zuchtgebietes. Rev. Christian Schröder, ein Missionar der Rheinischen Mission, gründete 1875 an diesem Platz (wie in Upington) eine Missionsstation, der er aus diplomatischen Erwägungen den Namen des hier ansässigen Chief gab und aus der bald der Ort hervorging. Ab 1889 siedelten hier aufgrund einer immer sprudelnden Quelle weiße Siedler. Blumen finden sich vor allem an der Piste nach Onseepkans. Pofadder verfügt über ein einfaches Landhotel, einige Geschäfte und eine Tankstelle. Überall im Ort sieht man Windräder, die Wasser aus dem Untergrund pumpen.

 Unterkunft

Pofadder Hotel $$, *kleines, schönes Hotel mit Pool, gemütliche Lounge mit offenem Feuer. Voortrekker Street,* ☏ *054-933-0063, www.pofadderhotel.co.za.*

Witsand Nature Reserve

> ### *i* Streckenbeschreibung
>
> Vom Kgalagadi Transfrontier Park folgt man der Straße R360 bis nach Upington, anschließend geht es auf der N10 weiter in Richtung Groblershoop. Kurz vor dem Ortseingang Groblershoop links in Richtung Griekwastad abbiegen, am Witsand Nature Reserve-Schild links auf die nicht befestigte Straße wechseln und der Ausschilderung folgen.

Hier kann man ein faszinierendes Panorama bestaunen: 9 km lang und 4 km breit erstreckt sich ein weißsandiges Dünenmeer (**Witsand**) im Kontrast zu den roten Kalahari-Sanden. Das Wasser, das durch die Sandmeere in dieses Reservoir gesickert ist, hat im Laufe geologischer Zeiträume den Eisenoxid-Mantel der Sandkörnchen gelöst.

Das weißsandige Dünenmeer des Witsand Nature Reserve

An der südlichen Seite des Dünengebiets lässt sich das Phänomen der „Roaring Sands" erleben: Die Reibung zwischen den oberen heißen und trockenen sowie den unteren kühleren Sandschichten ruft zwischen September und April ein Brummen hervor, wenn die obere Schicht durch Herunterrutschen an einem Steilhang in Bewegung gerät.

„Roaring Sands"

🛏️ Unterkunft/Camp

*70 hm südwestlich von Postmasburg liegt ein sehr ansprechendes **Camp** ($) mit geschmackvollen Chalets, zwei Schwimmbädern sowie einem schönen Campingplatz. Ein kleiner Laden bietet die allernotwendigsten Getränke und Lebensmittel. Man kann Fahrräder leihen und damit die Parkwege erkunden. ☎ 083-234-7573, www.witsandkalahari.co.za.*

Fahrt vom Witsand Nature Reserve über Upington entlang dem Oranje nach Okiep/Springbok

ℹ️ Streckenbeschreibung

Diese ungewöhnliche Tour führt von Upington über Augrabies Falls National Park, Pofadder, Pella, Klein-Pella und Goodhouse nach Okiep. Landschaftsbestimmend sind unendlich weite Ebenen, Berge am Oranje und das Oasen-Tal des Oranje selbst. Vom Witsand Reserve fährt man Richtung Groblershoop, von dort aus über die N 10 nach Upington. Die N 14 weiter nach Springbok (= 400 km) erreicht man in Upington.

Von der N 14 zweigt ca. 25 km hinter Pofadder die Straße nach **Pella** ab. Pella wurde 1814 von der London Missionary Society gegründet. 1872 wurde die Station aufgrund einer lang andauernden Trockenheit aufgegeben und schließlich ab 1878 von der Roman Catholic Church weitergeführt. Die Missionskirche und das alte Missionarshaus sind auch heute noch sehenswert.

Im westlich gelegenen **Klein-Pella** befindet sich an den Ufern des Oranje eine der größten Dattelplantagen der Welt. Seit 1978 werden hier Datteln und seit 1996 auch Tafeltrauben organisch angebaut. Die Bewässerung erfolgt mittels Flächenüberflutung auf die Dattelplantagen, während die Rebstöcke direkt bewässert werden. Pro Jahr werden 450 Tonnen Datteln geerntet, wobei 50 % in den Export gehen. Nach Übersee wird dabei nur die allerbeste Qualität geliefert – die besonders großen und süßen „Medjoul"-Datteln. Während die Datteln von Mitte Februar bis Ende Mai geerntet werden, findet die Weinlese zwischen November und Dezember statt – rechtzeitig für den Export in das winterliche Europa.

Dattel-plantage

Weiterfahrt über Goodhouse nach Okiep/Springbok

Vom Oranje nähert man sich nun dem Winterregengebiet der Northern Cape Province. Die Vegetation wird allmählich spärlicher. Von August bis Oktober blühen aber herrliche Wildblumen.

Ausgangs-punkt für Ausflüge In Okiep liegt das **Okiep Country Hotel**, der einzige Ort weit und breit, an dem man nett untergebracht ist und auch gut essen kann. Außerdem werden tolle Ausflüge in die Umgebung angeboten. Z. B. kann man sich zum Wandern in einen fantastischen Canyon bringen lassen, aus dem man nach 6 Stunden wieder mit dem Wagen abgeholt wird.
Okiep Country Hotel $$, ☎ 027-744-1000, www.okiep.co.za.

Sehr schön ist ein Besuch des südlich von Springbok gelegenen **Goegap Nature Reserve** (s. auch S. 321). Hier kann man eindrucksvolle Sukkulenten sehen, ein Sukkulenten- und Pflanzengarten gibt darüber hinaus einen vollständigen Überblick über die Flora des Namaqualandes.

Von Okiep nach Eksteenfontein

 Streckenbeschreibung

Über die N 7 erreicht man nach ca. 115 km bei Vioolsdrift die Grenze zu Namibia. Von hier aus fährt man nach Westen auf einer staubigen Piste parallel zum Oranje.

Touristische Angebote im Sinne eines „community based project" bietet die ca. 50 km nördlich von Okiep liegende Nama-Gemeinde **Steinkopf** an. Hier hat man – mit Führung – die Möglichkeit, die Missionskirche sowie den lokalen Friedhof zu besuchen, auf dem sich Missionarsgräber befinden. Darüber hinaus werden mehrstündige Wanderungen durch die Umgebung angeboten, an deren Ende man typische Nama-Gerichte probiert, u. a. das köstliche „*ash bread*" (Brot, das über der Glut gebacken wird). Der Besucher kann auch traditionelle Nama-Hütten besichtigen, in denen Frauen verschiedenen Flecht- und Schneiderarbeiten nachgehen. Oft wird in das Besichtigungsprogramm der Schülerchor der Highschool einbezogen: ein wunderschönes Erlebnis!
Kontakt: *Tourism Committee*, ☎ 721-8162.

Das direkt am Oranje gelegene **Oewerbos River Camp** bietet neben einfachen, aber gepflegten Unterkünften und Campingmöglichkeiten ein Restaurant mit sehr guten Pizzen, Braai, einen Pool und natürlich auch Bootfahrten. Von hier aus fährt man ca. 50 km nach Südwesten und nimmt die Piste nach **Eksteenfontein**. Diesen kleinen Nama-Ort erreicht man nach weiteren 8 km.

🛏 Unterkunft
Rooiberg Guesthouse $, *ca. 15 km von Eksteenfontein entfernt, inmitten einer stillen Berglandschaft. Das Haus wird von Namafrauen bewirtschaftet, ist sehr sauber, hat aber keine Elektrizität. Stattdessen gibt es Petroleumlampen. Die Küche ist ausgezeichnet, alles wird frisch und von Hand zubereitet. Buchung und Info über das Eksteenfontein Information Centre: Volenti van der Westhuizen, ☎ 851-7108, E-mail: tic@lantic.net.*

Es gibt in der Region eine Reihe von Campingplätzen, die vor allem für Kanureisende gedacht sind. Zwei Campingplätze sind besonders zu empfehlen (jeweils ca. 12 km von Vioolsdrift): **Oewerbos Park** *(s.o.)* und **Fiddler's Creek**.

Namaqualand – Kapstadt

Überblick Namaqualand

Auf den ersten Blick wirkt das Namaqualand öde und menschenfeindlich. Wie an der Küste Namibias fallen auch hier nur wenige Niederschläge, die teilweise noch unter 50 mm/Jahr liegen. Bis zur Mitte des 19. Jh. lebten hier ausschließlich San. Erst die Kupfererzfunde bei Springbok lockten die ersten Weißen hierher. Mittlerweile wurden an der Küste auch Diamanten gefunden, die Farmer haben sich auf Schafzucht konzentriert. Bewässerung findet nur im Süden, in der Umgebung von Clanwilliam und Citrusdal, statt, wo neben Tabak und Weizen auch Wein und Zitrusfrüchte angebaut werden. Berühmt ist auch der aromatische und Vitamin-C-reiche **Rooibos-Tee**.

Seinen eigentlichen Reiz offenbart das Land vor allem in den Regenmonaten im Frühling. Dann erblühen viele Felder zu einem Blumenmeer, das den sonst so trostlosen Boden dann wie ein Teppich bedeckt. Besonders verbreitet sind die orangefarbenen **Namaqua Daisies** (*dimorphoteca*), auch Kapmargerite genannt. Gelb, ocker- und orangefarben blühen „Gänseblümchen". Neben den Namaqua Daisies gedeihen u. a. auch Laugenblumen (*Cotula*), Bärenohren (*Arctotis*) und Bärenkamillen (*Ursinia*). Diese Pflanzen überdauern die langen Trockenperioden im Boden, und der Nebel vom Atlantik, wo der kalte Benguela-Meeresstrom für kühle Temperaturen sorgt, garantiert die nötige Mindestfeuchte. Um die Blumenpracht richtig genießen zu können, sollte man das Land nach Möglichkeit von Norden nach Süden bereisen, da die Blüten sich immer der Sonne zuneigen. Sie öffnen sich in der Regel erst gegen 10 Uhr und schließen sich wieder gegen 16 Uhr.

Das Namaqualand hat aber auch einige andere interessante Seiten, etwa die Langustenfischerei am Atlantik und das Diamantentauchen, bei dem vom Meeresboden Schlamm abgesaugt und dann an Land auf Diamanten untersucht wird.

Gute Regionen, um die Wildblumen im Frühling zu bewundern:

▸ die Gebiete links und rechts der N7,
▸ bei Springbok das Goegap Nature Reserve,
▸ bei Clanwilliam das Naturschutzgebiet Ramskop,
▸ das Biedouw Valley („Mikrokosmos des Namaqualandes")
▸ und in verschiedenen Gebieten abseits aller Hauptrouten.

Redaktionstipps

▸ Einen Tag **in Springbok**, S. 318, **verweilen** und die Umgebung erkunden, einschließlich des Goegap N. R.
▸ **Übernachtung** in Annie's Cottage oder einem Haus der Springbok Lodge, S. 320.
▸ Einen Tag auf einer abgelegenen Piste herumfahren, um das **Namaqualand richtig zu spüren** (Vorschlag: Messelpad Pass, S. 319, oder Piste nach Port Nolloth, S. 321.
▸ Sich nach **Touren ins Richtersveld**, S. 313, erkundigen.
▸ **Fotofreunde** sollten sich im Kamieskroon Hotel (rechtzeitig) zu einem Workshop einbuchen, S. 322.
▸ Nicht auf schnellstem Weg nach Kapstadt fahren, sondern entweder im Süden an die Küste nach **Lamberts Bay**, S. 381 oder **Velddrif**, S. 380, abbiegen und dort **Crayfish essen** oder einen Abstecher in die **Cederberge**, S. 316, unternehmen.

Namaqualand – Kapstadt

N

| 0 | 50 km |
- - - Route

NAMIBIA

Sendelingsdrift
|Ai-|Ais/ Richtersveld Transfrontier Park
Oranjemund
Noordoewer
Alexander Bay
Vioolsdrift
Eksteenfontein
Goodhouse
Oranje
Pella
Pofadder
Port Nolloth
Anenous Pass
R 382
Steinkopf
N 14
Nababeep
Okiep
Buffels
Goegap Nat. Res.
Kleinsee
R 355
Namaqua Nat. Park
Springbok
Gamoep
R 358
Kamieskroon
R 355
NORTHERN CAPE
Brandvlei
Hondeklipbaai
Karkams
Wallekraal
Garies
Kliprand
Namaqualand
Loerisfontein
Bokkeveldberge
Bitterfontein
Nuwerus
Sout
Nieuwoudtville
Fish R.
Lutzville
Vanrhyns Pass
Calvinia
N 7
Vredendal
Vanrhynsdorp
Strandfontein
Klawer
Botterkloof
Doringbaai
Roggeveldberge
Lamberts Bay
Clanwilliam
Pakhuis Pass
R 355
Ramskop Nat. Res.
Biedouw Valley
Clanwilliam Dam
Wuppertal
Atlantischer Ozean
Cederberg Wilderness Area
Tweefontein
Tankwa-Karoo Nat. Park
Cederberge
St. Helena Bay
R 365
Citrusdal
Velddrif
N 7
WESTERN CAPE
Paternoster
Vredenburg
Piketberg
Saldanha
Tulbagh
R 46
Malmesbury
R 45
Ceres
Touws River
West Coast Nat. Park
R 27
Yzerfontein
N 1
Wellington
Bain's Kloof Pass
Kapstadt (Cape Town)
Paarl
Worcester
Stellenbosch
Swellendam
Somerset West
N 2
Caledon

© graphic

Entfernungen	
Clanwilliam – Kapstadt	244 km
Springbok – Clanwilliam	345 km
Pofadder – Springbok	165 km
Springbok – Noordoewer/Vioolsdrift (Namibia-Grenze)	126 km

Planungsempfehlung

Wer die Zeit hat, fährt am besten eine Zick-Zack-Route um die N7. Dabei kommt man in den Genuss der Atlantikküste und erlebt auch die Randgebiete der Karoo. Es empfiehlt sich, in den einzelnen Ort-schaften individuell nach den aktuellen Blumenstandorten zu fragen. Auch wenn man hier nicht gerade im Frühling entlangfährt, präsentiert sich abseits der N7 ein eindrucksvolles Landschaftsbild. Wichtig: Immer genügend Trinkwasser und eventuell auch einen Reservekanister mit Benzin mitnehmen! Ein Zelt für die kleinen Küstenorte oder die Karoo ist auch empfehlenswert.

|Ai-|Ais/Richtersveld Transfrontier Park

i Streckenbeschreibung

Von Springbok aus kommend auf der N 7, dann über Eksteenfontein nach Sen-delingsdrift. Hier befindet sich der einzige Parkeingang, wobei man südlich davon bei Helskloof Gate aus dem Park herausfahren kann.
Von Eksteenfontein sind es ca. 120 km bis nach Sendelingsdrift.

2003 gegründet, besteht der |Ai-|Ais/Richtersveld Transfrontier Park als länderüber-greifender Nationalpark aus dem Gebiet des südafrikanischen Richtersveld National Park und dem des namibischen Ai-Ais Hot Springs Game Park. Im äußersten Nord-westen der Northern Cape Province von Südafrika gelegen, ist der Richtersveld Na-tional Park eine der letzten Wildnisse des südlichen Afrika. Das Gebiet ist eine „moun-tain desert", eine Gebirgswüste mit weniger als 50 mm Jahresniederschlag. Oft bringen Morgennebel die erforderliche Feuchtigkeit vom Meer (Ursache: der kalte Benguela-strom). Im Park selbst haben sich die wasserspeichernden Sukkulenten den klimati-schen Bedingungen angepasst. Dazu gehören die Köcherbäume, artverwandte Stam-messukkulenten wie die *Aloe Pillansii* sowie die nur hier vorkommenden „halfsmen" aus der Familie der Hundsgiftgewächse. Im Norden grenzt der Park an den Oranje, am an-deren Ufer liegt Namibia.
Der Park ist durch ein Wegesystem gut erschlossen, wobei es in einigen Flusstälern sehr sandig werden kann. Auch die Abstiege von der Hochfläche zum Oranje, z. B. zum Camp De Hoop, stellen selbst für geübte Offroad-Fahrer eine Herausforderung dar. Im südlichen Teil sind die Wege in ausgezeichnetem Zustand, allerdings fordert der Park generell fahrerische Geduld.

i Information & Buchung
South African National Parks, ☏ 012-428-9111, www.sanparks.org. Parkbüro in Sendelingsdrift Mo–Fr von 7.30–18, am Wochenende ab 8 Uhr geöffnet, Parkrezeption ☏ 027-831-1506.

Unterkunft
Alle Unterkünfte und Campingplätze buchbar über **South African National Parks** (s. o.).
Sendelingsdrift Restcamp $, direkt am Eingang im Westen im Richtersveld-Teil des Nationalparks. 10 ansprechende, aber einfache Chalets für Selbstversorger (Klimaanlage, Kochplatten), Veranda mit Blick auf den Oranje, Campingplatz (kein Strom) und Swimmingpool vorhanden.
Tatasberg und Ganakoriep Wilderness Camps $, in beiden Camps gibt es einfache Chalets bzw. zeltartige Unterkünfte (canvas cabins), Selbstversorgung, gute sanitäre Einrichtungen mit warmem Wasser. Trinkwasser muss mitgebracht werden. Auch Campingmöglichkeiten.

⚠ **Camping**
De Hoop Restcamp (direkt wunderschön am Oranje-Ufer gelegen, 12 Plätze, sanitäre Einrichtungen nur mit kaltem Wasser), **Potjiespram Restcamp** (18 Plätze, sanitäre Einrichtungen nur mit kaltem Wasser), **Richtersburg Restcamp** (direkt am Oranje, 12 Plätze, sanitäre Einrichtungen nur mit kaltem Wasser), **Kokerboomkloof Restcamp** (kein Wasser, nur einfache „Trocken-Toiletten", 8 Plätze).

Allgemeine Informationen zum Gebiet zwischen dem Oranje und den Cederbergen (Citrusdal)

Geografie
Das Gebiet teilt sich in vier große Einzelgebiete auf (einschließlich des Oliphants River Valley und der Cederberge wären es sechs), die alle einer anderen geologischen Formation angehören und deren Mikroklimate verschiedenste Boden- und Vegetationsverhältnisse geschaffen haben:

Richtersveld
Diese Bergwüste erstreckt sich im Nordwesten von der namibischen Grenze hin bis zur Asphaltstraße nach Port Nolloth und bis zur N7. In dieser Region finden sich unzählige Sukkulenten, die kaum größer als 50 cm werden. Eindrucksvoll sind besonders die Gegensätze zwischen grün-bunten Blumenwiesen und der kargen Bergwüste. In einem Reservat wohnen noch einige Namas, die hier das alleinige Weiderecht haben.

Namaqualand Klipkoppe
Erstaunlich grün　Das Gebiet erstreckt sich von Springbok entlang der N7 bis etwa Bitterfontein. Berge mit Höhen bis 1.700 m prägen das Landschaftsbild. Hier sind Niederschläge von 200 mm keine Seltenheit, in einigen Gebieten erreichen sie sogar bis zu 400 mm. Entsprechend grün können einige Felder in den Tälern sein. Die höchsten Wasserquoten finden sich direkt am Fuße der abgerundeten Granitfelsen, von denen das abfließende Regenwasser herabläuft. In den Tälern um Kamieskroon herum gedeihen dank dieses Phänomens kleine Getreidefelder.

Schwarze Granitfelsen werden in dem Gebiet südlich von Garies abgebaut. Man sprengt sie in 30- bis 40-t-Quadern aus den abgerundeten Granitdomen heraus und transportiert sie nach Kapstadt, wo sie in „Scheiben" geschnitten und hinterher mit Diamantenschleifgeräten poliert werden. Diese etwa 8 cm dicken Scheiben finden dann als Häuserwandfassaden Verwendung. Sie gelten nicht nur als schön, sondern *Schwarzer* sind auch witterungsbeständig, dafür aber sehr teuer und in der Regel nur an Bank- *Granit* palästen zu sehen. Auch auf dem Bahnhof von Bitterfontein kann man diese Quader bewundern.

Die Vegetation im Bereich der Klipkoppe ist relativ vielseitig, die Sukkulenten wachsen erheblich höher (bis über 2 m) und die Blumenpracht ist dank des höheren Niederschlags besonders üppig.

Knersvlakte

Dieses Areal, das sich von Bitterfontein bis Vanrhynsdorp südlich an die Klipkoppe anschließt, ist sicherlich am trostlosesten. Niederschläge von 100 mm (bis max. 200 mm) *Öde Halb-* und eine schwach gewellte Hügellandschaft erwecken den Eindruck einer Halbwüste. *wüste* Ewig erscheint einem die Fahrt, und selbst im Frühling muss man viel Geduld aufbieten, um größere Blumenareale zu entdecken. Der Boden ist ausgesprochen hart, sodass kaum Landwirtschaft möglich ist und nur extensive Schafzucht betrieben werden kann.

Obwohl Geologen in den Flussbetten, besonders am Sout River (dort wo die Eisenbahnbrücke die N7 kreuzt), weitere Diamanten vermuten, sind spektakuläre Funde bisher ausgeblieben. Die Vegetation besteht im wesentlichen aus Blattsukkulenten. Die Stomata-Öffnungen ihrer Blätter öffnen sie nur nachts, um so einer zu starken Austrocknung während der heißen Tageszeit zu entgehen.

Sandveld

Dieser 20–30 km breite Sandstreifen erstreckt sich entlang der Küste. Im Landesinneren ist der Sand dunkelrot und an der Küste weiß. Das kann man gut erkennen,

Landschaft bei Calvinia

wenn man die Strecke nach Port Nolloth fährt. Der Sand wurde vom Wind angeweht, die Färbung resultiert u. a. aus der unterschiedlichen Niederschlagsmenge. Der rote Sand erhält mehr Niederschlag und oxidiert, während direkt an der Küste selten mehr als 40 mm Regen im Jahr fallen. Hier hängt zwar der bekannte Küstennebel, doch beschert er dem Boden kaum Feuchtigkeit. An der Küste erreichen die Sträucher gerade eine Höhe von 30 cm, während sie weiter landeinwärts bis zu 1 m hoch wachsen.

Cederberge und Oliphants River Valley

Diese Region kann man eigentlich nicht mehr zum Gebiet des Namaqualandes zählen. Sie ist bereits Teil der geologischen Formation der Tafelberg-Gruppe und die Bergregionen erhalten erheblich mehr Niederschlag. Allein in den westlichen Ausläufern fällt verhältnismäßig wenig Regen, was aber durch ein groß angelegtes Bewässerungs-

Obst- und system kompensiert wird. Der Oliphants River sammelt sein Wasser bereits bei Paarl,
Wein- das dann vom Clanwilliam-Stausee aus über Kanäle auf die Felder verteilt wird. Daher
kulturen können hier Obst- und Weinkulturen hervorragend gedeihen. In den Cederbergen wächst der Waboom, eine Protea-Art aus Hartholz, die bis zu 8 m hoch werden kann, und die Clanwilliam-Zeder, die den Bergen ihren Namen gegeben hat.

Vorwahl: *027*

🛏 **Unterkunft**
Es gibt eine Reihe von Unterkunftsmöglichkeiten in dieser Region, meist in einfachen Hütten oder auf Campingplätzen, u.a.
Kromrivier Cederberg Tourist Park, *57 km von N7, Chalets, Camping.* ☎ *482-2807, www.cederbergtourist.co.za.*

Pflanzenwelt und Klima

Das Namaqualand kann man als Halbwüste bezeichnen. An der Küste fallen selten mehr als 50 mm Niederschlag im Jahr. Wie an der Küste Namibias sorgt der kalte Benguelastrom für viel Nebel, der sich besonders in den Morgenstunden ausbreitet und erst im Laufe des Tages von der Sonnenwärme absorbiert wird. Zum Landesin-
Spärliche neren hin nimmt dann die Niederschlagsmenge zu und erreicht an den Berghängen
Vegetation teilweise mehr als 250 mm/Jahr, doch reicht auch dies nicht für eine ganzjährige üppige Pflanzenwelt. Die Vegetation besteht hier hauptsächlich aus Wasser speichernden Sukkulenten wie z. B. den Köcherbäumen. In so einer trockenen Welt können viele Pflanzen nur gedeihen, indem ihre Samen die ungünstigen Perioden im Erdboden überdauern und erst keimen, wenn genügend Regen fällt.

Botaniker haben aber festgestellt, dass im Namaqualand genügend Regen allein häufig nicht ausreicht, um die Samen zum Keimen zu bringen. Daher ist es hier selbst während der feuchten Jahreszeit so schwierig, Pflanzen zu finden. Theorien gehen davon aus, dass der Niederschlag bestimmte chemische Substanzen mitbringen muss, um die Keimung zu starten. Andere Auslöser wie genügend Sonne (was während der wolkenbehangenen Regenzeit nicht immer der Fall ist), kein zu starker Wind, die chemische und physikalische Bodenbeschaffenheit und natürlich das Vorhandensein von Samen sind weitere wichtige Faktoren. Die Samen werden von vorangegangenen Blumen gezeugt, und der Wind verstreut sie dann über ein größeres Gebiet. Im Boden können sie schließlich jahrelang verweilen.

Bevölkerung

Die ersten Bewohner dieses Gebietes waren die **San**, von denen man annimmt, dass sie bereits vor 8.000 Jahren hier lebten. Ihnen folgten später die **Khoikhoi,** die als die „Kleinen Namas" hier siedelten und die Weidetierhaltung einführten. Sie wurden auch Namaquas genannt, wodurch dann das Land seinen Namen erhielt. Sie teilten sich immer mehr auf, und einige Untergruppen ließen sich an der Tafelbucht nieder. Ihre stärkste Gruppierung, die **Kochoquas**, kam als erste mit den weißen Siedlern in Kontakt. Dieser Kontakt und das Vordringen der Bantustämme aus dem Norden haben dann leider bewirkt, dass sie den größten Teil ihrer Kultur abgestreift und sich immer mehr dem europäischen Lebensstil angepasst haben. Nur wenige alte Khoikhoi sprechen noch ihre Stammessprache, während die Jüngeren selbst untereinander in Afrikaans kommunizieren. *Verlust der Kultur*

Die ersten Weißen begannen Ende des 18. Jh. das Namaqualand zu entdecken. Es handelte sich vornehmlich um die **Trekburen**, die immer den Weidegründen folgten und sich nirgends dauerhaft niederließen. Das änderte sich erst in der Mitte des 19. Jh., als die ersten Kupferminen in der Umgebung von Springbok eröffnet wurden.

Heute findet man noch eine Reihe von Sanzeichnungen im Namaqualand, besonders im südlichen Teil zwischen Vanrhynsdorp und Citrusdal. Sie sind nicht besonders alt, geben aber einen guten Aufschluss über die Tierwelt, die hier noch vor wenigen hundert Jahren existiert haben muss. Eines der Hauptmotive sind Elefanten, die hier inzwischen völlig ausgestorben sind. Die in den reisepraktischen Informationen aufgeführten Zeichnungen sind gut zu erreichen, der Besuch muss aber vorher telefonisch angemeldet werden.

Information

Cape Town Tourism, *Shop 107 Clocktower, Waterfront, Kapstadt,* ☎ *021-405-4500, http://tourismcapetown.co.za.*
Namaqualand Tourism Board, ☎ *027-744-1770, www.namaqualand.com.*

Busverbindungen

Intercape *fährt auf dem Weg nach Windhoek entlang der N7 über Springbok. Abfahrt ab Kapstadt: Di/Do/Fr/So vormittags. Abfahrt ab Springbok: jeweils am frühen Abend. Buchungen:* ☎ *0861-287-287, www.intercape.co.za.*

Organisierte Touren

Mehrere Firmen veranstalten Touren ins Namaqualand und speziell zu den Blumenreservaten durch. Die meisten von ihnen haben ihren Sitz in Kapstadt. Am besten erkundigt man sich aktuell bei Cape Town Tourism in Kapstadt.

Unterkunft

Es gibt eine Reihe von kleinen Hotels und auch viele Farmunterkünfte und Lodges. Der Standard ist einfach, aber alle Unterkünfte sind sehr sauber. Da die Hotels hauptsächlich von der Stoßzeit während der Blumenblüte leben müssen, sind sie relativ teuer, um ihre Jahreskosten decken zu können. Während der Frühlingsmonate sollte man sich rechtzeitig einbuchen, da ein Großteil der Unterkünfte sonst nicht mehr zu haben sein könnte. In Springbok z. B. sind die Wochenenden meist schon ein Jahr im Voraus ausgebucht! Auch die wenigen Campingplätze sind im August/September häufig hoffnungslos überbelegt.

Übernachtungsmöglichkeiten auf der Strecke

Klawer Hotel $, angenehmes Hotel mit Blick auf die Klawer Mountains, mit Restaurant (Pizza und Steaks), direkt an der N7, 120 Main Road, Klawer, ☎ 027-216-1934, www.klawerhotel.co.za.

Sophia Guest House $–$$, individuell und liebevoll eingerichtetes Gästehaus nahe der N7. Es gibt Zimmer mit Bad sowie Selbstversorger-Apartments. Abendessen nur nach Vorbestellung. 33 Hoof Street, Garies, ☎ 027-652-1069, www.sophiaguesthouse.co.za.

Okiep Country Hotel, s. S. 310.

Restaurants

Das Namaqualand bietet sich leider nicht für kulinarische Genüsse an. Wer essen gehen will, kann also getrost im Hotel bleiben, das meistens sowieso das einzige Restaurant im Ort beherbergt. Einzige Ausnahme ist die **Tauren Steak Ranch** in Springbok, das gutes Seafood anbietet (s. dort).

Tankstellen

Entlang der N7 gibt es in jedem Ort eine 24-Stunden-Tankstelle. Sobald man aber auf die Pisten fährt, sollte man sicherheitshalber vorher volltanken und gegebenenfalls einen Reservekanister einpacken.

Sanzeichnungen

Citrusdal, am Bath Resort

Stadsaal, am Matjiesrivier

Kagga Kamma, hier gibt es auch ein kleines Touristenresort (ca. 250 km von Kapstadt entfernt, ☎ 023/004-0077, www.kaggakamma.co.za). Der Fußmarsch zu den Zeichnungen dauert knapp 2 Stunden.

Bokwater, bei Clanwilliam

Travellers Rest, nordöstlich von Clanwilliam.

Springbok

Springbok ist umgeben von hohen Granitfelsen. Einst tranken hier große Springbockherden an einer Quelle, doch wurden sie durch die Entdeckung der Kupferminen vertrieben. Heute ist Springbok ein zentraler Ort und gilt als die „Hauptstadt des Namaqualandes". Die Kupferminen befinden sich mittlerweile außerhalb des Stadtgebietes in den nahen Ortschaften Nababeep und Okiep.

Springbok – umgeben von Granitfelsen

Bereits 1685 entdeckte Gouverneur Simon van der Stel die Kupfervorkommen auf seiner Suche nach dem sagenumwobenen Goldreich Monomatapa. Doch lohnte sich der Abbau damals nicht, da weder die nötige Infrastruktur noch genügend Trinkwasser vorhanden war. Erst Mitte des 19. Jh. begann die Erschließung: das erste bedeutende *Kupferabbau* Bergbauprojekt in Südafrika. Für den Abtransport des Kupfers baute man eine Schmalspurbahn nach Port Nolloth. Diese wurde aber 1944 wieder abmontiert, als es effizienter erschien, das Kupfer über den Bahnhof von Bitterfontein nach Kapstadt zu befördern. Aufgrund seiner hohen Qualität wird das Kupfer auch heute noch abgebaut, obwohl der Abtransport nach wie vor mühsam ist. Um die Transportkosten niedrig zu halten, wird das Kupfer bereits vor Ort durch Schmelzen vom Gestein extrahiert und erst dann per Lkw nach Bitterfontein gebracht.

Wer sich für den Kupferbergbau interessiert, sollte dem kleinen **Minen-Museum** in **Nababeep** einen Besuch abstatten. Außerdem kann man gleich oberhalb von Springbok die erste Mine, die Blue Mine, besichtigen.

Außerdem gibt es in Springbok noch ein kleines **Museum zur Stadtgeschichte**, das in einer Synagoge untergebracht ist. Besuch nach Vereinbarung (☎ 027-718-8100).

Wenn man Springbok in Richtung Süden verlässt, kann man entlang der Piste über den Messelpad Pass bis nach Hondeklipbaai fahren, um dann über Wallekraal zurück *Lohnende* nach Garies zu gelangen. Auch diese Straße war ursprünglich als Transportweg für *Passstrecke* das Kupfer gedacht. Heute ist Hondeklipbaai ein idyllisch-verschlafenes Fischerdorf, in dem die Zeit stehen geblieben zu sein scheint. Wallekraal, einst ein blühender kleiner Ort, besteht nur noch aus wenigen Gebäuden. Besonders aber die Passstrecke ist lohnend.

Vorwahl: 027

ℹ️ Information

Springbok Regional Tourism Office, *Voortrekker Street, gegenüber der Shell-Werkstatt,* ☎ *712-8035/6.*
Außerdem erhält man im **Springbok Restaurant** *eine Menge nützlicher Informationen.*

🛏️ Unterkunft

Springbok Lodge und Restaurant $–$$, *dazu gehören verschiedene Häuser (auch für Selbstversorger), die in der unmittelbaren Nähe liegen. Seit 1947 befindet sich die Lodge (ursprünglich als Springbok-Café bezeichnet) in Familienbesitz. 37 Voortrekker Street,* ☎ *712-1321.*
Annie's Cottage $$, *gemütliches B&B in liebevoll restauriertem Haus, 11 stilvoll einge- richtete Zimmer und ein schöner Garten erwarten den Gast. 4 King Street,* ☎ *712-1451.*
Mountain View Guest House $$, *schöne große Zimmer in ruhiger Lage, die Gastge- ber sind sehr freundlich und hilfsbereit. 2 Overberg Avenue,* ☎ *712-1438, www.mount view.co.za.*
Naries Namakwa Retreat $-$$$$, *etwa 28 km außerhalb der Stadt an der R355 nach Kleinsee. Diese Unterkunft (auf Wunsch werden auch ausgezeichnete Mahlzeiten zu- bereitet) gilt als die wohl luxuriöseste im ganzen Namaqualand. Es gibt 3 Bergsuiten mit tol- ler Aussicht, 5 unterschiedlich ausgestattete Zimmer im sehr liebevoll eingerichteten Haupt- haus sowie 2 gut für Familien mit Kindern geeignete Selbstversorger-Häuser.* ☎ *712-2462, www.naries.co.za.*

Blühende Pracht: Namaqua Daisies

🛏 Caravanpark

Goegap Nature Reserve $, *15 km außerhalb des Ortes gelegen, hier gibt es Unterkünfte in Chalets für Selbstversorger. Sehr schöne, ruhige Lage,* ☎ *718-9906.*
Springbok Caravan Park $, *2 km außerhalb der Stadt an der Gamoep Road gelegen, Swimmingpool, aber Straßenlärm.* ☎ *718-1584, www.springbokcaravanpark.co.za.co.za.*

🍴 Restaurants

Tauren Steak Ranch, *gilt als eine der besten Adressen im Namaqualand, sodass selbst Leute von Port Nolloth hierher kommen. 2 Hospitaal Street,* ☎ *712-2717.*
Springbok Restaurant, *gemütlich, gutes Essen. Originelle Einrichtung, gute Infos für die Umgebung. In der Springbok Lodge (s. o.),* ☎ *712-1321.*

🚌 Öffentliche Verkehrsmittel

Bushaltestelle: Springbok Lodge. Von hier aus mit Intercape tgl. außer samstags Verbindung nach Kapstadt, tgl. nach Johannesburg (über Upington) und 4x wöchentlich nach Windhoek.

Goegap Nature Reserve

Dieses 150 km² große Nature Reserve, ca. 15 km außerhalb von Springbok an der Straße in Richtung Flugplatz (nicht nach Pofadder!) gelegen, ist ein Muss für jeden Pflanzenfreund. Hier gedeihen alle im Namaqualand vorkommenden Sukkulenten. Während der Blumenblütezeit (Ende Juli bis Anfang Oktober) wird hier ein „Flower Information Office" eingerichtet, in dem man Informationen über den Standort der Blumen – je nach Regenfällen – im Namaqualand erhält. Im Park bieten ausgewiesene Wanderwege die Möglichkeit, die Vegetation in aller Ruhe zu bewundern. Ebenso kann man mit dem Mountainbike Ausflüge unternehmen und auf einem Allradfahrzeug-Trail das gesamte Naturgebiet erkunden. Außerdem zeigt das Informationsbüro ganzjährig eine Ausstellung über die Entstehungsgeschichte der Namaqualand-Wüste und ihrer Tier- und Pflanzenwelt.
Goegap Nature Reserve: *Geöffnet tgl. 8–16.30 Uhr,* ☎ *027-718-9906.*

Port Nolloth

Das 1855 gegründete Port Nolloth ist nach dem Kommandanten benannt, der ein Jahr

Köcherbaum im Namaqualand

zuvor die Küste erkundet hatte, und wurde ursprünglich als Hafen für die Kupferexporte aus Springbok angelegt. Entsprechend erlosch seine Bedeutung, als nach dem Ersten Weltkrieg die Kupferpreise drastisch absackten. Schon acht Jahre später fand man hier aber Diamanten, und der Ort erwachte aus seinem kurzen Schlaf. In nur einem Monat, bevor die Minengesellschaften alle Schürfrechte erhielten, fanden eilige Glücksritter bereits 12.549 Karat Diamanten. Heute werden die Diamanten zum großen Teil aus dem Wasser geholt.

Mit Sehenswürdigkeiten kann Port Nolloth nicht aufwarten, auch Strand und Klima versprühen keinen besonderen Reiz. Allein die immer noch spürbare Pionieratmosphäre sowie die Landschaft auf dem Weg hierher machen einen Besuch lohnenswert.

Zurück in Springbok bietet sich noch die landschaftlich schöne **südliche Piste** an die Küste (R355) für einen Abstecher an. Nach Kleinsee am Ende der Strecke darf man allerdings nicht hineinfahren, es handelt sich um ein Diamantensperrgebiet.

Vorwahl: *027*

Information
Richtersveld Tourism Information, ☎ *851-1111*

Unterkunft
Scotia Inn Hotel $, *einfaches Küstenhotel unter portugiesischer Leitung. 505 Beach Road,* ☎ *851-8353, www.scotiainnhotel.co.za.*
McDougall's Bay Caravan Park $, *4 km südlich von Port Nolloth, hier gibt es auch einfache Chalets zu mieten,* ☎ *851-8657.*
Bedrock Lodge $$, *angenehme Unterkunft in historischem Haus. Zimmer, Suiten und Cottages, teilweise Selbstversorgung möglich, sonst B&B. 2 Beach Road,* ☎ *851-8865/-7176, www.bedrocklodge.co.za.*

Kamieskroon

Kamieskroon ist sicherlich eines der verschlafensten Nester an der N7: Außer der kleinen Kirchenruine in Bowesdorp, der ehemaligen Siedlung Kamieskroon, 8 km nördlich des heutigen Ortes, gibt es hier nichts zu sehen. Doch einmal im Jahr ändert sich das Bild. Dank des Engagements der Hotelbesitzer geben sich während der Blumenblüte Besucher aller Nationen die Klinke in die Hand. Neben besten Infos über aktuelle Blumenstandorte und Führungen in die Umgebung ziehen vor allem Fotoworkshops und ein installiertes Fotolabor sogar Gäste aus Uruguay und Taiwan an. In dieser Zeit berät ein professioneller Fotograf die Teilnehmer der Fotoworkshops. Leider sind diese in der Regel so weit im Voraus ausgebucht, dass sich spontane Besucher nur wenig Hoffnung machen können. Doch werden mittlerweile auch Kurse in der „blumenlosen Zeit" angeboten. Teilnehmer dieser Workshops

Tolle Fotoworkshops

haben es noch nie bereut, und besser kann man das Namaqualand nicht kennenlernen (auch ohne Fotokurs) als in der Atmosphäre dieses Hotels.

Auch von hier nutzt man am besten die Piste über Wallekraal und Soutfontein, um nach Garies zu gelangen.

 Unterkunft
Kamieskroon Hotel $, *Beschreibung s. o., mit Campingplatz. Old National Road,*
☏ *027-672-1614, www.kamieskroonhotel.com.*

Namaqua National Park

 Streckenbeschreibung

Zu erreichen ist das Gebiet von Kapstadt aus über die N 7 (495 km). Vor Kamieskroon biegt man zum Park ab (22 km).

In diesem ca. 1.047 km² großen Gebiet der Nordostecke der Northern Cape Province blühen im Frühjahr wahre Wildblumen-Teppiche aus 3.500 Pflanzenarten. Die an sich sehr karge Landschaft zaubert dann nach Regenfällen quasi über Nacht eine ungeahnte Farbenpracht hervor. Das Gebiet wird von Granitfelsen bestimmt, die zum Teil rund sind, z. T. ebene Flächen bilden. Die gebirgige Landschaft weist 4 Gipfel über 1.500 m Höhe aus, der im Süden liegende Rooiberg erreicht gar 1.700 m. Durchzogen wird der NP von sandigen Flusstälern. Wenn es nicht blüht, gilt es, die vielen Sukkulenten (auch Köcherbäume) zu entdecken. Das Gebiet unterteilt sich in 4 Regionen:

Farbenpracht über Nacht

- Meeresnahe Sukkulenten-Karoo („strandveld succulent Karoo")
- Lowland Succulent-Karoo
- Upland Succulent-Karoo
- North Western Mountain Renosterveld (hier gibt es Fynbos-Vegetation).

Im Park selbst gibt es nur wenige Zimmer und Chalets, während der Blumensaison zusätzlich ein Zeltcamp. Es ist auch möglich, in Springbok zu übernachten und Tagesausflüge in den Park zu unternehmen. Der Park ist während der Frühjahrsblüte von 8–17 Uhr geöffnet, wobei die beste Beobachtungszeit der Blumen zwischen 10.30 und 16 Uhr liegt. Ein Rundweg (Gebühr) erschließt auf 5 km die Schönheiten.

 Information und Buchung
South African National Parks, ☏ *012-428-9111, www.sanparks.org.*
Namaqua National Park, ☏ *027-672-1948.*

Unterkunft
Das **Skilpad Rest Camp** *bietet 4 Chalets für Selbstversorger (je für maximal 4 Personen).*

Das **Namaqua Flowers Beach Camp** ist ein temporäres Zeltcamp, das nur während der Blumensaison geöffnet ist (Mitte August bis Mitte September). Hier gibt es komfortable Zelte und volle Verpflegung. Außerdem verfügt der Park über mehrere **rustikale Campingplätze**, die teilweise sehr schön gelegen, aber wirklich absolut basic sind (ohne Wasser oder Sanitäranlagen). Feuerholz muss mitgebracht werden.
Kontakt und Buchung: Sanparks, s. o.
Weitere Unterkünfte gibt es in Springbok, s. S. 320.

Vanrhynsdorp

Der Ort wurde in der Mitte des 18. Jh. von den ersten Trekburen als kleine Versorgungszentrale gegründet. Damals hieß er noch Troe-Troe, was sich von dem Kriegsruf „Toro-Toro" („Attacke-Attacke") der Khoikhoi ableitete. Später wurde er nach dem ersten Friedensrichter der Region benannt. Der Ort eignet sich gut für die Erkundung des südlichen Knersvlakte, und ein Aufenthalt hier verspricht mehr Ruhe als in Vredendal. Es gibt ein kleines Museum, vor allem aber lohnt sich ein Besuch in der **Kokkerboom Nursery** (☎ 027-219-1062, www.kokerboom.co.za) am Ende der Voortrekker Street. Sie gilt als die größte Sukkulenten-Gärtnerei in Südafrika. Man kann sich sogar eine Pflanze mitnehmen, denn die Besitzer verpacken diese auch dem Fernreisenden so, dass sie einen Rückflug überstehen wird.

Wasserfälle und Fels-formationen
Wer die Zeit hat und eine etwas raue Piste nicht scheut, sollte von hier aus eine kleine Rundtour nach Osten unternehmen. Die Piste führt südlich aus dem Ort und passiert einen Wasserfall sowie schöne Felsformationen. Eine Karte erhält man im Tourist Office.

Eine weitere Alternative wäre ein Ausflug nach Nieuwoudtville, wo es neben einem schönen Flower Reserve auch die 100 m hohen **Nieuwoudtville-Wasserfälle** zu sehen gibt. Die Anhöhe des Vanrhyns-Passes gewährt einen guten Ausblick auf die Ebene bis zum Atlantik.

Vorwahl: 027

ℹ️ Information

Vanrhynsdorp Namaqua West Coast Tourism Office, Museum Building, Van Riebeeck Street, Vanrhynsdorp, ☎ 201-3371, http://tourismcapetown.co.za/leisure-travel/town/vanrhynsdorp.
The Town Clerk, Voortrekker Street, Nieuwoudtville, ☎ 027-218-1336, in der Blumensaison, sonst Restaurant Smidswinkel.
Sehr informativ ist auch die Website **www.nieuwoudtville.com**.

🛏️ Unterkunft

Van Rhyn Guest House $, gemütliches, kleines Gästehaus. I Van Riebeeck Street, Vanrhynsdorp, ☎ 219-1429, www.vanrhyngh.co.za.

Vanrhynsdorp Caravanpark $, *hier gibt es auch einfache Hütten. Auf dem Gelände be-findet sich zudem das Zuid Afrikaanse Restaurant, das typische Gerichte dieser Gegend ser-viert. Gifberg Road,* ☎ *219-1287, www.vanrhynsdorpcaravanpark.co.za.*

Papkuilsfontein Guest Farm $–$$, *Übernachtung entweder im En-Suite-Doppel-zimmer in der gehobenen Farm-Atmosphäre des De Lande Guesthouse oder für Selbstver-sorger, Familien und Kleingruppen in einem der gemütlichen Cottages.* ☎ *218-1246, www.papkuilsfontein.com.*

Es gibt noch eine Reihe **privater Unterkünfte**: *Infos im Tourism Office.*

Restaurant
Smidswinkel Restaurant, *gutes Essen! Hier erhält man auch Infos zur Vermie-tung von netten Gästehäusern. Neethling Street, Nieuwoudtville,* ☎ *218-1535.*

Besondere Aktivitäten
Nicht nur für Teefreunde interessant – gerade während der Erntezeit von Januar bis April – ist der Besuch einer Farm der Heiveld Co-operative, einer Vereinigung von Bauern in der Umgebung von Nieuwoudtville, die den beliebten Rooibos-Tee (s. S. 326) anbauen. Über-nachtungsmöglichkeit. Infos: http://heiveld.co.za, Buchungen (unbedingt nötig!): rietjieshuis @indigo-dc.org.

Vredendal

Vredendal ist ein belebtes Zentrum inmitten der Weinkulturen des Oliphant-River-Tales. In der Stadt selbst gibt es nicht viel zu sehen, aber immerhin kann man die Wein-kellereien besichtigen, die hauptsächlich trockene Weißweine produzieren. Das Was-ser erhält die Gegend aus dem Clanwilliam-Stausee, mit dem sie durch ein weit verzweigtes Kanalnetz verbunden ist.

Von Vredendal bietet sich außerdem ein Ausflug an die Küste an. Dafür fährt man ent-lang der R362 nach Lutzville und von dort weiter bis nach Papendorp, wo es einen un-berührten Sandstrand gibt. Etwas weiter südlich liegt das Dorf **Strandfontein** mit einem kleinen Hotel und einem Caravanpark mit Cabins. Das Cabin Restaurant in Doringbaai serviert ausgezeichnetes Seafood. *Schöner Sandstrand*

Vorwahl: *027*

Information
Matzikama Tourism, *37 Church Street,* ☎ *201-3376, http://tourismcapetown. co.za/leisure-travel/town/vredendal.*

Unterkunft
Hotel Maskam $, *zentral gelegenes Hotel, das sich in der dritten Generation im Fami-lienbesitz befindet. Ecke Church und Van Riebeck Road,* ☎ *213-1336, www.maskamhotel.co.za.*

In der Schuhfabrik von Wupperthal, einer der ältesten des Landes

Tharrakamma Guesthouse $–$$, gemütliches, sauberes und zentral gelegenes Gästehaus. Gut für eine Nacht auf der Durchreise geeignet. 18/20 Tuin Street, ☎ 213-5709, www.tharrakamma.co.za.

Melkboomsdrift Guest Lodge $$, an der R363 in Richtung Lutzville, Gästehaus auf einer Weinfarm am Olifants River. Das restaurierte Farmhaus wurde ca. 1820 erbaut. Moderne, großzügige Zimmer, schöner Ausblick auf die Weinfelder. ☎ 217-2624, http://westcoaststay.co.za.

Oasis Country Lodge $, gut zwanzig Kilometer südlich von Vredendal an der N7 in Klawer gelegen. Schöne Lodge mit gut ausgestatten Zimmern sowie einem Caravan- und Campingplatz. Restaurant, Pool, Bar. 5 Vallei Street, Klawer, ☎ 027-216-1520, www.oasiscountrylodge.co.za.

Weitere **Gästehäuser** und **Unterkünfte** finden sich auf der Homepage des Tourimus-Büros (s. o.).

Hotel und **Caravanpark** mit Hütten in Strandfontein.

🍴 **Restaurant**
Cabin Restaurant, leckeres Seafood. Außerdem bekommt man Informationen über Walbeobachtungsmöglichkeiten. Main Road, Doringbaai, ☎ 215-1016, www.doring baai.com.

Clanwilliam

Clanwilliam gehört zu den ältesten Städten Südafrikas: 1732 gab es bereits eine Reihe von Farmen entlang des Oliphants River. Nachdem die Kapverwaltung hier 1820 einen Magistratssitz eingerichtet hatte, versuchte sie, englische Siedlerfamilien als Gegengewicht zu den Buren anzusiedeln, doch vergeblich: Nur sechs Familien blieben in der Gegend. 1901 brannte die Stadt fast gänzlich nieder, nur ein kleiner Teil in der Parker Street überstand das Feuer.

Weltbekann-
ter Rooibos

Clanwilliam liegt in einem warmen, gut bewässerten Tal mit fruchtbaren Böden. Hier wächst u. a. der „Rooibos" (roter Busch), der den gleichnamigen, von hier aus **in alle Welt exportierten Tee** liefert. **Roiboos-Tee** ist tanninfrei und sehr reich an Vitamin C. Diese gesundheitsfördernden Eigenschaften machte als Erster der örtliche Arzt Dr. Le Fras Nortier publik. Außer Tee gedeihen hier nahezu alle subtropischen Früchte, Gemüse, Weizen und Tabak.

Rooibos Tea Natural Products: OU Kaapse Weg, ☎ 027-482-2155. Touren sind in der Fabrik nicht möglich, dafür kann man sich in einem Info-Zentrum eine Video-Präsentation ansehen, Tee probieren und sich über weitere Produkte des Unternehmens informieren.

In der Nähe der Stadt liegt das Naturschutzgebiet **Ramskop** mit seinen im Frühling blühenden Namaqualand-Wildblumen. Der **Clanwilliam-Stausee**, der das Wasser des Oliphants River aufnimmt, ist ein beliebtes Erholungszentrum (Schwimmen, Bootfahren, Angeln).

Abstecher von Clanwilliam

▸ Östlich über den Pakhuis Pass zur Rheinischen Missionsstation von **Wuppertal** (1830 gegründet). In der Umgebung des Dorfes wird Rooibos-Tee angebaut; im Dorf bietet man handgefertigte „Feldschuhe" („Veldskoens") und andere Lederarbeiten an;

▸ 25 km südlich von Clanwilliam biegt eine Piste ab zur **Forststation Algeria**. Sie ist das „Zentrum" der Cederberge. Von der Forststation führt ein Pfad auf die Spitze der Bergkette, vorbei an einem Wasserfall und durch einen Zedernwald. Auf der Höhe gibt es zwei Hütten. Von dort gehen zwei Wege ins Zentrum der Gebirgswelt. Das Cederberggebiet ist etwa 1.300 km² groß, wovon 710 km² zum Schutzgebiet erklärt worden sind. Ein großer Teil ist noch von Zedern bestanden. Außerdem gibt es hier noch eine Reihe anderer Wanderwege.

Zentrum der Cederberge

Der weiter östlich gelegene Doring River bietet die Gelegenheit zu Kanu- und Wildwasserfahrten, die man allerdings rechtzeitig bei einem der Outdoor-Spezialisten in Kapstadt buchen sollte.

Vorwahl: 027

ℹ️ Information

Tourism Office, *im alten Gefängnis, Main Road,* ☎ *482-2024, www.capewest coast.org.*

🛏️ Unterkunft

Clanwilliam Dam Municipal Caravan Park & Chalets $, *am Stausee gelegen, Selbstversorgungs-Einrichtungen, Chalets und Campingplätze.* ☎ *482-8012.*
Blommenberg Guest House $+, *geräumige Doppel- und Familienzimmer, teilweise für Selbstversorger, freundliche und hilfsbereite Gastgeber. 1 Graafwater Road,* ☎ *482-1851, www.blom menberg.co.za.*
Saint Du Barrys Country Lodge $$, *gepflegte, persönlich geführte Lodge inmitten einer Berglandschaft, geschmackvoll möbliert. 13 Augsburg Road,* ☎ *482-1537, www.saint dubarrys.com.*
Boskloofswemgat $, *acht hübsche Cottages für Selbstversorger mit Bad, Küche und Braai-Stelle. Idyllisch direkt am Jan Dissels River am Fuße der Cederberg Mountains gelegen, ca. 10 km östlich von Clanwilliam.* ☎ *482-2522, www.boskloofswemgat.co.za.*

🍴 Restaurant

Reinhold's Restaurant, *überregional bekannt für seine südafrikanischen Gerichte. Main Road,* ☎ *482-2163.*

Citrusdal

Die Karoo ist eine extrem trockene und unwirtliche Landschaft

Als die erste Expedition das Gebiet des heutigen Citrusdal erreichte, erblickten ihre Teilnehmer im Tal eine Herde von 200–300 Elefanten, die an den Ufern des Flusses graste. Daraufhin erhielt dieser Fluss den Namen Oliphants River. Von Mai bis Juni duftet es hier herrlich nach frisch gepflückten Orangen. Kein Wunder, denn das 1916 gegründete Citrusdal ist der zentrale Ort im Oliphants-Tal, von dem aus die Zitrusfrüchte aus der Umgebung verschickt werden. Die Region ist das drittgrößte Obstanbaugebiet Südafrikas. Eine junge Frau von hier verpackte einmal in einer 46-Stunden-Woche allein 204.000 Orangen! Insgesamt verlassen Citrusdal jährlich über 2 Mio. Kisten Obst (mehr als 80.000 t), ein großer Teil wird exportiert – von hier stammen die bei uns als „Cape-Orangen" bekannten Früchte. Auf der Hex River Farm nördlich der Stadt steht der älteste Orangenbaum des Landes; er soll etwa 250 Jahre alt sein und trägt immer noch Früchte. Ansonsten ist der Ort nicht sehr interessant, eignet sich aber für Exkursionen in die Cederberge.

Ältester Orangenbaum des Landes

Von Citrusdal sind es noch 180 km bis Kapstadt. Nach der Überwindung des Piekenierskloof-Passes gelangt man ins Swartland, die Kornkammer des Kaps: Weizenfelder, so weit das Auge reicht! 30 km vor Kapstadt hat man dann einen schönen Blick über die Stadt, der noch eindrucksvoller ist als der von Bloubergstrand. Den Fotografen werden die Stromkabel allerdings etwas stören.

Vorwahl: *022*

ℹ️ Information
Citrusdal Tourism Buro, ☎ *921-3210, www.citrusdal.info.*

🛏 Unterkunft
The Baths **$**+, *15 km außerhalb entlang des Oliphants River (ausgeschildert), Chalets, Zimmer, Camping. Spas mit natürlichen Heißwasser-Quellen. Hier sind auch einige Felszeichnungen zu sehen.* ☎ *921-8026/7, www.thebaths.co.za.*
Citrusdal Country Lodge **$**, *liegt – anders, als der Name vermuten lässt – mitten im Ort, ist aber eine empfehlenswerte Unterkunft für eine Zwischenübernachtung. Die 35 Zim-*

mer (teilweise für Selbstversorger) sind guter Standard. 66 Voortrekker Road, ☏ *921-2221/2, www.citrusdallodge.co.za.*

Piekenierskloof Mountain Lodge $-$$, *16 schön gelegene, gut ausgestatte Chalets in der Nähe des Piekenierskloof-Passes an der N7,* ☏ *921-3574 (Lodge) und 011-267-8500.*

🍴 Restaurants

Mc Gregor's Restaurant, *u. a. typische Landgerichte dieser Gegend. Im Hotel The Baths,* ☏ *921-8033.*

Kloof Restaurant, *Kapgerichte aller Art, geöffnet bis 22 Uhr. In der Piekenierskloof Mountain Lodge.*

Tankwa Karoo National Park

ℹ️ Streckenbeschreibung

Von Kapstadt über Ceres, dann die R355 nach Norden (einsame, aber gute Straße, schöne Landschaftsszenerien). Mit vollem Tank losfahren, Tankstellen gibt es nur in Ceres und Calvinia.

Diesen Park darf man nicht mit dem Karoo National Park bei Beaufort West verwechseln. Erst 1987 gegründet, bedeckt er inzwischen eine Fläche von 1.463 km². Die Gesamtfläche wird seitdem nicht mehr wie früher landwirtschaftlich genutzt: So kann sich die Vegetation in diesem Bereich langsam erholen. Nomaden zogen hier schon vor 2.000 Jahren mit Schafherden herum, später kamen Europäer von der Kaphalbinsel, um ihr Vieh grasen zu lassen. Doch für eine ständige Weidenutzung war diese Landschaft einfach zu trocken. Das heutige Parkgebiet ist eines der trockensten der Karoo, es fällt nicht mehr als 100 mm Niederschlag pro Jahr. Zwischen Winter (etwa 6 °C) und Sommer (39 °C) schwanken die Temperaturen zudem enorm. Da das Gebiet aufgrund der früheren Überweidung sehr kahl ist, interessieren sich zurzeit kaum Touristen, sondern eher Botaniker, Ökologen und Zoologen für diese abseits liegende Region. Nach den seltenen Regenfällen überzieht allerdings ein Meer von Wildblumen den Park. Beste Besuchszeit ist das Frühjahr zwischen August und Oktober. Dann kann man nicht nur die Blütenpracht bestaunen, sondern auch sehr gut Vögel beobachten.

Extrem trockenes Gebiet

Ein Erlebnis ganz eigener Art im Tankwa Karoo NP ist **AfricaBurn**, ein Event, das seit 2007 jedes Jahr im April/Mai für eine Woche entlang der R355 veranstaltet wird: ein buntes Gemisch aus Musik, Vernissage, Performancekunst – und nicht zuletzt eine Dauerfete, zu der Tausende Menschen kommen. Höhepunkt sind die Abende der zweiten Wochenhälfte, wenn die Installationen, die nicht wieder abgebaut werden, unter dem Beifall der Besucher abgebrannt werden.

Infos: *www.afrikaburn.com.*

🛏️ Unterkunft

Tanqua Guest House $, *Selbstversorgung. Dieses einfache Gästehaus, im Stil eines Forts gebaut, liegt am südlichen Rand des Nationalparks. Buchung über South African National Parks,* ☏ *027-341-1927, www.sanparks.org.*

Außerdem gibt es im Park noch verschiedene Selbstversorger-Cottages sowie mehrere einfache Campingplätze, die ebenfalls über Sanparks gebucht werden können.

8. WESTERN CAPE PROVINCE MIT GARDEN ROUTE

Die berühmten bunten Häuser am Strand von Muizenberg, Kaphalbinsel

Kapstadt und die Kaphalbinsel

Allgemeiner und geschichtlicher Überblick

Aufgrund seiner multikulturellen Bevölkerung (42,4 % Coloureds, 38,6 % Schwarze, 15,7 % Weiße, 1,4 % Inder/Asiaten) und seiner herausragenden landschaftlichen Lage wird Kapstadt oft mit San Francisco verglichen. Die **Mother City** ist nicht nur der Ort, an dem die südafrikanische Geschichte ihren Lauf nahm, sondern zweifelsohne auch die besuchenswerteste Stadt Südafrikas, die ins Programm jeder Rundreise gehören sollte. Neben landschaftlichen Leckerbissen bietet Kapstadt eine Vielzahl kulinarischer Höhepunkte, vom hervorragenden Wein des Kaplandes bis zu den abwechslungsreichen Küchen der verschiedenen hier lebenden Nationalitäten.

Vor der Ankunft der Weißen wurde die Region von Khoikhoi-Hirten für ihre Schafherden und von den mit ihnen verwandten San für die Jagd genutzt. 1488 sichtete der Portugiese Bartolomeu Dias als erster Europäer das **Kap der Guten Hoffnung** (s. S. 373), nach dem Schiffbruch der „Nieuw Haarlem" 1647 wur-

Ab 1666 erbaut: das Castle of Good Hope

de die **älteste europäische Siedlung** im südlichen Afrika ab 1652 von dem Holländer Jan van Riebeeck im Auftrag der Niederländisch-Ostindischen Handelskompanie als Versorgungsstation aufgebaut (s. S. 24).

Als van Riebeeck 1662 das Kap verließ, um als Kommandant und Präsident in Malakka tätig zu werden, waren schon vier kleine Festungen entstanden, die vor allem dem Schutz des Viehs und der Ernten dienten. Für die Seefahrer, die sich auf dem langen Weg von Asien nach Europa und umgekehrt befanden, wurde das spätere Kapstadt zu einem **Gasthaus der Meere**. Schon aus 150 km Entfernung signalisierte der Tafelberg an klaren Tagen, dass man bald den sicheren Hafen erreichen und endlich wieder fri-

Kommandant van Riebeeck

Redaktionstipps

▸ **Übernachten**: Luxuriös im herrschaftlichen Kolonialhotel Mount Nelson in der Innenstadt oder im Cape Grace an der Victoria & Alfred Waterfront. Der Luxustipp etwas außerhalb ist das The Cellars-Hohenort Hotel in Constantia. Günstiger und privater wohnt es sich in einem der schönen Gästehäuser im Stadtteil Oranjezicht, z. B. in der Cactusberry Lodge oder im 2inn1 Kensington. Backpacker sind in der Ashanti Lodge gut aufgehoben. Unterkünfte ab S. 352.

▸ **Abendessen**: Französisch und vornehm im La Colombe, kapmalaiisch in der Bo-Kaap Kombuis oder im Biesmiellah, äthiopisch im Addis in Cape oder Burger in der Royale Eatery. Restaurants ab S. 356.

▸ **Die bedeutendsten Sehenswürdigkeiten**: Das Castle of Good Hope, S. 336, der Tafelberg, S. 347, die Victoria & Alfred Waterfront, S. 343, das kapmalaiische Viertel Bo-Kaap, S. 341, die Gefängnisinsel Robben Island, S. 345.

▸ **Rundfahrt** zu den Sehenswürdigkeiten auf der Kaphalbinsel – ab S. 367: Ein Muss ist der Kirstenbosch Botanical Garden, weiter geht es zum Weingut Groot Constantia (Weinprobe!), zum legendären Kap der Guten Hoffnung und zurück über die Panoramastraße Chapman's Peak Drive.

▸ **Tageseinteilung für Kapstadt** (Minimalprogramm):
1 Tag Innenstadt inkl. Tafelberg – 1 Tag Rundfahrt um die Kaphalbinsel – 1 Tag Ausflug in das Weinanbaugebiet um Paarl/Stellenbosch – ab S. 383. Optimal: Aufenthalt von 5–6 Tagen mit Zeit zum Genießen.

sches Fleisch, Obst, Gemüse und Wasser genießen würde. Nicht nur, dass man hier mit feinsten Nahrungsmitteln versorgt wurde, auch Schiffe konnten repariert und Kranke im Hospital versorgt werden. Die Stadt begann aufzublühen.

Von der britischen Besetzung der Kapkolonie und der Abschaffung der Sklaverei Anfang des 19. Jh. über die Ausrufung als Parlamentssitz der Südafrikanischen Union 1910 bis zur ersten Rede Nelson Mandelas nach seiner Freilassung 1990 vom Balkon der City Hall war Kapstadt immer wieder Schauplatz der wechselvollen südafrikanischen Geschichte.

Während heute Tshwane (Pretoria) Sitz der Regierung und Bloemfontein Sitz des Bundesgerichtshofes ist, tagt in Kapstadt das Parlament. In der Metropolregion leben etwa 3,75 Mio. Menschen. Mit Recht gilt sie als eine der schönsten Städte der Welt, 2014 errang sie als erste afrikanische Metropole den Titel „Welt-Design-Hauptstadt". Für ihre zahlreichen Sehenswürdigkeiten sowie für Ausflüge zu den Höhepunkten der Kaphalbinsel sollte man **mind. 3 Tage einplanen**.

Lage und Klima

Kapstadt liegt an der Tafelbucht des Atlantischen Ozeans und bildet das Nordende der Kaphalbinsel. Umgeben wird die Innenstadt von den Bergen Signal Hill, Lion's Head, dem Tafelberg und Devil's Peak (von Nord nach Ost), deshalb wird sie auch **City Bowl** genannt. Die Kaphalbinsel bildet eine Landzunge von insgesamt 52 km Nord-Süd-Länge und bis zu 16 km Breite. An ihrem südlichen Ende liegt das berühmte Kap der Guten Hoffnung.

Insgesamt kann man das Klima Kapstadts und damit auch der Kaphalbinsel als atlantisch-gemäßigt bezeichnen: Die Sommer (besonders Nov.–März) sind trocken und um die 25 °C warm, im Winter dagegen ist es vor allem von April–Sept. recht regnerisch, durchschnittlich liegen die Temperaturen dann bei 17–23 °C, seltener bei um die 10–15 °C. In den Sommermonaten kommt es regelmäßig zum **Southeaster**: Dann bläst der Wind mehrere Tage aus südöstlicher Richtung, und am Tafelberg kondensiert die warmfeuchte Luft, sodass über ihm eine Wolkendecke hängt, die als „Tischdecke" bezeichnet wird.

„Tischdecke" auf dem Tafelberg

Der Einfluss der Meeresströme

Zwei große Strömungen, eine vom Äquator und eine aus der Antarktis kommend, verschmelzen an der Südwestküste Afrikas ähnlich einer warmen und einer kalten Wasserleitung: Der warme **Agulhas-Strom** entsteht in den äquatorialen Wassern des Indischen Ozeans und wirbelt um Madagaskar herum bis hinunter zur Ostküste Südafrikas. Wenn die Strömung die Agulhas-Bank erreicht, wird das meiste Wasser nach Osten abgelenkt, während der Rest sich nach Südafrika ergießt. Er hat eine Geschwindigkeit von 90–230 km/Tag und eine Temperatur von etwa 20 °C. Das Wasser verdampft vergleichsweise leicht, verursacht Regen und schafft fruchtbare Bedingungen für die Ostküste. Der kalte **Benguela-Strom** hat seinen Ursprung weit südlich in den Eisbergen der Antarktis und streift die Südwestküste Afrikas. Er hat eine Geschwindigkeit von 16–40 km/Tag und ist mehr als 5 °C kälter als der Agulhas-Strom. Die Verdunstung vollzieht sich deshalb langsamer, daher fällt an der Westküste nur wenig Regen, und es herrschen wüstenähnliche Bedingungen vor. *Warmer und kalter Strom*

Am Kap der Guten Hoffnung treffen die beiden Ströme zusammen. Während das Wasser an der **Westseite** der Kaphalbinsel also unangenehm kalt ist, sind die Badestrände an der **Ostseite** (False Bay) in nur 10 km Entfernung wohlig warm. Die Unterschiede der beiden Küsten zeigen sich auch in der Divergenz der Fauna. Die nährstoffreiche Flut von der Antarktis fördert an der Westküste das Wachstum von Plankton. Es bildet die Grundlage einer Nahrungskette, die Fische, Seehunde und Seevögel anzieht – nicht umsonst befindet sich hier das Zentrum der südafrikanischen Fischerei. Die Ostküste, wo das Meer des Agulhas-Stroms nicht so nährstoffreich ist, hat zwar auch ihr typisches Meeresleben, aber die Fischbestände sind viel geringer.

Orientierung

(siehe Karte in der hinteren Umschlagklappe)

Nach dem Ende der Apartheid avancierte das restaurierte Hafenviertel **Victoria & Alfred Waterfront** (s. S. 343) sowohl für die Kapstädter als auch für Besucher aus aller Welt zum Hauptanziehungspunkt. Darunter litt jedoch das Image der Innenstadt, was die Stadtverwaltung zum Anlass für städtebauliche Veränderungen nahm: Durch den Bau des Cape Town International Convention Centre und des sog. „Canale Grande" wurde eine Verbindung hergestellt und damit die Attraktivität des Zentrums wieder gesteigert. *Anziehungspunkt Hafenviertel*

Die **Innenstadt** wird bestimmt durch die Achse der Heerengracht, deren Name sich während ihres Verlaufs vom Hafen bis zum Bertram House erst in Adderley Street und dann in Government Avenue ändert. Die Adderley Street bildet heute den Kern von Kapstadts Geschäftszentrum. Bis 1850 wurde die damalige Eichenallee von einem Wasserlauf durchzogen und hieß ebenfalls Heerengracht. Der Abschnitt Government Avenue führt autofrei durch den Company's Garden. Parallel zur Adderley Street verläuft als Fußgängerzone die St. George's Mall, heute Kapstadts Shoppingmeile mit vielen Geschäften und Einkaufspassagen. Wiederum parallel dazu liegt die über 300 Jahre alte Long Street, die von teilweise wunderschön restaurierten viktorianischen Häusern mit schmiedeeisernen Balkongeländern gesäumt wird. Auf ihr befinden sich viele Trö-

Blick auf Kapstadts City Bowl

del- und Antiquitätenläden, Antiquariate sowie Restaurants, trendy Cafés und Pubs. Internationales Flair entsteht durch die vielen Backpacker-Unterkünfte. Der interes-

Inter- santeste Abschnitt dieser Straße liegt südlich zwischen Wale Street und Buitensingel. *nationales* Weiter nordwestlich, ebenfalls parallel zur Adderley Street, verläuft die Buitengracht, *Flair* die die Innenstadt vom etwas oberhalb gelegenen Bo-Kaap, dem kapmalaiischen Viertel (s. S. 341), trennt.

Südöstlich der Innenstadt, unterhalb des Castle of Good Hope, befindet sich das Gebiet **District Six**, ein multikultureller Stadtteil, der im Zuge der Apartheid Ende der 1960er-Jahre dem Erdboden gleich gemacht wurde (s. S. 336).

Die folgenden Sehenswürdigkeiten können den Ziffern nach auf einem **Spaziergang** besucht werden.

Kriminalität in Kapstadt

Die Kriminalitätsrate in Südafrika ist hoch, und auch Kapstadt ist nicht davon verschont. Touristen werden im Allgemeinen keine Opfer schwerer Kriminalität, sollten aber unbedingt die allgemeinen Sicherheitshinweise beachten (s. S. 113) – besonders im Hinblick auf Taschendiebe und Autoeinbrüche! Die innerstädtischen Viertel gelten als sicher, allerdings sollte man sie in der Nacht sicherheitshalber nicht allein durchwandern. Die Polizei bemüht sich sehr um den Schutz der Touristen und ist deshalb vor allem tagsüber präsent. In die Townships sollte man nur mit organisierten Touren fahren, z. B. mit Bonani Our Pride Tours, ☎ 021-531-4291, www.bonanitours.co.za.

Sehenswertes in der Innenstadt

(siehe Karte in der hinteren Umschlagklappe)

van-Riebeeck-Statue (1)

Das Standbild für Jan van Riebeeck (am Kreisverkehr zwischen Heerengracht und Adderley Street) wurde von dem Londoner John Tweed gestaltet, das seiner Frau Maria van Riebeeck von Dirk Wolbers aus Den Haag. Etwa an dieser Stelle, wo damals noch das Meer begann, wurde nach der Ankunft van Riebeecks am 6. April 1652 das erste Lager aufgeschlagen. Heute befindet sich auf dem Gebiet u. a. das riesige Civic Centre, in dem die Büros der Stadtverwaltung untergebracht sind (s. auch Cape Town City Hall, S. 336/337). Das hafenwärts anschließende Gebäude beherbergt das Artscape Theatre.

Martin Melck House (2)

Der wohlhabende Händler Martin Melck erbaute das Haus 1783 als **Pfarrhaus der Lutheran Church** (das erste evangelisch-lutherische Gotteshaus Südafrikas) nebenan. Es ist das einzig erhaltene Stadthaus aus dem 18. Jh. mit einer „dakkamer", einer Dachgaube zur Beobachtung der ankommenden Schiffe. Bis 2014 beherbergte es zudem das Gold of Africa Museum, das sich der Geschichte des Goldes auf dem afrikanischen Kontinent widmete und wundervolle Kunstwerke aus Gold zeigte. Der neue Standort des Museums war bei Redaktionsschluss noch nicht bekannt.
Martin Melck House, *96 Strand Street.*

Sendinggestig Museum (3)

Das kleine Museum ist in der hübschen, in Pastelltönen gestrichenen Missionskirche (**Slave Church**), die 1804 von der South African Missionary Society erbaut wurde, untergebracht. Sie wurde früher als christliche Ausbildungsstätte für Sklaven genutzt.
South African Missionary Meeting-House Museum: *Eintritt frei. Geöffnet Mo–Fr 9–16 Uhr. 40 Long Street,* ☏ *021-423-6755.*

Koopmans-de Wet Museum (4)

Das Haus aus dem Jahr 1701 war einst als der „kulturelle Salon Kapstadts" bekannt. Es war das Haus von Marie Koopmans-de Wet, einer wohlhabenden Persönlichkeit des sozialen und politischen Lebens in Kapstadt im 19. Jh. Heute zeigt das Museum eine umfangreiche Sammlung von Kap-Möbeln, chinesischer und japanischer Keramik sowie holländischer Kupferware. Ebenso beeindruckt die großzügige Architektur. Um das gesamte Haus zu besichtigen, benötigt man mindestens eine Stunde. *Einst kultureller Salon*
Koopmans-de Wet House: *20 R Erw./10 R Kinder (ab 6 J.). Geöffnet Mo–Fr 10–17 Uhr. 35 Strand Street,* ☏ *021-481-3935, www.iziko.org.za.*

Castle of Good Hope (5)

Ältestes Stein- gebäude

Dieses älteste Steingebäude Südafrikas errichteten ab 1666 etwa 300 Matrosen in- nerhalb eines Jahres. Jeder der hier verarbeiteten Steinblöcke stammt aus Holland. Der Standort bot keinen sehr guten Schutz, doch da das Kastell niemals angegriffen wurde, musste es seine Wehrhaftigkeit nicht unter Beweis stellen. In dem historischen Gebäude, das heute noch Hauptsitz des Militärs am Kap ist, befindet sich das **Military Museum**. Außerdem kann man historische kapländische Gemälde, Möbel und Por- zellan in der **William Fehr Collection** (Iziko Museum) sehen.

Castle of Good Hope: 30 R Erw./15 R Kinder (5–16 J.). Geöffnet Mo–So 9–16 Uhr (letzter Einlass 15.30 Uhr). Ecke Darling und Buitenkant Street, ☏ 021-787-1260, www. castleofgoodhope.co.za bzw. www.iziko.org.za (William Fehr Collection).

District Six und District Six Museum (6)

„For Whites only“

„**District Six**“, östlich des Stadtzentrums gelegen, war ein multikultureller Stadtteil, in dem ca. 60.000 Menschen verschiedener Ethnien in einer bunten Gemeinschaft lebten. 1966 aber erklärte man das Gebiet als „For Whites only“ und siedelte die teilweise schon seit Generationen hier lebenden Menschen in die Townships um. Als Begründung wurde damals angeführt, dass die grassierende Kriminalität auf die umliegenden (weißen) Wohngebiete übergreifen würde. Heute ist belegt, dass diese Übergriffe kaum stattgefunden haben und die eigentliche Angst politischen Protesten galt.

Mit der Umsiedlung traf die Apartheid-Regierung den Lebensnerv der Menschen, „zer- siedelte“ sie und nahm ihnen so ihre Identität. Der gesamte Stadtteil wurde dem Erd- boden gleichgemacht. Noch heute erinnert hier brachliegendes Land an die Apart- heid. Im **District Six Museum** sind eine Fotoausstellung sowie eine Sammlung von Straßenschildern und anderen Überbleibseln zu sehen. Ein Besuch gehört zum Pro- gramm der meisten Township-Touren, jedoch ist der Aufenthalt im Museum während der Tour nur sehr kurz. Man sollte daher einen Extrabesuch einplanen und sich viel Zeit nehmen, um die vielen Schautafeln in Ruhe lesen zu können. Die unbegreiflichen Regeln der Apartheid werden nirgendwo sonst so deutlich vor Augen geführt.

District Six Museum: 30 R Erw. (45 R bei geführter Tour), 15 R für Schulkinder. Geöff- net Mo–Sa 9–16 Uhr, So nach Vereinbarung. 25A Buitenkant Street und Ecke Albertus Street, ☏ 021-466-7200 bzw. Samstags -7100, www.districtsix.co.za.

Cape Town City Hall (7)

Die 1905 erbaute City Hall liegt am Grand Parade, dem ehemaligen militärischen Pa- radeplatz, heute ein großer Platz mit Marktatmosphäre (Mi/Sa; Gemüse und Blumen, einige Souvenirs). Die Architektur des imposanten Gebäudes ist eine Mischung aus britisch-kolonialem und italienischem Renaissance-Stil. Bemerkenswert ist die gewal- tige Marmortreppe im Inneren. In den 1970er-Jahren zogen Bürgermeister und Stadt- verwaltung in das neue **Cape Town Civic Centre** am Hertzog Boulevard. Als Nel- son Mandela im Februar 1990 aus dem Gefängnis entlassen wurde, rückte die City Hall

Die City Hall, Ort der ersten Rede Mandelas in Freiheit

wieder in den Fokus: 100.000 Menschen warteten bis zu sieben Stunden auf Mandela, der seine erste Rede vom Balkon aus hielt. Bis 2009 wurde die City Hall von der Stadtbücherei genutzt. Der Große Saal dient immer wieder als Veranstaltungsort, u. a. für das Cape Philharmonic Orchestra. Die Fassade des Gebäudes wurde in den 1990er-Jahren restauriert, das Innere ist heute jedoch sanierungsbedürftig. Eine Entscheidung über die Finanzierung und weitere Nutzung steht noch aus.

Freiheitsrede Mandelas

Groote Kerk (8)

Bereits 1678 war an dieser Stelle die erste Kirche Südafrikas erbaut worden. Das heutige Gotteshaus wurde 1841 als Mutterhaus der Holländisch-Reformierten Kirche geweiht, der Glockenturm stammt allerdings noch aus dem Jahre 1703. Im Inneren ist besonders die Kanzel sehenswert, die von Anton Anreith geschaffen wurde.
Groote Kerk: *Geöffnet Mo–Fr 10–14 Uhr, Gottesdienste 10 und 19 Uhr. An der Adderley Street, Eingang vom Church Square/Parliament Street, www.grootekerk.org.za (Afrikaans).*

Slave Lodge (9)

Das nach dem Castle zweitälteste Gebäude (1679) diente ehemals als Sklavenquartier der Niederländisch-Ostindischen Handelskompanie. Später war es das erste Post-, anschließend Bibliotheks- und folgend Gerichtsgebäude. Dann wurde hier das South African Cultural History Museum etabliert, das 1998 in Slave Lodge umbenannt wurde und heute die Geschichte der Sklaven erzählt. Zudem werden Keramiksammlungen, Textilien, Silber, Spielzeug sowie archäologische Funde der Ägypter, Griechen und Römer gezeigt. Hervorzuheben sind die frühen Poststeine, unter denen die ersten

Ehemaliges Sklaven-quartier

Seefahrer ihre Briefe in ölgetränktem Tuch für nachfolgende Schiffe hinterließen. Auf den Steinen waren meistens der Name des Schiffes, die geplante Route, das Ankunfts- und Abfahrtsdatum sowie der Name des Kapitäns eingraviert.

Slave Lodge: *30 R Erw./ 15 R Kinder (6-18 J.). Geöffnet Mo–Sa 10–17 Uhr. Ecke Adderley und Wale Street, ☎ 021-477-7229, www.iziko.org.za. Am Eingang ist eine interessante Broschüre zur Entwicklung des Hauses erhältlich. Außerdem lohnt hier besonders die Audiotour!*

Company's Garden (10)

Van Riebeecks Nutzgarten

Am Übergang der Adderley Street in die Government Avenue beginnen die früheren Gärten der Niederländisch-Ostindischen Handelskompanie. Hier baute van Riebeeck Gemüse und Obst an. Ein Teil des Geländes ist in einen botanischen Garten umgewandelt worden. Der Company's Garden lädt zu einem Spaziergang zwischen exotischen Pflanzen ein. Beeindruckend sind der Rosengarten und die zahlreichen Skulpturen, außerdem hat man eine gute Sicht auf die „Spitze" des Table Mountain. Ein Visitor Centre (mit Café) an der Westseite, nahe Bloem Street, erzählt die Geschichte des Parks. Seit einigen Jahren ist in der Diskussion, ob der Park zum UNESCO-Weltkulturerbe erhoben wird. **Öffnungszeiten**: *Tägl. 7–18, im Sommer bis 19 Uhr.*

Um die Grünanlage herum befinden sich **diverse historische Gebäude und Museen**: die Slave Lodge – s. o. –, die Houses of Parliament, die South African National Gallery, das Jewish Museum, das South African Museum und die National Library of South Africa – s. u. So kann man hier auch einen ganzen Tag verbringen mit Museumsbesuchen und lauschigen Pausen zwischendurch.

Houses of Parliament (11)

Die Houses of Parliament wurden 1885 eröffnet und später mehrmals erweitert. Hier tagt das Parlament, man kann den Sitzungen beiwohnen bzw. die Anlage besichtigen. Im Garten befindet sich eine Statue von Queen Victoria (Regentschaft 1837–1901). **Houses of Parliament**: *Gebäude Mo–Fr 9–16 Uhr; Touren Mo–Fr i. d. R. 9, 10, 11, 12 Uhr, eine Woche vorher reservieren: ☎ 021-403-2266; Infos zu Sitzungen: ☎ 021-403-2197. Eingang von der Plein Street, www.parliament.gov.za. Ausländer müssen ihren Reisepass mitbringen.*

South African National Gallery (12)

Auch Township-Kunst

Die Galerie enthält eine umfassende Sammlung zeitgenössischer südafrikanischer Kunst. Neben Gemälden und Skulpturen findet man Recycling-Kunst aus den Townships, farbenprächtige Malereien der Ndebele, Beadworks der Zulu sowie Werke anderer südafrikanischer Völker. Bemerkenswert sind zudem die Werke britischer, französischer, flämischer sowie anderer europäischer Künstler, die in Südafrika gelebt haben. Regelmäßig finden Sonderausstellungen statt.

South African National Gallery: *30 R Erw./15 R Kinder ab 6 J. Geöffnet tägl. 10–17 Uhr. Government Avenue, ☎ 021-481-3970, www.iziko.org.za.*

Jewish Museum und Holocaust Centre (13)

Durch die älteste Synagoge Südafrikas, 1863 erbaut und im Zuge des Umbaus 1999 wieder in ihre ursprüngliche Gestalt versetzt, gelangt man in das **Museum**. Bücher und andere Gegenstände der jüdischen Zeremonien informieren umfassend über das Leben und die Entwicklung der etwa 75.000 in Südafrika lebenden Juden, deren Vorfahren überwiegend aus Litauen, Lettland und Weißrussland eingewandert sind. Angeschlossen ist das **Cape Town Holocaust Centre** mit einer ebenfalls interessanten Ausstellung. Direkt neben dem Museum steht noch die 1905 errichtete Great Synagogue, die aufgrund von finanziellen Schwierigkeiten beinahe zu einem Kino umfunktioniert worden wäre. Heute dient sie mit ihrer gewaltigen zentralen Kuppel als Gebetsplatz für Kapstadts jüdische Gemeinde. *Jüdisches Gebetshaus*

Jewish Museum & Holocaust Centre: *40 R Erw./Schüler frei. Geöffnet So–Do 10–17, Fr 10–14 Uhr. 88 Hatfield Street, ☎ 021-465-1546 (Jewish Museum) bzw. 021-462-5553 (Holocaust Centre), www.sajewishmuseum.co.za bzw. www.ctholocaust.co.za.*

Bertram House (14)

Dies ist das einzige erhaltene rote georgianische Backsteingebäude. Es wurde 1839 von einem englischstämmigen Notar erbaut, der es nach seiner Frau benannte. Ausgestellt sind englische Möbel, Porzellan, Schmuck und Silber. Es ist sehr interessant, die Architektur und Einrichtung dieses Hauses mit einem typischen kapholländischen Stadthaus wie dem **Koopmans-de Wet Museum (4)** zu vergleichen.

Bertram House: *Eintritt frei. Geöffnet Mo–Sa 10–17 Uhr. Am südlichen Ende der Government Avenue, Ecke Orange Street, ☎ 021-481-3972, www.iziko.org.za*

South African Museum und Planetarium (15)

Das naturkundlich-ethnologische Museum, untergebracht in einem imposanten Gebäude, ist das älteste Museum Südafrikas (1825). In der ethnologischen Abteilung werden Elemente aus den verschiedenen Kulturen der südafrikanischen Stämme gezeigt. Weitere Abteilungen beschäftigen sich mit südafrikanischen Möbeln, Silber, geologischen Funden (tolle Fossilien) sowie Dinosauriern und Karoo-Reptilien aus prähistorischen Zeiten. Besonders eindrucksvoll ist die Ausstellung **World of Water**. Neben einer Nachbildung des Kelp-Forest, einer in den Gewässern vor Südafrika besonders groß und schnell wachsenden Alge, sind sämtliche hier vorkommenden Meerestiere sowie z. T. über mehrere Stockwerke ragende Walskelette ausgestellt. Im **Discovery Room** haben Kinder die Möglichkeit, die Flora und Fauna Südafrikas zu entdecken. *Ältestes Museum Südafrikas*

Im Nebengebäude erklärt das **Planetarium** den Sternenhimmel der südlichen Hemisphäre. Außerdem gibt es täglich Vorführungen, u. a. speziell für Kinder, über deren Uhrzeiten man sich vorher erkundigen sollte.

South African Museum & Planetarium: *30 R Erw./15 R Kinder (Museum), 40 R Erw./20 R Kinder (Planetarium). Geöffnet tägl. 10–17 Uhr. 25 Queen Victoria Street, ☎ 021-481-3800 (Museum) bzw. -3900 (Planetarium), www.iziko.org.za.*

National Library of South Africa (16)

Wissensort

Die 1818 von Lord Charles Somerset gegründete South African Library ist das älteste kulturelle Institut in Südafrika und eine der ersten freien Bibliotheken in der Welt. Auch als Gast in der Stadt hat man Einblick in die Bücher, und ein Besuch lohnt sich auf jeden Fall. Innen herrscht die typische arbeitsame Atmosphäre einer alten Bibliothek. Hier kann man nicht nur in der Geschichte der Stadt stöbern, sondern sich auch über aktuelle Entwicklungen des Landes informieren. Die Hauptstelle der Nationalbibliothek ist heute in Tshwane (Pretoria).
National Library of South Africa, Cape Town Campus: *Geöffnet Mo–Fr 9–17 Uhr (Mi ab 10 Uhr). 5 Queen Victoria Street, ☎ 021-424-6320, www.nlsa.ac.za.*

St. George's Cathedral (17)

Die Kathedrale ist Sitz des Erzbischofs von Kapstadt und die Mutterkirche der Anglikaner. Den Grundstein legte 1901 der damalige Prince of Wales und spätere englische König George V. Das gotische Kirchengebäude, von Sir Herbert Baker aus Tafelberg-Sandstein errichtet, ist bis heute unvollendet. Bewundernswert ist das große Bleiglasfenster an der Nordseite der Kirche. Der ehemalige Erzbischof und Friedensnobelpreisträger Desmond Tutu predigte hier gegen die Apartheid-Politik. Heute finden regelmäßig Messen und kirchenmusikalische Veranstaltungen statt, die Akustik ist atemberaubend!
St. George's Cathedral: *Tagsüber geöffnet. Messen u. a. Mo–Fr 7.15 und 13.15, Sa 8, So 9.30 Uhr. Ecke Wale und Queen Victoria Street, ☎ 021-424-7360, www.stgeorges cathedral.com.*

Greenmarket Square und Old Town House (18)

Ende des 17. Jh. entstand der **Greenmarket Square** (heute an der Burg Street, zwischen Longmarket und Shortmarket Street), er ist damit der zweitälteste Platz der

Beliebtes Fotomotiv: die bunten Häuser von Bo-Kaap

Stadt. Seit dieser Zeit wird er als Marktplatz genutzt, heute findet hier Mo–Sa ein bunter afrikanischer Floh- und Kunsthandwerksmarkt statt (s. S. 364).

An der Ecke zur Longmarket Street steht das **Old Town House**, das 1755 im Rokoko-Stil als erstes öffentliches Gebäude Kapstadts errichtet wurde. Es diente als Gericht und später als Rathaus. Seit 1914 ist hier ein Kunstmuseum untergebracht, die **Michaelis Collection** zeigt Gemälde aus dem 17. Jh., dem „Goldenen Zeitalter" der Niederlande, u. a. von Frans Hals.

Michaelis Collection im Old Town House: *20 R Erw./10 R Kinder (6–18 J.). Geöffnet Mo–Sa 10–17 Uhr.* ☎ *021-481-3933, www.iziko.org.za.*

Bo-Kaap und Bo-Kaap Museum (19)

Das **Malay Quarter** von Kapstadt wird auch Bo-Kaap, Cape Muslim Quarter bzw. Tana Baru genannt. Der interessante historische Teil des Viertels wird durch die Rose-, Wale-, Chiappini- und Shortmarket Street begrenzt, wobei sich das gesamte Viertel mittlerweile von der Buitengracht bis hinauf zum Signal Hill zieht.

Heute leben hier ca. 2.000 Kapmalaien. Sie sind Nachkommen jener Sklaven, die seit der zweiten Hälfte des 17. Jh. aus Asien kamen. Die Kapmalaien verbindet der Islam, und bis heute haben sie ihre **kulturelle Identität** bewahrt. Allerdings stammten nur die wenigsten von ihnen aus Malaysia, die meisten waren Inder und Sri Lanker, viele auch Indonesier. Die Bezeichnung „Kapmalaien" ist darauf zurückzuführen, dass Malaiisch zu dieser Zeit die Handelssprache in Südasien war. Viele waren geschickte Handwerker, die sich kleine Häuser bauten und dabei auf Elemente des kapholländischen und englischen Stils zurückgriffen. **Minarette** und **pastellfarbene Häuser** prägen noch heute das Bild der im späten 18. Jh. entstandenen Wohngegend. Die Kapmalaien kämpften bereits während der Apartheid erfolgreich um den Erhalt ihres traditionellen Viertels, sodass schließlich ein Sanierungsprogramm gestartet wurde, das die zum Teil stark verwohnten und beschädigten Häuser rettete.

Malaien, Sri-Lanker, Inder

Information: *www.bokaap.co.za;* **Touren**: *z. B. 2,5–3-stündiger Rundgang (495 R p. P.)* mit **Andulela**, *www.andulela.com.*

 Hinweis

Informationen über die malaiische Küche und ein Rezept für **Bobotie**, einen malaiischen Hackfleischauflauf, finden sich auf S. 89f.

Das Bo-Kaap Museum befindet sich in einem der ältesten Gebäude Kapstadts, das noch in seiner ursprünglichen Form erhalten geblieben ist. Direkt im Viertel gelegen, porträtiert das Museum die einzigartige Kultur der Kapmalaien. Im Community Centre, im hinteren Teil des Museums, ist eine Sammlung von Karten, Wagen und anderen Gerätschaften ausgestellt. Dort finden auch Feste und Konferenzen statt.

Bo-Kaap Museum: *20 R Erw./10 R Kinder (6–18 J.). Geöffnet Mo–Sa 10–17 Uhr. 71 Wale Street,* ☎ *021-481-3938, www.iziko.org.za.*

 Tipp

Gut 3 km östlich der Innenstadt in Woodstock liegt **The Old Biscuit Mill**. Die im 19. Jahrhundert erbaute frühere Backwarenfabrik beheimatet heute die verschiedensten Geschäfte, Galerien und Restaurants, außerdem finden hier viele Veranstaltungen und Festivals statt. Besonders lohnt sich ein Besuch des beliebten Marktes am Samstag, wo man z. B. Kunsthandwerk erstehen und zahlreiche landestypische Spezialitäten kosten kann. 373-375 Albert Road, ☎ 021-447-8194, www.theoldbiscuitmill.co.za.

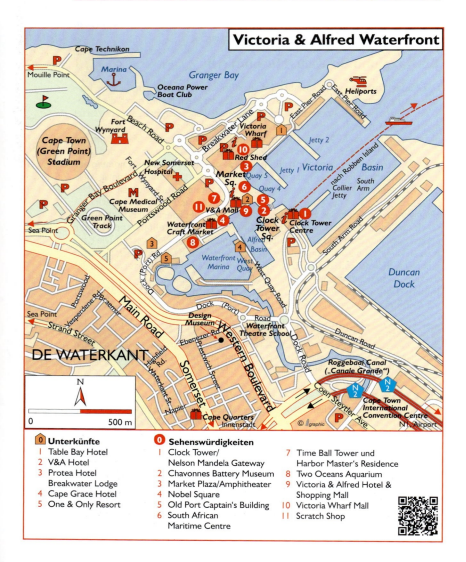

Victoria & Alfred Waterfront

❶ Unterkünfte	**❶ Sehenswürdigkeiten**
1 Table Bay Hotel	1 Clock Tower/
2 V&A Hotel	Nelson Mandela Gateway
3 Protea Hotel	2 Chavonnes Battery Museum
Breakwater Lodge	3 Market Plaza/Amphitheater
4 Cape Grace Hotel	4 Nobel Square
5 One & Only Resort	5 Old Port Captain's Building
	6 South African
	Maritime Centre

7 Time Ball Tower und
Harbor Master's Residence
8 Two Oceans Aquarium
9 Victoria & Alfred Hotel &
Shopping Mall
10 Victoria Wharf Mall
11 Scratch Shop

Victoria & Alfred Waterfront

Die beiden historischen Hafenbecken sind nach der britischen Queen Victoria und ihrem Sohn, dem Thronfolger Prince Alfred, benannt. 1860 vollzog der Prinz den ersten Spatenstich für einen durch einen Schutzwall („Breakwater") gesicherten Hafen. 10 Jahre später war das **Alfred Basin** fertig, 1905 folgte das doppelt so große **Victoria Basin**.

In den 1990er-Jahren begannen die Stadtverwaltung, die Hafenbehörde und private Investoren, das Hafengebiet zu neuem Leben zu erwecken. Schnell zog die neue Waterfront Geschäftsleute wie Touristen an

Ein Besuch der Waterfront ist Pflicht

und ließ Kapstadt in der Gunst der Reisenden noch weiter gewinnen. Da die Investoren Wert darauf legten, dass die alten Gebäude restauriert erhalten blieben, hat heute der Kernbereich des gesamten Areals am meisten Charakter. Mit 300 Geschäften, 80 Restaurants und Imbissen, Pubs, Hotels, Kinos, Museen, Ausflugsbooten jeder Art, Rundflügen mit Helikoptern, Hunderten von Büroräumen, einem Mega-Kongresszentrum, luxuriösen Wohnungen (die mittlerweile Millionen von Rand kosten) und altem Hafenflair ist dieses Gebiet zur **Top-Destination** in Südafrika geworden. *Touristenmagnet*

Die Waterfront ist sicher, von der Innenstadt einfach zu erreichen und **ein Muss** für jeden Kapstadt-Besucher. Folgendes sollte man allerdings bedenken: Die Geschäfte bieten überwiegend nur, was man überall auf der Welt findet, dies jedoch zu hohen Preisen. Die Restaurants sind gut, aber auch sehr durchgestylt. Trotzdem lohnt es sich, hier einen ganzen Tag zu verbringen! *Teuer und durchgestylt*

Highlights

Die schönsten Plätze, Märkte und Shopping Malls

Der **Clock Tower (1)** in der Passage zwischen Alfred- und Victoria Basin galt für die Schiffe als Richtwert für die Ein- und Auslaufzeiten. Der Hafenkapitän im gegenüber liegenden **Old Port Captains's Building (5)** hatte ihn ebenfalls im Visier. So konnte es keine Streitereien über Liegezeiten geben. Heute tummeln sich Seehunde im Wasser unterhalb des Turmes. Die **Clock Tower Shopping Mall** beherbergt u. a. eine kleine Kiosk-Filiale von Cape Town Tourism sowie ausgesuchte Juweliergeschäfte. In der Dock Road befinden sich die 1860 errichtete **Residenz des Hafenkapitäns** und der **Time Ball Tower (7)**, eine für ihre Präzision bekannte Turmuhr von 1894.

Die **Market Plaza (3)** ist das Zentrum der Waterfront. Um sie herum liegen das **Union-Castle House**, das **Waterfront Information Centre** – versteckt hinter dem alten Pub **Ferryman's Tavern** –, die riesige Shoppingmall **Victoria Wharf** samt Kunsthandwerkermarkt im **Red Shed Craft Market** (beides s. u.), weitere Shops, Imbisse und der **Quay 5**, von dem zahlreiche Bootstouren (u. a. Hafenrundfahrten) starten. Die Plaza ist auch Mittelpunkt für Straßenmusiker und Picknicker. Zudem werden häufig kulturelle Veranstaltungen im **Amphitheater** auf der Mitte des Platzes geboten.

Mandela, Tutu, de Klerk

Beliebt ist auch der **Nobel Square (4)** zwischen dem **Victoria & Alfred Hotel** und dem **Waterfront Craft Market** (beides s. u.), wo überlebensgroße Bronzestatuen von Nobel-Preisträgern wie Nelson Mandela, Frederik de Klerk und Desmond Tutu stehen. Neben diesen für ein Foto (mit dem Tafelberg im Hintergrund) zu posieren, ist bei Besuchern sehr beliebt.

Für einen Einkaufsbummel *(tägl. 9–21 Uhr)* bieten sich verschiedene Malls und Märkte an: Der Komplex **Victoria & Alfred Hotel & Shopping Mall (9)** beherbergt Geschäfte verschiedenster Art. Dahinter, im Alfred Basin, liegen oft beeindruckende Luxusyachten. Die **Victoria Wharf Mall (10)** ist mit Abstand die größte Mall der Waterfront. Zu ihr zählt man auch das **King's Warehouse** mit seinen ausgesuchten Lebensmittelgeschäften, kleinen Gourmetimbissen und -restaurants sowie den **Red Shed Craft Market**, die kunsthandwerkliche Produkte aus dem südlichen Afrika anbieten. In der Victoria Wharf Mall selbst finden sich Geschäfte jeglicher Couleur: Supermärkte, Designer, Buch- und Spielzeugläden, Juweliere, u. v. m. Der Standard ist ebenso hoch wie die Preise. Selbstverständlich gibt es auch hier zahlreiche Restaurants. Wie im Red Shed Craft Market kann man auch im **Waterfront Craft Market** an der Dock Road kunsthandwerkliche Produkte aus dem südlichen Afrika erstehen. Gegenüber lädt der **Scratch Shop (11)** alle Mineralien-Sammler zum Stöbern nach schönen (und teilweise auch günstigen) südafrikanischen Steinen ein.

Museen und ein Aquarium

Kapstadt und das Meer

Kein Wunder, dass Museen und Ausstellungen hier das Meer zum Hauptthema machen: Das **South African Maritime Centre (6)** porträtiert den Einfluss des Meeres auf die Menschen in Kapstadt, die Geschichte der Table Bay, der Schiffwracks, der Schiffahrtslinien und der Fischerei. Toll ist das Modell des Hafens von Kapstadt um 1886. Darüber hinaus gibt es eine Entdeckungshöhle für Kinder und Schiffsmodell-Werkstätten *(20 R Erw./10 R Kinder (6–18 J.). Geöffnet tägl. 10–17 Uhr. Dock Road, Union-Castle House, ☎ 021-405-2880, www.iziko.org.za)*.

Im **Two Oceans Aquarium (8)** können sowohl die Bewohner der beiden Ozeane als auch die der Süßwasserseen und Flüsse bewundert werden, insgesamt ca. 4.000 Fische 300 verschiedener Arten. So gibt es z.B. einen offenen Ozean-Pool, ein tropisches Becken sowie eines für Pinguine und Robben. Besser schon vorher erkundigen, welche Tiere wann gefüttert werden *(125 R Erw./60–97 R Kinder ab 4 J. Geöffnet tägl. 9.30–18 Uhr. Dock Road, ☎ 021-418-3823, www.aquarium.co.za)*.

Am **Clock Tower (1)** widmet sich das **Diamond Museum** der Geschichte des Edelsteins *(50 R Erw., Kinder unter 14 J. frei. Geöffnet tägl. 9–21 Uhr. Im 1. Stock des Clock Tower Precinct, ☎ 021-421-2488, www.capetowndiamondmuseum.org)* sowie das **Chavonnes**

Battery Museum (2), wo man bei Bauarbeiten die Ruinen einer alten, holländischen Kanonen-Batterie entdeckt hatte. Gezeigt werden die Überreste der ehemaligen Militäranlage sowie Kanonen und Uniformen aus der Zeit bis 1918 (*35 R Erw./10 R Kinder unter 12 J. Geöffnet tägl. 9–16 Uhr. Am Clock Tower Precinct,* ☏ *021-416-6230, www. chavonnesmuseum.co.za*).

Ausgangspunkt für Hafenrundfahrten und nach Robben Island

Bootstouren aller Art gehen von der Waterfront (u. a. von Quay 5) aus ab. Interessant sind vor allem die Hafenrundfahrten. Es gibt aber auch Boottrips bei Sonnenuntergang, exklusive Hafentrips mit Abendessen oder eine Fahrt mit einem nachgebauten Piratenschiff. Am besten geht man einfach mal um die Hafenbecken und schaut sich die Angebote an bzw. erkundigt sich im **Information Centre** (s. u.).

Aufs Meer hinaus

Direkt neben dem **Clock Tower (1)** liegt das **Nelson Mandela Gateway**, von wo die Fähren zur ehemaligen Gefängnisinsel **Robben Island** ablegen. Wechselnde Ausstellungen und Multimedia-Präsentationen informieren vor der Abfahrt über die Insel. *Zu Bootstouren siehe Reisepraktische Informationen unten.*

Robben Island – nicht nur Mandelas Gefängnis

Auf der 5,7 km² großen Insel in der Tafelbucht lebten zu Urzeiten bereits San-Fischer. Seit Mitte des 17. Jh. wurde sie von den Holländern als Insel für Gefangene, i. d. R. politische Aktivisten, Sklaven und später auch Muslime, genutzt. Auch die Briten deportierten später „unwanted subjects" hierher. Während des 2. Weltkrieges folgten Kriegsgefangene und ab 1961 **politische Häftlinge der Apartheid-Zeit**, zusammen mit Schwerverbrechern, um den äußeren Schein zu wahren – zeitweise waren es bis zu 1.100 Gefangene gleichzeitig. Der letzte Häftling verließ die Insel Ende 1996 gemeinsam mit dem gesamten Gefängnispersonal. Seit 1997 ist die Insel National Monument/Museum, 1999 folgte die Anerkennung als UNESCO-Weltkulturerbe.

Bei einem **Besuch** sieht man das Inseldorf und den Kalksteinbruch, in dem die Gefangenen arbeiten mussten. Anschließend folgt die Begehung des Gefängnisses unter der Leitung eines ehemaligen Gefangenen. Fassungslos hört man den Berichten von rassischer Teilung, Folterungen und Restriktionen zu. Natürlich fehlt zum Abschluss nicht die Besichtigung der Zelle Nelson Mandelas, der hier von 1964–82 einsaß (s. auch S. 41/42).

Heute leben ca. 230 Einwohner auf Robben Island, die fast alle für das Museum tätig sind. Ein großes **Manko** ist der hohe Eintrittspreis. So können sich viele Südafrikaner einen Besuch dieses geschichtsträchtigen Ortes kaum leisten.

ℹ Informationen
V & A Waterfront: *Geöffnet tägl. (auch an Sonn- und Feiertagen) 9–21 Uhr.* ☏ *021-408-7600 (Hauptbüro), www.waterfront.co.za.*
Information Centre: *Dock Road (gegenüber Ferryman's Tavern) sowie der* **Waterfront Information Kiosk** *in der* **Victoria Wharf Mall (10)**.

Anreise

Kostenpflichtige **Parkplätze und -häuser** *stehen ausreichend zur Verfügung.* **Gol-den-Arrow-Stadtbusse** *verkehren zwischen Hauptbahnhof bzw. Beach Road (Stadtteil Sea Point) und der Waterfront.*

Geführte Bootstouren nach Robben Island

Robben Island Ferry Services: *250 R Erw./120 R Kind. Dauer ca. 3,5 h, mehrmals tägl. 9–15 Uhr (wetterbedingt, im Sommer länger). Unbedingt vorreservieren! Zumeist wird die Schnellfähre (25 Min.) ab Nelson Mandela Gateway genutzt, es gibt aber auch noch eine historische Fähre. Nelson Mandela Gateway, Clock Tower Precinct,* ☎ *021-413-4220/1, www.robben-island.org.za.*

! Achtung

Nur die am Gateway gebuchten Touren ermöglichen den Besuch der Insel selbst! Ticketverkäufer auf den Straßen der Waterfront können nur Bootsfahrten anbieten, die zu der Insel führen, den Zutritt aber nicht einschließen!

Unterkunft

In Bereich der Waterfront und drumherum haben sich viele Unterkünfte angesiedelt. Folgend eine kleine Auswahl:

Protea Hotel Breakwater Lodge $$–$$$ **(3)**, *kleine, aber modern eingerichtete Zimmer. 5 Min. zu Fuß zur Waterfront. Gutes Preis-Leistungs-Verhältnis. Übrigens befand sich in dem Gebäude früher ein Gefängnis, man wohnt also in ehemaligen Zellen. Portswood Road,* ☎ *406-1911, www.breakwaterlodge.co.za.*

Victoria & Alfred Hotel $$$–$$$$$ **(2)**, *viktorianisch gestaltetes Hotel der oberen Mittelklasse in altem Lagerhaus (1904) direkt am Alfred Basin. Pool, Fitness-Center, Spa, Herrlicher Blick zu allen Seiten! Günstiger Ausgangspunkt für alle Unternehmungen in Kapstadt. Pierhead,* ☎ *419-6677, www.newmarkhotels.com.*

Cape Grace Hotel $$$$$+ **(4)**, *das mehrfach ausgezeichnete 102-Zimmer-Luxushotel zählt zu den vornehmsten Adressen in Kapstadt, hier wohnte schon Bill Clinton. Einrichtung, Atmosphäre und Service erstklassig. Von drei Seiten vom Wasser umgeben, hier ist eine tolle Aussicht garantiert. Tipp: Nach einem Zimmer mit Ausblick auf das Treiben an der Waterfront und den Table Mountain dahinter fragen! West Quay Road,* ☎ *410-7100, www.capegrace.com.*

Table Bay Hotel $$$$$++ **(1)**, *etwas weniger distinguiertes Luxushotel mit 330 Zimmern. Die Gemeinschaftsanlagen sind besonders großzügig gestaltet: großer Kamin in der Lounge (mit Jazzmusik), Fitness-Center, beheizter Meerwasser-Pool, Spa etc. Exzellenter Service. Quay 6,* ☎ *406-5000, www.suninternational.com.*

One & Only Resort $$$$$++ **(5)**, *in allerbester Lage an der Waterfront bieten die Balkone und Terrassen der 131 hochklassigen Zimmer (Espressomaschine, W-LAN, MP3-Station, DVD) atemberaubende Ausblicke auf die Highlights der Stadt. Sportlicher Ausgleich und Erholung in Fitness-Center, Poollandschaft und Spa. Top-Restaurants wie das Nobu (japanisch) und das Reuben's (südafrikanisch) erwarten die Gäste. Dock Road,* ☎ *431-5888, http://capetown.oneandonlyresorts.com.*

Restaurants und Pubs

s. ab S. 356. Durch die dort angegebenen Adressen/nahen Sehenswürdigkeiten ist die Lage der Tipps auf der Karte zu finden.

Ausflug auf den Tafelberg

Auf keinen Fall darf man sich den herrlichen **Rundblick vom Table Mountain** entgehen lassen. Er verleiht Kapstadt erst den Ruf, eine der am schönsten gelegenen Städte der Welt zu sein. Über 300 Wanderwege führen auf ihn hinauf, der Schwierigkeitsgrad reicht von relativ leichten Aufstiegen bis zur Klettertour mit Seil und Haken. Für eine Gipfelbesteigung muss man etwa drei Stunden einplanen. Wegen der Steilheit der Wege ist der Aufstieg nichts für Herz- und Kreislaufkranke, auch für Untrainierte ist die Anstrengung enorm (s. auch allgemeine Hinweise S. 119). Schneller geht es natürlich mit der Seilbahn, die 1.244 m lang ist und innerhalb von sieben Minuten auf den 1.087 m hohen Berg führt. Schon unterwegs genießt man einen herrlichen Blick auf die Stadt, den Hafen und die Vororte.

Über 300 Wanderwege

Der Tafelberg bietet zu allen Seiten faszinierende Ausblicke

 Tipp

Sobald der Tafelberg wolkenfrei ist und es nicht zu sehr windet, sollte man unverzüglich hinauffahren. Sonst kann man das Vergnügen leicht verpassen, denn oft trägt der Berg – in Wolken gehüllt – seine „Tischdecke".

Der Berg besteht aus Granit, Schiefer und Quarz. Oben ist er eben, man kann herumwandern und u. a. evtl. Paviane, Steinböcke oder Kapmangusten entdecken. Je nach Jahreszeit blühen hier verschiedene Blumen. Fauna und Flora stehen unter Naturschutz, seit Ende der 1990er-Jahre besteht der **Table Mountain National Park**, der einen Großteil des Gebietes der Kaphalbinsel umfasst (siehe Karte S. 368).

Oben vom Plateau aus bietet sich dann von den wunderbar angelegten Plattformen folgender Blick, wenn man Richtung Hafen schaut: Rechts erhebt sich – direkt an das Tafelbergmassiv anschließend und in die Bucht abfallend – der 1.001 m hohe **Devil's Peak**, wo früher Zinn abgebaut wurde. Links – durch eine Senke getrennt – sieht man den **Lion's Head** (725 m). Auf dem Berg befand sich früher eine Signalstation, die mit Flaggen und Kanonenschüssen auf die Ankunft von Schiffen aufmerksam machte.

Einmaliger Rundblick Vor dem Lion's Head liegt zum Meer hin der 364 m hohe **Signal Hill**. Hier gibt es einen Aussichtspunkt, den man über die Kloof Nek Road und die Signal Hill Road erreicht. Ihm vorgelagert ist der Green Point Common, auf dem früher das Vieh der Niederländisch-Ostindischen Kompanie weidete. Während der britischen Besatzung wurde an dieser Stelle die erste südafrikanische Rennbahn gebaut, später fanden Cricket- und Rugbyspiele statt. Heute steht hier die moderne Schüssel des **Cape Town Stadium**.

ℹ Informationen

Table Mountain National Park, *Tokai Manor House, Tokai Road, Kapstadt,* ☏ *021-712-2337/-0527, www.sanparks.org.*

🧳 Anfahrt

Die **Talstation** *der Seilbahn (s. u.) befindet sich an der Table Mountain Road, die vom Kloof-Nek-Kreisel zwischen Table Mountain und Lion's Head abzweigt. Der Bus nach Camps Bay (vom Busbahnhof Ecke Strand und Adderley Street) hält an o. g. Kreisel. Von dort sind es noch 1,5 km zu Fuß/per Taxi zur Talstation (siehe auch www.tablemountain.net).*

🚶 Wanderungen

Auskünfte zu den Wanderwegen erteilen die Parkverwaltung (s. o.) und **Cape Town Tourism**. *Eingehender informieren Bücher und Karten, die es in Kapstädter Buchhandlungen zu kaufen gibt.*

👉 Seilbahn

Table Mountain Aerial Cableway: *Hin und zurück 215 R Erw./105 R Kind (unter 4 J. frei). Tipp: Bei Online-Buchung sind die Tickets ein wenig günstiger. Fahrplan: Je nach Monat von 8.30 bis 18.00/21.30 Uhr Uhr (letzte Abfahrt).* ☏ *021-424-8181, www.tablemountain.net.* **Achtung**: *Die Zeiten variieren je nach Wetter stark, die Seilbahn wird wegen des starken Windes oft für ganze Tage eingestellt. Generell gilt: Die letzte Auffahrt ist 1 h vor der letzten Abfahrt. Wenn sich das Wetter verschlechtert bzw. wenn die letzte Gondel talwärts fährt, ertönt eine Sirene.*

Vorwahl: *021*

📞 Wichtige Telefonnummern und Adressen

Notruf allgemein *(vom Festnetz, kostenlos): 107; (vom Handy, Ortstarif): 480-7700.*

Polizei/Feuerwehr: *10111.*
Touristen-Polizei: *418-2852/3 o. 421-5115.*
Ambulanz: *10177.*
Bergrettungswacht *(„Mountain Rescue"): 948-9900.*
Telefonauskunft: *1023 (national), 1903 (international).*
Post: *Hauptpost Ecke Darling und Plein Street. Zudem gibt es noch eine Reihe kleinerer Post-ämter, z. B. in der Victoria Wharf, Ecke Loop und Pepper Street und in der Mill Street ge-genüber dem Gardens Shopping Centre.*
Flughafen *Cape Town International Airport: Kundenservice* ☎ *937-1200; Fluginformatio-nen* ☎ *086-727-7888; www.acsa.co.za.*

Fluggesellschaften *am Airport (Auswahl):*
Air Namibia: ☎ *936-2755;* **British Airways**: ☎ *936-9000;* **Emirates**: ☎ *403-1100;* **KLM**: ☎ *935-8500;* **Kulula.com**: ☎ *086-1585852;* **Lufthansa**: ☎ *415-3735 o. 086-184-2538;* **Mango Airlines**: ☎ *086-1162646;* **South African Airways**: ☎ *936-1111.*

✚ Ärzte/Krankenhäuser/Apotheken (Auswahl)

Medi Clinic Cape Town: *21 Hof Street, Oranjezicht,* ☎ *464-5500 (allgemein), 464-5555 (24h-Notfallnummer), www.mediclinic.co.za.*
Medi-Travel International: *speziell für Impfungen, Tropenkrankheiten und Prophylaxen zuständig. Hier erhält man versierte Auskünfte und die entsprechenden Medikamente. 1. Stock, Clock Tower Centre, V&A Waterfront,* ☎ *419-1888, www.meditravel.co.za.*
24h-Apotheke: *M-KEM Medicine City, Ecke Durban Road und Raglan Street, Bellville, nahe N1-Exit Durban Road/R302,* ☎ *948-5702/6/7, www.mkem.co.za.*
Infos zu deutschsprachigen Ärzten/Zahnärzten: *www.germansincapetown.com.*

ℹ Informationen

Cape Town Tourism: *Die hervorragend organisierte Tourist Information bietet na-hezu alles – Broschüren (tw. auf Deutsch), Hotel- und Veranstaltungsreservierung, geführte Touren (Bsp. s. u.), Buchungen und Infos zu allen Nationalparks/Parks von Cape Nature. In-ternet-Café und Souvenirshop im Gebäude.* **Die** *Adresse überhaupt, um einen Kapstadt-Be-such zu beginnen! Geöffnet Mo–Fr 8–18, Sa/So 9–13 Uhr (im Sommer länger). Ecke Burg und Castle Street, Innenstadt,* ☎ *487-6800, www.capetown.travel, www.tourismcape town.co.za.*
Weitere Infocenter u. a: *Canal Walk Shopping Centre (Entrance 10), am Flughafen, im Cape Town International Convention Centre und ein kleiner Schalter im Clock Tower Shop-ping Mall an der V&A Waterfront (s. S. 343).*

👁 Rundfahrten/Touren/Besichtigungen

Es gibt unzählige Angebote in Kapstadt, von der Stadtrundfahrt über die Township-Tour, Wanderungen auf dem Tafelberg und den Besuch eines Weingutes bis hin zu Rundflü-gen. Am besten lässt man sich in der Tourist Information persönlich beraten und bucht dann gleich dort. Hier nur eine kleine Auswahl:
Cape Rainbow Tours: *Alle Arten von Touren in Kleinbussen (max. 8 Pers.). Besonders zu empfehlen: City-Tour, Rundtour ums Kap, Touren in die Weinanbaugebiete. Da die Gruppen klein sind, kann man Fragen direkt an die gut ausgebildeten Führer stellen. Viele Touren auch in deutscher Sprache (Voranmeldung!).* ☎ *551-5465, www.caperainbow.com.*

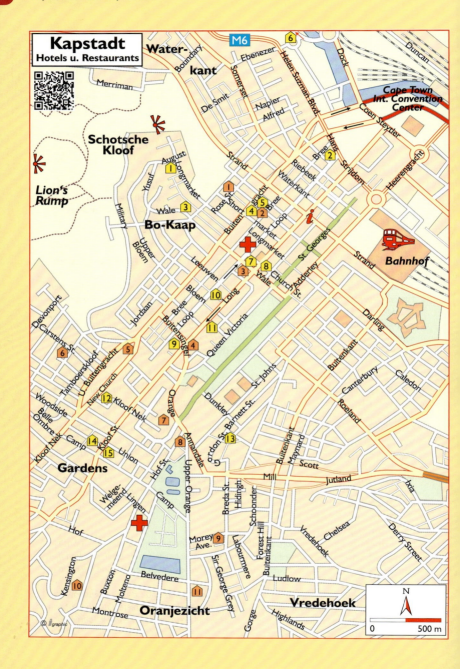

Kapstadt
Hotels u. Restaurants

Unterkunft
1 22 on Rose
2 Cape Heritage Hotel
3 Daddy Long Legs Art Hotel
4 Cat and Moose Backpackers
5 The Backpack
6 An African Villa
7 Belmond Mount Nelson Hotel
8 Ashanti Lodge
9 Cactusberry Lodge
10 2inn1 Kensington
11 Esperanza Guest House

Restaurants
1 Bo-Kaap Kombuis
2 Col' Cacchio
3 Biesmiellah
4 The Africa Café
5 Savoy Cabbage
6 The Harbour House V&A Waterfront
7 Addis in Cape
8 Bukhara
9 Gourmet Boerie
10 Mama Africa
11 Royale Eatery
12 Miller's Thumb
13 Aubergine
14 Yindee's
15 Saigon

City Sightseeing Cape Town: *Alle wesentlichen Sehenswürdigkeiten der Innenstadt und der Waterfront werden im offenen Doppeldecker-Bus angefahren (Audio-Kommentar auf Deutsch). Hop-on-Hop-off-System, man kann also immer aussteigen und später weiterfahren. Viele weitere spezielle Touren. ☎ 511-6000, www.citysightseeing.co.za.*

Uthando: *Seit 2007 bietet James Fernie, gelernter Jurist, Township-Touren an, um mit den Einnahmen die Lebensqualität der Bewohner zu verbessern – etwa 20 Projekte werden so unterstützt. Man erfährt viel über diesen Teil der Geschichte Kapstadts, die Umstände und alltäglichen Probleme. Leser waren begeistert von den Begegnungen, sehr empfehlenswert! Touren samstags vormittags, Abholung im Hotel. ☎ 683-8523, www.uthandosa.org.*

The Africa Travel Centre: *Hier kann man von der Tour (auch Überland-Touren durchs südliche Afrika) bis zum Mietwagen alles preiswert buchen. 74 New Church Street (beim Backpack Hostel), ☎ 423-4530, www.backpackers.co.za.*

Andulela: *U. a. Rundgang durchs kapmalaiische Viertel, s. S. 341.*

Robben Island Ferry Services: *Geführte Bootstouren nach Robben Island, s. S. 345.*

Weitere Bootstouren *ab V&A Waterfront, s. S. 346.*

Banken/Geld tauschen

Die meisten **Banken** haben ihre Filialen zwischen Adderley und Long Street in der Innenstadt. Geöffnet i. d. R. Mo–Fr 9–15.30, Sa 8.30–11 Uhr.

Geld tauschen kann man auch an der V&A Waterfront, wo u. a. American Express (V&A-Building) und Thomas Cook (Victoria Wharf) eine Filiale unterhalten.

Bankautomaten (**ATM** = Automatic Teller Machine) gibt es überall. Hier kann man mit Kredit- und EC-Karte (Maestro-System) Geld abheben.

Konsulate

siehe Allgemeine Reisetipps, S. 85.

Internetzugang

Ein Internet-Café befindet sich im Gebäude von **Cape Town Tourism** (s. o.). Es gibt unzählige weitere, deren Existenz allerdings manchmal nur von kurzer Dauer ist. Man findet sie in der Innenstadt entlang der Long Street (nahe den Backpacker-Lodges), auf der Main Road in Sea Point und im Studentenviertel in Observatory auf der Main Road (M4).

Empfehlenswertes Gästehaus: 2inn1 Kensington

Unterkunft

Kapstadt ist gleichermaßen Ziel von Touristen und Geschäftsleuten, entsprechend vielseitig ist das Angebot an Unterkünften **für jeden Geldbeutel**. *Ein komplettes Angebot vorzulegen ist jedoch unmöglich. Wer nicht unbedingt den Allround-Service eines Hotels genießen möchte, für den sind* **Gästehäuser/B&Bs** *und vor allem* **Apartments** *die beste Alternative. Letztere bieten größere Zimmer und sind um ein Drittel billiger. Und da man in Kapstadt sowieso die Gelegenheit nutzen sollte, außerhalb essen zu gehen, wird man auch das Hotel-Restaurant nicht vermissen.*

▶ Hotels/Gästehäuser/Bed & Breakfast

City Bowl
Die Unterkünfte liegen in der Innenstadt, in Bo-Kaap, in Gardens, Tamboerskloof und Oranjezicht. Für Unterkünfte an der Victoria & Albert Waterfront s. S. 346.

Esperanza Guest House $$ **(11)**, 6 geschmackvoll eingerichtete und saubere Zimmer in viktorianischem Haus vor beeindruckender Tafelberg-Kulisse. Kleiner Pool. Persönlicher Service durch Gastgeber Mark. 11 Belvedere Avenue, Oranjezicht, ☎ 462-2451, www.esperanza.co.za.

Cactusberry Lodge $$ **(9)**, 6 liebevoll eingerichtete Gästezimmer in viktorianischem Stadthaus mit der Mischung aus Flair und modernem Komfort. Innenhof mit Grillplatz und kleinem Pool, Lounge mit TV und Bar, vom Sonnendeck schöne Sicht auf den Tafelberg. 30 Breda Street, Oranjezicht, ☎ 461-9787, www.cactusberrylodge.com.

22 on Rose $ **(1)**, B&B mit drei komfortablen Zimmern im kapmalaiischen Viertel Bo-Kaap. Das Frühstück wird im Gemeinschaftsraum serviert, in dem man sich mit Herd/Mikrowelle auch ein warmes Essen zubereiten kann. Dachterrasse mit Blick auf die bunten Häuser des Viertels. 22 Rose Street, Bo-Kaap, ☎ 424-3813, www.22onrose.co.za.

An African Villa $$ **(6)**, drei historische Terrassenhäuser bilden ein Gästehaus mit 11 stilvollen Zimmern (Sat.-TV, WLAN). Schmackhaftes Frühstück! Bibliothek, Aufenthaltsräume, Pool – alles im Stil „African Zen" dekoriert. Leser schrieben uns: „Der Aufenthalt war jede Minute wert." 19 Carstens Street, Tamboerskloof, ☎ 83-900-7894, www.capetowncity.co.za.

Daddy Long Legs Art Hotel $$–$$$ **(3)**, die 13 Zimmer wurden jeweils von einem anderen Künstler entworfen und z. T. exzentrisch dekoriert. Es gibt z. B. einen knallroten „Emergency Room" mit Röntgenbildern an den Wänden und ausgestellten OP-Bestecken. Spannend! Frühstück kostet extra, derzeit 50 R p. P./Tag. Zusätzlich 5 Apartments. 134 Long Street, Innenstadt, ☎ 422-3074 (Hotel) u. 424-1403 (Apartments), www.daddylonglegs.co.za.

2inn1 Kensington $$–$$$ **(10)**, das Gästehaus (eine Kombination aus viktorianischem Bau und modernem Bungalow) liegt imposant an den Flanken des Tafelbergs mit Blick auf den Lion's Head. Stylisch-afrikanische Komfortzimmer. 10 m langer Pool, an dessen Bereich das Frühstück eingenommen wird. 21 Kensington Crescent, Oranjezicht, ☎ 423-1707, www.2inn1.com.

Cape Heritage Hotel $$$–$$$$ **(2)**, *kleines Boutique-Hotel mit 17 geräumigen, individuell gestalteten Zimmern (und Bädern en-suite) in historischem Stadthaus von 1771. Dachterrasse mit Jacuzzi. Eine empfehlenswerte Oase mit hervorragendem Service, wenn auch zu gehobenem Preis. 90 Bree Street/Heritage Square, Innenstadt,* ☎ *424-4646, www.capeheritage.co.za.*

Belmond Mount Nelson Hotel $$$$$++ **(7)**, *viktorianisches Luxushotel von 1899 mit kolonialer Plüschromantik und herrlichem Garten am Fuße des Tafelberges. Ein Klassiker unter den Top-Hotels Afrikas. Täglich von 14.30–17.30 Uhr kann sich jeder zum „Afternoon Tea" einfinden (mind. am Vortag unter* ☎ *483-1948 reservieren). 76 Orange Street, Gardens,* ☎ *483-1000, www.belmond.com.*

Am Atlantik nordöstlich der City Bowl
Die Unterkünfte liegen nahe Table View und in Bloubergstrand.

Elements $–$$, *Mischung aus Gästehaus und Backpacker. Die Zimmer sind nach den vier Elementen der Erde gestaltet, individuell und gemütlich. Pool, sehr nette Gastgeber. Internet-Café im Haus, schöner Garten. 49 Sandpiper Crescent, Flamingo Vlei (südl. von Table View),* ☎ *557-8847, www.elements-capetown.com.*

Bloubergstrand Sunset Lodge $+, *wunderschöne Aussicht auf Robben Island und den Atlantik. 4 zweckmäßige Zimmer (eines davon für Familien) mit Bad. Netter Service, gutes Frühstück. Viele Gäste kommen wieder, sie bekommen 10 % Rabatt. 41 Gull Road, Bloubergstrand,* ☎ *554-1818, www.sunsetlodge.co.za.*

Am Atlantik südwestlich der City Bowl
Die Unterkünfte liegen in Sea Point, Bantry Bay, Camps Bay und Bakoven.

Diamond Guest House $$, *ruhig gelegene, moderne Villa mit atemberaubendem Blick auf den Atlantik und die Bergkette der Zwölf Apostel. Die 7 Zimmer mit Bad sind sehr liebevoll eingerichtet, die Besitzer kümmern sich herzlich um ihre Gäste. Pool, finnische Sauna. 61 Hely Hutchinson Avenue, Camps Bay,* ☎ *438-1344, www.diamondhouse.co.za.*

Blackheath Lodge $$+, *viktorianisches Haus mit großen, stilvollen Zimmern, die über Extras wie eine iPod-Docking-Station verfügen. Ausgezeichnetes Frühstück. Ebenfalls ideale Lage zwischen Meer und City. Leser schrieben uns: „Das Personal war sehr freundlich. Empfehlenswert!". 6 Blackheath Road, Sea Point,* ☎ *439-2541, www.blackheathlodge.co.za.*

52 De Wet $$–$$$$$, *mit modernem Understatement eingerichtete Villa mit Blick auf den Atlantik. Persönlicher Service. Kleinere, aber frische Frühstücksauswahl. 52 De Wet Road, Bantry Bay,* ☎ *434-5929, www.52dewet.co.za.*

Ocean View House $$–$$$, *Gästehaus mit schönen Ausblicken direkt an der atlantischen Küstenlinie. Die verschiedenen Räume und Suiten sind geräumig und stilvoll ausgestattet. Pool und Terrasse, ideal für einen Sundowner. 33 Victoria Road, Bakoven,* ☎ *438-1982, www.oceanview-house.com.*

Winchester Mansions $$$–$$$$$+, *kapholländischer Prachtbau an der Sea Point Promenade. Im blumen- und palmenbewachsenen Innenhof werden köstliche Speisen und Getränke serviert. Die Hotelzimmer sind klassisch-elegant gehalten. 221 Beach Road, Sea Point,* ☎ *434-2351, www.winchester.co.za.*

The Twelve Apostles Hotel and Spa $$$$$, *eines der „Leading Hotels of the World". Spektakuläre Aussicht auf den Atlantik, hinter dem Hotel liegen die majestätischen Zwölf Apostel. 70 edel anmutende Zimmer und Suiten. Gartenpool, Felsenpool, Kino, Bar & Lounge, verschiedene Spa-Angebote. Victoria Road, Camps Bay (außerhalb, Richtung Hout Bay),* ☎ *437-9000, www.12apostleshotel.com.*

Am Indischen Ozean
Die Unterkünfte liegen in Muizenberg, St. James, Fish Hoek und Simon's Town.
Tranquility Guest House $$, *wundervolle Aussicht auf die Bucht von dreien der 4 Zimmer, das vierte hat Blick auf die Berge. Es herrscht eine herzliche Atmosphäre, die Gastgeber bereiten ein schmackhaftes Frühstück zu und überraschen mit kleinen Aufmerksamkeiten. 25 Peak Road, Fish Hoek,* ☎ *782-2060, www.tranquil.co.za.*
Whale View Manor $$, *schöne Gästehaus-Villa am Südende des Ortes, der Strand ist auf der anderen Straßenseite. Pool, Spa, Restaurant. Wenn möglich, sollte man ein Zimmer mit Meerblick nehmen. 402 Main Road, Murdock Valley, Simon's Town,* ☎ *786-3291, www.whale viewmanor.co.za.*
Sonnekus Guest House $–$$, *schön renoviertes Gebäude von 1926. Abends lädt die Veranda zum Relaxen ein. Große, gemütlich eingerichtete Zimmer (3 mit eigenem Kamin). Die Executive Suite hat sogar ein eigenes Wohnzimmer. Abseits des Rummels in Kapstadt. Gut geeignet für die letzten zwei Nächte am Kap! 88 Main Road, St. James,* ☎ *788-2992, www.sonnekus.co.za.*
Colona Castle $$–$$$$$, *luxuriös eingerichtetes Gästehaus in imposanter Villa aus den 1930ern. Viele Antiquitäten. Panoramaaussicht von den Constantia-Bergen bis auf die False Bay. Die Zimmer (einige mit Balkon) haben Namen, die in Beziehung zu ihrer Einrichtung stehen (Marokkanisch, Englisch, Chinesisch etc.). Außerdem gibt es eine große Penthouse-Suite. Empfehlung für diesen Küstenabschnitt, wenn man etwas mehr ausgeben möchte. 1 Verwood Street, Lakeside (oberhalb von Muizenberg),* ☎ *788-8235, http:// colonacastle.co.za.*

Südliches Stadtgebiet
Die Unterkünfte liegen in Claremont, Newlands und Constantia, das für seine Weingüter bekannt ist.
Glen Avon Lodge $$–$$$, *luxuriöses B&B mit 14 Zimmern (mit Gartenzugang oder Balkon) in hübschem kapholländischen Haus mit schönem Garten und großem Pool. Frühstücksbuffet gemischt kontinental-englisch. Abends Teilnahme am Dinner-Menu möglich. Überaus freundliches und hilfsbereites Personal. 1 Strawberry Lane, Constantia,* ☎ *794-1418, www.glenavon.co.za.*
The Andros Deluxe Boutique Hotel $$$–$$$$$+, *die schöne Villa ist im kapholländischen Stil erbaut und bietet 12 gediegen eingerichtete Zimmer. Die Außenanlagen sind herrlich (Swimmingpool, blühender Garten), die Lage ruhig und sicher. Fitnessraum, Sauna. Ecke Phyllis und Newlands Road, Claremont,* ☎ *797-9777, www.andros.co.za.*
Vineyard Hotel & Spa $$$$–$$$$$+, *stilvoll eingerichtet mit historischem Touch, u. a. mit südafrikanischen Kunstwerken. Von den Restaurants schöner Blick auf den Table Mountain. Frühstück als üppiges Buffet und à la carte. 200 Zimmer und Cottages, Pool, Spa. Attraktive Spätbucher-Rabatte. Colinton Road, Newlands,* ☎ *657-4500, www.vineyard.co.za.*
Steenberg Hotel $$$$–$$$$$+, *derzeit die Nr. 1 unter den Weingut-Hotels. Die Farm ist eine der ältesten Südafrikas und hat den Status eines Nationalmonuments. Die edel-gemütlichen Zimmer strahlen mit ihren Antiquitäten eine Atmosphäre des 17. Jh. aus. Das preisgekrönte Restaurant* **Catharina's** *gehört zu den besten der Region. Pool, Spa, Möglichkeit zur Weinprobe, 18-Loch-Golfplatz, eigene Reitställe. Absolute Spitzenklasse! Steenberg Estate, Tokai Road, Constantia,* ☎ *713-2222, www.steenberghotel.com.*
The Cellars-Hohenort Hotel $$$$$+, *Country-Hotel im ehem. Klaasenbosch-Weingut (18. Jh.) am Fuße des Tafelbergmassivs. Heute schmücken englische Antiquitäten die geräumigen Zimmer. Gepflegter, bunt blühender Garten, mit schöner Aussicht auf die False Bay.*

Im Restaurant werden u. a. schmackhafte Cape-Dutch und kapmalaische Gerichte serviert. Gutes hauseigenes Restaurant. Noch geringer Bekanntheitsgrad im Vergleich zu anderen Top-Unterkünften im Constantia Valley. 93 Brommersvlei Road, Constantia, ☎ *794-2137, www.collectionmcgrath.com/cellars.*

Jugendherbergen

Kapstadt ist ein beliebtes Ziel für Rucksackreisende, entsprechend viele gute Backpacker-Unterkünfte haben sich etabliert. Die Häuser des Jugendherbergswerks Südafrikas, Hostelling International South Africa (HISA), sind zu finden unter www.hihostels.com (Deutsch). Vor Ort informiert Cape Town Tourism. Hier eine ganz kleine Auswahl privater Backpacker in der City Bowl:

Cat and Moose Backpackers $ **(4)**, *in einem historischen Haus von 1792. Sehr zentral gelegen, von hier aus kann man sich direkt in den Trubel der Stadt stürzen. Lounge und Garten. Waschautomat, Küchennutzung möglich. 305 Long Street, Innenstadt,* ☎ *423-7638, www.catandmoose.co.za.*

The Backpack $ **(5)**, *groß und sehr professionell aufgezogen. Reisebüro (u. a. Reservierungen, Tourbuchungen), Pool, kleines Restaurant, Bar. 74 New Church Street, Tamboerskloof,* ☎ *423-4530, www.backpackers.co.za.*

Ashanti Lodge $ **(8)**, *2- und 4-Bett-Zimmer sowie Schlafsäle. Im Garten kann man sogar zelten. Pool, günstiger Wäscheservice, Restaurant und Bar. Internet-Café im Haus, außerdem Travel Centre, wo Touren gebucht werden können. 11 Hof Street, Gardens,* ☎ *423-8721, www.ashanti.co.za.*

Elements $–$$, *am Atlantik nordöstlich der City Bowl, s. o.*

Apartments/Self Catering

Selbstversorger-Apartments bieten für längere Aufenthalte eine meist günstige Übernachtungsalternative, besonders für Familien mit Kindern. Sie sind i. d. R. sehr gut ausgestattet, haben auf jeden Fall eine Kochmöglichkeit und -utensilien. Z. T. sind Serviceleistungen wie Reinigung inklusive. Zu beachten ist hierbei die Mindestaufenthaltsdauer, in der Hochsaison meist eine Woche. Auch hier sind Angebot, Qualität und Preisunterschiede groß, Cape Town Tourism hilft gern bei Auswahl und Buchung.

Die kleine Auswahl der folgenden Unterkünfte wurde vom Tourism Grading Council (www.tourismgrading.co.za – mit Suchmaschine) mit 3 (sehr guter Qualitätsstandard) bis 5 Sternen (bester internationaler Standard) bewertet:

Rondebosch Guest Cottages $, *Jill Lamb, 9 Klipper Road, Rondebosch,* ☎ *689-1833, www.rondeboschguestcottages.co.za.*

129 on Kloof Nek $$–$$$$$, *129 on Kloof Nek Road, Higgovale,* ☎ *422-0022, www.129onkloofnek.com.*

The Peninsula All-Suite-Hotel $$$, *313 Beach Road, Sea Point,* ☎ *430-7777, www.peninsula.co.za.*

⚠ Campingplätze

Es gibt unzählige Campingplätze im Großraum von Kapstadt. Doch werden einige davon von Leuten genutzt, die in der Stadt arbeiten und hier günstig mit Zelt bzw. Wohnwagen unterkommen. Diese Plätze sind meist laut und nicht so sauber. Vorsicht wegen der Paviane, besonders an Plätzen auf der Kaphalbinsel. Dort sollte man unbedingt seine Nahrungsmit-

tel sichern! Stadteigene Plätze/Resorts im Internet unter www.capetown.gov.za/en/SportRe-creation/Pages/Resorts.aspx, Buchung per E-Mail unter resort.bookings@capetown.gov.za. Die beste Internetseite für eigene Recherchen ist www.caravanparks.com. Ferner kann man noch www.caravansa.co.za und www.campsa.co.za zu Rate ziehen.

Hier eine kleine Auswahl:
Ou Skip Holiday Resort, *über 200 zumeist schattige Grasplätze, Selbstversorger-Chalets – alles nicht weit vom Meer. Melkbosstrand (an der West Coast – 28 km zur Innenstadt). 1 Otto du Plessis Drive,* ☎ *553-2058, www.ouskip.co.za.*
Chapman's Peak Caravan Farm, *Schattenplätze, 2 Chalets, Pool, Spielplatz. Nahebei können Pferde für Strandausritte ausgeliehen werden. Noordhoek (Ortseingang, am Chapman's Peak Drive – 30 km zur Innenstadt),* ☎ *789-1225, www.capestay.co.za/chap mans-peak.*
Millers Point Caravan Park, *stadteigener Campingplatz, sauber, nur 17 Stellflächen. Schattig und schön gelegen oberhalb der False Bay, zu der man gut hinunterlaufen kann. Millers Point (südlich von Simon's Town – 48 km bis zur Innenstadt),* ☎ *786-1142/-5503.*

🍴 Restaurants

Kapstadts Restaurants gehören zu den besten und vielseitigsten der Welt: zum einen dank der ethnischen Vielfalt, die sich hier angesiedelt hat, zum anderen, weil sich immer mehr Köche aus aller Welt hier ausprobieren möchten. Fine Dining bei Kerzenlicht in einem Gourmettempel, asiatische Spezialitäten, die regionale Küche der Afrikaner bzw. der Kapmalaien, krosse Pizzen, saftige Steaks oder ganz schlicht Fish & Chips am Hafen. Einfach auswählen!

Kapmalaiisch/Cape-Malayan
Diese Küche ist eine Mischung aus malaiischer Tradition, indischen Currygewürzen und kapholländischen Einflüssen. „Curry" ist nicht, wie in Europa, ein scharfes Gewürz, sondern eine Mischung aus verschiedenen Gewürzen, und die Schärfe liegt ganz in der Hand des Küchenchefs.
Die Lokale sind muslimisch geführt, das Mitbringen von Alkohol ist folglich nicht gestattet, und Schweinefleisch gibt es selbstverständlich auch nicht. I. d. R. kann man hier nur bis 21 Uhr bestellen, und man sollte so höflich sein, das Restaurant bis spätestens 22 Uhr zu verlassen. Neben den unten genannten Lokalen gibt es auch die eine oder andere Privatadresse, wo typische Gerichte angeboten werden. Falls man also auf den Geschmack gekommen ist, kann man sich bei einem Reiseführer nach einer solchen Adresse erkundigen.
Bo-Kaap Kombuis (1), *traditionelle Cape-Malay-Küche, gut und preiswert, sehr freundliches Personal. Der Blick auf den Tafelberg ist sensationell. Mo geschlossen, So kein Dinner. 7 August Street, Malay Quarter,* ☎ *422-5446, www.bokaapkombuis.co.za.*
Biesmiellah (3), *kleines Restaurant, ein Take-Away ist ebenfalls angeschlossen. Authentische Atmosphäre, gutes Essen. Sonntags geschlossen. 2 Upper Wale Street, Malay Quarter,* ☎ *423-0850, www.biesmiellah.co.za.*

Kap-Holländisch/Cape-Dutch
Ein Cape-Dutch-Essen verspricht immer eine gepflegte Atmosphäre und einen guten Tropfen Wein. Die Speisen bestehen häufig aus einer Mischung aus Continental Food, gelegentlich mit asiatischen Einflüssen, und Auflauf in gusseisernen Töpfen. Dazu werden in der Regel auch verschiedene Seafood-Gerichte angeboten, u. a. auch Hering in Sahnedip.

Die Szene in diesem Segment ändert sich ständig, deshalb hier eine kleine Auswahl:

Ons Huisie, *untergebracht in einem denkmalgeschützten ehemaligen Fischerhaus, vor dem man auch auf Holzbänken sitzend den schönen Blick genießen kann. Fish & Chips, Snacks, Austern, Crayfish, aber auch andere landestypische (Cape-Dutch) Gerichte. Mittags ist es hier an Wochenenden oft sehr voll. Stadler Road, Bloubergstrand,* ☎ *554-1553, www.seascape collection.co.za.*

Weitere Tipps außerhalb der Stadt sind das **De Volkskombuis** *in Stellenbosch (s. S. 398) und besonders das exquisite* **Catharina's** *im Steenberg Hotel in Constantia (s. S. 354). Hier gibt es gelegentlich Cape-Dutch-Gerichte, außerdem leckeres Lamm und deftige südafrikanische Nachtische.*

Afrikanische Küche

The Africa Café (4), *afrikanische Gerichte aus allen Ländern des Kontinents. Der Knüller ist das „Communal Feast", hierbei bekommt man Kostproben („as much you can eat") nahezu aller Speisen aus verschiedensten afrikanischen Ländern. Oft wird passende Musik gespielt. 108 Shortmarket Street, Heritage Square, Innenstadt,* ☎ *422-0221, www.africa cafe.co.za.*

Mama Africa (10), *afrikanische Küche bei entsprechender Musikuntermalung. Spezialität sind die afrikanischen Wildgerichte (Eland, Kudu, Springbock, Krokodil etc.). Unbedingt reservieren! Sonntags geschlossen. 178 Long Street, Innenstadt,* ☎ *424-8634.*

Gourmet Boerie (9), *hier wird in lockerer Atmosphäre die typisch südafrikanische Boerewors in allen nur erdenklichen Würzungen und Variationen (Rind, Strauß, Huhn, Lamm, Veggie und neuerdings auch Springbock) serviert, dazu ein kühles Bier. 8 Kloof Street, Gardens,* ☎ *424-4208, http://gourmetboerie.sitefly.co.*

Addis in Cape (7), *authentische äthiopische Küche vom Feinsten, man sitzt gemütlich in traditionellem Mobiliar und isst gemeinsam per Hand aus voluminösen Schüsseln. Große Auswahl an veganen und vegetarischen Speisen. Sonntags geschlossen. Ecke 41 Church/ Long Street, Innenstadt,* ☎ *424-5722, www.addisincape.co.za.*

moyo Blouberg, *großes Strandlokal der moyo-Kette. Wie in den Filialen in Kirstenbosch und Johannesburg wird ost- und südafrikanische Küche (Boerewors, Karoo-Lamm) in entsprechendem Flair serviert. Big Bay Shopping Centre, Shop 50, Bloubergstrand,* ☎ *554-9671, www.mo yo.co.za.*

Seafood

Sollte man keine Lust auf Crayfish (Langusten) verspüren, bietet sich immer der Linefish („frisch von der Leine") an, besonders wenn es sich um Cod (Kabeljau) oder Kingklip (Barschart) han-

Das Africa Café

delt. Für einen „Rundumschlag" lohnt sich oft eine Seafood Platter, die man sich auch teilen kann.

Harbour House V&A Waterfront (6), das beliebte Restaurant serviert köstliches Seafood, aber auch Steaks und Lamm. Toller Blick über die Waterfront. Von Lesern empfohlen. Quay 4, V&A Waterfront, ☎ 418-4744, www.harbourhouse.co.za.

Panama Jacks, untergebracht in einer alten Baracke inmitten der Hafenanlagen. Die frischen Langusten (Nov.–April) sind der Renner und werden nach Gewicht berechnet. Die Speisekarte lässt auch sonst für Liebhaber von Fisch und Meeresfrüchten keine Wünsche offen. Toll: die Seafood Platter – mit oder ohne Languste. Hier ist es nicht ganz billig, was besonders für die Weinkarte gilt. Unbedingt vorher reservieren! Quay 500 (Duncan Road nach Osten, 3. Straße hinter dem Royal Cape Yacht Club nach links), Hafen, ☎ 447-3992, www.panamajacks.net.

Sevruga, erstklassiges und vielseitiges, aber ebenfalls nicht ganz preiswertes Angebot an Fischgerichten. Auch die Sushis sind klasse! Auf der Terrasse kann man wunderbar Cocktails trinken und die Szenerie genießen. Quay 5, Shop 4, V&A Waterfront, ☎ 421-5134/7, www.sevruga.co.za.

Theo's Grill, unauffällig, aber ein Klassiker, wenn es um Seafood geht. Austern, Prawns kiloweise, ausgesprochen leckere und nicht zu ölige Seafood Platter (Tipp für Kapstadt!). Die Steaks sowie die ausgesuchten Weine sind ebenfalls gut. 163 Beach Road, Mouille Point, ☎ 439-3494.

La Perla, italienisches Restaurant, das für seine Meeresfrüchte-Speisen bekannt ist. 1970er-Jahre-Charme mit angeschlossener Cigar-Lounge und Außenterrasse. In der Saison sind die Muscheln zu empfehlen. Ecke Beach und Church Road, Sea Point, ☎ 439-9538, www.laperla.co.za.

The Codfather, „Heaven for fishlovers". Hier kann man seine eigene Kombination der besten und frischesten Fische zusammenstellen. Außerdem exquisite Sushi-Bar. Ecke Geneva Drive und The Drive, Camps Bay. ☎ 438-0782/3, www.codfather.co.za.

An der **Strandpromenade** (Victoria Road) von Camps Bay gibt es noch einige andere Seafood-„In-Restaurants".

Indisch

Viele indische Geschäftsleute sind von Durban nach Kapstadt gezogen und haben damit die indische Restaurantszene in Kapstadt in den letzten Jahren spürbar belebt, da ihnen die Köche schnell gefolgt sind. Die Gerichte sind in der Regel schärfer als bei den Kapmalaien, aber auf Wunsch bereitet man sie auch milder zu. Indische Restaurants bieten in Kapstadt häufig eine Mischung aus indischer und arabischer Küche, daher ist Alkohol nicht immer erlaubt.

Bukhara (8), großes und beliebtes indisches Restaurant. Die Gerichte sind authentisch und gut. Nordindische und zudem mongolische Küche. Als Klassiker gilt die Currysauce, wegen der es sogar schon zu einem Rechtsstreit mit dem Saucenfabrikanten Coleman gekommen ist. 33 Church Street (Greenmarket Square), Innenstadt, ☎ 424-0000, www.bukhara.com.

Viele kleinere indische Restaurants befinden sich eher in den östlichen und vor allem in den südlichen Stadtteilen, da hier die meisten Inder leben. **Zwei Tipps:**

Curry Quest, südindische Küche. 89 Durban Road, Little Mowbray, ☎ 686-3157.

Bibi's Kitchen, nord- und südindische Küche. Medicentre, Broad Road, Wynberg, ☎ 761-8365.

Asiatisch

Viele Asiaten haben sich in Kapstadt niedergelassen und überzeugen ihre Gäste mit den Küchen ihrer Heimatländer und ebenso mit einem gelungenen „Crossover" über die Landesgrenzen hinweg.

Yindee's (14), *seit Jahren etabliertes, authentisches Thai-Restaurant. Der Koch und Mitbesitzer ist Thailänder. Gemütliches Ambiente. Reservieren! Ecke Kloof und Camp Street, Gardens,* ☎ *422-1012, www.yindees.com.*

Wakame, *Sushi, japanische Gerichte und Seafood. Etwas abgehoben, aber frischer Fisch und die gute Weinkarte sprechen für sich. Bei gutem Wetter: Platz auf der Terrasse reservieren (Sonnenuntergang). Ecke Surrey Place und Beach Road, Mouille Point,* ☎ *433-2377, www.wakame.co.za.*

Saigon (15), *eigentlich ein vietnamesisches Restaurant. In neuem Ambiente gibt es nun zudem thailänische Gerichte sowie Sushi. Ecke Kloof und Camp Street, Gardens,* ☎ *424-7669.*

Wine & Dine

Wine & Dine ist ein beliebtes Dinnervergnügen bei den Südafrikanern. In gepflegter Atmosphäre, oft bei Kerzenlicht, werden erstklassiges Essen (nicht selten neueste Kreationen) und erlesene Weine geboten.

La Mouette Restaurant, *Fine Dining, 6-Gänge-Menü. In Tudor Style Revival House von 1919 (ehem. Bürgermeister-Residenz). Pfiffige franz.-mediterrane Küche sowie einige asiatische Spezialitäten. 78 Regent Road, Sea Point,* ☎ *433-0856, http://lamouette-restaurant.co.za.*

Miller's Thumb (12), *einfallsreiche Gerichte in gemütlichem Ambiente. Das oft wechselnde Angebot steht an der Tafel. Der Schwerpunkt liegt auf Seafood, außerdem gibt es vegetarische Speisen und gute Weine. 10b Kloof Nek Road, Tamboerskloof,* ☎ *424-3838, www.millersthumb.co.za.*

Aubergine (13), *mehrfach ausgezeichnetes, gemütliches Restaurant. Kreative, französisch angehauchte Küche. Die Speisen werden vornehmlich mit regionalen Zutaten zubereitet. Exzellente Weinkarte. Nicht ganz billig, aber dafür eine der Top-Adressen im Land. 39 Barnett Street, Gardens,* ☎ *465-4909, www.aubergine.co.za.*

La Colombe, *exzellente französische Gourmetküche. Legere Atmosphäre in ländlicher Umgebung auf dem bekannten Weingut Constantia Uitsig. Es werden nur ganz wenige Spezialitäten pro Tag angeboten, diese werden vom Personal am Tisch erklärt und sind zusätzlich auf einer Tafel ausgeschrieben. Spaanschemat River Road, Constantia,* ☎ *794-2390, www.constantia-uitsig.com.*

The Roundhouse Restaurant, *französisches Top-Restaurant in altem Schießstand. Hier hat man vor 100 Jahren am offenen Fenster gestanden und auf das Wild am Hang angelegt. Heute genießt man eher die Aussicht auf die Camps Bay (am besten bei Sonnenuntergang) und die exquisiten Speisen. Round House Road, The Glen, Camps Bay,* ☎ *438-4347, www.theroundhouserestaurant.com.*

Steakhäuser

Fleischgerichte spielen in den verschiedenen Küchen Südafrikas eine große Rolle, deshalb fehlen auch klassische Steakhäuser in der gastronomischen Landschaft nicht.

Savoy Cabbage (5), *einer der „In"-Plätze für Steakfreunde, doch es gibt auch vegetarische Gerichte und Seafood. Modern-eklektisch eingerichtet (viel Glas, viel Stein). Die Steaks sind saftig, die diversen Fleisch-Kreationen eine Versuchung. Auch die oft beworbene „Tomato*

Tart" hat nicht enttäuscht. Angeschlossen: die Champagne Bar! 101 Hout Street, Innenstadt, ☎ 424-2626, www.savoycabbage.co.za.

Royale Eatery (11), das Royale gehört zu den Restaurants, die von sich behaupten, die besten Burger zu kreieren. Man hat sich hier einiges einfallen lassen, also nicht nur einkehren, um den klassischen Cheeseburger zu essen! 273 Long Street, Innenstadt, ☎ 422-4536, www.royaleeatery.com.

Hussar Grill, alteingesessenes, gemütliches Steakhaus mit zahlreichen Variationen (u. a. Chateaubriand, Steak Madagascar). Abseits der Touristenpfade und von außen recht unscheinbar. Filialen gibt es in Green Point und Camps Bay. 10 Main Road, Rondebosch, ☎ 689-9516, www.hussargrill.co.za.

Belthazar, mehrfach prämiertes Steakrestaurant. Es gibt aber auch Boerwors, Biltong und Burger. Feines Ambiente. Bekannt für die größte Auswahl an Weinen im Glas. Victoria Wharf, Shop 153, V&A Waterfront, ☎ 421-3753/6, www.belthazar.co.za.

👉 **Noch ein Pizza-Tipp**

Wer die italienische Küche liebt und bei einem „echten Italiener" speisen möchte, ist bei **Col' Cacchio (2)** richtig! Schickes und quirlig-lautes In-Lokal (trotz Kettenzugehörigkeit), in dem es zugeht wie in einer Bahnhofshalle. Die wohl größte Auswahl an Pizzen in der Stadt – dünn, kross, lecker! Man kann aus 50 Belegen auswählen. Redefine North Wharf, Shop 2, 42 Hans Strijdom Avenue, Foreshore, ☎ 419-4848, www.colcacchio.co.za.

 Pubs

Pubs aller Arten gibt es scheinbar an jeder Straßenecke in Kapstadt. Sie sind ein Kernstück des sozialen Lebens der englischsprachigen Bevölkerung, schließen allerdings häufig schon um 23 Uhr, an Sonntagen oft auch früher. Wer also vor dem Dinner noch einen Aperitif oder mittags eine kleine Mahlzeit einnehmen will, ist hier immer richtig:

An der **V&A Waterfront** sind einige Bars und Pubs gelegen, von denen das **Quay Four** (Veranda zum Hafen, Seafood; Lage am gleichnamigen Kai), die alte **Ferryman's Tavern** am Market Plaza mit Barfood sowie Fisch- und Fleischgerichten und gleich daneben die **Mitchell's Waterfront Brewery** (bis nach 2 Uhr geöffnet, gemütliche Whiskey-Bar im Obergeschoss) die beliebtesten sind.

Entlang der oberen **Long Street** (und deren Verlängerung Kloof Street) in der Innenstadt/Gardens findet man zahlreiche Lokale und Kneipen, so z. B. Zigarrenbars, Studentenbars, Cocktail-Bistros und Schuppen mit lauter Musik. Angesagt ist hier z. B. **The Dubliner at Kennedy's**, ein irischer Pub mit einer ansprechenden Auswahl guter Whiskeys und Cognacs, Pubfood sowie nahezu täglich Livemusik. 251 Long Street, ☎ 424-1212, www.dubliner.co.za.

Fireman's Arms, trotz der vielen Feuerwehrhelme an den Wänden war der alte Pub (von 1906) ehemals das „Waterhole" der Kohlenstoker auf den Schiffen – zu einer Zeit, als der Hafen nur 150 m entfernt war. Heute treffen sich hier mittags und nach Dienstschluss (Happy Hour!) die Büroangestellten und Kaufleute. Voll, wenn Sportveranstaltungen gezeigt werden (v. a. Fußball und Rugby). Gute Pubgerichte und krosse Pizzen. Ecke Buitengracht und Mechau Street, Innenstadt, ☎ 419-1513, www.firemansarms.co.za.

Perseverance Tavern, die älteste Taverne der Stadt (ab 1808 Herberge, ab 1836 Taverne) und wohl auch die älteste noch geöffnete in Südafrika. Der älteste Weinstock Afrikas, der hier im Garten stand, ist leider abgestorben. Pub-Atmosphäre, gemischtes Publikum. Pizzen, Steaks, Pubfood und feinste Burger. 83 Buitenkant Street, Innenstadt, ☎ 461-2440, www.perseverancetavern.co.za.

Coffee Houses

Die unzähligen Kaffeehäuser Kapstadts spiegeln den eigentlichen Lebensstil der Bevölkerung wider: Man hat Zeit, erholt sich bei einem Plausch, trinkt Cappuccino und genießt das Leben. Es werden süße, aber auch herzhafte Gerichte angeboten. Da diese Cafés oft ihren Besitzer und/oder ihren Standort wechseln, wird hier auf eine bestimmte Empfehlung verzichtet. Rund um die St. George's Mall und ihre Seitenstraßen, am Greenmarket Square, entlang der Long Street und an der V&A Waterfront wird man sicherlich fündig werden.

Das Quay Four an der Waterfront

Veranstaltungen

In Kapstadt tut sich eigentlich immer etwas, und für jeden Geschmack ist schnell das passende Programm gefunden. Wie wäre es mit einem Theaterbesuch, einem Konzert oder einem Kabarettabend?

Bei **Computicket** kann man telefonisch, übers Internet oder am Schalter Karten für alle Arten von Veranstaltungen (Theater, Sport, Musik etc.) in ganz Südafrika erwerben. ☎ 0861-915-8000, www.computicket.com (für Filialen siehe „Store Locator"). Es gibt mehrere Schalter in Kapstadt (Cape Town Tourism – dort auch Veranstaltungskalender –; V&A Waterfront, Victoria Wharf Mall) und auch in größeren Orten entlang der Garden Route.

Informationen über aktuelle Veranstaltungen erhalten Sie im Internet u. a. unter www.capetown.travel, www.capetownmagazine.com und www.capetowntoday.co.za.

☞ Zwei Festivaltipps

Diese Veranstaltungen sollte man auf keinen Fall versäumen, wenn man zufällig vor Ort ist:

Beim **Cape Town Minstrel Carnival** ziehen am 2. Januar zehntausende Musiker und Tänzer mit Trommeln, Trillerpfeifen und Gesang durch die Straßen – einer der größten Karnevalsumzüge der Welt! Die Cape Coloured feiern damit die Abschaffung der Sklaverei 1834. www.capetown-minstrels.co.za.

Das **Cape Town International Jazz Festival** ist eine hochklassige Jazz-Veranstaltung mit Künstlern aus Südafrika und aller Welt. Es findet Ende März/Anfang April im International Congress Centrum an der Foreshore statt und dauert zwei Tage. Tickets bei Computicket (s. o.). www.capetownjazzfest.com.

☞ Livemusik

Bekannte internationale Bands treten meist in den Stadien auf (Buchung über Computicket, s. o.), nationale Bands dagegen eher im **Baxter Theatre** (s. u.) im Grand West

Casino oder im Artscape. Livemusik in den Townships sollte man nur mit einem Führer aufsuchen – wegen der Sicherheit und vor allem, weil man die kleinen Lokale allein kaum finden würde. In der Innenstadt und an der Waterfront wird oft nur „Mainstream" von allabendlich im gleichen Establishment auftretenden Bands angeboten. Doch es gibt auch tolle Gigs! Zumeist wird Jazz gespielt. Ein Blick in die Veranstaltungskalender (**Cape Times** / **Argus**) bzw. ins Internet (www.capetownlive.com, www.capetownjazz.com) lohnt sich.

Straight No Chaser Club, 2011 als The Mahogeny Room eröffnet, orientiert sich der kleine Laden (gerade mal 60 Plätze) auch unter neuem Namen an den weltweit bekanntesten Jazz-Clubs (z. B. Village Vanguard in New York). Durch die Nähe zwischen Musikern und Publikum entsteht ein ganz besonderes, intimes Musikerlebnis. 79 Buitenkant Street, ☎ 679-2697.

Dizzy's, die Küche wird mit dem **The Codfather** (s. o.) geteilt. Hier spielen gute Coverbands. Dienstags Karaoke-Abend. 41 The Drive, Camps Bay, ☎ 438-2686, www.dizzys.co.za.

Swingers Pub & Restaurant, Jazz und manchmal auch Rock oder Disco. Ein Geheimtipp, v. a. die Jam-Session/Jazznight am Montag ist grandios! 1 Wetwyn Road, Lansdowne (am Gewerbegebiet), ☎ 762-2443.

Marimba Restaurant, afrikanische Livemusik mit einer Marimba-Band. Schickes Ambiente. CTICC, Ecke Walter Sisulu Avenue und Heerengracht Boulevard, Foreshore, ☎ 418-3366, www.marimbasa.com.

Baxter Theatre Centre, hier spielen oft Bands, auch afrikanische. Main Road, Rondebosch, ☎ 685-7880, www.baxter.co.za (Tickets über Computicket s. u.).

☞ Sommerkonzerte im Botanischen Garten

Kirstenbosch ist Südafrikas bekanntester botanischer Garten (s. S. 369). Auf dem wunderschönen Gelände an den Ausläufern des Tafelberges finden von Ende November bis Anfang April regelmäßig Open-Air-Konzerte aller Stilrichtungen statt. Picknick und Decke einpacken und einfach genießen! **Kirstenbosch National Botanical Gardens**, Rhodes Drive, Newlands, ☎ 799-8782 (Tickets), www.sanbi.org.

Theater

Neben Johannesburg hat Kapstadt sicherlich die besten Theater des Landes zu bieten. Es kommen nicht nur klassische Stücke auf die Bühne, sondern in den kleineren Abteilungen auch eine Reihe von experimentellen Aufführungen - sicherlich eher etwas für Liebhaber dieses Genres. Wie in englischsprachigen Ländern üblich, finden außerdem häufig Gastvorstellungen statt. **Theatersaison** für die großen Stücke ist von April bis Oktober. Bei der Auswahl hilft Cape Town Tourism, Buchung über Computicket (s. o.).

Artscape Theatre, die große Bühne der Stadt, auf der bekannte Theaterstücke, Musicals, Ballett und Opern aufgeführt werden. Meist handelt es sich um Gastspiele angereister Ensembles. D. F. Malan Street, Foreshore, ☎ 410-9800, www.artscape.co.za.

Theatre on the Bay, Unterhaltungsprogramm (Komödien, Shows). Die Stücke wechseln alle 3–6 Wochen. Angeschlossen sind ein Restaurant und eine Cocktail-Bar. 1a Link Street, Camps Bay, ☎ 438-3301, www.theatreonthebay.co.za.

Baxter Theatre Centre, bietet modernes Theater (häufig experimentelle Aufführungen auf den Nebenbühnen) und Tanz. Besonders letzterer ist von sehr hoher Qualität. Main Road, Rondebosch, ☎ 685-7880, www.baxter.co.za.

Einkaufstipps

Kapstadt und seine Vororte eignen sich hervorragend zum Shopping. Neben bekannten Ladenketten, besonders für Textilien, gibt es eine Reihe von Souvenirläden, Antiquitätenhändlern etc. und außerdem große Shopping Malls, in denen man die freie Auswahl hat.

Einkaufsviertel im Allgemeinen

Victoria & Alfred Waterfront: *Geschäfte aller Art, bes. in der Victoria Wharf Mall. Die Geschäfte haben großenteils bis 21 Uhr geöffnet. Dafür zahlt man hier auch etwas mehr.*
St. George's Mall: *Fußgängerzone in der Innenstadt.*
Kalk Bay: *An der Hauptstraße liegen einige interessante Antiquitätengeschäfte.*
Innenstadt: *Entlang der Upper Long Street, zwischen Wale Street und Buitensingel sowie im Bereich Greenmarket und Church Street findet man* **Antiquitäten, Antikes, Souvenirs** *und* **Secondhand-Bücher.**

Für die Dinge des **täglichen Bedarfs***, die eher etwas für die* **Selbstversorger/Camper** *sind, empfehlen sich die folgenden Shopping Malls an den Stadträndern.*

Shopping Malls

Viele Malls haben auch am Sonntag geöffnet, oft aber nur bis 14 Uhr! Hier eine Auswahl:
Victoria Wharf*, große, moderne Mall an der V&A Waterfront (s. o.). Zahlreiche Touristengeschäfte, CD-Läden, Buchhandlungen, Schmuckgeschäfte, Textil-Warenhäuser und ausgesuchte Bekleidungsgeschäfte. Der Tipp, wenn man nur einen Tag zum Shoppen hat. www. waterfront.co.za.*
Gardens Centre*, kleinere Mall mit vielen „nützlichen" Geschäften und auch ein paar Textil- und Souvenirshops. Hier kaufen eher die Bewohner der Gegend ein. Außerdem* **Outdoorladen** *Cape Union Mart. Ecke Buitenkant und Mill Street, Gardens, www.gardensshop pingcentre.co.za.*
Cavendish Square*, große Shopping Mall in Vorortregion der gehobenen Mittelklasse, entsprechend ist das Angebot. Für südafrikanische Produkte zahlt man hier weniger als in der Innenstadt/Waterfront. Dreyer Street, Claremont, www.cavendish.co.za.*
Tyger Valley*, große Shopping Mall für die Dinge des täglichen Lebens bzw. für die Selbstversorgerküche. Günstig für den Proviantkauf beim Verlassen von Kapstadt entlang der N1. In Durbanville/Tyger Valley (N1-Abfahrten 23 oder 25, dann Schildern folgen), www.tygervalley.co.za.*
Cape Quarter Lifestyle Village*, exklusiveres Kunsthandwerk, z. B. Teppichknüpfereien, Gemälde, qualitativ gute Township Art und Einrichtungsdekoration. Zudem gibt es hier ausgesuchte Accessoires für Küche und Bad, den* **Outdoorladen** *Drifters sowie ein paar nette Restaurants und Cafés. Sonntags (10–15 Uhr) Lifestyle-Markt mit Snacks, Speisen, Modeausstellungen etc. 27 Somerset Road, Green Point, www.capequarter.co.za.*
Canal Walk*, hier wird Amerika Konkurrenz gemacht. Dieser Shopping-District mit Hunderten von Geschäften, riesigen Hallen und Arkaden sowie unzähligen Fastfood- und Entertainment-Läden ist eine der größten Malls in Afrika. Hier lassen sich gut die letzten Rand vor dem Rückflug ausgeben. Zahlreiche Spezialgeschäfte (auch* **Outdoorladen** *Cape Union Mart) und Afrika-Souvenirs. In Century City (an der N1, ca. 10 km östl. der Innenstadt), www.canalwalk.co.za.*

Spezielle Tipps

Die Stadt bietet unzählige Geschäfte, die sich durch ihre Spezialisierung bzw. ihre grundsätzliche Einzigartigkeit auszeichnen. Bei Interesse an etwas Besonderem oder einer be-

stimmten Art von Laden fragt man am besten bei Cape Town Tourism – oder einfach die Kapstädter, mit denen man in Kontakt kommt: Jeder wird einen ganz individuellen Lieblingsladen nennen können.

Bücher: Deutsch- und natürlich englischsprachige Bücher, zudem internationale Zeitungen führt die deutsche Buchhandlung von **Ulrich Naumann**, 17 Burg Street, Innenstadt, ☎ 423-7832. Eine große Buchladenkette, in der es auch Zeitungen gibt, ist **CNA** (Central News Agency; allein im Raum Kapstadt 30 Filialen, in fast jeder Mall). **Exclusive Books** ist die beste Buchladenkette des Landes (ebenfalls in ausgesuchten Malls, so z. B. in der Victoria Wharf). In der ebenso gemütlichen wie stilvollen **Book Lounge**, prämiert als beste unabhängige Buchhandlung Südafrikas, kann man beim Blättern und Lesen schon mal die Zeit vergessen (71 Roeland Street, Innenstadt, ☎ 462-2425, www.booklounge.co.za).

Feinkost: Im kleinen Geschäft **Atlas Trading** (94 Wale Street, Malay Quarter) gibt es alle Arten von Gewürzen, verschiedene Tees sowie Zutaten für kapmalaische Gerichte. Sehenswert ist auch der **Food Lover's Market** (Icon Building, Ecke Loop und Hans Strijdom Avenue, Innenstadt). Hier ist alles unter einem Dach: Supermarkt, Frischemarkt, Schlachterei, Bäckerei, Deli.

Weine: Selbstverständlich sollte man an einem Wine Tasting auf einem Gut in einem der Weinbauzentren (s. S. 383) teilnehmen. Liebhaber können hier schon einmal sondieren: **Vaughan Johnson's Wine Shop** ist die wohl bekannteste Weinhandlung in Kapstadt (Dock Road, V&A Waterfront) und lockt immer wieder mit günstigen und guten Angeboten. Die Verschiffung der Weine wird auf Wunsch organisiert. Ebenfalls exquisit ist die Weinhandlung **Caroline's Fine Wine Cellar** (Shop 44, Matador Centre, 62 Strand Street, Innenstadt), wo es mittags auch köstliche Snacks gibt. Caroline's hat eine Filiale in der Victoria Wharf Mall, V&A Waterfront.

ℹ️ Afrikanisches Kunsthandwerk

… findet man an den verschiedensten Ecken in Kapstadt. Wer mit seinem Einkauf helfen möchte, ist hier an der richtigen Adresse: Das **Wola Nani Project** kümmert sich um aidskranke Frauen und deren Kinder. Die Frauen erlernen hier kunsthandwerkliche Fähigkeiten und können über die Organisation ihre Produkte in verschiedenen Läden in und um Kapstadt herum verkaufen. Z. B. im **Africa Nova im Cape Quarter** (s. o.) und im **Montebello Design Centre**, 31 Newlands Avenue. Weitere Shops siehe unter www.wolanani.co.za.

Märkte/Flohmärkte

Irgendwo in Kapstadt findet immer ein Flohmarkt statt. Generell gilt: Handeln ist erlaubt und erwünscht.

Greenmarket Square, der bekannteste Flohmarkt von Kapstadt. Vornehmlich Textilien, kunsthandwerkliche Produkte und Secondhand-Bücher. Die Preise sind höher als auf anderen Flohmärkten, aber mit etwas Feilschen kann man auch hier gute Geschäfte machen. Mo–Fr 9–16, Sa –15 Uhr, selten sonntags. Zwischen Shortmarket und Longmarket Street, Innenstadt.

Waterfront Craft Market & Red Shed Craft Workshop, hier kann man den Künstlern bei der Herstellung verschiedenster Werke zuschauen. Beides an der V&A Waterfront.

Church Street Antiques Market, der wohl interessanteste Flohmarkt in der Stadt, v. a. Antiquitäten, dort sind noch Schnäppchen möglich. Mo–Sa 9–16 Uhr. Ecke Long und Wale Street.

Bo-Kaap Food & Craft Market, *weniger die kunsthandwerklichen Produkte, als vielmehr die kapmalaiischen Leckereien lohnen den Besuch. Jeder 1. Sa im Monat 10–14 Uhr. Upper Wale Street, Schotschekloof Civic Centre.*
Milnerton Flea Market, *hier gibt es nahezu alles, von Antiquitäten bis Nippes. Marine Drive (R27) und Milner Road Intersection, Metro Industrial Township, ☏ 551-7879, www.milnertonfleamarket.co.za.*

▼ Diskotheken/Nachtclubs

Kapstadts Disco-Szene verändert sich schnell, besonders die der Innenstadt. Manchmal haben kleinere Läden nur für eine Sommersaison geöffnet. Kapstädter lieben den Wechsel, bedauern aber auch die „gähnende Leere" während der Wintermonate. Typisch für Kapstadt ist dagegen das **Partying**: *Viele Veranstaltungsorte (Kneipen, Hotels etc.) bieten nach Vorankündigung Parties unter den unterschiedlichsten Mottos an. Entsprechende Ankündigungen stehen in den Zeitungen.*
Die Pubs schließen spätestens um 23 Uhr, am Wochenende vielleicht mal etwas später. Selbst an der Waterfront schließen die letzten Läden um Mitternacht. An der **Long Street** *(zwischen Wale Street und Buitensingel) ist auch spätabends noch etwas los, außerdem am nahen Greenmarket Square bzw. in der Loop Street. Hier geht es besonders an Freitag- und Samstagabenden hoch her. Selbst die Bars und kleinen Kneipen versuchen dann, durch überlaute Musikanlagen die junge Kundschaft anzulocken. Ein anderer hipper Bereich ist die Lower Main Road in* **Observatory**, *hieran werden allerdings eher die Jüngeren Gefallen finden.*

Drei Tipps für die Nacht
Club Galaxy, *Livemusik und große Disco. College Road, Rylands, ☏ 637-9132/3, www.club-galaxy.co.za.*
The Shack/Mercury Live & Lounge, *Pool-Billard, Live-Musik, Disco, Restaurant, Internet-Café, und Bar in einem Komplex. 43 De Villiers Street, District 6, ☏ 465-2106,*
Bascule Bar, *hier geht es gesitteter zu. Nach Vorankündigung gibt es DJ-Musik in der Whiskey & Wine Bar, die gehobenen Ansprüchen gerecht wird. Cape Grace Hotel, V&A Waterfront, ☏ 410-7082, www.capegrace.com.*

↘ Strände

Der Einfluss der Meeresströme bestimmt die Wärme bzw. Kälte des Badevergnügens am Kap (s. S. 333). Hochwertig und warm sind die Gewässer um Muizenberg (hier Richtung Osten weite, sandige Strände. Weniger geeignet – aufgrund der Temperaturen und der partiell parallel zum Strand verlaufenden Straße – sind dagegen die Atlantik-Strände zwischen Clifton und Sea Point. Der **Long Beach** *von Noordhoek und der* **Bloubergstrand** *laden zu stundenlangen Strandspaziergängen ein. In* **Camps Bay** *und* **Clifton** *ist zwar das Wasser kalt, dafür kann man hier bei Windstille hervorragend sonnenbaden. Nicht ganz so überlaufen ist der kleine* **Beta Beach** *in Bakoven mit tollem Blick auf den Lion's Head und die Zwölf Apostel. Wassersportler erkundigen sich am besten bei der Wetteransage nach den aktuellen Hot Spots, ein Tipp für Surfer ist* **Muizenberg**, *wo nicht umsonst vor fünfzig Jahren das erste Surfgeschäft Afrikas eröffnet wurde.*

🚕 Taxis

Es wird nach drei Taxiarten unterschieden: „normale" Taxis, Rikkis und Minibus-Taxis (s. u. bei Innerstädtischer Busverkehr).

Die 12 Apostel überragen den Strand von Clifton

Taxis können herbeigewunken, telefonisch angefordert oder an einem der Taxistände belegt werden. Die Preise stehen deutlich am Fahrzeug angeschrieben, ein Trinkgeld von 10–15% wird erwartet. Große Taxistände befinden sich am Hauptbahnhof, an der Grand Parade, vor großen Hotels sowie an der V&A Waterfront (nahe dem Busstopp und den Hotels). Rufnummern für Taxis: **Excite** ☎ 448-4444; **Sea Point Taxis** ☎ 434-4444

Eine Alternative zu Bussen und Taxis sind die **Rikki-Taxis**. Sie kosten weniger als die normalen Taxis, sind dafür aber oft voll und müssen telefonisch bestellt werden: ☎ 0861-745-547, www.rikkis.co.za.

Mietwagen

Neben den gängigen großen Firmen gibt es auch unzählige kleinere Mietwagenunternehmen in Kapstadt, bei denen man vom Luxusfahrzeug bis hin zu 15 Jahre alten VW-Käfern alles mieten kann. U. a. Avis, Budget und Europcar haben auch Fahrzeuge am Flughafen:

Avis, Flughafen ☎ 927-8800; 123 Strand Street, Innenstadt, ☎ 424-1177; www.avis.co.za.
Budget, Flughafen ☎ 927-2750; 120 Strand Street, Innenstadt, ☎ 418-5232, www.budget.co.za.
Europcar, Flughafen ☎ 935-8600; 34 Prestwitch Street, Innenstadt, ☎ 421-5190, www.europcar.co.za.

Innerstädtischer Busverkehr

Der **Hauptbusbahnhof** liegt am Grand Parade (Castle Street). Das Bussystem von Kapstadt ist relativ flächendeckend ausgebaut, wobei die Golden-Arrow-Busse während der Rushhour recht voll und nicht sehr bequem sind. Sie steuern vor allem die Vororte an. Die eigens eingesetzten Touristen-Buslinien werden nur sporadisch bedient. Infos dazu bei Cape Town Tourism.

Eine Alternative entlang der südlichen Atlantikküste und in der Innenstadt stellen die **Minibus-Taxis** dar: 9–16-Sitzer, die allerdings oft überbelegt und wg. ihrer Fahrweise nicht selten in Unfälle verwickelt sind. Hier ist also Vorsicht geboten (auch vor Taschendieben)! Sie fahren vom Obergeschoss am Eisenbahnhof (Strand Street) ab, bezahlt wird beim Helfer des Fahrers in der ersten Reihe.

Zu den Vororten weiter südöstlich und am Indischen Ozean gelangt man mit der **Metrorail** (www.capemetrorail.co.za) und in Richtung Bloubergstrand mit der **IRT-Schnellbahn** (Integrated Rapid Transit System), die auf ausgebauten Busspuren verkehrt und deren Netz konsequent ausgebaut wird, www.capetown.gov.za/en/irt.

Airport-Shuttle: „My-CiTi-Bus" pendelt täglich von 4.15 Uhr (erste Fahrt ab Civic Centre) bis 22.15 Uhr (letzte Fahrt ab Airport) zwischen Civic Centre (Hertzog Boulevard) und Airport, ☏ 0800-656463, www.myciti.org.za.

🚌 Überregionale Busverbindungen
Der Busbahnhof für die überregionalen Strecken befindet sich ebenfalls am Hauptbahnhof (Ecke Strand und Adderley Street). Von hier starten die großen Busunternehmen zu allen mittleren und größeren Städten Südafrikas. Letztere werden mehrmals täglich bedient. Tickets für die überregionalen Busse können über alle **Computicket**-Schalter (z. B. V&A Waterfront o. Golden Acre Shopping Centre) gebucht werden: ☏ 0861-915-8000, www.computicket.com.
Greyhound: ☏ 083-915-9000 o. ☏ 418-4326, www.greyhound.co.za.
Translux: ☏ 0861-589-282, www.translux.co.za.
Intercape: ☏ 0861-287-287 o. ☏ 380-4400, www.intercape.co.za.
Der **Baz Bus** zielt auf Backpacker und verkehrt mittlerweile auf allen wichtigen Touristenrouten, s. S. 124.

🚆 Eisenbahnverbindungen
Es gibt viermal wöchentlich (Mi–Fr, So) Zugverbindungen nach Johannesburg mit **Shosholoza Meyl**: Reservierung und Information ☏ 086-000-8888, www.shosholozameyl.co.za.
Außerdem halten einige **besondere Züge** in Kapstadt, s. S. 129.

Sehenswürdigkeiten auf der Kaphalbinsel

Wie ein leicht angewinkelter Daumen reicht die Kaphalbinsel ca. 60 km nach Süden. An ihrem Ende liegt das berühmte Kap der Guten Hoffnung. Doch auch die Orte entlang der Strecke lohnen den einen oder anderen Stopp.

ℹ️ Streckenbeschreibung

Für **Selbstfahrer** eignet sich folgende Route (ca. 200 km; Dauer: 1 Tag) mit den Hauptsehenswürdigkeiten (besser ist es natürlich, die Route auf zwei Tage aufzuteilen):
▸ Zunächst fährt man zum nördlich von Milnerton liegenden **Bloubergstrand**, von dem aus man einen eindrucksvollen Blick auf den Tafelberg hat.
▸ Durch die Stadt zurück geht es nach Süden: Der **Kirstenbosch Botanical Garden** ist ein Höhepunkt für jeden, der die Flora Südafrikas liebt.
▸ Das **Gut Groot Constantia** zeigt beispielhaft die Schönheit des kapholländischen Baustils und liegt idyllisch inmitten von Weinbergen.
▸ Über **Muizenberg** (schöner Sandstrand, an dem das Meer viel wärmer als in der Tafelbucht ist und zum Baden und Surfen einlädt), **Kalk Bay** mit seinen netten Antikläden und dem Hafen sowie der **Pinguinkolonie** am Boulders Beach vorbei geht es zum **Kap der Guten Hoffnung**, das in einem Naturreservat liegt. Hier genießt man den atemberaubend schönen Blick.
▸ Richtung Kapstadt geht es dann zurück über die Panorama-Straße **Chapman's Peak Drive**, **Hout Bay** und später an den **Twelve Apostles** (Bergkette zur rechten Hand) vorbei in die City.

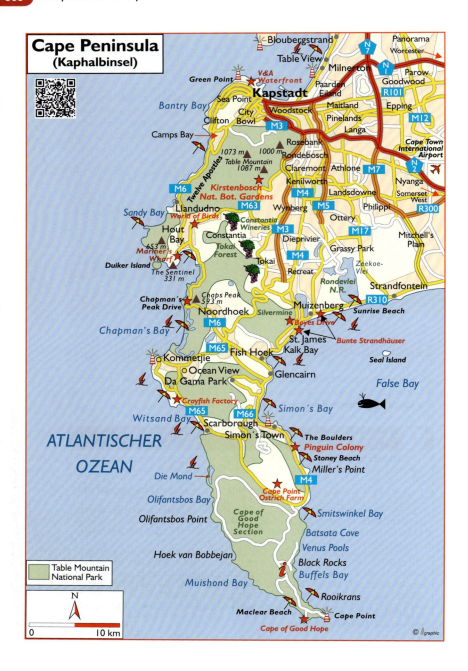

Cape Peninsula
(Kaphalbinsel)

Bloubergstrand
Table View
Panorama
Worcester
Milnerton
N7
N1
Parow
Goodwood
Green Point
V&A Waterfront
Paarden Eiland
R101
Kapstadt
Sea Point
Maitland
M12
Epping
Bantry Bay
Clifton
City Bowl
Woodstock
Pinelands
Langa
Camps Bay
M3
Rosebank
Rondebosch
Cape Town International Airport
1073 m
1000 m
Table Mountain
1087 m
Claremont
Athlone
M7
N2
Nyanga
Twelve Apostles
M6
Kirstenbosch Nat. Bot. Gardens
Kenilworth
Landsdowne
Somerset West
Sandy Bay
Llandudno
World of Birds
M63
Constantia Wineries
Wynberg
M4
M5
Ottery
Philippi
R300
Hout Bay
Constantia
M3
Dieprivier
M17
Mitchell's Plain
653 m
Mariner's Wharf
Tokai Forest
Grassy Park
Duiker Island
The Sentinel 331 m
Tokai
M4
Retreat
Zeekoe-Vlei
Chapman's Peak Drive
Chaps Peak 593 m
Noordhoek
Silvermine
Rondevlei N.R.
Strandfontein
Chapman's Bay
M6
Muizenberg
Sunrise Beach
R310
Boyes Drive
St. James
Kalk Bay
Bunte Strandhäuser
M65
Fish Hoek
Kommetjie
Ocean View
Da Gama Park
Glencairn
Seal Island
False Bay
Crayfish Factory
M65
M66
Simon's Bay
Witsand Bay
Scarborough
Simon's Town
ATLANTISCHER OZEAN
The Boulders
Pinguin Colony
Stoney Beach
Die Mond
Miller's Point
M4
Cape Point Ostrich Farm
Olifantsbos Bay
Smitswinkel Bay
Olifantsbos Point
Cape of Good Hope Section
Batsata Cove
Venus Pools
Hoek van Bobbejan
Black Rocks
Buffels Bay
Muishond Bay
Rooikrans
Table Mountain National Park
N
Maclear Beach
Cape Point
Cape of Good Hope
0   10 km
© igraphic

Entfernungen	
Kapstadt (Innenstadt) – Kirstenbosch National Botanical Gardens	18 km
Kirstenbosch – Constantia Valley (Groot Constantia) – Muizenberg	20 km
Muizenberg – Simon's Town	14 km
Simon's Town – Eingang Cape of Good Hope NR	10 km
Eingang Cape of Good Hope NR – Cape Point – Cape of Good Hope – Eingang NR	ca. 35 km
Eingang Cape of Good Hope NR – Hout Bay	50 km
Hout Bay – Kapstadt (Innenstadt)	25 km

Kirstenbosch National Botanical Garden

Am Südost-Abhang des Tafelberg-Massivs befindet sich einer der berühmtesten botanischen Gärten der Welt. Inmitten der idyllischen Landschaft gelegen, erstreckt er sich über eine Fläche von annähernd 6 km² und reicht von 100 m bis auf über 1.000 m Höhe. Aufgrund dieser unterschiedlichen Höhenlagen gibt es für Pflanzen eine Fülle spezifischer Lebensräume: ein eindrucksvoller Überblick über die **Vielfalt der südafrikanischen Flora**. Über 4.000 der 18.000 im südlichen Afrika beheimateten Pflanzen sind hier – besonders schön blühend im Frühling – zu bewundern. Sehenswert sind die Proteafelder, die Heidegärten, das Farnkraut-Tal, Mathew's Steingarten sowie das Comptom Herbarium, wo etwa 200.000 verschiedene subtropische Pflanzen mit Informationen zu Fundort, Sammeldatum, Pflanzengesellschaft, Volksname, Verwendung etc. gesammelt sind.

Die Vegetation der Kaphalbinsel wird von Fachleuten als **Fynbos** bezeichnet. Darunter versteht man dichte, strauchartige Gewächse mit grobem oder feinem, weichem oder hartem Blattwerk. Sicherlich ist die **Protea** die berühmteste Vertreterin des Kap-Fynbos.

Der Garten ist so weitläufig, dass man für einen Besuch mindestens 3–4 Stunden einplanen sollte. Unter den großen schattigen Bäumen lässt es sich gut picknicken, Kleinigkeiten zu essen bekommt man auch. Erläuterte Touren werden mehrmals tgl. angeboten (außer So). In den Sommermonaten von November bis März finden regelmäßig Open-Air-Konzerte statt (s. Kasten S. 362).
Kirstenbosch National Botanical Garden: 45 R Erw./10 R Kinder 6–17 J., darunter frei. Geöffnet tgl. 8–19 (Sept.–März), 8–18 Uhr (April–Aug.). Rhodes Drive (M63), Newlands, ☏ 021-799-8783 (allgemein) o. -8782 (Tickets), www.sanbi.org/gardens/kirstenbosch.

Botanische Vielfalt in Kirstenbosch

Constantia Wineries

Umgeben von Weingärten und schattigen Bäumen, stellt das Herrenhaus des Weingutes **Groot Constantia** eines der schönsten Beispiele des kapholländischen Baustils dar.

Farm des Gouverneurs

Aufgrund seiner Verdienste um die Niederländisch-Ostindische Handelskompanie bekam der Gouverneur Simon van der Stel 1683 Land im heutigen Constantia Valley geschenkt und baute neben verschiedenen Obstsorten Bananenstauden, Olivenbäume und unterschiedliche Reben an. Sein Landeigentum wuchs stetig. Leider hatten seine Erben den beachtlichen Nachlass bald aufgebraucht, daher musste das Gut 1716 in mehrere Teile aufgeteilt werden. Der Teil, auf dem das Herrenhaus stand, erhielt den Namen Groot Constantia. Die anderen nannte man Klein Constantia, Constantia Uitsig, Buitenverwachting und Steenberg. Heute werden sie unter **Constantia Wineries** zusammengefasst (s. u.).

In der Folgezeit verkam Groot Constantia. Erst ab 1778, als Hendrik Cloete, Enkel eines der bekanntesten holländischen Erstsiedler, Groot Constantia kaufte, ging es mit dem Anwesen wieder aufwärts. Er baute die Weinfelder aus und steigerte die Produktion. Der Constantia-Wein wurde weltberühmt und fand selbst unter den Adligen im weinverwöhnten Europa seine Anhänger, einer der größten Verehrer war Otto von Bismarck. Am 19. Dezember 1925 brannte das Gebäude aufgrund eines Funkenflugs durch den Küchenschornstein binnen weniger Minuten bis auf die Grundmauern nieder. Man entschied sich, alles neu aufzubauen und das alte Gebäude in ein Museum umzuwandeln.

Seit 1993 ist das Anwesen Eigentum der Groot-Constantia-Treuhand-Gesellschaft. Auch heute wird hier noch Wein hergestellt: Anbau, Pressung, Abfüllung und Vermarktung liegen in einer Hand. Zu besichtigen sind das mit Möbeln und Geräten zur Weinherstellung ausgestattete Museum und das historische Herrenhaus. Im Jonkershuis Restaurant bzw. auf der Gartenterrasse kann man zum Essen die Gebietsweine verkosten. Fine Dining bietet **Simon's Restaurant**.
Groot Constantia: *Weinproben tgl. 9–17.30 Uhr (30 R). Kellertouren tgl. 10–16 Uhr zur vollen Stunde (40 R Erw./6 R Kind), Tour durch die Weinberge möglich. Vorausbuchung empfohlen. Groot Constantia Road,* ☎ *021-794-5128, www.grootconstantia.co.za.*

Neben dem berühmtesten Weingut kann man noch **Klein Constantia** einen Besuch abstatten. Das reizende Herrenhaus im kapholländischen Stil wurde Ende des 19. Jh. erbaut, ist aber weniger opulent als das des größeren Bruders (*Klein Constantia Road, www.kleinconstantia.com, Mo–Fr 10–17, Sa 10–16.30 Uhr, im Sommer auch So, kein Restaurant*).

Fast nebenan liegt **Buitenverwachting**, das mit majestätischer Eichenallee, vorzüglichem Restaurant sowie altem Herrenhaus beeindruckt. Wer über Mittag zu Besuch ist, sollte sich unbedingt für das legendäre „Picnic-Lunch" unter den schattigen Eichen anmelden (☎ *021-794-1012, Ende Nov.–März, Mo–Sa 12–16 Uhr, Klein Constantia Road, www.buitenverwachting.co.za, Touren nach Voranmeldung, Weinprobe: Di–Fr 9–17, Sa 9–13 Uhr*).

Weitere Güter sind **Constantia Uitsig** (*Weintesten, Übernachten und Restaurants; Spanschemat River Road, www.constantia-uitsig.com, Weinprobe: Mo–Fr 9–17, Sa/So 10–17 Uhr*) und das **Steenberg Wine Estate**, das älteste Weingut Südafrikas. Die Cape-Dutch-Gebäude gehen bis auf das Jahr 1682 zurück. Auch hier gibt es ein erstklassiges Restaurant (*Steenberg Road (M42), www.steenberg-vineyards.co.za, Touren: Mo–Fr 11 u. 15 Uhr, Weinprobe: tgl. 10–18 Uhr*).

Muizenberg – Kalk Bay – Simon´s Town

Hauptattraktion von **Muizenberg** ist ohne Zweifel der weiße Sandstrand mit der größten Ansammlung von bunten Holzbadehäuschen, die gerne auch als „*Edwardian Beach Houses*" bezeichnet werden. Vorbei an **St. James**, das ebenfalls mit ein paar bunten Holzstrandhäusern am Nordende des Ortes und dem Strandabschnitt Danger Beach aufwarten kann, geht es nach Kalk Bay.

ℹ ### Alternativstrecke

Der **Boyes Drive** (Clairvaux Road) verläuft oberhalb von Kalk Bay, St. James und Muizenberg um die Kalkbay Mountains. Für diese Strecke sprechen eine grandiose Aussicht auf die False Bay und die südlichen Cape Flats.

Kalk Bay wurde nach seinen Brennöfen benannt, in denen aus Muschelkalk Baumaterial für die Dutch East India Company gebrannt wurde. Zu Beginn des 19. Jh. entwickelte sich der Ort mehr und mehr zu einem Fischereihafen, der auch heute noch von großer Bedeutung ist. Nicht entgehen lassen sollte man sich einen Besuch im Hafen. Wenn die bunten Fischerboote in den Hafen einlaufen (meist zur frühen Mittagszeit), kann man den Fischern beim Anpreisen ihres Fangs zuschauen oder in Kalky´s Imbiss (☎ 021-788-1726) fangfrische Portionen Fish and Chips und den tollen Terrassenblick über den Hafen genießen. An der Main Street reihen sich Antiquitätengeschäfte und Galerien aneinander. Von Porzellan und Silber, über Bücher und Möbel bis hin zu alten Rasenmähern wird hier alles angeboten.

Groot Constantia: Paradebeispiel des kapholländischen Baustils

¶¶ Restaurant-Tipp

The Studio, ☏ 021-788-3774, 122 Main Road, Kalk Bay, www.thestudiokalk bay.co.za. Kleines, offenes Restaurant (mit Terrasse) mit angeschlossener Galerie mit wechselnden Ausstellungen. Besonders empfehlenswert ist das Ostrich-Bobotie (traditionelles kapmalaiisches Gericht), Line Fish (Fang des Tages) und die leckeren selbgebackenen Kuchen.

Vorbei an **Fish Hoek**, wo es nicht viel zu sehen gibt, gelangt man nach **Simon's Town**, einem Stützpunkt der südafrikanischen Marine. Die Marina/Quayside (St. George Street, nahe Jubilee Square) ist die Miniaturausgabe der Kapstädter Waterfront und heute touristisches Zentrum der Stadt. Ein kleiner Infostand an der Ecke St. George und Kerk Street, Restaurants mit Blick auf den Hafen und Souvenirshops locken viele Gäste an.

Pinguin-kolonie

Hauptattraktion ist aber **The Boulders Beach**, der Küstenstreifen südlich von Simon's Town. Er erhielt seinen Namen aufgrund der großen, abgerundeten Granitfelsen. Berühmt ist er vor allem wegen der (African) Penguin Colony. Hunderttausende von Besuchern drängen sich jedes Jahr auf den Boardwalks. 1983 fand man hier unter den windgeschützten Büschen ein einsames Pinguin-Pärchen. Mittlerweile haben diese sich vermehrt und andere Familien angezogen, sodass sich jetzt über 3.000 Afrikanische Pinguine (Brillenpinguine) an dem kleinen Strandabschnitt tummeln. Die große Zahl der Pinguine macht aber auch Probleme. Der Guano führt zur Vernichtung sensitiver Pflanzen, und der Lärm der nachtaktiven Frackträger wird von den Anwohnern als ausgesprochen störend empfunden. Doch da der Afrikanische Pinguin auf der Liste der bedrohten Tiere steht (1900: 4 Mio. Tiere, heute: 150.000) und es auf dem Festland im südlichen Afrika neben Boulders Beach nur noch Brutstätten bei Betty's Bay und in Namibia gibt, bleibt den Bewohnern keine Wahl. Afrikanische Pinguine wiegen ca. 2–4 kg und tragen den Spitznamen „Eulen des Meeres", da sie nachts im Wasser genau so gut sehen können wie tagsüber. Beim Schwimmen steuern sie mit ihren Beinen, während ihre kurzen „Flügel" bei der Fortbewegung im Wasser als Propeller eingesetzt werden.

Table Mountain National Park, Boulders Section, Dez.–Jan. tgl. 7–19.30, Feb./März und Okt./Nov. 8–18.30, Rest des Jahres 8–17 Uhr, R 55. Am Eingang gibt es Toiletten und einen kleinen Shop.

Cape of Good Hope Nature Reserve

☞ Tipps und Hinweise

▸ Früh zum Cape Point sowie zum Cape of Good Hope fahren, da ab mittags die Reisebusse kommen. Drei Stunden Zeit sollte man sich für das Nature Reserve mindestens nehmen.

▸ Zeit einplanen für eine Wanderung, z. B. entlang des Shipwreck Trail am Olifantsbos Point oder/und eine Bade- bzw. Picknickpause an der Buffels Bay.

▸ **Achtung Paviane**! Paviane (Baboons) sind nicht nur neugierig, sondern auch angriffslustig. Daher gilt: **Autofenster schließen und vor allem nicht füttern!** Wer ein Picknick veranstaltet, sollte unbedingt darauf achten, dass sie nicht zu nahe ans Lager kommen, denn sie haben die Angewohnheit, sich langsam anzuschleichen. Der beste Trick: Mit Steinen nach ihnen werfen – das aber rechtzeitig und solange sie noch weit genug entfernt sind.

Der südliche Teil der Kaphalbinsel mit dem **Cape of Good Hope** bildet seit 1939 ein Naturschutzgebiet, nachdem hier angesiedelte Farmen aufgekauft wurden. Auf einer Fläche von 243 km² sind Fauna und Flora bis heute geschützt. Zur Blütezeit ist das hügelige Gelände von zahllosen Proteaen und anderen Blumen übersät, und mit etwas Glück kann man hier Elenantilopen, Schwarzgnus, Reh-, Spring- und Grysböcke entdecken, ebenso Strauße und Warzenschweine. Auf jeden Fall aber wird man – spätestens am Parkplatz – Paviane erleben.

In Richtung Kap zweigt ein Weg zur **Buffelsbaai** ab, wo ein Kreuz an die Entdeckung des Landstriches durch Vasco da Gama erinnert. An die Landung von Bartolomeu Dias im Jahre 1488 gedenkt ein Kreuz bei **Platboom**. Dias bezeichnete das Kap als *„Kap der* das „Kap der Stürme", und in der Tat ist es hier an den meisten Tagen sehr windig. Die *Stürme"* Straße endet an einem großen Parkplatz, von dem aus man zu Fuß oder per Zahnradbahn zum 244 m über dem Meer liegenden Leuchtturm („Historical Lighthouse") gelangt. Von hier hat man einen fantastischen Blick über das Kap der Guten Hoffnung. Ebenso kann man die False Bay sehen. Sie heißt „Falsche Bucht", weil hier früher Schiffe in der Annahme hineinfuhren, dass man auf diesem Wege nach Kapstadt gelange. Der *„Falsche* alte Leuchtturm ist heute nicht mehr in Betrieb. Weiter unterhalb steht ein moder- *Bucht"* ner Leuchtturm („Second Lighthouse"), der einer der lichtstärksten der Welt ist.

Um das Kap fahren jährlich etwa 24.000 Schiffe, damit ist die Strecke heute die häufigste Schifffahrtsroute der Erde. Allerdings befindet sich die südlichste Spitze des Kontinents nicht hier, sondern am noch 150 km weiter südöstlich gelegenen Kap Agulhas (s. S. 409).

Das berühmte Kap der Guten Hoffnung

Table Mountain Nat. Park
(Cape of Good Hope Section)

Scarborough
Kapstadt
M66
Simon's Town
M4
Bonteberg
227 m
Miller's Point
Die Mond
M65
Straußenfarm
Olifants Bay
Thomas
Sirkels Trail
188 m
T. Tucker 1942,
Nolloth 1965
Sirkelsvlei
284 m
Smitswinkel Bay
Olifantsbos Point
Thomas T. Tucker
Shipwreck Trail
319 m
Batstata Rock
False Bay
302 m
Paulsberg 367 m
Venus Pool
Hoek van Bobbejaan
Black Rocks
Tidal Pool
Phyllisia 1968
Da Gama Monument
Bordjiesrif
Gifkommetjie
Diaz Cross
Buffelsbaai
*Atlantischer
Ozean*
Rondeheuwel
96 m
Tania 1972
Muishond Bay
Buffelsfontein
Visitor Center
Platboom
Rooikrans
Vasco da Gama
266 m
Cape of Good Hope
209 m
Cape Point

N

0   4 km

Schiffswrack

© graphic

In den Jahren 2014/15 wird die Nationalpark-Verwaltung ca. 3,5 Mio € in die Verbesserung der Infrastruktur des Table Mountain NP investieren.
Table Mountain National Park, *Cape of Good Hope Section: 110 R Erw./55 R Kinder.
Geöffnet 6–18 Uhr (Okt.–März), sonst 7–17 Uhr. Das Buffelsfontein Visitor Centre, ☏ 021-
780-9204, liegt 7,2 km vom Gate entfernt an der Hauptstraße, ein Stück südlich der Abzweigung zum Vasco da Gama Monument. Am großen Parkplatz am Cape Point (13 km
vom Gate) erhält man ebenfalls Infos. Bei den beiden Centres gibt es Kleinigkeiten zu essen.
www.sanparks.org.*

Chapman´s Peak Drive – Hout Bay

Kurz hinter dem Eingang zum Cape of Good Hope Nature Reserve liegt rechter Hand die **Cape Point Ostrich Farm** (*www.capepointostrichfarm.com, tgl. 9.30–17.30 Uhr*). Hier kann man auf einer Führung mehr über die Straßenzucht erfahren, ein Restaurant gibt es auch.

Zurück Richtung Norden geht es dann auf dem **Chapman's Peak Drive**, einer der atemberaubendsten Küstenstraßen überhaupt. 150 m über dem Meer und 450 m unter dem Gipfel schlängelt sich die 10 km lange Strecke dicht am Felsen und direkt am Abgrund entlang Für die Passage wird eine Maut von derzeit 38 R pro PKW verlangt. Bei schlechtem Wetter kann die Straße gesperrt sein. Infos unter www.chapmanspeakdrive.co.za.

Malerische Aussichten

Der Fischer- und Touristenort **Hout Bay** liegt malerisch an der gleichnamigen Bucht, die im Südosten von Noordhoek Peak und Chapman's Peak sowie im Westen vom Karbonkelberg (653 m) und dem kleineren, aber auffälligeren **The Sentinel** (331 m) umgeben ist. Der Hafen entwickelte sich nach dem 1. Weltkrieg zu einem bedeutenden Standort der südafrikanischen Fischindustrie. Auch heute noch ist die Fischfabrik am südwestlichen Ende des Hafens deutlich sicht- und riechbar. Vom Hafen aus gehen ein- bis mehrstündige **Bootsfahrten** ab, u. a. zur 1.500 m² großen **Duiker Island** (Seehundkolonie mit bis zu 5.000 Seehunden, Vogelwelt).

Mittlerweile ist Hout Bay ein beliebtes Wochenendziel. Neben einem der größten Vogelparks Südafrikas, **World of Birds** (*Valley Road, www.worldofbirds.org.za, tgl. 9–17 Uhr*), locken die Mariner's Wharf mit Shops und Restaurants und der lebendige **Bay Harbour Market** (*31 Harbour Road, www.bayharbour.co.za, Fr 17–21, Sa/So 9.30–16 Uhr*) zu einem Besuch.

An den Twelve Apostles und am Clifton Strand vorbei geht es zurück nach Kapstadt.

Westküste (s. Karte S. 424/425)

Überblick

Die Strecke führt nördlich aus Kapstadt heraus und bis **Lamberts Bay** mehr oder weniger entlang der Küste des Atlantischen Ozeans. 10 km hinter Kapstadt sieht man die berüchtigte Gefängnisinsel Robben Island (s. Kasten S. 345). Von den Küstenorten Table View und Bloubergstrand hat man einen ausgezeichneten Blick auf den Tafelberg. Der Name **Blouberg** leitet sich davon ab, dass der Tafelberg häufig in blauen Dunstfarben zu sehen ist. Hier kann man in einem der Restaurants einen schönen Abend verbringen und dabei die Aussicht auf den angestrahlten Berg genießen. Wer im Sep-

Redaktionstipps

▸ Auf der **Fahrt an der Westküste** im gemütlichen Ons Huisie am Blouberg- strand mit Blick auf den Tafelberg essen, S. 357.
▸ Im **West Coast National Park** Vögel beobachten, S. 377.
▸ Den Erzhafen von **Saldanha Bay** besuchen, S. 379.
▸ **Übernachten** im schönen Fischerort Paternoster, z. B. im Gästehaus Farr Out, S. 381.
▸ **Crayfish** essen, z. B. im Bosduifklip Open-Air-Restaurant bei Lamberts Bay, S. 382.

tember auf dieser Strecke unterwegs ist, sollte einen Abstecher nach **Darling** machen, wo zu der Zeit eine Blumenschau stattfindet.

Die **Saldanha Bay** ist durch zwei Extreme gekennzeichnet: zum einen den **West Coast National Park**, zum anderen den in den 1970er-Jahren angelegten **Erzhafen**. Wer Interesse am Wirtschaftsleben eines Rohstofflandes hat, sollte sich den Hafen *Erzhafen* ansehen, um einen Eindruck davon zu erhalten, mit welchem Aufwand die Rohstoffe transportiert werden. Nur um das Erz von den Minen heranzubringen, wurde eine 860 km lange Eisenbahnstrecke durch wüstenähnliches Gebiet hierhin gebaut. Nördlich davon führt die Strecke vorbei an dem Verwaltungsort Vredenburg und verläuft dann immer parallel entlang der Erzbahn bis nach Lamberts Bay. Mit etwas Glück sieht man währenddessen einen der sehr langen Erzzüge.

Die Strecke von Yzerfontein über Langebaan und Paternoster bis nach Lamberts Bay wird auch als **Seafood Route** bezeichnet, da es hier unzählige Aufzuchtstationen für *Muscheln* Muscheln und Crayfish (Flusskrebse) gibt, die in den nahe gelegenen Restaurants auf *und Crayfish* verschiedenste Weise zubereitet werden. Nördlich geht dieser Teil des Kaplandes über ins Namaqualand, zu dem es aber keine direkte Grenze gibt, da es sich nicht um einen Regierungsbezirk handelt. In der Zeit von Juli bis November ist es möglich, **Wale** an der Küste zu sichten. Die Tiere halten sich gerne in der kühlen Meeresströmung auf, da sie in der Regel nährstoffreicher ist. Dieses Reisegebiet eignet sich hervorragend für einen zweitägigen Ausflug von Kapstadt aus und ist ein Muss für Crayfish-Liebhaber.

Entfernungen		
Kapstadt – Clanwilliam	*ca. 230 km über N7; ca. 280 km über R27, R 399, R365 und R364*	

Zeitplanung	km	Tage
Kapstadt – West Coast N. P.	*ca. 100*	*1–2 Tage (1 Tag Aufenthalt)*
West Coast N. P. – Clanwilliam	*ca. 250*	*1 Tag*

ℹ **Streckenbeschreibung**

Man verlässt Kapstadt im Stadtteil Paarden Eiland über die R27 und folgt dieser Straße bis zum Abzweig zum West Coast N. P. Bloubergstrand, Darling und Yzerfontein sind jeweils ausgeschildert. Vom Park aus kann man der R27 entweder Richtung Lamberts Bay folgen oder aber vorher noch über die R45 und die R399 nach Saldanha Bay und Vredenburg fahren. Bei Velddrif endet die R27, den Küstenabschnitt nach Lamberts Bay und weiter nach Vredendal erschließen verschiedene Schotterstraßen, die auch mit einem herkömmlichen Pkw gut befahren werden können. Von Lamberts Bay nach Clanwilliam führt die R364, die dort die N7 zurück nach Kapstadt kreuzt.

Sehenswertes entlang der Strecke

Darling

Der Ort wurde 1853 gegründet und nach dem Leutnant-Gouverneur der Kapprovinz benannt. In der Umgebung fand die südlichste Schlacht des Anglo-Burischen Krieges statt, und noch heute erinnert ein Monument an die burischen Helden, die sich bis hierher durchgeschlagen haben. In Darling wurden infolge eines nautischen Irrtums auch die ersten Merinoschafe ausgesetzt. Damit begann die Schafzucht im nördlichen Kapland. Heute hält man in der Umgebung auch Rinder und baut trotz der Meeresnähe Wein an.

Am interessantesten sind die **Flower Reserves** rund um den Ort. Während im Sommer hier Kühe grasen, erblühen die Wiesen im Frühling zu einem bunten Teppich. Leider kann man nur zu bestimmten Zeiten im Frühling auf die Farmen fahren, weshalb man sich besser vorher im Tourist Bureau (s. u.) erkundigt. Während der dritten Woche im September findet in Darling die **Wildflower Show** (www.darlingwild flowers.co.za; hier auch Auflistung der Flower Reserves) statt, dann ist die ganze Stadt ein einziges Blütenmeer. Die eigentliche Blütezeit beginnt bereits im August und endet im Oktober. Den Rest des Jahres bietet der kleine Ort recht wenig. *Bunter Blumenteppich*

Wer sich für die Herstellung von Butter interessiert, kann im **Museum** vorbeischauen, das verschiedenste Utensilien zur Butterproduktion zeigt. Weitere Abteilungen widmen sich der Geschichte des Ortes sowie der Entwicklung der regionalen Landwirtschaft.
Darling Museum: *Geöffnet Mo–Fr 9–13 u. 14–16 Uhr (Fr bis 15.30 Uhr), Sa/So 10–15 Uhr. Pastorie Street,* ☏ *022-492-3361, www.darlingtourism.co.za.*

Vorwahl: *022*

i **Information**
Tourist Bureau, *im Darling Museum, Pastorie Street,* ☏ *492-3361, www.darling tourism.co.za.*

Unterkunft
Darling Lodge *$, gepflegtes, kapholländisches B&B mit 6 individuell-eleganten Zimmern. Frühstück sehr gut. Garten mit kleinem Pool. 22 Pastorie Street,* ☏ *492-3062, www.darlinglodge.co.za.*

Restaurant
Bistro Seven, *ist nicht nur Bistro (Steak, Calamari), sondern auch Café mit Heißgetränken und süßen Leckereien. Kleine Terrasse. Di geschlossen. 7 Main Road,* ☏ *492-3626, www.bistrosevendarling.com.*

West Coast National Park

Mit dem Bau des Hafens von Saldanha Bay wurde auch das bereits bestehende Postberg Nature Reserve erweitert, um das Ökosystem der West Coast zu schützen und zu erhalten. Austernfischer, Kormorane und unzählige Möwen besiedeln das Sumpfgelände. Man schätzt die Zahl der Vögel im Sommer auf über 60.000. Es gibt mehrere

Auf der Seite zur Lagune hin lädt der West Coast National Park zum Baden ein

Möglichkeiten, den Park zu erkunden, am eindrucksvollsten ist gewiss ein Kanutrip mit Führer (täglich im Angebot).

Kanu und Wandern   Weniger Sportlichen steht ein motorisiertes Boot zur Verfügung, für Wanderfreunde gibt es eine Reihe von Wanderwegen. Auf längeren Wanderungen kann man in einfachen Unterkünften übernachten. Nähere Auskünfte erteilt die Verwaltung. Im Frühling blühen auch hier unzählige Blumen, von August bis Anfang Oktober ist zudem das private Postberg Nature Reserve am nördlichen Zipfel der Halbinsel für die Öffentlichkeit freigegeben. Wer genügend Zeit hat, kann für den Park und seine Umgebung durchaus einen Extratag einplanen.

Vorwahl: *022*

ℹ️ Information
Cape West Coast Peninsula, *hier gibt es Informationen zu den im Verwaltungsbezirk West Coast Peninsula zusammengefassten Orten:*
Langebaan Info Centre, *geöffnet Mo–Fr 9–17, Sa 9–14 Uhr (Sa nicht Mai–Juli). Bree Street, Langebaan,* ☎ *772-1515, www.capewestcoastpeninsula.co.za.*

👉 West Coast National Park
South African National Parks, ☎ *012-428-9111, www.sanparks.org. Park-Büro,* ☎ *772-2144/5. 128 R Erw./64 R Kinder Hochsaison („Flower Season"), 64 R Erw./32 R Kinder (Nebensaison). Geöffnet April–August 7–18, Sept.–März 7–19 Uhr.*

 **Unterkunft**
Im National Park

Abrahamskraal Cottage $$ *und* **Jo Anne's Beach Cottage** $$ *bieten das Nötigste für Selbstversorger (Dusche, Küche, einfache Einrichtung), letztere mit Meerblick. Buchbar über SANParks, s. o. Als Besonderheit können dort auch* **Hausboote** *z. B. für 6 bzw. 9 Pers. angefragt werden.*

Duinepos Chalets $, *11 einfache, aber hübsch eingerichtete Selbstversorger-Chalets, die nicht von SANParks verwaltet werden. 17 km von Langebaan entfernt,* ☎ *707-9900, www.duinepos.co.za.*

Yzerfontein

Harbour View $$, *6 Meerblick-Zimmer für Selbstversorger mit voll ausgestatteter Kitchenette. Tee und Kaffee inkl., in den teureren Zimmern Zugaben wie Müsli, Kekse und eine Flasche Wein. 8 Arum Crescent,* ☎ *451-2631, www.harbourviewsc.co.za.*

Villa Pescatori $$, *B&B, 4 helle Zimmer mit Blick aufs Meer. Kleiner Pool mit Zugang zum Strand. 7 Beach Road,* ☎ *451-2782, www.villapescatori.co.za.*

Langebaan

The Farmhouse Hotel $$+, *„Klassiker" in Langebaan. Lage in einer romantischen Siedlung von weißen Häusern, die sich alle der Bucht zuwenden – besonders beliebt bei Hochzeitspaaren. Die Zimmer sind gemütlich, das kontinentale Frühstücksbuffet frisch und hausgemacht. 5 Egret Street,* ☎ *772-2062, www.thefarmhousehotel.com.*

Harrison's House $$, *von Lesern hochgelobtes B&B (ausnehmend schöne Zimmer, Pool) des Traveller-Ehepaares Harrison, das seine Gäste nicht nur mit einem kräftigen Frühstück, sondern auch mit wertvollen Tipps zur West Coast versorgt. 75 Harpuisbos Street,* ☎ *772-0727, www.harrisonshouse.co.za.*

 Camping
Ou Skip Park $, *206 Stellplätze und 12 Chalets in Meernähe. Otto du Plessis Drive, Melkbosstrand,* ☎ *021-553-2058, www.ouskip.co.za.*

Yzerfontein Caravan Park $, *nur wenige Chalets, dafür 120 Campingplätze mit Strom, Shop und Restaurant vorhanden. Dolfyn Street, Yzerfontein,* ☎ *451-2211.*

Restaurants
Langebaan

Farmhouse Restaurant, *das Restaurant des gleichnamigen Hotel bietet Lunch und Dinner. Leser lobten den Chicken Pie und den freundlichen Service. Kontaktdaten s. o.*

Die Strandloper, *dieses Open-Air-Seafood-Restaurant serviert auf Holzkohle gegrillten Fisch sowie Hummer und Muscheln. Lunch- (12 Uhr) und Dinner-Buffets (18 Uhr), die sich jeweils über mehrere Stunden hinziehen können. Eine Reservierung wird dringend empfohlen. Am nördlichen Ende von Langebaan, direkt am Strand,* ☎ *772-2490, www.strandloper.com.*

Saldanha Bay

Wie Richards Bay in KwaZulu-Natal wird Saldanha Bay seit den 1970er-Jahren als Massenguthafen für den **Export von Erzen** immer weiter ausgebaut. 120 km nörd-

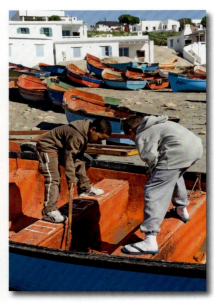

Im kleinen Fischerort Paternoster

lich von Kapstadt in einem strukturschwachen Gebiet gelegen, bot sich die natürliche Bucht geradezu an. Zum einen wurden Arbeitsplätze geschaffen, zum anderen konnte endlich das qualitativ gute Eisenerz aus der Gegend um Sishen effizient verschifft werden, nachdem der Schiffstransport von Port Elizabeth zu umständlich geworden war. Um das Erz von Sishen hierher transportieren zu können, wurde eine 860 km lange **Eisenbahnstrecke** gebaut. 1976 wurde sie zusammen mit dem ca. 75 km² großen, natürlichen Hafen, dem flächengrößten in ganz Afrika, eröffnet. Zu dieser Zeit befand sich die Weltwirtschaft mitten in einer Rezession und zudem wurden die Handelsbeziehungen zu Südafrika weiter beschränkt. Das industrielle Wachstum in der Region Vredenburg-Saldanha blieb daher bescheiden, die großen Industriepläne wurden mittelfristig verschoben, und nur die Fischindustrie war neben dem Erzhafen von Bedeutung.

1977 übernahm der Staat, vertreten durch die SAR&H (South African Railway and Harbour), die Hafenleitung. Seitdem wird der Erzhafen gut genutzt, und die Erzreserve von Sishen (ca. 4 Mrd. t) eröffnet dem Hafen gute Zukunftsperspektiven. Jährlich werden 15 Mio. t Erz von den Zügen über 7 km lange Förderbänder auf die Schiffe verladen, die Kapazität beträgt 8.000 t pro Stunde. Die Züge sind im Schnitt 2,2 km lang und werden von drei großen E-Loks gezogen. Auf diese Weise kann ein Zug 16.000–20.000 t Erz transportieren. Der Hafen ist tief genug, um Frachter mit einer Größe von 250.000 t aufzunehmen. Neben dem Erz wird auch etwas Kupfer aus dem Namaqualand umgeschlagen und in bescheidenem Umfang auch Stückgut. Hierbei handelt es sich zum größten Teil um Obst aus der Region Citrusdal.

Fischerorte Nördlich von Saldanha-Vredenburg liegen die beiden Fischerorte **Paternoster** und **Velddrif**. Besonders ersterer hat noch seine alten Strukturen und Häuser erhalten. Vor den Küsten dieser Orte wird vor allem Crayfish gefangen und in Velddrif die für die Westküste bekannten Bokkems, in Salz eingelegter Fisch, hergestellt. In der Flussmündung des Berg-River nisten häufiger Pelikane und Flamingos.

Vorwahl: *022*

i **Information**
Cape West Coast Peninsula, *hier gibt es Informationen zu den im Verwaltungsbezirk West Coast Peninsula zusammengefassten Orten:*

Saldanha Info Centre, *geöffnet Mo–Fr 9–17 Uhr. Van Riebeeck Street, Saldanha,* ☎ *714-2088, www.capewestcoastpeninsula.co.za. In* Paternoster *ist ebenfalls ein Info Centre,* ☎ *752-2323.*

🛏 Hotels

Farr Out $, *hübsches Gästehaus mit 4 Zimmern (sehr gutes Preis-Leistungs-Verhältnis) vor den Toren des kleinen Fischerdorfes Paternoster. Weiterhin kann man in einem Wigwam nahe des Hauses übernachten oder eine Beach-Buggy-Tour mit dem Gastgeber unternehmen. 17 Seemeeusingel, Paternoster,* ☎ *752-2222, www.farrout.co.za.*

Blue Bay Lodge $–$$, *Gästehaus am Strand. Es können Zimmer, Suiten und Selbstver-sorger-Einheiten gebucht werden. Friedvoll sitzt man auf der Terrasse – zum Frühstück oder bei einem Sundowner – mit Blick aufs Meer. Henry Wicht Avenue, Blouwaterbaai, Saldanha,* ☎ *714-1177/8/9, http://bluebaylodge.co.za.*

Paternoster Dunes $$, *Lodge direkt am Meer mit 5 stilvoll designten Zimmern (3 mit Meerblick) sowie direktem Strandzugang. Im Obergeschoss befindet sich eine tolle Lobby, wo man in Büchern stöbern und auf der Terrasse den Sonnenuntergang genießen kann. Der Tipp für Paternoster, bereits von mehreren Lesern empfohlen! 18 Sonkwas Street, Bekbaai, Pater-noster,* ☎ *752-2217, www.paternosterdunes.co.za.*

⚠ Camping

Saldanha Holiday Resort $, *kommunaler Platz mit Camping-Einheiten und Cot-tages für 4–6 Pers. Private Bag X12, Vredenburg 7380,* ☎ *714-2247, www.saldanha bay.co.za.*

Lamberts Bay

Der 1913 gegründete Ort ist nach Sir Robert Lambert benannt, dem Commander der Marinestation in Kapstadt (1820–21), und war zunächst nur ein verträumtes Fi-scherdorf. Doch schon bald hielten sowohl die Fischindustrie als auch der Tourismus Einzug. Die kalten Meeresströmungen vor der Küste schufen ausgezeichnete Fangbe-dingungen, und besonders der Crayfish aus diesen Gewässern ist im ganzen Land be-rühmt. Viele Kapstädter kommen am Wochenende extra hierher, um diese Delika-tesse frisch gefangen zu verzehren.

Commander Lambert

Doch auch die Blumen verleihen dieser Gegend einen besonderen Reiz, im Frühling blüht das ganze Umland. Auf einen Spaziergang über den Damm nach Bird's Island sollte man nicht verzichten. Hier kann man Kormorane, Pinguine und unzählige Möwen beobachten. Wer einmal mit einem Crayfishboot aufs Wasser möchte oder vielleicht eine Crayfishfabrik besuchen will, hat hier die Gelegenheit dazu. Nähere Informatio-nen dazu erteilt das Touristenbüro.

Im Ort gibt es außerdem ein kleines Museum, in dem neben antiken Möbeln auch eine 300 Jahre alte Bibel in hoch-niederländischer Sprache ausgestellt ist.

Sandveld Museum: *Church Street,* ☎ *027-432-1000.*

Vorwahl: *027*

ℹ Information
Tourist Information, *Nr. 5 Medical Center, Hoof Street,* ☎ *432-1000, www.lam bertsbay.co.za.*

🛏 Unterkunft
Lambert's Bay Hotel $–$$, *dieses komfortable 47-Zimmer-Haus in der Nähe des Strandes bietet saubere und angenehme Unterkunft. Gute Frühstücksauswahl. Pool. 72 Voortrekker Street, Lamberts Bay,* ☎ *432-1126, www.lambertsbayhotel.co.za.*
Grootvlei Guest Farm $, *7 Zimmer mit Meer- oder Gartenblick in zwei Häusern. Ideal für Strandspaziergänge und Vogelbeobachtung. 4 km südlich des Ortes,* ☎ *432-2716, www.grootvleiguestfarm.co.za.*

⚠ Camping
Lamberts Bay Caravan Park $, *moderner Campingplatz mit 270 Stellplätzen nördlich des Ortes, nahe Korporasie Street,* ☎ *432-2238.*

🍴 Restaurants
Bosduifklip Open-Air-Restaurant, *das „Restaurant" befindet sich unter einem Felsvorsprung. Hier gibt es sowohl Crayfish als auch alle Arten von typischen „Binnenlandgerichten". Der Besitzer betreibt eigentlich die anliegende Farm, kam aber auf die ungewöhnliche Idee, hier ein Restaurant zu eröffnen, nachdem dieser Platz schon für mehrere Familienfeiern genutzt worden war. Anmeldung ist erforderlich, und es wird nur gekocht, wenn mindestens 8 Personen kommen. An Wochenenden ist das aber kein Problem, und ein Besuch hier ist ein Erlebnis! 4 km östlich Richtung Clanwilliam,* ☎ *432-2735, http://bosduifklip.co.za.*
Funky Tastebuds, *exzellentes, üppiges Frühstück und ebensolcher Brunch in angenehmer Atmosphäre mit sehr gutem Service. 68 Voortrekker Street,* ☎ *432-1796.*

Anschluss-Strecken

▸ Ins **Namaqualand** und nach **Namibia** über die R364 nach Clanwilliam und von hier die N7 nach Norden (siehe Namaqualand, S. 311).

▸ Von Lamberts Bay aus hat man auch die Alternative, auf unbefestigten Straßen weiter entlang der Küste zu fahren, um erst bei Vredendal und Klawer auf die N7 zu wechseln.

▸ Richtung **Augrabies Falls/Kgalagadi Transfrontier Park** ebenfalls über Clanwilliam, von hier aus die N7 nach Norden bis Springbok, dann weiter nach Westen auf die N14 Richtung Upington.

Kapstadt – Weinanbauzentren Paarl und Stellenbosch – Vier-Pässe-Fahrt über Franschhoek

Überblick

Diese Route führt in das vielleicht **schönste Weinanbaugebiet der Welt**. Vor der Kulisse blau-violetter Berge erstrecken sich Weinfelder, in denen idyllische Güter liegen. Eine „**Weinroute**" verläuft von Weinkellerei zu Weinkellerei, wo man bei einem guten Essen die Kap-Kreszenzen kosten kann. Ebenso finden sich hier beste Zeugnisse des kapholländischen Baustils, insbesondere in Stellenbosch. In Paarl dokumentiert das Sprachendenkmal den Stolz des Landes auf die eigenständige Sprache „Afrikaans". Und im Verlauf der **Vier-Pässe-Fahrt** erlebt man die landschaftlichen Höhepunkte dieser Region. Franschhoek erinnert dann durch das Hugenotten-Denkmal an die Besiedlungsgeschichte dieses Landstrichs.

Redaktionstipps

▶ **Übernachten** in einem der atmosphärischen Landgasthäuser, z. B. Mountain Shadows in Paarl (S. 390), 22 Die Laan in Stellenbosch (S. 397) oder La Provence in Franschhoek (S. 402). Hochklassiger wohnt man im Palmiet Valley Estate in Paarl (S. 391), im Delaire Graff in Stellenbosch (S. 397) oder im Le Quartier Français in Franschhoek (S. 402) – alle mit hervorragenden **Restaurants**.
▶ **Noch ein Restauranttipp**: Das Restaurant Babel auf der Farm Babylonstoren, s. S. 403.
▶ **Weinprobe** in den KWV-Weinkellereien in Paarl (S. 389), im Vergelegen Wine Estate in Somerset West (S. 399) oder auf einem der vielen anderen Weingüter entlang der Route.
▶ **Sehenswürdigkeiten**: das Afrikaans Language Monument in Paarl (S. 389), das Stellenbosch Village Museum (S. 395) und das Hugenotten-Denkmal in Franschhoek (S. 400).
▶ **Landschaft genießen** auf der Vier-Pässe-Fahrt (S. 398).

Planungsvorschläge	km	Tage
Kapstadt – Paarl (über N1)	*61 km*	*1 Tag*
Paarl – Stellenbosch	*31 km*	*1 Tag (mit Weinroute + 40 km)*
Stellenbosch – Vier-Pässe-Fahrt – Stellenbosch (über Somerset West, Sir Lowry's Pass, Viljoen's Pass, Franschhoek Pass, Franschhoek, Helshoogte Pass, Stellenbosch)	*124 km*	*1 Tag*
gesamt	*216 km*	*3 Tage*
mit 40 km Weinroute	*256 km*	*4 Tage*

Weinanbau im Kapland

Jan van Riebeeck, der erste Gouverneur am Kap, erkannte schnell, dass sich das Klima am südlichen Ende Afrikas hervorragend für den Weinanbau eignete. Unermüdlich mahnte er die Herren der Niederländisch-Ostindischen Handelsgesellschaft, ihm Rebstöcke aus Deutschland, Frankreich und Spanien zu schicken. Bereits 1656 – nur sieben Jahre nach seiner Ankunft – erntete er den ersten Wein. Am

Weinberg bei Stellenbosch

2. Februar 1659 schrieb van Riebeeck in sein Tagebuch: „Heute, der Herr sei gepriesen, wurde erstmals aus Kaptrauben Wein gepresst" (aus: Grütter/Zyl: Die Geschichte Südafrikas).

Kommandeur Simon van der Stel ließ im Jahr 1680 über 100.000 Rebstöcke im Constantia Valley anpflanzen, das an der östlichen Seite des Table Mountain und im klimatischen Einfluss des Ozeans gelegen ist. Kurz darauf wurden hier die weltberühmten **Constantia-Dessertweine** hergestellt, die schnell einen ausgezeichneten Ruf an den Höfen Europas erlangten. Selbst Napoleon soll im Monat mehr als zwei Dutzend Flaschen davon getrunken haben. Einen weiteren Qualitätsschub erhielt der südafrikanische Weinanbau, als 1688 **Hugenotten-Familien aus Frankreich** Zuflucht in den Tälern des Kaplands suchten. Sie brachten Erfahrung im Weinanbau und differenzierte Kellereikenntnisse (die den ersten holländischen Siedlern fehlten) aus Bordeaux, Burgund und der Provence mit. Damit hatte man nun auch das Know-how, um Südafrika zu einem der besten Weinanbaugebiete der Welt weiterzuentwickeln. Die Kapweine erlangten immer mehr Berühmtheit, nicht zuletzt wegen der weltumspannenden Verflechtungen der Niederländisch-Ostindischen Handelsgesellschaft, die Länder zwischen Europa und Batavia (heutiges Jakarta/Indonesien) versorgte.

Heute produzieren Südafrikas 3.900 Weinfarmer (viele im Nebenberuf) auf gut 102.000 Hektar etwa 850 Mio. Liter Wein. Damit liegen sie an 9. Stelle in der Welt. Dieser Erfolg ist dem systematischen Ausbau der südafrikanischen Weinwirtschaft zu verdanken, die stark exportorientiert ist, da der produzierte Wein nicht im Lande selbst getrunken werden kann. Für die Einheimischen hat der Drang zum Export eine bittere Seite: Die besonders guten Weine werden nur in limitierten Mengen auf dem heimischen Markt angeboten.

Klimatische und geografische Rahmenbedingungen

Die südafrikanischen Weinbaugebiete haben etwa die gleiche Breitenlage wie die Weinanbaugebiete am Mittelmeer. Der kalte Benguelastrom an der Atlantikküste mildert die sommerliche Hitze, und da der meiste Regen im Winter fällt, ist ein optimales Wachstumsklima gesichert. Reben sind Tiefwurzler und können sich auch in trockenen Sommern mit Feuchtigkeit aus tieferen Bodenschichten versorgen. Ausgeglichene klimatische Bedingungen gewährleisten qualitativ und

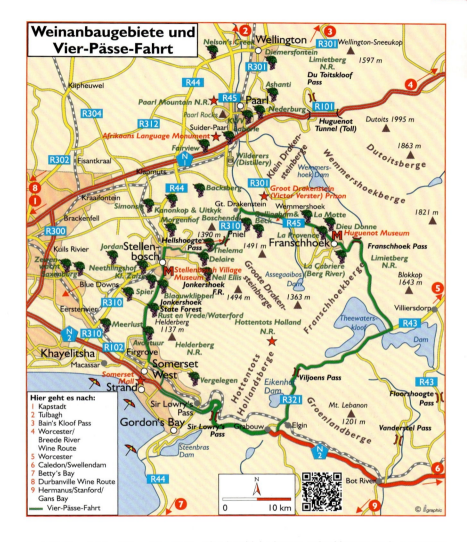

Weinanbaugebiete und Vier-Pässe-Fahrt

Hier geht es nach:
1 Kapstadt
2 Tulbagh
3 Bain's Kloof Pass
4 Worcester/
  Breede River
  Wine Route
5 Worcester
6 Caledon/Swellendam
7 Betty's Bay
8 Durbanville Wine Route
9 Hermanus/Stanford/
  Gans Bay
— Vier-Pässe-Fahrt

0   10 km

quantitativ gleichmäßige Jahrgänge. Gleichwohl bedingen Mikroklimate und Böden regionale Unterschiede. So sind die Weinanbaugebiete Südafrikas in **16 markante Ursprungsgebiete** unterteilt. Ähnliche Lage sowie gleiche Böden und gleiches Klima gelten als Kriterien für die Gebietsklassifizierung. 61% der in Südafrika angebauten Weintrauben sind weiß, 33 % rot, 6% gelten als Tafeltrauben. 47% der Weinproduktion wird exportiert.

Die dargestellten Anbaugebiete lassen sich zu **drei großen Weinanbauregionen** zusammenfassen:

1. Küstenregion (coastal region)

Gebiete: Stellenbosch, Constantia, Durbanville, Paarl, Swartland und Hermanus. Der kalte Nordwestwind sorgt im Winter für Regenfälle, die sommerlichen Südostwinde dagegen mildern die Hitze. In diesem Raum werden Südafrikas beste Rot- und Weißweine produziert: Cabernet Sauvignon, Shiraz, Pinotage, Pinot Noir und Cinsaut; Chardonnay, Riesling, Clairette, Blanche und Chenin Blanc.

2. Boberg-Region

Hierbei handelt es sich um die von Gebirgsketten geschützten und deshalb wärmeren Gebiete von Paarl, Wellington und Tulbagh. Sie sind zudem durch unterschiedliche Bodentypen geprägt, daher wachsen hier verschiedenste Trauben, aus denen beste Rieslinge, Gewürztraminer und auch Pinotage-, Port- und Schaumweine sowie Sherrys hergestellt werden.

3. Breede River Valley/Karoo

Gebiete: Worcester, Robertson, Swellendam sowie die Kleine Karoo. Die Böden bestehen aus kalkhaltigem Schwemmsanden, gelegentlich auch Schiefer. Bei Niederschlägen unter 450mm/Jahr (oft auch nur 200mm/Jahr) und den heißen Sommern ist eine Bewässerung unumgänglich. Bekannt sind diese Anbaugebiete für ihre sehr trockenen Weißweine (Chardonnay), ebenso werden hier ausgezeichnete Muskat- und andere Süßweine produziert.

Das **amtliche südafrikanische Weinsiegel** befindet sich am Flaschenhals. 1972 führte die Regierung ein differenziertes System zur Klassifizierung und Kontrolle der südafrikanischen Weine ein, wobei man sich an europäischen Bestimmungen orientierte. Vorgeschrieben ist die Angabe der Herkunft, der Sorte, des Jahrgangs und der Lage, außerdem wurden Begriffe wie „Estate" und „Superior" festgelegt. So ist die Bezeichnung „Estate" ca. 40 bestimmten Weinkellereien gestattet. Die Bezeichnung „Superior" garantiert, dass der Wein zu 100% aus der angegebenen Rebsorte gekeltert wurde.

Paarl

👉 Hinweis

Paarl ist ein Straßendorf und erstreckt sich über 14 km von Süden nach Norden. Deshalb sollte man sich hier mit einem Mietwagen bewegen.

Paarl ist eine der ältesten Siedlungen des Hinterlandes und liegt in 132 m Höhe an den Ufern des Berg River. Das Tal erhält rund 700 mm Niederschlag pro Jahr, davon 80 % im Winter. Da die **Böden sehr fruchtbar** sind, wurde bereits früh damit begonnen, verschiedene Obst- und Gemüsesorten anzubauen. Dies wiederum bildete die Grundlage für die Konservenfabriken. Der erste bedeutende Industriezweig war jedoch der Wagenbau. Die Granitberge lieferten Steine für Grabsteine. Heute zählt die Stadt ca. 112.000 Einwohner.

Granitberge

Bereits die San und Khoi-Khoi schätzten die guten Weidegründe unterhalb des von ihnen benannten „Schildkröten-Felsens", bis dann der Wissenschaftler Abraham Gabbema als erster Europäer 1657 in das Tal kam. Ihm erschien der sonnenbeschienene Granitfelsen nach einem Regen oder im Morgentau in perlenähnlichen Farben, weshalb er ihn **Peerlberg** (Pearl Rock) taufte. 1687/88 erfolgte die erste Landvergabe an

Die perlenfarbenen Berge gaben der Stadt ihren Namen

französische Hugenotten, die das gute Klima für den Weinanbau erkannten und die ersten Güter gründeten: Picardie, La Concorde, Nancy und **Laborie** (heute in Besitz der **KWV (4)**, s. auch unter **Restaurants**). Notgedrungen zogen die Khoisan allmählich nordwärts.

Die Stadtgeschichte begann um 1720 mit dem Bau der ersten Kirche sowie der Anlage der Main Street samt der charakteristischen Eichen. Viele der historisch bedeutsamen Gebäude wurden zwischen 1710 und 1760 errichtet, so z. B. die **Oude Pastorie (1)** im Jahr 1714. Die Pfarrei wurde 1937 von der Stadt Paarl gekauft, restauriert und in das **Paarl Museum** umgewandelt, in dem man alte Möbel, Silber-, Kupfer- und Messinggegenstände sowie Glas besichtigen kann. *Schöne Main Street*
Paarl Museum: 5 R Erw. Geöffnet Mo–Fr 9–16, Sa 9–13 Uhr. 303 Main Street, ☎ 021-872-2651.

Die ebenfalls an der Main Street gelegene **Strooidakkerk (3)** (Strohdach-Kirche) wurde am 28. April 1805 eingeweiht. Angeblich basiert sie auf einem Entwurf von Louis Michael Thibault, dem berühmtesten Architekten der damaligen Zeit. Normalerweise ist die Kirche geschlossen, doch kann man im Kirchenbüro um Zutritt bitten.

Paarl und die afrikaanische Sprache

Eine große Rolle spielte Paarl bei der Etablierung der Sprache Afrikaans. Großen Anteil daran hatte der aus Holland stammende Arnoldus Pannevis, der am Gymnasium der Stadt klassische Sprachen unterrichtete. Ihm fiel in den 1870er-Jahren auf, dass die eigentlich holländische (niederländische Sprache) von den meisten anderen Einwanderern nicht mehr verstanden wurde. Aufgrund der geografischen Isolierung hatten diese die Beziehung zum Hoch-Niederländisch verloren, zudem veränderte sich die Sprache noch durch den Einfluss immigrierter Franzosen und Deutscher, ja sogar der Malaien und Khoi-Khoi. Nach der Überzeugung Pannevis' war so bereits eine eigenständige Sprache entstanden: das **Afrikaans**. Er diskutierte diese Beobachtung in Kollegenkreisen.

Paarl

Sehenswürdigkeiten
1. Oude Pastorie (Paarl Museum)
2. Afrikaans Language Museum (Taalmuseum)
3. Strooidakkerk
4. KWV-Kellereien
5. Afrikaans Language Monument (Taalmonument)
6. Nederburg
7. Nelson's Creek
8. Fairview, Backsberg, Wilderers Distillery

Unterkünfte
1. Grande Roche
2. Zomerlust Guest House
3. Pontac Estate
4. Rodeberg Lodge
5. Mountain Shadows
6. Palmiet Valley Estate
7. Bergriver Resort

0   0,5   1 km

Malmesbury

Alphorex St.

Optenhorst Oosbosch

Sanddrift St.

Kweek St.

Berg River Boulevard

Le Joubert

Plein St.

Dorp St.

Ambagsvallei St.

Huguenot St.

Klein Dakenstein Rd.

Lady Grey Street

Du Toit

Aurora St.

Main Street

Pastorie Ave.

Berg

Jan Phillips Mountain Dr.

Market Street

Langenhoven Street

Du Toitskloof Pass

Paarl Mountain Nature Reserve

Auret St.

Devine St.

Zion St.

Jan van Riebeeck Drive

Juno Shop

Haarlem St.

Berg

Klein Parys

R301

Worcester

R45

Grand Roche

Plantasie St.

Treurnich St.

Berg River Boulevard

Berg

Enslin St.

Vendôme

The Mason's Winery

Cecilia St.

Jan Philips Mountain Dr.

Kohler St.

Paarl Train Station

Arborétum Ave.

Laborie

Jones St.

Paarl Mall

Paarl Golf Club

Kapstadt

Franschhoek

© graphic

Am 14. August 1875 kam es im Haus des Farmers Gideon Malherbe, der mit der Tochter des Gymnasialdirektors verheiratet war, zu einer historisch bedeutsamen Versammlung: Man gründete die **Genootskap van Regte Afrikaners** (Gemeinschaft der echten Afrikaaner), die sich u. a. der Erforschung der Afrikaans-Sprache widmete. Innerhalb dieser Institution wurde am 15. Januar 1876 im Haus von Malherbe auch die erste afrikaanse Zeitung, „Die Patriot", gedruckt und Afrikaans damit zur Schriftsprache erhoben. Wortschatz und Grammatik wurden aufgelistet, aber erst 1925 wurde Afrikaans neben Englisch als Amtssprache in Südafrika akzeptiert. Heute hat Afrikaans in alle Gebiete der Kultur und Wissenschaft Einzug gehalten.

Über die Entstehung und Entwicklung der Afrikaans-Sprache kann man sich im **Afrikaans Language Museum (2)** informieren, das im ehemaligen Haus von Gideon Malherbe untergebracht ist. An die Entstehung der Afrikaans-Sprache erinnert auch das **Afrikaans Language Monument (5)**. Der Entwurf dieses Denkmals stammt von dem Architekten Jan van Wyk, der sich dabei von Aussagen der Dichter C. J. Langenhoven und N. P. van Wyk Louw inspirieren ließ. Das am 10. Oktober 1975 eingeweihte Monument besteht aus Granit der Umgebung, der zermalmt und zu Beton verarbeitet wurde. Die drei miteinander verbundenen Säulen links am Eingang versinnbildlichen den Anteil Afrikas, Englands und Hollands an der Entstehung der afrikaansen Sprache. In einem Bogen schwingt sich dann eine Verbindung zur 57 m hohen, hohlen Säule hinüber, die das Afrikaans symbolisiert. Der weder aus Europa noch aus Afrika stammenden malaiischen Sprache wird durch die kleine Mauer in der Mitte des Treppenaufgangs Gestalt verliehen. Neben der Sprachensäule ragt aus dem Wasser die Republiksäule (26 m hoch) empor, ein eher politisch gedachtes Symbol, das durch seine Öffnung die Aufgeschlossenheit nach Afrika hin darstellen soll. Diese Säule steht stellvertretend für zwei Staaten Europas (Großbritannien und die Niederlande), die an der Entstehung der Republik Südafrika beteiligt waren. Die drei gerundeten Formen im Innenkreis repräsentieren Wunder, Geheimnis und Tradition Afrikas.

Sprach-monument

Schön angelegte **Wanderwege** mit Ausblick auf Table Mountain, Paarl, False Bay und das Weinland sowie viele bunte Blumen (auch Proteen) umgeben das Monument. **Afrikaans Language Museum (Taalmuseum)**: *20 R Erw./5 R Kind. Geöffnet Mo–Fr 8.30–16.30 Uhr. 11 Pastorie Avenue, ☏ 021-872-3441, http://taalmuseum.co.za.* **Afrikaans Language Monument (Taalmonument)**: *20 R Erw./5 R Kind. Geöffnet tgl. 8–17 Uhr (Dez.–März bis 20 Uhr). Gabbema Doordrift Street, Paarl Mountain, ☏ 021-863-4809 o. -0543, http://taalmuseum.co.za.*

Nicht entgehen lassen sollte man sich einen Besuch der **KWV-Kellereien (4)**. Hinter dieser Abkürzung verbirgt sich die **Koöperatieve Wijnbouwers Vereniging**, die größte südafrikanische Winzergenossenschaft, die bereits 1918 gegründet wurde und jährlich große Mengen an Wein und Spirituosen produziert. Die KWV vermarktet ihren Wein außerhalb Südafrikas, der größte Abnehmer ist Großbritannien. Mittlerweile werden die Erzeugnisse in über 30 Länder exportiert. Etwa 35 Mio. Liter Wein lagern in den Kellereien, wobei die geräumigsten Holzfässer mehr als 200.000 Liter fassen! In den 1980er-Jahren stammten 90 % des exportierten Weins von der

Winzerge-nossenschaft

KWV, heute mischen noch viele andere Genossenschaften im Exportgeschäft mit. KWV-Marken sind u. a. Roodeberg, Laborie und Golden Kaan. Im Laborie (s. unter **Restaurants**), dem Vorzeige-Weingut in der Taillefert Street am Fuße des Paarl Mountain, kann man die Weine gemeinsam mit einem guten Essen genießen. Herausragende Weine (auch Portweine) der Genossenschaft: Weißweine sowie der Shiraz von Laborie, die Top-Reihe von KWV (The Mentors, Abraham Perold Shiraz, Hanepoot Jerepigo, Red Muscadel, Full Tawny Port) und die (süßen) Sherrys.

KWV-Kellereien: *Weinprobe Mo–Sa 9–16.30, So 11–16 Uhr. Touren Mo–Sa 10, 10.30 u. 14.15 (engl.), 10.15 (deutsch), So 11 Uhr (engl.). Lohnend ist die „Technical Tour", die die Produktion näher beleuchtet (Reservierung nötig!). Kohler Street,* ☎ *021-807-3007/8, www.kwvwineemporium.co.za und www.kwv.co.za.*

Rund um Paarl liegen weitere, über die Landesgrenzen hinaus **bekannte Weingüter**, die es sich zu besuchen und wo es sich zu probieren lohnt:

Beste
Tropfen

Nederburg (6), hier findet alljährlich eine der großen südafrikanischen Weinauktionen statt. *www.nederburg.com.za.*

Nelson's Creek (7) wurde 1996 als erstes Gut bekannt, auf dem schwarzen Arbeiterfamilien Land zum eigenen Weinanbau überschrieben wurde: als Belohnung für gute Arbeit. *www.nelsonscreek.co.za.*

Fairview (8) ist eines der meistbesuchten Weingüter der Region. Der Grund dafür ist weniger sein Wein, sondern seine Spezialisierung auf Besuche von Familien mit Kindern sowie der gute Weichkäse, der hier aus Ziegen- und Schafsmilch hergestellt wird. *www.fairview.co.za.*

Backsberg (8), wo es neben hervorragenden Weinen ein Restaurant gibt, in dem während der Sommermonate (Rest des Jahres nur sonntags) ein Karoo-Lamm direkt vom Grill serviert wird. *www.backsberg.co.za.*

Vorwahl: *021*

ℹ️ Information

Paarl Tourism Associaton, *216 Main Road*, ☎ *872-4842, www.paarlonline.com. Geöffnet Mo–Fr 8–17, Sa/So 10–13 Uhr.*

🛏️ Unterkunft

Rodeberg Lodge $ (4), *zentral gelegen. Viktorianisches Haus mit 6 Zimmern. Persönliche Atmosphäre, super Frühstück. Der Preis-Leistungs-Tipp! 74 Main Street,* ☎ *863-3202 www.rodeberglodge.co.za.*

Mountain Shadows $–$$ (5), *historische Wein- und Olivenfarm im kapholländischen Stil, innerhalb der Weinfelder des Drakenstein Valley gelegen. Gutes Essen und edle Weine. Schotterpiste an der Keerweder Road, Klein Drakenstein (ausgeschildert),* ☎ *862-3192, www.mountainshadows.co.za.*

Zomerlust Guest House $$ (2), *14-Zimmer-Gästehaus (8 Zimmer im Haupthaus; 4 im alten Stall – Tipp!) in schön restaurierter 19.-Jh.-Villa mit romantischem Ambiente. Das Haus hat illustre Zeiten erlebt, als sein erster Besitzer, ein Cognac-Produzent, rauschende Feste gab.*

Der Alkohol floss damals unter der Straße durch eine „Pipeline" in die heutige Kellerbar. Schöner Garten, Pool und Restaurant. 193 Main Street, ☎ 872-2117, www.zomerlust.co.za.

Pontac Manor $$–$$$ **(3)**, mitten im Ort, aber ruhig. Große Zimmer (und Bäder), geschmackvoll und dezent eingerichtet. Restaurant und Bars (guter Weinkeller). Zwei Pools sowie überdachte Veranda mit Blick auf den parkähnlichen Vorgarten. Im Garten kann man unter schattigen Bäumen entspannen. 16 Zion Street, ☎ 872-0445, www.pontac.com.

Grande Roche Hotel $$$–$$$$$ **(1)**, erstklassige Fünf-Sterne-Herberge auf einem historischen Weingut. Ruhig und idyllisch gelegen. Die Suiten verteilen sich u. a. auf den ehemaligen Stall, das Kutschenhaus, die ehemaligen Sklavenquartiere, aber auch auf die Gärten, die das Haus umgeben. Restaurant Bosman's (s. u.), Bistro und Zigarren-Bar. Plantasie Street, ☎ 863-5100, www.granderoche.com.

Palmiet Valley Estate $$$–$$$$$ **(6)**, luxuriös eingerichtetes Country-Hotel mit exquisiter Küche! Die Gästezimmer befinden sich in den im kapholländischen Stil erbauten Herrenhäusern, die Cottages verfügen über eigenen Garten. Ideal für Golfer, mehrere Plätze in unmittelbarer Nähe. P.O. Box 9085, Klein Drakenstein/Paarl, ☎ 862-7741, http://palmietvalleyestate.co.za.

⚠ Camping

Camper's Paradise/Berg River Resort $+ **(7)**, Familienresort, Camping und einfache Chalets. Kanuvermietung, Pool mit Rutsche, Minigolf und Trampoline. R303, South Paarl, ☎ 863-1650, www.bergriverresort.co.za.

🍴 Restaurants

Achtung: Die Restaurants auf den Weingütern haben nicht alle täglich geöffnet. Also vor dem Besuch besser erkundigen.

Bosman's, Fine Dining im Grande Roche Hotel (s. o.). Sehr vornehmes Restaurant mit Cape-Dutch-Gerichten, typischen südafrikanischen Speisen sowie preisgekrönten Weinen. Bilderbuch-Aussicht auf die Berge und das Weinanbaugebiet.

Harvest at Laborie, Restaurant auf dem bekannten, KWV-eigenen Gut. Exquisite regionale Küche, Gemüse und Kräuter stammen aus dem hauseigenen Garten. Herausragend sind hier selbstverständlich die Weine! Taillefer Street, ☎ 807-3095, www.harvestat laborie.co.za.

Hildenbrand's Wine & Olive Estate, hier gibt es alles, was die Farm selbst hergibt, z. B. Schnecken in Knoblauchsauce. Zudem gute Auswahl an Kapgerichten (Biltong, Bobotie u. a.). Di–So 8.30–16 Uhr. Klein Rhebokskloof, Wellington (12 km nördlich von Paarl), ☎ 072-133-9919, www.wine-estate-hildenbrand.co.za.

Wilderers Destillery **(8)**, die kleine Destillerie produziert einen erstklassigen Grappa, aber auch anderes Hochprozentiges, z. B. einen leckeren Kräuterschnaps. Di–Sa Lunch und Dinner (So nur Lunch) mit deutschen und italienischen Gerichten (hausgemachte Pasta) im **Ristorante Pappa Grappa** (vorher anmelden!). 3 km südl. von Paarl an der R45 Richtung Franschhoek, ☎ 863-3555, www.wilderer.co.za.

▶ Golf

Paarl Golf Club, 18 Löcher, 6.260 m. Sattgrüner Kurs unter hohen Kiefern. Nebenher plätschert der Berg River und der malerische Kurs besticht auch durch die exotischen Bäume. Der Kurs gilt als „fair" und ist somit gut geeignet für Anfänger. 848 Wemmershoek Road, ☎ 863-1140, www.paarlgolfclub.co.za.

So schön liegt Stellenbosch

Stellenbosch

Stellenbosch liegt 111 m über dem Meer in einem sehr fruchtbaren Tal am Eerste River. Die zweitälteste Stadt Südafrikas (ca. 77.000 Einwohner) ist bekannt als Zentrum *Universitäts-* eines der besten südafrikanischen Weinanbaugebiete und als Sitz der renommierten *stadt* Stellenbosch-Universität (1866 als Gymnasium gegründet, seit 1918 Universitätssta-tus), an der derzeit ca. 28.000 Menschen studieren. Außerdem ist Stellenbosch be-rühmt für seine reiche **historische Bausubstanz**. Von allen Siedlungen, die am Kap während der Zeit der Niederländisch-Ostindischen Handelskompanie gegründet wur-den, hat Stellenbosch das historische Flair am besten konserviert. So kann man in die-sem idyllisch gelegenen Städtchen hervorragende Zeugnisse kapholländischer, geor-gianischer und viktorianischer Architektur besichtigen.

Die Stadt ist eine **Gründung Simon van der Stels**. Auf einer Inspektionsreise ins Landesinnere kam der neu ernannte Gouverneur in das Gebiet und wurde von der Schönheit der Landschaft gefangen genommen, zumal in dieser Zeit viele Blumen blüh-ten und der Eerste River aufgrund der winterlichen Regenfälle viel Wasser führte. Die *„Van der* Stelle, an der van der Stel campierte, nannte man alsdann Stellenbosch („van der Stel's *Stel's Busch"* Busch"). Bereits 1680 ließen sich die ersten Siedler hier nieder und begannen mit dem Getreideanbau. Ihnen wurde so viel Grund zugesprochen, wie sie selbst bewirtschaf-ten konnten. Sie bauten gemütliche, strohgedeckte Häuser mit dicken, wärmeabwei-

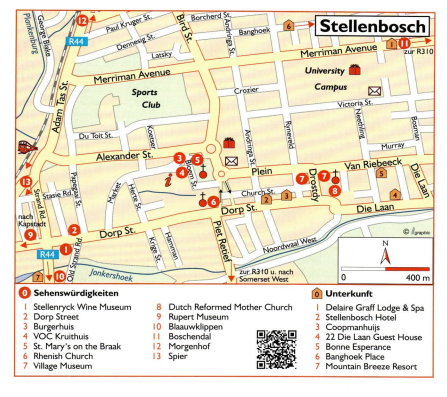

Stellenbosch

Sehenswürdigkeiten

1 Stellenryck Wine Museum
2 Dorp Street
3 Burgerhuis
4 VOC Kruithuis
5 St. Mary's on the Braak
6 Rhenish Church
7 Village Museum
8 Dutch Reformed Mother Church
9 Rupert Museum
10 Blaauwklippen
11 Boschendal
12 Morgenhof
13 Spier

Unterkunft

1 Delaire Graff Lodge & Spa
2 Stellenbosch Hotel
3 Coopmanhuijs
4 22 Die Laan Guest House
5 Bonne Esperance
6 Banghoek Place
7 Mountain Breeze Resort

senden Wänden, die weiß gekalkt wurden. Fenster und Türen gestalteten Handwerker aus hartem Yellowwood oder Stinkwood. Die angelegten Straßen wurden von Furchen gesäumt, die Wasser an jedes Haus brachten. Außerdem pflanzte man schattenspendende Eichen, die größtenteils noch heute stehen und mittlerweile zum „National Monument" erklärt worden sind. Sie verliehen der Stadt auch ihren Spitznamen: Eikestad, die **Eichenstadt**.

Doch Stellenbosch war von Anfang an nicht nur als eine landwirtschaftliche Hochburg gedacht. Bereits 1682 wurde der Ort Sitz einer örtlichen Behörde und 1685 sogar Gerichtsort für ein Gebiet von rund 25.000 km² (das gesamte Kaphinterland). Der Magistrat kontrollierte die Jäger, die Forschungsreisenden und die Pioniere, die weiter ins Landesinnere vorstießen. Das Stellenbosch der damaligen Zeit war Grenzstadt zum unbesiedelten Südafrika (mit Steuerstelle und „law and order"): Unmittelbar hinter den Stadtgrenzen begann afrikanische Wildnis. Van der Stel liebte seine Gründung so sehr, dass er jedes Jahr anlässlich seines Geburtstages hierher kam. Er war stets Schirmherr eines Jahrmarktes mit Schießwettbewerben, Spielen und einem Festmahl. Und wie auch im Constantia Valley forcierte er hier den **Weinanbau**. Die

Zentraler Ort

Geschichte der Stadt wird allerdings von drei großen Feuern überschattet. 1710 zerstörte ein Brand viele alte Häuser, die man jedoch wieder aufbaute.

Morgens am ruhigsten

Die **reizvolle Atmosphäre**, die herrlichen kapholländischen Häuser, die alten Eichen und manchmal auch die blau-violett blühenden Jacarandas werden dem Besucher unvergesslich bleiben. Leider ist die Stadt tagsüber ziemlich überlaufen. Kleine und große Touristenbusse aus Kapstadt quälen sich durch die Straßen, und die Besucher strömen zu den Sehenswürdigkeiten. Daher besichtigt man Stellenbosch lieber am frühen Vormittag oder abends, wenn viele Touristen wieder nach Kapstadt zurückfahren.

Sehenswertes

Stellenryck Wine Museum (1)

In diesem Museum dreht sich alles die Herstellung und die Geschichte des Weines. Gezeigt werden Werkzeuge zur Weinherstellung, eine Weinpresse aus dem späten 18. Jh., alte Fässer, Weinkrüge, Becher und mundgeblasene Gläser aus vielen Epochen und Ländern. Daran angeschlossen ist das **Old Meester Brandy Museum** in der Old Strand Road, in dem der Geschichte des Brandy-Destillierens am Kap nachgegangen wird. **Stellenryck Wine Museum**: *Geöffnet Mo–Fr 9–12.45, 14–17, Sa 10–13, 14–17, So 14.30–17.30 Uhr. Dorp Street,* ☏ *021-888-3588.*

Die Dorp Street (2)

weist eine der ältesten und besterhaltenen Häuserzeilen Südafrikas auf. Nahezu alle historischen Baustile des Kaps sind hier vertreten. Besonders sehenswert sind:

Libertas Parva *(29 Dorp Street)*

Smuts Heirat

Ein 1783 in typischer H-Form errichtetes, kapholländisches Herrenhaus, in dem viele Berühmtheiten wohnten, etwa Cecil Rhodes. Premierminister Jan Smuts hat hier geheiratet. Heute beherbergt das Gebäude die sehenswerte **Rembrandt van Rijn Art Gallery**, in der vor allem südafrikanische Meister ausgestellt sind.

Vredelust *(63 Dorp Street)*

Ein Haus mit einem neoklassizistischen Giebel von 1814, der bereits Unterschiede zu dem von Libertas Parva aufweist.

La Gratitude *(95 Dorp Street)*

Das Gebäude wurde 1798 von Rev. Meent Borcherds im georgianischen Stil errichtet und diente bis 1835 als Pfarrhaus. Der Giebel mit dem „allsehenden Auge Gottes" ist ein gutes Beispiel frühklassizistischer Baukunst. Das Haus wurde im Laufe der Zeit vergrößert und nach einem Feuer erneuert.

Voorgelegen *(116 Dorp Street)*

Ursprünglich war das 1797 erbaute Haus (georgianischer Stil) mit einem Strohdach versehen. Später wurde es um ein Stockwerk erweitert, wobei man der H-förmige Grundriss beibehielt. Auch heute ist noch viel Authentisches zu sehen, z. B. die batavianische Kachelung in der Vorhalle sowie die Balken und Decken aus Yellowwood.

Hinter dem Haus grenzt ein schön angelegter Garten an das Pfarramt der Rheinischen Mission und den Mühlenbach an.

Burgerhuis (3)

Dies ist das typische Beispiel eines Hauses wohlhabender Bürger (Ecke Alexander und Bloem Street). 1797 von Antonie Fick, dem Enkel eines deutschen Einwanderers, erbaut, hat mittlerweile die Gesellschaft „Historical Homes of South Africa" hier ihre Räumlichkeiten. Die alten Möbel und historischen Gemälde können nur während der Bürozeiten besichtigt werden.

VOC Kruithuis (4)

1777 wurde dieses Munitionsmagazin der Niederländisch-Ostindischen Kompanie gebaut, nur der Glockenturm ist jünger. Das Kruithuis ist einmalig in Südafrika: Es ist das einzige Munitionsmagazin aus dieser Zeit. Heute beherbergt es ein kleines Militärmuseum.
VOC Kruithuis: *Geöffnet Sept.–Mai Mo–Fr 9–14 Uhr. Ecke Bloem und Market Street, www.stelmus.co.za/voc_kruithuis.htm.*

Die Braak

diente einst als Parade- und Exerzierplatz. Ebenso feierte man hier die großen Stadtfeste. Das einzige Gebäude, das hier gebaut werden durfte, ist die 1852 fertiggestellte anglikanische Kirche **St. Mary's on the Braak (5)**, die 1852 fertiggestellte anglikanische Kirche. Am südlichen Ende steht die **Rhenish Church (6)**, die Kirche der Rheinischen Mission. 1823 für Sklaven und Farbige erbaut, wurde sie schon 1830 von der Mission übernommen und 1840 durch einen Nordflügel erweitert. Ihre prachtvolle Kanzel ist sehr sehenswert.

Rheinische Mission

Village Museum (7)

Das 7.000 m² große, eindrucksvolle Museumsdorf soll dem Besucher einen Eindruck der Architektur zwischen 1709 bis 1929 vermitteln. Von Haus zu Haus gehend, kann er sich ein Bild vom Wandel der Zeiten machen und Möbel, Mode und Hauseinrichtungen betrachten. Man sollte für den Besuch mind. zwei Stunden einplanen. Die Highlights sind:

▸ **Schreuder House** (um 1709): das älteste Stadthaus Südafrikas. 1709 wurde der deutsche Söldner Sebastian Schröder von der Niederländisch-Ostindischen Handelsgesellschaft als Verwalter der alten Mühle eingesetzt. 1709 verließ er als „freier" Bürger die Handelsgesellschaft und erhielt als „Sebastian Schreuder" ein Stück Land geschenkt, auf dem er 1710 dieses Haus baute. Hausrat und Möbel entstammen der Periode von 1690–1720. Beachtenswert sind die alte Küche und die bleiverglasten Fenster.

Deutscher Söldner

▸ **Blettermannhuis** (um 1789): ein typisches Haus aus dem 18. Jh. mit sechs Giebeln und H-förmigem Grundriss. Es wurde von Hendrik Lodewyk Blettermann, dem letzten Friedensrichter der Niederländisch-Ostindischen Kompanie, erbaut. Hausrat und Inneneinrichtung entsprechen einem wohlhabenden Haus aus der Periode 1750–1780.

▸ **Grosvenor House**: Heute ist hier das Stellenbosch-Museum untergebracht. Ursprünglich hatte das 1782 errichtete Gebäude ein Strohdach, um 1803 bekam es ein zweites Stockwerk und ein Flachdach. Es ist ein typisches Beispiel für ein Patrizierstadthaus am Kap. Neoklassizistische Bauelemente, z. B. Pilaster, unterstreichen den

Eindruck wohlhabenden Bürgertums und den englischen Einfluss nach 1795. Die Einrichtung spiegelt die Zeit zwischen 1800 und 1830 wider. Links neben dem Haus befanden sich früher Sklavenquartiere, rechts steht ein altes Kutschenhaus. In der Gartengalerie sind Wanderausstellungen zu sehen.

▸ **O. M. Bergh House** (um 1850): Zunächst hatte dieses Haus ebenfalls ein Strohdach. Im 19. Jh. erhielt es sein jetziges Erscheinungsbild. So muss man sich eine Stellenboscher Wohnung in den Jahren 1840–1870 vorstellen.

Stellenbosch Village Museum: Geöffnet tgl. 10–16, So Mittagspause 13–13.30 Uhr. 37 Ryneveld Street, ☎ 021-887-2948, www.stelmus.co.za/village_museum.htm.

Dutch Reformed Mother Church (8)

„Mutter-kirche"

Die sog. Moederkerk („Mutterkirche") in der Drostdy Street wurde 1717–1722 auf einem kreuzförmigen Grundriss errichtet und 1863/64 von dem Architekten Carl O. Hager einschließlich des Kirchturms erweitert. Damit erhielt der Bau ein neugotisches Erscheinungsbild. In den Gewölben befinden sich alte Gräber Stellenboscher Familien. **Utopia**, das Pfarrhaus an der Ecke Church Street, datiert von 1799 und ist ein weiteres typisches, H-förmiges Haus im kapholländischen Stil.

Rupert Museum (9)

Hier ist südafrikanische und internationale Kunst, vorwiegend Gemälde aus der Zeit von 1940–1970, auf 2.000 m² zu bewundern. Highlights sind u. a. 27 Werke von Irma Stern.

Rupert Museum: 20 R Erw./10 R Schüler, Studenten. Geöffnet Mo–Fr 9.30–16, Sa 10–13 Uhr. Stellentia Avenue, ☎ 021-888-3344, www.rupertmuseum.org.

Stellenbosch Wine Routes

Genuss-route

Stellenbosch ist Zentrum eines der besten Weinanbaugebiete Südafrikas. Die Weinrouten führen zu den berühmten Weingütern der Umgebung. Hier, in den fruchtbaren Tälern des Berg-, Eerste- und Bree-Flusses, gedeihen Weinreben besonders gut. Die Winzereien, deren gepflegte Gebäude oft im kapholländischen Stil erbaut sind, liegen idyllisch zwischen den weiten Weinfeldern. Neben der Möglichkeit, die Weine zu kosten, kann man oft auch im winzereieigenen Restaurant hervorragend essen.

Viele der Weingüter bieten **Picknicks zum Lunch** an. Dabei muss man das Essen (meist Brot, Käse, Aufschnitt, Obst etc.) dort kaufen, kann dafür aber die schönen Anlagen samt Tischen und Bänken, Schatten spendenden Bäumen, Spielplätzen usw. nutzen. Oder wie wäre es mit einem **Lunchmenü**? Am besten nimmt man sich Zeit und genießt die Weine und das gute Essen! Informationen erhält man hier:

Stellenbosch Wine Routes, 36 Market Street, Stellenbosch 7599, ☎ 021-886-4310, www.wineroute.co.za.

Empfehlenswerte Weingüter in und um Stellenbosch sind:

Blaauwklippen (10) ist über 300 Jahre alt. Weinanbaufläche ca. 1,1 km², Jahresproduktion 36.000 Kisten. Kutschfahrten durch die Weinberge (Okt.–April) und kleines Kutschenmuseum. Restaurant, Picknick. www.blaauwklippen.co.za.

Boschendal (11), eine Hugenottengründung, ist heute eines der größten und edelsten Güter des Landes. Bekannt für Innovationen, z. B. 1978 Produktion des ersten

„Blanc de Noir" (Roséwein aus dunklen Trauben, mit Weißweinmethoden hergestellt) am Kap. Restaurant. *www.boschendal.com.*

Morgenhof (12) wurde ebenfalls von Hugenotten gegründet und 1993 von einer französischen Firma übernommen. Liegt unterhalb der Weinhänge des Simonsberges. Die Führungen und Picknickgelegenheiten überzeugen. Restaurant. *www.morgenhof.com.*

Spier (13), großes Weingut mit historischen kapholländischen Gebäuden, sehr touristisch aufgezogen. Hervorragend für Familien mit Kindern: Greifvögel-Schau, Picknick- und Spielplätze. Restaurant, auch Kindermenüs. *www.spier.co.za.*

Vorwahl: *021*

ℹ️ Information

Stellenbosch Tourism, *36 Market Street,* ☎ *883-3584, www.stellenbosch.travel. Geöffnet Sept.–Apr. Mo–Fr 8–18, Sa 9–16, So 9–15 Uhr, Mai-Aug. Mo–Fr 9–17, Sa/So 10–14 Uhr. Sehr gut organisiertes Touristenbüro. Hier kann man Unterkünfte, Weintouren, aber auch Ausritte in die Weinberge buchen und erhält nützliche Karten.*

🛏️ Unterkunft

Banghoek Place (6) *$, vornehmlich für Backpacker, sehr günstig. Doppelzimmer, Schlafsäle, Pool und Selbstversorger-Küche für alle. Modernes, schickes Gebäude. 193 Banghoek Street,* ☎ *887-0048, www.banghoek.co.za.*

Stellenbosch Hotel (2) *$–$$, eines der ältesten Hotels am Platze. Wunderschön restauriert, zentral gelegen und mit gutem Restaurant Jan Cats (exzellente Fischgerichte). Hier erlebt man den historischen Charme von Stellenbosch. Ecke Dorp und Andringa Street,* ☎ *887-3673, www.stellenboschhotel.co.za.*

Bonne Esperance (5) *$–$$, B&B im viktorianischen Stil mit gutem Frühstück. Verschieden große Zimmer, alle mit Bad. Garten-Veranda und kleiner Pool. Vor Ort das beste Preis-Leistungs-Verhältnis. Ecke Neethling und van Riebeeck Street,* ☎ *887-0225, www.bonne esperance.com.*

22 Die Laan Guest House (4) *$$–$$$, schon die Anfahrt über die schöne Eichenallee nimmt einen für die Herberge ein, und das Gästehaus überzeugt denn auch mit seiner heimeligen Atmosphäre: Die Zimmer und Suiten (teilweise mit direktem Gartenzugang) sind im kapholländischen Landhausstil gestaltet. Hübscher Garten mit Pool. Zum angenehmen Aufenthalt trägt auch das zuvorkommende Personal bei. Das mit Liebe zubereitete Frühstück ist ebenfalls empfehlenswert. 22 Die Laan,* ☎ *886-8753, www.22dielaanguesthouse.co.za.*

Coopmanhuijs (3) *$$–$$$$, bezaubernd eingerichtetes Boutique-Hotel (Gebäude von 1713) im Herzen der Stadt. Dekor: Cape Dutch Country Style mit französischen Einflüssen. Die „Petite Rooms" (DZ) sind die günstigsten. Spa, Pool und feines Restaurant. 33 Church Street,* ☎ *883-8207, www.coopmanhuijs.co.za.*

Delaire Graff Lodge & Spa (1) *$$$$$++, auf dem im Besitz des bekannten Juwelenhändlers Laurence Graff stehenden Weingut befinden sich 10 Lodges mit privatem Pool, die wunschlos glücklich machen. Die weitläufige Anlage, entspannende Spa-Anwendungen, köstliche Weine, zwei hochklassige Restaurants, dazu eine exklusive Boutique und Graffs Diamond Store – insgesamt ein kaum zu überbietender Luxus. Westlich von Stellenbosch an der Helshoogte Road (10 Min. Autofahrt),* ☎ *885-8160, www.delaire.co.za.*

⚠ Camping

Mountain Breeze Resort (7) $, *in den Stellenbosch Mountains unter schattigen Kiefern gelegen. Selbstversorger-Chalets und Camping. Wäscherei, Pool, Spielplätze, kleines Restaurant. R44, 5 km südl. von Stellenbosch,* ☎ *880-0200, www.mountainbreezeresort. co.za.*

🍴 Restaurants

Die Restaurants der genannten **Hotels** *und* **Weingüter** *sind meist sehr gut, bei letzteren wird jedoch meist nur Lunch angeboten. Folgend vier zusätzliche Tipps:*

De Volkskombuis, *traditionelle südafrikanische Küche sowie eine Reihe von Cape-Dutch-Gerichten, die man auch als „Sampler" bestellen kann. In dem alten Gebäude befanden sich früher Arbeiterunterkünfte und deren Küche, die Volksküche. Aan de Wagen Road,* ☎ *887-2121, www.volkskombuis.co.za.*

Wijnhuis, *hier gibt es unzählige Weine zum Probieren (es können Flaschen gekauft werden). Mediterran angehauchte Küche, viele Pasta-Gerichte, aber auch Schnitzel und Steaks. Ecke Church und Andringa Street,* ☎ *887-5844, www.wijnhuis.co.za.*

Bodega, *exquisite Landhausküche in umgebauter Scheune. Mediterrane und südafrikanische Gerichte, tolle Flammkuchen. Mi-So Lunch (11.30-16 Uhr) sowie die beliebten Sunset-Tapas (15–17 Uhr). Reservierung nötig. Dornier Estate, Blaauwklippen Road (von R44), südl. von Stellenbosch,* ☎ *880-0557, www.dornier.co.za/restaurant.*

Pomegranate, *kleines, noch recht unbekanntes Restaurant mit marktfrischer Küche. Das Menu wird tgl. aktuell vom Chef vorgestellt. Als Vorspeise z. B. Tomato Tarte und zum Nachtisch eine knackende Crème Brûlée ... Lunch Di-So, Dinner Mi-Fr. Reservierung erbeten. Weingut Vergenoegd (von N2 auf R310 Richtung Stellenbosch),* ☎ *843-3248, www.pome granaterestaurant.co.za.*

🏃 Festival

Stellenbosch Wine Festival, *im Jan./Febr. stellen sich über 150 Weingüter vor. Interessant ist die Teilnahme an einem Wine Workshop, bei dem das Verkosten erlernt werden kann. www.stellenboschwinefestival.co.za.*

🚩 Golf

Stellenbosch Golf Club, *Meisterschaftskurs, inmitten hügeliger Weinfelder gelegen. 18 Löcher, 5.581 m. Der wunderschöne, baumreiche Platz besticht auch dadurch, dass er geschützt vor den gefürchteten South-Easter-Winden liegt. Bar, Restaurant. Strand Road (R44),* ☎ *880-0244, www.stellenboschgolfclub.com.*

Vier-Pässe-Fahrt (s. Karte S. 385)

Stellenbosch – Somerset West – Sir Lowry's Pass – Grabouw – Elgin – Viljon's Pass – Franschhoek Pass – Franschhoek – Groot Drakenstein – Helshoogte Pass – Stellenbosch (124 km)

Von Stellenbosch geht es zunächst über Somerset West auf den folgenden Pass.

Sir Lowry's Pass

Wie viele Passwege wurde auch dieser in 402 m Höhe liegende Bergübergang ehemals von Tieren als Pfad ausgetreten. Bereits 1838 baute man den Trampelpfad zu einem Pass für die ersten Siedler aus. Er wurde nach dem damaligen Kap-Gouverneur Sir Lowry Cole benannt, der sich sehr für dieses Projekt eingesetzt hatte.

 Tipp

In **Somerset West** bietet sich die Gelegenheit, beim bekannten **Vergelegen Wine Estate** weitere Spitzenweine zu probieren. Das Gut mit kapholländischem Herrenhaus wurde von Willem Adriaan van der Stel, dem ältesten Sohn Simon van der Stels, gegründet. Beeindruckend sind die über 300 Jahre alten Kampferbäume, die zum National Monument erklärt wurden. Lourensford Road, ☎ 021-847-1334, www.vergelegen.co.za.

Nahe Somerset West bietet sich das interessante **Lwandle Migrant Labour Museum** zur Geschichte der schwarzen und farbigen Wanderarbeiter für einen Abstecher an. Die Arbeiter lebten hier in einem Hostel, pendelten tagsüber in die Stadt und hatten nur alle paar Wochen die Gelegenheit, ihre weit entfernten Familien zu besuchen. Neben der Besichtigung des Hostels und einer kleinen Ausstellung können Besuche bei Familien in den beiden Townships Lwandle und Nomzano arrangiert werden. *Townships*
Lwandle Migrant Labour Museum, *Vulindlela Street, Lwandle (auf der N2 von Kapstadt kommend durch Somerset West fahren, am Hinweisschild rechts abbiegen),* ☎ *021-845-6119, www.lwandle.com.*

Elgin

Am kleinen Ort Elgin rauschen die meisten Besucher einfach auf der N2 vorbei. Elgin liegt mitten in einem fruchtbaren Obst- und Weinanbaugebiet und ist als Obstversand-Station bekannt. Von hier aus werden vor allem Pfirsiche, Birnen und Äpfel per Kühlwagen nach Kapstadt gebracht, wo sie dann zum Export auf Kühlschiffe verladen werden. In der Zeit der Apfelernte (Jan.–Mai) kann man, wenn nicht gerade Hochbetrieb ist, einen Blick in die Packhäuser werfen.

 Tipp

Mitten im eher unbekannten, aber sehenswerten **Elgin Valley** (www.elginvalley.co.za) liegt eine besondere Übernachtungsmöglichkeit, der **Old Mac Daddy Luxury Trailer Park**. Die Besitzer des Daddy Long Legs in Kapstadt (s. S. 352) unterhalten eine Anlage von zwölf Airstream-Wohnwagen **$–$$**, die innen von Künstlern nach Gusto neu dekoriert wurden. Alle mit eigenem Bad/Dusche, „Wohnzimmerbereich" und kleiner Veranda. Zusätzlich ein Designer-Haus für Familien – Daddy's Villa **$$–$$$** (für 6 Pers.). Dazu Gemeinschaftsraum, Bier-Bar, Restaurant, Pool und Sonnendeck. Mal ganz was anderes! Von der N2 nach Süden auf die Valley Road, ☎ 021-844-0241, www.oldmacdaddy.co.za.

Blick vom Franschhoek Pass

Viljoen's Pass

Er erreicht eine Höhe von 525 m und wurde nach *Sir Anthony Viljoen* benannt, der unter den Farmern dieser Gegend einer der führenden politischen Köpfe war.

Franschhoek Pass

Früher hieß der Pass „Olifants Pass", da Elefanten diesen Weg ausgetrampelt hatten. Er liegt 701 m hoch und wurde 1819 als Weg ausgebaut.

Franschhoek

„Französi-sches Eck"

Franschhoek („Französisches Eck") wurde von Hugenotten gegründet, die sich ab 1688 hier niederließen, nachdem sie den Verfolgungen in Frankreich entgangen waren. Das aus Paarl-Granit bestehende **Hugenotten-Denkmal** erinnert an die Vertreibung und wurde zum 250. Jahrestag 1938 eingeweiht. Die Zentralfigur ist eine Frau mit einer Bibel in der rechten Hand. Die zerbrochene Kette symbolisiert die Überwindung der religiösen Unterdrückung. Die drei Bögen dahinter stellen die Dreifaltigkeit dar, auf ihnen ist die Sonne der Rechtschaffenheit zu sehen, darüber das Kreuz. Als Zeichen für das Überweltliche steht die Figur auf dem Erdball. Auch der Teich davor gehört zur Gesamtaussage des Denkmals: Er versinnbildlicht die Ruhe, die man nach großer Unterdrückung hier in Südafrika fand. Das nahe gelegene **Museum** widmet sich der Geschichte der Hugenotten.

Huguenot Memorial Museum: *10 R Erw./2 R Kind. Geöffnet Mo-Sa 9–17, So 14–17 Uhr. Lambrechts Road, ☎ 021-876-2532, www.museum.co.za.*

Wie kamen die Hugenotten hierher?

Ab ca. 1685 begann die Niederländisch-Ostindische Handelskompanie ihre Bemühungen, Menschen zu einer Übersiedlung ins Kapland zu bewegen. Man sprach deshalb die Hugenotten an, die durch die Aufhebung des Edikts von Nantes ihre Glaubensfreiheit verloren hatten und nun ihre Heimat verlassen mussten, da sie den protestantischen Glauben nicht aufgeben wollten. So kam eine kleine Gruppe im April 1688 an Bord der Oosterland an. Man gab ihnen Land in der Umgebung von Drakenstein, wo van der Stel bereits zwei Jahre zuvor Holländer auf 26 Siedlungsplätze verteilt hatte. Natürlich legten die Holländer großen Wert darauf, dass sich die Franzosen assimilierten. Sie durften ihre Sprache beibehalten, doch bereits nach einer Generation beherrschten nur noch die Älteren die Muttersprache.

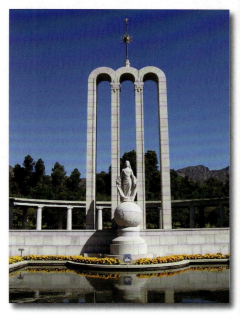

Das Hugenotten-Denkmal

Viele Namen von Weingütern in der Umgebung weisen heute noch auf die französische Herkunft der Siedler hin, so z. B. Bien Donné, La Cotte, La Motte und La Dauphine. Und in südafrikanischen Telefonbüchern findet man immer wieder typische Namen wie Du Toit, Fourie, Basson, De Villiers, Viljoen, Le Roux, Thibault, Malan, Joubert u. a.

Wie um Paarl und Stellenbosch liegen auch um Franschhoek herum **wunderschöne Weingüter**. Entlang der Franschhoek Food & Wine Route liegen Restaurants und die zu den „Vignerons De Franschhoek Valley" zusammengeschlossenen Weingüter, davon einige, die eigentlich schon zu Paarl zählen: Zu ihnen gehören u. a. Boschendal, L'Ormarins, Bellingham, Môreson, La Motte, La Provence, Dieu Donné, Franschhoek Vineyards, Grande Provence, Haute Cabrière, La Bri, La Couronne, Mouton-Excelsior sowie weitere Weingüter im Nordosten, z. B. Backsberg. Eine Broschüre vom Franschhoek Information Centre (s. u.) erläutert die Route.

Vorwahl: *021*

ℹ️ Information

Franschhoek Information Centre, *62 Huguenot Street*, ☎ *876-2861*, *www.franschhoek.org.za. Geöffnet Mo–Sa 9–17, So 9–16 Uhr.*

🛏️ Unterkunft

La Provence $$, *auf dem wunderschön gelegenen, historischen Weingut werden 4 idyllische Kamin-Cottages und ein Doppelzimmer (auch für Selbstversorger, mit Küche) vermietet. Sehr gutes Preis-Leistungs-Verhältnis! An der R45, ca. 2 km westl. von Franschhoek,* ☎ *876-3194, www.laprovencevin.co.za.*

Weitere Cottages und **Zimmer auf Weinfarmen** *sind im „Farm Holiday"-Prospekt der Tourist Information gelistet.*

Klein Waterval Riverside Lodge $$, *an den Ufern des Berg River vor herrschaftlicher Bergkulisse, idyllische Sicht auf die Weinberge. Rustikal-gemütliche Zimmer. Morgens herzhaftes Farm-Frühstück, abends ein Glas Wein an der Bar. Pool. P.O. Box 166, Groot Drakenstein (an der R45 nördlich der Stadt),* ☎ *874-1711, www.kleinwaterval.co.za.*

Auberge Clermont $$–$$$, *zauberhaft inmitten von Weinfeldern gelegen, die Zufahrt ist von Rosen gesäumt. Sehr geschmackvolle Zimmer, ruhige Lage, kleiner Pool – ein Wohlfühlplatz. Robertsvlei Road (östlich der Stadt),* ☎ *876-3700, www.clermont.co.za.*

Rusthof $$–$$$, *Cape-Dutch-Haus mit äußerst geschmackvoller Einrichtung wie aus einer Wohnzeitschrift. Wer etwas tiefer in die Tasche greifen möchte, sollte die große Suite mit eigenem Wohnzimmer und Veranda buchen. Gutes Restaurant im Haus, kleiner Pool. 12 Huguenot Street,* ☎ *876-3762, www.rusthof.com.*

Le Quartier Français $$$$$, *hochklassiges Boutique-Hotel in einem viktorianischen Haus (Garten, Pool und Bibliothek). Die Zimmer, Suiten und ein Familien-Cottage, alle individuell eingerichtet und mit eigenem Kamin, liegen zum mit Rosen bepflanzten Innenhof. Zwei der Suiten mit eigenem Pool. Für das vorzügliche, preisgekrönte Restaurant The Tasting Room sollte man gleich bei der Zimmerbuchung reservieren. Ecke Berg und Wilhelmina Street,* ☎ *876-2151, www.lqf.co.za.*

🍴 Restaurants

Cabrière Estate Cellar Restaurant, *man sitzt gemütlich oberhalb des Gutes Haute Cabrière in einem Weinkeller, der in den Berg hinein gebaut wurde. Feine Hauptgerichte und hinterher selbst gemachte Schokoladen und/oder die vorzügliche Käseauswahl, alles abgestimmt auf die guten Tropfen des Hauses. Unbedingt reservieren, es gibt nur zwei Tische mit Ausblick. Lunch und Dinner tgl. (außer Mo). Ca. 1 ½ km nach dem Ortsausgang in Richtung Franschhoek-Pass auf der linken Seite,* ☎ *876-3688, www.cabriere.co.za.*

The Tasting Room, *erstklassiges Restaurant, das eine köstliche Mischung aus Kaprichten und südfranzösischen Rezepten anbietet. Bekannt auch für die ausgezeichneten Desserts und die ausgesuchte Weinkarte. Im Le Quartier Français (s. o.).*

Reuben's, *modern und minimalistisch mit tgl. wechselnden Gerichten (südafrikanisch, oft mit asiatischen Einflüssen wie Chili, Zitronengras u. a.) plus toller Weinkarte. Im angeschlossenen Deli gibt es tagsüber auch kleinere Gerichte. 19 Huguenot Street,* ☎ *876-3772, www.reubens.co.za.*

La Fromagerie at La Grange, *hier kann man südafrikanischen Käse probieren und dazu einen guten Wein genießen. Im Bistro gibt es auch andere Snacks. I. d. R. nur 12–16 Uhr geöffnet. Im Sommer an Freitagabenden oft Jazz.* ☎ 876-2155, 13 Daniel Hugo Street.

 Tipp

Im Drakenstein-Tal, zwischen Franschhoek und Paarl, liegt **Babylonstoren** – ein Juwel in der Weinregion. Die Farm wurde 1690 gegründet und wird heute noch bewirtschaftet (Birnen, Pflaumen, Zitronen, Wein). Das Gästehaus bietet Ein- und Zwei-Schlafzimmer-Chalets **$$$$–$$$$$+** mit Fußbodenheizung, einige mit eigenem Kamin. Frühstück inklusive. Jedes Chalet verfügt über einen privaten Außenbereich mit Blick auf den Garten oder die Weinfarm. Haupthaus mit Lounge und Leseecke, das Spa (plus Fitnessraum) liegt im unfassbar üppigen Garten.

Das **Restaurant Babel** kreiert aus den selbst angebauten Produkten eine frische Farmküche, die ihresgleichen sucht. Im **Green House** mit seinem Teegarten kann man auch tagsüber leichte Mahlzeiten einnehmen.

Insgesamt ist das Gut mit seiner minimalistischen Eleganz und seinem Luxus ein Fest für alle Sinne. Hochgradig empfohlen! Westlich von der R45 ab, ☎ 021-863-3852, www.babylonstoren.com.

Drakenstein Valley

Das Tal, durch das man nach Stellenbosch zurückfährt, erhielt seinen Namen (Drachenfelsen) von Gouverneur Simon van der Stel. Vor mehr als 200 Jahren begannen Farmer hier mit dem Anbau von Weizen, Früchten und Wein. Doch gerade mit dem Obst hatte man Lagerungsprobleme, ein großer Teil der Ernte verdarb.

1886 gelang es erstmals, Trauben bis nach London zu transportieren. Während man zu jener Zeit in Kapstadt für ein Pfund Trauben einen Penny bekam, kostete die gleiche Menge in London 15 Schillinge. Damit nahm die Fruchtexport-Industrie Südafrikas ihren Anfang. Heute kennt jeder das „Cape"-Markenzeichen, sei es von importierten Weintrauben, Äpfeln oder anderen Früchten her. *„Cape"- Früchte*

Helshoogte Pass („steile Höhe")

Dieser Pass erreicht eine Höhe von 336 m. Über ihn gelangt man wieder nach Stellenbosch.

 Unterkunft
Direkt am Pass liegt die **Delaire Graff Lodge & Spa**, *s. S. 397.*

Anschluss-Strecken

▸ Nach **Johannesburg** über Worcester und Bloemfontein auf der N1
▸ Zur **Garden Route** und Richtung Küste über die R45/R321 nach Grabouw und dort auf die N2

Stellenbosch – Caledon – Hermanus – Kap Agulhas – Swellendam/ Bontebok National Park

Übersicht

Wenn man so will, ist der Distrikt **Overberg** ein Übergang zwischen dem attraktionsreichen Kapland und den ruhigeren, flachhügligen Regionen des südwestlichen Küstenabschnittes. Vorwiegend Agrarland, ist diese Landschaft eher ein „Durchreisegebiet" für aus dem Westen (Kapstadt) oder aus dem Osten (Garden Route) kommende Besucher. Dennoch gibt es auch in Hermanus, am Kap Agulhas oder in Swellendam Interessantes zu sehen.

Die Fahrt an der Küste ist besonders schön. Dieses durch Winterregenfälle begünstigte Gebiet wird nicht umsonst das **Fynbos-Königreich** genannt. Fynbos („Feiner Busch") ist eine Vegetation mit über 1.600 Pflanzenarten, allen voran die berühmte Protea.

 Streckenbeschreibung

Von Kapstadt aus gelangt man ganz einfach über die N2 in dieses Gebiet, von Stellenbosch/Paarl erreicht man die N2 entweder über die R44 bei Somerset West oder über die R45/R321 bzw. R43 aus Richtung Franschhoek.
Zur o. g. Fahrt an der Küste biegt man kurz hinter Strand von der N2 auf die R44 ab. Der Weg nach Hermanus führt durch die Badeorte Rooi-Els, Pringle Bay, Betty´s Bay und Kleinmond.
Wenn man über die N2 kommt, kann man entweder weiter nach Caledon fahren oder bei Botrivier nach Süden auf die R43 Richtung Hermanus abbiegen.

Caledon

Heiße Quellen

Dieser Ort verdankt seine Entstehung den heißen Quellen. Pro Tag sprudeln hier 900.000 Liter eisen- und mineralienhaltigen (und damit vermeintlich heilenden) Wassers ca. 50°C heiß aus dem Boden. 1709 baute der erste Siedler, Ferdinand Appel, ein kleines Haus für kranke Gäste: der Grundstein Caledons, das man nach dem Gouverneur Earl of Caledon benannte. Heute umschließt ein großes Casino- und Spa-Hotel (s. u.) die Quellen. Sehenswert ist der 1927 gegründete, 10 ha große **Wild Flower Garden**, in dem jeden September eine Blumenschau stattfindet. Die Umgebung von Caledon wird vor allem zum Weizenanbau und zur Schafzucht genutzt.

Vorwahl: *028*

 Information
Caledon Tourism Office, *22 Plein Street*, ☎ *214-3370*, *www.tourismcapetown.co.za.*

Unterkunft

The Caledon Casino, **Hotel & Spa** $$$$, *in diesem modernen Resort kann man in den heißen Quellen baden oder sein Glück im Casino versuchen. Tagesbesuche sind möglich. 1 Nerina Avenue, ☎ 214-5100, www.thecaledoncasino.co.za.*

Hermanus

Der vor allem bei Kapstädtern beliebte Badeort nahe den schönen Sandstränden der Walker Bay verfügt über eine erstklassige touristische Infrastruktur. In den Sommermonaten, vor allem in der Weihnachtszeit, herrscht hier Hochbetrieb. Für den Übersee-Besucher lohnt der Aufenthalt hier vor allem von Sept.–Okt. Hermanus eignet sich v. a. zur **Walbeobachtung** (Ende Aug.–Nov., mit Whale Festival im Sept.). Die Fischerei hat heute kaum noch Bedeutung. Über die Stadt als ehemaliges Walfangzentrum informiert das **Old Harbour Museum** unterhalb des Market Square (*20 R Erw., 5 R Kinder, geöffnet Mo–Sa 9–16.30, So 12–16 Uhr, ☎ 028-312-1475, www.old-harbour-museum.co.za*).

Beliebter Badeort

Vorwahl: *028*

 Information

Hermanus Tourism Office, *Old Station, Ecke Mitchell und Lord Roberts Street, ☎ 312-2629 (auch Wal-Hotline), www.hermanustourism.info.*

Morgenstimmung auf dem Meer vor Hermanus

Unterkunft

Hermanus Backpackers $, *saubere und freundliche Doppelzimmer, Schlafsäle, Swimmingpool, Garten, Grill. In Laufweite zum Old Harbour. 26 Flower Street,* ☎ *312-4293, www.hermanusbackpackers.co.za.*

Windsor Hotel $$, *historisches Hotel direkt an der Bay. Ein wenig altbacken, dafür aber gutes Preis-Leistungs-Verhältnis. Tipp: Meerblick-Zimmer im 2. Stock zur Zeit der Wale. 49 Marine Drive (nahe Old Harbour),* ☎ *312-3727, www.windsorhotel.co.za. Auch* **Selbstversorger-Apartments** *nebenan,* ☎ *312-3610.*

FrancolinHof Guest House $–$$, *hinten majestätische Berge, vorne das Meer, direkter Zugang zum Fernkloof Nature Reserve – was für eine Lage! 4 helle Zimmer mit Bad und vielen Extras wie kleinem Kühlschrank, Haartrockner, WLAN etc. Morgens wird man von den freundlichen Gastgebern mit einem guten Frühstück erwartet. 44 10th Avenue,* ☎ *314-0571, www.francolinhof.co.za.*

Auberge Burgundy $$, *schick-gemütliches Boutique-Hotel, das einem mediterranen Stadthaus nachempfunden ist. Schlichtes, aber exquisites Design. 16 Harbour Road (nahe Old Harbour),* ☎ *313-1201, www.auberge.co.za.*

Hermanus Beach Villa $$+, *schönes Guest House in hervorragender Lage (Walbeobachtungen vom Balkon aus möglich). Große, gut ausgestatte Zimmer, tolles Frühstück, sehr nette Gastgeber. 151 11th Street,* ☎ *314-1298, http://hermanusbeachvilla.co.za.*

The Marine $$$$–$$$$$+, *elegantes und schön hell gestaltetes Hotel direkt an der Klippe nahe dem Old Harbour. Die Aussicht und der Service sind sehr gut. Im hauseigenen Spa kann man sich seiner Schönheit widmen. Es fehlt an nichts. Marine Drive,* ☎ *313-1000, www.collectionmcgrath.com/marine.*

Camping

Onrus River Resort, *liegt 5 km westl. der Stadt, nur durch Milkwood-Bäume von der Bay getrennt. Tidenpool!* ☎ *316-1210.*

Restaurants

Milkwood, *traditionelle, fangfrische Fischgerichte in idyllischer Lage am Strand des kleinen Ortes Onrus (93 Atlantic Drive, 8 km westlich), abends besonders romantisch,* ☎ *316-1516.*

The Burgundy Restaurant, *sehr gutes Fischrestaurant (mit französischem Einschlag) in ehemaligem Fischerhaus. Falls das Wetter mitspielt, Tisch im Garten bzw. auf der (sog.) Veranda reservieren. Klassiker am Ort! Marine Drive und Market Square,* ☎ *312-2800, www.burgundyrestaurant.co.za.*

Bientang's Cave, *100 m vom Old Harbour schmiegt sich ein weiteres bekanntes Fischrestaurant in die Felswand. Besonders die Bouillabaisse sollte man nicht versäumen! In der Walzeit stehen die Chancen gut, von hier aus einmalige Beobachtungen zu machen. Lunch (12–16 Uhr), Dinner nach vorheriger Vereinbarung. Unterhalb des Marine Drive,* ☎ *312-3454, www.bientangscave.com.*

The Harbour Rock, *erfreut sich ebenfalls großer Beliebtheit. Neben Seafood, Sushi und Austern werden hier u. a. auch Thai- und Curry-Gerichte serviert. Dazu die Aussicht auf das Meer bzw. auf einen guten Cocktail als Sundowner! Direkt oberhalb des New Harbour,* ☎ *312-2920, www.harbourrock.co.za.*

Öffentliche Verkehrsmittel

Splash Shuttle, *tägliche Verbindung zwischen Kapstadt-Zentrum, Airport und Hermanus.* ☎ *316-4004, www.splashshuttles.co.za.*

Streckenbeschreibungen zum Kap Agulhas

Von Hermanus fährt man östlich über die R43 bis **Stanford**. Weiter bis ans Kap Agulhas geht es über die R326 und R316 vorbei an Napier und Bredasdorp bis zum Wechsel auf die R319 nach Süden.

Erste Alternative: Zunächst folgt man dem Küstenverlauf auf der R43 bis **Gans Bay**, dann über Pearly Beach zur R319 Richtung Südosten und weiter nach Kap Agulhas.

Zweite Alternative: Von der R326 Richtung Bredasdorp zweigt rechts eine etwa 50 km lange Schotterstraße nach **Elim** ab. Von dort führt die Straße weiter bis zur R319 und von dort über Struis Bay zum Kap.

Stanford

Dieses idyllische, aber touristisch aufstrebende Dörfchen ist ein Geheimtipp für Vogelliebhaber. Antikshops, Galerien und Bistros säumen die Hauptstraße des kleinen Ortes. Erläuterte Bootstouren auf dem Klein River führen durch ein wahres **Vogelparadies**, Farmer bieten auf Anfrage persönliche Touren über ihre Besitzungen an und erläutern gerne die beeindruckende Pflanzenvielfalt.

Vorwahl: *028*

Information

Stanford Tourism Bureau, *13 Queen Victoria Street*, ☎ *341-0340, www.stanfordinfo.co.za. Geöffnet Mo–Fr 8.30–16.30, Sa 9.30–16, So 10–13 Uhr.*

Unterkunft

Blue Gum Country Estate *$$–$$$, romantisches B&B an den Hügeln der Klein River Mountains. 12 individuell eingerichtete Zimmer (Bad/Dusche, Minibar, Sat-TV, Gartenzugang). Pool und Liegen im Garten. 7 km östlich von Stanford an der R326,* ☎ *341-0116, www.bluegum.co.za.*

Mosaic Private Sanctuary, *dieser Entspannungsort liegt an der Kleinrivier (oder Hermanus) Lagune, die sich an den Hügeln des Overbergs entlang ins Land hinein zieht. Die exklusive* **Lagoon Lodge** *$$$–$$$$$ sorgt für alle Mahlzeiten, die* **Cottages** *$–$$ können von Selbstversorgern genutzt werden. Lage und Aussicht wunderbar, viele Freizeitmöglichkeiten! Ca. 12 km westl. von Stanford,* ☎ *313-2814, www.mosaicsouthafrica.com.*

Restaurant

Mariana's Home Deli & Bistro, *hausgemachte mediterrane Landgerichte. Gemüse und Gewürze kommen frisch aus Marianas Garten. Geöffnet Do–So 12–16 Uhr. Bitte reservieren! 12 Du Toit Street,* ☎ *341-0272.*

Springfontein Eats, *in einem 200 Jahre alten Farmhaus auf dem Weingut Springfontein kreiert der deutsche Sternekoch Jürgen Schneider exquisite 3-6-Gänge-Menüs für den Feinschmecker, dazu gibt es kulinarische Willkommens- und Abschiedsgrüße aus der Küche. Besser reservieren! Springfontein Road 8,* ☎ *341-0651, www.springfontein.co.za.*

De Kelders

Gans Bay und De Kelders

Zwischen all den Resorts und Touristenorten entlang dieser Küste hat sich **Gans Bay** (Gansbaai) noch den Charakter eines Fischerdorfes erhalten. Weltweit ist das Städtchen ebenso berühmt wie berüchtigt für die große Anzahl weißer Haie entlang der Küste. Auf Bootstouren hat man die Möglichkeit, diese beeindruckenden Tiere ganz aus der Nähe in ihrer natürlichen Umgebung zu sehen. Besonders Mutige können, geschützt durch einen Käfig, auch mit den Haien tauchen, was ökologisch allerdings umstritten ist.

Zur Übernachtung empfiehlt sich eher das 7 km entfernte **De Kelders** (Afrikaans für „Die Höhlen"). Entlang des Küstenabschnitts haben sich zahlreiche Höhlen ins Gestein gegraben, am berühmtesten sind wohl die in den 1990er-Jahren entdeckten Klipgate Strandloper Caves. Bereits vor 50.000–60.000 Jahren sollen hier Menschen gewohnt haben. Zu dieser Zeit war der Wasserstand des Meeres viel niedriger, und die Küste befand sich 3–7 km entfernt vom heutigen Festland.

Klipgate-Höhlen

Vorwahl: *028*

ℹ️ Information
Gansbaai Tourism Bureau, *Gateway Centre, Kapokblom Street,* ☎ *384-1439, www.gansbaaiinfo.com. Geöffnet Mo–Fr 9–17.30, Sa 10–16, So, 10-14 Uhr.*

🛏️ Unterkunft
Whalesong Lodge $$–$$$, *auf den Klippen mit Blick über die Bucht gelegen, ist das Gästehaus der perfekte Ort für alle Walbeobachter. Hier werden regelmäßig Meeressäuger von der Terrasse aus gesichtet! 5 moderne Zimmer, alle mit (Teil-)Meerblick. Die herzlichen Gastgeber bereiten ein üppiges Frühstück zu, die ideale Stärkung vor der ersten Hai-Begegnung. Nachmittags hausgemachte Kuchen. 83 Cliff Street, De Kelders,* ☎ *384-1865, www.whalesonglodge.co.za.*

👉 Wal- und Hai-Touren
Dyer Island Cruises, ☎ *082-801-8014, www.whalewatchsa.com.*
Marine Dynamics Shark Tours, ☎ *799-309-694, www.sharkwatchsa.com.*
White Shark Projects, ☎ *007-0001, www.whitesharkprojects.co.za.*

Tipp für Liebhaber der Kap-Vegetation

Das **Grootbos Nature Reserve** liegt über den Dünenausläufern der Walker Bay mit einem Panoramablick bis zum Kap der Guten Hoffnung und ist eine wahre Traumlandschaft für Liebhaber des Fynbos. Unterkunft in exklusiven Cottages $$$$–$$$$$+, im Gesamtpreis sind Führungen durch die Vegetation, Ausritte und alle Mahlzeiten enthalten. Die deutschen Gastgeber, Familie Lutzeyer, kümmern sich bestens um ihre Gäste. Ihre Grootbos Foundation (www.grootbosfoundation.org) unterstützt zahlreiche Umweltschutz- und soziale Entwicklungsprojekte in Südafrika, dafür gewann Michael Lutzeyer 2009 den Green Palm Award von GEO Saison. Abzweigung zwischen De Kelders und Stanford an der R43, ☎ 028-384-8008, www.grootbos.co.za.

Elim

Das ganze Dorf Elim steht zu Recht unter Denkmalschutz. 1824 als deutsche Missionsstation gegründet, wird es auch heute noch ausschließlich von Mitgliedern des Moravian-Ordens (Herrnhuter Brüdergemeine) bewohnt. Die kleinen, bunten Häuschen sind zum Teil sehr liebevoll restauriert und den längeren Abstecher hierher allemal wert. *Deutsche Mission*

> **i** **Information**
> **Elim Tourism Office**, Ecke Church Street und The Church Yard, ☎ 028-482-1806.

Kap Agulhas

Geografisch ist das „Kap der Nadeln" der **südlichste Punkt Afrikas** und die offizielle Trennungslinie zwischen dem Indischen und dem Atlantischen Ozean.

Zum Namen gibt es zwei Erklärungen:
▸ Die **Kompassnadel** portugiesischer Seefahrer soll hier ohne jede Abweichung genau nach Norden gewiesen haben.
▸ Einer anderen Namensdeutung zufolge sind mit den Nadeln die scharfen **Riffe** gemeint.

In der großen Landebene, der „Agulhas-Bank", ist das Meer 250 km seewärts ziemlich flach (bis ca. 110 m), bevor es steil in die Tiefsee abfällt. Der hier im Jahre 1848 errichtete Leuchtturm ist der zweitälteste in Südafrika (heute Leuchtturmmuseum und Restaurant), konnte aber den **Untergang von über 100 Schiffen** an diesem Küstenabschnitt nicht verhindern. Ihre Überreste sind im Bredasdorp Shipwreck Museum (s. S. 412) zu sehen. *Zweitältester Leuchtturm*

Agulhas National Park

Der südlichste Punkt Afrikas, 170 km östlich von Kapstadt gelegen, ist selbstverständlich das Markenzeichen dieses Nationalparks. Das Kap der Stürme – wie die Gegend auch genannt wird – ist ein artenreiches Schutzgebiet. Der ca. 210 km²

Am südlichsten Punkt Afrikas

große Park beheimatet über 2.000 – häufig endemische – Pflanzen. Fynbos-Vegetation durchzieht den Park, die meisten Blumen blühen zwischen Mai und September. Auf Naturpfaden kann der Besucher in diese Wunderwelt eintauchen.

i Information und Buchung
South African National Parks, ☏ 012-428-9111, www.sanparks.org. Park-Büro, ☏ 028-435-6222. 128 R Erw./64 R Kind.

Unterkunft
Agulhas Rest Camp $, 10 km vom Leuchtturm entfernt werden Cottages für 2–4 Pers. angeboten. Buchbar über SANParks, s. o.

i Streckenbeschreibung

Vom Kap Agulhas geht es auf die R319 Richtung **Bredasdorp**. Entweder biegt man nach ca. 15 km rechts auf die R316 ab und macht einen Abstecher zum Küstenort **Arniston/Waenhuiskrans**, oder man fährt weiter auf der R319 über Bredasdorp auf die N2 nach **Swellendam**.

Arniston/Waenhuiskrans

Der englische Ortsname stammt von einem britischen Truppenschiff, das 1815 in der Nähe strandete und 372 Menschen in den Tod riss. Arniston ist auch heute noch ein intaktes Fischerdorf mit kleinen Häusern, die unter Denkmalschutz stehen. Täglich (wetterabhängig) landen die Fischer mit ihren kleinen Booten, um den Fang direkt zu verkaufen.

Arniston ist ruhiger als Hermanus, wenn es ums **Baden** geht. Hier hat der Tourismus noch nicht so sehr Einzug gehalten. Der Ort bietet einsame, sichere Sandstrände, Dünen und sehenswerte Erosionen an der Küste.

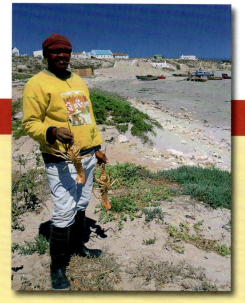

Fischer aus Arniston

Reisepraktische Informationen Arniston/Waenhuiskrans

Vorwahl: *028*

ℹ️ Information

Suidpunt Tourism Bureau *in Bre-dasdorp (s. u.).*

🛏️ Unterkunft

Arniston Lodge *$+, 4 DZ in einem reetgedeckten Doppelhaus, Bar und Pool, Restaurants in der Nähe. Es wird deutsch gesprochen. Von Lesern empfohlen. 23 Main Road, ☎ 445-9175, www.arnistonlodge.co.za.*

Arniston Spa Hotel *$$–$$$$+, gepflegte Zimmer, oft mit Meerblick. Swimmingpool, gutes Restaurant (Fisch, südafrikanische und französische Küche) mit Terrasse zum Wasser hin. Als „One of the best Hideaways" prämiert. Im Spa (Massagen, Gesichtsbehandlung, Hot Stone etc.) kann man sich verwöhnen lassen. 1 Beach Road, direkt am Meer, ☎ 445-9000, www.arnistonhotel.com.*

⚠️ Camping

Die meisten Plätze der Region sind aufgrund der starken Küstenwinde und des nur geringen Sonnenschutzes (kaum Bäume) nicht besonders attraktiv. Der **Waenhuiskrans Caravan Park & Bungalows** *ist recht neu und relativ windgeschützt.* ☎ 445-9620.

🍴 Restaurant

Kassie's Kove, *deftige Fischerkost mit portugiesischem Touch, sehr beliebt ist der „Pork Clam Chorizo Stew" aus dem Topf. Keine festen Öffnungszeiten. Direkt am Fischerei-hafen,* ☎ 083-937-8293.

Bredasdorp

Ausgerechnet das idyllische Bredasdorp bildet mit seiner Umgebung (gut 15.000 Ew.) das wirtschaftliche Zentrum der Südspitze Afrikas, auch **Suidpunt** genannt. 1838 von Michiel van Breda, einem der ersten Merino-Schafzüchter Südafrikas, gegründet, sorgte die Stadt schnell für Schlagzeilen: Ausgerechnet um den Standort der

geplanten Dorfkirche stritten van Breda und eine andere Ortsgröße, Pieter Volte-
Streit um ney van der Byl. Resultat: Noch im selben Jahr entstand wenige Kilometer entfernt
Dorfkirche ein zweiter Ort (mit zweiter Kirche): Napier.

Sehenswert in Bredasdorp ist das **Shipwreck Museum** (6 Independent Street, ☏
028-424-1240), das Strandgut von vor der Küste aufgelaufenen Schiffen ausstellt.
Wer noch ein Reiseandenken sucht, kann die **Kapula Candles Factory** (13 Ce-
real Street, 028-425-1969, www.kapula.com) besuchen, wo es handbemalte Kerzen
und Keramikwaren zu kaufen gibt.

i Information
Suidpunt Tourism Bureau, *Long Street*, ☏ *028-424-2584, www.overberg.co.za,
www.discovercapeagulhas.co.za.*

Unterkunft
Firlane House $–$$, *Gästehaus nahe des Bredasdorp Square (Shops) mit mo-
dern-romantischer Afrika-Deko. In ruhiger Seitenstraße und trotzdem zentral gelegen. 5 Fir
Lane,* ☏ *028-425-2808, www.firlanehouse.co.za.*
Agulhas Guest Lodge $$, *an der Küste, fast unmittelbar an der Südspitze gelegen. Acht
Zimmer mit Bad, Balkon und Meerblick, gutes hauseigenes Restaurant, sehr aufmerksamer
Service. Ca. 35 km südlich von Bredarsdorp. Main Road, L'Agulhas,* ☏ *028-435-7650/1/2,
www.agulhascountrylodge.com.*

🍴 Restaurant
Julian's, *erfreut sich großer Beliebtheit, hier gibt es leckere Gerichte wie Straußen-
Burger und Gemüsestrudel. 22 All Saints Street,* ☏ *028-425-1201.*

Swellendam

Swellendam teilt sich mit Tulbagh den Titel der drittältesten Stadt Südafrikas. Sie liegt
Swellen- malerisch am Fuße der Langeberg-Range und hat trotz eines Großbrandes 1865 noch
grebel und heute zahlreiche georgianische, viktorianische und vor allem kapholländische Häuser
ten Damme zu bieten. 1743 gegründet, wurde sie nach dem Gouverneur Hendrik Swellengrebel
und seiner Frau Helena ten Damme benannt. 1795 war Swellendam für kurze Zeit
sogar die Hauptstadt eines Staates: Die damaligen Siedler ärgerten sich so sehr über
die Misswirtschaft der Niederländisch-Ostindischen Handelsgesellschaft, dass sie den
Landvogt absetzten und eine eigene Republik ausriefen, die jedoch nur wenige Monate
Bestand hatte.

Lohnend ist ein Besuch der Drostdy, der alten Landvogtei aus dem Jahre 1747, die in-
zwischen natürlich restauriert wurde. Heute befindet sich hier ein Museum mit sehr
schönen alten Möbeln und Hausrat. Auf dem Gelände sind weitere historische Ge-
bäude zu besichtigen.
Drostdy Museum, *18 Swellengrebel Street,* ☏ *028-514-1138, www.drostdy.com. Geöff-
net Mo–Fr 9–16.45, Sa/So 10–15 Uhr.*

Vorwahl: *028*

Information

Swellendam Tourism Office, *Oefinghuis, 36 Voortrekker Street,* ☏ *514-2770,* *www.swellendamtourism.co.za.*

Unterkunft

Swellendam Country Lodge **$–$$**, *die 6 Zimmer (alle mit eigenem Eingang und Veranda) liegen im Obst- und Palmengarten mit Pool. Die Gastgeber sprechen auch Deutsch. 237 Voortrek Street,* ☏ *514-3629, www.swellendamlodge.com.*

Rothman Manor **$$–$$$**, *altes kapholländisches Haus von 1834 mit Garten und Pool. Sehr stilvolle Zimmer. Leser schrieben uns: „Wir haben in der Honeymoon Suite übernachtet. Traumhaft schöne Cape-Dutch-Romantik! Wird von einem deutschen Ehepaar betrieben und hält absolut, was es verspricht." Ein bezahlbares Luxusidyll! 268 Voortrek Street,* ☏ *514-2771, www.rothmanmanor.co.za.*

The Hideaway **$$**, *mehrfach prämiertes B&B im historischen Ortskern. Luxuriös eingerichtet und ein überaus leckeres Frühstück. Auch Garten-Cottages buchbar. Indoor-Pool, kleiner Souvenirladen. 10 Hermanus Steyn Street (nahe Museumskomplex),* ☏ *514-3316, www.hideawaybb.co.za.*

Weitere Tipps

In Swellendam gibt es viele weitere **empfehlenswerte B&B-Häuser** (**$–$$**) in zumeist historischen Cape-Dutch-Häusern, besonders entlang der Voortrek Street, z. B. **Moolmanshof** (Nr. 217, ☏ 514-3258, www.annascollection.com), **La Sosta** (Nr. 145, ☏ 514-1470, www.lasostaswellendam.com, mit ausgezeichnetem italienischen **Restaurant**) und **Cypress Cottage** (Nr.3, nahe Museumskomplex, ☏ 514-3296, www.cypress-cottage.co.za).

Camping

Municipal Caravan Park, *voll ausgestattete, meist schattige Caravan Sites sowie nette Selbstversorger-Cottages. 34 Glen Barry Road,* ☏ *514-2705.*
Im **Bontebok National Park**, *6 km südöstlich von Swellendam (s. u.).*

Restaurants

Old Gaol on Church Square, *hier bekommt man leichte Lunch- sowie Cape-Dutch-Gerichte (Chicken Curry, Potjiekes, Lamm, Bobotie). Unter schattigen Bäumen lässt es sich gut draußen sitzen. 8A Voortrek Street,* ☏ *514-3847, www.oldgaolrestaurant.co.za.*

Roosje van de Kaap, *Top-Restaurant (und **B&B**) im Ort für ein romantisches Dinner. Traditionelle südafrikanische Küche mit kapmalaischen sowie französischen Einflüssen. Das Gebäude diente einst als Stall für das Drostdy. 5 Drostdy Street,* ☏ *514-3001, www.roosjevan dekaap.com.*

Bontebok National Park

 Zufahrt
6 km östl. von Swellendam über die N2.

Heimat der Buntböcke

Der kleinste der südafrikanischen Nationalparks schützt vor allem den **Bontebok** (Buntbock). Buntböcke sind im Strand-Veld-Gebiet westlich und östlich des Kap Agulhas, südlich der Caledon-Berge und in der südlichen Karoo heimisch. Bis auf 17 Exemplare war diese Tierart ausgerottet, als man sich 1931 entschloss, einen Park für sie einzurichten. Der erste Ansatz auf einem Gelände nahe Bredasdorp schlug mangels nährstoffreichen Grases fehl. 1960 wurde der heutige Park gegründet. Die Zahl der Buntböcke ist dank der Schutzmaßnahmen weltweit auf mehr als 3.000 Exemplare gestiegen, hier leben über 200. Außerdem kann man Kap-Grys-Böcke, Kuh- und Rehantilopen, Bergzebras und Springböcke sehen.

Besonders im Frühling erfreut den Besucher ein farbenprächtiger Blumenteppich. Die Landschaft des Gebietes wurde in dem Zustand belassen, wie ihn die ersten Siedler angetroffen haben dürften.

Information und Buchung
South African National Parks, ☏ 012-428-9111, www.sanparks.org. Park-Büro, ☏ 028-514-2735. 84 R Erw./42 R Kinder. Geöffnet 1. Okt.–30. April 7–19 Uhr, 1. Mai–30. Sept. 7–18 Uhr.
Visitor Office am Parkeingang. Im Park gibt es ein Geschäft mit allen notwendigen Lebensmitteln.

Unterkunft/Camping
Moderne Selbstversorger-Holzhäuschen ($+) im **Restcamp Lang Elsies Kraal Ois**, alle mit Veranda und Aussicht auf den Langeberg sowie den Breede River. Der bestens ausgestattete **Campingplatz** (Strom bis 21.30 Uhr) liegt am Fluss. Buchbar über SAN-Parks (s. o.).

Anschluss-Strecken

▸ Von Swellendam über die N2 nach Osten Anschluss an die **Garden Route** (siehe S. 424).
▸ Von Swellendam über die R60 nach Montagu, danach R318 zur N1, die über **Beaufort West** und **Bloemfontein** nach **Johannesburg** führt.

Alternative Garden Route

*Paarl (s. S. 386) – Tulbagh – Worcester – Montagu – Ladismith – Prince Albert – Abste-
cher nach Beaufort West/zum Karoo National Park – Oudtshoorn (s. S. 429) – Mossel
Bay (s. S. 426)*

Die **Garden Route** im engeren Sinne bezeichnet den Küstenabschnitt zwischen
Mossel Bay im Westen und der Mündung des Storms River (Tsitsikamma Forest)
im Osten. Im erweiterten touristischen Sinne gilt sogar Swellendam oft als westlicher Endpunkt der Garden Route. Dieser gesamte Abschnitt wird von der Nationalstraße N2 durchzogen, einer z. T. autobahnähnlich ausgebauten Straße, die zwi- *Mossel Bay*
schen Swellendam und Mossel Bay durch flaches, landwirtschaftlich (zumeist für den *bis Storms*
Getreideanbau) genutztes Land führt. Von subtropischer Vegetation ist hier keine *River*
Spur, der landschaftlich schönste Teil der Garden Route liegt erst zwischen Wilderness und dem Tsitsikamma-Gebiet.

Fast alle Reisen führen von Port Elizabeth (mit einem Abstecher nach Oudtshoorn)
nach Kapstadt oder umgekehrt. Dabei wird vor allem das nördlich der N2 gelegene,
sich von Westen nach Osten hinziehende **Gebirge** (Overberg im Westen – Lange-
berg im Osten) nicht überquert. Es bildet grob die Trennungslinie zwischen Küstenebenen und der Kleinen (= südlicheren) und Großen (= nördlicheren) Steppe
Karoo. Folgende Alternativstrecke führt durch diese Gebiete.

Auf dem Weg durch die Kleine Karoo

Streckenbeschreibung

Von Paarl über die R45/R44 nach Wellington, von hier auf die R301 über den wunderschönen Bain's Kloof Pass (701 m). Über die R43/R46 geht es über Wolseley nach Tulbagh. Der asphaltierte Bain's Kloof Pass ist einer der ältesten Pässe des südlichen Afrika, sehr eng (nicht für Wohnmobile geeignet!), aber landschaftlich sehr schön: Schluchten und Gebirgsflüsse, beeindruckende Aussichten. Vom Pass aus kommt man in eine fruchtbare Ebene mit viel Obstanbau. **Streckenkilometer**: ca. 75 km.

Oder gleich von Paarl nach Worcester über N1/R101. **Streckenkilometer**: ca. 60 km.

Tulbagh

Holländer und Hugenotten

In Tulbagh erhält man einen der umfassendsten Eindrücke eines südafrikanischen Ortes aus dem 18./19. Jh. Allein in der Church Street stehen 32 wunderschöne Kapholland-Häuser. Nachdem die ersten Siedler bereits 1658 ins Tal gekommen waren, wurde die Stadt 1743 von Holländern und Hugenotten gegründet und nach einem schweren Erdbeben 1969 wiederaufgebaut. Weingüter wie Drostdy (http://drostdyhof.com) und das für seine Schaumweine berühmte Twee Jonge Gezellen (www.houseofkrone.co.za) sind hier zu Hause. Auch der Sherry aus dieser Gegend erfreut sich großer Beliebtheit. Wer sich für die Stadt- und Regionalgeschichte interessiert, sollte das **Oude Kerk Volksmuseum** besuchen (*Geöffnet Mo–Fr 8.30–17, Sa 9–15 (im Winter ab 10), So 11–15 Uhr (im Winter nur das 1. und letzte WE im Monat). 4 Church Street,* ☎ *023-630-1041*).

 Streckenbeschreibung

Von Tulbagh über die R46 nach Süden und über den Michell's Pass (480 m) nach Ceres (Obstanbau) – von hier Abstecher auf den mehr als 1.000 m hohen Gydo Pass (R303) mit schönen Ausblicken auf Ceres und die fruchtbare Ebene – dann wieder herunter und zurück auf die R46 nach Westen, weiter über die R43 nach Worcester. **Streckenkilometer Tulbagh–Worcester**: ca. 120 km, alles Asphalt.

Alternativ direkt von Ceres nach Montagu: Der R46 nach Osten folgen über den Theronspass (1.091 m), dann abbiegen nach Süden und Versatz nach Westen auf der N1, folgend nach Süden über die R318 (Rooihoogte Pass, 1.214 m) und Burgers Pass (840 m) nach Montagu. **Streckenkilometer Tulbagh–Montagu**: ca. 230 km, alles Asphalt.

Vorwahl: *023*

 Information
Tulbagh Tourism, *Church Street,* ☎ *230-1375, www.tulbaghtourism.org.za. Geöffnet Mo–Fr 9–17, Sa 9–15 (im Winter ab 10), So 10–15 Uhr.*

Unterkunft/Camping

De Oude Herberg $$, in einem historischen Cape-Dutch-Haus von 1850. 4 Zimmer, 2 im Haupthaus, 2 jeweils in einem Gartencottage. **Restaurant** mit guten Cape-Dutch-Gerichten. Pool, schattiger Innenhof. Hier nächtigt man historisch und das zu einem günstigen Preis. 6 Church Street, ☎ 230-0260, www.deoudeherberg.co.za.

Rijks Country House $$–$$$, schöne Anlage, ebenfalls im kapholländischen Stil und mit toller Sicht auf die Berge. 15 schlicht-elegante, am Fluss gelegene Zimmer mit Bad en-Suite und privater Terrasse. Van Der Stel Street Ext, Winterhoek Road, ☎ 230-1006, www.rijks countryhouse.co.za.

Panorama Private Campsite, außerhalb des Ortes am Fuße der Klein Winterhoek Mountains gelegen, wunderschöne Natur und Ausblicke! Grasflächen, Wanderwege, Vogelwelt. Panorama Farm, ☎ 230-1700, www.tulbagh.net/panorama_private_campsites.htm.

Restaurants

Readers, sehr gemütliches, wegen seiner Atmosphäre beliebtes Restaurant in einem alten Cottage. Empfehlenswert sind die Lammgerichte. Witzig: Die Besitzer führern hier einen Geschenkladen rund um das Thema Katzen. Dienstags geschlossen. 12 Church Street, ☎ 230-0087, www.readersrestaurant.co.za.

The Olive Terrace Bistro, sehr gute afrikanische Küche aus regionalen Produkten. Tgl. durchgehend geöffnet, Reservierung ratsam. Im Tulbagh Hotel, 22 Van der Stel Street, ☎ 230-0071, http://tulbaghhotel.co.za/restaurant.

Worcester

Auf dem Rückweg von seiner Erkundungstour in die Karoo kam der Abgesandte von Lord Charles Somerset, Johannes Fischer, durch das Breede Valley. Nachdem er dem Gouverneur von den fruchtbaren Böden und der bezaubernden Landschaft erzählt hatte, ließ dieser 1820 die Ortschaft gründen und benannte sie nach seinem Bruder, dem Marquis of Worcester. Bereits 1822, als die Drostdy (Landvogtei) von Tulbagh durch einen Sturm zerstört worden war, entschloss man sich, die neue Drostdy in Worcester zu etablieren. Das Gebäude steht noch heute am Ende der High Street. Worcester ist inzwischen jedoch eher eine Industrie- und Handelsstadt, die als zentrale „Metropole" für das Hex River sowie das Breede Valley fungiert. *Stadt des* Weinabfüllanlagen, Obstmärkte und die großen Brandy-Fabriken bestimmen das *Brandys* wirtschaftliche Leben. In vielen alten Häusern sind jetzt Geschäfte oder Büros untergebracht. In Worcester ist der **Literaturnobelpreisträger** von 2003, J. M. Coetzee, aufgewachsen. Sein Roman „Der Junge" spiegelt teilweise seine Jugenderlebnisse in Worcester wider.

ℹ Streckenbeschreibung

Südwestlich von Worcester geht es auf der R60 über Robertson und Ashton (ab hier R62) nach Montagu. **Streckenkilometer**: ca. 75 km.

Idylle in Montagu

Das **Hugo Naudé House** (*Russel Street,* ☎ *023-342-5802, geöffnet Mo–Fr 9–16 Uhr*) zeigt Werke berühmter Maler, die in Worcester gelebt haben, z. B. Hugo Naudé, Jean Weltz und Bill Davis. Ebenfalls sehenswert ist der **Karoo Desert National Botanical Garden** (*Roux Road, nördlich der N1,* ☎ *023-347-0785, www.sanbi.org/gardens. Geöffnet tgl. 7–19 Uhr*), in dem auf ca. 1,5 km² die Pflanzen der Karoo und anderer Halbwüstengegenden Afrikas auf interessante Weise vorgestellt und erläutert werden. Ein Wanderweg führt auf eine kleine Anhöhe, von wo man einen hervorragenden Blick auf die Stadt und das Breede-Tal hat. Im Gewächshaus beeindruckt eine großartige Sammlung von Steinpflanzen.

Pflanzen der Karoo

Vorwahl: *023*

 Information
Worcester Tourism, *25 Baring Street,* ☎ *342-6244, www.worcestertourism.com.*

Unterkunft/Camping
Protea Hotel Cumberland $$, *mit 55 Zimmern das größte Hotel am Platz. Gut ausgestattet, sauber und funktional. Zwei Zimmergrößen (oft gibt es die besseren Zimmer zum kleineren Preis!). Restaurant, Pool, Gym und Squash. 2 Stockenstrom Street,* ☎ *347-2641, www.proteahotels.com.*
Rivierplaas Camp, *wunderschön gelegene Stellplätze für Zelte und Wohnmobile, mit Kinderspielplatz. Kleiner Laden vorhanden.* ☎ *340-4551, www.rivierplaas.co.za.*

Restaurants
Nuy Valley Restaurant, *traditionelle Landküche auf dem 1871 gegründeten Weingut (auch B&B und Caravanplätze). Die Anfahrt dafür lohnt und die Weinprobe ebenfalls. Fürs*

Dinner muss man mind. 1 Tag im Voraus buchen. *Werda Farm (ca. 17 km Richtung Robertson),* ☎ *342-7025, www.nuyvallei.co.za.*

St. Geran, *einfach eingerichtet, aber beste Steaks! Es kann auch draußen gesessen werden. Vorher reservieren. 75 Church Street,* ☎ *342-2800.*

Montagu

Der kleine Ort wurde 1851 gegründet und nach John Montagu, dem damaligen Sekretär der Kapkolonie, benannt. Das von Bergen umgebene Städtchen mit kapholländischen und viktorianischen Häusern bietet 43°C heiße **Thermalquellen,** zu denen ein herrlicher Wanderweg durch die Schlucht des Keisie River führt („Lover's Walk", 2,5 km).

 Streckenbeschreibung

Von Montagu fährt man am besten über den Cogman's Kloof (eine engere Gebirgsschlucht direkt hinter dem Südausgang des Ortes) nach Swellendam (s. S. 412) und dann ca. 11 km auf der N2 nach Osten, um gleich wieder nach Norden auf die R324 abzubiegen, die über den herrlichen Tradouws Pass führt (351 m, sehr schöne Ausblicke von der Höhe in die vom Fluss geschaffene Gebirgsschlucht). Danach weiter auf der R62 durch eine merklich trockene Landschaft, die einen fast wüstenähnlichen Charakter annimmt (Kleine Karoo), in das idyllische Landstädtchen Ladismith. **Streckenkilometer**: ca. 180 km. Alternativ der Direktweg auf der R62 über Barrydale nach Ladismith. **Streckenkilometer**: ca. 140 km.

Vorwahl: *023*

Information
Tourism Bureau, *24 Bath Street,* ☎ *614-2471, www.montagu-ashton.info. Kernzeiten Mo–So 9.30–17 Uhr.*

Unterkunft
Montagu Country Hotel $$, *„sophisticated" und überwiegend im Art-déco-Stil eingerichtet. Im Restaurant kann man gut frühstücken und abends bei Kerzenlicht stilvoll dinieren. Dazu Bar und Mineral-Pool. 27 Bath Street,* ☎ *614-3125, www.montagucountry hotel.co.za.*

Kingna Lodge $–$$, *sehr stilvolles viktorianisches Haus (mit Pool) voller Antiquitäten im historischen Teil des Ortes. Die herzlichen Gastgeber wurden von Lesern sehr gelobt. Selbst Nelson Mandela war hier schon zu Gast. 11 Bath Street,* ☎ *614-1066, www.kingnalodge.co.za.*

Restaurants
Jessica's, *gute südafrikanische Fleischgerichte (Lamm, Springbock etc.). Unkomplizierte, aber gepflegte Atmosphäre. Gartenplätze. 47 Bath Street,* ☎ *614-1805, www.jessi casrestaurant.co.za.*

Ye Olde Tavern, *gemütliches Restaurant mit Bar in historischem Gebäude. Einfache, aber schmackhafte Küche: Pizza, Steaks, Bobotie, Chicken Curry u. a. Tgl. Dinner. 22 Church Street,* ☎ *614-2398.*

Ladismith

*Hexen-
legende*

Schon weit vor Ladismith fällt eine gespaltene Bergspitze in den Swartbergen auf, der **Towerkop** (2.198 m). Der Legende nach hat eine erboste Hexe sie mit ihrem blitzenden Zorn gespalten. Das 1852 gegründete und nach Lady Juana Smith, Gattin des damaligen Kapprovinz-Gouverneurs, benannte Ladismith (Zentrum von Obstanbau und Milchproduktion – große Käsefabrik) hat sich seine Beschaulichkeit bewahrt, weshalb sich nicht wenige Südafrikaner aus dem Norden hier einen Altersruhesitz geschaffen haben. Ihnen folgen immer mehr Künstler, die hier Ateliers einrichten.

> ## ℹ️ Streckenbeschreibung
>
> Zunächst folgt man der R62 über Zoar und den Huisrivier Pass nach Calitzdorp. Von dort fährt man in einem nördlichen Bogen (Schotterpisten) über Kruisrivier und Matjiesrivier zur R328, die dann über den fantastischen Swartberg Pass (1.568 m; unbefestigt, nur bei Trockenheit zu befahren – Info bei der Tourism Association Prince Albert, s. u.) nach Norden führt. Danach geht es ziemlich abenteuerlich durch enge Schluchten nach Prince Albert. **Streckenkilometer**: ca. 140 km.
> Ohne Umschweife von Ladismith nach Oudtshoorn geht es über die R62. **Streckenkilometer**: ca. 100 km.

Über den Swartbergpass Richtung Prince Albert

Vorwahl: *023*

Information
Tourism Bureau, *Otto Hager Church, South Street,* ☎ *551-1378, www.ladi smith.org.za.*

Unterkunft/Restaurants
Albert Manor *$, viktorianisches Haus mit schönem Ambiente in ruhiger Lage, von zwei eingewanderten Deutschen beispielhaft geführt. Panoramablick auf die Swartberge. Nur 4 Zimmer! Auf Vorbestellung wird ein Dinner serviert. Dies sollte man nutzen, denn angesichts der übersichtlichen Auswahl an Restaurants vor Ort kann es gerade am Abend schwierig werden, ein Lokal zu finden. 26 Albert Street,* ☎ *551-1127, www.albertmanor.co.za.*

Prince Albert

Verschlafenes Nest, wie man es sich inmitten der Karoo vorstellt. Mohairschafe, Oliven, Aprikosen, Feigen und andere Erzeugnisse aus der Umgebung werden im ganzen *Geister-* Land geschätzt. Attraktionen: Fransie-Pienaar-Heimatmuseum, Besuch einer Käsepro- *touren* duktion und Geistertouren, denn es kursieren einige Gruselgeschichten im Ort.

---

i Streckenbeschreibung

Von Prince Albert fährt man über die R407 nach Süden/Osten bis nach Klaarstroom, wo die Straße in die N12 übergeht und über die herrliche Schlucht von Meiringspoort (ca. 600 m ü. NN) und De Rust nach Oudtshoorn führt. **Streckenkilometer:** ca. 115 km.
Schneller geht es von Prince Albert Richtung Süden über die R328 nach Oudtshoorn. **Streckenkilometer:** ca. 70 km.
Nach **Beaufort West/**zum **Karoo National Park** über R353/N1 oder R407/N12. **Streckenkilometer:** ca. 130 bzw. 160 km.

---

i Information
Tourism Association, *Church Street (neben dem Fransie Pienaar Museum),* ☎ *023-541-1366, www.patourism.co.za.*

Unterkunft/Restaurant
Swartberg Hotel *$, altes, hervorragend restauriertes Hotel (National Monument) mit* **Landrestaurant** *(südafrikanische Küche) und einer hübschen Bar. Viele Antiquitäten und alte Gästebücher. Zimmer im historischen Gebäude und etwas komfortablere Räume in angeschlossenen Cottages im bezaubernden Garten mit Pool. 77 Church Street,* ☎ *023-541-1332, www.swartberghotel.net.*

Beaufort West und Karoo National Park

Herz der Karoo

Beaufort West wurde 1818 auf dem Gelände der Farm Hooijvlakte gegründet. Initiator war der Kapgouverneur Lord Charles Somerset, der dabei von der Dutch East India Company unterstützt wurde. Durch ein bald ins Leben gerufenes Bewässerungsprojekt ergrünte die Stadt zunehmend. Die Grünanlagen brachten ihr die Beinamen „Oasis in the Karoo" und „Heart of the Karoo" ein. Schon die ersten Voortrekker wussten dies zu schätzen, oft verweilten sie monatelang, bevor sie auf ihrem Großen Trek weiterzogen. Auch dem Reisenden von heute bietet der Ort einen reizvollen Kontrast zur eintönigen Halbwüstenlandschaft. Beaufort West ist auch für seine Birnbäume bekannt, die die großen Straßen säumen. Wenn sie im September/Oktober zu blühen beginnen, glaubt man kaum, dass in diesem Gebiet gerade einmal 250 mm Niederschlag im Jahr fällt.

In der Stadt gibt es einige alte Häuser und Kirchen zu sehen. Das **Beaufort West Museum** (*87 Donkin Street,* ☎ *023-415-2308. 15 R Erw./8 R Kinder. Geöffnet Mo–Fr 7.45–16.45, Sa 9–12 Uhr*) zeigt neben historischen Gegenständen auch eine Ausstellung zu Ehren des hier geborenen bekannten Herzchirurgen Christiaan Barnard.

Typische Flora und Fauna

Der 831 km² große **Karoo National Park** wurde 1979 eingerichtet, um die typische Flora und Fauna der Karoo-Halbwüste zu erhalten und der Allgemeinheit zugänglich zu machen. Daher erstreckt sich der Park nicht nur über Ebenen, sondern zieht sich bis zu den Nuweveld Mountains hinauf. Die Höhen über Null variieren von 820–1.911 m. Deshalb sind die Sommer in den Ebenen extrem heiß und die Winter, besonders abends in den Hochlagen, sehr kalt.

Die **Vegetation** besteht vornehmlich aus Zwergsträuchern, Gräsern und Zwiebelgewächsen. Letztere haben die Eigenschaft, während ungünstiger Jahreszeiten unterirdisch auszuharren. Typischer Vertreter der Halbwüste ist der „Karoo-Busch", der eher einer Kräuterpflanze als einem Busch ähnelt. Er bedeckt die größten Flächen der Karoo und ist auch entlang der Landstraßen zu sehen. Zur interessanten **Fauna** gehören Löwen, Steppentiere, Bergzebras, Black Rhinos und Raubvögel (u. a. Bussarde und Adler). Außerdem leben hier Elenantilopen, Kudus, Spießböcke, Kuhantilopen und Strauße. Insgesamt wurden 67 Säugetierarten gezählt. Durch den Park führen verschiedene Lehrpfade, z. B. der **Fossil Trail** (400 m), in dessen Verlauf man einige Relikte aus 250 Mio. Jahren geologischer Geschichte entdecken kann.

Vorwahl: *023*

i **Information**
Beaufort West Tourism Organisation, *25 Donkin Street (Clyde House),* ☎ *415-1488, www.beaufortwest.net.*
South African National Parks, ☎ *012-428-9111, www.sanparks.org. Park-Büro,* ☎ *415-2828/9. 152 R Erw./76 R Kinder. Geöffnet 5–22 Uhr (Gates), 7–19 Uhr (Rezeption).*

Hier übernachtet man im Karoo National Park

Unterkunft/Camping

In Beaufort West

Matoppo Inn $, *wunderschöne B&B-Unterkunft in historischem Drostdy-Haus von 1834. 9 luxuriös eingerichtete Zimmer. Ruhig gelegen mit Pool und Garten. Auf Vorbestellung wird ein typisches Karoo-Dinner serviert. 7 Bird Street,* ☎ *415-1055, www.matoppoinn.co.za.*
Lemoenfontein Game Lodge $$, *bereits im 19. Jh. als Jagdfarm etabliert, wohnt man heute in einem der 12 klimatisierten Kaminzimmer. Im Game Reserve sind Zebras, Giraffen und verschiedene Antilopen zu sehen – ein wirkliches Karoo-Erlebnis. Game Drives und 3-Gänge-Menus zum Dinner sind nicht im Preis inbegriffen. De Jagers Pass Road (2 km nördl. von der Stadt),* ☎ *415-2847, www.lemoenfontein.co.za.*

Im National Park

Chalets und Cottages $–$$ *in 1- und 2-Parteien-Häusern für Selbstversorger. Die Ausstattung ist schlicht, aber ausreichend, das* **Restaurant** *(Frühstück und Dinner) gut. Der schönste Campingplatz der Umgebung ist der parkeigene, doch die schattigen Plätze sind oft schnell vergeben. Buchbar über SANParks (s. o.).*

Restaurant

Ye Olde Thatch, *weithin bekanntes Restaurant in kapholländischem Reetdachhaus mit typischen Karoo-Gerichten (besonders Lamm). Auch* **Unterkunft $** *(Zimmer inkl. Frühstück). 155 Donkin Street,* ☎ *414-2209, www.yeoldethatch.co.za.*
Entlang der Donkin Street, vor allem in Richtung Kapstadt, befinden sich eine Reihe von **Familienrestaurants** *und* **Steakhouse-Ketten**, *z. B. das viel besuchte* **Saddles Steakhouse**, *144 Donkin Street,* ☎ *415-2310.*

ℹ️ Streckenbeschreibung und Anschluss

Über die N12 nach Oudtshoorn und weiter über die R328 (Robinson Pass) nach Mossel Bay. Hier hat man wieder Anschluss an die Garden Route.
Streckenkilometer: ca. 180 km nach Oudtshoorn; ca. 270 km nach Mossel Bay.

Garden Route (Swellendam – Nelson Mandela Bay Municipality/ Port Elizabeth)

Überblick

DIE Route Südafrikas

Der folgend beschriebene Streckenabschnitt, die „**Garden Route**", gilt als eine der beliebtesten Touristenrouten Südafrikas. Manchmal ist mit der Bezeichnung „Garden Route" der Abschnitt zwischen Swellendam und Humansdorp (Eastern Cape) gemeint, ein anderes Mal nur die kürzere Strecke zwischen Mossel Bay und dem Storms River im Tsitsikamma-Gebiet. In jedem Fall begeistert diese küstennahe Region mit ihren **ma–**

Westküste mit Garden Route

Karoo National Park

Three Sisters

Beaufort West

Camdeboo National Park

Cradock

Graaff-Reinet

Aberdeen

Wiegnaarspoort

R 61

EASTERN CAPE

Seekoegat

R 306

R 338

Baroe

R 407

Prince Albert

g Pass

Cango Caves

Klaarstroom

Meiringspoort

Willowmore

Matjiesrivier

Kruisrivier

R 62

De Rust

Potjiesberg Pass

nstein

R 328

Oudtshoorn

Haarlem

Baviaanskloof W.A.

Uitenhage

Demistrkraal

nson Pass

Noll

Prince Albert Pass

Joubertina

Kammiebos

N 2

Blanco

Wilderness

R 339

The Crags

Storms River

Humansdorp

Nelson Mandela Bay Municipality (Port Elizabeth)

iterbos

George

1 Knysna

2 Plettenberg Bay

3 Jeffrey's Bay

ssel Bay

Vlees BAy

ouritsmond

Cape St. Francis

Garden Route National Park

Indischer Ozean

1 Wilderness Section
2 Knysna Lakes Section
3 Tsitsikamma Section

© graphic

lerischen Buchten, einsamen Stränden, hohen Kliffs, Felswänden und z. T. urweltlichen Wäldern. Bald hinter der Küstenlinie erheben sich partiell recht hohe Gebirgsketten, die Niederschläge bis zu 2.500 mm pro Jahr aufweisen; binnenwärts allerdings sinken die Niederschlagswerte auf 250 mm ab.

Die Bezeichnung „Garden Route" verlockt zu der Annahme, hier einen endlosen Blütenteppich vorzufinden. Der Begriff ist jedoch eher historisch zu verstehen: Für die ersten Siedler war dieses Gebiet im Vergleich zum Binnenland so herrlich fruchtbar, dass sie es als eine Art „**Garten Eden**" empfanden

Redaktionstipps

▶ **Übernachten** im Eight Bells Mountain Inn am Robinson Pass (S. 428), im Alten Landhaus oder Rosenhof Country House in Oudtshoorn (S. 432), im Views Boutique Hotel in Wilderness (S. 440), in Hunter's Country House in Plettenberg Bay (S. 446) oder im Storms River Mouth Restcamp/Tsitsikamma (S. 451).

▶ Ein Straußen-Steak auf einer Straußenfarm nahe Oudtshoorn verzehren, S. 430.

▶ **Tipp für Golfer**: Das Hotel Fancourt in George mit seinem 27-Loch-Platz, S. 437.

und gern hier blieben. Aufgrund der mediterranen Temperaturen und der Qualität des Bodens scheint auch heute noch alles zu gedeihen. Die Regenschauer sind zwar heftig, jedoch von kurzer Dauer und fallen zumeist nachts. Die Küstenterrasse, wie die Geologen den schmalen Abschnitt zwischen Meer und Gebirge nennen, wurde in ihrer gesamten Länge erstmals 1780 von dem Forscher François de Vaillant durchquert.

Kleine Karoo-Abstecher Besonders lohnend ist ein Abstecher in die Kleine Karoo (s. auch die alternative Strecke S. 415) nach **Oudtshoorn**. Hier haben sich auch die großen Straußenfarmen angesiedelt. Etwas weiter nördlich sind die Cango Caves zu bewundern, eines der imposantesten Tropfsteinhöhlen-Systeme der Erde.

Man sollte sich für die Garden Route genügend Zeit nehmen. Die kleinen Orte erzählen ihre z. T. sehr interessante Geschichte – man denke nur an Mossel Bay mit dem „Briefkasten" für die alten Segler –, und die Küste lädt zum Baden, Fischen, Surfen und ganz einfach zum Erholen ein. Auf die wanderfreudigen Touristen wartet das **Tsitsikamma-Gebiet**, Teil des **Garden Route National Park**, mit seiner von spektakulären Wanderwegen durchzogenen Wald- und Küstenlandschaft. So hängt die Etappen- und Tageseinteilung stark von den individuellen Bedürfnissen ab. Manche „schaffen" die gesamte Strecke in 2–3 Tagen. Doch mehr Zeit ist gerade entlang dieser Route richtig investiert, um ihre Vielseitigkeit wirklich erleben zu können.

Planungsvorschlag		
Gesamtstrecke: Swellendam (N2) – Port Elizabeth (Garden Route)		
Einzelstrecken	**km**	**Tage**
Swellendam – Heidelberg – Riversdale – Mossel Bay	ca. 176	1
Mossel Bay – Robinson Pass – Oudtshoorn	ca. 86	1
Oudtshoorn – Cango Caves – Oudtshoorn	ca. 56	1
Oudtshoorn – George – Wilderness	ca. 78	1
Wilderness – Knysna – Storms River	ca. 145	2
Storms River – Humansdorp – Port Elizabeth	ca. 176	1
gesamt	ca. 717	7

 ### Streckenbeschreibung

Von Kapstadt kommend gibt es zwei alternative Routen. Die N2 – in diesem Abschnitt als „Eden Country Road" bezeichnet – von Kapstadt über Caledon, Swellendam, Heidelberg, Riversdale und Albertinia nach Mossel Bay, wo die Garden Route offiziell beginnt. Wenn man vom Kap Agulhas über Arniston kommt, fährt man nordwärts über die R316/319 und dann über die N2 nach Mossel Bay.

Mossel Bay

Der erste Europäer, der in die weite Bucht eingefahren ist, dürfte Bartolomeu Dias gewesen sein. Er ging hier am 3. Februar 1488 vor Anker, nachdem er das Kap der

Guten Hoffnung, das er wegen weiter Entfernung und schlechten Wetters gar nicht sehen konnte, umsegelt hatte. Auch wenn hier also die **erste europäische Landung** an der Ostküste Südafrikas stattfand, behielt Dias die Bucht nicht in allzu guter Erinnerung. Als er versuchte, Kontakt mit den hier lebenden Khoikhoi aufzunehmen, wurde er mit einem Steinhagel empfangen; dabei hätte er gerne Vieh bei den hier lebenden Hirten eingetauscht, um nach der langen Seefahrt die Fleischvorräte zu erneuern. Aufgrund der gesichteten großen Herden nannte er die Bucht „Angra dos Vaqueiros": die „Bucht der Kühe".

„Bucht der Kühe"

Erst Vasco da Gama, der am 20. November 1497 hier ankam, gelang es, friedliche Beziehungen zu den Khoikhoi-Hirten zu knüpfen und die Nahrungsvorräte aufzufrischen. Fortan sollte Mossel Bay für viele portugiesische Seefahrer ein Anlaufpunkt sein: Sie konnten hier nicht nur Fleisch erstehen, sondern auch die Frischwasservorräte auffüllen. Im Jahre 1500 eröffnete der Kapitän Pêro de Ataíde sogar eine Art **Nachrichtenbörse** neben der Wasserquelle: Er hinterließ am alten Milkwood-Baum Seeschuhe, in die er einen Brief für später eintreffende Schiffe steckte. Daraus entwickelte sich eine Tradition, und seither gilt der Baum als das erste „Postamt" Südafrikas (s. u.).

Ein Baum als Postamt

Der Ort verdankt seinen Namen Cornelius de Houtman aus Holland, der die Bucht wegen der Vielzahl an Muscheln **Muschelbucht** nannte. In den folgenden Jahrzehnten sammelten holländische Seefahrer hier gerne Muscheln und Austern, und auch heute noch werden Schalentiere aus dem Gebiet der Mossel Bay in ganz Südafrika verkauft. Die Holländer nahmen 1734 Besitz von dieser Region, als der damalige Kap-Gouverneur Jan de la Fontaine auf dem Seeweg hierher gelangte und ein Steinzeichen mit dem Wappen Hollands sowie dem Monogramm der Niederländisch-Ostindischen Handelskompanie errichtete. Doch erst 1787 kamen die ersten Dauersiedler. Sie errichteten einen Kornspeicher, und schon im Juli des Folgejahres wurde der erste in der Umgebung angebaute Weizen verschifft. Von diesen Tagen an entwickelte sich Mossel Bay zur Hafenstadt für das südliche Kapland sowie für das Hinterland in der Kleinen Karoo. In den Boomjahren der Straußenfeder-Produktion wurden hier pro Jahr bis zu 800.000 kg Federn verschifft! Als das Geschäft mit den Federn nachließ, wurde Mossel Bay Umschlagplatz für Ocker, Wolle und Obst.

Durch seine **Industrieanlagen** und eine große Raffinerie hat Mossel Bay heute an Flair verloren. Touristisch entwickelte es sich in den letzten Jahren immer mehr zu einem Rummelplatz, vor allem um die Spitze der Landzunge, genannt **The Point**, mit dem Leuchtturm St. Blaize. Hier beginnt übrigens der gut 13 km lange

Die „Muschelbucht"

St. Blaize Hiking Trail, der sich entlang der felsigen Klippen schlängelt. Bitte beachten: Am Ende des Trails gibt es weder öffentlichen Nahverkehr noch Taxis für den Rückweg. Allerdings wird einem diesbezüglich in den Shops an der N2 meist gerne geholfen.

Bartolomeu Dias Museum

Der **Old Post Office Tree** befindet sich auf dem Gelände des Museumskomplexes. Heute gibt es hier einen Briefkasten in Form eines übergroßen Seemannsstiefels, und alle hier eingeworfene Post erhält einen Sonderstempel. Manche Seefahrer ritzten ihre Nachrichten auch direkt in den Fels, Abgüsse davon können im Museum besichtigt werden.

Portugiesischer Seefahrer

Unter dem Namen des Museumskomplexes sind **verschiedene Museen** und **Sehenswürdigkeiten zusammengefasst**: Besonders interessant ist das in einem ehemaligen Sägewerk untergebrachte **Maritime Museum**, das die Geschichte der Entdeckung Südafrikas durch die portugiesischen Seefahrer beleuchtet. Höhepunkt ist ein eindrucksvoller Nachbau von Dias' Schiff Karavelle (s. S. 23). Diese Replik segelte 1987/88 zur 500-Jahr-Feier seiner Ankunft von Portugal nach Mossel Bay und kann gegen den doppelten Eintrittspreis besichtigt werden.
Bartolomeu Dias Museum Complex: *20 R Erw./5 R Kinder. Geöffnet Mo–Fr 9–16.45, Sa/So 9–15.45 Uhr. 1 Market Street,* ☏ *044-691-1067, www.diasmuseum.co.za.*

---

i Weiterfahrt über den Robinson-Pass/Unterkunftstipp

Bei der Fahrt in die Kleine Karoo reist man nordwärts über die R328 Richtung Oudtshoorn und verlässt für einen kurzen Streckenabschnitt die Garden Route. Bald steigt die Straße an und führt hinauf auf den Robinson-Pass (838 m). Die Passhöhe erlaubt einen tollen Fernblick. Ab und zu säumen Protea-Sträucher die bereits 1869 angelegte Passstraße, und je nach Jahreszeit blühen unterschiedliche Wildblumen.

Unterkunftstipp am Fuße des Robinson-Passes: **Eight Bells Mountain Inn $$**, ruhiges, inmitten der Berge gelegenes Landhotel mit bezauberndem Garten. Neben schönen Zimmern gibt es auch Rondavels und Logcabins zu mieten. Restaurant und kleiner Pub. Gut geeignet, um sich vom Trubel der Garden Route zu erholen bzw. um von hier aus Karoo und Küste zu erkunden. Die beste Alternative außerhalb von Mossel Bay! ☏ 044-631-0000, www.eight bells.co.za.

Vorwahl: *044*

 Information
Mossel Bay Tourism Bureau, *Ecke Church und Market Street,* ☏ *691-2202, www.visitmosselbay.co.za, www.gardenroute.co.za. Infos nicht nur zum Ort, sondern auch zur gesamten Garden Route.*

🛏 Unterkunft/Restaurants/Camping

Mossel Bay Backpackers $, *saubere, sehr preiswerte Doppelzimmer sowie Schlafsäle. Bar, Küche, TV-Raum. Nahe The Point und zum Strand. 1 Marsh Street, ☎ 691-3182, www.mosselbaybackpackers.co.za.*

Protea Hotel Mossel Bay $$, *das ehemalige „The Old Post Office Tree Manor" ist ein historisches Hotel gleich neben dem Museumskomplex. Die Zimmer haben ein ansprechendes, etwas „karibisch" anmutendes Flair. Auf den Sofas der Terrasse der Blue Oyster Cocktail Bar kann man einen Drink mit Blick auf die Bucht genießen. Es werden auch leichte Snacks (Austern, Salate) zum Lunch angeboten. Im Haus empfiehlt sich das Seafood-Restaurant* **Cafè Gannet**, *wo vorzügliche Fischgerichte in historischem Dekor serviert werden – bei gutem Wetter an Tischen im Garten (Reservierung unter ☎ 691-1885). Ecke Church und Market Street, ☎ 691-3738, www.proteahotels.com.*

The Point Hotel $$, *große, z. T. sogar Familienzimmer. Direkt am Kap unterhalb des Leuchtturmes St. Blaize. Alle Zimmer mit Balkon und Sicht auf das tosende Meer. Im hoteleigenen* **Below The Lighthouse Restaurant** *lässt sich die mediterran angehauchte Küche (viele Fischgerichte) am besten an einem der Tische mit wunderschöner Aussicht (reservieren!) genießen. Point Road, ☎ 691-3512, www.pointhotel.co.za.*

Point Caravan Park, *Camping und Stellplätze an der Ostspitze der Stadt. Hier sollte man wegen der günstigen Lage (Nähe Sehenswürdigkeiten/Restaurants) frühzeitig buchen. ☎ 690-3501.*

🚍 Öffentliche Verkehrsmittel

Die Buslinien der großen Anbieter **Intercape**, **Greyhound** *und* **Translux** *halten am Voorbaai Truckport (Shell-Tankstelle) an der R102, nur der* **Baz Bus** *hält im Ort. Verbindungen nach Oudtshoorn, George, Knysna, Port Elizabeth sowie nach Kapstadt und Johannesburg.*

Oudtshoorn

Oudtshoorn (ca. 61.000 Ew.) liegt von Bergen geschützt in einem Tal. Ursprünglich befand sich hier die Farm „Hartenbeesrivier". Als die Bevölkerung der Kleinen Karoo allmählich anwuchs, stellte der Farmbesitzer C. P. Rademeyer vier Hektar seines Grundes zur Verfügung und stiftete 1839 eine Kirche. Damit war der Grundstein für die spätere Stadt gelegt. Seinen Namen erhielt Oudtshoorn nach der Baronesse Gesina E. J. van Reede van Oudtshoorn, der Gattin des Kommissars von George, E. Bergh. Er war der oberste Verwaltungsbeamter für die gesamte Region einschließlich der Kleinen Karoo.

Tallage

Obwohl in der Gegend wenig Regen fällt, ist durch den Olifants River und seinen Nebenfluss Grobbelaars genügend Wasser vorhanden. So konnte man sich von Anfang an landwirtschaftlich versorgen und legte Gärten und Luzerne-Felder an, auf denen sich in den Boomjahren der Straußenfeder-Produktion über **100.000 Strauße** tummelten. Die Zeit vor dem 1. Weltkrieg war sicherlich die wirtschaftlich bedeutsamste Periode des Städtchens. Die reichen Straußen-Farmer – als „Feder-Barone" bezeichnet

– bauten sich „Straußenpaläste". Ein gutes Beispiel dafür stellt der für E. J. Edemeades errichtete Prachtbau „Pinehurst" (186 van Riebeeck Road) von 1911 dar.

Straußen-
feder-
produktion

Heute gibt es in der Umgebung von Oudtshoorn noch etwa 150–200 Farmer, die Strauße halten. Etwa 70 % der Federproduktion geht nach Europa, den Rest verarbeitet man in Südafrika zumeist für Staubwedel. Insgesamt ist aber die Bedeutung der Federproduktion heute gering. Dafür ist der Verkauf von Straußenfleisch immer wichtiger geworden. Im großen Stil wird **Biltong** (gewürztes, luftgetrocknetes Fleisch) hergestellt, und das saftige **Straußensteak** ist inzwischen auch häufig auf europäischen (insbesondere deutschen) Speisekarten zu finden – und natürlich ist es klassisches Grillgut beim südafrikanischen Braai. Es wird als besonders gesund beworben und hat etwa die gleichen Fett- und Cholesterinwerte wie mageres Rindfleisch.

Oudtshoorn orientiert sich um und etabliert sich als **Kulturstadt**: Jedes Jahr Ende März/Anfang April lockt das **Klein Karoo National Arts Festival** *(www.kknk.co.za)* vor allem mit Livemusik, aber auch mit Kunstausstellungen, Lesungen und Theateraufführungen. Für eine Woche steht die Stadt Kopf, und man muss Unterkünfte monatelang im Voraus buchen.

Museen

Wer die Geschichte der Region und besonders der Straußenzucht verstehen will, wird im **C. P. Nel Museum** genügend Anschauungsmaterial finden. Untergebracht in einem alten Schulgebäude, zählt es zu den besten Kleinstadtmuseen des Landes. Akribisch genau wurden u. a. alte Möbel, Kleider, Haushaltsgegenstände und Bücher der Straußen-Epoche (1860–1930) zusammengestellt.
Geöffnet Mo–Fr 8–17, Sa 9–13 Uhr. 3 Baron van Reede Street, ☎ 044-272-7306, www.cpnelmuseum.co.za.

Literaturinteressierte können zudem **Arbeidsgenot**, das Haus des bekannten Afrikaans-sprachigen Dichters C. J. Langenhoven besuchen. Alle anderen können hier viel über die Wohnverhältnisse im „historischen" Oudtshoorn ab 1905 erfahren.
Geöffnet Mo–Fr 9.30–13, 14–17 Uhr. 217 Jan van Riebeeck Road, ☎ 044-272-2968, www.cjlangenhoven.co.za.

Straußenfarmen

Überall
Großvögel

Mehrere Straußenfarmen rund um Oudtshoorn haben sich darauf spezialisiert, Besuchern alles über die Straußenzüchtung zu zeigen. In den angeschlossenen Restaurants wird natürlich auch Straußensteak serviert, und die Shops bieten u. a. Straußenlederprodukte. Die Führungen enden meist mit einem Straußenrennen, mutige Besucher können sogar einen Straußenritt wagen. Die Führer behaupten, es sei nicht schädlicher für die Laufvögel als für Pferde – Zoologen sind da allerdings anderer Meinung. Folgend zwei Adressen, weitere hält das Tourism Bureau bereit:

Safari Ostrich Show Farm: *Geöffnet tgl., die Touren starten alle 60 Min. von 8–16 Uhr. An der R328 Richtung Mossel Bay, ca. 6 km südlich von Oudthoorn, ☎ 044-272-7312, www.safariostrich.co.za.*
Cango Ostrich Show Farm: *Geöffnet tgl. 8–16.30 Uhr, Touren alle 20 Min. An der R328, 14 km nördl. von Oudtshoorn, ☎ 044-272-4623, www.cangoostrich.co.za.*

Strauße – die größten Laufvögel der Welt

Der Strauß ist der größte heute lebende Vogel. Aufgrund seiner auffälligen Erscheinung ist er zugleich einer der bekanntesten. Große Männchen können **bis zu 2,60 m hoch** werden, wobei der Hals fast die Hälfte der Körperlänge ausmacht. Das Gefieder des Männchens ist schwarz, ausgenommen die weißen Schmuckfedern an den Flügeln und am Schwanz. Das Gefieder des Weibchens ist braun. Der Kopf, der größte Teil des Halses und die Beine sind nackt, aber die

Strauße auf einer Farm bei Oudtshoorn

Augenlider haben lange, schwarze Wimpern. Jeder Fuß hat zwei starke Zehen, die längere ist mit einer stärkeren Klaue versehen.

Strauße sind außerordentlich **wachsam**. Ihr langer Hals gestattet ihnen, schon in großer Entfernung Feinde zu erkennen. Sie leben in sehr trockenen Gebieten und durchstreifen auf Nahrungssuche das Land meist in Herden. Strauße fressen nahezu alles. Sie bevorzugen Pflanzen, Früchte, Samen und Blätter, aber verzehren auch kleine Tiere, manchmal sogar Eidechsen und Schildkröten. Selbst beträchtliche Mengen an Sand und Steinen werden geschluckt, um die Verdauung zu fördern.

Es gibt zwar auch monogame Paare, in der Regel hat aber ein Hahn einen sogenannten **Harem** mit einer Haupt- und mehreren Nebenhennen. Jede Henne legt 6–8 bis zu 1,5 kg schwere Eier. Die Hennen eines Harems legen alle in das gleiche Nest, das aus einer Bodenvertiefung von etwa 3 m Durchmesser besteht. Wenn alle Eier gelegt sind, treibt die Haupthenne die anderen weg und behütet das Nest zusammen mit dem Hahn. Das Brüten besteht mehr darin, das Nest zu beschatten als es warm zu halten. Die Männchen brüten bei Nacht über den Eiern und die Weibchen bei Tage. Gegen Ende der sechswöchigen Brutzeit werden die am meisten entwickelten Eier am Rand des Nestes zusammengebracht. Die Küken können kurz nach dem Schlüpfen laufen und einen Monat später schon eine Geschwindigkeit von 50 km/h erreichen. Im Alter von 4–5 Jahren werden sie fortpflanzungsfähig. Strauße können **bis zu 40 Jahre alt** werden.

Vorwahl: *044*

ℹ️ Information

Oudtshoorn Tourism Bureau, *80 Voortrekker Street*, ☎ *279-2532*, *www.oudts hoorn.com*.

🛏️ Unterkunft

Backpackers Paradise $, *zentral gelegenes, schönes Gebäude. Übernachtung inkl. Frühstück in sauberen Schlafsälen, Doppel- und Familienzimmern. Camping im Garten begrenzt möglich. Pool, Restaurant, Gemeinschaftsküche, Fahrradverleih u. v. m. 148 Baron van Reede Street*, ☎ *272-3436, www.backpackersparadise.net*.

Montana Guest Farm $–$$, *liebevoll restauriertes, von Deutschen geführtes, 100 Jahre altes Farmhaus. Die 12 luxuriösen Chalets (alle mit Lounge und Terrasse, tw. Kamin) gruppieren sich um eine großzügige Gartenanlage mit Salzwasserpool. Leckeres und unterhaltsames Dinner (vorher bestellen). Sehr gutes Preis-Leistungs-Verhältnis. Ca. 15 km nördl. an der R328 Richtung Cango Caves*, ☎ *272-7774, www.montanaguestfarm.co.za*.

Hlangana Lodge $$+, *sehr gepflegte Anlage mit Haupthaus im viktorianischen Stil, von den Liegen am nierenförmigen Pool überblickt man die Swartberge. Geräumige, freundlich gestaltete Zimmer. Jeden Tag wird Champagner-Frühstück serviert. Kein Restaurant. 51 North Street*, ☎ *272-2299, www.hlangana.co.za*.

De Opstal Country Lodge $$, *21 rustikal-komfortable Zimmer auf einem zu einer Lodge ausgebauten, alten Bauernhof. Salzwasserpool. Morgens Farmfrühstück, abends deftige Landküche (u. a. Strauß) im hauseigenen Restaurant (Reservierung notwendig). Ca. 14 km nördl. an der R328 Richtung Cango Caves*, ☎ *279-2954, www.deopstal.co.za*.

Altes Landhaus $$–$$$+, *herrschaftliches, ruhig in der Natur gelegenes Kapholland-Landhaus, geführt von charmantem Gastgeberehepaar. Geschmackvoll eingerichtete, gediegene Zimmer. Kaminlounge, Essbereich mit Terrasse, Salzwasserpool. Ca. 12 km nördl. an der R328 Richtung Cango Caves*, ☎ *272-6112, www.alteslandhaus.co.za*.

Rosenhof Country House $$$–$$$$$, *viktorianisches Luxusgehöft (erbaut ca. 1852) in romantischem Rosengarten mit Brunnen und kleinen Sitzmöglichkeiten. Mit viel Liebe zum Detail und hochwertig eingerichteten Zimmern. Aufmerksamer Service und ausgezeichnetes Restaurant mit Weinkeller. 264 Baron van Reede Street*, ☎ *272-2232, www.rosenhof.co.za*.

⚠️ Camping

Kleinplaas Holiday Resort $, *großer Campingplatz neben der Innenstadt. Gut ausgestattet und ebenfalls günstig sind die* **Selbstversorger-Chalets** $$. *171 Baron van Reede Street*, ☎ *272-5811, www.kleinplaas.co.za*.

🍴 Restaurants

Die Restaurants der empfohlenen Unterkünfte haben allesamt ein hohes Niveau. Weitere Häuser aller Preisklassen befinden sich vor allem entlang der Baron van Reede Street.

Folgend drei Tipps:

Jemima's Restaurant, *traditionelle Regionalgerichte (Lamm, Bobotie, Strauß, Saldanha Muscheln) in geräumigem und mit Erinnerungsstücken der Besitzer gestalteten Restaurant. 94 Baron van Reede Street*, ☎ *82-775-9929*.

La Dolce Vita, *legeres, bei Einheimischen beliebtes Restaurant, das gute und sättigende Burger, Salate und Steaks anbietet. Leser lobten die entspannte Atmosphäre und den freundlichen Service. 60 Baron van Reede Street, ☎ 279-3269.*

Bello Cibo, *preiswerte italienische Küche mit südafrikanischem Einschlag. Rustikale Atmosphäre, guter Service. Besser reservieren! 146 Baron van Reede Street, ☎ 272-3245, www.bellocibo.co.za.*

Öffentliche Verkehrsmittel

Die überregionalen Buslinien z. B. von **Translux** *oder* **Intercape** *verbinden mit fast allen Orten der Garden Route.*

Ausflug zu den Cango Caves

i Streckenbeschreibung und Tipp auf dem Weg

Über die R328 nach ca. 28 km in nördlicher Richtung zu erreichen.

3 km hinter der Ortsausfahrt befindet sich die wie ein Zoo angelegte **Cango Wildlife Ranch**, auf der man verschiedene Wildtiere erleben kann, z. B. Krokodile, weiße Löwen, Mini-Hippos, Otter u. v. m. Angeschlossen ist die Angora Rabbit Show Farm, wo Kaninchenzucht und -fellverarbeitung erläutert werden. Restaurant. Ein Tipp für Familien! 145 R Erw./90 R Kinder (4–13 J.). Geöffnet tgl. 8–16.30, in der HS -17 Uhr, geführte Touren. ☎ 272-5593, www.cango.co.za.

In den Cango Caves

Die **Cango Caves** gehören zu den größten und ausgedehntesten Tropfsteinhöhlen-Systeme der Welt. Hier herrscht eine Temperatur von 18°C (leichte Kleidung tragen!). 416 Stufen sind auf der Standard Tour zu bewältigen, die Adventure Tour ist nur für körperlich Fitte zu empfehlen. Auch wer unter Klaustrophobie oder Übergewicht leidet, sollte diese Tour meiden. Es gibt ein Restaurant sowie einen Curio Shop am Eingang. Touren unbedingt vorher reservieren! Cango 2 und 3 (Erklärung s. Kasten) stehen für den Besucher nicht offen. Dies ist zu begrüßen, da man heute weiß, dass große Besucherströme die Schönheit der Tropfsteinhöhlen stark beeinträchtigen.

Körperliche Fitness (margin note)

Cango Caves: *Standard-Tour, 80 R Erw./45 R Kinder, Dauer 1 h, tgl. zur vollen Stunde 9–16 Uhr. Adventure Tour, 100 R Erw./60 R Kinder, Dauer 1,5 h, tgl. zur halben Stunde 9.30–15.30 Uhr. ☎ 044-272-7410, www.cango-caves.co.za.*

Wunderwelt der Tropfsteinhöhlen

Unter Tropfstein versteht man verschieden geformte Gebilde, die vorwiegend aus Kalziumkarbonat bestehen. Sie entstehen, wenn kalkreiches Wasser aus Gesteinsfugen herabtropft und verdunstet. An den Decken der Tropfsteinhöhlen bilden sich herabhängende Stalaktiten. Am Boden wachsen ihnen dann Stalagmiten entgegen. Manchmal verbinden sich beide als durchgehende Tropfsteinsäulen zu Stalagnaten.

Der Eingang zu den Cango Caves wurde schon in Urzeiten von Buschmännern als Behausung genutzt, die auch die Wände bemalten. Doch ohne tragbares Licht konnten die Bewohner der Vorzeit nicht weit in die Höhle eindringen. Nur Fledermäuse verirrten sich in der Tiefe. Ihre Skelette wurden vom durchsichtigen Kalzit versteinert.

1780 stolperte zufällig ein Hirte in die Höhle, als er einem verwundeten Bock folgte, der hier verschwunden war. Der Mann erzählte die Entdeckung seinem Aufseher und der informierte den Farmbesitzer van Zyl über den Höhleneingang. Hochinteressiert führte dieser bald darauf die erste Expedition tief in die Höhle und gelangte bis in den heute als **van Zyl's Hall** bekannten Höhlenabschnitt. Dieser weist eine imposante Größe von 98 m Länge, 49 m Breite und 15 m Höhe auf und birgt ein besonders sehenswertes Tropfsteingebilde, die 9 m hohe und schätzungsweise 150.000 Jahre alte **Cleopatra's Needle**.

Nach und nach drangen Forscher weiter vor, bis sie nach 762 m vom Eingang glaubten, das Ende des Höhlensystems erreicht zu haben. Bis hierher bezeichnet man die Höhle als **Cango 1**. Sie wurde so ausgestattet, dass Touristen die Schönheit dieser Unterwelt bequem bewundern können. Die größte Höhle im Abschnitt Cango 1 ist 107 m lang und 17 m hoch, die höchste Tropfsteinformation ist eine 12,5 m hohe Säule in **Botha's Hall**.

Das Geheimnis um den weiteren Verlauf der Cango-Höhlen wurde erst in neuerer Zeit geklärt. 1956 begutachtete eine Expertenkommission die Höhlen und fand heraus: Wenn draußen der Atmosphärendruck fiel, strömte Luft aus der Höhle hinaus; stieg dagegen der Luftdruck draußen, so floss frische Luft in die Höhlen. Diese Beobachtung führte zu der Vermutung, dass es eine Fortsetzung der Höhlen geben musste. Allerdings versperrten verzwickte Tropfsteinformationen und Felsen den Weg. Davon fasziniert, opferten zwei der Berufsführer, James Craig-Smith und Luther Terblanche, Jahre später einen großen Teil ihrer Freizeit, um das Geheimnis zu lüften. Im **Devil's Workshop** folgten sie einem Luftzug, der sie zu einem schmalen Spalt führte. Monatelang vergrößerten sie die kleine Öffnung und betraten schließlich am 17. September 1972 ein neues Wunderland, das sie **Cango 2** nannten und das eine Gesamtlänge von 270 m aufweist.

Zur weiteren Erkundung wurden Spezialisten eingeladen. Sie fanden am Ende einen Wasserlauf, der Richtung Eingang zurücklief und sich etwa 20 m unterhalb der Höhlenebene befand. 1975 pumpte man das Wasser so weit ab, dass man dem Wasserablauf folgen konnte und in die Fortsetzung des Höhlensystems, **Cango 3**, gelangte. Der neu entdeckte Abschnitt erwies sich mit 1.600 m Länge als doppelt so lang wie Cango 1 und 2 zusammen. Allein die erste Halle in Cango 3 ist 300 m lang! Und man vermutet, dass dies noch nicht das Ende der Höhle ist.

Ausflug zum Meiringspoort

> ### ℹ Streckenbeschreibung
>
> Über die N12 ca. 50 km Richtung Beaufort West, zwischen De Rust und Klaarstroom.

Die über 14 km lange Schluchtdurchfahrt (rote Sandsteinformationen) durch die Swartberg-Kette verbindet die Kleine mit der Großen Karoo, folgt dem Groot River und überquert diesen sechsundzwanzigfach. Auf halbem Weg durch die Schlucht kann man sich einen Wasserfall (kurzer Wanderweg) anschauen.

George

Die Stadt (157.000 Ew.) liegt malerisch am Fuße der Outeniqua Mountains, die Höhen von 1.578 m (Cradock Peak) erreichen. George ist der Hauptort entlang der Garden Route und liegt 226 m über dem Meer. Im Jahre 1811 wurde hier die zweite Landvogtei nach der britischen Kap-Besetzung gebaut. Den entstehenden Ort, dessen Innenstadtbild heute die breiten, eichengesäumten Straßen prägen, benannte man nach König George III. Der legendäre **Sklavenbaum**, eine große Eiche vor dem Tourism Office in der York Street, ist so alt wie die Stadt selbst. Hier sollen die Sklaven bei Versteigerungen angekettet worden sein, Teile der Eisenketten sind in die Baumrinde eingewachsen. 1842 erbaute man die **Dutch Reformed Church** (Ecke Courtenay und Meade Street), deren schöne Kanzel aus Stinkwood sowie die Pfeiler und die Kuppel aus Yellowwood an die nahe gelegenen Wälder erinnern. Das Abholzen der Wälder nahm über die Jahrhunderte solche Ausmaße an, dass die Regierung 1936 beschloss, jedes weitere Baumfällen für die nächsten 200 Jahre zu verbieten. Das **George Museum** (*Geöffnet Mo–Fr 9–16.30, Sa 9–12.30 Uhr. 9 Courtenay Street, ☎ 044-873-5343*) in der Old Drostdy (1813) stellt die zentrale Rolle Georges in der Region anschaulich dar.

Hauptort der Garden Route

Heute wird behauptet, dass George die **Golfstadt** Südafrikas sei. Erste Abschlagversuche wurden bereits 1885 auf einer Farm getätigt. Tatsächlich erstrecken sich westlich der Stadt zwei weltberühmte Plätze.

👉 **Ein Muss für Eisenbahn-Fans**

Die bekannte **Outeniqua-Choo-Tjoe-Dampfeisenbahn** wurde vor einigen Jahren leider bis auf Weiteres eingestellt. Eisenbahnfans haben aber die Möglichkeit, die restaurierte Endstation **George Station** in der Memorial Street zu besuchen oder dem **Outeniqua Transport Museum** einen Besuch abzustatten (20 R Erw./10 R Kinder (6–11 J.). Geöffnet Sept–Apr Mo–Sa 8–17, Mai–Aug Mo–Fr –16.30, Sa –14 Uhr. 2 Mission Road, www.outeniquachootjoe.co.za/museum.htm). Von hier aus startet auch der **Outeniqua Power Van**, eine kleine Zugmaschine, die 10 Pers. auf 3–5 h dauernden Touren (reservieren!) hinauf zum Montagu Pass bringt.

Seven Passes Road (George – Knysna)

Diese etwa 65 km lange Straße ist nur teilweise asphaltiert. Auch „Old Road" oder „Old Passes Road" genannt, stellt sie eine Alternative für diejenigen dar, die sich gern abseits ausgetretener Pfade bewegen. Sie startet in George auf der Saasveld Road und führt nördlich an Hoekville vorbei. Danach sollte man dem Wegweiser zum **Big Tree**, einem der höchsten Gelbholzbäume (Yellowwood) der hiesigen Wälder, Beachtung

Garden Route: zwischen George und Knysna

❶ Wanderwege (Trails)

1 Cradock Pass Trail	4 Woodville Trail	7 Millwood Trail
2 Tierkop Trail	5 Start-/Zielpunkt: Outeniqua Hiking Trail	8 Elephant Walk
3 Groeneweide Trail	6 Woodcutter's Trail	9 Terblans Walk

schenken. Weiter geht es über Karatara und Rheenendal bis nach Keytersnek (ca. 10 km westlich von Knysna). Die Fahrt durch bewaldete Landschaft, über tiefe Schluchten und schmale Brücken lohnt sich sehr.

Vorwahl: *044*

Information

George Tourism Office, *124 York Street,* ☎ *801-9295, www.georgetourism.org.za.*

Unterkunft

N° 10 Caledon Street Guest House $, *sauberes und hübsch eingerichtetes B&B nahe der Innenstadt. Garten, teilweise Balkonzugang von den Zimmern. Angeboten wird auch ein Selbstversorger-Cottage. 10 Caledon Street,* ☎ *873-4983, www.sa-venues.com/visit/10caledonstreet.*

Herold Wine Estate $, *einfache, aber hübsche Selbstversorger-Cottages mitten auf einem malerischen Weingut. Auch ohne Übernachtung lohnt ein Besuch, ob zu einem exzellenten Lunch im Weinkeller oder einer Gutsbesichtigung und Weinprobe mit dem überaus aufmerksamen Winzer Nico Fourie. Etwa 20 km nördlich von George jenseits des Montagu Pass,* ☎ *072-833-8223, www.heroldwines.co.za.*

Oakhurst Hotel $$, *das reetgedeckte, zentral gelegene Gebäude ist zwar neu, doch die innenarchitektonische Mischung aus Cape-Dutch-Stil und Safarilodge ist durchaus gelungen. Im Haus befinden sich ein gutes* **Restaurant** *(Candlelight Dinner; südafrikanische Crossover-Küche) und eine gemütliche Bar mit Kamin. Die Zimmer sind klein, aber geschmackvoll eingerichtet. Ecke Meade und Cathedral Street,* ☎ *874-7130, www.oakhursthotel.co.za.*

Fancourt $$$$–$$$$$+, *absolute Luxusklasse für Golfer, Gary Player schuf den 27-Loch-Platz. Man wählt zwischen den wunderschön restaurierten Zimmern im 150 Jahre alten* **Manor House** *sowie den Zimmern/Suiten in neueren Gebäuden. Gruppen sollten nach dem separaten Cottage fragen. Die* **vier Restaurants** *bieten für jeden etwas (italienisch, Fine Dining, leichte Kost und Steaks). Die Grünanlagen sind selbstverständlich spitze, außerdem Pool, Spa u. v. m. Montagu Street, Blanco (5 km westl. der City),* ☎ *804-0000, www.fancourt.co.za.*

Camping

Victoria Bay Caravan Park, *liegt atemberaubend schön oberhalb der Bucht. Plätze für Zelte und Caravans. Abfahrt N2, Victoria Bay (5 Min. von George),* ☎ *889-0081, www.victoriabaycaravanpark.co.za.*

Restaurants

La Locanda, *„Salami Maestro" Dario Varese und seine Familie kommen aus Norditalien und begeistern Touristen wie Georgianer mit klassischen Antipasti, saftigen Pizzen und frischer Pasta. Delizioso! 124 York Street,* ☎ *874-7803, www.la-locanda.co.za.*

Henry Whites, *ist das Fine-Dining-Restaurant im Fancourt (s. o.). Gaumenfreuden in passendem Ambiente: Tafelsilber, Kerzenlicht, gute Weine und ohne Zweifel eine exquisite, oft experimentierfreudige Haute Cusine. Unbedingt reservieren!*

Old Townhouse, *Restaurant in historischem Gebäude. Eleganz, Ambiente, Qualität und Preis sind ausgewogen — somit ein Tipp für George. Speisen aller Art: Fischgerichte, Steaks, Schnitzel, Pasta, aber auch Wildgerichte. Ecke York und Market Street,* ☎ *874-3663.*

Golf

Der zweite Top-Platz neben dem **Fancourt** *Course (s.o.) ist der des* **George Golf Club** *(18 Löcher, 5.800 m). Er gilt als der „grünste und satteste" Platz im Kapland und wird für viele Meisterschaften genutzt. C. J. Langenhoven Street, ☎ 873-6116, www.georgegolf club.co.za.*

Busverbindungen

Verbindungen mit **Greyhound**, **Intercape** *und* **Translux** *ab George Station.*

Flugverbindungen

Der **George Airport** *liegt ca. 10 km westlich der Stadt (über R102). Information ☎ 876-9310. Verbindungen nach Johannesburg und Kapstadt.*

Wilderness

Langer Sand-strand

Der kleine Ort bietet an sich keine Sehenswürdigkeiten, hat sich wegen seiner Umgebung aber zu einem beliebten Feriendomizil mit vielen Unterkünften entwickelt. Bevor man ihn erreicht, sollte man auf der N2 einige Kilometer hinter George am Parkplatz auf der Anhöhe anhalten. Von hier aus bietet sich ein fantastischer Blick auf den fast 8 km langen Sandstrand, an dem die weißen Schaumkronen des Ozeans auslaufen. Parallel zum Meer verläuft – von einer alten Dünenkette getrennt – eine Seenkette, die umgangssprachlich als **The Lakes** bezeichnet wird.

Garden Route National Park – Wilderness Section

Der ehemalige Wilderness National Park ist seit März 2009 Teil des Garden Route National Park (s. auch S. 442 und 447). Die oben beschriebene Landschaft um die Seen-

Am Strand von Wilderness

kette zwischen der Mündung des Touw River am Strand von Wilderness und der Mündung der Swartvlei-Lagune bei Sedgefield bildet heute die **Wilderness Section**.

Wie Perlen reihen sich von Westen her **Island Lake**, **Langvlei**, **Rondevlei** und **Swartvlei**, der größte Salzwassersee Südafrikas, aneinander. Erstere fließen über Touws- und Serpentine River ab, der Swartvlei dagegen ergießt sich über seine Lagune ins Meer. **Ruigtevlei** und **Groenvlei** gehören nur bedingt dazu. „Vlei" bedeutet auf Afrikaans soviel wie „Sumpfsee". Der Salzgehalt der Seen nimmt zum Meer hin zu. Das Nebeneinander von Salz-, Brack- und Süßwasser sorgt für eine vielfältige Flora und Fauna. Deshalb zählt diese Gegend zu den artenreichsten Wasservogel-Gebieten Südafrikas (u. a. Flamingos, Löffler). *Seenland-schaft*

Der Park bietet eine Reihe von **Wanderwegen** (Dauer 1–5 h) mit wunderschönen Aussichten entlang des geschwungenen Serpentine-Flusses, durch die Dünen oder um die einzelnen Seen herum (s. Karte S. 436). Informationen dazu im „Ebb & Flow"-Besucherzentrum, s. u.

Vorwahl: *044*

ℹ️ Information

Wilderness Tourism Bureau, *George Road*, ☏ *877-0045, www.wilderness tourism.co.za.*
South African National Parks, ☏ *012-428-9111, www.sanparks.org.*
Wilderness Section des Garden Route N. P., *Parkbüro:* ☏ *877-1197, enqui ries.wilderness@sanparks.org. 106 R Erw./52 R Kinder. Geöffnet 7.30–18, in der Saison 7–18 Uhr (South Camp 7.30–18, North Camp –15.30 Uhr). Infos sowie Permits für Wanderungen bzw. die Nutzung der Gewässer (Kanu fahren etc., Kanuverleih vor Ort).*

🛏️ Unterkunft/Camping
Im National Park
Gut ausgestattete **Holzhütten** $ *nahe Wald und im Rest Camp, zudem große* **Familienhäuser** $ *und im Nordteil des Parks einfache* **Rondavels** $, *von denen allerdings abzuraten ist: zu schlicht und im Sommer zu heiß. Alles auf Selbstversorger-Basis.* **Campingplatz** *am Rest Camp. Buchbar über SANParks, s. o.*

In Wilderness
Fairy Knowe Backpackers $, *sauberes, großzügiges Haus mit Schlafsaal und DZ, auch Camping. Östlich des Ortes in der Nähe des Touw River im Wald gelegen (Nähe N. P.). Netter Barbereich, kein Restaurant. Dumbleton Road,* ☏ *877-1285, www.wildernessback packers.com.*
Wilderness Manor Guest House $–$$, *sehr gemütliches und gleichzeitig elegantes Gästehaus mit kolonial-afrikanischer Einrichtung. Zimmer mit Balkon zum Garten oder zur Lagune. Ausnehmend gutes Frühstück. Viele „Extras": Billardraum, kleine Bibliothek, Leihser-*

vices (Bikes, Kanu etc.). Preis-Leistung top. Nur Kinder ab 12 J. 397 Waterside Road (nahe Wilderness-Lagune), ☎ 877-0264, www.manor.co.za.

Haus am Strand $–$$, sieben hübsche Ferienwohnungen mit Meerblick in einem Haus, dessen Garten direkt in den Strand des Indischen Ozeans übergeht – und das nur wenige Min. vom Ortszentrum entfernt. Alle Apartments mit vielen Extras (DVD-Player, Morgenmäntel u. v. m.). Frühstück optional. Nur Kinder über 12 J. 83 Sands Road, ☎ 877-1311, www.haus amstrand.com.

Palms Wilderness Guest House $$–$$$, sehr gepflegtes Haus mit geräumigen Zimmern (besonders gemütlich unterm Dach!) und verwunschenem Garten mit Pool, dazu Spa und kleiner Kunsthandwerksshop – und das alles nur 2 Min. vom Strand entfernt. Ecke George und Owen Grant Road, ☎ 877-1420, www.palms-wilderness.com.

Views Boutique Hotel & Spa $$$–$$$$$+, Luxus-Tipp in spektakulärer Lage direkt an der Küstenlinie. Die 18 exklusiven, bodentief verglasten Suiten öffnen sich zum Meer, das Licht und die in Creme- und Aquamarintönen gehaltene Einrichtung bestimmen die Atmosphäre. Für Entspannung sorgen Vitality Pools, Saunen, ein Dampfraum – und eben die einmaligen Aussichten. **Restaurant** im Haus. South Street, ☎ 877-8000, www.viewshotel. co.za.

🍴 Restaurants

Serendipity, der Feinschmecker-Tipp am Ort, ausgezeichnet mit verschied. Preisen. Die Küche ist südafrikanisch inspiriert von den Hauptgerichten (Strauß, Kudu) bis zum Nachtisch (Amarula Crème Brulee). Entspannte Atmosphäre in romantischer Lage direkt an der Lagune, gleichzeitig **Gästehaus.** Freesia Avenue, ☎ 877-0433, www. serendipitywilderness.com.

Cocomo, mal was Neues ausprobieren? Hawaiianisch-amerikanische Küche wird hier im relaxten Ambiente eines karibischen Hüttendorfes serviert – eine außergewöhnliche Location. Große Portionen (z. B. die Burger), auch Pizza, Seafood und Süßes zum Dessert. 197 George Road, ☎ 877-0808, www.cocomo-restaurant.co.za.

Strände

Entlang der N2. Allerdings ist hier größte Vorsicht wegen der Strömungen geboten!

Knysna

Der Name dieses Ortes (sprich „Neiss-Na") stammt aus der Sprache der Khoikhoi und bedeutet wahrscheinlich „Ort des Holzes". Er liegt malerisch an der gleichnamigen, 20 km² großen Lagune, die von den beiden Sandsteinklippen **Knysna Heads** zum Indischen Ozean hin abgegrenzt wird. Als Gründer des heutigen Städtchens gilt George Rex, der 1797 als hoher englischer Offizier nach Südafrika kam. Er erwarb zunächst die Farm Melkhout Kraal, weitere Zukäufe folgten. Als Rex 1839 starb, besaß er praktisch das ganze Land um Knysna. Außerdem ist es ihm zu verdanken, dass Knysna zum Seehafen wurde: Er veranlasste die Tiefenauslotung der engen und felsenreichen Passage bei den Heads und richtete eine kleine Lotsenstation ein. 1817 konnte das erste Schiff einlaufen. Durch die neue Transportmöglichkeit entwickelte sich die **Holzindustrie** sehr schnell.

„Ort des Holzes"

1826 beschloss Rex, ein eigenes Schiff zu bauen. Auf ihrer Jungfernfahrt im Jahr 1831 segelte die „Knysna" bis nach Kapstadt, später wurden sogar Fahrten bis nach St. Helena und Mauritius unternommen. Einen weiteren Wachstumsimpuls erhielt der Ort, als 1869 die norwegische Familie Thesen eintraf, die eine Reederei gründete, später Möbel herstellte und Schiffe bauen ließ. Als die Stadt jedoch 1928 ans Eisenbahnnetz angeschlossen wurde, verloren Schifffahrt und Hafen schlagartig an Bedeutung.

Zwischen Meer und Lagune: Die Knysna Heads

Knysna ist sowohl als Holz- als auch als **Austernstadt** bekannt.

Auf Thesen Island befand sich die Austernzuchtstation der Knysna Oyster Company mit Taverne und Lagunengarten. Das ist leider Geschichte, seit die Insel dem Immobilienboom zum Opfer fiel. Dennoch muss man in Knysna auf jeden Fall Austern probieren! Außerdem sollte man es sich nicht entgehen lassen, bei der Produktion der **Möbel aus Stink-** und **Yellowwood** (und anderen Hölzern) zuzusehen, z. B. im **Timber Village** (*Welbedacht Lane, westlich des Stadtkerns, www.timbervillage.co.za*). Holzinteressierte sollten auch das **Millwood House** besuchen, das heute das Heimatmuseum beherbergt und wohl als kulturelle Hauptattraktion angesehen werden kann. Es wurde aus Yellowwood errichtet und diente als Wohnhaus an den Goldfeldern von Millwood, bevor man es auseinandernahm und hier wieder aufstellte (*Geöffnet Mo–Sa 9.30–16.30 Uhr. ☎ 044-302-6320, Queen Street, neben dem Rathaus*).

Knysna zehrt immer noch vom Fischfang, der Holzwirtschaft und anderen Kleinindustrien, hat sich jedoch zum größten Teil dem touristischen Sektor verschrieben, wie der Bauboom um die Lagune und die große Zahl der Unterkünfte bezeugen. Heute ist Knysna eine der Lieblingsstädte der Südafrikaner – nicht ohne Grund, denn sie ist nicht nur landschaftlich wunderschön gelegen, sondern bietet auch jede Menge Unterhaltung. **Zwei beliebte Festivals** sind das Timber Festival der Holzfäller um Ostern und das Oyster Festival Anfang Juli, bei dem sich alles um die begehrte Auster dreht.

Landschaft und Unterhaltung

Hier ein paar **weitere Highlights**:
▸ Fahrt oder Bootsausflug zu den Knysna Heads
▸ Rundfahrt durch den bei Knysna gelegenen Wald (tolle Wanderwege)
▸ Picknick auf Leisure Isle
▸ Strandspaziergang am Strand bei Brenton on Sea
▸ Schlendern durch die vielen Kunstgalerien
▸ eines der vielen hervorragenden Restaurants besuchen und einfach genießen.
▸ Noetzi Beach anschauen

Garden Route National Park – Knysna Lakes Section – und Ausflug ins Knysna Forest Country

Einzigartiges Ökosystem

Das Naturschutzgebiet **Knysna National Lake Area** ist seit März 2009 Teil des Garden Route National Park (s. auch S. 438 und 447). Das Gebiet befindet sich unmittelbar an der Garden Route etwa 10 km westlich von Knysna und ist ca. 106 km² groß. In diesem einzigartigen Ökosystem – einem ausgewiesenen Wasservogel-Gebiet – findet u. a. eine bedrohte Seepferdchenart Schutz. Viele Vogelarten, Antilopen, ja sogar vereinzelt Elefanten sind hier heimisch. Die Naturschutzbestrebungen werden großgeschrieben, auch die Wassersportaktivitäten stehen im Einklang mit dem Ökosystem.

Als die ersten Europäer in diese Gegend kamen und das viele **wertvolle Holz** entdeckten, begann der Raubbau an der Natur. Vor allem Hartholzbäume, die oft über 600 Jahre alt waren, wurden rücksichtslos gefällt. Das Holz benutzte man zunächst zum Bau von Schiffen, später wurden daraus Bahnschwellen hergestellt. 1936 gelang es endlich, die Abholzung unter staatliche Kontrolle zu bringen.

Elephant Walk

Eine schöne Route durch das **Knysna Forest Country** ist die Strecke bis nach Avontuur über die Outeniqua Mountains und den Prince Alfred's Pass, der aufgrund der Straßenverhältnisse allerdings z. T. fahrerisch anspruchsvoll ist (R339; hin und zurück knapp 150 km). Die Straße dorthin beginnt etwa drei Kilometer hinter Knysna und zweigt nach links, also nach Norden ab. Rund 14 km hinter der Abzweigung man an den „Big Tree" (den „Grooten Boum"). Der sogenannte King Edward's Big Tree – ein Gelbholzbaum – ist ca. 46 m hoch und über 700 Jahre alt. Wenn man hinter genannter Abzweigung etwa 1½ km weiter nach Norden fährt, erreicht man die Diepwalle Forest Station, die mitten im **Knysna Forest** liegt. Hier beginnt der Elephant Walk, der insgesamt 18,2 km lang ist und ca. 6½ Stunden in Anspruch nimmt. Unterwegs kann man mehrere Riesen-Yellowwoodbäume und mit etwas Glück vielleicht sogar Elefanten sehen.

Die Knysna-Elefanten

Der **Elephant Walk** ist der Weg, auf dem die Elefanten vor 200 Jahren vor den immer weiter vordringenden Menschen geflohen sind. Eigentlich leben die Tiere nicht in solchen Wäldern, doch ihre offenen Wildgebiete (Savanne, Busch) wurden seit Beginn des 19. Jh. immer mehr von den Farmern okkupiert, und Jäger stellten den Dickhäutern zunehmend nach. Zu dieser Zeit lebten bereits 400 Elefanten in den Waldgebieten nördlich von Knysna. In nur 100 Jahren fielen auch sie den Jägern zum Opfer. 1979 zählte man hier gerade noch drei Tiere. Als von diesen dann auch noch zwei starben, siedelte man 1994 drei Elefanten aus dem Kruger Park hier an, von denen aber nur zwei, Harry und Sally, überlebt haben (heute im **Knysna Elephant Park**, Touren tgl. 8.30–16.00 Uhr, www.knysnaelephant park.co.za).

Mittlerweile sollen wieder einige wenige Elefanten durch den Knysna Forest wandern, vornehmlich im Gebiet östlich der Diepwalle Forest Station. Da sie sehr scheu sind, bekommt man sie nur selten zu sehen. Der Überfluss an Wasser und Nahrung lässt die Elefanten sehr groß werden, das feuchte Klima macht ihnen jedoch zu schaffen. Nicht selten leiden sie an rheumatischen Erkrankungen, und die Jungtiere versinken in teils morastigen Boden oder erkälten sich im Winter. Daher hat die Naturschutzbehörde beschlossen, keine weiteren Elefanten auszusetzen.

Vorwahl: *044*

Information
Knysna Tourism Office, *40 Main Street*, ☎ *382-5510, http://visitknysna.co.za. Geöffnet Mo–Fr 8–17, Sa 8.30–13 Uhr.*
South African National Parks, ☎ *012-428-9111, www.sanparks.org.*
Knysna Lakes Section des **Garden Route N. P.**: *SANParks Regional Office Knysna,* ☎ *302-5606. Infocentre u. a. auf der Südwestseite von Thesen Island,* ☎ *382-2095, und im Harkerville Forest,* ☎ *532-7770.*

Unterkunft/Camping
Im National Park
Tree Top Forest Chalet $$ *im Harkerville Forest sowie* **Forest Timber Camping Decks** $ *im Knysna Forest, wo man mitten im Wald auf Holzdecks (verbunden mit einem Boardwalk) sein Zelt aufstellen kann. Zelte können auch ausgeliehen werden. Buchbar über SANParks, s. o.*

In Knysna
Island Vibe Backpacker $+, *zentral in der Innenstadt und nahe der Waterfront. Schlafsäle, 2- und 3-Bettzimmer. Kleine Bar und Außenterrasse. 67 Main Road,* ☎ *382-1728, www.islandvibe.co.za.*
Fish Eagle Lodge $–$$, *bezaubernd und ruhig gelegen, abseits des Rummels von Knysna. Haus und Pool mit Weitblick auf die Berge und die Lagune. 9 angenehme Zimmer, üppiges Frühstück. Die Gastgeber sind tw. aus Deutschland. Keine Kinder unter 10 J. Welbedacht Lane (1,5 km westl. von Knysna von N2 darauf abbiegen, ca. 1,3 km folgen, links in Stichweg abbiegen),* ☎ *382-5431, www.fisheaglelodge.co.za.*
Belvidere Manor $$–$$$, *das Haupthaus ist ein ehem. Farm-Manor (heute National Monument) von 1849. 28 historische Cottages (1–3 Schlafzimmer) mit Landhaus-Ambiente. Einmalige Aussicht auf die Lagune. Das Restaurant ist gut, und das (sonnige) Frühstück auf der Veranda des Manor House bleibt unvergesslich! Lower Duthie Drive (10 km westl. von Knysna, an der Straße Richtung Brenton-on-Sea),* ☎ *387-1055, www.belvidere.co.za.*
Villa Afrikana $$–$$$, *hier im Vorort Paradise schweift der Blick über die Stadt und die Lagune bis zu den Knysna Heads – wahrhaft paradiesisch! Die Terrassenvilla schmiegt sich architektonisch ansprechend an den Berg, in den 6 hellen und geschmackvollen Suiten genießt man in intimem Rahmen den fesselnden Fernblick. Der Service ist zuvorkommend, das Frühstück wird auf Wunsch im Zimmer serviert. 13 Watsonia Drive,* ☎ *382-4989, www.villaafrikana.com.*
Headlands House $$–$$$, *von Lesern besonders empfohlenes, schönes Guest House in märchenhafter Lage. 4 Zimmer mit Balkon und atemberaubendem Blick auf die Lagune und das Meer. Überaus freundliche Gastgeberin, leckeres Frühstück. 50 Coney Glen Drive,* ☎ *384-0949, www.headlandshouse.co.za.*
The St. James of Knysna $$–$$$$, *Country Hotel mit weitläufigem Gelände (Koi-Teich; zwei Pools) direkt an der Lagune. In der Lounge mit Säulenhalle fühlt man sich herrschaftlich begrüßt. Die Zimmer sind großblumig und verspielt eingerichtet – very british. Feines Dinieren oder Tea Time im Restaurant des Hauses. The Point,* ☎ *382-6750, www.stjames.co.za.*
Phantom Forest Eco Reserve $$$$, *eine der schönsten und luxuriösesten Baumhaus-Unterkünfte in Südafrika. Die Chalets bieten Privatsphäre und Entspannung in Einklang*

mit der Natur. Tipp: Von der Badewanne aus den Blick in den Himmel genießen! Ca. 1,4 km² Naturpark mit Wanderwegen, drei Biotope: Wald, Fynbos, Flusslandschaft. Das Restaurant bietet eine exquisite Küche. Phantom Forest (7 km nordwestlich von Knysna), ☎ 386-0046, www.phantomforest.com.

Brenton on Sea Chalets $–$$$, wie ein kleines Dorf wirken die Selbstversorger-Chalets. Näher am Strand kann man kaum sein … und der hier an der Buffalo Bay ist grandios, besonders für lange Spaziergänge. Ein größeres Haus kann separat gemietet werden. Frühstück auf Anfrage. Achtung, es gibt nur wenige Restaurants in Brenton-on-Sea. 197 Agapanthus Street, Brenton-on-Sea, ☎ 382-2934, www.abalonelodges.co.za/brenton.

🍴 Restaurants

Seafood und besonders Austern sollte man sich in Knysna mindestens einmal gönnen. Die Restaurant-Auswahl, auch anderer Küchen, ist – besonders an der Waterfront – riesig. Folgend deshalb nur eine kleine Auswahl:

The Anchorage Restaurant, auf Seafood spezialisiert: Austern, fangfrischer Fisch, Meeresfrüchte, Verschiedenes vom Grill. Angebot, Preis, Atmosphäre und Service wurden von Lesern gelobt. Einfach stimmig! 11 Grey Street, ☎ 382-2230, www.anchoragerestaurant.co.za.

JJ's Restaurant, rundum verglastes Restaurant mit Hafenblick und vielseitiger Karte: Seafood (oft als leckeres Buffet), Fleisch, südafrikanische und indische Gerichte, auch für Vegetarier ist einiges dabei. Lunch, Dinner ab 18 Uhr. Waterfront, ☎ 382-3359, www.jjsrestaurant.co.za.

34° South, ebenfalls direkt am Wasser gelegen. Seafood-Gerichte aus aller Welt: Austern, Sushi, Paella, Rezepte aus Mosambik. Dazu Smørrebrød-Karte (!), Suppen, Salate. Oder man stellt sich im Deli seinen eigenen Mix zusammen (abgerechnet pro 100 g). Waterfront, ☎ 382-7331, www.34-south.com.

34 Tapas & Oysters, in gepflegter Atmosphäre werden neben Tapas und Austern auch Sushi und gute Cocktails serviert. Viele Fusion-Cuisine-Gerichte, dazu die schöne Aussicht über die Lagune. Thesen Island, ☎ 382-7196, www.tapasknysna.co.za.

🚌 Öffentliche Verkehrsmittel

Greyhound hält an der Bern's Service Station (Main Street), Intercape an der Waterfront, **Translux** am Bahnhof. Selbstverständlich hält auch der **Baz Bus** an vielen Unterkünften.

🏖 Strände

An der **Buffels Bay** bei Brenton on Sea gibt es Sandstrände. Abzweigung von der N2 von Kapstadt aus kommend vor der Überquerung des Knysna River nach rechts (also Süden).

Plettenberg Bay

Badeort

„Plett", wie es die Südafrikaner nennen, ist einer der beliebtesten Badeorte des Landes. Kein Wunder bei der Lage am Hang oberhalb einer tollen Sandstrandbucht! Der Gouverneur Joachim van Plettenberg errichtete hier 1778 ein **Seezeichen**, um damit den Anspruch der Niederländisch-Ostindischen Handelskompanie auf die Bucht zu dokumentieren. Dieses Zeichen befindet sich seit 1964 im South African Cultural History Museum (heute Slave Lodge, s. S. 337) in Kapstadt. Die Holländer nutzten die Bucht als Hafen für das Verschiffen von Holz aus dem Hinterland, woran heute nur noch die Ruine eines 1788 erbauten Schuppens erinnert.

„Plett" im Abendlicht

Eines der meistfotografierten Gebäude Südafrikas ist das **Beacon Island Hotel** (s. u.), an dessen Standort sich früher eine von Norwegern erbaute Walfangstation befand. Mit dem Abzug der Norweger 1920 begann Plettenbergs Entwicklung zum Ferienort. Leider ist er heute in der Hochsaison oft völlig überlaufen. Historische Attraktionen sucht man zwar vergebens, aber nichtsdestotrotz gibt es einiges **Sehens- und Erlebenswertes**: *Norwegische Walfangstation*

‣ ein Spaziergang inkl. Muschelsuche an den kilometerlangen Stränden
‣ eine Wanderung (2–4 h) zu einer Robbenkolonie mit 2.000 Tieren und zur Nelson Cave im Robberg Islands Nature Reserve
‣ die Panoramasicht vom Signal Hill oberhalb des Ortes genießen
‣ eine Walbeobachtungstour mitmachen (90 Min.; Juli–November)
‣ die Kunsthandwerks- und Webereigeschäfte in Old Nick (kleine Siedlung an der N2) besuchen

---

 Tipp

Stanley Island ist die einzige Privatinsel vor der südafrikanischen Küste. Die Inhaber haben hier ein wahres Natur-Refugium geschaffen. Motorboot- und Kanufahrten, Schwimmen, Fischen, Wandern und sogar ein Motor-Glider-Flugplatz sind die angebotenen Aktivitäten. Die Übernachtung erfolgt in reetgedeckten Häuschen, selbstverständlich ist auch ein Restaurant vorhanden. Anreise über die Keurbooms River Bridge (ca. 7 km östlich von Plettenberg Bay), dann anrufen, um von einem Fährboot abgeholt zu werden. Kinder erst ab 12 Jahren erlaubt. ☎ 083-276-6929, www.stanleyisland.com.

Vorwahl: *044*

 Information
Plettenberg Bay Tourism Centre, *Melville's Corner, Main Street,* ☎ *533-4065,* *www.plett-tourism.co.za.*

Unterkunft

Nothando Backpackers $, *saubere Schlafsäle, helle Familien- und Doppelzimmer* $$ *(tw. mit eigenem Bad). Küche für Selbstversorger. 5 Min. zum Hauptstrand. 5 Wilder Street,* ☏ *533-0220, www.nothando.com.*

Arch Rock Seaside Accommodation $–$$, *verschiedene Häuser und Chalets für Selbstversorger. Die moderneren stehen zwar i. d. 2. Reihe, ganz vorne ist man aber direkt am Strand. Preis-Leistungs-Verhältnis stimmt. Vorher reservieren, oft ausgebucht. Auch einfacher, dafür schattiger Campingplatz. Main Street (am Keurboomstrand, ca. 13 km östlich der Stadt),* ☏ *535-9409, www.archrock.co.za.*

Starfish Guest Lodge $$, *schöne, modern eingerichtete Lodge in ruhiger Lage und nicht weit vom Strand. Sehr guter Service, leckeres Frühstück auf der Veranda. 17 Cordovan Crescent,* ☏ *533 1345, www.starfishlodge.co.za.*

Milkwood Manor $–$$$, *außergewöhnliche Lage auf einem Küstenvorsprung an der Einmündung der Lagune. 12 geräumige Zimmer, einige mit Seeblick. Sehr persönlicher und aufmerksamer Service. Das Lemon Grass Restaurant ist eines der beliebtesten am Ort, auch Gäste müssen reservieren. Gerichte u. a. mit südafrikanischer und thailändischer Note. Salmack Road, Lookout Beach,* ☏ *533-0420, www.milkwoodmanor.co.za.*

Hog Hollow Country Lodge $$$–$$$$, *herrliche Lage mitten in einem Naturschutzgebiet, Ausblicke auf das Tal des Matjies River und die Tsitsikamma-Berge (Wanderwege rundherum, Pferdetouren möglich). 16 individuelle Zimmer à la „afrikanisches Landhaus" mit jeweils eigenem Kamin. Gegessen wird gemeinsam am Pool oder bei Kerzenlicht im gemütlichen Speiseraum. Askop Road, The Crags (ca. 20 km östlich, Ausschilderung an N2),* ☏ *534-8879, www.hog-hollow.com.*

Lily Pond Country Lodge $$–$$$, *gepflegte Anlage mit wunderschönem Seerosenteich und Terrasse in privatem Naturreservat. Die stilvollen Zimmer zwischen Standard- und Deluxe-Ausstattung (mit Kamin) sind 30–50 m² groß! Leser lobten die sehr gute Verpflegung und die herzlichen Gastgeber. Im Nature's Valley (N2 nach Osten, südlich auf R102),* ☏ *534-8767, www.lilypond.co.za.*

Beacon Island Resort $$$, *wegen seiner exponierten Lage eines der bekanntesten Hotels Südafrikas, der Meerblick von Restaurant, Bar und Terrasse (aber nicht von allen Zimmern) auf die Bucht ist entsprechend toll. Die Halle erinnert an das Guggenheim-Museum in New York, das Ambiente eher an Florida. Von außen nicht unbedingt eine Schönheit, aber die Lage macht es wett! Beacon Isle Crescent,* ☏ *533-1120, www.tsogosunhotels.com.*

Hunter's Country House $$$–$$$$$+, *die ehem. Pear Tree Farm ist heute ein Landhotel der Extraklasse, dessen großzügige Gartenanlage – besonders im Frühling blühend und duftend – verzaubert. Das Flair, die Ruhe, die großzügigen Cottages, der Service – dieses Refugium begeistert. Vielleicht eines der besten Hotels Südafrikas. 10 km westlich von Plettenberg Bay, Stichstraße südlich der N2,* ☏ *501-1111 (Reservierung), www.hunterhotels.com* – *hier kann man auch die nahe* **Tsala Treetop Lodge** $$$$$++ *buchen, eines der schönsten, wenn auch teuersten, Baumhaus-Hotels des Landes.*

The Plettenberg $$$$–$$$$$++, *elegantes, recht kleines Haus (37 Zimmer) auf einem der Top-Grundstücke an Plettenbergs Küstenlinie. Im Infinity-Pool lässt sich der Blick noch besser genießen. Trotz ruhiger Lage nah am Ortskern. Das* **Restaurant** *ist eine hervorragende Adresse für Seafood-Liebhaber. Auch Nicht-Gäste sollten bei schönem Wetter zum Lunch oder Dinner auf die Terrasse kommen! Look-out Rocks, 40 Church Street,* ☏ *533-2030, www.collectionmcgrath.com/plett.*

⚠ Camping

Forever Resorts Plettenberg $, *schattiger Caravan- und Campingplatz direkt am Fluss. Kein Restaurant! Außerdem geräumige und saubere* **Selbstversorger-Chalets** *inmitten einer wunderschönen Natur (Flussufer). Pool, Kanuverleih, Wanderwege – toll für Outdoor-Orientierte. Keurbooms Nature Reserve (auf der N2 6 km nach Osten, Abzweig nach links),* ☎ *535-9309, www.foreverplettenberg.co.za.*

🍴 Restaurants

Zinzi, *kulinarisches Juwel in modern-afrikanischem Ambiente mitten im Wald. Kreativ fließen hier internationale Einflüsse (Marokko, Südafrika, Persien u. v. m.) in frische und schmackhafte Gerichte ein. Die Weinkarte ist so exzellent wie der Service. In der* **Tsala Treetop Lodge** *(s. o.),* ☎ *532-8226, http://zinzi.hunterhotels.com/home.*

The Lookout Deck, *sehr beliebt zum Frühstücken, für einen Cocktail oder auch fürs Dinner in lockerer Atmosphäre. Prächtiger Ausblick auf Strand und Ozean. An Speisen gibt es nahezu alles, von Salaten über Burger und Seafood bis hin zu Steaks. Hill Street, Lookout Beach (unterhalb des Ortes),* ☎ *533-1379, www.lookout.co.za.*

Cornuti, *hier gibt es die beste Pizza der Stadt, dünn und kross. Auch Pasta- und Fischgerichte. Besonders bei jungen Leuten beliebt. 1 Perestrella Street,* ☎ *533-1277, www.cornuti.co.za.*

Enricos, *italienisches Strandlokal mit kleinen und großen, ansprechend angerichteten Speisen (besonders gut: Fischgerichte, Salate und Pizza). An Wochenenden und während der Ferienzeit wegen der schönen Terrasse recht voll. Am Keurboomstrand (ca. 13 km östlich der Stadt),* ☎ *535-9818, www.enricorestaurant.co.za.*

🚌 Öffentliche Verkehrsmittel

Haltestelle von **Intercape** *und* **Greyhound** *ist die Shell-Ultra-City-Tankstelle an der N2 (2 km in den Ort), der* **Baz Bus** *bringt die Kunden wie überall zur Übernachtungsstelle.*

🏖 Strände

Sehr schöne, weite Sandstrände östlich der Innenstadt (am Beacon Island Hotel, am Lookout Beach) sowie ca. 15 km an der der N2 entlang (Keurboomstrand).

Garden Route National Park – Tsitsikamma Section

ℹ Streckenbeschreibung

Von Plettenberg Bay der N2 ca. 22 km nach Osten folgen, dann geht rechts die R102 Richtung **Nature's Valley** ab (nochmal ca. 12 km). Weiter zur **Bloukrans Bridge** führt die R102/N2 (ca. 16 km), nun ist man in der **Eastern Cape Province**. Über die N2 zur **Storms River Bridge** (ehem. Paul Sauer Bridge) sind es nochmal ca. 20 km. **Streckenkilometer**: ca. 62 km (mit Abstecher Nature's Valley ca. 70 km).

Der ehem. Tsitsikamma Coastal National Park ist seit März 2009 Teil des Garden Route National Park (s. auch S. 438 und 442). Der Name stammt aus der Khoi-Sprache und bedeutet „klares" oder „sprudelndes Wasser". Dieses Gebiet umfasst einen schmalen, 113 km langen Abschnitt, charakteristisch sind die dichten Wälder mit z. T. sehr altem Baumbestand, häufiger Regen, viele Bäche und Flüsse, Schluchten sowie eine malerische Steilküste. Die **Hauptsehenswürdigkeiten** (s. u.) sind die Storms River Gorge (Ausblick von der Storms River Bridge), der Storms River Mouth, die Küstenwanderwege und der Strand am Nature's Valley. Die wahre Schönheit und die grandiose Natur dieser Landschaft bleiben dabei dem Wanderer vorbehalten. Hier finden sich zwei der schönsten Wanderwege Südafrikas:

Grandiose Natur

Zwei weltberühmte Wanderwege

Der **Tsitsikamma** und vor allem der **Otter Trail** gehören ohne Zweifel zu den schönsten Wanderrouten des Landes. Für beide Trails gilt aber eine rechtzeitige Anmeldung (Monate im Voraus, ab 12 Monate im Voraus möglich!), da nur eine begrenzte Zahl an Wanderern zugelassen wird. Buchungen über SANParks in Kapstadt oder Tshwane (Pretoria). Bei der Buchung empfiehlt es sich, gleich Alternativdaten anzugeben.

Tsitsikamma Trail

Kreisförmige Route

Der 72 km lange Weg beginnt am Groot-River-Campingplatz im Nature's Valley und bietet fünf Hütten als Übernachtungsstätten. Der Weg endet entweder am Tsitsikamma Total Village, am Storms River Village oder aber am Storms River Mouth Restcamp. Dieser Trail führt durch die Waldareale – vorwiegend unterhalb der Berge. Es darf nur in östlicher Richtung gewandert werden. Gemeinsam mit dem Otter Trail bildet der Wanderweg eine kreisförmige Route.

Otter Trail

Er beginnt am Storms River Mouth Restcamp und endet nach 48 km im Nature's Valley. Der Trail dauert 5 Tage, unterwegs stehen vier einfache Hütten für die Übernachtung zur Verfügung. Die Etappen sind zwischen 4,6 (ca. 3 h) und 13,8 km (ca. 8 h) lang. Es darf nur in westlicher Richtung gewandert werden. Der Trail ist aber nicht so einfach, wie es zu Beginn scheint. Flüsse müssen durchwatet und Felsen überwunden werden. Die Einsamkeit der faszinierenden Küstenlandschaft belohnt aber für alle Mühen. Zudem gibt es Gelegenheit zum Schnorcheln!

Sehenswertes auf der Strecke durch die Tsitsikamma Section

Nature's Valley

Lagunenblick

Nach wenigen Kilometern auf der R102 wird an zwei Aussichtspunkten (mehr gibt es nicht) deutlich, warum sich der Abstecher lohnt: Die Ausblicke auf Nature's Valley, die Lagune und das satte Grün im Tal des Groot River sind grandios. Unten angelangt, erreicht man die Einrichtungen des Nationalparks: einen Campingplatz, kurze Wanderwege und den alles übertreffenden Strand. Ein Eldorado für Naturfreunde! Der Ort

Bloukrans Bridge: Wer sich traut, kann hier einen der höchsten Bungee-Jumps der Welt wagen

Nature's Valley selbst mit kleinen B&Bs, einer Lodge und einem Pub-Restaurant wirkt beschaulich. Am besten macht man einen **Strandspaziergang** (oder gleich den Salt-River-Mouth-Rundwanderweg, ca. 2 h) oder eine bis zu 7 km lange **Kanutour** auf dem Groot River.

Bloukrans Bridge

Die mit 216 m höchste Brücke entlang der Garden Route eignet sich hervorragend als Adrenalin-Schocker – sie ist unter den **Top 5 der höchsten Bungee Jumps der Welt**. Eine entsprechende Infrastruktur ist östlich der Brücke eingerichtet: Souvenir-läden, Informationsraum über den Bau der Brücke, Backpacker Lodge, Aussichts-plattform, Campingplatz etc. Im **Khoisan Cultural Village** kann man Kunsthand-werk der Khoi kaufen und etwas über deren Geschichte erfahren.

Adrenalin-Schocker

 Hinweis

Landschaftlich schöner als die N2 ist die Strecke auf der alten R102. Wer diese Route wählt, sieht die Bloukrans Bridge nur von weitem, aber der Aus-blick beeindruckt – vielleicht springt jemand gerade am Seil in die Tiefe? Ach-tung auf dem weiteren Streckenverlauf: Der Bloukrans Pass ist für **große Wohnmobile** nicht geeignet.

Storms River

1956 erbaut, war die **Storms River Bridge** (ehem. Paul Sauer Bridge) die erste ihrer Art. Sie führt in 139 m über die schmale Schlucht. Ein Spaziergang darüber verdeut-licht, welche Meisterleistung die Ingenieure damals vollbracht haben. Das **Tsitsi-kamma Total Village** direkt hinter der Brücke, benannt nach dem Erdölkonzern, beherbergt neben einer Tankstelle Snack-Restaurants, Souvenirshops, Outdoor-An-bieter sowie ein kleines Infocenter des Nationalparks. Gut 3 km weiter führen rechter Hand eine Piste und ein 15-minütiger Waldwanderweg zum **Big Tree**, einem 37 m hohen Yellowwood-Baum (Umfang: 8,5 m; Alter: 800 Jahre).

Das **Storms River Village**, 1 km südlich der N2, bietet Unterkünfte jeder Art, Geschäfte, aber vor allem Outdoor-Aktivitäten sowie „Holzfäller-Touren". Einst verlief die ehemalige Hauptstraße hier durch, um sich dann 4 km östlich über den (Old) Storms River Pass und die „Old Bridge" zu quälen. Heute erobern eher Wanderer, Mountainbiker und Geländewagen-Freaks die abenteuerliche Piste.

Highlight des Parks Das „leicht erreichbare Highlight" der Tsitsikamma Section ist das **Mündungsgebiet des Storms River** („Storms River Mouth"), zu dem eine Stichstraße 9 km westlich des Storms River hinunterführt. Die letzten 4 km vor Erreichen des Parkplatzes sind atemberaubend. Zuerst fällt die Straße steil ab zum Meer, dann gewähren zwei schöne Haltebuchten den direkten Ausblick auf die See. Am Ende der Straße befinden sich die Parkbehörde, ein Restaurant, ein Geschäft, ein Campingplatz und die beliebten Cottages. Bei Tag ist das **Herzstück des Parks** stark besucht, was für eine Übernachtung spricht: In Ruhe abends dem Meeresrauschen zu lauschen und die sich an den Felsen brechenden Wellen zu beobachten ist ein ganz besonderes Erlebnis.

Vom Restaurant aus sollte man eine kurze Wanderung durch einen für die hiesige Küste typischen Feuchtwald unternehmen (30 Min. je Richtung). Ziel ist die **Suspension Bridge**, eine Hängebrücke über der Mündung des Storms River. Der Weg ist befestigt, jedoch an manchen Stellen steil und etwas mühselig. Wer nicht gut zu Fuß ist, sollte nicht auf die schaukelnde Brücke gehen. Auf der anderen Flussseite führt ein steiler, kaum befestigter Pfad zu einem einmaligen Aussichtspunkt hinauf. Für den Aufstieg (ca. 40 Min.) muss man fit sein. Hinunter ist es keineswegs einfacher (gutes Schuhwerk und ausreichend Wasser mitnehmen!).

Für Taucher und Schnorchler Unterhalb des Restaurants legen kleine Boote zu einer Fahrt in die **Storms-River-Schlucht** ab. Die schöne Fahrt vermittelt einen guten Eindruck von den Schluchten entlang der Garden Route, ist dafür aber auch nicht eben preiswert. Touren für Taucher und Schnorchler können ebenfalls gebucht werden.

Storms River Mouth

Vorwahl: *044 (Nature's Valley), 042 (Tsitsikamma)*

ℹ️ Information

South African National Parks, ☏ *012-428-9111, www.sanparks.org.*
Nature's Valley Section, ☏ *531-6700. 76 R Erw./38 R Kinder. Geöffnet 7–18 Uhr (Tagesbesucher bis 17.30 Uhr).*
Tsitsikamma Section, *Storms River Mouth* ☏ *281-1607. 168 R Erw./84 R Kinder. Geöffnet 6–22 Uhr (Tagesbesucher bis 21.30 Uhr).*

🛏️ Unterkunft/Camping/Restaurants

Nature's Valley

Nature's Valley Rest Camp $, **Forest Huts** und **Camping**. *Buchbar über SAN-Parks, s. o.*
Tranquility Lodge $$, *im Wald und doch direkt hinter der ersten Düne gelegen. Zum Strand sind es 3 Min., ein idealer Platz zum Ausspannen! Guter Service, leckeres Essen (vorher anmelden). Pool, Jacuzzi, schattiger Garten, Kanus für einen Ausflug in die Lagune. Wer tiefer in die Tasche greifen möchte, kann die tolle* **Honeymoon Suite** $$$ *buchen. 130 St. Michael's Avenue,* ☏ *531-6663, www.tranquilitylodge.co.za.*

Tsitsikamma

Storms River Mouth Restcamp $, *Selbstversorger-Hütten für 2–8 Pers. Beeindruckend ist die Lage direkt am Meer, die Einrichtung ist dafür eher spärlich. Wer es einfacher (kein Strom, keine Küche, Gemeinschaftsbäder) haben möchte, bucht eine* **Forest Hut** $. *Diese liegen teilweise unter Bäumen am Campingplatz, werden derzeit allerdings umgebaut. Also bitte vorher erkundigen und in jedem Fall rechtzeitig reservieren (und darauf achten, ein Haus direkt am Meer zu erhalten)!* **Restaurant** *am Storms River Mouth. Alles buchbar über SANParks, s. o.*
Tsitsikamma Village Inn $+, *historische Lodge mit „Alte-Welt-Charme" unter großen, alten Bäumen. Hier wohnt man in individuellen, historischen Cottages, alle mit eigenem kleinem Garten. Ein Idyll! Mit Restaurant, Pub, Pool. Darnell Street, Storms River Village,* ☏ *281-1711, www.tsitsikammahotel.co.za.*
Tsitsikamma Lodge & Spa $$–$$$, *sehr beliebte, rustikal angelegte Holzlodge. Übernachtet wird in separaten Holzhäusern („Log Cabins" mit Blick auf Berge). Pool, Spa, Restaurant, schöne Gartenanlage und Feuerstellen. Nahe einiger Waldwanderwege. Ideal für Familien mit Kindern. An der N2, 8 km östl. der Storms River Bridge,* ☏ *280-3802, zentrale Reservierung* ☏ *046-624-8525, http://hotels.myriver.com/en.*
The Fernery Lodge and Chalets $$–$$$$, *traumhaft an einem Felsen über einem 30 m hohen Wasserfall gelegene Lodge mit grandiosem Blick auf den indischen Ozean. Gut ausgestatte Zimmer und Selbstversorger-Chalets, je 2 Pools, Jacuzzis und Saunas, vielfältige Freizeitaktivitäten. Frühstück und Lunch in der Lodge, Dinner im hauseigenen Restaurant. Kinder unter 10 Jahren sind nicht erlaubt. Forest Ferns Estate, Bluelilliesbush,* ☏ *280-3588, www.forestferns.co.za/home-lodge.*

9. EASTERN CAPE PROVINCE

Das Eastern Cape ist überwiegend ländlich geprägt

Nelson Mandela Bay Municipality (Port Elizabeth) – Buffalo City (East London)

Überblick

Das Reisegebiet der Eastern Cape Province ist in besonderem Maße „geschichtsträchtig". Hier gingen 1820 die Siedler an Land, die die britische Regierung in den Osten der Kapprovinz geschickt hatte. Es handelte sich überwiegend um Soldaten, die in den napoleonischen Kriegen gedient hatten und die man in England aufgrund der großen wirtschaftlichen Depression nur sehr schwer wieder integrieren konnte. Mehr als 4.000 ehemalige Söldner – z. T. mit Frauen und Kindern – landeten in der Algoa Bay von Port Elizabeth und besiedelten von hier aus

das Land. „Kaffraria", wie man jenes Gebiet damals nannte, erstreckte sich von der Algoa Bay bis zum Great Fish River.

An der Grenze entlang des Fish River stießen zwei extrem unterschiedliche Zivilisationen zusammen: einerseits die von Norden nach Süden ziehenden schwarzen Siedler vom Stamme der Xhosa und andererseits die weißen Europäer, die sich anschickten, das Land urbar zu machen und sich hier eine neue Heimat aufzubauen. Die daraus folgenden Konflikte gipfelten in blutigen Schlachten. Viele heutige Städte wie Grahamstown, King William's Town und Buffalo City waren ursprünglich Militärstützpunkte.

Redaktionstipps

▸ **Übernachten** in den Pine Lodge Chalets, S. 463.
▸ **Essen** im Blackbeards', S. 463.
▸ Das **Nelson Mandela Metropolitan Art Museum** ansehen, S. 460.
▸ Die **Architektur** der Wohnhäuser an „The Hills" bewundern, S. 460.
▸ **Aussicht** vom Campanile, S. 459, auf die Stadt und den Hafen.

Jenseits des Great Fish River erstreckt sich die ehemalige **Ciskei**, einst das vierte Homeland, das in die Schein-Unabhängigkeit entlassen wurde. Unter den Folgeproblemen leiden die Menschen noch heute: Die meisten Männer im arbeitsfähigen Alter verdienen ihr Geld außerhalb dieses Gebietes, sodass die Familien den größten Teil des Jahres auseinandergerissen sind. Eine moderne Agrarstruktur steckt noch in den Kinderschuhen. Zwar ist man bestrebt, die Bildungschancen zu verbessern, doch fehlt der Region eine wesentliche Grundlage zum Aufbau einer eigenständigen Industrie: Bodenschätze.

Eastern Cape Province

N

0   50 km

Bloemfontein

Upington, Kimberley

De Aar

Colesberg

Novalspoort

Gariep Dam
Venterstad

Orange R.

Burgersdorp

Hanover Road

Hanover

Noupoort

Steynsburg

Moltena

Sterkstroom

Carlton

Victoria West

Richmond

FREE STATE   R 398

Middelburg

R 56

Hofmeyr

R 344

St

Beaufort West

Nieu-Bethesda

Bethesdaweg

R 61

Tarkastad

R 61

Tsolwana Game

WESTERN CAPE

Camdeboo National Park

Valley of Desolation

Graaff-Reinet

B a n k b e r g

Mt. Zebra National Park

▲ 2616 m

Cradock

W i n t e r b e r g e

Spring Valley

Sa

▲ 2370 m

Aberdeen

R 75

Pearston

Katbergpass

Balfour

R 344

Mpofu GR

S

N 9

East Poort

N 10

Adelaide

R 63

A

R 63

Somerset East

Cookhouse

Fort Beaufort

R 338

Jansenville

Long Hope

Carlisle Bridge

Kwandwe GR

R 67

Addo Elephant National Park

Fort Brown

Baroe

Darlington Dam

R 400

Grahamstown

R 400

Shamwari GR

Willowmore

R 329

R 75

Kirkwood

Amakhala GR

R

Bavianskloof W.A.

G r o o t W i n t e r h o e k b e r g e

Addo

N 2

George

▲ 1759 m

R 335

Ncanaha

R 72

Ka

*ehem. Tsitsikamma N. P.
(Teil des Garden Route N. P.)*

Demistrkraal

Uitenhage

Kenton-on-Sea

George

Storms River

Despatch

Algoa Bay

Knysna

Plettenberg Bay

Humansdorp

Jeffrey's Bay

**Nelson Mandela
Bay Municipality**

St. Francis Bay

Cape St. Francis

© *graphic*

↑ Bloemfontein

LESOTHO

KWAZULU-NATAL

R 56

Kokstad

N 2

Aliwaal North

→ Durban

R 58

Magusheni

Barkley East

Maclear

R 61

Gatberg

Flagstaff

Port Edward

EASTERN CAPE

R 396

N 2

Barkley Pass

Elliot

Mkambati Nature Reserve

Dordrecht

Stormberg

R 56

Qiba

Tsolo

2127 m

Indwe

R 359

Luchaba Nat. Res.

Lusikisiki

R 392

Engcobo

R 61

Mthatha

R 61

Xanxa Dam

Lubisi Dam

Ncara Dam

Bityi

Port St. Johns

Silaka NR

Queenstown

R 61

Tsomo

Hluleka NR

Game Res.

Idutywa

Coffee Bay

Whittlesea

Mbashe

Hole in the Wall

y Sada

Ibika

Cathcart

Willowvale

R 67

Tsomo

Butterworth

(Gcuwa)

Dwesa NR

Seymour

N 2

Hogsback

Wavecrest

Mazeppa Bay

R 345

Keiskammahoek

Kei Road

Great Kei

Alice

Haga-Haga

King William's Town

N 6

Bhisho

Gonubie NR

Great Fish River NR

Zwelitsha

Mpongo Game Res.

Mdantsane

Buffalo City (East London)

Peddie

R 72

Kidd's Beach

Bell

Hamburg

Wesley

R 67

C o a s t

S u n s h i n e   C o a s t

Port Alfred

Kariega GR

W   i   l   d   C   o   a   s   t

I n d i s c h e r   O z e a n

Planungsvorschlag		
Einzelstrecken	**km**	**Tage**
Buffalo City – Idutywa – Bityi – Coffee Bay	ca. 300 km	1 Tag
Coffee Bay – Mthatha – Port St. Johns:	ca. 210 km	3 Tage (inkl. 1 Tag Aufenthalt)
Port St. Johns – Flagstaff – Kokstad – Durban	ca. 440 km	3 Tage (inkl. 2 Tage Aufenthalt)
gesamt	ca. 950 km	7 Tage
Zusätzliche Alternativen		
Mthatha – Elliot – Maclear – Mthatha	ca. 320 km	1–2 Tage
Küstenorte südwestlich von Coffee Bay	ca. 100–300 km	2–3 Tage

Nelson Mandela Bay Municipality (Port Elizabeth)

Entfernungen	
von Port Elizabeth nach Durban	984 km
von Port Elizabeth nach Kapstadt	769 km
von Port Elizabeth nach Jo'burg	1.075 km

Östlicher Abschluss der Garden Route

Port Elizabeth liegt im Osten der Kapprovinz an der Mündung des Baakens River und ist fahrtechnisch der östliche Abschluss der Garden Route. Die größte Stadt der östlichen Kapprovinz bildet zusammen mit Uitenhage und Despatch die Nelson Mandela Bay Municipality. Diese erstreckt sich über 16 km entlang der Algoa Bay und lädt den Reisenden mit ihren Stränden und Museen wiederholt zum Verweilen ein. Die Strände sind allerdings z. T. sehr steinig, und der Stadtkern hat außer seinen historischen Bauten nicht allzu viel zu bieten. Man sieht ihm sofort an, dass er – zwischen Berg und Meer – zu einer Zeit angelegt wurde, als es hier noch wesentlich beschaulicher zuging.

Heute scheint er aus allen Nähten zu platzen. Sehr eindrucksvoll sind aber die an den Hangstraßen gelegenen alten Wohnhäuser, die größtenteils noch aus dem 19. Jh. stammen. Für einen Geschäftsbummel empfehlen sich die vielen Malls in den Vororten. Wer nicht in der Großstadt übernachten will, kann seine Zelte auf den Campingplätzen außerhalb von Port Elizabeth aufschlagen oder im ca. 70 km entfernten Addo Elephant Park ein Chalet mieten.

 ## Sicherheitshinweise

Wie in allen Großstädten sind auch in Port Elizabeth einige Sicherheitsrichtlinien zu befolgen:
- Verzichten sollte man auf das offene Tragen von Schmuck, Kamera- und Videoausrüstungen und anderen Wertsachen.
- Die Geldbörse trägt man in einer Innentasche und führt auch keine hohen Bargeldbeträge mit sich.
- Nach 17 Uhr sollte man sich nicht mehr in der Innenstadt aufhalten! Ab Sonnenuntergang sind dunkle und einsame Plätze zu meiden.

▸ Die Route plant man am besten vorher und informiert z. B. sein Hotel, wohin man geht.
▸ Viele Überfälle und Diebstähle werden von Straßenkindern begangen. Daher ist es gefährlich, bettelnden Kindern Geld zu geben.
▸ Sollte man überfallen werden oder jemand versuchen, einem die Tasche zu entreißen: auf keinen Fall Widerstand leisten! Für eine Tasche sollte man nicht sein Leben riskieren.

Geschichte

1488 landete Bartolomeu Dias als erster Europäer in der Algoa Bay. Damals wurde die Bucht als Ankerplatz genutzt, um Proviant und vor allem Trinkwasser aufzunehmen. In den folgenden Jahrhunderten kamen so zuerst die Portugiesen und später die anderen europäischen Seefahrernationen immer wieder hierher. Bei diesen Unternehmungen strandeten einige Schiffe, deren Überreste heute beliebte Ziele für Taucher sind. Die Gründung von Port Elizabeth erfolgte allerdings erst 1799, als die Briten das **Fort Frederick** errichteten: das älteste Steingebäude in der östlichen Kapprovinz und darüber hinaus das älteste britische Bauwerk südlich der Sahara. Anlass für den Bau waren Überlegungen des damals feindlichen Frankreich, die Rebellen im Gebiet von Graaff-Reinet zu unterstützen. Von dem Fort aus überwachte Hauptmann Francis Evatt von 1817–1850 die Ankunft britischer Siedler.

Die Seefahrer

Ihren Namen verdankt die Stadt dem Kap-Gouverneur Sir Rufane Donkin, der 1820 die Siedlung nach seiner zwei Jahre zuvor in Indien verstorbenen Frau Elizabeth benannte. Im Donkin Reserve, einem Gedenkpark, steht eine Steinpyramide, die Donkin zu Ehren seiner Frau errichten ließ. Am Hafen erinnert der 1923 erbaute Gedenkturm „Campanile" an die ersten Siedler von 1820.

Im Rahmen der Reorganisation der Verwaltungsbezirke bemüht sich die heutige Regierung um eine „Afrikanisierung" der aus der Kolonialzeit stammenden Städtenamen. Heute trägt die Stadt Port Elizabeth mit ihren Vororten Uitenhage und Despatch den Namen **Nelson Mandela Bay Municipality**. Es wird aber sicherlich noch dauern, bis sich der Name eingebürgert hat, auch auf den meisten Straßenschildern stehen noch die alten Namen. In der Übergangsphase sind auf jeden Fall beide Namen gebräuchlich.

Namens-änderungen

Sehenswertes

Heute ist Port Elizabeth eine blühende **Industriestadt**, in deren Großraum über 1,1 Mio. Menschen leben. Die bedeutendste Industrie ist der Fahrzeugbau (Ford und GM sowie VW und Audi in Uitenhage). Über die Hälfte aller Industriebeschäftigten sind direkt oder indirekt in der Automobilindustrie oder den Zulieferfirmen tätig. Doch auch andere Industrien haben sich hier niedergelassen, z. B. Textil-, Möbel- und Konservenfabriken.

Bis auf die Hafenbetriebe ist die Industrie aus dem Stadtbereich ausgelagert. Der Hafen ist der viertgrößte in Südafrika (nach Durban, Richards Bay und Saldanha Bay) und

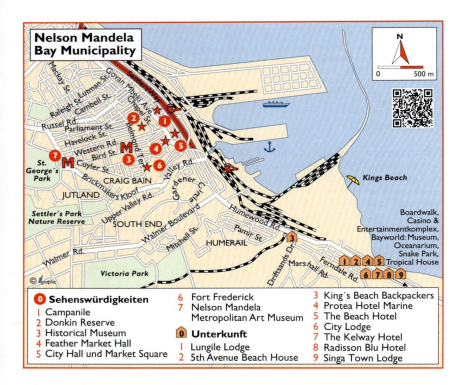

Nelson Mandela Bay Municipality

Kings Beach

Boardwalk,
Casino &
Entertainmentkomplex,
Bayworld: Museum,
Oceanarium,
Snake Park,
Tropical House

⓿ **Sehenswürdigkeiten**	6 Fort Frederick	3 King´s Beach Backpackers
1 Campanile	7 Nelson Mandela	4 Protea Hotel Marine
2 Donkin Reserve	Metropolitan Art Museum	5 The Beach Hotel
3 Historical Museum		6 City Lodge
4 Feather Market Hall	⓿ **Unterkunft**	7 The Kelway Hotel
5 City Hall und Market Square	1 Lungile Lodge	8 Radisson Blu Hotel
	2 5th Avenue Beach House	9 Singa Town Lodge

Moderner Container-hafen   verfügt über einen modernen Containerterminal. Jährlich werden hier über 10 Millionen Tonnen umgeschlagen. Nachdem der Hafen von Saldanha Bay 1976 in Betrieb genommen wurde, musste Port Elizabeth auf die Verladung des Erzes aus Sishen verzichten und spezialisierte sich auf Container- und Stückgutfracht. In den letzten Jahrzehnten wurde das Hafenbecken mehrmals vergrößert.

Port Elizabeth hat aber mehr zu bieten als seine Industrie und den Hafen. Von besonderem Reiz ist seine Lage am Hang des 60–90 m hohen Plateaus „The Hills", auf dessen schönsten Grundstücken große Villen stehen. Die Innenstadt, die bereits kurz hinter den Hafenanlagen steil aufsteigt, schmücken viele Häuser im viktorianischen Baustil. Das Geschäftszentrum ist leider sehr zersiedelt, und der Stadtverwaltung fällt es schwer, die Fehler der letzten drei Jahrzehnte durch die Restaurierung der übrig gebliebenen alten Häuser wiedergutzumachen. In der Umgebung liegen unzählige Strände; die stadtnahen sind z. T. sehr steinig, locken aber nichtsdestotrotz viele Touristen an.

Kulturell hat Port Elizabeth sein Angebot in den letzten Jahren ausgebaut. Die Feather Market Hall am Ende der Main Street ist zu einem Kulturzentrum geworden, in dem neben Theatergruppen auch Musiker auftreten und kleine Ausstellungen stattfinden. Für Freunde der klassischen Musik bietet auch das Opernhaus viele Veranstaltungen, außerdem gibt es zwei Laientheater. Informationen erteilt das Tourism Office.

Port Elizabeth ist außerdem Bischofssitz und besitzt mit der Nelson Mandela Metro- *Bischofssitz* politan University (NMMU) die größte Universität der Eastern Cape Province. Sie *und Uni-* entstand 2005 durch die Vereinigung der Universität von Port Elizabeth und der Port *Stadt* Elizabeth Technikon.

Campanile (1)

Dieser Turm, 1923 zum Andenken an die Siedler des frühen 19. Jh. errichtet, ermöglicht einen ausgezeichneten Blick auf die Innenstadt und vor allem auf den Hafen. Dreimal am Tag läuten die 23 Glocken, zu dieser Zeit sollte man nicht unbedingt die 204 Stufen (52 m) hinaufsteigen.
Campanile: *Geöffnet Di–So 9–12.30, 13.30–14 Uhr. Strand Street,* ☎ *041-506-3293.*

7 Castle Hill (Historical Museum) (3)

Das **Historical Museum** am Castle Hill Nr. 7 wurde 1830 als Wohnhaus des irischen Pfarrers Francis McCleland erbaut. Für nur 3 Guineas (jetzt ca. 20 R) erwarb er das Grundstück von der Stadt unter der Bedingung, hier innerhalb von 13 Monaten ein solides, ansehnliches Haus zu errichten. Als Baumaterial wählte er Sandstein und Gelbholz, das der Verwitterung gut standhalten sollte. 1962 kaufte es die Stadt zurück und richtete es wie ein bürgerliches Haus in der Mitte des 19. Jh. ein. Im Hinterhof sind in einem Raum Spielzeug und Puppen aus jener Zeit ausgestellt. Besonders interessant ist die Küche im Keller, in der man u. a. eine handbetriebene Waschmaschine bestaunen kann.
7 Castle Hill (**Historical Museum**): *Geöffnet Mo–Do 10–13, 14–16.30, Fr bis 16 Uhr.* ☎ *041-582-2515.*

City Hall und Market Square (5)

Am Ende der Main Street befindet sich der Market Square, auf dem ein Modell des Diaz-Kreuzes steht. In früheren Zeiten wurde der Platz nicht nur für Marktveranstaltungen genutzt, sondern diente darüber hinaus als „Parkplatz" für die Ochsenkarren; die Stadtverwaltung beschäftigte sogar einen Parkwächter, der für geordnetes Parkverhalten sorgen und die Tiere verpflegen sollte. Nachdem die City Hall 1977 niedergebrannt war, entschied man sich im Rahmen ihres Wiederaufbaus für die heutige Anlage des Platzes. Schräg gegenüber der City Hall befindet sich der viktorianisch-gotische Bau der **Library** (Bü-

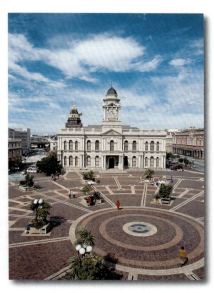
Der Market Square – Mittelpunkt der Stadt

cherei), in dem im 19. Jh. noch das Gericht tagte. Heute kann man dort auch als Tourist Bücher einsehen und kurzfristig ausleihen (gegen einen gültigen Pass und einen geringen Geldbetrag).

Spaziergang entlang „The Hills"

Gut erhaltene Häuser

Wer etwas Zeit hat, sollte einen ein- bis zweistündigen Spaziergang am Berghang über der City machen. Die meisten Häuser hier entstammen noch dem 19. Jh. und sind in der Regel sehr gut erhalten und gepflegt. Am besten beginnt man seine Tour am Market Square mit seinen großen Administrationsgebäuden und schlendert von dort zur 1883 errichteten **Feather Market Hall (4)**, in der früher Straußenfedern gelagert und versteigert wurden. Danach geht man entlang der **Castle Hill Street** und besucht das o. g. Museum.

Oben am Hang angekommen, biegt man nach rechts ab und erreicht das **Donkin Reserve (2)**. Hier befindet sich das derzeit geschlossene „**King Edward Hotel**", ein ehemaliges Wohnhaus im viktorianischen Baustil. Vom Donkin Reserve aus kann man gut den Hafen und die Innenstadt überblicken. Im Leuchtturm aus dem Jahre 1869 befindet sich das Tourismusbüro. Daneben steht die Pyramide, die Sir Rufane Donkin zu Ehren seiner Frau Elizabeth errichten ließ.

Relikte der Glanzzeit

Von hier aus sieht man bereits die **Donkin Street Houses**, die von 1860–70 erbaut wurden. Sie entstammen der ersten Glanzzeit Port Elizabeths, als die britische Kolonialverwaltung sich mehr für die Stadt zu interessieren begann und auch Kaufleute größere Summen investierten. Heute beherbergen die Häuser Büros und können leider nicht von innen besichtigt werden. Der Rundgang endet an der Hill Street, wo die vollkommen restaurierten **Upper Hill Street Houses** stehen. Für einen ausgedehnteren Spaziergang geht man einen weiteren Bogen und läuft von der Castle Hill Street hinauf zum **Fort Frederick (6)**, das 1799 als britische Bastion errichtet wurde.

Die Donkin Street Houses

Von diesem Nationaldenkmal aus ist es nicht weit zu den **Cora Terrace Houses** in der Bird Street. Diese nach 1856 erbauten Häuser dienten als Truppenunterkunft, in den feineren lebten die Offiziere. Am St. George's Park angelangt, steht man direkt vor dem

Nelson Mandela Metropolitan Art Museum (7)

Ursprünglich stellte die Galerie britische Kunst des 19. Jh. aus. Inzwischen zeigt sie aber ebenso die Arbeiten jüngerer Künstler, darunter auch eine Reihe von Afrikanern. Da viele der Künstler nicht älter als 35 Jahre sind, findet sich neben Ölgemälden und Radierungen auch moderne Mixed-Media-, Keramik- und Video-Kunst. Ein Teil der Ausstellungsräume wird für Wanderausstellungen freigehalten. Die Galerie bietet die Gelegenheit, auch einmal ein anderes Bild der südafrikanischen Kunstlandschaft zu erhalten.

Nelson Mandela Metropolitan Art Museum: *Geöffnet Mo–Fr 9–18 Uhr (Di morgens geschlossen), Sa–So 13–17, an Feiertagen 14–17, 1. So im Monat 9–14 Uhr. 1 Park Drive,* ☏ *041-506-2000, www.artmuseum.co.za.*

Bayworld: PE Museum, Oceanarium und Snake Park

Entlang dem Humewood Beach, gleich hinter dem Elizabeth Sun Hotel, befindet sich der Bayworld-Komplex mit dem **Port Elizabeth Museum**. Die naturwissenschaftliche Abteilung des Museums präsentiert eine große Anzahl an präparierten Tieren *Maritime* und legt seinen Schwerpunkt auf die maritime Fauna, besonders eindrucksvoll ist das *Tierwelt* gewaltige Skelett eines ausgewachsenen Wals. In der „wissenschaftlichen" Abteilung erfährt man, wie Meeresströmungen verfolgt werden und welche Auswirkungen sie auf Klima und Umwelt haben. Eine sehr interessante Fotoausstellung zeigt Bilder von Port Elizabeth im Wandel der Zeiten. Das verkleinerte **Oceanarium** hat nun keine Delfine und Haie mehr, die vorher die Hauptattraktion waren. Geblieben sind einige größere Aquarien mit diversen Fischarten sowie Robben und Pinguine. Im **Snake Park** sind Schlangen, Krokodile und Schildkröten zu sehen.

Bayworld: *35 R Erw./25 R Kinder (3-17 J.). Geöffnet tgl. 9–16.30 Uhr.* ☏ *041-584-0650, www.bayworld.co.za.*

Strände

Port Elizabeth verfügt über drei große Strände: Gleich hinter dem Hafen liegt der King's Beach, dahinter der Humewood Beach und etwa 5 km vom Stadtzentrum entfernt der Summerstrand Beach. Diese Strände eignen sich aber nur bedingt zum Baden, weil sie teilweise von kleinen Riffen durchzogen sind. Die Bevölkerung von Port Elizabeth nutzt sie daher eher zum Angeln, Promenieren oder als Joggingpfad. Wer gerne baden möchte, sollte besser nach Jeffrey's Bay fahren.

Vorwahl: *041*

ⓘ **Information**
Nelson Mandela Bay Tourism Head Office, *Ecke Mitchell Street und Walmer Boulevard, South End,* ☏ *585-2575, www.nmbt.co.za. Geöffnet Mo–Fr 8–16.30 Uhr. Die Buchung von Unterkünften ist gegen eine Gebühr möglich.*
Donkin Visitor Information Centre, *Donkin Reserve, Lighthouse Building, Belmont Terrace,* ☏ *585-8884. Geöffnet Mo–Fr 8–16.30, Sa-So 9.30–15.30 Uhr.*

📞 **Wichtige Telefonnummern und Adressen**
Feuerwehr: *585-1555.*

Krankenhäuser
Provincial Hospital *(staatlich), Buckingham Road, Central,* ☎ *392-3911.*
Livingstone Hospital *(staatlich), Stanford Road, Korsten,* ☎ *405-9111.*

Apotheken
Humewood Pharmacy, *19 Humewood Road,* ☎ *585-1222/-3939 im Humeway Centre.*
Mount Road Pharmacy, *559 Govan Mbeki Avenue,* ☎ *484-3838.*

Post*: 259 Govan Mbeki Avenue,* ☎ *508-4039.*
Honorarkonsulat der Bundesrepublik Deutschland*: Ecke William Moffet Expressway und Circular Drive, Walmer,* ☎ *397-4721.*

👁 Stadtrundfahrten/Ausflüge/Aktivitäten
Raggy Charters *organisiert Bootsfahrten in der Algoa Bay und zu den Inseln St Croix, Jahleel und Benton Island mit ihren Seehund- und Pinguinkolonien,* ☎ *378-2528, www.raggycharters.co.za.*

Taucher können mit **Ocean Divers International**, ☎ *581-5121, www.odipe.co.za, nach Schiffen tauchen. Dies ist aber nur etwas für sichere Taucher mit Tauchlizenz. Es werden aber auch andere Exkursionen angeboten.*
Pembury Tours, ☎ *581-2581, www.pemburytours.com, veranstaltet u. a. gut organisierte Besichtigungen der Townships.*

🛏 Hotels
Protea Hotel Marine $$ **(4)**, *an der Beachfront gelegenes, luxuriöses Hotel. Marine Drive, Summerstrand,* ☎ *583-2101, www.proteahotels.com.*
The Kelway Hotel $$ **(7)**, *63 Zimmer unterschiedlicher Ausstattung, auch Familienzimmer. Kleiner Pool, gutes Restaurant im Haus. Brookes Hill Drive, Humewood 6013,* ☎ *584-0638, www.thekelway.co.za.*
5th Avenue Beach House $$ **(2)**, *modern und gemütlich eingerichtete Gästezimmer mit Blick auf die zwei palmenumsäumten Swimmingpools, auch Wohnungen für Selbstversorger auf dem Grundstück, 100 m vom Strand und ca. 10 Min. vom Flughafen entfernt. 3 Fifth Avenue, Summerstrand,* ☎ *583-2441 www.fifthave.co.za.*
Singa Town Lodge $$+ **(9)**, *individuelles Gästehaus mit 12 unterschiedlich gestalteten und eingerichteten Suiten. Hier wird viel Wert aufs Detail gelegt. Ecke 10th Avenue und Scarborough Crescent, Summerstrand,* ☎ *503-8500, www.singalodge.com.*
City Lodge $$ **(6)**, *gepflegtes Hotel in Strandnähe. Swimmingpool & Fitnessraum. Ecke Beach und Lodge Road, Summerstrand,* ☎ *584-0322, www.citylodge.co.za.*
The Beach Hotel $$–$$$ **(5)**, *direkt an der Boardwalk Casino and Entertainment World gelegenes Luxushotel. 58 Zimmer, 3 Restaurants und Swimmingpool. Marine Drive, Summerstrand,* ☎ *583-2161, www.thebeachhotel.co.za.*
Radisson Blu Hotel $$$ **(8)**, *modernes luxuriöses Hotel der Kette mit 173 Zimmern. Südlich der Innenstadt am Wasser gelegen. Ecke Marine Drive und Ninth Avenue, Summerstrand,* ☎ *509-5000, www.radissonblu.com.*

🛏 Holiday Apartments und Chalets
Wie in allen Küstenstädten hat man auch in Port Elizabeth die Möglichkeit, günstig und komfortabel in Holiday Apartments bzw. Chalets zu wohnen. Sie kosten ungefähr die

Hälfte und bieten mehr Platz. Es fehlt nur der Zimmerservice (Zimmer werden aber täglich gesäubert), und wenn man nicht selbst kochen will, muss man zum Essen ausgehen. Die Auswahl an Apartments und Chalets ist beinahe unerschöpflich, Auskunft erteilt das Informationsbüro. Hier zwei Empfehlungen:

Beacon Lodge $, preiswerte und gepflegte Apartments in zentraler Lage. 10th Avenue, Summerstrand, ☎ 086-111-5717, www.beachlodges.co.za.

Brookes Hill Suites $$, Apartments mit bis zu 3 Schlafzimmern, alle mit Blick aufs Meer. Brookes Hill Road, Humewood, ☎ 584-0444, www.legacyhotels.co.za.

🛏 Bed and Breakfast

Auch in Port Elizabeth kann sich das Bed-and-Breakfast-Angebot sehen lassen. Wer eine etwas persönlichere Unterkunft mit Kontakt zu den Einheimischen sucht, ist hier genau richtig. Informationen beim Informationsbüro.

Beachwalk Bed and Breakfast $, nur 100 m vom Strand entfernt, gemütlich eingerichtete Zimmer, alle mit Blick auf den Swimmingpool im schönen Garten, reichhaltiges Frühstücksbüfett. 1 Second Avenue, Summerstrand, ☎ 583-3594, www.beachwalk.co.za.

Hacklewood Hill Country House $$+, untergebracht in einem viktorianischen Haus von 1898, bietet dieses Gästehaus allen Luxus. Die Zimmer und Badezimmer sind groß und gemütlich und haben alle Balkon oder Veranda mit Blick auf den Garten und den Swimmingpool. 152 Prospect Road, Walmer, ☎ 581-1300, www.hacklewood.co.za.

🛏 Hostels

Lungile Lodge $ (1), angenehmes, am Strand gelegenes Haus mit Pool. Saubere Schlafsäle und Doppelzimmer. 12 La Roche Drive, Humewood, ☎ 582-2042, www.lungile backpackers.co.za.

King's Beach Backpackers $ (3), saubere Herberge unweit vom Strand, Selbstversorgungsmöglichkeit. Es gibt Doppelzimmer und Schlafsäle sowie Gelegenheit zum Campen. 41 Windermere Road, Humewood, ☎ 585-8113, http://kingsbeachbackpackers.wozaon line.co.za.

⚠ Camping

Pine Lodge, 50 Meter vom Strand entfernt, auch Selbstversorger-Chalets. Restaurant, Sportmöglichkeiten inkl. Schwimmbad vorhanden. Schöne Lage am Strand im Bereich des Cape Precife Nature Reserve beim alten Leuchtturm. Marine Drive (7 km vom City Centre), ☎ 583-4004, www.pinelodge.co.za.

🍴 Restaurants

Natti's Thai Kitchen, super Thai-Küche mit entsprechend scharf gewürzten Speisen. Legere Atmosphäre. Reservierung empfohlen. Täglich Dinner. 5 Park Lane, ☎ 373-2763.

Ocean Basket, gute Fischgerichte, schöner Blick aufs Meer. Shop 3 Block A, Fig Tree Park, Ecke William Moffett Expressway und Circular Drive, ☎ 368-5525.

Barney's Tavern, die „In"-Kneipe für Jung und Alt, direkt am Wasser, mit gezapftem Bier und einigen deutschen Gerichten (Eisbein und Sauerkraut). Am Wochenende Livemusik. Shop 6, The Boardwalk, Marine Drive, Summerstrand, ☎ 583-4500, http://barneystavern.co.za.

Blackbeards', erstklassiges Meeresfrüchte-Restaurant mit großer Auswahl an Fischspezialitäten. Es gibt auch Fleischgerichte wie Straußensteaks. Die Portionen sind sehr groß, gehobene Preisklasse, gute Weinauswahl. Täglich Dinner. Im Chapman Hotel, Brookes Hill, Humewood. ☎ 584-0623, www.chapman.co.za/restaurant.aspx.

Old Austria, *rustikale, österreichische Küche, u. a. Leberknödel und Jägerschnitzel mit Spätzle, jedoch bekannt wegen seiner exzellenten Fischgerichte. Abends dezente Livemusik. Sehr empfehlenswert. 24 Westbourne Road, Central,* ☎ *373-0299.*

De Kelder, *sehr gute Fischgerichte. 39 Marine Drive, Summerstrand,* ☎ *583-2750.*

Royal Delhi, *gute, leckere indische Küche. So geschlossen, Sa nur abends geöffnet. 10 Burgess Street,* ☎ *373-8216.*

Elephant Walk Restaurant, *leckere Gerichte und freundlicher Service. 94 Doorly Road, in Colleen Glen, zwischen Port Elizabeth und Seaview, südlich der N2,* ☎ *372-1470, www.ele phantwalkec.co.za.*

Flava, *großartige internationale Küche in angenehmer Atmosphäre. Reservierung empfohlen. 17a Bain Street, Richmond Hill,* ☎ *811-3528.*

Im **Boardwalk-Komplex** *am Marine Drive gibt es eine gute Auswahl an Restaurants für jeden Geschmack.*

🤾 Unterhaltung

The Boardwalk Casino and Entertainment World, *neben dem Einkaufszentrum liegen das Casino und der Unterhaltungskomplex, der rund um die Uhr geöffnet ist. Beach Road, Summerstrand,* ☎ *507-7777, www.suninternational.com/boardwalk/Pages/default.aspx.*

🎁 Einkaufen

The Boardwalk, *Marine Drive, Summerstrand.*

The Bridge Shopping & Entertainment Centre, *Langenhoven Drive, Greenacres.*

Greenacres Shopping Centre, *1 Ring Road, Greenacres.*

Walmer Park Shopping & Entertainment Centre, *Main Road, Walmer.*

Diese z. T. riesigen Shopping Malls befinden sich alle in den Vororten, die Innenstadt eignet sich aufgrund der Abwanderung vieler Geschäfte derzeit nicht zum Einkaufen.

⛳ Golfplatz

Humewood Golf Club *(18 Löcher), sehr schöner Golfplatz direkt am Strand, das Clubhaus liegt in den Dünen. Die Gesamtlänge beträgt 6.202 m mit Standard 73. Marine Drive, Summerstrand, Humewood,* ☎ *583-2137, www.humewoodgolf.co.za.*

🚌 Busverbindungen

Alle großen Städte des Landes werden täglich angefahren, auch die Orte an der Garden Route.

Translux, ☎ *392-1304, www.translux.co.za.*

Greyhound, *Simpson Building, Ring Road,* ☎ *363-4555, www.greyhound.co.za.*

Intercape/Mainliner, ☎ *0861-287-287, www.intercape.co.za.*

BAZ-Bus, ☎ *0861-229-287, www.bazbus.com, Passagiere können fast im ganzen Zentrum aussteigen bzw. an den entsprechenden Übernachtungsstellen. Verbindungen u. a.: Durban Di, Mi, Fr, So, Kapstadt: täglich außer Mo und Do.*

Es gibt noch weitere Busunternehmen, die die Stadt bedienen.

🚆 Eisenbahnverbindungen

Shosholoza Meyl, *www.shosholozameyl.co.za, Mi, Fr und So fährt ein Zug nach Johannesburg.*

✈ Flugverbindungen

Flughafen Port Elizabeth, ca. 8 km vom Stadtzentrum entfernt, *Information* ☎ 507-7319. *Shuttle-Bus in die Stadt:* Super Cab Shuttle Bus, halb so teuer wie Taxis. Alle großen Hotels werden angefahren.

SAA unterhält tägliche Verbindungen in alle größeren Städte Südafrikas, wobei Johannesburg und Kapstadt in der Regel mehrmals täglich angeflogen werden. *Auskünfte unter* ☎ 507-1111, www.flysaa.com.

Tägliche Verbindungen nach Johannesburg bietet auch **British Airways/Comair** an, *Auskünfte unter* ☎ 011-921-0111, www.britishairways.com.

🚕 Taxi

Taxis muss man telefonisch bestellen. **Hurter Caps**, ☎ 585-5500, www.hurter cabs.co.za. *Minibustaxis* verkehren entlang des Marine Drive und halten an den vorgegebenen Busstationen.

🚌 Innerstädtische Busse

Die **Algoa Bus Company** unterhält ein Streckennetz zu allen Vororten. *Auskünfte unter* ☎ 080-1421-444, www.algoabus.co.za.

🚗 Mietwagen

Avis, ☎ 501-7200
Europcar, ☎ 508-9500
Alle großen Fahrzeugvermieter haben ihre Büros am Flughafen. Man kann dort gleich nach der Ankunft ein Fahrzeug mieten.

Ausflüge von Port Elizabeth

Addo Elephant National Park

Als die ersten Siedler in dieser Gegend sesshaft wurden und das Land zu roden begannen, wurden die neu angelegten Felder oft von Elefanten verwüstet. Um das Farmland vor weiteren Zerstörungen zu schützen, beauftragte die Kap-Regierung 1919 nach langen Diskussionen den Berufsjäger Jan Pretorius mit der Ausrottung der Elefanten. Bereits nach einem Jahr waren 120 Dickhäuter erlegt, doch inzwischen empfand die Bevölkerung Mitleid mit den Tieren und protestierte gegen weitere Tötungen. Nur elf Elefanten überlebten das Massaker, waren aufgrund der Verfolgung aber sehr gereizt und gefährlich. 1931 entschloss man sich daher, ein knapp 80 km² großes Areal als Nationalpark für die Tiere bereitzustellen und elefantensicher zu umzäunen. Heute umfasst der Park etwa 1.640 km². Dazu gehören große Teile des Gebietes von Bird Island, in der Algoa-Bucht sowie über die Zuurberg-Berge bis hinter den Darlington-Damm in der Karoo. Den Elefanten wird ermöglicht, zurück zur Mündung des Sundays-Flusses zu wandern.

Mittlerweile ist die Herde wieder auf über 550 Elefanten angewachsen. Entlang einer Rundstraße, die auf kleine Beobachtungshügel führt, können Besucher die Elefanten an Wasserlöchern beobachten. Inzwischen leben hier auch Schwarze Nashörner, Büffel, *Auch andere Tiere leben hier*

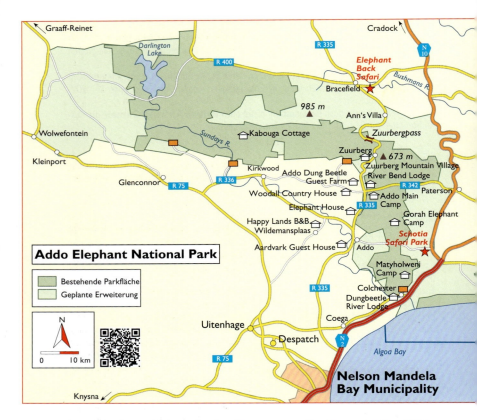

Map labels (Addo Elephant National Park):

Graaff-Reinet, Darlington Lake, R 335, Cradock, N 10, Elephant Back Safari, R 400, Bushmans R., Bracefield, 985 m, Ann's Villa, Zuurbergpass, Wolwefontein, Sundays R., Kabouga Cottage, Zuurberg, 673 m, Zuurberg Mountain Village, River Bend Lodge, Kleinport, Kirkwood, Addo Dung Beetle Guest Farm, R 342, Paterson, Glenconnor, R 75, R 336, Woodall Country House, Addo Main Camp, R 335, Elephant House, Happy Lands B&B, Gorah Elephant Camp, Wildemansplaas, Aardvark Guest House, Addo, Schotia Safari Park

Addo Elephant National Park

Bestehende Parkfläche
Geplante Erweiterung

N
0   10 km

Matyholweni Camp, R 335, Colchester, Dungbeetle River Lodge, Coega, Uitenhage, Despatch, N 2, Algoa Bay, R 75, Knysna, **Nelson Mandela Bay Municipality**

Leoparden, Löwen, Kudus und andere Savannentiere, außerdem wurden über 170 Vogelarten gezählt, darunter Strauße, Habichte, Falken und Teichhühner. Am Stausee ist in der Nähe des Restaurants ein Beobachtungspunkt eingerichtet.

Die Vegetation besteht aus Kletterpflanzen und Bäumen, wobei nur wenige höher als 4 m sind, da sie vorher bereits von den Elefanten gestutzt werden. Typische Bäume sind der Spekboom, der Karoo Boer Bean und der Guarrie. Der Park verfügt neben einem Restaurant über mehrere Grill- und Picknickplätze.

Greater Addo Elephant Park

Zurzeit entwickelt die Regierung den Addo Elephant National Park zum „Greater Addo Elephant Park". Bei dem Projekt will man genügend Farmland aufkaufen, um hier den drittgrößten südafrikanischen Park zu eröffnen, der 3.600 km² umfassen wird. Dazu werden auch 1.200 km² Meeres-Schutzgebiet gehören. Dieser Park reicht dann von der Kleinen Karoo bis zum Indischen Ozean, wo der Southern-Right-Wal als eines der größten Meerestiere die „Big Five" vom Land (Elefant, Nashorn, Büffel, Leopard, Löwe) zu den „Big Six" komplettiert.

Inzwischen ist auch der ehemalige **Zuurberg National Park** Teil des Addo Elephant National Parks. Hier wurden 1991 die gefährdeten Bergzebras ausgesetzt. Ursprünglich war der Park eher ein Erholungsgebiet für die Städter als ein Tierpark. Es gibt eine Reihe von Wanderwegen, außerdem kann man Ausritte mit Pferden unternehmen.

Private Game Reserves

Ähnlich wie am Kruger Park haben sich rund um den Addo Elephant Park mittlerweile einige private Game Reserves etabliert. Diese bieten meist eine exquisite Küche, beste Unterkünfte und durch ausgebildete Game Ranger geführte Beobachtungsfahrten in offenen Geländewagen. Der Luxus hat aber auch meist seinen Preis.

Hier eine Auswahl mit kurzer Beschreibung:
Shamwari Game Reserve: Das Reservat ist ca. 250 km² groß und beherbergt neben 18 verschiedenen Antilopenarten auch „die großen Fünf". Insgesamt leben hier über 5.000 Tiere. Neben luxuriösen Unterkünften für die Besucher liegt der Schwerpunkt des Reservats auf der Erhaltung und dem Schutz der ursprünglichen Fauna und Flora dieses Gebietes. Das Shamwari Game Reserve wurde dafür mehrfach ausgezeichnet.
Information und Buchung: ☎ *041-509-3000, www.shamwari.com, exklusive Lodges mit afrikanischem Flair, außerdem ein Explorer Camp, in dem man mitten im Busch in einem Zelt übernachten kann. U. a.:*
Riverdene Lodge *$$$$$+, eine restaurierte Siedler-Lodge mit 9 Suiten der Extraklasse. Alle sind mit eigenem Sandstein-Bad ausgestattet, vollklimatisiert, Satelliten-TV, Telefon und Aufenthaltsraum sowie Pool mit Sonnenterrasse. Während des Aufenthaltes steht einem ein Ranger als persönlicher Betreuer zur Verfügung.*
Eagles Crag Lodge *$$$$$+, 9 separate Suiten, jede mit privater Veranda und Pool. Es gibt einen Boma-Bereich, an dem sich die Gäste abends bei Lagerfeuer zum gemeinschaftlichen Essen und Trinken zusammensetzen. Mit je eigenem Wellnessbad und großem Aufenthaltsraum sowie einer Bücherei.*

Kariega Game Reserve: Kariega liegt wunderschön, hoch über dem Kariega-Flusstal. Das 90 km² umfassende Reservat beheimatet eine Vielzahl an Tieren, darunter Zebras, Giraffen und Hippos sowie über 250 verschiedene Vogelarten. Der Ausblick von

Flussfahrt

den Lodges ist atemberaubend. Ein Höhepunkt ist die Fahrt auf dem Kariega mit der „Kariega Queen" – eine ganz besondere Weise, die Landschaft zu genießen.

Information und Buchung: *Kariega Game Reserve,* ☎ *046-636-7904, www.ka riega.co.za. Es gibt drei verschiedene Lodges sowie ein großes und luxuriöses Ferienhaus für Gruppen oder Familien mit bis zu 10 Personen, zudem eröffnet im Dezember 2014 eine weitere Lodge mit 9 Luxus-Zeltsuiten. Besonders empfehlenswert ist die* **Ukhozi Lodge $$$$$**, *geräumige und komfortable Chalets mit 1–3 Schlafzimmern, eigener Veranda sowie teilweise mit eigenem Pool. Squashplatz, Sauna und Wellnessbad vorhanden, rollstuhlgerecht. Gute traditionelle Gerichte bietet das Restaurant, das für seine außergewöhnliche Architektur übrigens einen Preis gewonnen hat. Fantastischer Rundumblick auf den Indischen Ozean.*

Kwandwe Reserve: Wer traumhafte Landschaften, viele Tiere und eine luxuriöse Unterkunft mit bestem Service sucht, ist hier richtig. Auf 220 km², 30 km entlang des Great Fish River, leben über 7.000 Tiere, natürlich auch die „Big Five". Das Hauptgebäude liegt nahe beim Fluss, und alle Zimmer haben einen tollen Ausblick.

Information und Buchung: *Kwandwe Private Game Reserve,* ☎ *046-603-3400, www. kwandwe.com, 2 klassische Lodges und 2 umgebaute Farmhäuser, u. a.:*

Uplands Homestead $$$$$+, *das historische Farmgebäude steht unter Denkmalschutz und bietet 6 Personen Platz. Es ist elegant möbliert mit Antiquitäten und Gegenständen aus der Zeit der Besiedlung. Service der Superlative und köstliche afrikanische Küche.*

Great Fish River Lodge $$$$$+, *9 luxuriöse, strohgedeckte Suiten direkt am Fluss, die einen herrlichen Rundumblick gewähren. Im Inneren dominiert ein klassischer Stil, der lokale afrikanische Kunst mit kolonialer Siedlergeschichte verbindet. Höhepunkt ist stets das ausgedehnte Abendessen, spezialisiert auf afrikanische Küche.*

Fairness und Nachhaltigkeit

Amakhala Game Reserve: Sanfter Tourismus, d. h. faire Arbeitsverhältnisse für die Angestellten und nachhaltiger Umgang mit den natürlichen Ressourcen, ist das Konzept des 75 km² großen Reservats, in dem inzwischen auch die „Big Five" angesiedelt sind.

Information und Buchung: *Amakhala Game Reserve,* ☎ *046-636-2750, www. amak hala.co.za. Verschiedene Lodges und Camps, u. a.:*

Woodbury Lodge $$$$$, *malerisch an einer Felskante und mit Blick auf die Talebene mit dem Bushmans River gelegen. 6 luxuriöse und aus natürlichen Materialien erbaute Chalets mit je eigener Aussichtsterrasse.*

 **Informationen und Unterkunft**

Im Nationalpark gibt es Cottages, Chalets und Rondavels, außerdem ein Restaurant. Buchung und Information zentral: **South African National Parks,** ☎ *012-428-9111, www.sanparks.org. Park direkt:* ☎ *042-233-8600.*

Eine ganz besondere Unterkunft ist das **Gorah Elephant Camp $$$$$+** *im südlichen Teil des Parks. Die 11 großen und luxuriös ausgestatteten Zelt-Suiten erinnern in ihrem gediegenen Stil an ein Safari-Erlebnis im frühen 20. Jh. Essen und Service lassen keine Wünsche offen. Buchung über* ☎ *044-501-1111, www.hunterhotels.com, oder über Reiseveranstalter.*

☞ **Öffnungszeiten**

Addo Elephant NP: 7–19 Uhr.

Unterkunft außerhalb des Parks

Happy Lands $, *persönliche Atmosphäre, eher rustikale, aber sehr gemütliche Zimmer. Entfernungen: 20 Min. zum Elephant Park, 45 Min. zum Shamwari, ca. 1h zur Nelson Mandela Bay Municipality, Prospect Road, Summerville.* ☎ 042-234-0422, www.happy lands.co.za.

Addo Dung Beetle Guest Farm $–$$, *schöne Lodge mit fünf gut ausgestatteten Chalets sowie drei Bush Cabins für Selbstversorger, vier Kilometer vor dem Haupteingang des Parks inmitten einer Zitrusfarm gelegen. Pool, viele Freizeitangebote. Leser priesen besonders das aufmerksame und herzliche Gastgeber-Ehepaar Magna und Rod. Sehr gutes Preisleistungsverhältnis! Über die R 335, ab ca. 1,4 km vor dem Park Schildern folgen,* ☎ 83-974-5802 und 83-399-4129, www.addodungbeetle.co.za.

Zuurberg Mountain Village $$, *150 Jahre altes Hotel mit atemberaubendem Blick auf den Elephant Park. Elegant, stilvoll, internationaler Standard. 1h Autofahrt von Nelson Mandela Bay Municipality entfernt. Zuurberg Pass (an der R335),* ☎ 042-233-8300, www.addo.co.za.

Woodall Addo Country House $$$, *Luxus-Gästehaus mit B&B, preisgekrönte, charmante Unterkunft, auf einer wunderschönen Zitronenfarm 5 km nördlich vom Park entfernt gelegen an der R335.* ☎ 042-233-0128, www.woodall-addo.co.za.

Grahamstown

Die Stadt bildet mit ihrer Besiedlungsgeschichte einen großen Kontrast zum Kapland: Von diesem Teil der östlichen Kapprovinz nahmen britische Einwanderer Besitz. Grahamstown hat viele Beinamen, die jeweils besondere Charakteristika dieser etwa 50.000 Menschen zählenden Stadt betonen: „**Stadt der Heiligen**" (es gibt über 40 Stellen, an denen Gottesdienste abgehalten werden), „**Schlafendes Tal**" (der eher ruhige Ort liegt in einer geschützten Talmulde), „**Stadt der Schulen**" (neben einer Vielzahl von Schulen ist hier auch die Rhodes University mit ca. 6.000 Studenten beheimatet), „**Settler's City**" (Stadt der Siedler).

Stadt der vielen Namen

👉 Tipp

Einmal im Jahr findet in Grahamstown eines der wichtigsten kulturellen Ereignisse Südafrikas statt: Das **National Arts Festival** dauert elf Tage und beginnt jeweils Ende Juni oder Anfang Juli. Auf dem Programm stehen Theater, Oper, Musik, Film und vieles andere, außerdem werden Workshops und Kunsthandwerk angeboten. Informationen: ☎ 046-603-1103, www.nationalarts festival.co.za.

So friedlich der Ort heute ist, liegen seine Ursprünge in einem Krieg: Im Jahre 1806, als die Briten das Kap zum zweiten Male okkupierten, kam es zu Widerstand an den Ostgrenzen: Die Xhosa drohten mit einem Generalangriff. Die Bemühungen der Briten, den Konflikt nicht eskalieren zu lassen, blieben erfolglos. 1811 brach ein Krieg aus, den die weiße Regierung mit etwa 20.000 Soldaten bestritt. Um weitere Einfälle zu unterbinden, begann man, eine Reihe von Festungen entlang des Great Fish River zu bauen. An zwei Stellen sollten militärische Hauptquartiere entstehen. Mit der Auswahl dieser Plätze wurde Oberst John Graham beauftragt. Er fand ein verlassenes

Festungswall

Farmhaus vor, das er herrichtete und bezog. Bald stellte man hier Zelte auf und begann auch damit, einfache Häuser zu errichten. Nach und nach entstand die nach dem Oberst benannte Stadt Grahamstown.

Allmählich wuchs der Ort zur zweitgrößten Stadt Südafrikas heran. Viele Gebäude erinnern noch heute an jene frühen Tage: Die Einfahrt zur alten Drostdy, der Landvogtei, bildet jetzt den Eingang der Rhodes University; das Provost Building wurde 1836 als Militärgefängnis erbaut; ferner sind die Cathedral of St. Michael sowie die 1853 erbaute St. George Cathedral mit ihrem 46 m hohen Turm zu besichtigen.

Sammlung Wer sich für Geschichte, aber auch für Natur und Ethnologie interessiert, sollte einen
alter Besuch im **Albany Museum Complex** nicht versäumen. Dieser erstreckt sich über
Teleskope die gesamte Stadt und umfasst u. a. das **1820 Settlers' Memorial Museum** auf dem
Universitätsgelände und das liebevoll eingerichtete **Observatory Museum**, in dem verschiedene Möbel und Gebrauchsgegenstände der ersten Siedler in typisch viktorianisch gestalteten Räumen zu besichtigen sind. Hauptattraktion ist die Sammlung alter Teleskope von Henry Carter Galpin, einem im 19. Jh. ansässigen Uhrmacher und Architekten, der sich sehr für Optik und Astronomie interessierte. 1882 baute er in dem Turmgebäude sogar eine „Camera Obscura": Mit Hilfe eines Spiegels und mehrerer Linsen kann man in einem abgedunkelten Raum auf einer Platte die ganze Stadt und Umgebung beobachten. Durch Drehen des Spiegels auf dem Dach wird der nächste Hinterhof ebenso sichtbar wie Gebiete in einer Entfernung von mehreren Kilometern. Nur in England finden sich weitere Exemplare der „Camera Obscura" aus dieser Zeit.
Albany Museum Complex (Natural Science Museum, History Museum, Observatory Museum u. a.): 10 R Erw./5 R Kinder. Geöffnet Mo–Fr 9–16.30 Uhr. Somerset Street, ☏ 046-622-2312.

Einst die zweitgrößte Stadt Südafrikas: Grahamstown

Vorwahl: *046*

ℹ️ Information
Tourism Grahamstown, *63 High Street,* ☎ *622-3241, www.grahamstown.co.za,* *geöffnet Mo–Fr 8.30–17, Sa 9–12 Uhr.*

🛏️ Unterkunft
High Corner Guesthouse $–$$, *5 romantisch und gemütlich eingerichtete Zimmer in historischem Gebäude mit viel Holz. Auch Cottages für Selbstversorger. 122/4 High Street* ☎ *622-8284, www.highcorner.co.za.*

The Cock House $+, *ein schön restauriertes altes Stadthaus, in dem selbst Nelson Mandela schon zu Gast war. Siehe auch unter Restaurants. 10 Market Street,* ☎ *636-1287/95, www.cockhouse.co.za.*

🛏️ Backpackers
Whethu Backpackers $, *Familienzimmer, Schlafsäle und Campingmöglichkeiten vorhanden. Alles einfach, aber sauber. Es werden interessante Tagesausflüge angeboten. 6 George Street,* ☎ *636-1001, www.whethu.com.*

⚠️ Camping
Makana Resort $–$$, *neben 16 Stellplätzen für Wohnmobile und Zelte gibt es auch verschiedene Unterkünfte für Nicht-Camper in Chalets und Cottages. 1 Grey Street,* ☎ *622-2159, www.makanaresort.co.za.*

🍴 Restaurants
The Cock House, *ein traditionelles Restaurant in altem Stadthaus mit typisch südafrikanischer Speisekarte, tollen Lammgerichten und selbst gebackenem Brot. Reservierung empfohlen. 10 Market Street,* ☎ *636-1287/-95.*

Redwood Spur, *bei der Kathedrale. Steaks, Burger, Salate ... leger, preiswert und gut. 123 High Street,* ☎ *622-2629.*

*Entlang der **High Street** befinden sich viele weitere Restaurants.*

Nelson Mandela Bay Municipality (Port Elizabeth) – Colesberg

Überblick

Nachdem man die Garden Route hinter sich gelassen hat, muss man sich entscheiden, ob man weiter entlang der Küste nach Buffalo City/East London und durch die ehemalige Transkei fahren will oder aber ins Landesinnere abzweigt, um den Free State und eventuell Lesotho zu besuchen. Entscheidet man sich für Letzteres, benutzt man am besten die N10 (R32), die von Port Elizabeth nach Middelburg und von dort über die N9 weiter nach Colesberg führt.

Redaktionstipps

▸ Einen Tag in **Graaff-Reinet** einplanen, S. 474.

▸ Slow Food genießen in Gordon's Restaurant, S. 477.

▸ **Rundflug** über die Karoo, S. 478 – Mountain Zebra National Park, S. 480, und hier eventuell auch eine Nacht bleiben.

An dieser Strecke liegen zwei Nationalparks, von denen der **Addo Elephant Park** (s. S. 465) sicherlich der interessantere ist. Doch auch die Landschaft des **Mountain Zebra National Park** (s. S. 480) hat fraglos ihren Reiz, der Park bietet sich durchaus für eine Übernachtung an. Entlang dieser Route finden sich auch historisch interessante Orte wie Somerset East, Cradock und etwas abseits Graaff-Reinet, die gewiss eindrucksvollste Stadt hier. In **Somerset East** sollte man sich daher entscheiden, ob man der Hauptroute folgen und den Mountain Zebra National Park aufsuchen möchte oder lieber über die R63 nach Graaff-Reinet fährt. Hier liegt, neben den historischen Bauten der Stadt, etwas außerhalb das **Valley of Desolation**, ein Tal, das hauptsächlich durch Erosionskräfte gebildet wurde und dabei bizarre Formen angenommen hat. Über die N9 kommt man bei Middelburg dann wieder auf die Hauptstrecke.

Entfernungen und Planungsvorschlag		
Entfernungen		
PE – Cradock (mit Abstecher nach Somerset East)	340 km	
Cradock – Colesberg	200 km	
Einzelstrecken	**km**	**Tage**
PE – Somerset East – Mountain Zebra N. P.	360 km	1 (2 Tage mit Aufenthalt)
Mountain Zebra N. P. – Middelburg – Colesberg	200 km	1
alternativ		
PE – Somerset East – Graaff-Reinet	355 km	1 (2 Tage mit Aufenthalt)
Graaff-Reinet – Middelburg – Colesberg	210 km	1

i Streckenbeschreibung

Auf der N2 verlässt man P.E. und biegt hinter Swartskops auf die R335 zum Addo Elephant Park ab. Will man den Park nicht besuchen, bleibt man auf der N2 und trifft nach ca. 80 km auf die Kreuzung bei Ncanaha, wo die N10 nach Norden abzweigt. Dieser Strecke folgt man gut 115 km bis Cookhouse, wo man nach links abbiegt und auf der R63 nach gut 20 km Somerset East erreicht. Von hier aus fährt man entweder auf der R63 weiter nach Graaff-Reinet (115 km), um von dort über die N9 nach Middelburg zu kommen (110 km), oder aber man fährt zurück nach Cookhouse und folgt der N10 über Cradock und dem kurz dahinter abzweigenden Weg zum Mountain Zebra Park, um von dort etwa 100 km hinter Cradock nach Middelburg zu gelangen. 30 km hinter Middelburg gabelt sich die Hauptstraße bei Carlton. Nach links verläuft die N10 nach Hanover, wo sie auf die N1 trifft. Nach rechts führt die N9 weiter nach Colesberg und dort ebenfalls auf die N1. Für ganz Eilige empfiehlt sich die R75 von P.E. über Uitenhage nach Graaff-Reinet und dann, wie beschrieben, weiter nach Middelburg. Die Strecke lässt sich wegen der wenigen Ortschaften zügig fahren.

Eilige Reisende in Richtung Bloemfontein nehmen am besten die R390 ab Cradock, die über Hofmeyr führt.

Somerset East

Das Gebiet der heutigen Stadt war Ende des 18. Jh. Teil einer Farm, auf der der Landwirt Louis Trichardt erkannte, dass sich das Areal gut für den Tabakanbau eignete. Nach- *Tabak für die* dem Trichardt weiter nach Norden gezogen war, gründete der damalige Kapgouverneur *Truppen* Lord Charles Somerset 1815 in dem Gebiet eine Versuchsfarm für Tabak, die schließlich die Truppen im Norden und Osten der Provinz mit dem Genussmittel versorgen sollte.

1825 wurde hier der Ort Somerset gegründet, der 30 Jahre später in Somerset East umbenannt wurde, um sich von Somerset West im Südwesten zu unterscheiden. Das Städtchen diente hauptsächlich als kleines Handelszentrum für Agrarprodukte. Die Hänge am Bosberg wurden 1827 den Wesley-Missionaren überlassen, die hier eine kleine Kapelle errichteten. Aus dieser ging später das Pfarrhaus hervor, das heute das Museum der Stadt beherbergt:

Somerset East Museum (The Old Parsonage)

In diesem ältesten Gebäude der Stadt befindet sich eine Reihe von Möbelstücken und anderen Gegenständen aus Haushalten des Ortes. Am interessantesten aber sind die 700 Rosenbüsche und der kleine Gewürzgarten, der schon im 19. Jh. angelegt worden ist. **Somerset East Museum**: *Beaufort Street, geöffnet Mo–Fr 8–12, 14–16 Uhr.*

Berühmtestes Kind der Stadt war der Maler Walter Battiss, der viel reiste und lange Zeit in Amerika gelebt hat. Er bewohnte mit seiner Familie ein Haus in der Paulet Street, das vormals eine Offiziersmesse gewesen war. Battiss war ein etwas introvertierter Mensch, und in seiner Phantasie lebte er in einem selbst gegründeten Staat, den er „Fook Island" nannte. Die Idee von dieser kleinen, selbst geschaffenen Oase verewigte er nicht nur auf seinen Bildern, er fing auch an, Fook-Island-Briefmarken und schließlich sogar Fook-Island-Geld zu entwerfen. Mit diesem Geld *„Fook Island"* bezahlte er diverse Rechnungen im Ausland, ohne dass dies immer auffiel. Nach seinem Tod vermachte er Somerset East 18 seiner Werke. Die Stadt eröffnete daraufhin das **Walter Battiss Art Museum** in dem o. g. Haus. Neben seinen Bildern kann man hier auch Gemälde anderer Künstler der Kapprovinz besichtigen, außerdem finden verschiedenste Wanderausstellungen statt.

3 km von der Stadt entfernt liegt das Bosberg Nature Reserve, in dem es einige Tiere, u. a. Bergzebras, zu sehen gibt. In erster Linie lädt der Park aber zu Wanderungen ein.

 Tipp

Zwischen Somerset East und Graaff-Reinet erstreckt sich über 28.000 ha das größte private Wildschutzgebiet des Eastern Cape: das **Samara Private Game Reserve**. In der abwechslungsreichen Landschaft kann man auf unterschiedlich ausgerichteten Safaris (auch Kinder-Safaris) die artenreiche Tierwelt - Nashörner, Leoparden, Flamingos, Giraffen, Geparde u. a. – beobachten oder z. B. die professionellen Spurenleser der Tracker Academy besuchen. Komfortable, entsprechend kostspielige Unterkünfte, auch für Gruppen und Selbstversorger. Von Somerset East auf die R63 Richtung Graaff-Reinet, gut 40 km hinter Pearston dann rechts abbiegen und über die Petersburg Road (Schotterpiste) bis Samara. ☎ 023-626-6113, www.samara.co.za.

Vorwahl: 042

ℹ️ Information
Tourist Office, im Walter Battiss Art Museum, 45 Paulet Street (Ecke Beaufort Street), ☎ 243-1448, www.somerseteast.co.za.

🛏️ Unterkunft
Angler & Antelope Guesthouse $, angenehmes und zentral gelegenes Gästehaus mit 7 wunderschönen Zimmern und tollem Frühstück (Vorbestellung erforderlich). Fliegenfischen möglich. Im St Francis direkt nebenan werden täglich (außer freitags) zwischen von 18–20 Uhr leckere Gerichte und Desserts serviert (Fisch, Huhn, Salat), die aber bereits vor 18 Uhr geordert werden müssen. 2 College Road (Ecke New Street), ☎ 243-3440, www.anglerandantelope.co.za.

⚠️ Camping
Die KAia, 4 km südlich der Stadt an der R335. ☎ 078-579-3959, www.diekaia.co.za.

Graaff-Reinet

Die Perle der Karoo

Graaff-Reinet, das auch „Perle der Karoo" genannt wird, ist eine kleine Stadt mit gut 35.000 Einwohnern. Bereits 1786 gegründet, ist sie die viertälteste Stadt der Kapprovinz. 1794 richtete die Kapregierung hier einen Verwaltungssitz ein, den **Drostdy**. Doch die wenigen Verwaltungsangestellten, die hier zum Einsatz kamen, waren in Zeiten der Unruhen keine militärische Hilfe. Unzufrieden mit diesem Zustand riefen die Bürger daraufhin 1796 den „Landdrost" aus, vertrieben die Engländer und erklärten Graaff-Reinet zu einem eigenständigen Staat. Der war aber nur von kurzer Dauer: Die Engländer kamen bald zurück, diesmal mit Militär, und übernahmen wieder die Regierungsgewalt.

Trotzdem blieb Graaff-Reinet für sie bis zu Beginn des 19. Jh. ein unruhiges Pflaster, denn die Bürger lehnten sich immer wieder auf. Viele von ihnen waren so unzufrieden, dass sie ihre Farmen verließen und sich dem Großen Trek von Pretorius und Maritz anschlossen, um ins damalige Transvaal zu ziehen. Selbst später, im Anglo-Burischen Krieg, kämpften sie verbittert gegen die Engländer.

200 Gebäude unter Denkmalschutz

Mitte des 19. Jh. kamen viele englische und deutsche Siedler hierher, und die Stadt wuchs zum zweitwichtigsten landwirtschaftlichen Handelszentrum der Kapprovinz heran. Benannt wurde sie nach dem Gouverneur Cornelis Jacob van de Graaff und seiner Gattin Cornelia Reinet. Heute ist Graaff-Reinet einer der **historischen Glanzpunkte des Landes** und rühmt sich damit, dass 200 seiner Gebäude unter Denkmalschutz stehen, darunter Bauten aus allen Epochen im kaphölländischen Stil. Keine Stadt des Landes erreicht diese Zahl auch nur annähernd. Und keine andere Stadt ist von einem Nationalreservat umgeben – einzig Graaff-Reinet.

Da es keine nennenswerte Industrie in dieser Region gibt, haben viele Einwohner wirtschaftliche Probleme, und die Arbeitslosenquote ist entsprechend angestiegen. Viele von ihnen sind nach Port Elizabeth gezogen. Dank eines staatlichen Hilfsprogramms versucht man nun, mit dem wachsenden Tourismus neue Einnahmen zu generieren und Jobs zu schaffen.

Sehenswertes

Die Innenstadt bietet zahlreiche sehenswerte Gebäude, die alle in einem Umkreis von etwa 500 m um das Drostdy Hotel liegen, sodass man sie in Ruhe an einem Tag besichtigen und sich zwischendurch in den Tee-Gärten oder im Kromms Inn erholen kann.

Old Library Museum (3)

Hier finden sich u. a. zwei sehr interessante Abteilungen: Zum einen kann man Bilder des Fotografen William Roe bewundern, der in der zweiten Hälfte des 19. Jh. das Land bereist hat. Besonders eindrucksvoll sind die Fotos vom alten Graaff-Reinet und von den ersten Diamantenschürfungen am Big Hole in Kimberley. Zum anderen gibt es eine geologisch-paläontologische Abteilung, die über 200 Mio. Jahre alte Überreste *Saurier und* von Sauriern ausstellt. Diese Tiere lebten im Gebiet der heutigen Karoo, als es sich *Gondwana* dabei noch um eine sumpfige Ebene und einen zentralen Teil des Ur-Kontinents Gondwana handelte.
Old Library Museum: *15 R Erw./5 R Kinder. Geöffnet Mo–Do 8–13 und 13.45–16.30, Fr 8–13 und 13.30–16, Sa/So 9–13 Uhr. Ecke Church Street und Somerset Street,* ☎ *049-892-3801, www.graaffreinetmuseums.co.za.*

The Drostdy (5)

Das Hauptgebäude, in dem sich heute die Eingangshalle des **Drostdy-Hotels** befindet, wurde bereits kurz nach der Gründung der Stadt errichtet und diente den Engländern als Verwaltungssitz. Nach den Streitigkeiten zwischen den Bewohnern der Stadt und den Beamten funktionierte man das Gebäude jedoch zum Hotel um. Im Laufe der Jahre wurde es immer weiter vergrößert und erst im 20. Jh. wieder in seinen ursprünglichen Zustand versetzt. Auch die Innenräume wurden zum größten Teil wieder so hergerichtet, wie sie Mitte des 19. Jh. aussahen. Nach langen Renovierungsarbeiten wird das Hotel Ende 2014 wiedereröffnet.

Hinter dem Hauptgebäude liegt der **Stretch's Court (6)**, eine kleine Kopfsteinpflasterstraße mit sieben Häuschen, die ursprünglich als Sklavenunterkünfte dienten. Mitte des 19. Jh. kaufte Kapitän Stretch diese Häuser, teilte das Gebiet in Parzellen auf und verkaufte sie an Schwarze weiter. 1966 schließlich gingen sie in den Besitz der „Vereinigung historischer Gebäude Südafrikas" über, die sie völlig restaurierte und dem Hotel übergab. Heute befinden sich in ihnen luxuriöse Zimmerapartments.

Die Hauptstraße in Graaff-Reinet

Graaff-Reinet

🅞 Sehenswürdigkeiten

1 Alte Apotheke	5 The Drostdy
2 Dutch Reformed Church	6 Stretch's Court
3 Old Library Museum	7 Reinet House
4 Hester Rupert Art Museum	8 Old Residency

🅞 Unterkunft

1 Karoopark Guest House &
  Holiday Cottages
2 Andries Stockenström Guest House
3 Camdeboo Cottages
4 Aa'Qtansisi Guesthouse

Reinet House (7)

Historische Alltagsgegenstände

Das 1812 als Pfarrhaus errichtete Gebäude diente später als Veranstaltungsort für Lehrerinnenseminare. Heute beherbergt es ein Museum mit einer sorgfältig ausgewählten Sammlung von Möbeln, Küchengeräten, Kinderspielzeug und anderen Alltagsgegenständen des 19. Jh. Im Hinterhof kann man eine Wassermühle besichtigen, die auch vorgeführt wird, und in einer Scheune stehen alte landwirtschaftliche Geräte.
Reinet House: *15 R Erw./5 R Kinder. Geöffnet Mo–Do 8–16.30, Fr 8–16, Sa/So 9–13 Uhr. Murray Street,* ☎ *049-892-3801, www.graaffreinetmuseums.co.za.*

Weitere interessante Gebäude der Stadt sind die **alte Apotheke (1)** in der Caledon Street, das **Hester Rupert Art Museum (4)**, das sich in der Dutch Reformed Mission Church befindet und zeitgenössische südafrikanische Kunst präsentiert, und die ganz Graaff-Reinet überragende **Dutch Reformed Church (2)**, die der Salisbury-

Kathedrale nachempfunden wurde. In der 1820 erbauten **Old Residency (8)**, Parsonage Street, kann man sich alte Werften anschauen.
Hester Rupert Art Museum: *8 R. Geöffnet Mo–Fr 9–12.30 und 14–17, Sa und So 9–12 Uhr. Church Street, ☎ 049-892-2121, www.rupertartmuseum.co.za.*

Vorwahl: *049*

ℹ️ Information

Graaff-Reinet Tourism Office, *13a Church Street, ☎ 892-4248, www.graaff reinet.co.za, geöffnet Mo–Fr 8–17, Sa 9–12 Uhr.*

🛏️ Unterkunft

Karoopark Guest House & Holiday Cottages $$ **(1)**, *Zimmer in altem Stadthaus und Cottages, nicht mehr ganz neu, aber sauber und gutes Preis-Leistungsverhältnis. 81 Caledon Street, ☎ 892-2557, www.karoopark.co.za.*
Camdeboo Cottages $$ **(3)**, *Selbstverpflegungsunterkünfte in denkmalgeschützten Stadthäuschen aus dem 19. Jh. Sehr gemütlich. 16 Parliament Street, ☎ 892-3180, www.camdeboocottages.co.za.*
Aa'Qtansisi Guesthouse $$ **(4)**, *„Aa'Qtansisi" heißt in der Sprache der Xhosa „Herzlich Willkommen", und so fühlt man sich auch als Gast dieses geschmackvoll hergerichteten Hauses mit 6 individuell gestalteten Zimmern und einem schön angelegten Garten mit Pool. 69 Somerset Street, ☎ 891-0243, www.aaqtansisi.co.za.*
Andries Stockenström Guest House $$ **(2)**, *ausgezeichnetes Guesthouse mit 6 sehr schönen Zimmern und einer geräumigen Suite. Denkmalgeschütztes Haus, super Essen im Restaurant, der Koch ist Mitbegründer der Slow-Food-Bewegung in der Region. 100 Cradock Street, ☎ 892-4575, www.asghouse.co.za.*
Das **Tourism Office** *informiert über weitere* **Unterkünfte**, *wobei gerade die auf den Farmen sehr zu empfehlen sind, da die Gäste meistens im alten Farmhaus (teilweise über 200 Jahre alt) wohnen, während die Farmerfamilien mittlerweile in neuere Gebäude umgezogen sind. In der Regel handelt es sich um* **Selbstversorgungsunterkünfte**, *aber nach Vereinbarung werden auch Mahlzeiten zubereitet.*

⚠️ Caravanpark

Urquhart Park, *sauber und schön am Fluss gelegen (Achtung Mücken). Hier kann man auch Hütten mieten. Die angebotenen Bungalows sind etwas größer als die Rondavels. ☎ 892-2136.*

🍴 Restaurants

Die Kliphuis, *für einen leichten Lunch bestens geeignet. 46 Bourke Street, ☎ 892-2345.*
Gordon's Restaurant *(im Andries Stockenström Guest House), Slow-Food-Restaurant, das bedeutet u. a.: Auf den Teller kommen nur frisch zubereitete lokale Produkte. Das Menü ändert sich täglich, je nach Saison und Tagesangebot. Cradock Street, ☎ 892-4575, www.asghouse.co.za.*
Polka, *beliebtes Lokal mit vielseitigem Speiseangebot von Wildfleisch über Salate bis hin zur sehr leckeren Pizza. Auch Frühstück. So geschlossen. 52 Somerset Street, ☎ 087-550-1363, www.polkacafe.co.za.*

Busverbindungen
Intercape-Busse in den Orten entlang der Garden Route. Haltestation: Kudu-Motors, 84 Church Street.
Translux: nach Kapstadt, Buffalo City. Informationen beim Tourism Office.

Rundflüge
Ein Rundflug über die Karoo zählt sicherlich zu den Höhepunkten dieser Reiseetappe. Am besten fliegt man über die Stadt und das Valley of Desolation und bittet den Piloten, wenn das Wetter gut genug ist, einmal sehr hoch zu fliegen, um einen Eindruck von der Karoo und ihrer Weitläufigkeit zu erhalten. Der Flugplatz liegt etwa 8 km außerhalb an der Straße nach Middelburg.
Charterflüge: Buchung und Information über **Karoo Connections**, ☎ 892-3978, www.karooconnections.co.za.

Valley of Desolation

ℹ Streckenbeschreibung

Man fährt etwa 5 km entlang der Straße nach Murraysburg und biegt dann nach links auf die Piste ein. Die Wegweiser führen einen dann automatisch zum Aussichtspunkt (bis auf einen Kilometer alles asphaltiert).

Schon die Anfahrtsstrecke ist den Ausflug wert. Zuerst steigt die Straße entlang eines kleinen Tales steil an. Nach etwa 6 km hat man einen ausgezeichneten Ausblick auf das fast 500 m tiefer gelegene Graaff-Reinet und die Camdeboo-Ebene. Schräg gegenüber befindet sich die Spandau-Koppe; ihren Namen verdankt sie einem deutschen Reiteroffizier, der sich an die Spandauburg in seiner Heimat erinnert fühlte. Nach weiteren 3 km ist der Parkplatz erreicht, von dem aus man nach fünf Minuten zu den Aussichtsplattformen gelangt.

Interessante Geologie

Das Tal entstand im Laufe von Millionen Jahren durch **Verwitterungserosion**. Dabei „zerplatzen" die Steine durch den schnellen Wechsel von warmer und kalter Luft einerseits und von Nässe und Trockenheit andererseits. Beides löst Schrumpfungs- und Ausdehnungsprozesse aus, denen die Steine nicht standhalten können. Hierbei bildeten sich verschiedenste Felsformationen, Steinsäulen von über 100 m Höhe ragen senkrecht in den Himmel. Wer etwas Zeit mitbringt, kann hier einem Wanderweg folgen, der nach ca. 30 Minuten zurück zum Parkplatz führt.

Camdeboo National Park

Das Karoo Nature Reserve wurde im Oktober 2005 zum Nationalpark erklärt und heißt seitdem Camdeboo National Park. Dieser hat eine Fläche von etwa 194 km², womit er Graaff-Reinet fast gänzlich umschließt. Kernstück des Gebiets ist ein Stausee, an dem man unzählige Vogelarten beobachten kann. Mittlerweile sind im Park auch mehrere Savannentiere angesiedelt worden, einschließlich des Duckers, verschiedener Springbockarten und Bergzebras. Mehrere Wanderwege ermöglichen eine Zu-Fuß-Erkundung des Parks. Wer mit einem Boot auf dem Stausee rudern will, kann sich an den Graaff-Reinet Boat Club wenden.

Camdeboo National Park: South African National Parks, ☎ *012-428-9111, www.san parks.org. Park direkt:* ☎ *049-892-3453.*

Cradock

Cradock wurde 1813 als militärischer Stützpunkt gegründet und nach Gouverneur Sir John Cradock benannt, der maßgeblich an seiner Anlage beteiligt war. Der Great Fish River versorgte das Tal mit genügend Wasser nicht nur für die Truppen, sondern auch für zusätzliche Felder, um Gemüse bis an die Küste hin verkaufen zu können. 1837 wurde dem Ort das Stadtrecht verliehen.

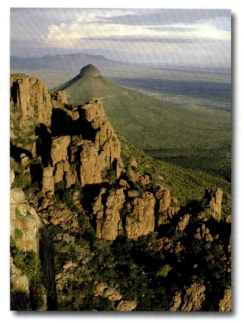

Das Valley of Desolation

Heute hat Cradock etwa 36.000 Einwohner und ist das agrarwirtschaftliche Zentrum der Region. Außer einem kleinen **Museum** mit Haushaltsgegenständen und Möbeln und dem ehemaligen Wohnhaus der Schriftstellerin Olive Schreiner hat es touristisch nicht viel zu bieten. Die **Dutch Reformed Mother Church** im Zentrum der Stadt ist der Londoner St. Martin's in the Field Church nachempfunden.

Vorwahl: *048*

 Information
Tourism Bureau, *5 Voortrekker Street,* ☎ *881-0040.*

Unterkunft
Die Tuishuise $, *altes Stadthaus und Cottages mit Selbstversorgung, sehr empfehlenswert. Market Street,* ☎ *881-1322, www.tuishuise.co.za.*
Victoria Manor $, *altes, aber liebevoll restauriertes Hotel mit relativ preiswerten Zimmern. Market Street, Buchung über Tuishuise, s. o.*

Caravanpark
Cradock Spa, *4 km außerhalb der Stadt an der R390 nach Hofmeyr. Marlow Road,* ☎ *881-2709.*

Restaurants
Karoo Kraal, *traditionelles Karoo-Open-Air-Restaurant 5 km außerhalb von Cradock, hier finden auch viele Feiern statt, Lemoenhoek,* ☎ *881-3284.*
Schreiner Tea Room, *ideal für einen leckeren Lunch-Stopp, Market Street,* ☎ *072-381-3422.*

Mountain Zebra National Park

Der Nationalpark wurde bereits 1937 eröffnet, um die vom Aussterben bedrohten Bergzebras zu schützen. Auf einem Gebiet von etwa 17 km² lebten anfangs gerade einmal 6 Tiere. 1954 zählte man sogar nur noch zwei Exemplare, doch dank eines benachbarten Farmers konnten weitere 11 Tiere angesiedelt werden. Nach und nach kaufte das National Parks Board anliegende Farmen auf, sodass der Park auf seine heutige Größe von 284 km² anwuchs. Hier leben nun etwa 600 Bergzebras; außerdem sind noch eine Reihe anderer Savannentiere in dem Park zu Hause, z. B. Elands, Springböcke, Kudus und *Zwei Rund-* Ducker. In dem Park gibt es zwei Rundfahrten: Die eine verläuft über eine Hochebene, *touren* auf der sich die meisten Tiere aufhalten und von der man einen ausgezeichneten Rundblick über die umliegende Landschaft hat. Die andere Strecke führt durch die Berg- und Talwelt der Karoo. Es werden auch geführte Wanderungen angeboten.

Das Bergzebra gilt als eines der seltensten Wirbeltiere, sein natürlicher Lebensraum beschränkt sich auf die hochgelegenen Kapregionen südlich des Oranje. Es ist kleiner als seine in den ostafrikanischen Savannen beheimateten Artgenossen, von denen es sich zudem durch seine rotbraune Nase, den weißen Bauch und die fehlenden Schattenstreifen unterscheidet.

Bergzebras im Mountain Zebra National Park

i Information
South African National Parks, ☏ 012-428-9111, www.sanparks.org.
Mountain Zebra National Park, ☏ 048-881-2427/-3434, Oktober–März 7–19,
April–September 7–18 Uhr.

🛏 Unterkunft
Doornhoek Guest House $, *das alte Farmhaus liegt ganz einsam und bietet
drei mit alten Möbeln ausgestattete Zimmer. Laden, Tankstelle und Swimmingpool im Park
vorhanden. Es gibt auch ein kleines Restaurant, in dem u. a. Antilopenfleisch angeboten wird.
Buchung über Mountain Zebra National Park: Kontakt s. o. Derzeit ist das Guest House nach
einem Brand geschlossen.*
*Daneben gibt es im Park Familien-Cottages, 2 einsam gelegene Berghütten sowie Camping-
möglichkeiten.*

Middelburg

Middelburg verfügt über eine kleine Lederindustrie sowie über Teppichknüpfereien und *Woll- und* Textilfabriken, deren Produkte in mehreren Geschäften in der Stadt feilgeboten werden. *Lederverar-* Ansonsten gibt es noch zwei kleinere Museen: Das Middelburg Museum zeigt Waffen, *beitung* Möbel und Gebrauchsgegenstände aus dem 19. Jh., während das **Grootfontein Museum** Agrargeräte und Waffen aller Art ausstellt. Es befindet sich auf dem Gelände des Agricultural College, das im 19. Jh. ein Militärlager gewesen ist. Die Stadt hat heute etwa 18.000 Einwohner und bietet eigentlich nichts von großem touristischen Interesse.

i Information
Middelburg Karoo Tourism, 60 Meintjies Street, ☏ 049-842-2188.

🛏 Unterkunft
Karoo Country Inn $, *altes Kleinstadthotel, preiswert.* Ecke Loop und Meintjies
Street, ☏ 049-842-1126, www.karoocountryinn.co.za.

⚠ Caravanpark
Carochalet & Camping, 7 Chalets, Campingsites, Grillmöglichkeiten, Fernsehraum,
Swimmingpool. 86 van der Walt Street, ☏ (mobil) 082-253-9911, www.carochalet.co.za.

Anschluss-Strecken

Nach 82 km in nordöstlicher Richtung erreicht man über die N9 **Colesberg** an der N1 und damit den „Schnellanschluss" nach Bloemfontein, Lesotho oder nach Johannesburg.

Die ehemalige Ciskei

Entfernungen und Planungsvorschläge		
Strecke	**km**	**Tage**
Küstenroute: R72, Port Alfred – East London (m. Abstechern ans Meer)	*ca. 200 km*	*1–2 Tage*
Grahamstown – Bhisho – King William's Town – East London (N2)	*ca. 200 km*	*1 Tag*
Nordrundfahrt: Bhisho – Alice – Katberg – Hogsback – Bhisho	*ca. 300 km*	*2 Tage*

Überblick

Die ehemalige Ciskei liegt im östlichen Teil der Kapprovinz zwischen den Flüssen Swart Kei im Nordosten und Great Fish River im Südwesten. Sie war eines der vier „unabhängigen" Homelands und mit 8.300 km² (Angaben variieren) etwa halb so groß wie das Bundesland Schleswig-Holstein.

Sandstrände und Amatola-Berge

Das **Landschaftsbild** der ehemaligen Ciskei ist sehr vielseitig und reicht von den weiten Sandstränden des Indischen Ozeans bis hin zu den Amatola-Bergen und den Hochlandregionen der Kapprovinz (bis 2.000 m). Darüber hinaus gibt es große Waldstücke mit mediterranem Baumbestand. Der größte Teil der Region besteht allerdings aus zusammengewürfelten Agrarflächen der Subsistenzlandwirtschaft und wird überwiegend als Weideland genutzt.

Für den Reisenden entlang der Garden Route bildet das Gebiet der ehemaligen Ciskei einen interessanten Kontrast zu den Feriengebieten im Kapland. Die Vegetation ist z. T. sehr üppig und durch die lang gestreckte Form des Landes, vom Ozean bis hin zum Oranjefluss, klima- und höhenbedingt sehr artenreich.

Redaktionstipps

Küstenroute
▸ **Übernachten** im Mpekweni Beach Resort oder in einem Chalet auf einem der Campingplätze, S. 485.
▸ 1 Tag für **Wanderungen** am Strand einplanen und sich dort den Wind um die Nase wehen lassen, S. 484.
▸ **Essen**: Seafood im Restaurant des Fish River Sun Hotel, S. 485.

Nordroute
▸ **Übernachten** im Katberg Eco Hotel, S. 490. Wer's günstiger möchte: Chalet mieten in Hogsback, S. 491.
▸ Einen halben Tag den Duft der Kiefernwälder auf einer **Wanderung** genießen (Hogsback oder Katberg), S. 490.
▸ Am besten meidet man die großen Straßen und fährt stattdessen über die Pisten zwischen **Katberg** und **Hogsback**, S. 490.
▸ Ein kurzer Besuch in **Bhisho**, S. 487.

Reiserouten durch die ehemalige Ciskei

Das Gebiet vollständig zu bereisen wäre ausgesprochen umständlich. Alle wichtigen Straßen führen von Ost nach West zu den Zentren. Nord-Südverbindungen bestehen vorwiegend aus **Pisten**. Hieran zeigt sich deutlich, in welchem Maße sich das Land in die Planungsstrukturen des „weißen" Südafrika einfügen musste.

Nicht alle Straßen in der ehemaligen Ciskei sind asphaltiert, und wer z. B. zu den Nationalparks oder an die Küste bei Hamburg will, muss mit Pisten vorliebnehmen. Diese sind in einem verhältnismäßig guten Zustand, da es hier nicht so viel regnet. Trotzdem sollte man bei Regen besonders die Bergpisten nur vorsichtig befahren oder vor der Weiterfahrt den

Regen abwarten. Die Asphaltstraßen weisen an vielen Stellen Schlaglöcher und starke Unebenheiten auf, außerdem sind sie meist nicht so breit wie in den anderen Gebieten Südafrikas. Bei angepasster Fahrweise bereiten sie wenig Probleme, allerdings muss man auf frei herumlaufendes Vieh achten.

Nationalparks in der ehemaligen Ciskei/ Eastern Cape Game Reserves

‣ **Tsolwana Game Reserve**
‣ **Mpofu Game Reserve**
‣ **Great Fish River Nature Reserve**
Zentrale Reservierung *und Information unter:* ☎ *043-701-9600, www.ectourism.co.za.*

Wenn man sich das Land etwas näher anschauen, aber nicht gleich eine ganze Woche hier verbringen will, entscheidet man sich lieber für einen Teil. Empfehlenswert sind sowohl das ehemalige Ciskei-Gebiet südlich der N2 mit seinen schönen Stränden als auch die Bergregionen nördlich der N2. Wer lediglich 1–2 Tage hier bleiben oder vielleicht nur mit kurzen Stopps durchfahren möchte, orientiert sich am besten an den oben aufgeführten „Planungsvorschlägen".

Geschichte und Politik

Erste Bewohner des Gebietes der ehemaligen Ciskei waren San und Khoikhoi. Heute leben in dieser Region, wie auch in der ehemaligen Transkei, Angehörige des Stammes der **Xhosa**. Von Norden her kommend, zogen die Xhosa um 1620 zunächst in das Gebiet des heutigen Natal, bevor sie zwischen 1660 und 1670 von den Drakensbergen zur Küste gelangten. Zu Beginn des 18. Jh. siedelten sie zwischen dem Umzimvubu River, der Küste und den Drakensbergen. In den Kapgrenzkriegen (1780–1878) haben zuerst die Buren und später dann die Briten die Xhosa unterworfen. 1857 kamen etwa 2.000 deutsche Siedler in das Gebiet der ehemaligen Ciskei. Zusammen mit den Buren und Engländern sollten sie die weiße Vormachtstellung festigen und eine Art Bollwerk bilden zwischen den Xhosa nördlich des Kei River und der Kapprovinz. *Traditionelles Xhosa-Gebiet*

1894 wurden erste **Selbstverwaltungseinrichtungen** für die Xhosa in bestimmten Gebieten geschaffen, die 1934 zum „Ciskei General Council" vereinheitlicht wurden. In den 1950er-Jahren schuf der Staat Stammes- und Regionalbehörden. 1971 wurde eine gesetzgebende Versammlung ins Leben gerufen. Ein Jahr später erhielt die damalige Ciskei den Status eines „Autonomstaates" und erlangte 1981 formell die Unabhängigkeit von Südafrika.

Wirtschaftliche Probleme und innenpolitische Machenschaften ließen das Land nie zur Ruhe kommen, immer wieder entflammte der Konflikt zwischen zwei großen konkurrierenden Stämmen. 1990 wurde die Regierung, der man Korruption und eine zu enge Zusammenarbeit mit der Apartheidregierung Südafrikas vorwarf, durch einen **Militärputsch** gestürzt. Doch auch der neue militärische Staatsrat arbeitete mit Südafrika zusammen. Nachdem ein Marsch auf Bhisho im August 1992 bereits an den Landesgrenzen gestoppt wurde, verlief der „Zweite Marsch auf Bhisho" einen Monat spä- *Politische und wirtschaftliche Probleme*

Die Xhosa bilden einen Großteil der heutigen Bevölkerung der Region

ter blutig. Bei Zusammenstößen zwischen ANC-Mitgliedern und der Ciskei Defence Force starben 30 Menschen. 1992 geriet die Regierung außerdem ins Kreuzfeuer der Kritik, als ihr mehrere politische Morde nachgewiesen werden konnten.

Am 27. April 1994 wurde die Ciskei zusammen mit den neun anderen „Homelands" wieder mit Südafrika vereinigt.

Geografie

Das Gebiet reicht im Südwesten bis zum Great Fish River und östlich über den Keiskamma River hinaus. Im Südosten gibt es einen 66 km breiten Küstenabschnitt zum Indischen Ozean. Im Norden schließlich erstreckt sich das Gebiet bis ins Kaphochland. Bis Ende der 1970er-Jahre war das Staatsgebiet noch zweigeteilt, die Region um Seymour gehörte noch zu Südafrika. Erst Ende der 1980er-Jahre kam noch das Gebiet westlich von Balfour mit dem Mpofu Game Reserve dazu. Im Küstenbereich steigt das Land steil auf bis in die Amatola-Berge. Hier ist die Landschaft stark von Flüssen zerfurcht.

Sehenswertes

Der Küstenabschnitt

Küste mit Dünen und Lagunen

Die Küste der ehemaligen Ciskei bietet einige schöne Abschnitte, und besonders die unzähligen Strände mit ihren Dünen und Lagunen lassen das Herz höher schlagen. Man kann hier stundenlang am Wasser entlanglaufen, ohne eine Menschenseele anzutreffen. Der Nachteil dabei: Bis auf das Fish River Sun Hotel und das Mpekweni Beach Resort gibt es hier kaum vernünftige Unterkünfte. Um sicherzugehen, sollte man entweder eine Übernachtung in einem der beiden o. g. Hotels einplanen oder sehr früh in Port Alfred bzw. East London starten, um genug Zeit für die Strände zu haben. Eine weitere empfehlenswerte Übernachtungsmöglichkeit ist die **Sebumo Tude Lodge**, die aber nicht direkt im einstigen Ciskei-Gebiet liegt, sondern etwa 18 km nordwestlich von Port Alfred. Die etwas längere Anfahrt zur Ciskei-Küstenstrecke wird durch die besonders schöne Unterkunft mehr als aufgewogen.

Vorwahl: *046*

ℹ️ **Information**
Port Alfred Tourism Office, *Cause Way*, www.sunshinecoasttourism.co.za, ☎ *624-1235*, geöffnet *Mo–Fr 8–17.15, Sa 8–12.30 Uhr.*

Unterkunft

Halyards Hotel $$, *das gediegene Haus in Port Alfred. Schöner Pool mit Holzterrasse, Waterfront-Lage an der Royal Alfred Marina. 1 Albany Road. Zentrale Reservierung:* ☎ *086-174-8374, www.riverhotels.co.za.*

Sebumo Tude Nature's Lounge $$, *kleines aber feines Hideaway mit ganz besonderem Touch. Das Frühstück wird unter einem alten Olivenbaum serviert. Maximal 12 Personen finden in den riedgedeckten Chalets und in dem Luxuszelt Unterkunft. Alles ist sehr idyllisch und ruhig, mitten in der bergigen Natur versteckt. Die Küche orientiert sich an der Slow-Food-Bewegung, verwendet also lokale, biologisch angebaute Zutaten. Zudem gibt es spezielle Kost für Diabetiker, Allergiker und andere Menschen, die auf eine spezielle Ernährung angewiesen sind. Ziemlich in der Mitte zwischen Port Elizabeth und East London landeinwärts gelegen. Derzeit ist diese Unterkunft allerdings geschlossen.* ☎ *072-205-7617, www.sebumotude.co.za.*

Mpekweni Beach Resort $$–$$$, *Strandhotel mit Restaurant, Bars und Swimmingpool. Lagune mit Wassersportmöglichkeiten. R 72 Küstenstraße zwischen Port Alfred und East London,* ☎ *040-676-1026, www.mpekweni.com.*

Fish River Sun Hotel $$$, *gepflegtes Hotel mit 18-Loch-Golfplatz und atemberaubend schönem Strand. Restaurant und mehrere Bars vorhanden, außerdem werden Massagen und Kosmetikbehandlungen angeboten. An der R 72 zwischen Port Alfred und East London,* ☎ *040-676-1101, www.suninternational.co.za.*

Camping

Es gibt mehrere Campingplätze in Port Alfred. Besonders in der Hochsaison sollte besser vorab gebucht werden.

Willows Caravan Park, *zentral, aber ansonsten keine besondere Lage. Kowie River,* ☎ *624-5201.*

Riverside Caravan Park, *es werden auch Chalets angeboten. Sehr ruhig am Fluss gelegen. Mentone Road,* ☎ *624-2230.*

Medolino Caravan Park, *schöne Holzchalets, Swimmingpool, Anlage liegt direkt hinter den Dünen (schattig). Prince's Avenue, Kowie West,* ☎ *624-1651.*

Restaurant

The Historic Pig and Whistle Inn $, *einfach, aber urgemütlich. Gut für eine Mittagspause mit Lunch geeignet. 268 Kowie Road, Bathurst, an der R67, ca. 20 km von Port Alfred landeinwärts,* ☎ *625-0673, www.pigandwhistle.co.za.*

Aktivitäten

Reiten: *Three Sisters Horse Trails, täglich Ausritte durch die schöne Umgebung und am Strand.* ☎ *082-645-6345, www.threesistershorsetrails.co.za.*

Wandern, *Informationen beim Tourist Information Centre.*

Wassersport, *Informationen beim Tourist Information Centre.*

Entlang der gesamten Küste führt ein Wanderweg, den die Touristenbehörde „**Shipwreck Hiking Trail**" genannt hat. Der Weg entlang des Strandes ist ohne Frage ein Erlebnis, nur gibt es hier so gut wie keine sichtbaren Schiffswracks. Einzig beim Mpekweni Beach Resort ragen ein paar vermoderte Holzreste etwas aus dem Sand heraus: die letzten Überbleibsel der norwegischen Holzbarke „Emma", die am 31. Mai 1881 auf dem Weg von Liverpool nach Durban hier gestrandet ist.

Kaum Schiffswracks zu sehen

Von Port Alfred kommend, gelangt man gleich hinter der ehemaligen Grenze zum **Fish River Sun Hotel,** das über einen sehr gepflegten Golfplatz verfügt. Dieses Hotel eignet sich recht gut als Stützpunkt für Touren entlang der Küste, allerdings ist das **Mpekweni Beach Resort,** 10 km weiter, etwas ruhiger gelegen: direkt an der Mündungslagune des Mpekweni River. Wer gerne einmal eine längere Strandwanderung (10 km) unternehmen möchte, dem bietet sich eine Wanderung zwischen beiden Hotels an.

Etwa 10 km hinter Mpekweni führt eine Brücke über den Bira River. Direkt vor der Flussmündung liegt das **Madagascar Reef,** die mit 4,5 m flachste Stelle entlang der Ciskeiküste. Früher sind einige Schiffe auf das Riff aufgelaufen, das bei Ebbe durch das Wasser schimmert. Bei Südwind, der oft mit einem die Sicht einschränkenden Regen einhergeht, waren insbesondere die Schiffe in Richtung Norden gefährdet, die wegen der günstigeren Strömung dicht unter Land segelten. Auch heute noch kann man diese Praxis bei nordwärts fahrenden Schiffen beobachten.

Von hier aus verlässt die R72 die Küste und macht einen Schlenker ins Landesinnere. Kurz darauf zweigt rechts eine Piste nach **Hamburg** ab. Hamburg ist eine Siedlung an der Mündung des Keiskamma River, der hier eine Innenlagune mit einem Durchmesser von über 1 km bildet. Auch hier gibt es Ferienhäuser.

Backpackers
Gaby's Lodge $, *freundlich und sauber, Main Street,* ☎ *040-678-1020, www.oys ter-lodge.com.*

5 km weiter zweigt die R345 nach links ab, und wer sich noch Bhisho und King William's Town ansehen möchte, sollte hier abbiegen. Die Strecke säumen riesige **Ananasplantagen.** Ananasse sind bis heute das Hauptexportgut der ehemaligen Ciskei. Die Böden lassen keine Staunässe zu, was der Ananaspflanze gut bekommt. Dazu bringen die kühlen Nächte in Meeresnähe während der Blütezeit den erforderlichen Wachstumsschub. Einziges Problem ist der relativ geringe Niederschlag. Daher muss auf bestimmte Sorten zurückgegriffen werden (hier: „Queens"), die langsamer gedeihen, dafür aber mit weniger Wasser auskommen. Eine Ananas kann 2- bis 4-mal geerntet werden, bevor eine neue Pflanze gesetzt werden muss. Die „Queens"-Sorte benötigt vor der Ernte eine Vegetationszeit von etwa 20 Monaten. Übrigens ist die Region East London bis Grahamstown das am weitesten vom Äquator entfernte Ananasanbaugebiet der Welt. Bleibt man weiterhin auf der R72, fährt man bald über die Brücke des Keiskamma River, der hier ein großes Tal geschaffen hat. Bevor man aber ins Tal kommt, lohnt ein Blick nach rechts. Von dort hat man einen schönen Ausblick bis hin zur Mündung bei Hamburg. Der Keiskamma ist der größte Fluss des Landes und entspringt dem Amatola-Gebirge.

Kurz vor der ehemaligen „Grenze" nach Südafrika gelangt man zur Abzweigung nach Kiwane. Auch hier befindet sich ein kleines Feriengebiet mit einem einfachen Campingplatz und ein paar Chalets.

Entlang der N2
Auf der N2 kommt man schnell von Port Elizabeth nach East London. Es ist zwar keine besonders schöne Strecke, doch sollte man sich so viel Zeit nehmen, ihre in-

teressanten Punkte anzuschauen. Peddie ist ein kleiner Ort mit alter Geschichte und Bhisho die neue „Hauptstadt", die erst in den letzten Jahren aus dem Boden gestampft wurde. Sie hat sicherlich wenig Flair, vermittelt aber einen Eindruck davon, wie ein kleines Land versuchte, eine eigene Identität zu entwickeln.

Nur 6 km entfernt liegt King William's Town, eine Stadt, die lange Zeit von der damaligen Ciskei beansprucht wurde und während der Kapgrenzkriege zwischen den Xhosa und den Siedlern aus Europa häufig im Zentrum stand.

Peddie

Auch dieser Ort war oft Brennpunkt in den Kapgrenzkriegen. 1835 brachte Rev. J. *Brennpunkt* Ayliff die Mfengu hierher, die Landstreitereien mit anderen Xhosa-Stämmen jenseits *der Ausein-* des Kei River hatten, und versprach ihnen Land; doch auch hier bekamen sie Probleme *ander-* mit bereits angesiedelten Stämmen. Daher wurde aus Lehm und Sand ein achteckiges *setzungen* Fort gebaut, in das sich die Mfengu im Ernstfall zurückziehen konnten.

Heute steht das Fort nicht mehr, dafür aber ein Aussichtsturm aus Stein, der 1841 errichtet wurde. Weitere Relikte aus dieser Zeit sind das Hospitalsgebäude, die Kirche von St. Simon und St. Jude sowie die Ruinen der Kasernen der britischen Kavallerieeinheiten. Auf einem Friedhof ruhen die gefallenen britischen Soldaten.

8 km hinter Peddie führt eine Piste links nach Alice und durch das Double Drift Game Reserve.

Etwa 17 km hinter Peddie, entlang der N2, überquert die Straße den Keiskamma River. Auch an dieser Stelle mit dem Namen **Line Drift** wurden ehemals Schutzanlagen für die Mfengu angelegt, von denen heute aber nichts mehr zu sehen ist. Hier wurde 1931 das legendäre Flusspferd „Huberta" tot im Fluss treibend aufgefunden. Captain C. Shortridge, der Direktor des damaligen Kaffrarian Museum (heute: Amathole Museum, s. S. 489) in King William's Town, ließ es bergen und im Museum ausstellen. Heute gibt es dort im Tal eine kleine Zitrusplantage. Besonders schön entlang dieses Streckenabschnittes ist die Vegetation aus Euphorbien.

Bhisho

Bhisho war die Hauptstadt der damaligen Ciskei. Hier tagte das Parlament, und neben einigen Ministerien hatte hier auch das Oberste Gericht seinen Sitz. Alle an- *Ehemalige* deren Regierungsgebäude befinden sich in der alten Hauptstadt Zwelitsha, die etwa *Hauptstadt* 15 km südlich gelegen ist. Der Bau einer neuen Hauptstadt wurde Mitte der 1970er- *der Ciskei* Jahre beschlossen und sollte dem Land eine eigene Identität verleihen. Dabei hatte die Stadt zwei Voraussetzungen zu erfüllen: Sie sollte verkehrsgünstig liegen und darüber hinaus in Beziehung zum Leben des damaligen Präsidenten Lennox Sebe stehen. Aus diesen Gründen wurde Bhisho 6 km von King William's Town angelegt: Der Präsident hatte als kleiner Junge auf der Anhöhe, die heute das Stadtzentrum bildet, Rinder gehütet.

15 km westlich wurde ein großer Flughafen gebaut. Außerdem gibt es in Bhisho ein großes Einkaufszentrum.

Mittelfristig plante die damalige Regierung, nach der „Einverleibung" in das Staatsgebiet der Ciskei eine große Stadt zu schaffen: Bhisho als Regierungssitz, King William's Town als Handels- und Wohnstadt sowie kulturelles Zentrum und Zwelitsha als Township mit Industriebetrieben.

ℹ️ Information
Eastern Cape Parks and Tourism Agency, *6 St Marks Road, Southernwood, East London, ☎ 043-705-4400, www.visiteasterncape.co.za.*

Mdantsane

Großes Township

Mit etwa 156.000 Einwohnern ist Mdantsane die größte Stadt im Gebiet der ehemaligen Ciskei. Sie erinnert an Soweto und kann eher als großes Township angesehen werden. Erst 1962 angelegt, ist die Stadt nicht zuletzt ein Wohngebiet für die täglich 35.000 Pendler nach East London. Doch seitdem dort die Industrie in der Krise steckt, hat sich die Arbeitslosenrate auch in Mdantsane drastisch erhöht: Schätzungen zufolge haben über 50 % der Menschen im arbeitsfähigen Alter kein geregeltes Einkommen. Daher gab es hier immer wieder Unruhen, und wiederholt kam das Militär zum Einsatz.

King William's Town (KWT)

Ehemalige Missionsstation

Die Stadt liegt gerade außerhalb der ehemaligen Ciskei, war aber von drei Seiten von ihr umgeben. Ursprünglich befand sich hier eine 1826 gegründete Mission der London Missionary Society. 1835 zerstörten Xhosa die Missionsstation und vertrieben die Missionare.

Um das Gebiet für die Briten zu sichern, errichtete der Kapgouverneur Sir Benjamin D'Urban hier 1835 einen militärischen Stützpunkt. Die Missionare kehrten zurück, und der allmählich heranwachsende Ort wurde nach King William IV benannt. Doch die Xhosa beharrten auf ihrem Besitzanspruch und zerstörten im Jahre 1846 King William's Town sowie die Missionsstation. Nach den Auseinandersetzungen wurde der Ort zum Verwaltungszentrum der neu proklamierten Provinz British Kaffraria erhoben.

1857 kamen deutsche Siedler hierher. Zuvor hatte der Kriegsminister der damaligen Königin Victoria, Lord Panmure, über 2.000 deutsche Söldner für den Krimkrieg angeheuert. Nach dessen Ende wurden die Söldner samt ihren Familien nach British Kaffraria geschickt. Weitere 2.000 deutsche Bauern und Arbeiter folgten nach, weil sie glaubten, hier ein besseres Leben führen und eigenen Grund und Boden bewirtschaften zu können. Doch ähnlich wie bei den Einwanderern in Amerika herrschte zunächst große Not. Mit primitivsten Methoden bauten die Siedler Gemüse und Getreide an, viele von ihnen zogen ihren Pflug selbst, da sie sich kein Zugvieh leisten konnten. Auch der Bildungsbereich war von Defiziten geprägt: Wegen Lehrermangels blieben die meisten Kinder Analphabeten.

In King William's Town leben heute etwa 34.000 Menschen. Es gibt hier Gerbereien, zudem werden Seifen und Kerzen, Schuhwaren und Kleidung produziert.

Die Arbeit in einer Teppichknüpferei

Amathole Museum

Neben Exponaten der Naturgeschichte, des Stammeslebens sowie der Lokalhistorie gibt es als Unikum das ausgestopfte Flusspferd „Huberta" zu sehen, das in den Jahren 1928 bis 1931 auf eine spektakuläre Wanderung gegangen war. Etwa 800 km soll das Tier entlang der Küste zurückgelegt haben, fast täglich berichteten die Zeitungen über *Flusspferd* diese Reise. „Huberta" avancierte zum Lieblingstier der Nation, fand jedoch ein tra- *Huberta* gisches Ende am Keiskamma River, wo sie trotz Verbots von drei Jägern – man weiß nicht, ob absichtlich oder aus Zufall – getötet wurde.

Amathole Museum*: 5 R (ab 15 J.). Geöffnet Mo–Do 8–16.30, Fr 8–16 Uhr. ☎ 043-642-4506, www.museum.za.net.*

Vorwahl: *043*

🛏 Unterkunft

Dreamers Guest House $, *kleine Pension in einem viktorianisch anmutenden Haus. Schöne Gartenanlage mit Swimmingpool. 29 Gordon Street, ☎ 642-3012, www. dreamersguesthouse.com.*

Twins Guest House $, *ruhig gelegenes Haus mit 17 Zimmern und Swimmingpool. Für Selbstversorger oder mit Frühstück. 28 Gordon Street, ☎ 642-1149, www.twinsguest house.com.*

‖ Restaurant
Amazon Spur, *typisches Spur-Restaurant – wie immer gute Salatbar. Shop 28, Stone Tower Centre, Ecke Alexander und Durban Street,* ☎ *642-3136.*

Im Norden der ehemaligen Ciskei

Der Reiz des Nordens sind die Berge, die bis zu 2.000 m in die Höhe ragen. Viele Berge wurden mit Kiefern aufgeforstet und erhielten so einen alpinen Charakter. Die Südafrikaner machen hier gerne Urlaub, um der Hitze der tiefer gelegenen Regionen zu entgehen, Hauptziele sind die Gebiete um den Katberg Pass und Hogsback. Die Wälder laden zu ausgedehnten Spaziergängen ein. Wer also nach der Reise entlang der Garden Route eine Abwechslung von Meer und Strand sucht, dem bietet sich hier eine interessante Alternative.

Beliebtes Naherholungsgebiet

Die wahrscheinlich schönste Gegend findet sich zwischen **Katberg** und **Hogsback**. Ein besonderes Erlebnis ist die von Süden kommende Passstraße nach Hogsback.

𝑖   Streckenbeschreibung

Die wohl **reizvollste** Strecke führt von Fort Beaufort nach Norden (R67), entlang unzähliger Orangenplantagen, die sich in die Berghänge und Täler einfügen, dann weiter zum Katberg Pass.

🛏 Übernachtung
Katberg Eco Golf Estate & Hotel $$, *in den Bergen gelegenes Resort-Hotel mit 18-Loch-Golfplatz, Wellness-Center, Swimmingpool sowie diversen Sport- und Wandermöglichkeiten. Zentrale Reservierung unter* ☎ *043-743-3433, www.katleisure.co.za.*

Reizvolle Strecke über den Katberg-Pass

Von Katberg aus fährt man dann wieder zurück nach Balfour und weiter nach Seymour. Dieses Gebiet wurde der damaligen Ciskei erst 1985 zugesprochen. Von hier aus führt eine Piste durch ehemaliges Farmland (wunderschönes Lichtspiel bei später Nachmittagssonne). Die alten Farmgebäude sind allerdings ziemlich verwahrlost.

Nach 24 km auf dieser Piste gelangt man an die R345, die von Alice nach Cathcart führt. Hier biegt man nach links ab. Nach etwa 15 km steigt die Straße steil an und gewährt einen schönen Blick auf das zurückliegende Tal.

Hogsback

Hogsback liegt inmitten eines großen Kiefernforstes. Der Ort lebt von Tourismus und Forstwirtschaft und hat nur sehr wenige Einwohner. Aufgrund seiner Höhenlage (1.300 m ü. NN) kann es hier im Winter häufiger schneien. Neben der wunderschönen Landschaft haben besonders die älteren Hotels (wie das Hogsback Inn) ihren besonderen Reiz. In typisch englischer Atmosphäre, bei Kaminfeuer, mit Wärmflasche im

Bett und Breakfast Tea, kann man hier ein bis zwei geruhsame Tage verbringen. Von Hogsback aus geht es dann entweder weiter nach Norden bis Cathcart, wo man auf die N6 (Bloemfontein – East London) gelangt, oder man fährt zurück bis Alice und von dort aus bis Bhisho.

Vorwahl: *045*

ℹ️ Information
Amathole District Municipality, ☎ 043-701-4000, www.amathole.gov.za, auch *Informationen über gute Wanderwege.*

🛏️ Unterkunft
Hogsback Inn $, *einfaches Hotel mit Swimmingpool und Wandermöglichkeiten. An der R345,* ☎ *962-1006, www.hogsbackinn. co.za.*
Kings Lodge $, *zzt. die beste Unterkunft mit gutem Restaurant. Das Hotel bietet rustikale, gemütliche Zimmer und Selbstversorger-Unterkünfte in Chalets. Main Road,* ☎ *962-1024, www.kingslodgehogsback.co.za.*
Away with the Fairies $, *große und beliebte Backpacker-Unterkunft, Schlafsäle und mehrere Doppelzimmer, toller Ausblick auf das Tyumi Valley. 24 Hydrangea Lane,* ☎ *962-1031, www.awaywiththefairies.co.za.*

Blick auf die Landschaft bei Hogsback

Nationalparks in der ehemaligen Ciskei

Es gibt drei Nationalparks in der ehemaligen Ciskei. Sie alle sind an der westlichen Grenze auf ehemaligem Farmgelände angesiedelt und bieten daher Unterkunftsmöglichkeiten in den alten Farmhäusern. Die Tierwelt besteht hauptsächlich aus Savannentieren wie z. B. Springbock, Eland, Rebock u. a. Giraffen sind im Tsolwana Park zu finden. Wer bereits den Kruger Park oder den Addo Elephant Park gesehen hat, sollte sich nicht die Mühe machen, wegen der Tiere hierher zu kommen. Allerdings eignen sich die Parks sehr gut für Wanderungen, da sie allesamt über speziell angelegte Routen verfügen. Die auf wenige Plätze beschränkten Unterkünfte gewährleisten einen ruhigen Aufenthalt, machen aber eine vorherige Anmeldung unabdingbar. Am besten mietet man sich ein und bringt sein eigenes Essen mit.

Angelegte Wanderrouten

Tsolwana Game Reserve: Dieser Park befindet sich ganz im Norden und ist etwa 100 km² groß. Er liegt 1.300–1.800 m hoch in den Bergen westlich von Sada. Die Vegetation besteht aus Akazien, Dornbüschen und Trockensträuchern.

Mpofu Game Reserve: Er gilt als der schönste Park und erstreckt sich südlich des Katbergs bis hin zum Katfluss (72 km²). Die Vegetation beschränkt sich auf Grasland, Büsche und einige kleine Forstareale.

Great Fish River Nature Reserve: Dieses Gebiet umfasst eine Fläche von 450 km² und besteht aus drei ursprünglich selbstständigen Naturschutzgebieten: dem Double Drift Nature Reserve, dem Andries Vosloo Kudu Reserve und dem Sam Knott Nature Reserve.

Buffalo City (East London)

Überblick

Die östlichste Großstadt der Eastern Cape Province liegt an der Mündung des Buffalo River zwischen den ehemaligen Homelands Transkei und Ciskei. Wie Port Elizabeth ist auch Buffalo City eine Industrie- und Hafenstadt (mit ca. 755.000 Einwohnern), die auch einige wenige kulturelle Sehenswürdigkeiten zu bieten hat. Interessanter und schöner ist aber sicherlich die Umgebung mit ihren unzähligen Stränden und den von dunklem Grün bedeckten Bergen, die gleich dahinter aufsteigen und besonders im Frühdunst mit der aufgehenden Sonne einen unvergesslichen Eindruck hinterlassen. Von Buffalo City aus kann man auch hervorragend Touren in die ehemalige Ciskei unternehmen. Es ist nur eine knappe Autostunde von Bhisho, der alten Hauptstadt der Ciskei, entfernt.

Strände und Berge in der Umgebung

Wer von Port Elizabeth kommt oder dorthin fahren will, sollte sich nicht für die N2 entscheiden, sondern sich die Zeit nehmen, die Küstenstraße entlang der „Romantic Coast" zu benutzen (R72).

Entfernungen	
Von Buffalo City nach Durban	676 km
Von Buffalo City nach Jo'burg	990 km
Von Buffalo City nach Kapstadt	1.100 km
Von Buffalo City nach Mthatha	235 km

Geschichte

Das erste Schiff, das an der Mündung des Buffalo River anlegte, war im Jahre 1688 die „Centaurus". Die Mannschaft hatte die Order, nach Überlebenden von **Schiffskatastrophen** zu suchen, und fand tatsächlich 18 Männer, die mittlerweile zusammen mit Xhosa in der Gegend von Cove Rock lebten. Sie waren die ganze Strecke von Mkambati, wo ihr Schiff gestrandet war, bis hierher gelaufen. Drei von ihnen blieben bei den Xhosa. Auch im darauf folgenden Jahr konnte ein anderes Schiff zwei Schiffbrüchige retten, die an der „Wild Coast" gestrandet waren. Holländische Segler nannten den Fluss damals „Eerste Rivier".

1752 unternahm Ensign Beutler im Auftrag von Gouverneur Ryk Tulbach eine erste richtige Erkundungsfahrt hierher. Nach seiner Rückkehr berichtete er von einem Fluss, den die Einheimischen „Konka" (Büffelfluss) nannten und dessen Mündung sich hervorragend zur Anlage eines Hafens eignete. Doch zunächst gab es keinen Bedarf, da man in dieser Gegend wegen der immer wieder aufflammenden Auseinandersetzungen mit den dort lebenden Xhosa kaum Handel trieb.

Erst 1835, als die Briten die Küstenregion annektierten, ritt Oberst Harry Smith zusammen mit dem Kap-Gouverneur Sir Benjamin D'Urban an die Flussmündung, um die Möglichkeit der Anlage eines Hafens zu untersuchen. Schon ein Jahr später ankerte an der gleichen Stelle die von George Rex gecharterte Brigg „Knysna", um Vorräte an Land zu bringen. John Bailie, ein Offizier aus King William's Town, nahm die Güter in Empfang. Als Zeichen der britischen Landnahme hisste er den Union Jack auf dem Signal Hill und nannte die Stelle nach dem Besitzer der Knysna Port Rex. Nach Beendigung des „War of the Axe" im Jahr 1847 wurde die Flussmündung endlich geografisch vermessen, und man baute das Fort Glamorgan als Teil einer Befestigungskette, um die Versorgungsroute von der Mündung bis nach King William's Town zu sichern. 1848 wurde die Gegend offiziell annektiert, und der Flusshafen erhielt den Namen Port East London.

Redaktionstipps

▸ **Übernachten** im Quarry Lake Inn, S. 498.
▸ Die **Strände außerhalb der Stadt** besuchen, S. 494.
▸ **Essen** im Le Petit, S. 498.
▸ **East London Museum**, S. 494.
▸ Eine **Fahrt entlang des Buffalo River** machen, vom Hafen bis etwa 30 km landeinwärts (mit Hilfe einer guten Karte).

Einen starken **Wachstumsimpuls** erhielt der Ort, als 1857 entlassene Söldner der Britisch-Deutschen Legion (die eigentlich für den Krimkrieg zusammengestellt worden war) hier eintrafen. Insgesamt handelte es sich um 2.362 Männer, 361 Frauen und 195 Kinder. Die Engländer schickten bald ein weiteres Schiff mit 157 irischen Frauen hinterher, um den Männerüberhang etwas auszugleichen. 1858 kamen weitere 2.315 deutsche Söldner. So ist es nicht verwunderlich, dass in der Region besonders in den ersten Jahrzehnten ein starker deutscher Einfluss spürbar war. Bereits in dieser Zeit wurde u. a. der „Deutsche Markt" installiert.

Deutsche Söldner und irische Frauen

1872 wurde der Hafen richtig vermessen, und 1880 bekam East London das Stadtrecht verliehen. Zu diesem Anlass pflanzte man auf dem Gelände des West Bank Post Office eine Norfolktanne, die auch heute noch hier steht.

Sehenswertes

Buffalo City ist eine Industriestadt, die ein wenig im Schatten von Port Elizabeth und Durban dahinvegetiert. Industrie und Hafen sind kaum ausgelastet, die Arbeitslosenquote liegt in der gesamten Region entsprechend hoch. Erschwerend kommt für den Hafen noch hinzu, dass er als Flusshafen nur über begrenzten Tiefgang verfügt und seine Einfahrt immer wieder versandet, sodass jährlich über 500.000 m³ Sand abgepumpt werden müssen, um die Fahrrinne schiffbar zu erhalten.

Schwierige Wirtschaftslage

Die **Innenstadt** ist relativ klein, und anders als in Durban und Port Elizabeth herrscht hier ein entspanntes Treiben ohne besondere Hektik.

Obwohl Buffalo City eine Universität und eine Technische Hochschule aufweisen kann, wird die Stadt wegen ihrer Gemütlichkeit gerne als Rentnerdomizil bezeichnet.

Strände

Baden und Surfen

Neben den drei Stränden im Stadtbereich (Orient, Eastern und Nahoon Beach) gibt es entlang der gesamten Küste schöne(re) Bade- und Surfmöglichkeiten. Das Tourist Office bietet umfassendes Infomaterial für Strandaufenthalte in der näheren Umgebung. Wer aber gerne in Stadtnähe bleiben möchte, dem sei die Fuller's Bay mit Shelly's Beach, etwa 10 km südwestlich der Stadt, empfohlen.

East London Museum (1)

Hier ist die vielleicht umfangreichste naturkundliche Sammlung Südafrikas untergebracht. Ein Highlight stellen die Exponate über maritimes Leben dar, besonders interessant ist der Quastenflosser (Coelacanth), von dem man lange glaubte, er sei vor etwa 65 Millionen Jahren ausgestorben. So war es eine wissenschaftliche Sensation, als im Jahre 1938 das erste lebende Exemplar dieser Fischart im nahen Chalumna River gefangen wurde. Seit 1954 sind noch weitere Fänge geglückt. Des Weiteren wird hier auch das einzige Dodo-Ei ausgestellt, das 1846 aus Mauritius gebracht wurde. Beim Dodo handelt es sich um einen im 17. Jh. ausgerotteten, flugunfähigen Vogel, der weit größer als der Truthahn war. Die heimatkundliche Abteilung zeigt einige Exponate aus dem Kulturkreis der Xhosa.
East London Museum: *15 R Erw./5 R Kinder. Geöffnet Mo–Do 9.30–16.30, Fr 9.30–16 Uhr. 319 Oxford Street (Eingang Dawson Road),* ☎ *043-743-0686, www.elmuseum.za.org.*

Ann Bryant Art Gallery (2)

Wechselnde Ausstellungen

1947 schenkte Ann Bryant der Stadt das Museum. Schon das Haus selbst ist einen Besuch wert. Hier werden in z. T. wechselnden Ausstellungen Werke südafrikanischer und anderer Künstler ausgestellt. Insbesondere sollen einheimische Künstler aus der Provinz unterstützt werden. Interessant ist auch das Modell der „Knysna", des ersten Schiffes, das in der Mündung des Buffalo River seine Ladung gelöscht hat.
Ann Bryant Art Gallery: *Geöffnet Mo–Fr 9–17, Sa und an Feiertagen 9–12 Uhr. 9 St Marks Road,* ☎ *043-722-4044, www.annbryant.co.za.*

German Market (3)

Er befindet sich in der Buffalo Street (Ecke Jagger bzw. Union Street). Ursprünglich haben sich die deutschen Frauen hier getroffen und Handelsware, bevorzugt Gemüsesorten und Gewürze, getauscht, die sie sonst nirgends gefunden hätten. Der Markt entwickelte sich schnell zum größten Markt der Stadt, neben Nahrungsmitteln werden auch Textilien und andere Dinge verkauft. Heute wird der Markt eher von afrikanischen Marktfrauen betrieben.
German Market: *Fr/Sa.*

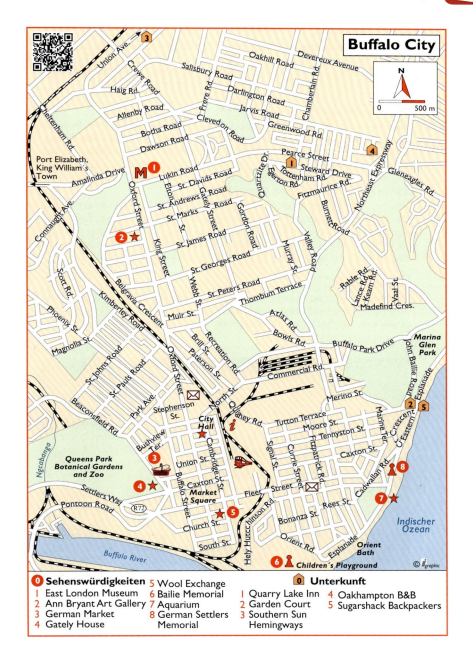

Buffalo City

Sehenswürdigkeiten
1 East London Museum
2 Ann Bryant Art Gallery
3 German Market
4 Gately House
5 Wool Exchange
6 Bailie Memorial
7 Aquarium
8 German Settlers Memorial

Unterkunft
1 Quarry Lake Inn
2 Garden Court
3 Southern Sun Hemingways
4 Oakhampton B&B
5 Sugarshack Backpackers

Gately House (4)

Eines der ältesten Gebäude der Stadt. Im Auftrag von Johan Gately wurde das heutige Museum 1873 erbaut.

Gately House: *Geöffnet Di–Do 10–13 und 14–17, Sa/So 15–17 Uhr. 1 Park Gates Road,* ☏ *043-722-2141.*

Wool Exchange (5)

Einst Zentrum des Wollhandels East London war einst ein wichtiger Ausfuhrhafen für Wolle. Besonders im 19. Jh. hat der Wollexport dem Hafen seine spätere Bedeutung verliehen. An der Ecke Church und Cambridge Street befindet sich die ehemalige Wollbörse. Heute gehört das Gebäude zur Universität.

Bailie Memorial auf dem Signal Hill (6)

Hier hisste der Marineoffizier John Bailie 1836 die britische Flagge, als das erste Schiff, die „Knysna" von George Rex, vor Anker ging, um seine Ladung gegen Felle einzutauschen. Die Mündung des Buffalo River erschien damals als ein besonders günstiger Versorgungshafen, da der Nachschub für die britischen Söldner auf dem Landweg von Port Elizabeth aus durch Übergriffe der Xhosa erheblich behindert wurde.

Aquarium (7)

Das älteste öffentliche Aquarium Südafrikas zeigt mit über 400 Arten einen beachtlichen Querschnitt südafrikanischer Meeresbewohner.

Aquarium: *Geöffnet tgl. 9–17 Uhr. Esplanade,* ☏ *043-705-2637.*

Der Hafen von Buffalo City

German Settlers Memorial (8)

Das Granitdenkmal erinnert an die 1857 hier eingetroffenen deutschen Siedler. Es wurde von Lippy Lipshitz entworfen und stellt einen Mann, eine Frau und ein Kind dar.

Umgebung von Buffalo City

Die Küstenlandschaft, auch „Romantic Coast" und „Cape-Wild Coast" genannt, ist allemal einen Besuch wert, wenn man sich nicht bereits an der Garden Route oder der Transkei Wild Coast satt gesehen hat. Es gibt zwischen der ehemaligen Ciskei und der ehemaligen Transkei einige schöne Strände, gute Hotels und Ferienanlagen, die besonders in der Nebensaison ebenso reizvoll wie preiswert sind. Eine vollständige Liste ist im East London Tourist Office erhältlich. *Schöne Strände und gute Hotels*

Das **Gonubie Nature Reserve** 20 km nördlich von East London ist vor allem für Vogelliebhaber interessant, mehr als 130 Arten sind hier zu beobachten. Es gibt einen Rundweg und einen kleinen Info-Pavillon.
Gonubie Nature Reserve: *Geöffnet Mo–Fr 8.30–16 Uhr, am Wochenende nach Vereinbarung.* ☎ *043-705-9777.*

Für Abenteuerlustige hier noch der Tipp: Die besten „**Deap-Sea-Fishing**"-Touren starten von Gonubie aus (Infos im Tourist Office in East London).

Das **Mpongo Private Game Reserve** ist ein kleiner privater Game Park, der eine Reihe bekannter Steppentiere beherbergt (u. a. Löwen). Hier kann man auch in Chalets oder auf einem Campingplatz übernachten.
Mpongo Private Game Reserve: ☎ *043-742-9000.*

East London eignet sich auch als Ausgangspunkt für Touren in die ehemalige Ciskei, besonders für Fahrten entlang der wunderschönen Strände. Man kann leicht an einem Tag von hier aus die Ciskeiküste erkunden und danach wieder ins Hotel in East London zurückkehren (siehe auch „Die ehemalige Ciskei"). *East London als Ausgangspunkt*

Anschluss-Strecken

▸ Über die N2 in die ehemalige Transkei und weiter nach Durban (ab S. 500)
▸ Über die N6 nach Bloemfontein und dann weiter nach Johannesburg (ab S. 143)

Vorwahl: *043*

📞 **Wichtige Telefonnummern**
Feuerwehr: *705-9000.*
Apotheken-Notdienst: *722-2062.*
Krankenhäuser: *Life Saint Dominic's Hospital: 707-9000, Life East London Private Hospital:* ☎ *722-3128.*

i Informationen

Wild Coast Holiday Reservations, *44 Drake Road,* ☎ *743-6181, www.wild coastholidays.co.za.*
Municipality of East London, *King William's Town and Bhisho, www.buffalocity.gov.za.*

👁 Besichtigungstouren

Infos über das aktuelle Programm finden sich unter www.buffalocity.gov.za/visitors/index.stm, ☎ *705-9200 von Mo–Fr 6–22 Uhr.*

🛏 Hotels

Quarry Lake Inn $$ (1), *kleines, aber luxuriöses Inn. Alle 16 Zimmer haben Ausblick auf den See. Quartzite Drive, Ecke Pearce Street,* ☎ *707-5400, www.quarry lakeinn.co.za.*
Garden Court $$ (2), *Mittelklasse-Hotel mit üblicher Ausstattung. Gute Lage am Strand. Ecke John Bailie Road und Moore Street, Quigney,* ☎ *722-7260, www.tsogosunhotels.com.*
Southern Sun Hemingways $$ (3), *angenehmes Hotel mit 70 Zimmern, gehört zum Hemingways-Komplex mit Casino, Mall etc. (s. S. 499). Ecke Western Bypass und Two Rivers Drive, Cambridge,* ☎ *707-8000, www.tsogosunhotels.com.*

🛏 Bed & Breakfast

Oakhampton B&B $ (4), *sehr persönlich geführtes Haus mit acht Zimmern. 8 Oakhampton Road, Berea,* ☎ *726-9963, www.oakhampton.co.za.*

🛏 Backpackers

Sugarshack $ (5), *schöne Lage am Strand, saubere Schlafsäle, sehr lebendige Backpacker-Atmosphäre. 50 Esplanade Road, Beachfront,* ☎ *722-8240, www.sugar shack.co.za.*
Santa Paloma Guest Farm $, *ca. 8 km nördlich von East London, gepflegte Zimmer und Schlafsäle. Sehr freundliche Gastgeber, diverse Sport-, Ausflugs- und Tierbeobachtungsmöglichkeiten. Selbstversorgung, aber auch Frühstücks-, Lunch- und Dinnerangebot. 101 Thornycroft Road,* ☎ *083-601-6488, www.santapaloma.co.za.*

⚠ Camping

Nature's Rest, *Rondavels und Campsites, ruhige Lage. 12 km vom Zentrum. Man fährt 2 km hinter dem Flughafen weiter auf den Settlers Way und dann nach links in den Marine Drive. Cove Rock, Marine Drive,* ☎ *736-9753/-9785, www.naturesrest.co.za.*

🍴 Restaurants

Le Petit, *hier wird exotische Küche serviert, u. a. Straußen- u. Krokodilsteak. 54 Beach Road, Nahoon,* ☎ *735-3685.*
Grazia Fine Food & Wine, *außergewöhnlich gutes und beliebtes Restaurant direkt an der Küste, nicht ganz billig, aber es lohnt sich … Tgl. 12–22.30 Uhr, unbedingt reservieren. Ecke Upper Esplanade und Beach Front,* ☎ *722-2009, www.graziafinefood.co.za.*

🍴 Pubs und Kneipen

Das Kneipenleben in Buffalo City ist etwas ruhiger, aber man findet trotzdem den einen oder anderen Pub, wo man gemütlich ein Bier trinken kann.

Buccaneers Sports Bar and Grill, *Bar und Restaurant, freitags und samstags Live-musik. Der In-Tipp für Buffalo City. Marina Glen, Beachfront,* ☎ *743-5171, www.bucca neers.co.za.*

🕺 Unterhaltung
Kino: *Vincent Park Centre, Devereux Avenue,* ☎ *082-16789.*
Hemingways, *Casino, Restaurants, Geschäfte, Kino, Hotelkomplex. Ecke Western Avenue und Two Rivers Drive,* ☎ *707-7777, www.hemingways.co.za.*

🎁 Einkaufen
Vincent Park Shopping Centre, *sonntags findet hier ein Flohmarkt statt. Devereux Avenue, Vincent,* ☎ *783-6700, www.vincentpark.co.za.*

🚩 Golfplätze
East London Golf Club, *anspruchsvoller 18-Loch-Meisterschaftsplatz mit tollem Blick auf die Küste. Länge: 5.971 m, Standard/Par 72.* ☎ *735-1356, www.elgc.co.za.*
Alexander Golf Club, *18 Loch, wunderschöne Lage, Länge: 5.625 m, Standard 69 und Par 71. 38 Clovelly Road, Sunny Ridge,* ☎ *736-3646.*

🚌 Busverbindungen
Es gibt eine Reihe von Buslinien, die Buffalo City bedienen, außerdem besteht die Möglichkeit, alle größeren Städte des Landes täglich von hier aus zu erreichen.
Translux, *am Bahnhof:* ☎ *700-1015, Windmill:* ☎ *743-7893, die Haltestelle ist auf der Moore Street am Windmill Park Roadhouse.*
Greyhound, ☎ *743-9284, die Haltestelle ist auf der Moore Street am Windmill Park Roadhouse.*
Intercape, ☎ *0861-287-287, die Haltestelle ist auf der Moore Street am Windmill Park Roadhouse.*

🚂 Zugverbindungen
Shosholoza Meyl, *dreimal die Woche (Mi, Fr, So) fährt ein Zug nach Johannesburg, www.shosholozameyl.co.za.*

✈ Flugverbindungen
Täglich werden alle größeren Flugplätze des Landes vom Buffalo City Airport (ELS) angeflogen, in der Regel im System „Perlenkette", bei dem alle Flugplätze entlang der Ostküste der Reihe nach angeflogen werden (und wieder zurück).
Buchungen und Infos über **SAA**, ☎ *706-0225, www.flysaa.com.*

🚗 Mietwagen am Airport
Avis, ☎ *736-1344*
Europcar, ☎ *736-2230*
Budget, ☎ *707-5310*
Hertz, ☎ *736-2116*

🚕 Taxiunternehmen
Herman's Day & Night Taxi, *Union Street,* ☎ *722-7901*
Border Taxi, *Gladstone Street,* ☎ *722-3946*

Die Wild Coast

Überblick

Die Transkei – der östliche Teil der heutigen Eastern Cape Province – war der größte „Autonomstaat" innerhalb Südafrikas und hat 1976 als erstes Homeland die „Unabhängigkeit" erhalten. Mit über 43.000 km² war sie größer als die Schweiz. Die Bevölkerung besteht hauptsächlich aus Xhosa. Aufgrund der schwer anzusteuernden Buchten sind nur wenige Europäer hierhergekommen.

Eines der schönsten Reisegebiete im südlichen Afrika

Diese Region ist eines der interessantesten und schönsten Reisegebiete des südlichen Afrika. Besonderen Reiz versprühen die zum großen Teil noch **ursprünglichen Siedlungen** mit ihren über die Hügel und Berge verstreuten Rundhütten. Auch die Schönheit der Landschaft begeistert: Die „Wild Coast", u. a. bei Coffee Bay und Port St. Johns, ist einfach faszinierend, und die Badestrände sind beileibe nicht so überfüllt wie an manchen Küstenorten Natals oder der Garden Route. Doch auch das Hinterland vermag zu verzaubern. Fast das gesamte Land ist mit weich auslaufenden Hügeln und einigen Bergen bedeckt. Gerade im Frühling und Sommer, während und nach der Regenzeit, erstreckt sich ein sattes Grün, so weit das Auge reicht.

---

i Kriminalität und Betteln

Wie in anderen früheren Homelands führen auch in der ehemaligen Transkei die wirtschaftlichen Probleme zu steigenden Kriminalitätsraten. Gelegentlich kommt es zu Diebstählen, Autoeinbrüchen und zudringlicher Bettelei. Zwar bemühen sich der Staat und die Touristikorganisationen, dieser Entwicklung entgegenzuwirken, und besonders an der Küste wurde die **Polizeipräsenz** verstärkt. Trotzdem sollte man in bestimmten Orten und Regionen, etwa in Mthatha, Port St. Johns und Coffee Bay, besondere Vorsicht walten lassen und seine Wertgegenstände immer im Blick behalten. Zudem parkt man tunlichst nicht in abgelegenen Gebieten (z. B. am Wanderweg zum Hole in the Wall).

Geschichte und Politik

Die Bewohner der ehemaligen Transkei sind in der überwiegenden Mehrzahl **Xhosa**, zugehörig zum südlichsten Stamm der Ngundi-Gruppe. Die ersten Xhosa dürften etwa um 1700 von Norden her eingewandert sein. Zwischen 1879 und 1897 wurde das Gebiet der damaligen Transkei durch die Briten annektiert und der Kapprovinz angegliedert. Man behandelte es mehr wie ein Reservat, das die Briten durch „Magistrate" kontrollierten. Zunächst verfügten die Xhosa in der gesetzgebenden Versammlung am Kap noch über ein begrenztes Stimmrecht. Dieses wurde jedoch immer mehr beschnitten und 1894 ganz abgeschafft.

Britische Annexion

Zu Beginn der 1930er-Jahre erhielten Schwarze das passive und aktive Wahlrecht für das Parlament der Transkei, die Bunga, die sich nur mit lokalen Fragen (Bildung, Straßenbau, Landwirtschaft oder Stammesgesetze) beschäftigen durfte. Dieses Recht hatten sie schon zu Zeiten der britischen Verwaltung, denn die Briten sparten so eigene

Beamte ein. Immerhin verfügt die ehemalige Transkei dadurch heute über eine langjährige „quasi-parlamentarische" Erfahrung.

Im Jahre 1936 wurden die Schwarzen vom Wahlrecht des südafrikanischen Parlaments ausgeschlossen, indem man ihre Anteile am Land beschränkte und sie in ethnische Grenzen zurechtwies. Als die Weißen 1948 ihre Politik der Apartheid begannen, erhielt die damalige Transkei das Selbstverwaltungsrecht. Die „Selbstentwicklung" nahmen die Stammesbehörden in die Hand. Südafrika bezeichnete die Transkei sowie die Ciskei als angestammte Siedlungsgebiete der Xhosa. Am 26. Oktober 1976 wurde die Transkei durch die Republik Südafrika in die „**Unabhängigkeit**" entlassen, wodurch der südafrikanischen Rechtsauffassung zufolge alle Bewohner der Transkei zu Ausländern wurden. Die UNO hat dieses Land völkerrechtlich nie anerkannt – genauso wenig wie auch die anderen damals als „selbstständig" erklärten „Homelands".

Redaktionstipps

▸ Es lohnt sich unbedingt die Anschaffung der Karte „**Wild Coast**" von **Slingby Maps** (www.slingsbymaps.com). Sehr detailliert, mit Kilometer-, GPS- und anderen nützlichen Angaben. Verkauf in vielen Unterkünften an der Wild Coast.
▸ Schön: Hole in the Wall, S. 507, Mkambati Nature Reserve, S. 514, Bucht von Port St. Johns, S. 511.
▸ Übernachten: Kob Inn Beach Resort an der Wild Coast, S. 504.
▸ Wer Zeit hat, sollte **Teile der Küste erwandern**, S. 513.
▸ **Vorsichtig fahren**: Überall können Tiere auf der Straße herumlaufen, auch auf der N2 stehen unvermittelt Kuhherden mitten im Weg. Zudem gibt es zahlreiche nicht markierte Schlaglöcher und Bremsschwellen (speed bumps). Fahrten bei Dunkelheit sollten in jedem Fall vermieden werden.

Nach dem Ende der Apartheid wurde die Transkei am 27. April 1994 im Rahmen der Neustrukturierung Südafrikas schließlich in die Eastern Cape Province eingegliedert.

Wirtschaft

Obwohl der Produktivitätsgrad der **Landwirtschaft** – trotz des günstigen Klimas – ziemlich niedrig ist, trägt sie zu 45 % zum Bruttosozialprodukt bei, da ansonsten kaum Industrie angesiedelt ist. Die traditionelle Landwirtschaft besteht neben Viehzucht (Rinder und Schafe) aus Ackerbau, wobei hauptsächlich Mais als Grundnahrungsmittel angebaut wird, in geringerem Umfang auch Weizen und Hirse. Mit der Anlage neuer Plantagen versucht man, der Landbevölkerung ein geregeltes Einkommen zu verschaffen; u. a. entstanden größere Tee- (bei Port St. Johns und bei Lusikisiki), Ananas- und Zitrusfrucht-Plantagen. Außerdem wurde mit dem kommerziellen Anbau von Baumwolle auf Bewässerungsflächen begonnen.

Darüber hinaus bemüht man sich um den Ausbau der **Forstwirtschaft**. Die Wiederaufforstungsmaßnahmen verursachen zwar weitere Erosionsschäden, produzieren aber auch einen wichtigen Rohstoff. Da die „Wild Coast" zu den schönsten Landschaften Südafrikas zählt, ist v. a. das Entwicklungspotenzial des Tourismus nicht zu unterschätzen.

Eine Xhosa-Frau

Soziales Leben und Kultur

Bedeutung der Traditionen

Ein großer Teil der Bevölkerung ist noch sehr der **Stammestradition verhaftet**. Die Xhosa gliedern sich in 12 Stammesgruppen auf, z. B. in Fingo, Gcaleka, Thembu, Mpondomise, Pondo, Xesibe u. a. Alle diese Gruppen verstehen sich als eigenständig und wohnen in voneinander abgegrenzten Gebieten. Zudem sprechen sie ausgeprägte Dialekte, die sich so stark voneinander unterscheiden wie beispielsweise das Bayrische vom norddeutschen Platt. Die Riten und Mythen des Medizinmannes sind nach wie vor fest in der Gesellschaft verwurzelt, und vielerorts werden noch Initiationsriten durchgeführt.

Auf dem Land leben die meisten Menschen im Eastern Cape in den traditionellen Rundhütten

Die **wirtschaftliche Tätigkeit** beschränkt sich auf die Versorgung der Familie mit Nahrungsmitteln. Die Arbeit auf dem Feld wird meist von Frauen verrichtet. Überhaupt leisten die Frauen der Xhosa Knochenarbeit. Da seit Jahren das Brennholz in der Nähe der Dörfer knapp ist, müssen sie oft kilometerweit laufen, um neue Vorräte heranzuschaffen. Auch der Häuserbau ist Frauensache. In traditioneller Weise schichten sie Mauern aus Ziegeln, die aus Lehm und Dung bestehen, die Fugen verschmieren sie mit Erde. Den Männern ist es vorbehalten, die Dächer mit langem Buschgras abzudecken.

Subsistenzwirtschaft

Die Steuerpflicht und die nicht immer ausreichende Nahrungsversorgung zwingen die Männer, zumindest zeitweilig bezahlte Arbeit in anderen Gebieten aufzunehmen. Rund 25 % – in manchen Berichten heißt es sogar 40 % – aller Männer im arbeitsfähigen Alter arbeiten außerhalb, oft ist der Vater einer Familie nur wenige Wochen im Jahr zu Hause.

Die **traditionelle Viehzucht** nimmt im Gebiet der Wild Coast (84,2 % des Landes sind als Weideland klassifiziert) einen besonderen Stellenwert ein. Das Weideland wird gemeinsam genutzt, das Ackerland vom Häuptling zugeteilt. Bei den häufigen Abschnitten, die nur spärlichen Graswuchs aufweisen, handelt es sich um ehemalige Ackerflächen, die wegen der Erschöpfung des Bodens nicht mehr bestellt werden können. Die Bodendecke in diesen subtropischen Bergregionen ist in der Regel sehr dünn, wie man gut an den ausgewaschenen Pisten erkennen kann. Da auf den Weiden oft zu viele Tiere grasen, ist die Pflanzendecke so zerstört, dass sie bei starken Regengüssen

Überweidung und Bodenschäden

die wertvollen Bodenteile nicht mehr festhält; zerfurchte Hänge sind dann die sichtbare Folge der langfristigen Überweidung. Aufgrund der einfachen Bearbeitungsmethoden (zum größten Teil ohne Maschinen, ohne gutes Saatgut und mit wenig Dünger) sind die Hektarerträge sehr niedrig.

ℹ️ Information
Eastern Cape Parks and Tourism Agency, *6 St Marks Road, Southernwood, East London, ☎ 043-705-4400, www.visiteasterncape.co.za.*

🛏️ Unterkunft
Es empfiehlt sich grundsätzlich, alles vorzubuchen, das gilt auch für die Zeltplätze, die dem Nature Reserve Office unterstehen (alle südlich von Port St. Johns).
Neben der o. g. Adresse kann man auch in Buffalo City buchen: Wild Coast Holiday Reservation, 44 Drake Road, ☎ 043-743-6181, www.wildcoastholidays.co.za. Die Qualität der Zeltplätze ist eher bescheiden. Sie liegen zwar meistens sehr schön, aber alle Einrichtungen haben mehr als nur einen Frühjahrsputz nötig. Das betrifft vor allem Port St. Johns. Sehr gut wohnt man dafür in den privat geführten Hotels entlang der Küste.

Besonders empfehlenswert sind:
Crawfords Beach Lodge $$+, *super für einen Badeurlaub an der Wild Coast geeignet. Die geräumigen Suiten verfügen größtenteils über einen Balkon mit Meerblick. Ca. 40 km nördlich von East London an der Küste gelegen. 42 Steenbras Drive, Chintsa East. ☎ 043-738-5000, www.crawfordsbeachlodge.co.za.*
Kob Inn Beach Resort $$+, *sehr gut für Familien mit Kindern geeignet, großes Sport- und Freizeitangebot. Pool, Bar und sehr gutes Restaurant vorhanden. An der Mündung des Qora River gelegen, Anfahrt über die N2, bei Dutywa rechts ab in Richtung Willowvale, von dort aus ausgeschildert, ☎ 047-499-0011 und 083-452-0876 (mobil), www.kobinn.co.za.*

Sehenswertes im Gebiet der Wild Coast

ℹ️ Streckenbeschreibung

Straßen: Die Hauptstrecken nach Port St. Johns, Coffee Bay und Port Edward wie auch die nach Queenstown und Maclear sind asphaltiert und in gutem Zustand. Etwas anders verhält es sich mit den nicht eben wenigen Pisten, die man benutzen muss, um zu den anderen Küstenorten zu gelangen. Sie werden zwar regelmäßig unterhalten, doch kommt man, besonders nach der Regenzeit, nicht immer damit nach, weshalb die Pisten dann häufig sehr ausgewaschen sind. Ein weiteres Problem stellen die Abschnitte auf dem Küstenplateau (Binnenterrasse) dar. Hier tritt an den Hängen der nackte Steinboden hervor, und das macht die Piste bretthart und ungemütlich rau. Hier sollte man sehr langsam fahren, besonders auch um Reifenpannen zu vermeiden.

> **Fahren mit einem herkömmlichen Pkw**: In der Regel kann man außerhalb der Regenzeit jede Piste fahren, allerdings muss man sich Zeit nehmen und eine Durchschnittsgeschwindigkeit von 40 km/h einkalkulieren. In der Regenzeit sollte man sich vorher über den Straßenzustand erkundigen und während eines Regenschauers eine Pause einlegen. Eine Pistenfahrt kann bei Nässe zu einer üblen Rutschpartie werden, die Pisten in den Parks sind generell nicht immer einfach zu befahren. Am besten informiert man sich am Eingang oder an der Rezeption, ob das Fahrzeug dafür geeignet ist. Gewarnt sei schließlich noch vor Tieren auf der Straße (Ziegen, Hunde, Esel, Rinder), von denen es besonders entlang der Dörfer viele gibt. Vom Fahren im Dunkeln wird generell abgeraten.

Nach der Überquerung der ehemaligen Grenze an der Great Kei Bridge sind es noch etwa 45 km bis Butterworth.

Butterworth (Gcuwa)

Butterworth ist die älteste Stadt des ehemaligen Transkei-Gebiets. 1827 wurde hier bereits eine Schule der Wesleyan Mission gegründet, die jedoch während der Grenzkriege niederbrannte. Die Stadt liegt an der Haupteisenbahnlinie. Hier wurden die ersten Industriebetriebe errichtet, um Arbeitsplätze im Land selbst zu schaffen. Das führte innerhalb weniger Jahre zu einer Verdreifachung der Bevölkerung (heute ca. 44.000 Ew.). Von der N2 aus sieht man die Arbeitersiedlungen, die in ihrer Monotonie an das Erscheinungsbild Sowetos erinnern und gar nicht in die sonstige Landschaft der ehemaligen Transkei passen, die immer wieder von Rondavels mit ihren Grasdächern gesäumt wird. *Älteste Stadt der ehemaligen Transkei*

1987 wurde in Butterworth ein Zweig der Universität eröffnet, der vornehmlich der Ingenieursausbildung dient. Seit 2005 gehört dieser Zweig zur Walter Sisulu University mit Fakultäten in Mthatha, East London, Queenstown und Butterworth.

Unweit der Stadt liegt die **Butterworth River Cascade**, Wasserfälle von 85 m Tiefe. Ebenso sehenswert sind die Bawa Falls, 10 km südlich der Stadt (110 m). Früher wurden hier mutmaßliche Kriminelle ins Jenseits befördert; deshalb tragen die Fälle auch den Beinamen „High Executioner" (Hoher Vollstrecker). *Hinrichtungsstätte*

Um die südlichen Küstenorte der „Wild Coast" aufzusuchen, fährt man am besten auf der N2 bis Dutywa und biegt auf die R408 Richtung Willowvale ab (31 km, geteert). Von hier sind es noch 33 km bis zum Kob Inn (s. S. 504) am Qhora Mouth (die Straße soll 2015 geteert werden).

Will man direkt nach Mazeppa Bay, sind es von Butterworth knapp 60 km über ungeteerte Pisten. Man folgt der N2 ca. 10 km bis Ibika, wo nach rechts die Piste abzweigt.

🛏 Unterkunft
Wayside Budget Hotel $, *sauberes und funktionales Mittelklassehotel. Ecke Bell und Sauer Street, ☎ 047-491-4615/6, http://waysidehotel.wozaonline.co.za.*

Cwebe/Dwesa Nature Reserve

Erstes großes Naturreservat der Region

35 km hinter Butterworth auf der N2 kommt man in die kleine Stadt **Dutywa** (früher Idutywa), das „Einkaufszentrum" der Region. Biegt man hier nach rechts ab und folgt der Piste über Fort Malan und Lundie Mission, erreicht man nach ca. 75 km das **Dwesa Nature Reserve**, das als erstes großes Naturreservat an der Wild Coast gegründet wurde. Als alternative, etwas schnellere Strecke kann man die geteerte R408 bis Willowvale fahren und dort links Richtung Lundie Mission abbiegen (Straße wird zzt. geteert). Von Willowvale nach Dwesa sind es noch knapp 50 km.

Hier leben u. a. Büffel, Krokodile, Elen- und Kuhantilopen. Interessanter aber ist die Vegetation. Neben weiten Grasflächen und tropischen Küstenwäldern finden sich auch Reste von Mangrovenvegetation. Die Unterbringung in Chalets ist sehr einfach (u. a. nur kaltes Wasser), außerdem muss man sein eigenes Essen mitbringen. Es gibt auch einen Zeltplatz. Buchen muss man im Voraus über **Eastern Cape Parks**, ☏ 043-701-9600, www.visiteasterncape.co.za.

Wer es etwas komfortabler haben möchte, dem sei die **Dwesa River Mouth Lodge** oberhalb der **Nqabara Bay**, ca. 2 km vom Park entfernt, empfohlen. Sie bietet einfache, aber saubere Bungalows für bis zu 4 Personen mit eigenem Bad und kleiner Küche (\$\$, ☏ *011-420-1845; 011-420-2892, http://dwesalodge.co.za*).

Auf der anderen Seite des Mbashe River liegt das **Cwebe Nature Reserve**, zu erreichen ab Willowvale über eine landschaftlich schöne, aber sehr schlechte Strecke (85 km). Alternative: Man folgt der N2 von Dutywa Richtung Mthata und zweigt nach ca. 48 km rechts Richtung Elliotdale ab (teilweise geteert). Von Elliotdale sind es noch knapp 50 km bis zum Ziel. Hier befindet sich das **Haven Hotel** (\$\$) mit 38 einfachen Chalets mit Bad, Restaurant. Wandern, Angeln, Reiten, Kanufahren und Mountainbiking sind möglich (☏ *083-996-5343; 047-576-8904, www.havenhotel.co.za*).

Es sei noch einmal auf den teilweise unzureichenden Zustand der Pisten hingewiesen. Besser nimmt man sich für die Fahrt also Zeit. Wenn man nicht mehr als vier Tage im Land bleiben möchte, sollte man den Küstenabschnitt südlich von Coffee Bay aussparen. Wer viel Zeit mitbringt, kann sich entlang der Küste von Qora Mouth bis Coffee Bay „vorarbeiten", sollte dafür aber mindestens fünf weitere Tage einkalkulieren. **Dwesa Nature Reserve**, *buchen muss man im Voraus über Eastern Cape Parks,* ☏ *043-701-9600, www.visiteasterncape.co.za.*

 ### Streckenbeschreibung

Zurück zur Fahrt auf der N2: 65 km hinter Dutywa kommt man nach Viedgesville, von wo aus die asphaltierte Teerstraße nach Coffee Bay führt. Rund 10 km vor Viedgesville passiert man Qunu. In der Nähe des nur ca. 2.000 Einwohner zählenden Orts wurde Nelson Mandela geboren. In Qunu verbrachte er den größten Teil seiner Jugend, nach dem Ende seiner Amtszeit verbrachte er seine Zeit in dem korallfarbenen Anwesen an der N2, und hier wurde er unweit seines Hauses am 15. Dezember 2013 beigesetzt. Das Grab ist nicht für die Öffentlichkeit zugänglich. Dafür gibt es nur wenige Hundert Meter von der N2 entfernt das Nelson Mandela Youth & Heritage Centre, einen der Ableger des

Nelson-Mandela-Museums, in dem man sich über die jungen Jahre des späteren Präsidenten informieren kann (www.nelsonmandelamuseum.org.za, ☎ 047-538-0217, tgl. 9–16 Uhr).

Von Viedgesville sind es 75 km auf geteerter Strecke bis Coffee Bay. Es ist eine wunderschöne Strecke, die der Reisende insbesondere mit der Abendsonne im Rücken genießen wird. Berge und Kliffe prägen die herrliche Landschaftsszenerie durch das Tembuland. Die Hütten sind hier nur in Richtung Nord-Nordwest angestrichen (oft grün-türkis), während die hintere Seite ausgespart ist. Die Farbe dient als Schutz vor der Sonne, die die Lehmwände der Hütten ansonsten zu sehr austrocknen würde.

Coffee Bay

Hier soll 1863 ein Schiff gestrandet sein, dessen Kaffeeladung an den Strand gespült wurde. Einige der Kaffeebohnen entwickelten Wurzeln und wuchsen zu Kaffeesträuchern heran. Coffee Bay eignet sich gut, um Teile der Küste zu erwandern (siehe auch Port St. Johns). Coffee Bay gilt als Mekka von Alt-Hippies, Aussteigern, Backpacker- und Partyvolk, entsprechend viele einfache Hostels gibt es. Leider hat der Tourismus hier negative Spuren hinterlassen: An jeder Ecke bekommt man von Kindern und Jugendlichen Muscheln u. ä. zum Kauf angeboten und kann sich dem kaum entziehen.

Kaffee-Legende

Unterkunft

Ocean View Hotel $$+, *direkt an der Küste, freundliche Zimmer, Swimmingpool, gutes Restaurant (frische Austern!).* ☎ *047-575-2005/6, www.oceanview.co.za.*
Gecko's B&B and Selfcatering $, *sehr persönliche Atmosphäre mit netten Gastgebern. Tolles Frühstück, Abendessen auf Bestellung möglich. Das Haus liegt einen kurzen Spaziergang vom Strand entfernt.* ☎ *(mobil) 078-406-4719 und 072-598-0555, http://geckosguest house.weebly.com.*
Der **Coffee Bay Caravan Park** *liegt sehr schön unter schützenden Bäumen.*

Hole in the Wall

Etwa 20 km vor Coffee Bay zweigt eine Piste zum „Hole in the Wall" ab. Nach 20 km erreicht man das gleichnamige Hotel, wo man am besten auch sein Fahrzeug abstellt, da Autos auf dem Parkplatz an der Klippe gelegentlich aufgebrochen werden. Von hier ist es etwa eine 10minütige Wanderung durch einen kleinen Wald zum Strand gegenüber der Felsformation. In der Flussmündung kann man auch schwimmen. Einen schönen Blick hat man von oben, wenn man die Straße hinter den Häusern ein Stück hinauffährt.

Das „Hole in the Wall" ist sicherlich das markanteste Landschaftselement der Wild Coast. Dabei handelt es sich um einen hohen, vor der Küste liegenden Landblock, dessen Wände so steil sind, dass man sie kaum erklimmen kann. Nicht wenige Hobby-Kletterer mussten bereits gerettet werden, da insbesondere der Abstieg schwierig ist.

„Hole in the Wall"

Den Versuch, das im Laufe der Jahrtausende von den Wellen geschaffene Loch zu durchschwimmen, haben viele Menschen mit ihrem Leben bezahlt.

 Streckenbeschreibung

Von hier fährt man wieder zurück auf die Asphaltstraße und dann über Viedgesville nach Mthatha (ca. 100 km).

Mthatha

Mthatha (damals „Umtata") war die Hauptstadt der ehemaligen Transkei. Neben dem zzt. noch geschlossenen Mandela-Museum gibt es keinen Grund für einen Besuch der leider wenig einladenden, 96.000 Einwohner zählenden Stadt. Mthatha wurde nach dem gleichnamigen Fluss benannt, der wiederum seinen Namen daher hat, dass die Tembus hier bereits vor langer Zeit ihre Toten mit den Worten „mThathe Bawo" („nimm ihn, großer Vater!") begraben haben sollen.

Grenze zwischen zwei Stämmen

Schon seit den Besiedlungsanfängen markiert dieser Fluss die Grenze zwischen dem Tembu- und dem Pondo-Stamm. Die Tembu ließen sich wahrscheinlich schon Mitte des 16. Jh. hier nieder. Immer wieder kam es zwischen den Stämmen zu Auseinandersetzungen, bis beide Häuptlinge beschlossen, eine Pufferzone zwischen sich anzulegen. Deshalb verkauften beide Stämme 1860 Farmland an Europäer. 1875 fiel das Tembuland in britische Hände und wurde in vier Verwaltungsbezirke aufgeteilt. 1877 trat H. Callaway sein Amt als erster Bischof der anglikanischen Diözese an. Er erwarb eine der Farmen am Mthatha River und errichtete dort seinen Sitz. In der Folgezeit entstanden eine Kirche, eine Schule und ein Hospital.

Die Stadt Mthatha wurde 1879 angelegt. Das markanteste Gebäude ist die Bunga, wo ehemals das Parlament tagte und sich heute ein Teil des **Nelson-Mandela-**

Museums befindet. Die Bunga ist derzeit wegen umfassender Renovierungsarbeiten geschlossen, soll aber Ende 2014 wiedereröffnet werden. Das ebenfalls zum Museum gehörige Nelson Mandela Youth and Heritage Centre in Qunu ist aber geöffnet und befindet sich in der Nähe von Mandelas Geburtshaus, etwa 30 km südlich von Mthatha an der N2 (s. S. 506).

Nelson Mandela Museum: *Eintritt frei, aber Spenden erwünscht. Geöffnet Mo–So 9–16 Uhr.* ☎ *047-532-5110, www.nelsonmandelamuseum.org.za.*

Mthatha ist ein zentraler Versorgungsort für die Umgebung. Viele der Xhosa reisen mit Bussen an und kaufen Waren, die in ihren entlegenen Siedlungen nicht angeboten werden. Vor Läden, Supermärkten und besonders an den Bushaltestellen stehen stets Menschentrauben, und man nimmt sich Zeit zum „Palavern".

Von Butterworth kommend, befindet sich gleich am Stadteingang der Komplex der **Walter Sisulu University**. Die Universität wurde 1976 als „Geschenk" zur „Unabhängigkeit" des Landes von Südafrika gestiftet. Nach dem Zusammenschluss mehrerer Fakultäten sind heute etwa 24.000 Studenten hier eingeschrieben. Die Universität ist ein wichtiger Faktor für die Stadt, die Studenten prägen in großem Maße das Stadtbild.

Vorwahl: *047*

ℹ️ Information
Tourism Board Mthatha, ☎ *531-5290, oder über Eastern Cape Parks and Tourism Agency, 6 St Marks Road, Southernwood, East London,* ☎ *043-705-4400, www.ectourism.co.za.*

🛏️ Unterkunft
Garden Court $$, *an der Hauptstraße zur Durban/East London Autobahn (N 2) gelegen (daher etwas laut), nur 1 km von Nduli Game Reserve entfernt. Eine der wenigen brauchbaren Übernachtungsmöglichkeiten in der Stadt. Mittelklassehotel mit 117 Zimmern und Swimmingpool. Fahrten zum sicheren Strand, Ausflüge in eine der schönsten Regionen Südafrikas sowie Forellenfang im Mabeleni Dam möglich. Nelson Mandela Drive,* ☎ *505-3500, www.tsogosunhotels.com.*
Ekhaya Guest House $$, *11 gemütliche und liebevoll eingerichtete Zimmer mit Bad. Pool vorhanden, ruhige und trotzdem zentrale Lage. 36 Delville Road,* ☎ *072-432-7244, www.warthog.co.za/ekhaya/mthatha_accommodation_location.htm.*

🍴 Restaurant
Timber Lake Spur, *wie gewohnt: Steaks und Salatbar. Savoy Park, 18 Sutherland Street,* ☎ *531-0188.*

🚌 Öffentliche Verkehrsmittel
Greyhound, **Translux** *und* **BAZ-Bus** *halten an der Shell Ultra City, N 2. Tägliche Verbindungen: Durban, Johannesburg, East London (Buffalo City), Kapstadt, Tshwane (Pretoria).*
Minibusbahnhöfe für innerstaatliche Strecken befinden sich in der Bridge Street.

Ausflug von Mthatha in die Drakensberge

Wer nicht gleich wieder an die Küste möchte oder Kokstad anpeilt, dem bietet sich eine Tour in die Drakensberge bei Elliot und Maclear an. Die Rundtour ist etwa 360 km lang und dauert ein bis zwei Tage.

 Streckenbeschreibung

Man fährt in Richtung Kokstad auf der N2 und biegt dann etwa 35 km hinter Mthatha in Richtung Tsolo ab (R396). Die Strecke führt zunächst durch weites Weideland. Hier werden die Auswirkungen der Überweidung besonders deutlich, fast alle Hänge sind von Erosionsgräben durchzogen. Ca. 25 km später steigt die Strecke zum Ntyenka Pass an. Von hier hat man eine wunderschöne Aussicht zurück aufs Tal. In Maclear biegt man nach links ab (R56) und fährt nun immer parallel zur Abbruchkante der Drakensberge. Dieser Teil der Kante wird auch „Kathedrale" genannt, da die Berge sich so mächtig gegen die Landschaft unterhalb erheben. Bei Gatberg, ca. 40 km hinter Maclear, befindet sich ein großes Loch im Berg, das durch fortschreitende Verwitterungserosion gebildet wurde.

Als Übernachtungsstation bietet sich Elliot an. Das „Mountain Shadows Hotel" (☎ *045-931-2233, www.mountainshadowshotel.co.za*) liegt 10 km nördlich am Barkly Pass. Allein die Passstraße lohnt die Fahrt dorthin. Wer etwas Zeit hat, sollte der Piste gegenüber dem Hotel ca. 16 km folgen und von dort den Ausblick über das Vorland genießen. Bei guter Sicht kann man über das ganze Gebiet der ehemaligen Transkei bis zum Indischen Ozean blicken. Diese Region ist auch ein Eldorado für Wanderfreunde. Elliot heißt bei den Xhosa „Ekowa", was so viel wie „Pilze" bedeutet. Nicht ohne Grund: Im Sommer ist das ganze Gebiet mit Pilzen übersät.

Guter Aus-sichtspunkt Von Elliot aus folgt man zuerst der Strecke nach Queenstown (R393), biegt aber bald nach links ab und fährt über den Satansnek Pass nach Engcobo. Diese Passstraße führt eine ganze Weile auf dem Bergkamm entlang, und man hat einen hervorragenden Blick nach links über die Canyonlandschaft des Xuka-Tals. Bei Engcobo, einem kleinen Ort mit einigen Geschäften und einem sehr einfachen Hotel, fährt man auf der R61 zurück nach Mthatha, wobei man sich 5 km hinter Engcobo ins Xuka-Tal hinunterschlängelt.

Von Mthatha aus führt die ausgebaute Asphaltstraße (R61) bis nach Port St. Johns. Wer zum **Hluleka Nature Reserve** fahren möchte, biegt besser hinter Libode in die Piste ein und nicht schon kurz hinter Mthatha. Dies erspart einige Kilometer Pistenfahrerei. Das Nature Reserve besticht durch seine immergrünen Küstenwälder und seine Abgeschiedenheit. Besonders schön ist die Mündungslagune des Mnenu River, die man nach einer 4 km langen Wanderung in Richtung Norden erreicht.

Wieder auf der R61, biegt 17 km vor Port St. Johns die Piste zu den „**Umngazi River Bungalows**" ab. Am Umngazi Mouth und entlang des Flusses brachen früher viele Stammesfehden aus, da er zeitweilig die Grenze zwischen Pondos und Tembus bildete. Übersetzt heißt Umngazi River „Blutfluss". Die Mündungslagune ist eine bevorzugte Stelle für Angler. Im Umngazi-Tal sind über 130 Vogelarten heimisch.

Information

Eastern Cape Parks & Tourism Agency, ☎ 043-701-9600, www.visit easterncape.co.za.

Unterkunft

Nur Chalets für Selbstversorger. Keine Einkaufs- oder Tankmöglichkeiten im Park. Buchungen über **Eastern Cape Parks**, s. o.

Camping

In Elliot gibt es zwei Campingplätze, wobei der am Thompson Dam, 2 km vom Ortszentrum, der attraktivere ist.

Unterkunft entlang der Strecke

Umngazi River Bungalows $$–$$$, zurzeit der „In"-Tipp für Urlauber und Wochenendtouristen aus Mthatha, da sie gut zu erreichen sind. Komfortable Unterkünfte (Chalets und Hotel). ☎ 047-564-1115/6/8/9, www.umngazi.co.za.

Port St. Johns

Die kleine Stadt liegt an der **Mündung des Umzimvubu River.** Die Flussmündung flankieren hohe Sandsteinkliffs (am Westufer der Mt. Thesinger und am Ostufer der Mt. Sullivan). Der Ort ist nach einem 89 km nördlich gestrandeten portugiesischen Schiff (1552) benannt, das den Namen „São João" trug.

Hohe Sandsteinkliffs

Der Handel mit der einheimischen Bevölkerung begann im Jahre 1846, als es einem Schiff gelang, hier anzulegen – ein schwieriges Unterfangen, da eine Sandbank die Ein-

Blick auf die Flussmündung des Umzimvubu River

Extreme Isolation fahrt in die Flussmündung versperrte und diese nur bei günstigem Wasserstand überwunden werden konnte. Obwohl in der Folgezeit viele Schiffe aufliefen, entwickelte sich ein beständiger Warenverkehr. 1884 wurde das Gebiet der Kapkolonie zugeschrieben. In extremer Isolation lebten hier damals 300 Menschen.

1944 lief zum letzten Mal ein Schiff in den Hafen ein, der nach dem kontinuierlichen Ausbau der Landverbindungen allmählich seine Notwendigkeit verloren hatte. Drei Jahrzehnte dämmerte der Ort vor sich hin, auch der später einsetzende Tourismus brachte nur temporären Aufschwung. Das Stadtbild sieht etwas heruntergekommen aus, die Besucher sind heute in erster Linie Angler. Der **Second Beach**, auf dem Weg zum Silaka Nature Reserve, ist zwar schön, vom Baden ist aufgrund von Haiattacken aber abzuraten. Wanderungen entlang der Küste sind natürlich immer noch empfehlenswert. Eine schöne Aussicht auf die Flussmündung hat man vom ehemaligen Flughafen (hinter der Stadt den Berg hoch, an Abzweigungen immer rechts halten).

Heute leben in Port St. Johns gut 6.000 Menschen. Wanderungen entlang der Küste sind natürlich immer noch empfehlenswert. Wer hier übernachten möchte, sollte zum 3rd Beach fahren, wo sich das **Silaka Nature Reserve** befindet. In den Chalets kann man günstig übernachten, muss aber seine Verpflegung selbst mitbringen.

Vorwahl: *047*

Information
Tourism Office, www.portstjohns.org.za, ☎ 564-1187.

Unterkunft
The Lodge on the Beach $, *schönes, riedgedecktes Haus, Holzböden. Frühstück, Abendessen auf Anfrage. Am Second Beach gelegen – direkt an der Lagune mit schönem Ausblick.* ☎ *083-374-9669; 082-400-3335, www.lodgeonthebeach.co.za.*
iNtaba River Lodge $$, *die Lodge liegt am breiten Imzimvubu River und bietet geräumige Cottages, einen Swimmingpool und ein Restaurant. Viele Freizeitmöglichkeiten wie Fahrten mit dem Kanu und Mountainbike, Schnorcheln und Tauchen, Delfin- und Walbeobachtung.* ☎ *564-1707, www.intabariverlodge.co.za.*
Cremorne Holiday Resort $–$$, *einfache, auf Pfählen gebaute Holzhäuser. Für Selbstversorger stehen 6 Cottages mit je 2 Schlafzimmern und 4 mit einem Schlafzimmer zur Verfügung, daneben gibt es Doppelzimmer und Campingmöglichkeiten. Restaurant. Tolle Aussicht auf die Berge. Etwa 5 km vom Ort entfernt am Umzimvubu River,* ☎ *564-1110, www.cremorne.co.za.*
Silaka Nature Reserve, *Buchungen: Eastern Cape Parks,* ☎ *043-701-9600, www.visit easterncape.co.za.*

Es gibt noch zahlreiche **weitere Unterkunftsmöglichkeiten**. *Informationen erteilt das Touristenbüro.*

Backpackers

Jungle Monkey Backpackers $, *saubere Schlafsäle und Doppelzimmer, Camping möglich. 3 Berea Road, nahe der Ortsmitte,* ☎ *564-1517, www.junglemonkey.co.za.*

Restaurant

Delicious Monster, *frische, leicht orientalisch angehauchte Speisen, schöner Ausblick von der Terrasse. Second Beach,* ☎ *083-997-9856 und 071-757-9804.*

Öffentliche Verkehrsmittel

Der **BAZ-Bus** *hält an der Tankstelle Shell Ultra City in Mthatha. Von hier aus besteht ein Transfer mit Minibus nach Port St. Johns.*

Für Naturliebhaber: der Transkei Hiking Trail

Mit der Wanderung entlang des **Transkei Hiking Trail** beginnt man am besten im Silaka Nature Reserve. Der Trail führt entlang der gesamten Wild Coast, doch ist der Abschnitt zwischen Port St. Johns und Coffee Bay der am meisten frequentierte. Welcher Teil der Küste der schönste ist, liegt wie stets im Auge des Betrachters. Für den 60 km langen Abschnitt zwischen Coffee Bay und Port St. Johns werden 5 Tage veranschlagt. Geübte Wanderer können die Strecke aber auch in 2–3 Tagen schaffen. Unterwegs gibt es einfache Hütten mit Betten und Matratzen, Verpflegung muss man selbst mitbringen. Es ist ratsam, die Tour zusammen mit einem Guide zu unternehmen.

Info, Buchung und Karten
Eastern Cape Parks, ☎ 043-705-4400, www.visiteasterncape.co.za, oder über die Website **www.wildcoastwalk.co.za**.

Weiterfahrt

Von Port St. Johns nach Kokstad führen zwei Wege, wobei die Strecke über Lusikisiki (R61) die schönere ist. Zudem ist der Weg zurück nach Mthatha und dann entlang der N2 nur geringfügig schneller. Etwa 4 km vor Port St. Johns zweigt die R61 nach Norden ab. Schaut man sich nach etwa 5 km auf der Piste einmal um, hat man eine gute Aussicht auf die Flusslagune von Port St. Johns.

Bei Lusikisiki biegt nach rechts die Piste T24/T26 ab. Sie führt zur **Mbotyi River Lodge** (25 km), einem schön gelegenen Hotel an einer weiteren Flusslagune. Hier kann man noch einmal einen oder zwei Tage entspannen. Auf dem Weg dorthin kann man nach rechts einen Abstecher (8 km) zu den 142 m hohen **Magwa Falls** machen, die in eine Schlucht stürzen. Für den Blick von der richtigen Seite muss man allerdings oberhalb der Fälle den Fluss auf rutschigen Steinen überqueren, also Vorsicht. Dann geht es noch ein Stück durch den Wald. Meist stehen ein paar Kinder bereit, die sich als Führer anbieten.
Mbotyi River Lodge $$, *angenehmes Hotel mit 48 Zimmern (teilweise mit Meerblick) sowie einem Campingplatz. Die Lodge bietet eine Menge Freizeitaktivitäten (geführte Wanderungen, Kanus, Mountainbikes, Pferde u. a.) und zählt daher zu den „belebteren" Plätzen an der Küste.* ☎ *039-253-7200, http://mbotyi.co.za.*

Die Magwa Falls stürzen 142 m in die Tiefe

i Tipp für Abenteuerlustige

Wer mit einem geländegängigen Fahrzeug und bei trockenem Wetter unterwegs ist, kann einen Abstecher inklusive Wanderung zum Waterfall Bluff am Luputhana Mouth machen. Dieser Wasserfall ist einer der wenigen, der direkt aus der Klippe ins Meer fällt, immerhin 95 m hoch.

Dazu zweigt man hinter Lusikisiki nicht Richtung Mbotyi ab, sondern folgt dem Weg einen Kilometer weiter, wo man rechts abbiegt. Nach ca. 13 km (an dem Gebäude der Mkhume School, der Name der Schule steht auf dem Dach, sonst kein Schild) zweigt man rechts ab und folgt man einer sehr einsamen Straße 15 km bis nach Luputhana am Meer. Hier kann man sein Auto abstellen, überquert den Fluss und läuft ca. 5 km immer an der Küste entlang bis zum Waterfall Bluff.

Mkambati Nature Reserve

Dieses Nature Reserve wird wegen seiner Abgeschiedenheit nur von relativ wenigen Touristen besucht, gilt aber aufgrund seiner schönen und vielseitigen Landschaft als Geheimtipp. Weite Grasflächen wechseln mit Küstenwäldern, die Küste selbst weist alle Variationen der Wild Coast auf. Übernachten kann man entweder im komfortablen Hotel oder in Cottages (Selbstverpflegung). Ferner gibt es ein kleines Restaurant und ein Geschäft sowie die Möglichkeit, auf Pferden auszureiten oder in Kanus auf der Flusslagune zu paddeln. Da der Shop nur zweimal wöchentlich beliefert wird, sollte man besser genügend Lebensmittel mitbringen.

_i_ Information und Buchung
Eastern Cape Parks, ☎ 043-701-9600, *www.visiteasterncape.co.za.*

Streckenbeschreibung

Wer nicht zum Mkambati Nature Reserve fahren möchte, folgt der R61 von Lusikisiki. Nach 76 km fährt man entweder in südöstlicher Richtung die R61 nach Port Edward und zur South Coast von Natal oder man wechselt nordwärts auf die R626, über die man auf die N2 Richtung Kokstad gelangt.

Kokstad

Kokstad wurde nach einem Griqua-Häuptling benannt. Er hatte seinen Stamm hierhergeführt, nachdem er von anderen Stämmen aus der Kapprovinz verdrängt worden war. Neben unzähligen Kirchen verschiedener Größen verfügt der Ort über ein kleines heimatkundliches Museum. Die Touristeninformation befindet sich in der Bücherei im Town House (Stadtzentrum). Heute hat Kokstad etwa 51.000 Einwohner und ist das Versorgungszentrum für den Norden der ehemaligen Transkei. Die Stadt eignet sich als Ausgangsstation für Touren in die südlichen Drakensberge.

 Information
Kokstad Municipality, ☏ *039-797-6600, www.kokstad.org.za.*

 Unterkunft
Ingeli Forest Lodge $$+, *an der N2 zwischen Harding und Kokstad im Wald gelegen. Restaurant, Swimmingpool.* ☏ *039-553-0600, www.ingeliforestlodge.com.*
Nolangeni Hotel $$, *einziges Hotel im Stadtkern, einfache, aber saubere Zimmer. Bar und Restaurant vorhanden. 55 Hope Street,* ☏ *039-727-1252, www.nolangeni.co.za.*

 Caravanpark
Caravan Park, ☏ *037-727-3509, in der Nähe der Innenstadt.*

 Weiterreisemöglichkeiten

▸ **KwaZulu-Natal/Durban:** Die N2 führt entlang der Küste bis nach Durban.
▸ **Natal/Drakensberge**: N2 bis Kokstad, danach R617 nach Underberg. Von hier erreicht man auf Nebenstraßen (Schotter, aber gut zu befahren) die Landschaften des Giant's Castle Game Reserve sowie des Royal Natal National Park (siehe S. 559 und S. 561).
▸ **Lesotho/Johannesburg**: Von Mthatha aus die R61 bis Engcobo, danach in Richtung Norden bis Elliot und über die R58 nach Lady Grey (am Grenzübergang nach Lesotho, siehe S. 275). Nach Johannesburg geht es direkt über Aliwal North auf die N6 bis Bloemfontein, dann weiter die N1 nach Johannesburg (siehe S. 144).

10. KWAZULU-NATAL

Die wunderschönen Strände KwaZulu-Natals eignen sich hervorragend für einen Erholungsurlaub

Natals Südküste
Überblick

Die South Coast von Natal erstreckt sich von der Südgrenze der ehemaligen Transkei bis nach Durban über ca. 160 km. Sie ist die „Spielwiese" der badestrandbegeisterten Städter aus Gauteng, die hier um die Weihnachts- und Osterzeit Urlaub machen. Im übrigen Jahr ist es sehr ruhig, nur ein paar Rentner verweilen in ihren Ruhesitzen. Es gibt sicherlich schönere und ruhigere Küstenabschnitte in der ehemaligen Transkei und entlang der Garden Route; wer hier aber trotzdem einen Tag verbringen möchte, dem bieten sich

einige Möglichkeiten: Die schönsten Gebiete entlang der South Coast sind die Wälder und Bananenplantagen südlich von Ramsgate, das Vernon Crookes Nature Reserve, das einen ruhigen Aufenthalt in rustikaler Atmosphäre verspricht, und das Oribi Gorge Nature Reserve.

Entfernung	
Port Edward – Durban	163 km

 Streckenbeschreibung

Von der ehemaligen Transkei aus kommend, gelangt man über Kokstad via N2 an die KwaZulu-Nataler Südküste. Wer diesen Abschnitt komplett erkunden will, biegt hinter Paddock Richtung Port Edward ab. Man kann aber auch direkt die N2 bis Port Shepstone fahren. Vom südlichen Port Edward führt dann die R61 („Old Coastal Road") nordwärts nach Port Shepstone. Parallel dazu verbindet die küstennahe R620 die Orte von Ramsgate bis Port Shepstone. Von Port Shepstone geht es weiter über die N2 oder die wiederum küstennahe R102 bis nach Durban.

Sehenswertes

Wild Coast Sun Casino Komplex

Gleich auf der anderen Seite des Umtamvuna River südlich von Port Edward gelangt man zum **Wild Coast Sun Casino**. Das Hotel selbst ist zwar sehr gut, doch wird jegliche Ruhe durch das Casino gestört, sodass ein längerer Aufenthalt hier nicht zu emp-

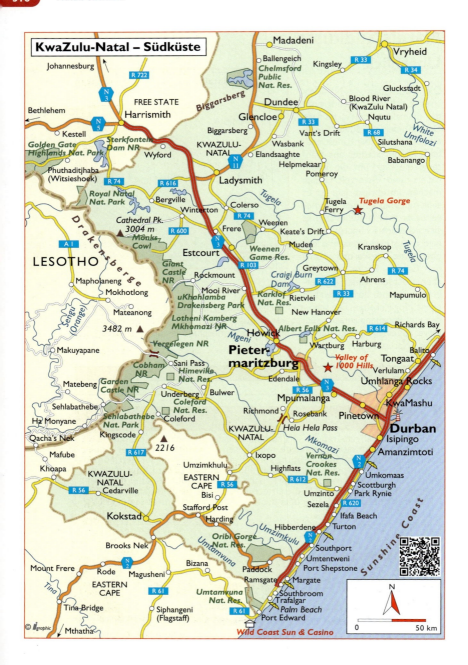

KwaZulu-Natal – Südküste

fehlen ist. Immerhin garantiert der 2011 direkt neben dem Casino eröffnete Wasser- *Tolle Bade-*
park mit seinen rasanten Rutschen und einer großzügigen Wasserlandschaft Badespaß *landschaft*
für die ganze Familie.

Wild Waves Water Park: *130 R Erw./65 R Kinder (bis 120 cm). Geöffnet tgl. 11. Okt-*
Mai 9–17, Jun–10. Okt 10–16 Uhr. Main Bizana Road, Port Edward, ☎ 039-305-4800,
www.suninternational.com.

Port Edward – Margate

Auf der Strecke von Port Edward nach Margate bieten eine Reihe von Farmen Gemüse und Früchte zu günstigen Preisen an. Südlich von Port Edward führt die Straße
durch einen fossilen Wald, bevor man auf die Brücke des Umtamvuna River gelangt.

Margate

Margate ist das touristische Südzentrum der South Coast. Hier drängen sich Hotel- *Zentrum der*
und Holidayflat-Burgen dicht entlang der Küste. Dieser Ort ist eigentlich nur für *Südküste*
abendliche Vergnügungen und wegen seiner Vielzahl an Restaurants zu empfehlen.

Port Shepstone

Bis 1900 war Port Shepstone eine wichtige Hafenstadt, die sich auf den Export von
Marmor, Bananen, Zuckerrohr und Zitrusfrüchten konzentrierte. 1901 verlor der
Hafen aber jede Bedeutung, da die neu eröffnete South Coast Railline die Waren nun
nach Durban brachte, wo die Verladung einfacher war. Heute ist Port Shepstone zusammen mit Ramsgate das Handelszentrum der South Coast.

Küstenabschnitt der Wild Coast

Oribi Gorge Nature Reserve

Wanderwege in die Schlucht

Der Name leitet sich von den Oribi-Antilopen ab, die hier einst sehr zahlreich waren. Der Umzimkulwana River hat eine 24 km lange und bis zu 400 m tiefe **Schlucht** in den Sandstein geschnitten. Besonders attraktiv sind die Wanderwege in die Schlucht hinein (einige sind etwas anstrengend) und natürlich der Ausblick über die Schlucht. Neben Oribis leben hier u. a. auch Leoparden, Ducker und Buschböcke.

Die Unterbringung in den Hütten ist einfach (Selbstverpflegung), aber durchaus reizvoll. Auch hier müssen die Unterkünfte vorher gebucht werden.

Südlich von Port Shepstone beginnt die **Hibiscus Coast**, wie fälschlicherweise auch oft die gesamte South Coast genannt wird. Hier nimmt die Vegetation deutlich zu, es wird tropischer. Während im Norden das Landesinnere ausschließlich Zuckerrohrplantagen beheimatet, befinden sich hier vor allem Bananenplantagen und in höheren Lagen vereinzelt auch Kaffeeanpflanzungen. Dies ist der schönste Abschnitt der South Coast.

> ℹ️ **Information und Buchung**
> **Hibiscus Coast Tourism Office**, ☏ 039-682-7944, www.thehibiscuscoast.co.za.
> **Oribi Gorge Nature Reserve**: Eintritt: 10 R. Geöffnet tgl. 6.30–19.30 Uhr. Buchung über KZN Wildlife, ☏ 033-845-1000, www.kznwildlife.com.

Crocworld

Begegnung auf der Krokodilfarm

4 km nördlich von Scottburgh liegt eine der größten Krokodilfarmen der Welt. Neben über 10.000 Nil-Krokodilen leben hier auch Schlangen und Vögel. Lohnenswert ist ein Spaziergang durch den Glastunnel des Schlangenhauses. Wer Krokodilfleisch probieren möchte, sollte auf jeden Fall das Restaurant der Farm besuchen (am besten ist immer Crocodile-Tail).
Crocworld: 60 R Erw./40 R Kinder (4–12 J.). Fütterungszeiten: täglich 11 Uhr und 15 Uhr. Geöffnet tgl. 8.30–16.30 Uhr. ☏ 039-976-1103, www.crocworld.co.za.

ℹ️ Informationen

Hibiscus Coast Publicity, ☏ 039-312-2322.

🛏️ Unterkunft

Als Urlaubsgebiet, das besonders Familien ansprechen soll, wird hier weniger auf die teureren Hotels als auf unzählige Holiday Apartments Wert gelegt, in denen man während der Nebensaison sehr preisgünstig wohnen kann. Es gibt auch eine Reihe von Campingplätzen, allerdings mit großen Qualitätsunterschieden.

Margate Hotel $$, nettes, kleines Hotel, allerdings etwas in die Jahre gekommen. Pool, Strandnähe, Restaurant. 3139 Marine Drive, Margate, ☏ 039-312-1410. www.margatehotel.co.za.

Umthunzi Boutique Hotel $$+, sehr komfortable und geschmackvoll eingerichtete Zimmer mit großen Betten, Happy Hour am Pool, toller Meerblick, leckeres Frühstück. 60 Commercial Road, Umtentweni, Port Shepstone, ☏ 039-695-0852, www.umthunzi.co.za.

Selborne Hotel, Golf Estate and Spa $$–$$$, tolles Land-Anwesen, herrlicher Golfplatz, sehr aufmerksames Personal, hervorragendes Restaurant: Hier kann man sich verwöhnen lassen. Old Main Road, Pennington, ☏ 039-688-1800 (Hotel) bzw. 086-100-0938 (Reservierungen), www.selborne.com.

Days At Sea Beach Lodge $$–$$$$, das deutsche Inhaber-Ehepaar kümmert sich liebevoll um die Gäste, das Restaurant bietet frische Produkte vom Markt und leichte mediterrane Küche, 4 Suiten und eine Villa $$$$$+, ein Tunnel aus tropischen Pflanzen führt die Gäste zum Strand, exzellenter Service. Kinder erst ab 14 J. 39 Effingham Parade, Trafalgar, ☏ 039-313-0013, www.daysatsea.co.za.

Weitere Hotels gibt es vor allem in Scottburgh, Amanzimtoti und Margate. Holiday Flats wachsen an jeder Ecke aus dem Boden, sodass man sich am besten das geeignete Gebäude selbst aussucht. Der allgemeine Standard entspricht dabei den Kriterien eines sauberen 2-Sterne-Hotels.

⚠️ Caravanparks

Mac Nicol's Bazley Beach Resort, am Ufer der Ifafa Lagune, nur 90 Meter von kilometerlangen Stränden entfernt, familiäre Atmosphäre. 51 Lagoon Drive, Blazley Beach, ☏ 039-977-8863, www.macnicol.co.za.

ATKV Natalia Beach Resort, gute Gemeinschaftseinrichtungen. 35 Elizabeth Avenue, Kingsburgh, ☏ 031-916-4545, www.atkvnatalia.caravanparks.co.za.

Margate Caravan Park, großer, sauberer Park, ☏ 039-312-0852, http://margatecaravanpark.co.za.

🛏️ Backpackers

Kuboboyi River Lodge $, gehört zu den Häusern des Jugendherbergswerks Südafrikas, Hostelling International South Africa (HISA). Old Main Road, Leisure Bay, Port Edward, Lower South Coast, ☏ 072-222-7760, www.kuboboyi.co.za.

🍴 Restaurants

Crayfish Inn, gutes Preis-Leistungs-Verhältnis, Ecke Marine Drive und Clarence Street, Ramsgate, ☏ 039-314-4720.

Keg & Galleon, regionale Küche, tolle Atmosphäre, guter Service. 3139 Marine Drive, Margate, ☏ 039-312-2575.

Busverbindungen
Täglich fahren Busse von **Translux** *(☎ 031-361-7670) und* **Greyhound** *(☎ 031-334-9702) entlang der South Coast. Am besten erkundigt man sich am Busbahnhof in Durban oder bucht über Computicket unter dem Menüpunkt Travel/Bus Tickets (www.com puticket.co.za).*

Flugverbindungen
Die **SAA** *fliegt von Johannesburg den Flugplatz von Durban an. Infos zu den Flügen unter: www.flysaa.com.*

Durban

Überblick

Industrie, Hafen und Tourismus

Beinahe jeder Südafrika-Besucher kommt auf seiner Reise nach Durban, und auch die Südafrikaner verbinden mit dieser Stadt Badevergnügen und ganzjährig schönes Wetter. Durban lebt in einem gewissen Gegensatz, ist nicht nur ein groß gewordener Badeort, sondern auch eine bedeutende Industrie- und Hafenstadt. Und sie ist die „Indian-City", die Stadt der Inder. Das bunte Völkergemisch, dass v. a. Inder, Zulu und Weiße dicht beieinander lebend bilden, verleiht der ursprünglich britischen Siedlung ein kosmopolitisches Flair.

Geschichte

Blick auf die Waterfront

Am Weihnachtstag 1497 erreichte Vasco da Gama die Bucht und nannte sie „Río de Natal" („Weihnachtsfluss"). Entlang der Ufer wuchsen damals dichte Wälder, und kilometerweit erstreckten sich Mangrovensümpfe. In der Folgezeit kamen Piraten, Kaufleute und Sklavenhändler nach „Port Natal", blieben zumeist aber nur kurz. Erst im November 1823 begann die systematische Besiedlung der Region. Eine Gesellschaft von Händlern vom Kap begeisterte sich derart für die Bucht und die Landestelle, dass sie bereits im Jahr darauf unter der Führung von Henry Francis Fynn zurückkehrte und eine Siedlung errichtete. Zwölf Jahre später, am 23. Juni 1835, wurde die Ansiedlung nach dem Kap-Gouverneur Sir Benjamin Durban benannt.

1838 trafen die Voortrekker in Natal ein und wurden von den Händlern willkommen geheißen, da diese den Buren in ihrer Wesensart und Kultur ähnelten. Allerdings kam es gleichzeitig zu heftigen Auseinandersetzungen mit den Zulu, denen die Weißen das Land streitig machten.

Redaktionstipps

▸ **Übernachten** in der Ridgeview Lodge, gut und preiswert, S. 530.
▸ **Curry-Essen** in einem der traditionellen indischen Restaurants, S. 531.
▸ **Besuch des Victoria Street Market,** S. 527, des **Schlangenparks**, S. 525, und der **uShaka Marine World**, S. 528.
▸ **Rikscha-Fahrt**, S. 525, **Joggen** oder **Fahrrad fahren** entlang der Strandpromenade, S. 525.

Daraufhin entsandte die britische Regierung Militär, das am 3. Dezember 1838 in Port Natal landete. Nach der legendären Schlacht am Blood River kehrte halbwegs Frieden ein, die Briten zogen sich zurück, und die Buren gründeten die erste Voortrekker-Republik. Dies führte jedoch schnell zu neuen Unruhen, da mittlerweile Briten und Buren die Gegend gleichermaßen für sich beanspruchten.

Am Ende unterlagen die Voortrekker. Sie zogen weiter Richtung Norden, um dort eine neue Heimat im damaligen Oranje-Freistaat und in Transvaal zu finden. Im Mai 1844 gliederten die Briten Natal der Kapkolonie an. Damit war Natal für britische Siedler geöffnet, der Weg zu einer eigenständigen Kolonie und späteren Provinz geebnet.

Von Durban aus begann der wirtschaftliche Aufschwung in Natal. Obwohl man gegen eine Einwanderung von Indern war, benötigte die rasch expandierende Zuckerindustrie Tausende von zuverlässigen Arbeitern für die Plantagen. 1859 ließ die Regierung Natals den Zuzug von Indern zu. In den folgenden 15 Jahren sollte sich die Zuckerproduktion verdoppeln. Nach einer Vertragszeit von fünf Jahren konnten die Inder selbst bestimmen, *Inder in* wo sie wohnen und arbeiten wollten. Viele nutzten dies als Chance, sich als freie Händ- *Natal* ler niederzulassen, und wurden für die Europäer zu unliebsamen Konkurrenten, da sie sich mit niedrigeren Verdienstspannen zufrieden gaben. 1887 lebten bereits über 30.000 Inder in Natal.

Unter den Einwanderern befand sich 1893 Mahatma Gandhi, der als junger Rechtsanwalt nach Durban kam. Er löste ein 1.-Klasse-Ticket nach Johannesburg, musste aber bald den Zug verlassen, da man ihn als indischen Passagier nicht duldete. Er verbrachte eine kalte Nacht im Warteraum für „Nicht-Europäer" im Bahnhof von Pietermaritzburg. Für Gandhi war dies ein Schlüsselerlebnis. Er blieb danach in Natal, um der wachsenden Gemeinschaft der Inder zu helfen. 21 Jahre lang setzte er sich für indische Rechte in Südafrika ein.

Durban heute

Im Großraum Durban leben insgesamt gut 3,4 Millionen Menschen. Die bunt gemischte Bevölkerung sorgt für ein quicklebendiges Stadtbild.

Von der Umschlagsmenge her verfügt die Stadt über den **zweitgrößten Hafen** Südafrikas (nach Richards Bay). Für das Hinterland ist Durban ein wichtiger Ein- und Ausfuhrhafen, der sich vor allem nach der Entdeckung der Goldminen am Witwatersrand entwickelte. Die Stadt ist zudem ein Zentrum der Zucker-, Textil-, Farben-, Chemie- und Nahrungsmittelindustrie. Und nicht zuletzt ist Durban einer der beliebtesten **Erholungsorte** Südafrikas (besonders im „Winter", wenn es im Binnenland kalt ist).

Trubel und Riesenhotels Die mit Hotels und Restaurants gesäumte Strandfront, die sogenannte „Goldene Meile", wird in vielen Reiseführern als „herrlicher Strandabschnitt" beschrieben. Wer Trubel und Rummel mag, ist in den Hotelpalästen in der Tat gut aufgehoben, doch wer Erholung und Naturerlebnisse sucht, sollte besser in die weiter südlich oder nördlich gelegenen Badeorte KwaZulu-Natals fahren.

❶ Sehenswürdigkeiten

1 Fitzsimons Snake Park
2 Mini Town
3 Amphitheatre Gardens
4 Botanic Gardens
5 Cultural and Documentation Centre
6 Old Fort und Warriors Gate
7 Amusement Park
8 Indisches Viertel und Victoria Street Market
9 Jumah Masjid Moschee
10 St. Paul's Church
11 Francis Farewell Square
12 City Hall mit Natural Science Museum und Art Gallery
13 Old Court House Museum
14 Sugar Terminal
15 Royal Natal Yacht Club
16 Dick King Statue
17 Maritime Museum
18 uShaka Marine World

❷ Unterkunft

1 Auberge Hollandaise Guest House
2 African Pride Audacia Manor
3 City Lodge Hotel Durban
4 Ridgeview Lodge
5 Summerhill Guest Estate

Der gesamte Uferbereich wurde in den letzten Jahren neu gestaltet und ist heute eine verkehrsberuhigte Zone. Im südlichen Bereich der Uferpromenade ist ein **Amusement Park (7)** entstanden. Hier geht es laut und hektisch zu, sodass nun nicht mehr der Verkehr, sondern die vielen Menschen und der Vergnügungsbetrieb (Sessellift!) störend sein können.

> **!** Vorsicht insbesondere an den Stränden
>
> Insbesondere im Bereich des Strandes und der Strandpromenade sollte man darauf verzichten, Wertgegenstände mit sich zu führen. Zudem meidet man die Beachfront samt Strand besser in der Abenddämmerung und in warmen Nächten. Auch Kinder sind hier als Diebe tätig!

Sehenswürdigkeiten

Badestrände

Zum Baden geeignet sind der South Beach und der North Beach, an denen auch die großen Hotels liegen. Beide Strände werden von Rettungsschwimmern bewacht. Der North Beach ist sogar mit Netzen gegen Haie gesichert.

Rikscha-Stände

Sie findet man am South Beach (Uferstraße) vor dem Schlangenpark und vor dem Aquarium. Auf diesen attraktiv herausgeputzten Gefährten kann man sich entlang der Strandpromenade fahren lassen. Die Rikschas wurden bereits im 19. Jh. hier eingeführt und erfreuten sich früher noch größerer Beliebtheit. Heute gibt es nur noch ungefähr 20 registrierte Rikscha-Fahrer.
Rickshaw Rides: *Geöffnet tgl. 8–17 Uhr. Upper Marine Parade, Durban Beachfront,* ☎ *031-332-5671.*

Fitzsimons Snake Park (1)

Hier kann man die meisten der beinahe 120 Schlangenarten Südafrikas sehen (u. a. schwarze und grüne Mambas, Kobras, Puffottern). Der Schlangenpark dient auch der

Rikscha in Durban

Schlangengiftforschung; jährlich werden 20.000 Dosen an lebensrettenden Seren gewonnen, die der Versorgung des gesamten südlichen Afrika dienen. Wem die Schlangen nicht Anreiz genug sind: Es gibt auch Krokodile!
Fitzsimons Snake Park: *Geöffnet tgl. 9–17 Uhr. 240 Lower Marine Parade, ☎ 031-337-6456.*

Mini Town (2)

Direkt am Strand befindet sich Mini Town, das Durban im Kleinformat. Die vielen Sehenswürdigkeiten der Stadt lassen sich im Maßstab 1:24 bestaunen. Über 100 Modelle stehen hier auf der Fläche eines Fußballfeldes.
Mini Town: *15 R Erw./10 R Kinder (2-12 J.). Geöffnet tgl. 9–17 Uhr. Nähe Schlangenpark, 114 Snell Parade, ☎ 031-337-7892.*

Amphitheatre Gardens (3)

Diese tropisch anmutende Gartenanlage ist wegen ihrer Ruhe ausstrahlenden Atmosphäre mit Teichen und Brunnen einen Besuch wert. *Eintritt frei. Snell Parade, ☎ 031-311-1111.*

Botanic Gardens (4)

Der 200.000 m² große Garten, der bereits 1849 angelegt wurde, lädt auf schattigen Wegen zum Spazieren und Verweilen ein. Ein Fest für die Sinne sind nicht nur die subtropischen Pflanzen wie Palmen, Farne und Bromelien, sondern auch der idyllische Teegarten. Nicht verpassen: die beeindruckende Orchideensammlung.
Durban Botanic Gardens: *Kein Eintritt. Geöffnet tgl. 16. Apr–15. Sept 7.30–17.30, sonst –17.15 Uhr. 70 John Zikhali Road, ☎ 031-322-4021, www.durbanbotanicgardens.org.za.*

Cultural and Documentation Centre (5)

Das Centre führt anhand von religiösen Gegenständen, Fotomaterial, Kunstwerken und Musikinstrumenten die große Vielfalt der indischen Bevölkerung im Zeitraum von 1860 bis heute vor Augen und bietet außerdem interessante Informationen zum Leben und Wirken Mahatma Gandhis.
Durban Cultural & Documentation Centre: *Geöffnet Mo–Fr, So 9–17 Uhr. Ecke Epsom Road und Derby Street, ☎ 031-309-7559.*

Old Fort und Warriors Gate (6)

1842 entstand dieses **Militärfort** der Briten, die hier später von den Voortrekkern belagert wurden. Von dieser Stelle aus unternahm *Dick King* seinen legendären Ritt, um Verstärkung aus Grahamstown zu holen. Heute ist eine schöne Gartenanlage zu sehen. Neben dem Old Fort befindet sich das **Warriors Gate**. Hier ist das Hauptquartier ehemaliger Kriegsteilnehmer (MOTHS = Memorable Order of Tin Hats), sowie ein kleines Museum untergebracht. Die **Dick King Statue (16)** befindet sich übrigens südlich an der Margaret Mncadi Avenue.

Old Fort *und* **Warriors Gate Moth Museum**: *Geöffnet Di–Fr und So 11–15, Sa 10–12 Uhr. An der K.E. Masinga Road (ehemals Old Fort Road), Museumseingang 1 N. M. R. Avenue,* ☎ *031-307-3337.*

Indisches Viertel und Victoria Street Market (8)

Dieses Gebiet liegt nördlich der Dr. Pixley Kaseme Street und dann der Dr. Yusuf Dadoo Street folgend. Hier befinden sich der **Victoria Street Market** sowie die **Jumah-Masjid-Moschee**. Inmitten des bunten Treibens kann man ausgiebig die Köstlichkeiten der indischen Küche zu probieren. Ein Besuch der Hallen mit ihrer reizvollen Mischung aus afrikanischen und asiatischen Waren lohnt sich: Auf fast 200 Ständen sorgt das Angebot an frischen Früchten, Currypulver, Masken, Korbwaren, Schmuck und natürlich auch viel Ramsch für ein Shopping-Erlebnis ganz eigener Art.

Gewürzstand im indischen Viertel

Victoria Street Market: *Geöffnet Mo–Sa 8–18, So 10–16 Uhr. Ecke Victoria und Denis Hurley Street (ehemals Queen Street),* ☎ *031-306-4021, www.indianmarket.co.za.*

Juma-Masjid-Moschee (9)

Diese 1927 erbaute Moschee wurde oft als größte und schönste auf der Südhalbkugel bezeichnet. Die Moschee darf betreten werden, doch seine Schuhe muss man selbstverständlich draußen stehen lassen. An die Moschee schließt sich die Madressa Arcade an, wo quirlige Inder in basarähnlichen Geschäften alles Mögliche anbieten, u. a. auch maßgeschneiderte Kleidung.

Juma-Masjid-Moschee: *Ecke Denis Hurley und Yusuf Dadoo Street, Führungen möglich,* ☎ *031-306-0026.*

St. Paul's Church (10)

Die erste anglikanische Kirche Natals wurde 1853 erbaut. Insbesondere die wunderschönen Glasfenster lohnen eine Besichtigung.

Francis Farewell Square (11)

Den kolonialen Kern der Stadt bildet dieser palmengesäumte Platz. Hier campierten 1824 die englischen Abenteurer Francis Farewell und Henry Fynn und handelten mit Elfenbein, das sie den Zulu abkauften.

City Hall (12)

Das 1910 im neo-barocken Stil errichtete Rathaus (nach dem Vorbild des Rathauses von Belfast) ist eines der alten Wahrzeichen der Stadt. Hier ist heute u. a. das **Natural Science Museum** mit seinen naturkundlichen Sammlungen (Säugetiere, Insekten) untergebracht. Im zweiten Stockwerk ist die **Durban Art Gallery** einen Besuch wert, gilt sie doch als eine der größten südafrikanischen Kunstsammlungen (europäische und südafrikanische Maler). Mit Flechtkunst aus KwaZulu-Natal ist auch das „neue Südafrika" vertreten. Meistens flechten Frauen die Körbe, doch der berühmteste Flechter ist Reuben Ndwandwe.

City Hall: *Eintritt frei. Öffnungszeiten von Museum und Art Gallery: Mo–Sa 8.30–16, So 11–16 Uhr. 234 Anton Lembede Street,* ☎ *031-311-2256 (Museum), 031-311-2264/9 (Gallery).*

Old Court House Museum (13)

Das lokalhistorische Museum von Durban ist im ehemaligen Gerichtsgebäude aus dem Jahr 1865 untergebracht und bietet die beste Ausstellung zur Geschichte Durbans und Natals. Alte Dokumente, Fotos und Karten informieren über die Geschichte der Zulu sowie der europäischen Besiedlung Natals. Besonders interessant ist Durbans erstes Bauwerk, die Hütte von Henry Fynn. Außerdem kann man sich die Trachten der ersten Siedler ansehen.

Old Court House Museum: *Geöffnet Mo–Sa 8.30–16, So 11–16 Uhr. 77 Samora Machel Street, hinter der City Hall,* ☎ *031-311-2229, www.durban-history.co.za.*

Sugar Terminal (14)

Hier ist eine der größten **Zuckerumschlagsanlagen** der Welt zu besichtigen. Über 520.000 Tonnen Zucker können in drei Silos gelagert werden, stündlich werden bis zu 750 Tonnen Zucker umgeschlagen. In zwei Zuckerfabriken (arbeiten nur von April bis Ende September) ist ein Besuch möglich: **Illovo Mill** (30 km südlich v. Durban) und **Maidstone Mill** (30 km nördlich v. Durban).

Sugar Terminal: *15 R. Führungen starten Mo–Do 8.30–14, Fr –11.30 Uhr. 25 Leuchars Road, Maydon Wharf,* ☎ *031-365-8100/-8153.*

Royal Natal Yacht Club (15) und Maritime Museum (17)

An der Bay of Natal befinden sich sowohl der große **Yachthafen** als auch das **Maritime Museum** (Seefahrtsmuseum). Man kann drei kleine Schiffe besichtigen – zwei Schlepper und ein Patrouillenboot der Marine. Dazu gibt es eine kleine Fotoausstellung zur Geschichte des Hafens von Durban. Besonders für Kinder ein interessantes Museum.

Port Natal Maritime Museum: *Geöffnet Mo–Sa 8.30–16, So 11–15.45 Uhr. Maritime Place,* ☎ *031-311-2230.*

uShaka Marine World (18)

uShaka Marine World ist ein **Vergnügungspark** mit (Unter-)Wasser-Attraktionen wie Tauchen im Haifischbecken, **Aquarium und Delfinarium**, weiteren Spaß-Akti-

Delfinshow in der Marine World

vitäten und Restaurants. Mit 150.000 m² feinstem Strand- und Wasserparkbereich ist der Themenpark der größte seiner Art in Afrika. 700 Mio. Rand hat man in die Marine World am Bell's Beach neben dem Vetcht's Pier investiert. Die Frisch- und Meerwasseranlagen inmitten üppiger Subtropenvegetation samt Natursteinen wurden um die Nachbildung eines 1920 gestrandeten Containerschiffwracks konzipiert. Über 18.000 m³ Wasser (von der Beachfront hierher verlagert) füllen die Pools der Marine World: die Becken für die Delfinshow, das Seehundbecken, das Ozeanarium mit seinen Salzwasseraquarien und künstlich angelegten Lagunen, Unterwasseraquarien und drei spezielle Acrylcontainer für Haie. Aus dem unter Wasser im Heck liegenden Restaurant lassen sich während des Essens durch die Acrylscheiben die Haie beobachten. **uShaka Marine World**: *Preise und Zeiten für die verschiedenen Bereiche variieren. Sea World: 149 R Erw./ 115 R erm. Geöffnet Mo–So 9–17 Uhr. 1 King Shaka Avenue, Point Zulu, ☏ 031-328-8000/-8090, www.ushakamarineworld.co.za.*

☞ Tipp

Wer im Juli in Durban ist, sollte das KwaZulu Natal Military Tattoo, kurz **Durban Tattoo**, nicht verpassen. Statt afrikanischer Musik erklingt dann Marschmusik. Die Militärkapellen im Schottenrock zogen bereits in den 1980er-Jahren durch die Straßen Durbans, 2008 wurde die **Musikparade** wiederbelebt.

Vorwahl: *031*

 Wichtige Telefonnummern
Addington Hospital, *Erskine Terrace, South Beach*, ☏ *327-2000.*
24-Std.-Apotheke, *South Beach Medical Centre, Rutherford Street*, ☏ *332-3101.*
International Airport, *Auskunft Ankunft/Abflug:* ☏ *086 727 7888.*

ℹ Informationen
Tourist Junction, *160 Monty Naicker Street,* ☎ *366-7500, www.zulu.org.za und www.durban.world-guides.com.*
Whats on in Durban & Durban for all seasons, *www.whatson.co.za.*

👁 Sightseeing Tours
Alle Touren, gleich welcher Art und Company, können bei der **Tourist Junction** *(www.zulu.org.za) gebucht werden. Touren bzw. weiterführende Informationen zu Themen wie z. B. 1000 Hills, The Amble, Freedom Route, Zululands Vogelwelt, Beer Route.*

Weitere Veranstalter:
Tekweni Eco Tours, ☎ *082-303-9112, http://tekweniecotours.co.za.*
Amatikulu Tours, ☎ *039-973-2534, www.amatikulu.com.*

☛ Konsulate
Deutsches Honorarkonsulat, *9 Kensington Drive, Westville,* ☎ *266-3920, www.southafrica.diplo. de.*
Schweizerisches Honorarkonsulat, *216 Cozumel, 33 Northbeach Road, Umdloti Beach 4350,* ☎ *568-2457, www.eda.admin.ch.*
Österreichisches Honorarkonsulat, *10A Princess Anne Place, Glenwood,* ☎ *261-6233, www.bmeia.gv.at/botschaft/pretoria.*

@ Internet
Internet Fundi, *Shop 44, Glenwood Village, Buxtons, Ecke Hunt und Moore Road,* ☎ *202-5625, www.internetfundi.co.za.*

🛏 Hotels
Ridgeview Lodge $–$$ (4), *Panoramablick auf Durban und den Indischen Ozean, familiäre Atmosphäre, ausgezeichnetes Frühstücksbuffet, 17 Loudoun Road, off South Ridge Road, Berea,* ☎ *202-9777, www.ridgeview.co.za.*
Summerhill Estate Guest House $$ (5), *Familienbetrieb unter deutscher Leitung, landestypische Architektur, sehr gepflegte Anlage, kleine, aber feine Speisekarte. 9 Belvedale Road, Cowies Hill, Durban City West,* ☎ *709-3616, www.summerhillkzn.com.*
City Lodge Hotel Durban $–$$ (3), *ausgezeichnete Lage zwischen Businessdistrikt und Strand, viele Sehenswürdigkeiten sind zu Fuß erreichbar, gute Unterkunft für einen kurzen Aufenthalt in Durban, komfortable und große Zimmer, sehr hilfsbereites Personal, gutes Frühstücksbuffet, kein Dinnerrestaurant, Swimmingpool vorhanden. 100 Sylvester Ntuli Road,* ☎ *332-1447, www.citylodge.co.za.*
Auberge Hollandaise Guest House $$ (1), *anspruchsvolle Ausstattung mit Liebe zum Detail, sehr geräumige Zimmer, angenehmes Ambiente, eine kleine Oase in der hektischen Großstadt, Swimmingpool vorhanden. Keine Kinder bis 12 J. 106 Kenneth Kaunda Drive, Durban North,* ☎ *564-8568, www.ahguesthouse.co.za.*
African Pride Audacia Manor $$$ (2), *ein verstecktes Juwel abseits des Großstadttrubels, restaurierte Kolonialvilla mit antiken Möbeln, elegant und stilvoll, gehobene Küche. 11 Sir Arthur Road,* ☎ *303-9520, www.africanpridehotels.com.*

🛏 Apartments/Self Catering
Für den preisbewussten Reisenden mit Familie sind – vor allem in der billigen Nebensaison – Holiday Flats zu empfehlen. Sie sind in der Regel sehr sauber und wesentlich preis-

werter als Hotels. Die Preise rangieren für ein Apartment (2 Personen) zwischen 100 und 250 Rand in der Nebensaison, das Doppelte in der Hochsaison. Eine vollständige Liste mit empfehlenswerten Apartments bekommen Sie bei der Tourist Information.

Jugendherbergen

Hippo Hide Lodge & Backpackers $, entspannte Atmosphäre, großer Garten, super Pool, sehr sauber, ruhig, tolle Gastgeber. 2 Jesmond Road, Berea, ☎ 207-4366, www.hippohide.co.za.

Tekweni Backpackers $, sehr beliebt, zentrale Lage, Swimmingpool, schattige Terrasse, Bar. 169 9th Avenue, Morningside, ☎ 303-1433, www.tekwenibackpackers.co.za.

Nomads Backpackers $, in der Nähe des Einkaufszentrum Musgrave. Gehört zu den besten Hostels der Stadt, mit Swimmingpool. Es werden tolle, scharfe Curries angeboten, Pub vorhanden. 70 Essenwood Road, Berea, ☎ 202-9709, www.nomadsbp.com.

Blue Sky Mining Backpackers & Lodge $, außerhalb Durbans, 300 Meter zum Strand, malerischer Blick aufs Meer, hilfsbereite Gastgeber, zwei Pools, gutes Café. 5 Nelson Palmer Road, Warner Beach, South Coast, ☎ 916-5394, www.blueskymining.co.za.

Campingplätze

Dolphin Holiday Resort, eingebettet in einen subtropischen Wald, Strandlage, Chalets, Camping, Swimmingpool. ca. 50 km nördlich Durban, ☎ 032-946-2187, www.dolphinholidayresort.co.za.

Eco Park, umweltfreundlicher Holidaypark, Schlafräume, Chalets, Camping, vielfältige Pflanzen- und Tierwelt, nur zwei Kilometer vom Surf-Hotspot Brighton Beach entfernt. 55 Grays Inn Road, Bluff, ☎ 467-8865, www.bluffecopark.co.za.

Restaurants

Indische Küche

Vintage India, von außen unscheinbar, aber im Inneren ein echtes Curry-Paradies, authentische indische Küche, 20 Lilian Ngoyi Road, Windermere, ☎ 309-1328.

Jewel of India, geöffnet täglich zum Lunch und Dinner, separater Raum mit authentisch niedrigen Tischen und Sitzkissen, opulentes exotisches Dekor und exzellente nordindische Küche, im Elangeni Hotel. 63 Snell Parade, ☎ 337-8168.

Fischgerichte

Café Fish, schönes und preiswertes Restaurant direkt am Jachthafen, Tipp: Fish of the Day. 31 Yacht Mole, Victoria Embankment, ☎ 305-5062, www.cafefish.co.za.

Olive and Oil – Glenwood, mediterran, unbedingt Meeresfrüchte bestellen, exzellenter Service. 149 Bulwer Road, ☎ 201-6146, www.oliveandoil.co.za.

Italienische Küche

Roma Revolving Restaurant, Drehrestaurant, tgl. geöffnet zum Dinner (Lunch freitags und samstags), sehr gute italienische Küche, grandioser Ausblick über die Stadt. 32nd Floor, John Ross House, Margaret Mncadi Avenue, ☎ 337-6707, www.roma.co.za.

Spiga D'oro, hippes Restaurant, tolle Location, authentische italienische Küche, unbedingt reservieren! 200 Florida Road, ☎ 303-9511.

Japanische Küche

Daruma, Zubereitung auf einer Stahlplatte direkt am Tisch, tolle Sushi-, Sashimi- und Tempura-Platte, im Hotel Elangeni. 63 Snell Parade, ☎ 337-0423, www.daruma.co.za.

Südafrikanische Küche
Joop's Place, *Top Steak-House, auch die Weinkarte kann sich sehen lassen. Shop 14, Avonmore Centre, 9th Avenue, Morningside,* ☎ *312-9135.*
African Peninsula Restaurant, *frisch zubereitete Gerichte nach alten afrikanischen Rezepten, über den Dünen in tropischer Vegetation, spektakuläre Sicht auf den Indischen Ozean, privates Ambiente, unbedingt reservieren! 599 Marine Drive, Bluff,* ☎ *467-1045, www.africanpeninsula.com.*

▼ Pubs/Nachtleben
Joe Cool's, *Durbans ältester und angesagtester Club, besonders sonntagabends. Lower North Beach Road, Marine Parade,* ☎ *368-2858, www.joecools.co.za.*
Weitere Clubs und Bars *auf Durbans Partymeile, der Point Road.*

✈ Flugverbindungen
Es gibt täglich Flüge zu den wichtigsten Städten im Land, Auskunft: ☎ *086-7277-888* (**King Shaka International Airport**).

SAA, ☎ *815-2007*
SA Airlink, ☎ *011-451-7300*
British Airways, ☎ *436-6448*

🚌 Busverbindungen
Überregional: *Der Busbahnhof befindet sich in der Masabalala Yengwe Avenue, direkt am Bahnhof. Täglich fahren Busse nach Jo'burg und Port Elizabeth/Kapstadt.*
Greyhound, ☎ *334-9720*
Translux, ☎ *361-7670*
Intercape, ☎ *0861-287-287*

Busse zum Airport *fahren regelmäßig zu allen wichtigen Abflügen ab dem SAA-Terminal an der Ecke Anton Lembede und Samora Machel Street ab.* ☎ *465-1660.*
Busse im Stadtgebiet *operieren im gesamten Stadtgebiet.*
Baz Bus, *von Durban führt eine Route nach Kapstadt. Am besten und aktuellsten ist die Auskunft über die Website,* ☎ *021-422-5202, www.bazbus.com.*

🚆 Bahn
Zwischen Durban und Johannesburg verkehrt viermal wöchentlich in beide Richtungen ein Zug der **Shosholoza Meyl.** *Infos:* ☎ *086-000-8888 oder 011-774-4555, www.shosholozameyl.co.za.*

🚕 Taxis
Bunny Cabs, ☎ *332-2914*
Eagle, ☎ *337-8333*

🚗 Mietwagen
Avis, ☎ *310-9700 (Downtown), 436-7800 (Flughafen)*
Budget, ☎ *304-9023, 032-436-5500 (Flughafen)*
Europcar/Imperial, ☎ *337-3731 (Downtown), 032-436-9500 (Flughafen)*
Tempest, ☎ *469-0660*

KwaZulu-Natals Nordküste

Überblick

Nördlich von Durban verläuft die Nationalstraße N2 parallel zum Indischen Ozean. Eine Vielzahl von Badeorten reiht sich hier aneinander, die zum Verweilen und Erholen einladen.

Die Reise nach Norden führt immer wieder durch Teile des ehemaligen Homelands KwaZulu, der traditionellen Heimat der Zulu. **Reizvolle kleine Wildreservate** warten auf die Besucher: St. Lucia Game Reserve, Umfolozi Game Reserve, Hluhluwe und Mkuze Game Reserve. Der intime Charakter dieser kleinen Naturschutzgebiete und ihre Besonderheiten sind ein Erlebnis für jeden den Tierfreund. Auf dem Weg zurück nach Johannesburg sollte man dem Königreich Swasiland einen Besuch abstatten. Die Heimat der Swasi zeigt unterschiedliche landschaftliche Szenerien: hohe Berge, weite Ebenen und malerisch gelegene Siedlungen.

Schöne Wildreservate

Planungsvorschläge		
Gesamtstrecke: Durban – Umfolozi Game Reserve – St. Lucia Game Reserve – Hluhluwe Game Reserve – Mkuze Game Reserve – Swasiland (Mbabane) – Johannesburg		

Einzelstrecken	km	Tage
Durban – St. Lucia GR	304 km	2 (1 Tag Aufenthalt)
St. Lucia GR – Umfolozi GR	ca. 142 km	2 Tage (1 Tag Aufenthalt)
Umfolozi GR – Hluhluwe GR	ca. 60 km	2 Tage (1 Tag Aufenthalt)
Hluhluwe GR – Mkuze GR	ca. 75 km	2 Tage (1 Tag Aufenthalt)
Mkuze GR – Swasiland (Mbabane)	255 km	3 Tage
Mbabane – Johannesburg	370 km	1 Tag
gesamt	ca. 1.206 km	12 Tage

Strände
Die schönsten (und wärmsten) Strände KwaZulu-Natals bieten Umhlanga Rocks, Umdloti Beach und Ballito Bay.

Rückblick auf das ehemalige Homeland KwaZulu – den Flickenteppich der Zulu

Das ehemalige Homeland KwaZulu war mit insgesamt 32.733 km^2 fast so groß wie Nordrhein-Westfalen und nahm damit ungefähr 35 % der Gesamtfläche Natals ein. Allerdings war das Homeland, das traditionelle Siedlungsgebiet der Zulu, arg zersplittert: Es bestand aus zehn Einzelregionen, die über die ganze Provinz verstreut lagen. Von den 5,5 Millionen Zulu lebten nur ca. 3,2 Millionen im Heimatland, der Rest arbeitete auf Farmen in Natal, in der Umgebung von Durban und in den Bergbau- und Industrieunternehmen am Witwatersrand. Außerdem lebten in KwaZulu 50.000 Swasi, Xhosa und Südsotho, 3.500 Weiße, 3.300 Asiaten und 1.800 Coloureds.

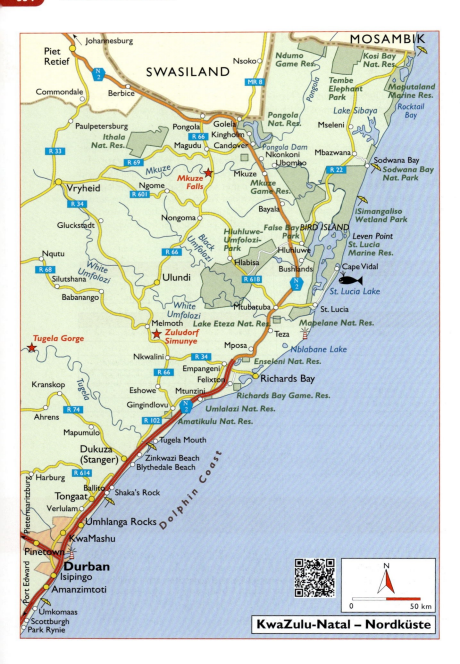

KwaZulu-Natal – Nordküste

Zulu-Frau beim Filtern von Bier

Zu den Zulu zählt man ca. 200 Nguni-Stämme, die heute überall in Natal leben. Sie kamen von Norden bereits um 1500 hierher. Unter ihrem berühmten Führer Shaka erstarkten die Zulu ab 1816 und unterwarfen benachbarte Stämme. Bald bildeten sie ein einflussreiches Königreich. Doch 1838 traf man auf stärkere Gegner: Die Voortrekker beanspruchten das Gebiet. Bei der berühmten Vergeltungsschlacht am Blood River im Jahre 1838 siegte die weiße Übermacht. Obwohl die Zulu unter ihrem Führer Mpande versuchten, sich der Vorherrschaft der Weißen zu widersetzen, konnten sie die Annexion des Zulu-Landes durch die Engländer nicht verhindern.

Der Zulu-Führer Buthelezi galt als eine herausragende Persönlichkeit im Kampf um mehr politische Rechte für die Schwarzen. 1957 wählte man ihn zum Häuptling des Buthelezi-Stammes, 1970 übernahm er die Funktion als Kabinettschef der Zulu-Gebietskörperschaft. Diese wurde 1972 in eine gesetzgebende Versammlung umgebildet, 1977 erhielt KwaZulu die „Selbstverwaltung". Tatsächlich war es jedoch sowohl wirtschaftlich als auch politisch völlig abhängig – ebenso wie die anderen schwarzen Homelands.

Landschaftlich sind die Gebiete KwaZulus recht unterschiedlich: Sie umfassen Regionen in Küstennähe, hügelige und bergige Gebiete. Die Niederschläge erreichen Werte bis zu 1.300 mm pro Jahr und die Temperaturen schwanken zwischen Minimalwerten von 15 bis zu über 30 ˚C. Das frühere Homeland durchzieht eine Reihe von Flüssen, deren Wasser für Bewässerungszwecke genutzt wird.

Die Viehzucht nimmt wegen der Graslandschaften eine herausragende Stellung ein. Der Feldanbau spielt eine untergeordnete Rolle. Es werden hauptsächlich Mais, Zuckerrohr, Sorghum, Kartoffeln und verschiedene Gemüsearten angebaut. Zuletzt konnten Handel, Industrie und Tourismus einen Aufschwung verzeichnen.

Umhlanga Rocks

Dieser nur knapp 20 km von Durban entfernt liegende Badeort ist wie für Urlauber gemacht: gute Hotels, viele Apartments, Einkaufszentren und Restaurants. Umhlanga Rocks ist im Vergleich zu Durban die bessere Übernachtungsalternative, weil hier die Strände einfach schöner sind: Weite sandige Abschnitte werden von felsigen unterbrochen. Am Strand führt ein Fußweg entlang und im Umhlanga Lagoon Nature Reserve gibt es Wanderwege durch die Dünenwelt.

Beliebter Badeort

Übersicht

Auf der Strecke weiter nach Norden liegen folgende Badeorte, an denen es viele Ferienanlagen, kleine Hotels sowie Campingplätze gibt.

Ballito: guter Strand, Gezeitenpool, Sicherung durch Hai-Netze.
Shaka's Rock: guter Strand, ebenfalls mit Hai-Netzen gesichert.
Salt Rock: schöner Strand, Protea-Hotel „Salt Rock".
Sheffield Beach, Blythedale Beach und **Zinkwazi Beach**: Alle Strände sind gegen Haie gesichert, relativ unberührtes Umland.

Vorwahl: *031*

 Information
Umhlanga Tourist Information, ☏ *561-4257, www.umhlangatourism.co.za.*

Hotels
Protea Hotel Umhlanga $$, *nettes 3-Sterne-Hotel, Strand und Einkaufszentrum in Laufweite. 120 geräumige, klimatisierte Zimmer, Restaurant, Bar, Pool. Ecke Lighthouse und Chartwell Drive,* ☏ *561-4413, www.proteahotels.com.*
Cabana Beach $$$, *moderne Ferienanlage im Stil eines mediterranen Dorfes, direkt am Strand mit einer schönen Garten- und Swimmingpool-Anlage. 10 Lagoon Drive,* ☏ *561-2371, www.tsogosunhotels.com.*
Oyster Box $$$$–$$$$$, *ansprechend eingerichtetes Hotel mit Wellness-Bereich in Strandlage, exzellentes Restaurant mit einem fantastischen Curry-Buffet, spektakuläre Lage am berühmten Umhlanga-Rocks-Leuchtturm, Kolonialcharme. 2 Lighthouse Road,* ☏ *514-5000, www.oysterboxhotel.com.*
Teremok Marine $$$$, *charmante, sehr gepflegte Anlage, geschmackvoll eingerichtete Zimmer, nur Frühstück. 49 Marine Drive, www.teremok.pagehotel.info.*
Beverly Hills $$$$+, *eines der besten Häuser am Platz mit exzellenten Restaurants und allen Annehmlichkeiten eines (nicht allzu großen) Hotels (90 Zimmer), schöner Blick aufs Meer. Lighthouse Road,* ☏ *561-2211, www.tsogosunhotels.com.*

Apartments
Fleetwood on Sea $$, *großzügige, schön eingerichtete und ausgestattete Apartments direkt am Strand. 50 Lagoon Drive,* ☏ *575-9850, www.fleetwoodonsea.co.za.*

Restaurants
Gute Restaurants befinden sich im Beverly Hills Hotel und in der Oyster Box. Beide bieten sehr gutes Essen, vor allem Seafood in gepflegtem Ambiente. Im **Oyster Box Restaurant** *gibt es hervorragende indische Curries. Viele kleine Restaurants im Ort.*
Little Havana, *gutes Restaurant mit hauseigener Schlachterei. Vielseitige Küche, gutes Preis-Leistungs-Verhältnis, aufmerksames Personal. Granada Square, 16 Chartwell Drive,* ☏ *561-7589, www.littlehavana.co.za.*

Ballito

Ballito ist ein kleines Städtchen mit vielen privaten Ferienwohnungen. Das Ortszentrum bietet alle Versorgungsmöglichkeiten. Die Strände sind feinsandig und eignen sich gut zum Baden. Insgesamt geht es hier viel ruhiger zu als in Umhlanga Rocks. Nach Durban fährt man über die N 2 nur 45 Minuten, zum Flughafen etwa 25 Minuten.

ℹ️ Information
The Dolphin Coast Publicity Association, *Ballito Drive*, ☎ *032-946-1997, www.thedolphincoast.co.za.*

🛏️ Unterkunft
The Vineyard on Ballito $$, *liebevoll eingerichtetes Gästehaus, Panoramablick auf das Meer, ausgezeichnetes Frühstück (unbedingt Eggs Benedict probieren!), Swimmingpool vorhanden.* ☎ *032-946-1204, www.vineyardonballito.co.za.*
Lalaria $$–$$$, *das elegante Gästehaus liegt auf einem malerischen Kliff, großzügiges Sonnendeck, häufig traditionelles südafrikanisches „Braai". In der Saison sieht man oft Delfine. Sehr hilfsbereites Personal, ausgezeichnetes Frühstück. Nur Kinder über 12 J. 25A Dolphin Crescent, Shakas Rock,* ☎ *032-5255789, www.lalaria.co.za.*
The Boathouse $$–$$$, *das kleine Haus mit 18 sehr geschmackvoll eingerichteten Zimmern und eigenem Restaurant liegt direkt am Strand. Die lichtdurchfluteten Räume sorgen für eine freundliche Atmosphäre – die beste mittelpreisige Alternative am Meer. 33 Compensation Beach Road,* ☎ *032-946-0300, http://boathouse.co.za.*
Hotel Izulu, $$$–$$$$, *perfekte Unterkunft für romantische Stunden zu zweit, 18 Luxussuiten, gehobene Gastronomie, luxuriöser Wellness-Bereich. Rey's Place,* ☎ *032-946-3444, www.hotelizulu.com.*
Fairmont Zimbali Resort $$$$+, *tolle Anlage an der Küste, umgeben von üppiger Vegetation und einem Waldschutzgebiet. Paradies für Golfer (mehrere nahegelegene Plätze stehen zur Verfügung), doch genauso gut für andere Gäste. Innerhalb von 15 Minuten wandert man auf malerischen Wegen hinunter zum Strand. Der Hauptkomplex ist architektonisch spektakulär, das Restaurant erstklassig. Die Zimmer sind ebenso groß wie komfortabel. Zimbali ist die beste Alternative zu Umhlanga Rocks und beeindruckt durch Luxus und Natur.* ☎ *032-538-5000, www.fairmont.de.*

🍴 Restaurants
Im Ort gibt es eine Anzahl guter Restaurants in mittlerer Preislage – so z. B. **Mariners** *(Seafood),* **Al Pescatore** *(italienisch/Seafood),* **Beira Alta** *(portugiesisch).*

Tugela Mouth

Der Tugela River markiert das Ende der Nordküste KwaZulu-Natals und ist dessen Hauptfluss. Z. T. von mächtigen Kliffs eingefasst, durchquert er ein gewaltiges Tal. Als

Der Tugela River

Grenzfluss zwischen Natal und KwaZulu spielte er eine wichtige historische Rolle. Besonders während der Flut stellte er lange Zeit ein großes Hindernis für Reisende dar. Die heutige Brücke, 450 m lang, lässt den modernen Touristen die Schwierigkeiten der Vergangenheit vergessen. Benannt ist die Brücke nach John Ross, der 1827 als 15-jähriger über 900 km von Durban nach Lourenço Marques (heute: Maputo) wanderte, um Medizin für Kaufleute und Jäger zu erwerben. Als Ross den Zulukönig Shaka besuchte, um ihm seine Ehrerbietung zu erweisen, stellte Shaka dem Jungen eine bewaffnete Begleitung zur Seite, um ihn auf der Reise vor Gefahren zu schützen.

Die etwa 5 km vor der John Ross Bridge abzweigende Straße führt zur Tugela-Mündung. Nach etwa 1,5 km passiert man den alten Flussübergang. Hier befindet sich auch das kleine **Fort Pearson**, das die Briten vor der Invasion des Zululandes im Jahre 1878 erbaut haben (benannt nach Charles Knight Pearson, dem Kommandanten der Invasions-Truppen, die an dieser Stelle den Tugela überqueren mussten).

Historischer Baum 1,5 km vom Fort entfernt wächst an der Straße ein wilder Feigenbaum, der als „**Ultimatum Tree**" bekannt ist. Hier stellten am 11.12.1878 die Briten der Zulu-Delegation ein Ultimatum, dessen Bedingungen zum Anglo-Zulu-Krieg führten.

Auf den folgenden 7 km durchquert die Straße einen Küstenwald und endet im Mündungsgebiet des Flusses. Hier befindet sich ein Camping-Platz.

 Tipp

Das **Shakaland Zulu Village** ist ein authentischer Kraal mit riedgedeckten Hütten am Umhlatuze Lake. Vor einigen Jahren haben hier Hollywood-Produzenten das Leben des legendären Zulu-Königs Shaka verfilmt; die Kulisse wurde später zu einem typischen Kraal umgebaut, wo Sitten und Gebräuche der Zulu anschaulich dargestellt werden. Der Besucher wird von „Zulukriegern" empfangen. Touren werden mehrmals täglich angeboten und können über die Protea-Kette gebucht werden. ☎ 035-460-0912, www.shakaland.com.

Wildschutzgebiete im Norden KwaZulu-Natals

Alle beschriebenen Wildreservate liegen in unmittelbarer Nähe zur Nationalstraße N2, sodass die Anfahrt keine Probleme bereitet.

Hluhluwe-iMmfolozi Park

Der Park bedeckt etwa 1.000 km², die doppelte Fläche des Bodensees. Das südliche Gebiet ist das frühere **Umfolozi Game Reserve**. Dieses Gebiet – etwa 800 km² groß – liegt zwischen zwei Flüssen und umfasst besonders nahrhaftes Grasland. Das Klima ist warm bis heiß, ganzjährig steht genügend Wasser zur Verfügung. Heute leben in dem Park über 1.000 Weiße und Schwarze Nashörner, außerdem Löwen, Geparde, Impalas, Wildschweine, Blaugnus, Zebras, Wasser- und Riedböcke, Leoparden, Schakale – und in den Flüssen sogar Krokodile.

Große Artenvielfalt

Da jedes Wildschutzgebiet nur über eine begrenzte Tragfähigkeit verfügt, werden überzählige Tiere an zoologische Gärten auf der ganzen Welt abgegeben, um das ökologische Gleichgewicht im Reservat zu erhalten.

Das Wildschutzgebiet ist ganzjährig geöffnet. Die Wege durch das Naturschutzgebiet sind allerdings nicht allzu gut befestigt, sodass bei Regenwetter das Befahren bestimmter Abschnitte nicht leicht ist. Der „Umfolozi Mosaic Auto Trail" führt über 67 km durch das Parkgebiet (Fahrzeit: ca. 4–5 Stunden). Besonders reizvoll sind angebotene Wanderungen mit Wildhütern, dank derer man auch abseits gelegene Gebiete erreicht. Da dieses Abenteuer viele anlockt, ist eine frühzeitige Anmeldung dringend erforderlich (möglichst ein halbes Jahr im Voraus).

Geführte Wanderungen

Das frühere Hluhluwe-Gebiet - das „hl" im Namen wird wie „schl" ausgesprochen - liegt im Norden des Parks und wurde 1897 zum Naturschutzgebiet erklärt. Das Re-

Blick auf das üppige Grasland des Parks

servat umfasst ca. 200 km². Die Landschaft ist hügelig bis bergig, die nördlich gelegenen Gebiete sowie die Flussufer sind bewaldet. In den ebenen Gebieten herrscht Sa-
vannen-Vegetation vor, die z. T. aus dichtem Buschwerk besteht. Die Niederschläge
betragen 700 mm pro Jahr und sorgen so neben den Flüssen für genügend Wasser. Die
Seltene Tierwelt ähnelt der des Umfolozi Game Reserve. Außerdem leben hier noch Giraf-
Vogelarten fen und Buschschweine. Auch Ornithologen kommen auf ihre Kosten: Es gibt hier u. a.
den Marabu-Storch, Geier mit weißem Rücken, den Gaukler sowie das Perlhuhn zu
sehen. Bei Regen können die Straßen schwer zu befahren sein.

Information
www.kznwildlife.com und www.africasafari.co.za.

Unterkunft
Mpila Camp $–$$, *zwölf Hütten mit je vier Betten, gemeinsame sanitäre Einrich-
tungen, auch Chalets für Selbstversorger, Camping, kein Zaun und damit ein echtes Wild- und
Naturerlebnis. Toller Ausblick!*
Masinda Lodge $$, *sehr abgeschieden beim Mambeni Gate, für acht Personen in vier
Doppelzimmern. Man muss mindestens für vier Personen zahlen, Koch inbegriffen.*
Hilltop Camp $$–$$$$, *schönstes Camp, da toller Überblick. Nette Zwei-Bett-Ron-
davels mit gemeinsamen sanitären Anlagen. Daneben gibt es Chalets mit eigenem Bad
und Küche (Kaffee, kleiner Kühlschrank), exzellentes Buffet sowohl zum Frühstück als
auch am Abend.*
Muntulu Bush Lodge $$, *dieses Camp wird nur an Gruppen vermietet. Es gibt zwei Lod-
ges mit je vier Schlafräumen, schöner Blick auf den Hluhluwe River.*
Buchung *und Informationen über weitere Übernachtungsmöglichkeiten:* ☎ *031-208-3684,
www.hluhluwereservations.co.za oder* ☎ *035-590-1676, www.kznwildlife.com.*

Unterkunft außerhalb des Parks
Aloe View Rock Lodge $$, *tolle Lage mitten im Busch auf der Somerset Farm, die zwei
Flüsse umrahmen: Vorsicht Krokodile! Auch Hyänen, Leoparden und Flusspferde wurden schon
gesichtet, 5 moderne Zimmer, gute Küche,* ☎ *079-394-1284, www.aloeviewlodge.co.za.*
Falaza Game Park & Spa $$+, *dieses Camp liegt etwa 10 km vom Ort entfernt in der
Nähe der False Bay und ist mit einem normalen Pkw erreichbar. Die gesamte Anlage ist über-
aus gepflegt und wird von den Eigentümern selbst gemanagt. Die Zelte sind sehr geräumig,
sämtlich mit WC/Dusche ensuite. Schwimmbad vorhanden. Ein Wasserloch lockt unzählige
Tiere an: Nashörner, Nyalas, Wasserböcke, Rotducker, Zebras, Gnus, Giraffen, Kudus, Impalas,
Warzenschweine und zahlreiche Vögel. Unternehmungen: Ausflüge mit einem Boot in der
False Bay, Landrover-Fahrten auf dem Gelände. Hluhluwe,* ☎ *035-562-2319, www.fa
laza.co.za.*
Bonamanzi Game Reserve $$+, *dieses Camp befindet sich etwa 10 km südlich von
Hluhluwe. Die einzelnen Unterkünfte sind über ein großes Gebiet verstreut, Swimmingpool
und Restaurant sind vorhanden. Besonders reizvoll ist die Unterbringung in den Treehouses,*

die sehr privat mitten in der Natur liegen. Auch Camping möglich. Tierwelt: wie Falaza. Hluh-luwe, ☏ *035-562-0181 oder 081-339-4181, www.bonamanzi.co.za.*

Bushlands Game Lodge $$, *mitten im Herzen von Zululand gelegen, 12 km von Hluh-luwe entfernt. 26 auf Pfählen gebaute Holz-Chalets. Über eine hölzerne Fußbrücke gelangt man zum Speisesaal und Swimmingpool. Abends wird bei einem gemütlichen Lagerfeuer ge-grillt, gegessen und getrunken. Einzigartig sind vor allem der exklusive und persönliche Ser-vice sowie die ursprüngliche Landschaft. Lot H99, Bushlands Road, Hluhluwe South,* ☏ *035-562-0144, www.goodersonleisure.co.za.*

Backpackers

Insinkwe Backpackers Bushcamp $, *14 km südlich Hluhluwe beim Dumazulu Traditional Village, Doppelzimmer, Schlafsäle und Campingmöglichkeit. Schöne, urige Busch-umgebung, Selbstverpflegung, aber auch Restaurant, Swimmingpool vorhanden, Schildkröten besuchen das Camp regelmäßig.* ☏ *083-338-3494, www.isinkwe.co.za.*

iSimangaliso Wetland Park (ehem. Greater St. Lucia Wetland Park)

Der iSimangaliso Wetland Park (zu Deutsch: Wunderpark), der als erstes Schutzgebiet Südafrikas zum UNESCO-Weltnaturerbe erklärt wurde, ermöglicht ein einzigartiges Zusammenspiel von Tier- und Pflanzenleben innerhalb vielfältigster Landschaften. Der Park fügt sich aus diversen Schutzgebieten zusammen und umfasst artenreiche Ko-rallenriffs und Strände, Salz- und Frischwassermarschland, offene Flussmündungen und üppige Küstenstreifen, Buschland und Waldgebiete. Ursprünglich war der Park nach dem **Lake St. Lucia** benannt, einem einstigen Küstengebiet, das vor Jahrmillionen vom Meer getrennt wurde. Heute liegen bewaldete Sanddünen zwischen dem See und dem Indischen Ozean. Im Park herrschen ideale Lebensbedingungen für die Vo-gelwelt (Pelikane, kaspische Seeschwalben, Ibisse, Störche). An den Flussmündungen leben Krokodile, zu manchen Jahreszeiten auch im See. Weit mehr als 400 Flusspferde sind hier ebenso zu Hause wie Ried- und Buschböcke sowie das Nyala. Und nachdem vor kurzem erstmals seit über 40 Jahren wieder Löwen hier angesiedelt wurden, ist der Park sogar **Heimat der „Big Seven":** Das sind die Big Five zu Lande (s. S. 60) sowie Wale und Haie im Küstenbereich.

„Wunder-park"

Folgende Naturschutzgebiete finden sich in der Region:

St. Lucia Marine Reserve: erstreckt sich entlang der Küste von Cape Vidal im Süden und der Sodwana Bay im Norden (Uferzone und Gebiet bis zu 3 km ins Meer). Hier liegen die südlichsten Koral-lenriffe der Welt.

Cape Vidal State Forest: 32 km nörd-lich der St.-Lucia-Mündung.

False Bay Park: am Westufer des Lake St. Lucia.

Hippos im iSimangaliso Wetland Park

St. Lucia Park: 1 km breites Gebiet parallel zum Seeufer. Hier liegen die Camps Charters Creek, Fanie's Island und Mapelane sowie die Ferienanlage St. Lucia. Auch in diesem Reservat gibt es die Möglichkeit zur Teilnahme an Wildniswanderungen mit einem erfahrenen Wildhüter. Beispielsweise beginnen in Charters Creek dreitägige Wanderungen. Mit Booten gelangt man in die Wildnis, in der man zweimal übernachtet und täglich etwa 16 km wandert.

Vorwahl: *035*

Information

KZN Wildlife *(KwaZulu-Natal), geöffnet tgl. 8–16.30 Uhr. Dort gibt es die besten Infos zum Nationalpark, Pelican Street, ☎ 590-1340, www.kznwildlife.com, oder* **iSimangaliso Wetland Park Authority,** *The Dredger Harbour, Private Bag X05, St Lucia 3936, ☎ 590-1633, www.isimangaliso.com.*

Unterkunft

Es gibt diverse Campingmöglichkeiten (empfehlenswert: St. Lucia Estuary Cape Vidal, Kosi Bay, False Bay), außerdem Übernachtungs-Chalets und Lodges (keine Restaurants!). Alle Camps können über KZN Wildlife gebucht werden, ☎ 033-845-1000, www.kznwild life.com. Weitere Informationen zum Übernachten im iSimangaliso Wetland Park unter www.isimangaliso.com.
Makakatana Bay Lodge $$$$$+, *luxuriöse Privat-Lodge direkt am Ufer des Lake St. Lucia und dementsprechend teuer, dafür entschädigen die wunderbare Lage, die lediglich sechs großen, schönen Zimmer, der vorzügliche Service und das (z. T. inklusive) umfangreiche Safariangebot. Anfahrt über die N2, dann Ausfahrt Charters Creek/Makakatana und nach ca. 15 km der Ausschilderung folgen. ☎ 550-4198, http://makakatana.co.za.*

Außerdem gibt es in St. Lucia noch eine Reihe weiterer **privater Unterkunftsmöglichkeiten**:
St. Lucia Wild's Apartments, *hier werden sehr schöne Apartments aller Preisklassen vermietet, ebenso Boote. Die Wohnungen liegen direkt am Meer, das über Laufstege zu erreichen ist. Sehr schöne Gartenanlage, super eingerichtete Küche für Selbstversorger. 174 McKenzie Street, ☎ 590-1033, www.stluciawilds.co.za.*
Ndiza Lodge & Cabanas $, *traumhafte Gartenanlage, von einer Beobachtungsplattform können Vögel und am Abend auch Flusspferde beobachtet werden, Swimmingpool vorhanden. 153 Hornbill Street, ☎ 590-1113, www.ndizastlucia.co.za.*
St. Lucia Wetlands Guesthouse $, *super Service und Komfort. 20 Kingfisher Street, ☎ 590-1098, www.stluciawetlands.com.*
St. Lucia Kingfisher Lodge $, *sieben außergewöhnlich gestaltete Suiten, sehr komfortabel, tolle Lage, sehr guter Ausgangspunkt für lohnenswerte Safarifahrten. Nur Kinder ab 12 J. 187 McKenzie Street, ☎ 590-1015, www.stluciakingfisherlodge.co.za.*

Bootsvermietung

Direkt an der St.-Lucia-Mündung – sehr lohnend.

Mkuze Game Reserve

Entfernung nach Durban: 335 km.

Über den kleinen Ort Mkuze gelangt man in dieses 250 km² große Naturschutzgebiet, dessen weite Landschaft der Mkuze sowie der Umsunduzoi River durchfließen (beide Flüsse sind im Winter oft ausgetrocknet). Da die Gegend ziemlich flach ist, kann man große Tierherden beobachten und von gut versteckten Aussichtspunkten aus fotografieren. Insgesamt ist das Gebiet sehr trocken, und die Tiere ziehen zu den Wasserlöchern, wo man sie am besten betrachten kann. Die Tierwelt besteht vor allem aus Schwarzen Nashörnern, Blaugnus, Nyalas, Leoparden, Kudus, Zebras und Riedböcken. Auch hier werden Wanderungen mit Wildhütern angeboten.

Große Tierherden

Unterkunft
Buchung von Chalets und Safarizelten im Park über **KZN Wildlife**, ☎ 033-845-1000, www.kznwildlife.com.

Sodwana Bay National Park

Entfernung nach Durban: 400 km, Anfahrt über die Lower Mkuze Road.

Dieser Naturschutzpark liegt ca. 90 km östlich von Ubombo. Der Sodwana-Fluss verbindet eine Gruppe von Seen mit dem Meer. Hier leben Antilopen und eine Vielzahl von Vögeln (Zulu Batis und Rudd's Apalis). Ein Campingplatz ermöglicht einen längeren Aufenthalt.

Strand im Sodwana Bay National Park

Die von der N2 ostwärts abzweigende Sandstraße, die über Ubombo führt, endet nach etwa 100 km am Indischen Ozean, wo man mit Booten zum Tauchen (Korallenriffe) oder Hochseefischen hinausfährt. Ein Paradies für Sportfischer, denn der Sodwana-Zipfel ist als weltweit bester Angelplatz für Barrakuda, Marlin und Königsmakrele bekannt!

Reservierung/Unterkunft
Die Unterkünfte (Campingplatz, Chalets) kann man reservieren bei **KZN Wildlife**, ☎ 033-845-1000, www.kznwildlife.com, *oder unter* 035-571-0051/2.
Außerhalb des Parks: **Sodwana Bay Guest House** $–$$, *sechs nach Feng Shui eingerichtete Zimmer, zwei Küchen, auf Wunsch mit Catering, es werden Tauch- und Angelausflüge organisiert, Swimmingpool vorhanden, Sodwana Bay,* ☎ 076-565-4415 *oder* 082-444-5841, www.sodwanabayguesthouse.com.

Maputa-Land

Vorbemerkungen

Das wilde Südafrika

Das Maputa-Land kann in den normalen Ablauf einer Reise von Johannesburg nach Durban „eingebaut" werden. Insgesamt ist das Gebiet für Individualisten geeignet, die Südafrika „von der wilden Seite" her kennenlernen wollen. Für Selbstfahrer gibt es zwei Möglichkeiten:

▶ Grundsätzlich kann man diese Tour mit einem normalen Pkw absolvieren. Von den eingebuchten Lodges aus lässt man sich von einem vereinbarten Ort (Gate) abholen, um mit einem Allradfahrzeug das Ziel zu erreichen.

▶ Für Selbstfahrer empfiehlt sich dennoch ein Allradfahrzeug, da man zum einen im Kruger Park sozusagen von einer „hohen Warte aus" Tierbeobachtungen unternehmen kann und zum anderen im Reisegebiet „Maputa-Land" alle Fahrten (bis auf das Gebiet Ndumo Game Reserve) selbst unternehmen kann, was mehr Erlebnis, Abenteuer und Unabhängigkeit verspricht.

Tourenabläufe unter Berücksichtigung des Reisegebietes Maputa-Land	
1 Ü	Dullstroom
2 Ü	Region Blyde River Canyon
3 Ü	Region KNP/private Lodges
1 Ü	Swasiland
2 Ü	Ithala/wahlweise Hluhluwe Game Reserve
2 Ü	Ndumo
2 Ü	Kosi Bay
2 Ü	Rocktail Bay
2–3 Ü	Küste bei Ballito

Sehenswertes

Ithala Game Reserve

 Streckenbeschreibung

Lage: Bei Louwsburg/KwaZulu-Natal gelegen, südlich von Swasiland. Diejenigen, die über Swasiland – von Mbabane aus – kommen, sollten von Manzini die Straße 9 zum Grenzübergang Mahamba nehmen, von hier aus über Paulpietersburg/Vryheid nach Ithala.
Entfernungen: Mbabane – Ithala über Grenzübergang Mahamba, Paulpietersburg und Vryheid nach Louwsburg ca. 400 km. Gute Straßen.

Unterkunft

Man wohnt im **Ntshondwe Camp**, *das sehr geräumige, saubere und geschmackvoll eingerichtete Häuschen bietet. Swimmingpool vorhanden. Im Hauptgebäude befindet sich das Restaurant, angegliedert ist eine Bar. Vom Restaurant gelangt man auf eine Terrasse, wo man auch essen kann und von wo aus man eine sehr schöne Aussicht genießen kann. Das Essen ist sehr schmackhaft und reichhaltig (Buffet), dazu preiswert. Zu buchen unter ☎ 021-424-1037, www.nature-reserve.co.za.*

Ithala wurde bereits 1972 gegründet und umfasst 300 km². Das Gelände ist hügelig bis bergig. Die Nordgrenze des Parkgebiets bildet der Pongola River, verschiedene seiner Nebenflüsse durchqueren die Grassavanne. Die Tierwelt ist reichhaltig: über 400 Vogelarten, Spitz- und Breitmaulnashörner, Giraffen, Zebras, Warzenschweine, Krokodile, einige Elefanten, Tsetsebe-Antilopen, Hyänen, Leoparden und Geparde. Ithala ist ein sehr ruhig wirkender Park und wird relativ wenig besucht, da er abseits der touristischen „Trampelpfade" liegt. *Ruhig und wenig besucht*

Ndumo Game Reserve

 Streckenbeschreibung

Lage: Ndumo liegt direkt an der Südgrenze zu Mosambik. Von Ithala folgt man der R 69 nach Osten und erreicht die N 2 bei Candover, der man – entlang dem riesigen Staudamm von Jozini – bis Nkonkoni folgt. Von hier aus biegt man nach Jozini ab und folgt der Straße in diesen Ort. Hier gibt es alle Versorgungseinrichtungen. Von Jozini aus erreicht man nach 56 km den Abzweig nach Ndumo, nach weiteren 15 km ist man am Gate.
Entfernungen: Strecke Ithala – Ndumo Game Reserve: ca. 220 km.

Der 100 km² große Park umfasst einige Überflutungsbecken des Pongola River. Tierwelt: 420 Vogelarten, allerdings keine Tierherden. Die Vegetation besteht z. T. aus dichten Auenwäldern. Breit- und Spitzmaulnashörner leben hier ebenso wie Nyala-

Im Ndumo Game Reserve leben auch Nashörner

Antilopen, Impalas, Buschböcke, Rotducker, Giraffen, Büffel, Krokodile und Flusspferde. Ndumo ist für Naturliebhaber und vor allem für Vogelfreunde einen Besuch wert!

Besonderes
Ndumo strahlt Ruhe aus, ist touristisch wenig besucht und deshalb für den Naturfreund ein Highlight im südlichen Afrika! Vorsicht: Malaria-Gebiet! Im Sommer sehr heiß und schwül.

 Unterkunft/Buchung
Es gibt im Park ein **öffentliches Camp** *mit einfachen Hütten und einem schönen Swimmingpool. WC/Duschen werden gemeinschaftlich genutzt, alles ist sehr sauber. Es gibt* **kein Restaurant** *– nur Selbstversorgung. Das Mitgebrachte wird von einem Koch zubereitet. Buchungen:* ☎ *021-424-1037, www.nature-reserve.co.za.*

Tembe Elephant Park

> *i* **Streckenbeschreibung**
>
> **Lage**: Südlich an Mosambik grenzend, etwa 25 km vom Ndumo entfernt an der Straße Richtung Kosi Bay.
> **Entfernung**: Ndumo – Tembe Elephant Park: ca. 31 km.

Tembe umfasst mehr als 300 km² und ist ein Paradies für Vogelfreunde. Über 340 Arten leben hier. Dazu kommen Elefanten, Nashörner, Büffel, Giraffen, Hyänen, Kudus,

Wasserböcke, Zebras, Giraffen und Warzenschweine. Die Elefanten sind relativ aggressiv, da ihnen aufgrund des Bürgerkriegs in Mosambik sozusagen noch die Angst in den Knochen steckt. Die Herden besuchen regelmäßig die Wasserstellen. Ein Landrover ist zwingend erforderlich, da das Gebiet äußerst sandig ist.

Besonderes

Ein sehr großes, völlig einsames Gebiet. Ebenso wie Ndumo ein kleiner Geheimtipp für Naturliebhaber. Die Unterkünfte sind allerdings eher einfach.

Unterkunft/Buchung

Nur 2 km vom Eingang entfernt gibt es ein Camp mit komfortabel eingerichteten Zelten, die man allerdings nicht als Luxusunterkünfte bezeichnen kann. Das privat gemanagte Camp verfügt über ein riedgedecktes Areal, wo man isst, sich aufhält und im Swimmingpool baden kann. Weitere Informationen und Buchungen unter ☎ 082-651-2868, www.tembe. co.za.

Gebiet Kosi Bay Nature Reserve/ Kosi Bay Coastal Forest Reserve

i Streckenbeschreibung

Lage: Im äußersten Nordosten von KwaZulu-Natal gelegen.
Entfernung: Tembe Elephant Park – Kosi Bay Nature Reserve: ca. 55 km.

Das Kosi Bay Nature Reserve besteht nicht aus einer Bay im eigentlichen Sinne (= Zugang zum Meer), sondern aus einem System von vier Seen, von Norden nach Süden:

▸ Lake Makhawulani (= First Lake)
▸ Lake Mpunwini (= Second Lake)
▸ Lake Nhlange (= Third Lake)
▸ Lake Amanzimnyama (= Fourth Lake).

Diese Seen sind durch Sanddünen vom Meer abgeschottet und haben nur bei Kosi Mouth einen Wasserzugang bei Flut. Sie sind durch kurze Kanäle verbunden, die sich wunderbar für Kanufahrten eignen. In Meeresnähe gibt es Palmenwälder.

Ein Fischer im Kosi Bay Nature Reserve

Hinweis

Die Wege sind sehr sandig, und es müssen immer wieder kleine Flüsse durch-quert werden – ein Allrad-angetriebenes Fahrzeug ist deshalb ein Muss! Die normale Straße endet 7 km vor der Küste, ab hier also nur noch mit 4x4!

Unterkunft

Übernachtungen sind in Hütten möglich. Zu buchen bei **KZN Wildlife***,* ☎ *033-845-1000 oder 035-592-0234, www.kznwildlife.com.*

Kosi Bay Lodge $*, die Lodge liegt auf einem Hügel und überblickt den Lake Nhlange (= Third Lake). Man erreicht die Lodge von Kwangwanase aus mit einem normalen Pkw. Es gibt saubere, einfach eingerichtete Chalets, einen gepflegten Swimmingpool, schöne Außenanla-gen sowie ein kleines „Handwerkerdorf" gleich nebenan, wo hübsche Souvenirs gefertigt wer-den. Ein 10-minütiger Spaziergang führt durch einen dichten Wald an das Seeufer, wo das Ausflugsboot der Lodge liegt. Kosi Bay, Kwangwanase,* ☎ *035-592-9561, www.kosibay lodge.co.za.*

Kosi Forest Lodge $$$$–$$$$$*, in der Nähe von Kwangwanase, ab hier ist die Lodge ausgeschildert. Man kann sie nur mit einem Allradfahrzeug erreichen, Gäste mit Pkw parken auf einem eingezäunten Gelände und werden dort um 12 Uhr oder 16 Uhr abgeholt. Fahr-zeit ab hier: ca. 15 Minuten – der Weg ist sehr, sehr sandig! Die Lodge liegt in einem kleinen Wäldchen auf einer Anhöhe unweit eines Sees, wo es ein „Sundowner Deck" gibt. Die „Bush Suites" sind komfortabel, sämtlich mit WC/Dusche und Badewanne (alles ist draußen unter freiem Himmel in den Sand gebaut). Es gibt kein elektrisches Licht, dafür ist abends alles sehr schön mit Kerzen illuminiert. Mögliche Aktivitäten: Kanufahrten auf einem nahen Fluss, Schnorcheln und Vogelbeobachtungen.* ☎ *035-474-1473/-1490, www.isibindiafrica.co.za.*

Rocktail Bay

Rocktail Bay

 Streckenbeschreibung

Lage: Im Maputa-Land Coastal Forest Reserve gelegen, südlich von Kosi Bay.
Entfernung: Kwangwanase – Rocktail Bay: ca. 65 km.

Rocktail Bay liegt wirklich „jenseits von Afrika". Nachdem man das Eingangstor zum Coastal Forest Reserve passiert hat, führt der sandige Weg direkt hinter den bewaldeten Dünen entlang zu wunderschönen Stellen.

▸ Eine Spur führt ans Meer zum Lala Nek, einer einsamen Meeresbucht, in der man baden und schnorcheln kann.
▸ Die Bucht ist weit, einsam und innerhalb von etwa 20 Geh-Minuten vom Rocktail Beach Camp aus zu erreichen.
▸ Zum Black Rock gelangt man auf einem sehr sandigen, abenteuerlichen Weg. Hier ist das Schwimmen eine Wonne!

Vom Rocktail Beach Camp werden Fahrten in ein traditionelles Dorf sowie zu Marschlandschaften unternommen, in denen Flusspferde leben. Die ganze Gegend ist insbesondere für Vogelliebhaber hochinteressant.

👉 **Tipp**

Ein einmaliges Spektakel findet in den Sommermonaten in der Rocktail Bay statt, wenn die Riesenschildkröten in der Nacht an den Strand gekrochen kommen und ihre Eier ablegen. An vielen Strandabschnitten hinterlassen die bis zu 900 kg schweren Schildkröten tiefe Spuren im Sand.

 Unterkunft
Rocktail Beach Camp $$$$$, 17 geräumige, zeltartige Unterkünfte in Strandnähe, darunter 7 Familieneinheiten. Großes Angebot an Aktivitäten, darunter Tauchkurse, Schnorcheln, Quad-Biking und geführte Touren in die Umgebung. Buchung über Wilderness Safaris in Johannesburg, ☎ 011-807-1800, www.wilderness-safaris.com.

Lake Sibaya/Mabibi

Der See liegt etwa 10 km nördlich von Sodwana. Mit 77 km² ist er der größte natürliche Süßwassersee Südafrikas. Die Gegend ist sehr beschaulich und eignet sich zum Beobachten der Vogelwelt und der im See lebenden Flusspferde und Krokodile.

Das Camp Mabibi zählt zu den schönsten und ruhigsten Campingplätzen Südafrikas. Mabibi gehört zum Maputa-Land Coastal Forest Reserve. Die Strände sind ein Traum.

Private Wildschutzgebiete/„naturnahe" Unterkünfte im Norden KwaZulu-Natals

Der Sekretärsvogel, auch „Schicksalsvogel" genannt

Die privaten Wildschutzgebiete im Norden KwaZulu-Natals ähneln denen am Westrand des Kruger Park, sind jedoch kleiner und weniger bekannt:

Bonamanzi Game Reserve liegt nur 10 km südlich von Hluhluwe und bietet traditionelle strohgedeckte Hütten. Die besondere Attraktion sind die herrlichen Hütten hoch im dichten Laubwerk der Bäume. Von einer sehr komfortabel gestalteten Baumlodge genießt der Besucher einen faszinierenden Blick auf eine regelmäßig von Tieren besuchte Wasserstelle. Selbstversorgung möglich, gutes Restaurant aber vorhanden. Schwimmbad.

Bushlands Game Lodge befindet sich ebenfalls nur 11 km südlich von Hluhluwe. Die schönen Blockhäuser liegen hoch in den Bäumen und sind durch Stege verbunden. Jedes Baumhaus hat Schlafzimmer, Dusche, WC und Terrasse. Verpflegung, Schwimmbad. Sehr persönlich geführt von Rob und Marlene Deane. Es werden Zululand-Safaris zu allen umliegenden Naturschutzgebieten angeboten.

Zululand Safari Lodge. Vor den Eingangstoren zum Hluhluwe-Park liegt diese sehr schöne Anlage auf der Ubizane Game Ranch mitten im Busch, gutes Restaurant, Schwimmbad, privat geführt (SUN-Kette). Guter Ausgangspunkt für den Hluhluwe-iMmfolozi-Park.

Tamboti Bush Camp. 30 km nördlich von Hluhluwe, Richtung Sodwana Bay (hier von der N2 abfahren). Der Name bezeichnet eine Baumart, die bei der Zulubevölkerung als Brennholz geschätzt wird. Strohgedeckte Bungalows, Schwimmbad, Restaurant.

Phinda Resource Reserve. Phinda Izilwane bedeutet so viel wie „Rückkehr des Wildes". Im unberührten Maputaland liegt das neue und größte private Wildschutzgebiet Natals, genau zwischen dem Mkuze Game Reserve und Lake St. Lucia. Auf engem Raum treffen hier die verschiedensten Öko-Systeme zusammen: Bergregionen und Busch, Savannen und Strand, Sumpf- und Marschlandschaften.

Seit einigen Jahren läuft unter dem Motto „game restocking programme" die Wiedereinführung früher hier lebender Tiere wie Elefanten, Löwen, Giraffen, Zebras und anderer Savannentiere. Wildbeobachtungsfahrten im offenen Landrover, Tauchen, Sundowner- und Kanufahrten auf dem Mzinene River (dem „Mini-Okavango"). Luxusunterkünfte, geschickt im Busch getarnt, erstklassige Küche sowie hervorragende Betreuung sind dem zahlungskräftigen Reisenden sicher.

 Unterkunft

Bonamanzi Game Reserve $$+, *s. S. 540, 550.*
Bushlands Game Lodge $$, *s. S. 541, 550.*
Lalapanzi Camp $$, *10 Chalets, Restaurant mit Bar, Pool, geführte Safaris und „Bush Walks", vor allem Impalas können häufig beobachtet werden, im Bonamanzi Game Reserve gelegen (Buchungen:* ☎ *035-562-0181 oder 081-339-4181, www.bonamanzi.co.za).*
Zululand Safari Lodge $$, *im Ubizane Wildlife Reserve, komfortable, strohbedeckte Rondavels mit Swimmingpool und einer schönen „Boma" zum gemeinsamen Abendessen in entspannter Atmosphäre. Zusätzlich 24 Chalets für Selbstversorger. Information und Buchung über Ubizane Wildlife Reserve,* ☎ *035-562-1020, www.ubizane.co.za.*
Pakamisa Private Game Reserve $$$–$$$$$, *im dünnbesiedelten Gebiet nahe der Grenze zu Swasiland gelegen, Anfahrt von Pongola aus über die R66. Die Besitzerin führt außerdem ein Arabergestüt mit Reitmöglichkeit für die Gäste der acht Luxussuiten. „Big-Five"-Fotosafaris in benachbarte Nationalparks möglich.* ☎ *083-229-1811, www.pakamisa.co.za.*
&Beyond Phinda Forest Lodge $$$$$, *die Unterkunft in 16 separaten Suiten bietet höchsten Standard mit einem herrlichen Ausblick.* ☎ *011-809-4300, www.andbeyond.com.*

Anschluss-Strecken

▸ Nach Swasiland und weiter zum Kruger Park: Man fährt die N2 bis zum Grenzübergang Golela, von hier nach Mbabane und später über Pigg's Head und Malelane in den Südteil des Kruger National Park.
▸ Nach Johannesburg: Über die N2 und weiter die R29 (via Piet Retief, Ermelo, Bethal) und später die N17 (ab Leandra) nach Johannesburg.

Durban – Pietermaritzburg – Drakensberge (Giant's Castle Game Reserve – Royal Natal National Park)

Übersicht

Großartige Landschaften

Auf dem Weg von Durban nach Johannesburg trifft man auf viele historische und landschaftliche Höhepunkte. Als einstige Hauptstadt der Voortrekker-Republik lenkt Pietermaritzburg den Blick zurück in die Vergangenheit. Weiter nordwestlich steigt die **Bergkette der Drakensberge** auf Höhen von über 3.000 m an. Großartige Landschaften warten auf den Besucher, deren schönste Stellen heute Naturschutzgebiete sind.

Ein Abstecher zum Blood River erinnert an die großen Auseinandersetzungen zwischen den zu neuen Siedlungsräumen aufgebrochenen Voortrekkern und den Zulu, die vergeblich ihre Besitzansprüche durchzusetzen versuchten.

Planungsvorschläge		
Gesamtstrecke: Durban – Pietermaritzburg – Drakensberge – Johannesburg		
Einzelstrecken	**km**	**Tage**
Durban – Pietermaritzburg	78	i
Pietermaritzburg – Giant's Castle Game Reserve (über Mooi River)	ca. 150 km	I
Giant's Castle Game Reserve – Royal Natal Game Reserve	ca. 180 km	I
Royal Natal National Park – Johannesburg (über Harrismith, N16)	340 km	I
gesamt	ca. 748 km	4 Tage

Pietermaritzburg

Britische Spuren

Die z. T. altenglisch anmutende Stadt in den KwaZulu-Nataler Midlands liegt inmitten einer fruchtbaren Landschaft. Aufgrund seiner architektonischen Reminiszenzen nennt man Pietermaritzburg auch die „letzte Bastion des British Empire": kein Wunder angesichts der engen, kopfsteingepflasterten Gassen und viktorianischen Häuser, der roten Backsteinvillen und Elite-Internate. Voortrekker hinterließen hier ihre Spuren ebenso wie Inder, deren Kirchen und Moscheen der Stadt ein kosmopolitisches Antlitz verleihen.

Pietermaritzburg ist die Hauptstadt von KwaZulu-Natal. Nach der erfolgreichen Schlacht am Blood River gegen die Zulus wählten die Voortrekker im Jahre 1839 diese Stelle aus, um hier die Hauptstadt ihrer Republik Natal zu gründen. Sie benannten sie nach ihren Führern Pieter Retief und Gerrit Maritz. Die Stadt wurde mit breiten Straßen angelegt, an deren Seiten kleine Kanäle verliefen. Doch bereits 1843 übernahmen die Briten Pietermaritzburg und regierten von hier aus KwaZulu-Natal.

Heute leben in der Region etwa 223.000 Menschen. Die Umgebung ist sehr fruchtbar, da der Regenfall rund 1.000 mm pro Jahr beträgt. Neben ihrer Funktion als Verwaltungs- und Gerichtsort ist die Stadt Sitz der University of KwaZulu-Natal, die auch in Durban vertreten ist.

Sehenswertes

Msunduzi Museum (ehem. Voortrekker Museum) und Memorial Church (1)

Hier können Exponate aus der Geschichte der Voortrekker besichtigt werden. Interessant ist z. B. ein Stuhl, der für den Zulu-Häuptling Dingaan aus Eisenholz geschnitzt wurde. Neben dem Msunduzi Museum steht die Voortrekker-Gedächtniskirche, deren Gestaltung die Geschichte und den Kampf der Voortrekker in KwaZulu-Natal symbolisiert. Die „Kirche des Gelübdes" wurde im Gedenken an die Schlacht am Blood River erbaut.

Msunduzi Museum und Memorial Church: *Geöffnet Mo–Fr 9–16, Sa –13 Uhr. 351 Langalibalele (Longmarket) Street, Ecke Boshoff Street,* ☏ *033-394-6834/5/6, www.voor trekkermuseum.co.za.*

City Hall (2)

1893 fertiggestellt, soll es sich hierbei um das größte aus Klinkersteinen erbaute Gebäude südlich des Äquators handeln. 47 m hoher Glockenturm!

Blick auf Pietermaritzburg

Natal Museum (3)

In diesem bereits 1905 eröffneten Museum werden afrikanische Tiere, geologische Sammelstücke, Originalgemälde der San, Kunstobjekte der Zulu sowie Exponate zur Ethnologie präsentiert.

Natal Museum: *10 R Erw./5 R Schüler. Geöffnet Mo–Fr 8.15–16.30, Sa 9–16, So 10–15 Uhr. 237 Jabu Ndlovu (Loop) Street, ☎ 033-345-1404, www.nmsa.org.za.*

St. Peter's Church (4)

Die St. Peter's Church wurde 1857 erbaut. Neben schönen Bleiglasfenstern gibt es ein kleines Museum zu sehen. Das Grab des Bischofs John William Colenso befindet sich vor dem Altar; Colenso hat das erste Englisch-Zulu-Wörterbuch herausgegeben und auch das Neue Testament in Zulu übersetzt.

Pietermaritzburg

0 Sehenswürdigkeiten
1 Msunduzi Museum und Memorial Church
2 City Hall
3 Natal Museum
4 St. Peter's Church
5 Old Government House

Old Government House (5)

Das einzige erhaltene zweistöckige Haus aus der Voortrekker-Zeit wurde 1846 erbaut und ist das älteste Gebäude der Stadt. Die Decken aus Yellowwood und die Fliesenböden sind ein gutes Beispiel gepflegter Voortrekker-Architektur.
Old Government House: *1 Longmarket Street.*

Natal Provincial Administration Collection

Eine sehr schöne Ausstellung über die afrikanische Kunst in dieser Gegend. Die Hall of KwaZulu-Natal History enthält eine rekonstruierte Straße des viktorianischen Pietermaritzburg.
Natal Provincial Administration Collection: *Longmarket Street.*

Auf der Weiterfahrt kommt man nach **Howick**. Hier stürzt der Umgeni River 95 m in die Tiefe. In der Nähe liegen mehrere kleine Naturschutzgebiete.

Auf der R103 kurz hinter Howick befindet sich die Stelle, an der Nelson Mandela 1962 auf seinem Weg nach Johannesburg verhaftet wurde, woraufhin er die nächsten 27 Jahre im Gefängnis verbrachte. Heute erinnert ein Denkmal an dieses Ereignis.

Vorwahl: *033*

i Informationen

Msunduzi Pietermaritzburg Tourism Association, *hier erhält man die Broschüren „What's on in Pietermaritzburg" und „Natal Experience" sowie Busfahrkarten für Greyhound und Translux. 177 Chief Albert Luthuli Street,* ☏ *345-1348, www.pmb tourism.co.za.*

🛏 Unterkunft

Im Ort selbst bietet einzig das **Protea Hotel Imperial** $$ *(224 Jabu Ndlovu Street,* ☏ *342-6551, www.proteahotels.com) einen guten Standard. Ansonsten empfiehlt es sich, auf Unterkünfte in der Umgebung auszuweichen.*
Ca. 30 km nordöstlich liegt das **Orion Hotel Wartburger Hof** $$, *das an eine Unterkunft im Voralpenland erinnert. Sehr familiäre Atmosphäre, Gemütlichkeit im traditionellen Stil. 52 Noodsberg Road, Wartburg 3233,* ☏ *503-1482, www.wartburghotel.co.za.*
Protea Hotel Hilton $$, *idyllische, ruhige Lage 12 km nordwestlich von Pietermaritzburg. Sehr empfehlenswert. Nicht zur Hilton-Hotelkette gehörend. 1 Hilton Avenue, Hilton,* ☏ *343-3311, www.proteahotels.com.*
Fordoun Spa Hotel $$–$$$$, *der perfekte Ort, um die Seele baumeln zu lassen, großartige Küche im Skye Bistro, saubere und makellose Einrichtung, vielseitige Anwendungen im Spa, unter der Woche Spinning- und Pilateskurse. Etwa 60 km nördlich von Pietermaritzburg, Nottingham Road, Midlands,* ☏ *266-6217, www.fordoun.com.*

🍽 Restaurants

Els Amics, *in einem alten viktorianischen Haus, Lunch Di–Fr, Dinner Di–Sa, v. a. spanische Gerichte in sehr gepflegtem Ambiente, umfangreiche Weinkarte, gute Parkmöglichkeiten. Reservierung empfohlen. 380 Longmarket Street, ☎ 345-1111.*

Traffords, *kleines, persönliches Restaurant. Penny und ihr Team bieten traditionelle Gourmetküche, guten Service und faire Preise. 43 Miller Street, ☎ 394-4364, http://traffords.co.za.*

🚌 Busse

Mehrfach täglich fahren Busse nach Bloemfontein, Durban, Johannesburg, Kapstadt und Ladysmith.

Intercape: *Haltestelle Burger Street.*

Greyhound: *Haltestelle Ecke Burger und Commercial Street, ☎ 345-3175, Buchungen unter ☎ 083-915-9000.*

BAZ-Bus: *Von allen innerstädtischen Übernachtungsstellen (nur absetzen).*

🚂 Bahn

Der Bahnhof befindet sich am südlichen Ende der Longmarket Street in der Railway Street. Die Gegend dort ist nicht sehr sicher (vor allem abends).

Ziele im Drakensberg-Gebiet

Planungsvorschlag und Strecken	km	Tage
Butha-Buthe – Golden Gate Park	75	1
Golden Gate Park – Qwa-Qwa-Hotels	75 km	1
Qwa-Qwa – Bethlehem – Jo'burg	365 km	1

ℹ️ Streckenbeschreibung

Von Lesotho aus: An der Kreuzung 10 km hinter dem Grenzübergang Caledonspoort folgt man der Ausschilderung nach Bethlehem über die R26. Ab Bethlehem führt die R26 nach Reitz und weiter nach Frankfort bis zur N3. Von der N3 geht bald die R54 ab zum interessanteren nördlichen Teil des Vaal Dam Reserve. Bleibt man auf der N3, gelangt man direkt nach Jo'burg.
Wer zum Golden Gate Park will, nimmt ab der o. g. Kreuzung die R711 bis Clarens und folgt von dort den Schildern zum Park. Durch den Park in Richtung Osten geht's dann nach Qwa-Qwa, auf einem kurzen Stück auf einer Piste. In Qwa-Qwa bleibt man immer auf der Hauptstraße, die zu den Berghotels führt. Zurück fährt man auf der R57 bis Kestell und von dort nach Bethlehem. Schneller geht es von Qwa-Qwa über die R712 nach Harrismith und dann auf die N3 nach Johannesburg.

Das Gebiet der KwaZulu-Nataler Drakensberge teilt sich in folgende Regionen auf:
▸ Southern Berg
▸ Central Berg: Hierzu gehört das Giant's Castle Game Reserve.
▸ Northern Berg: Hierzu gehört der Royal Natal National Park.

Ukhahlamba Drakensberg Park

Dieser 2.428 km² große Hochgebirgspark liegt etwa 100 km westlich von Ladysmith und bietet tolle Gebirgsszenerien, die man auf gut markierten Wanderwegen genießen kann. Es sind auch Felszeichnungen zu sehen. Die Unterkunftsmöglichkeiten reichen von Camps bis zu sehr guten Hotels.

Hochgebirgspark

 Information und Buchung
KZN Wildlife, ☏ *033-845-1000, www.kznwildlife.com.*

Besuch des Southern Berg

Zum Southern Berg gehören viele kleinere Nature Reserves. Das gesamte Gebiet eignet sich hervorragend für ausgedehnte Wanderungen, zum Angeln, Reiten oder einfach nur zum Erholen.

Kamberg Nature Reserve

Dieses am Fuße der Drakensberge liegende Naturschutzgebiet (222 km²) ist insbesondere für Angler eine Empfehlung. Es gibt Hütten und Campingmöglichkeiten. Faszinierend sind die sehr gut erhaltenen Felsmalereien in der Shelter Cave. Die geführte Wanderung dauert insgesamt etwa drei Stunden. Vorsicht Schlangen!

Lotheni Nature Reserve

76 km westlich von Nottingham Road entfernt gelegen. Der Name dieses wilden und einsamen Naturschutzgebietes (40 km²) stammt vom flachen, forellenreichen Lotheni-Fluss. Hier, an den

Die Drakensberge – das Dach Südafrikas

Vorbergen der Drakensberge, leben u. a. Riedböcke, Elenantilopen, Oribis und Buschböcke. Früher befand sich hier eine Schaffarm; im „Settler's Museum" werden Utensilien aus jener Zeit ausgestellt.

Sani Pass

Dieser sehr aufregende Bergpass folgt dem Lauf des Umkomanazana River nach Lesotho. Mulis und Packesel sind beliebte Transportmittel. Die Überquerung des Passes
nach Lesotho ist vor allem bei schlechtem Wetter nur mit einem Allradfahrzeug möglich. Vom Sani Pass aus führt bei Bushman's Nek ein 63 km langer Wanderweg nach
Silver Streams, in dessen Verlauf Übernachtungshütten zur Verfügung stehen.

Garden Castle Nature Reserve

Garden Castle (350 km²) ist das südlichste Nature Reserve der Drakensberge. Für die
Übernachtung werden Chalets und sogar Berghöhlen angeboten. Die Wanderwege
sind sehr schön, außerdem finden sich in diesem Gebiet viele Felsmalereien. Letzter
Einlass: 15 Uhr.

KwaZulu-Natals Drakensberge – das Dach Südafrikas

Die Drakensberge, jener mächtige Gebirgszug Südafrikas, der die schönsten Gebirgsszenerien des Landes aufweist, blicken auf eine interessante geologische
Entwicklung zurück: Vor mehr als 100 Millionen Jahren bestand das südliche

Afrika aus Regenwäldern und ausgedehnten Sümpfen. Dann dörrten Klimaveränderungen das Gebiet aus, die Sümpfe wurden trocken, die Wälder starben ab. Aus dem Schlamm entstanden allmählich Sande, die durch oxidiertes Eisen gelb, orange und rot gefärbt wurden. Vom Wind aufgeweht, türmten sich diese Sande in höheren Gebieten auf, bis sie letztlich eine 300 m hohe Sandsteinschicht bildeten.

Vor etwa 25 Millionen Jahren drangen durch Risse im Gesteinsgefüge Lavamassen nach oben. Die durch Vulkane eruptierten Basalte waren über 1.000 m mächtig und wurden im Laufe der Jahrmillionen bis auf über 3.000 m über den Meeresspiegel angehoben, während parallel tiefe Täler entstanden. Das Gebirge bildet heute das „Dach" Südafrikas, an dem sich die feuchten Luftmassen des Indischen Ozeans abregnen. Da

Typische südafrikanische Gebirgslandschaft

die Niederschläge an der Ostseite des Gebirgsmassivs besonders hoch sind, ist hier die Abtragung am intensivsten. Durch diese Erosion wurde der Basalt wieder abgetragen und der darunter liegende Sandstein freigelegt. Die Gipfel bestehen allerdings nach wie vor aus Basalt. Von der Ostseite aus betrachtet formen die Basaltmassen eine hohe, nur von Schluchten und engen Tälern unterbrochene Wand. Auf den Höhen des Gebirges liegen Hochland-Moore.

Die Europäer nannten den südlichen Teil des Basalt-Massivs Drakensberg („Drachenberg"). Alte Legenden erzählen von Drachen, die auf den Höhen gehaust haben sollen. In dieser einsamen Bergregion gibt es viele Höhlen mit Felszeichnungen von San, die bis vor etwa 100 Jahren hier gelebt haben.

Giant's Castle Game Reserve

Südlich des Cathkin Peak erreicht der Hauptkamm der Drakensberge auf einer Länge von über 35 km Höhen von rund 3.000 m. Diese unüberwindbare Basaltwand gipfelt im Giant's Castle („Burg des Riesen") mit 3.312 m. Die Zulu hatten vor diesem Berg großen Respekt und nannten ihn „Ntabayikonjwa" („der Berg, auf den man nicht zeigen darf"). Der Name basiert auf einer Legende, der zufolge es der Berg den Menschen übel nehme, wenn sie auf ihn zeigten, und sich dann mit schlechtem Wetter räche. Tatsächlich brauen sich hier extreme Wettersituationen zusammen, die allerdings weniger mystisch als vielmehr naturwissenschaftlich erklärbar sind: Die steile Bergwand zwingt feuchtwarme Luftmassen zum Aufstieg, sodass die

Extreme Wettersituationen

Luftfeuchtigkeit kondensiert und in heftigen Regenschauern niederfällt. Im Winter verzeichnet dieses Gebiet hohe Schneefälle, während es in den Sommermonaten zu schweren Gewitterstürmen kommen kann.

Die Vorberge bieten ausgezeichnetes Weideland für Elenantilopen, Gnus, Ried- und Buschböcke, Klippspringer, Kuhantilopen, Bleichböckchen und Steppenducker.

Im Gebiet des Bushman's River gibt es im oberen Abschnitt der Schlucht einige Höhlen mit beeindruckenden **Sanzeichnungen**. Sie legen Zeugnis davon ab, dass diese Regionen schon vor Tausenden von Jahren zumindest zeitweise besiedelt waren.

Reit- und Wanderwege
Eine Vielzahl von Reit- und Wanderwegen (50 km) erschließt die grandiose Naturlandschaft. Von dem Reitstall im Camp kann man zu zwei- bis viertägigen Reitausflügen aufbrechen. Camping- und Übernachtungsmöglichkeiten sind vorhanden (Hütten und Rondavels).

 Tipp

Ob Tagesausflug oder viertägige Tour: Eine Wanderung auf dem Mehloding Adventure Trail ist ein unvergessliches Erlebnis. Mit einheimischen Führern besucht man abgelegene Bergdörfer und lernt den Alltag der hier lebenden Hirten hautnah kennen. Infos: www.mehloding.co.za.

 Benzin
Nur am Giant's Castle Main Gate gibt es eine Tankmöglichkeit.

 Lebensmittel und Getränke
Alle Nahrungsmittel müssen mitgebracht werden.

 Öffnungszeiten
Ganzjährig; besonders großer Andrang im Dezember und während der Osterferien.

 Reservierungen
Buchungen für **Übernachtungen** *und die* **Bergtrails** *bei:* **KZN Wildlife**, ☎ *033-845-1000, www.kznwildlife.com oder unter* ☎ *036-353-3718.*

 ## Cathkin Peak

In diesem zentral gelegenen Gebiet ermöglicht eine Reihe von guten Unterkünften „logistisch" die Erkundung der nördlichen und südlichen Gefilde entlang der Drakensberge.

Royal Natal National Park

Das Nationalpark-Gebiet liegt am Fuße des Mont-Aux-Sources und ist etwa 80 km² groß. Die steilen Felsabhänge an der Ostseite formen einen weiten, halbmondförmigen Bogen, das sogenannte „Amphitheater", das majestätisch von den Gipfeln des Sentinel (3.165 m) und des Eastern Buttress (3.047 m) umrahmt wird. Der Mont-Aux-Sources selbst ist mit 3.282 m einer der höchsten Berge Südafrikas. Der Tugela River entspringt in diesem Massiv, seine Wassermassen stürzen in einer Abfolge von vielen Wasserfällen von über 3.000 m Höhe auf 1.432 m in die Tiefe. Der höchste Wasserfall hat eine Fall-tiefe von 614 m.

„Amphithea-ter" aus Fels

Bereits 1906 wurde diese Hochgebirgsregion zum Nationalpark erklärt, der Beiname „Royal" verdankt sich dabei einem Besuch der britischen Königsfamilie im Jahre 1947. Es ist sicherlich nicht übertrieben, wenn man das Drakenstein-Amphitheater als eine

Nebel über dem „Amphitheater"

der herausragenden landschaftlichen Schönheiten Südafrikas bezeichnet. Die dem Gebirgsmassiv vorgelagerten Ebenen sind ein idealer Lebensraum für Rehantilopen, Bergriedböcke, Klippspringer, Paviane und Gnus.

Auf die Höhe des Mont-Aux-Sources führt ein 23 km langer Wanderpfad, auf dem man das „Dach Südafrikas" erklimmen kann.

Im Visitor Centre gibt es ein kleines Museum mit Exponaten zur Flora, Geschichte, Archäologie, Tierwelt und Geologie. Proteas und andere Wildblumen können bewundert werden. Über 184 Vogelarten sind im Parkgebiet registriert.

Öffnungszeiten

Besonders gern wird das Gebiet in den Weihnachts- und Osterferien besucht. Das Thendele Camp ist zwischen Sonnenaufgang und Sonnenuntergang geöffnet.

Unterkunft

Orion Mont-aux-Sources Hotel $$–$$$, *das am schönsten gelegene Hotel, vor einer herrlichen Gebirgsszenerie, gutes Restaurant, Schwimmbad, Tennisplatz.* ☎ 087-353-7676 *oder* 086-148-8867, www.montauxsources.co.za.

Thendele Hutted Camp $–$$, *Deluxe-Unterkunft inmitten der Wildnis, tolle Lage mit einem überragenden Blick auf die Berge, 30 Bungalows unterschiedlicher Größe, alle mit Selbstversorgungseinrichtungen. Reservierung über:* ☎ 036-468-1241, http://drakensberg-tourist-map.com, *bei* **KZN Wildlife**, ☎ 033-845-1000, www.kznwildlife.com *sowie unter* http://royalnatal.info.

Camping

Mahai, *dieser Campingplatz liegt an einem Flussufer und ist sehr groß. Entsprechend lebhaft geht es hier in den südafrikanischen Ferienzeiten zu! Von hier startet eine Reihe von wunderschönen Wanderungen. Die Campingplätze von Mahai müssen direkt gebucht werden bei:* **KZN Wildlife**, ☎ 033-845-1000, www.kznwildlife.com.

Rugged Glen Campsite, *angenehm ruhige Anlage nahe dem Mont-Aux-Sources-Hotel,* ☎ 036-438-6310, *Buchungen: siehe Mahai.*

Das Blood River Monument

Abstecher zum Blood River Monument

Wer sich für die Historie des Landes interessiert, sollte einen Abstecher über den Ort Endumeni (Dundee), 47 km von hier, zum **Blood River Monument** unternehmen. Diese Gedenkstätte erinnert an den Sieg der von Andries Pretorius angeführten Voortrekker über die Zulu. Am 16. Dezember 1838 kam es hier zur Entscheidungsschlacht, in der über 3.000 Zulu starben, während die Voortrekker dank ihrer überlegenen Waffen nur vier Tote zu beklagen hatten. Pretorius stand mit seinen 464 Männern etwa 10.000 Zulu-Kriegern gegenüber.

Reisepraktische Informationen Drakensberge

i   **Anmeldung und Auskünfte**
für folgende Nature Reserves über: **KZN Wildlife**, ☎ *033-845-1000, www.kznwild life.com:*
Sani Pass, Lotheni Nature Reserve, Vergelegen Nature Reserve, Himeville Nature Reserve, Coleford Nature Reserve, Kamberg Nature Reserve, Ukhahlamba Drakensberg Park, Royal Natal National Park

    Hotels
Sani Pass Hotel $$$, *Gebirgshotel auf dem Weg zum Sani Pass. Gute Unterkunft und Verpflegung. Fahrten zum Sani Pass hinauf ab Hotel möglich. Sani Pass Road, Himeville,* ☎ *033-702-1320/1/2, www.sanipasshotel.co.za.*
Drakensberg Gardens Golf and Leisure Resort $$–$$$, *gutes Gebirgshotel direkt im Mzimkulwana Nature Reserve, lieber die gehobene Zimmerkategorie buchen. Tolle Ausflugsmöglichkeiten. Drakensberg Gardens Road, Underberg,* ☎ *033-701-1355, http://good ersonleisure.co.za.*
The Antbear Guest House $$–$$$, *Unterkunft in reetgedeckten Bungalows, wundervolle Fernsicht und herzliche Gastgeber. Zwischen Estcourt und Mooi River,* ☎ *036-352-3143, www.antbear.com.*

☞   ## Unterkunftstipp

Zwischen Fouriesburg und Bethlehem gibt es eine Reihe von Farmen, die Übernachtungsmöglichkeiten anbieten. Falls man noch nicht in den Genuss eines Farmaufenthaltes gekommen ist, sollte man hier die Chance nutzen. Es ist meist billiger und allemal interessanter als in einem Hotel. Nähere Auskünfte erhält man in den Gemeindehäusern oder beim Tourist Office in Bethlehem. Häufig hängen auch Angebote in den größeren Supermärkten aus.

🛏   **Cottages und Campingplätze**
Im Lotheni Nature Reserve, Vergelegen Nature Reserve, Coleford Nature Reserve, Kamberg Nature Reserve und Himeville Nature Reserve stehen saubere Camps mit Selbstverpflegung, Hütten und Campingplätzen zur Verfügung. Buchungsadresse: KZN Wildlife Accommodation, ☎ *033-845-1000, www.kznwildlife.com.*

Abstecher/Anschluss-Strecken

Zum Golden Gate Highlands National Park und nach Lesotho (s. S. 567 und 272).

11. FREE STATE

Sonnenuntergang im Golden Gate Highlands National Park

Überblick

Bei der Provinz Free State handelt es sich im Wesentlichen um den früheren selbstständigen Oranje-Freistaat, der nach der Umstrukturierung des Landes beinahe vollständig in den alten Grenzen verblieb. Die Provinz verfügt über große Ressourcen in Bergbau und Landwirtschaft. In Sasolburg befinden sich große Kohleverflüssigungsanlagen, Welkom ist ein bedeutender Standort des Goldbergbaus und Bloemfontein Sitz des Obersten Gerichts. Neben Afrikaans wird hier Süd-Sotho gesprochen.

Der Free State dient Touristen in erster Linie als Durchgangsroute auf dem Weg von Johannesburg nach Kapstadt. Die Strecke über die Hauptstraßen bietet nicht viel Sehenswertes und wird häufig von Reisebussen genutzt. Abseits der Hauptrouten findet sich aber auch in dieser Provinz das ein oder andere lohnenswerte Ziel, wie etwa das Gariep Dam Nature Reserve (S. 577). Zudem bietet sich im Anschluss an die Drakensberg-Region KwaZulu-Natals (S. 556) ein Besuch des Golden Gate Highlands National Park an der Grenze zu Lesotho an (S. 567).

Planungsvorschläge		
Entfernungen: Jo'burg – Welkom: 250 km, Welkom – Bloemfontein: 155 km		

Strecke	km	Tage
Durban – St. Jo'burg – Welkom – Willem Pretorius Game Reserve	320 km	1 Tag
Willem Pretorius Game Reserve – Bloemfontein	160 km	1 Tag
Bloemfontein		1 Tag
Bloemfontein – Gariep Dam	210 km	½ Tag
Royal Natal NP – Golden Gate Highlands NP	65 km	½ Tag

Die Drakensbergregion

Der **Golden Gate Highlands National Park** mit seinen bizarren und farbenprächtigen Felsformationen ist faszinierend, und auch ein Abstecher zu einem der Berghotels im ehemaligen Homeland **Qwa-Qwa** lohnt sich. Hier kann man aus dem Hotelfenster direkt auf das Drakensberg-Amphitheater schauen und Wanderungen in den Bergen unternehmen.

Bizarre Felsformationen

ℹ Streckenbeschreibung

Die Berghotels von Qwa-Qwa liegen direkt nördlich des Royal Natal NP am Beginn der R57. Dieser Straße nach Norden über Phuthaditjhaba und bis zur Kreuzung mit der R712 folgen und dort nach links abbiegen, um zum Golden Gate Highlands NP zu gelangen. Durch den Park geht es über die R712 nach Clarens.

Phuthaditjhaba

Der Ort mit heute etwa 55.000 Einwohnern war die Hauptstadt des ehemaligen Homelands Qwa-Qwa. Für Touristen gibt es hier nicht viel zu sehen, nur die umgebende Bergregion ist reizvoll. Der ehemalige Nationalpark Qwa-Qwa wurde im Zuge der Auflösung der Homelands 1994 dem Golden Gate Highlands National Park angegliedert.

🛏 Unterkunft

Witsieshoek Mountain Resort $$, *wunderschön gelegenes Mittelklassehotel mit Blick auf das Amphitheater, 25 km südlich von Phuthaditjhaba. Die Zimmer sind eher schlicht, dafür stimmt der Service.* ☎ *058-713-6361/2, www.witsieshoek.co.za.*

Beeindruckende Landschaft im Golden Gate Park

Golden Gate Highlands National Park

Der Name Golden Gate wurde den beiden Klippen am Damm von dem Farmer J.N.R. Renen 1875 verliehen. Er kam häufig hierher und bewunderte das Farbenspiel der Felsen in der Abendsonne, die sie golden schimmern ließen.

1962 wurde der Park als erster Nationalpark des Free State eingerichtet. Damals hatte er nur eine Fläche von 48 km². Durch Zukauf der umliegenden Farmen und Zusammenlegung mit dem ehemaligen Qwa-Qwa-Nationalpark wurde er inzwischen auf knapp 120 km² erweitert. Seinen Reiz machen weniger die Tiere aus (Zebras, Gnus, Elands und andere Steppentiere) als die Einzigartigkeit der Geologie.

Im Laufe verschiedenster **Sedimentationsprozesse** haben sich die unterschiedlichsten Gesteinsfarben entwickelt, die sich wie Bänder horizontal um die Felsen winden. Am auffälligsten sind die roten und dunkelbraunen Streifen, die sich während einer Zeit größter Trockenheit abgesetzt haben. Die oberste Schicht, sehr dunkel in der Farbe, entstammt einem Lavaerguss vor 190 Mio. Jahren. Mit diesem Ereignis war die Sedimentation abgeschlossen, und die Erosionskräfte setzten ein. Das Tal formte der Little Caledon River – vornehmlich in einer Zeit, als er noch mehr Wasser führte.

Wer sich näher mit dem Park beschäftigen möchte, kann ihn entweder erwandern – auf den längeren Strecken gibt es einfache Hütten – oder sich ein Pferd ausleihen.

i **Information und Reservierung**
South African National Parks, ☏ *012-428-9111, www.sanparks.org.*
Golden Gate Highlands National Park, ☏ *058-255-1000, tgl. 7–17.30 Uhr.*

Clarens

Clarens wurde 1912 gegründet und nach dem schweizerischen Ferienort benannt, in dem der ehemalige Präsident von Transvaal, Paul Kruger, sein Exil verbrachte und 1904 schließlich starb. Heute ist es selbst ein kleiner Ferienort mit einigen Kunsthandwerksgeschäften,

Redaktionstipps

▸**Übernachten** im Hobbit Boutique Hotel oder im preisbrecherischen Southern Sun, S. 575.
▸ **Essen** im 7 on Kellner, S. 575.
▸ Wenn möglich, sollte man einen Besuch in einer **Goldmine** beim Chamber of Mines in Jo'burg (*www.bullion.org.za*) arrangieren – die **Weißen Nashörner** im Willem Pretorius Game Reserve, S. 570, sind ebenfalls einen Abstecher wert – ansonsten direkt durchfahren bis Bloemfontein.
▸ Falls man gerade am Wochenende durch den Free State fährt, bietet es sich an, in einem Hotel in einer **ländlichen Kleinstadt** zu übernachten und sich abends in die Bar zu setzen oder in eine der Discos zu gehen (meistens auch im Hotel).

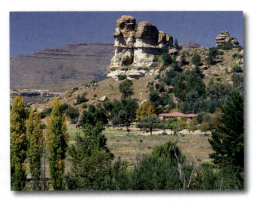

Eine Farm bei Clarens

Teestuben und Restaurants. Das Städtchen liegt in einem schönen Talende mit Blick auf das Golden Gate, weshalb sich einige reiche Städter teure Villen an die Hänge gesetzt haben. In der Umgebung gibt es diverse Wanderwege. Nähere Auskünfte dazu erhält man im Hotel oder bei der Gemeinde (Municipality).

Reisepraktische Informationen Clarens

Vorwahl: *058*

Information
Clarens Tourism Centre, ☎ *256-1542, www.clarenstourism.co.za.*

Unterkunft
Maluti Mountain Lodge $–$$, *nettes, sauberes Hotel, schöne, gepflegte Rondavels im Garten. Steil Street,* ☎ *256-1422/3, www.malutimountainlodge.co.za.*
Protea Hotel Clarens $$, *angenehmes und zentral gelegenes Hotel mit 70 modern eingerichteten Zimmern, Restaurant, Bar und Pool. Ecke Main und Van der Merwe Street,* ☎ *256-1212, www.proteahotels.com.*

Camping
Bokpoort Holiday Farm, *zwischen Clarens und Golden Gate Park gelegen, 5 km von Clarens auf der Straße zum Golden Gate Park, danach beschildert (4 km Schotterstraße).* ☎ *083-744-4245 (mobil), www.bokpoort.com.*

Von Gauteng nach Western Cape Province

i Streckenbeschreibung

Entweder bleibt man einfach auf der N1 oder verlässt sie bei Kroonstad, um von dort über die R34 nach Welkom zu gelangen. Von hier aus fährt man nach Virginia und bei Ventersburg zurück auf die N1. Nach 20 km geht es nach links zum Willem Pretorius Game Park. Danach kehrt man zurück auf die N1, die direkt an Winburg vorbei und schließlich nach Bloemfontein und weiter bis zur Western Cape Province führt. Den Gariep Dam erreicht man über die R58, die kurz vor Colesberg von der N1 nach links abzweigt.

Kroonstad

Kroonstad wurde 1855 gegründet, entwickelte sich aber zuerst nur sehr langsam. 1880, nachdem es bereits Stadtrechte erhalten hatte, wohnten hier gerade 330 Menschen. Als wichtiger Eisenbahnstützpunkt und bedeutendes Agrarzentrum des nördlichen Free State wuchs die Stadt seit Beginn des 20. Jh. aber schneller. Kleinere Goldfunde ließen zudem einige Glückssucher hierherkommen, doch stellte sich kein Boom ein, sodass in den 1940er-Jahren die letzten von ihnen weiter nach Virginia und Welkom zogen.

Heute gibt es in Kroonstad einige Relikte aus der frühen Burenzeit zu sehen. Das **Sarel Cilliers Museum** (Ecke Hill und Steyn Street) stellt Gegenstände aus der Gründerzeit aus, vornehmlich Kleidungsstücke, ein paar Möbel und landwirtschaftliche Geräte. Derzeit ist das Museum allerdings geschlossen.

Reisepraktische Informationen Kroonstad

Vorwahl: *056*

i Information
Moqhaka Tourism And Information Centre, *Ecke Cross und Church Street,* ☎ *086-542-2356, www.kroonstadtourism.co.za.*

Unterkunft
Arcadia Guesthouse $, *24 stilvoll eingerichtete Zimmer. An einer Privatstraße gelegen, die über die Van der Lingen Road erreichbar ist, Anfahrtsplan auf der Website,* ☎ *082-310-7879 oder 082-940-0715, www.arcadiakroonstad.co.za.*

Camping
Kroonpark Holiday Resort, *Caravanpark und gute Chalets. Am Val River,* ☎ *213-1942/3.*

Restaurant
Tennessee Spur, *Steaks und Salatbar. Ecke Reitz und Botha Street,* ☎ *215-1808.*

Free-State-Goldfelder

Die Goldfelder umfassen ein Gebiet von ca. 1.000 km^2 zwischen Virginia und Alanridge. Sie gelten als das reichste zusammenhängende Goldgebiet der Welt. Archibald Megson war der erste Prospektor, der bereits 1904 Gold fand. Doch es dauerte noch bis 1932, bevor eine hierzu gegründete Firma ernsthafte Bohrungen vornahm. Diese blieben allerdings erfolglos. 1936 hatte der bekannte Geologe Dr. Hans Merensky auf den Farmen Uitsig und St. Helena mehr Glück und fand das große Basal Reef. Der Zweite Weltkrieg stoppte aber weitere Untersuchungen, bis „Anglo-American" 1945 mit groß angelegten Bohrungen begann. Von 500 Bohrlöchern versprachen knapp 100 ausreichende Goldvorkommen.

Zu dieser Zeit startete die groß angelegte Förderung. 1947 gründete man die Stadt **Welkom** und 1954 **Virginia**. Beide wurden nach modernsten städteplanerischen Maßstäben angelegt. Weite Straßen, ein großes Zentrum und genügend Grünflächen sollten den Minenarbeitern ein annehmbares Leben in der sonst ziemlich eintönigen Landschaft bieten. Die Städte sind mittlerweile eingekreist von riesigen Dumps (Halden des bereits bearbeiteten Sandes). Es gibt Führungen zu den Minen und zum Teil auch unter Tage, in Welkom in der Regel dienstags.

Städte vom Reißbrett

Reisepraktische Informationen Virginia und Welkom

Vorwahl: *057*

Information
Tourist Publicity Association, *Clock Tower, Civic Centre, Stateway, Welkom,* ☎ *352-9244.*

Unterkunft
Mantovani Guesthouse *$, angenehmes Haus mit 19 Zimmern, davon ein familien- und ein rollstuhlgerechtes Zimmer. Mehrere Restaurants in der Nähe. 6 Volks Road, Jim Fouche Park, Welkom,* ☎ *352-1738, www.mantovaniguesthouse.co.za.*
Tikwe River Lodge *$$, im Nordwesten der Stadt am Sand River gelegen, es werden Chalets und größere Rondavels angeboten. Mit gutem Restaurant. 112 Highlands Avenue, Virginia,* ☎ *212-3306, www.tikwe.co.za.*

Camping
Circle Caravan Park, *36 Stellplätze für Zelte und Caravans. 2 km nördlich des Zentrums. 218 Koppie Alleen Road, Welkom,* ☎ *355-3987.*
De Rust Nature Reserve, *Welkom,* ☎ *354-2497, Caravan- und Camping-Möglichkeit.*

Restaurants
Es gibt im Zentrum von Welkom eine Reihe von guten Steakhäusern und italienischen Restaurants, die man nicht verfehlen kann, außerdem das **Indiana Spur** *(Ecke Long und Toronto Street,* ☎ *357-2722).*

Willem Pretorius Game Reserve

Beliebtes Ausflugsziel

Der Park ist als Ausflugsziel für die Bewohner der Goldstädte um den Allemanskraal-Stausee angelegt worden. Eine Piste führt um den See, und es gibt einige schöne Aussichtspunkte. Neben Giraffen und Weißen Nashörnern sieht man eine Reihe von Savannentieren, die sich in der Regel in den Ebenen dicht am Wasser aufhalten. Wer sie aus der Nähe sehen will, hält sich also am besten an die kleinen Seitenpisten am Seeufer. Die Bergstrecke bietet dagegen ein wunderschönes Panorama. Sicherlich ist der Park nicht der interessanteste in Südafrika, doch eignet er sich durchaus als erste Zwischenübernachtung auf dem Weg nach Kapstadt.

Reisepraktische Informationen Willem Pretorius Game Reserve

Information und Buchung
Willem Pretorius Game Reserve, *Ventersburg,* ☎ *057-651-4003.*

Unterkunft

Im Reserve gibt es Campingmöglichkeiten sowie **Chalets** für Selbstversorger, allerdings weder ein Restaurant noch Einkaufsmöglichkeiten. Buchung über die o. g. Nummer. Alternativ bietet es sich an, in Welkom, Virginia oder Winburg zu übernachten und einen Tagesausflug in das Reserve zu unternehmen.

Winburg

Winburg ist ein kleiner Ort 40 km südlich der Abzweigung zum Willem Pretorius Game Reserve. Er wurde 1942 gegründet und war die erste Hauptstadt des Free State. Einige ältere Häuser und Monumente zeugen noch von dieser Zeit. Es gibt ein **Voortrekker Museum** und ein Voortrekker Monument, die aber beide nicht besonders eindrucksvoll sind. Ansonsten ist der Ort äußerst verschlafen, und wenn man nicht gerade historisch interessiert ist, kann man einfach daran vorbeifahren.

Bloemfontein

Entfernungen	
Von Bloemfontein nach Jo'burg	398 km
Von Bloemfontein nach Kapstadt	1.004 km
Von Bloemfontein nach Maseru	157 km
Von Bloemfontein nach Port Elizabeth	677 km

Überblick

Als Hauptstadt des Free State liegt Bloemfontein äußerst zentral und eignet sich damit als Zwischenstopp auf dem Weg nach Kapstadt und auch für Ausflüge in den Free State selbst. Bloemfontein wird die „Stadt der Rosen" genannt. Die Stadt ist die „Hochburg" des Burentums, die Buren wählten sie schon früh zu ihrem wichtigsten Ort. Heute ist sie dritte Hauptstadt Südafrikas und Sitz des Obersten Gerichts des Staates. Klimatisch gesehen gilt sie

Bloemfontein ist ein wichtiger Verkehrsknotenpunkt

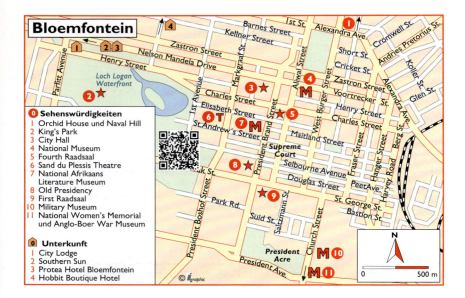

Bloemfontein

● Sehenswürdigkeiten
1 Orchid House und Naval Hill
2 King's Park
3 City Hall
4 National Museum
5 Fourth Raadsaal
6 Sand du Plessis Theatre
7 National Afrikaans
  Literature Museum
8 Old Presidency
9 First Raadsaal
10 Military Museum
11 National Women's Memorial
  und Anglo-Boer War Museum

● Unterkunft
1 City Lodge
2 Southern Sun
3 Protea Hotel Bloemfontein
4 Hobbit Boutique Hotel

© lgraphic

als Stadt der Extreme. Während im Sommer die durchschnittlichen täglichen Maximaltemperaturen bei 30 °C liegen, betragen die Werte im Winter „nur" 15 °C (Vergleich Durban: 27 bzw. 22 °C). Es wird somit im Sommer sehr heiß, aber wegen des relativ trockenen Klimas (547 mm Niederschlag) nicht schwül. Ein frischer Wind aus dem Highveld macht die Temperaturen zusätzlich erträglich.

Geschichte

Wo sich heute Eerste- und St. Andrew's Street kreuzen, haben schon vor Jahrhunderten San ihr Wasser aus einer Quelle geholt. Mit unzähligen Blumen bestanden, inspirierte sie Nicolaa Brits, den ersten Siedler in diesem Gebiet, dazu, seiner Farm den Namen Bloemfontein zu geben („Die Blumen an der Quelle"). 1841 entschlossen sich die Briten, an dieser Quelle eine Garnison zu stationieren und einen Verwaltungssitz zu errichten. Sie kauften Brits seine Farm ab und erbauten 1846–48 das Queens Fort. Obwohl viele Buren weiter nach Norden auswichen und in Transvaal siedelten, entwickelte sich Bloemfontein immer mehr zum Zentrum des bereits 1842 gegründeten Oranje-Free-State, der vornehmlich den Buren vorbehalten bleiben sollte. 1849 wurde das heute älteste Gebäude der Stadt, der First Raadsaal, gebaut, der später u. a. als Schule, Parlamentsgebäude, Tagungsort, Kirche, Rathaus und Museum diente.

Zentrum der Buren

Die Anwesenheit der Briten blieb den Buren stets ein Dorn im Auge, waren diese doch de facto Kolonialherren. Doch lebten Briten und Buren verhältnismäßig friedlich nebeneinander, zumal sie ein gemeinsames Ziel hatten: die Besitznahme von möglichst viel afrikanischem Land und die Konsolidierung der weißen Machtposition im südafrikanischen Raum. 1885 wurde dann die Old Presidency, der Sitz dreier burischer Präsidenten, im viktorianischen Stil erbaut – ein Zeichen des weißen Zusammenhaltes.

Während des Burenkrieges war Bloemfontein hart umkämpft. Die Briten schossen vom Naval Hill mit Kanonen auf die Buren in der Ebene. 1900 schließlich fiel die Stadt. *Dritte* Mit der Eingliederung des Oranje-Free-State in die Südafrikanische Union wurde *Hauptstadt* Bloemfontein Sitz des obersten südafrikanischen Gerichts und damit neben Pretoria *Südafrikas* und Kapstadt dritte Hauptstadt des Landes.

Bloemfontein heute

Das äußere Erscheinungsbild Bloemfonteins ist auch heute noch stark von der Geschichte geprägt. Neben einem burischen Kriegsmuseum sind das Haus des ehemaligen Burengenerals Hertzog und verschiedene andere burisch geprägte Museen zu sehen. Bloemfontein ist auch ein Industriestandort mit vorwiegend Leichtindustrie (Möbel-, Glas-, Konserven- und Nahrungsmittelproduktion) und darüber hinaus aufgrund seiner zentralen Lage ein wichtiger Verkehrsknotenpunkt.

Besonders angenehm sind die vielen Parks, die in den heißen Mittagsstunden den nö- *Angenehme* tigen Schatten spenden. Im Hamilton Park findet sich die mit über 3.000 Exemplaren *Parks* größte Orchideensammlung Südafrikas. Viel bietet die Stadt dem Touristen aber nicht. Wer sich nicht die zahlreichen Museen ansehen möchte, sollte hier keinen allzu langen Aufenthalt planen.

Sehenswürdigkeiten und Museen

Das **Orchid House (1)**, das eine große Orchideensammlung beherbergt, sowie der **Naval Hill (1)**, von dem man eine vorzügliche Aussicht auf die Stadt hat und wo es einen kleinen Wildpark mit Affen und Giraffen gibt, liegen nördlich des Stadtzentrums. **Orchid House**: *Geöffnet Mo–Fr 10–16, Sa und So 10–17 Uhr. Park, Union Avenue.*

Der **King's Park (2)** lockt u. a. mit 4.000 Rosenbüschen. Weiterhin gibt es einen kleinen **Zoo** und einen botanischen Garten. Die **City Hall (3)** wurde 1935 nach italienischen Motiven entworfen, bei den Holzarbeiten wurde Teakholz aus Bur verwendet. Den Grundstein legte Prinz George, der spätere Duke of Kent.
Das **National Museum (4)** zeigt archäologische Funde sowie kulturelle und historische Gegenstände.
Geöffnet Mo–Fr 8–17, Sa 10–17, So 12–17 Uhr. 36 Aliwal Street, ☎ *051-447-9609, www.nasmus.co.za.*

Der **Fourth Raadsaal (5)** wurde 1893 erbaut, hier residierte der letzte Volksraad des „freien" Oranje-Free-State. Bloemfontein ist außerdem bekannt für seine Theater, die allerdings meist frühzeitig ausverkauft sind. Manchmal hat man aber Glück an der Abendkasse. Das für 60 Mio. Rand erbaute **Sand du Plessis Theatre (6)** *Theaterstadt* wurde 1985 eröffnet und ist der Stolz der Stadt. Gegenüber im H. F. Verwoerd Building befindet sich ein Fenster aus 17.000 Einzelgläsern; es ist damit weltweit das größte seiner Art.

Fourth Raadsaal

Das **National Afrikaans Literature Museum (7)** stellt Manuskripte, Bücher, Fotografien und persönliche Gegenstände südafrikanischer Autoren aus.
Geöffnet Mo–Fr 7.30–12.15, 13–16, Sa 9–12 Uhr. President Brand Street, ☏ *051-405-4034.*

Das Kulturzentrum **Old Presidency (8)** zeigt eine geschichtliche Ausstellung, Gemälde, Möbel und wechselnde Kunstausstellungen.
Geöffnet Di–Fr 10–12 und 13–16, So 14–17 Uhr. 17 President Brand Street, ☏ *051-448-0949.*

Im **First Raadsaal (9)**, der zum Nationalmuseum gehört, gibt es verschiedenste Gegenstände zu sehen, die die Geschichte Bloemfonteins und der Buren widerspiegeln. Es handelt sich um das älteste erhaltene Gebäude der Stadt.
Geöffnet Mo–Fr 10–13, Sa/So 14–17 Uhr. 95 St. George Street, ☏ *051-447-9609, www. nasmus.co.za.*

Im **Military Museum (10)** sind militärische Gegenstände aus dem 20. Jh. ausgestellt.
Geöffnet Di–Fr 10–12.15 und 13–16, So 14–16 Uhr. 116 Church Street, ☏ *051-447-5478.*

Das **National Women's Memorial (11)**, eine 37 m hohe Skulptur, die an die 26.000 Frauen und Kinder erinnern soll, die im Anglo-Burischen Krieg umgekommen sind, und das **Anglo-Boer War Museum (11)**, in dem es militärische Gegenstände aus der Zeit der Burenaufstände zu sehen gibt, befinden sich südlich des Stadtzentrums.
Geöffnet Mo–Fr 8–16.30, Sa 10–17, So 11–17 Uhr. Monument Road, ☏ *447-3447, www.anglo-boer.co.za.*

Reisepraktische Informationen Bloemfontein

Vorwahl: *051*

📞 Wichtige Nummern und Adressen
Hydromed/Medi-Clinic: *Ecke Kellner Street und Parfitt Avenue,* ☏ *404-6666.*
Rosepark Hospital: *57 Gustav Crescent,* ☏ *505-5111.*
Apotheke: *32 Oos Burger Street,* ☏ *430-4026.*
Flughafenauskunft *(Ankunft/Abflug): 433-1772.*
Taxi: *433-3776.*

ℹ️ Touristeninformation
Tourist Information Centre, *60 Park Road, am Busbahnhof,* ☏ *405-8489, geöffnet Mo–Fr 8–16.15, Sa 8–12 Uhr. Informationen auch auf www.freestatetourism.org.*

Besichtigungstouren

Stadtbesichtigungstouren gibt es lediglich nach Voranmeldung (nur für Gruppen). Aber man kann die wesentlichen Sehenswürdigkeiten auch zu Fuß erreichen. Das Tourist Office bietet dazu eine Broschüre mit Routenvorschlägen an.

Feste

In der dritten Oktoberwoche findet das „**Bloemfontein Rose Festival**" *statt, bei dem nicht nur die Blumen im Mittelpunkt stehen, sondern auch kulturelle Veranstaltungen nebst Volksfest geboten werden.*

Hotels und Gästehäuser

De Oude Kraal $$, *altes Farmhaus mit gemütlichen Zimmern, teilweise mit Kamin. Die Küche ist umwerfend. Auch von Lesern empfohlen. Ca. 35 km südlich von Bloemfontein an der N1, Ausfahrt Riversford,* ☎ *564-0636/-0733, www.deoudekraal.com.*

Southern Sun $$ **(2)**, *schöner Swimmingpool. Ecke Nelson Mandela und Melville Drive, Brandwag,* ☎ *444-1253, www.tsogosunhotels.com.*

Protea Hotel Bloemfontein $$ **(3)**, *modernes Hotel in zentraler Lage. 202 Nelson Mandela Drive, Brandwag,* ☎ *444-4321, www.proteahotels.com.*

Hobbit Boutique Hotel $–$$ **(4)**, *schönstes Guesthouse der Stadt. Sehr angenehme Zimmer, ausgezeichneter und sehr freundlicher Service. 19 President Steyn Avenue,* ☎ *447-0663, www.hobbit.co.za.*

City Lodge $$ **(1)**, *modernes Hotel mit hohem Standard. Ecke Nelson Mandela Drive & Parfitt Avenue,* ☎ *444-2974, www.citylodge.co.za.*

Cherry Tree Cottage $+, *persönliche Atmosphäre, mit schöner Gartenlage. 12 A Peter Crescent, Waverley,* ☎ *436-4334, cherry@imaginet.co.za.*

Camping

Reyneke Caravan Park, *kinderfreundlicher Campingplatz etwa 2 km außerhalb der Stadt. Brendar Road, Kwaggafontein,* ☎ *523-3888, www.reynekepark.co.za.*

Restaurants

Bloemfonteins Restaurantszene liegt um die 22 Second Avenue.

The Raj, *gutes indisches Restaurant. Im Windmill Casino, Ecke Jan Pierewiet Avenue und N1.* ☎ *421-0034.*

Seven on Kellner, *gemütliches und liebevoll eingerichtetes Restaurant, es gibt leckere Curries sowie afrikanisch inspirierte Gerichte und eine schöne Weinkarte mit südafrikanischen Weinen, 7 Kellner Street, Westdene,* ☎ *447-7928, http://7.themeezy.net.*

Alabama Spur, *Steakhouse, aber auch empfehlenswert wegen der einladenden Salatbar. Kellner/Zastron Street,* ☎ *444-0449, www.spur.co.za.*

Pubs & Nachtleben

Neben dem Gebiet um die 22 Second Avenue, Kellner Street, Zastron Street und Voortrekker Street ist die Bloemfontein Waterfront ein gutes Ziel für den Abend und die Nacht.

Überregionale Busverbindungen

Täglich fahren Busse von Bloemfontein in die wichtigsten Städte Südafrikas. Maseru kann man aber nur per Minibus erreichen. Buchungen:

Translux, *Tourist Centre, 60 Park Road, Willows,* ☏ *408-4888, zentrale Buchung:* ☏ *0861-589-282, www.translux.co.za.*
Greyhound, *Tourist Centre, 60 Park Road, Willows,* ☏ *447-1558, www.greyhound.co.za.*

Eisenbahnverbindungen
Zugverbindungen sind sehr langsam. Wer trotzdem in den Genuss einer Zugfahrt kommen möchte, kann von Bloemfontein aus z. B. nach Durban, Kapstadt, Johannesburg oder Buffalo City fahren. Buchungen: ☏ *086-000-8888, www.shosholozameyl.co.za.*

Flugverbindungen
Der Bram Fischer International Airport befindet sich 7 km außerhalb der Stadt in Richtung Osten. Busverkehr dorthin gibt es nicht, man ist also auf Taxis angewiesen. Täglich gibt es Flüge nach Johannesburg, Kapstadt, Durban und Port Elizabeth, Informationen zu Flügen: ☏ *086-727-7888.*

Mietwagen
Alle großen Mietwagenunternehmen haben einen Sitz am Flughafen.
Avis, ☏ *433-2331,* **Budget,** ☏ *433-1178,* **Europcar,** ☏ *433-3511.*

Taxis *(müssen per Telefon gerufen werden)*
Bloemtaxi's, ☏ *433-3776, www.bloemtaxi.co.za.*

Ausflug nach Thaba 'Nchu
ca. 70 km östlich Bloemfontein

Dieses Gebiet befindet sich an der Grenze zu Lesotho. Thaba 'Nchu bedeutet „Schwarzer Berg". Das gleichnamige Städtchen liegt am Fuße dieses schwarzen Berges, von dem aus sich ein grandioser Blick auf die weiten Ebenen bietet. Um 1800 waren hier die Barolong ansässig, litten aber unter Angriffen der Zulu und der Matabele. Ihr Chief Moroka bat deshalb die Voortrekker um Hilfe. In diesem weiten, unbewohnten Landstrich schlugen die Voortrekker permanente Hauptquartiere auf und etablierten auch die erste Voortrekker-Regierung, den Volksraad (1836), woran in Örtchen Morokashoek ein Denkmal erinnert. In Thaba 'Nchu lädt das **Maria Moroka Nature Reserve** (34 km²) zu einem Besuch ein. Hier kann man an geführten Safaris teilnehmen und kleine Wanderungen unternehmen. Zu beobachten sind u. a. Elenantilopen, Springböcke, Buntböcke, Kuhantilopen und Zebras.

Schwarzer Berg

Reisepraktische Informationen Thaba 'Nchu

Unterkunft
Gaecho Guest House $, *einfaches, nettes Gästehaus mitten in Thaba 'Nchu. 2241 Station Road, Ratlou Village,* ☏ *051-873-2246.*
Black Mountain Hotel $–$$, *Casino-Hotel mit gutem Restaurant. An der N8 im Maria Moroka Nature Reserve gelegen,* ☏ *051-871-4200, www.blackmountainhotel.co.za.*

Gariep Dam

Der Gariep Dam ist der größte Stausee in Südafrika und seine über 900 m lange Staumauer die zweitlängste des Kontinents. Er staut den **Oranje** und bildet zusammen mit dem etwas kleineren P.K.-Le-Roux-Stausee das Orange River Development Scheme, das größte Bewässerungsprojekt Afrikas. Also kann man diesen Damm mit Recht einen „Damm der Superlative" nennen. Er wurde 1972 fertiggestellt und sorgt auch für die Stromversorgung des südlichen Free State sowie teilweise für die der Border Region.

Den Stausee umschließt das 370 km² große **Gariep Nature Reserve**, in dem hauptsächlich Savannentiere leben. Er ist über 100 km lang und teilweise bis zu 15 km breit. Außerdem weist das Naturschutzgebiet die größte Springbock-Population Südafrikas auf. Das Wasserreservoir eignet sich hervorragend zum Segeln und zum Fischen.

Reisepraktische Informationen Gariep Dam

Unterkünfte
Forever Resort Gariep $–$$, *Chalets, Caravanplätze, Pool, Restaurant, Shop. Möglichkeit zum Kanufahren, Golfen, Reiten und Tennisspielen. 190 km südlich von Bloemfontein, ☏ 051-754-0045, www.forevergariep.co.za.*

Der Gariep Dam ist der größte Stausee in Südafrika

12. ANHANG

Der Cape Point, die südlichste Spitze der Kaphalbinsel

Tierlexikon

Büffel, afrikanischer / African Buffalo
(*Syncerus caffer*)

Höhe: 1,40 m (Schulter); Gewicht: 800/750 kg

Erkennungsmerkmale: mächtige, muskelbepackte Tiere mit massiven Hörnern, die bis 1,30 m weit zu beiden Seiten ausladen. Grauschwarzes Fell.

Lebensraum: Savanne mit reichlich Gras, Schatten und Wasser.

Büffel leben in großen Herden von manchmal mehreren 1.000 Tieren (z. B. gibt es bei Savuti (Botswana) eine Herde von 3.000 Tieren). Die Herden bilden recht stabile soziale Einheiten, die sich gemeinsam erfolgreich auch gegen große Raubtiere verteidigen. Büffel sind meist friedlich, aber – einmal in Wut geraten – gefährliche Gegner. Selbst der Angriff auf einzelne Büffel ist für ein Löwenrudel ein riskantes, manchmal tödliches Unternehmen. Die plötzliche Begegnung mit einem verletzten Büffel ist eine der gefährlichsten Situationen, in die man in Afrika geraten kann.

Innerhalb der Herde herrscht zwischen den Bullen eine lineare Rangordnung, die mit Imponiergehabe festgelegt wird. Ernste Kämpfe sind selten. Wenn der rangniedere Bulle nicht den Kopf als Demutsgeste senkt, kann es zu heftigen Horngefechten kommen, die aber selten zu Verletzungen führen: Die Gegner senken im letzten Moment vor dem Zusammenprall die Köpfe, sodass die Gewalt der schweren Stöße von den mächtigen Stirnwülsten der Hörner aufgenommen wird. Büffel führen ein ruhiges Leben: Der Tagesablauf besteht zu 3/4 aus Grasen (meist nachts) und Wiederkäuen. Den Rest des Tages wird im Schatten geruht.

Buntbock / Bontebok
(*Damaliscus pygargus pygargus*)

Der Buntbock gehört zu den seltensten Antilopen Afrikas, sein Lebensraum war ursprünglich auf ein kleines Areal am Kap (ca. 270 x 60 km) begrenzt. Nachdem sein Bestand durch Jagd nachhaltig dezimiert war, wurde 1931 bei Bredasdorp der Bontebok National Park eingerichtet. Sehr erfolgreich war diese Schutzmaßnahme jedoch anfangs nicht, man musste 1960 den Nationalpark an seinen heutigen Ort bei Swellendam „verlegen". Die Population bleibt weiterhin gefährdet, da die Anzahl der Tiere in dem kleinen Park für eine eigene Weiterentwicklung zu klein ist. Zudem fehlen dem Bontebok seine natürlichen Feinde, er ist im Park faktisch zum Zootier degradiert.

Es handelt sich um eine der schönsten Antilopenarten. Der Kopf ist lang und zugespitzt. Beide Geschlechter haben geringelte Gehörne.

Buschbock, auch Schirrantilope / Bushbuck (*Tragelaphus scriptus*)

Höhe: 80 / 70 cm (Schulter); Gewicht: 54 kg

Erkennungsmerkmale: mittelbraun oder graubraun mit hellen Punkten und einigen helleren Querstreifen auf dem Rücken. Relativ gerade, fast parallel verlaufende, geschraubte Hörner (nur Böcke).

Lebensraum: immer in Flussnähe, vorzugsweise in der Nähe dichten Gebüsches. Die scheuen Schirrantilopen leben sehr ortstreu, da ihr Lebensraum ganzjährig alles bietet, was sie benötigen.

Sie gelten als Einzelgänger, nur manchmal finden sie sich zu Gruppen von bis zu 9 Tieren zusammen. Insbesondere in der Trockenzeit bewegen sie sich nur innerhalb eines extrem kleinen Bereiches (4.000 m²), daher sind Tipps anderer Reisender oder Ranger viel wert! Man trifft sie vor allem in den frühen Morgen- oder späteren Abendstunden. Kämpfe zwischen Rivalen während der Brunft haben die höchste Todesrate aller Antilopen. Buschböcke sind gute und schnelle Schwimmer, die etliche Kilometer ohne sichtliche Ermüdung zurücklegen können. Dies sichert ihnen das Überleben bei saisonalem Hochwasser. Schirrantilopen fressen Blätter, nur selten Gras. Beim Futter sind sie sehr wählerisch. Besonders mögen sie Knobby Combretum, einige Akazienarten und den Leberwurstbaum.

Ducker / Duiker (*Cephalophinae*)

Ducker kommen in Südafrika in allen drei Arten vor: *Common Duiker*, auch *Grey Duiker* oder Kronenducker (*Sylvicapra grimmia*) genannt, *Red Duiker* (*Cephalophus natalensis*) und *Blue Duiker,* manchmal mit Blauböckchen übersetzt (*Philantomba monticola*). Der Name leitet sich vom afrikaansen Wort für „Tauchen" (duik) ab: Auf der Flucht entwickeln die Tiere eine hohe Geschwindigkeit, wobei sie nicht nur häufig hoch springen, sondern auch hinter jedem sich bietenden Sichtschutz abtauchen.

Ducker

Die Bezeichnung *Grey Duiker* ist missverständlich, denn ihr Fell ist regional unterschiedlich – von dunkelgrau bis gelblich gefärbt.

Erkennungsmerkmale: auffallend kleine Antilope mit einer Schulterhöhe von etwa 50 cm und 15–18 kg, die etwas größeren Weibchen bis 21 kg Gewicht. Das Fell ist variabel gefärbt (s. o.), der Bauch aber fast immer weiß. Das Gesicht ziert ein ebenfalls variabler schwarzen Längsstreifen. Beide Geschlechter tragen kurze, gerade Hörner. *Red Duiker* sind etwas kleiner und haben ein intensiv haselnussbraunes Fell. *Blue Duiker* sind mit 30 cm Schulterhöhe und 4–4 ½ kg Gewicht die kleinsten Antilopen der Region.

Lebensraum: Ducker kommen ausschließlich im Busch vor, der ihnen die erforderlichen Verstecke und die Nahrungsgrundlage aus Blättern, Sprossen, Blüten und Früchten bietet. Ducker vermeiden offenen Hochwald und kommen praktisch nie im offenen Grasland vor.

Sie sind Einzelgänger, nur Mutter und Kind oder zur Paarungszeit bleiben zwei Tiere, selten mehr, einige Zeit zusammen. Die Hauptaktivitäten entfalten Ducker am späten Nachmittag und in der Nacht, tagsüber wird man kaum welche finden, es sei denn, die Tage sind kühl und das Wetter bedeckt. Ducker vertrauen auf ihre Tarnung: Wenn man sich ihnen nähert, bleiben sie bis zuletzt liegen, springen dann plötzlich auf und rennen springend und sich duckend im Zickzack-Kurs davon. Wenn man sie nachts mit Licht findet, kann man sich leicht nähern – vorausgesetzt, man ist sehr leise. Bereits das kleinste Knacken eines Zweiges erzeugt eine Fluchtreaktion.

Irgendwann im Jahr wird ein einzelnes Kalb geboren. Das etwa 1 ½ kg schwere Neugeborene wird zunächst für einige Tage im dichten Gestrüpp versteckt. Im Gefahrenfall erstarrt es am Boden und wird so von den meisten Raubtieren übersehen. Es wächst sehr schnell und ist bereits nach 6–7 Monaten kaum noch von den erwachsenen Tieren zu unterscheiden.

Elefant, afrikanischer /
African Bush Elephant (*Loxodonta africana*)

Von dem größten Landtier gibt es zwei Arten: den Afrikanischen und den Indischen Elefanten. Beim Afrikanischen Elefanten sind Ohren und Rüssel größer und die Stirn niedriger als beim Indischen Elefanten. Der Afrikanische Elefant wird bis zu 4 m hoch und 6.000 kg schwer. Allein seine Haut wiegt 10 Zentner, das Hirn 5–6 kg, das Herz 25 kg. Pro Tag trinkt er ca. 350 l Wasser und frisst 500 kg „Grünzeug". Mit dem Rüssel führt der Elefant Nahrung und Wasser ins Maul, beim Baden verspritzt er Wasser über den Körper und beim Staubbad auch Staub.

Elefanten

Der Elefant besitzt nur zwei Zähne, auf jeder Seite einen. Seine Backenzähne weisen breite Mahlflächen auf, die dem Zerkauen von Pflanzenfasern dienen. Der Verschleiß an Zähnen ist beträchtlich. Der Elefant wird bis zu 70 Jahre alt und verbraucht in seinem Leben im Ober- und Unterkiefer beidseitig je 7 Zähne, insgesamt also 28. Wenn ein Zahn abgenutzt ist, wächst ein anderer nach. Sind die letzten Zähne verbraucht, muss der Elefant verhungern.

Der Afrikanische Elefant kommt in den meisten Gebieten südlich der Sahara vor. Er lebt in Herden aus Kühen und Jungtieren. Die Bullen leben einzeln, nur zur Paarung kommen sie mit den Kühen zusammen.

Die sanften Riesen betreiben intensive Hautpflege. Sie tauchen beim Bad fast völlig unter und bespritzen sich mit Hilfe des Rüssels mit Wasser. Sie lieben auch Staubbäder, und bei Wassermangel suhlen sie sich im Schlamm. Selbst in Trockenzeiten beherrscht der Elefant die Kunst, Wasser zu finden: Er bohrt Löcher mit Hilfe seines Rüssels. In der Mittagszeit sucht der Afrikanische Elefant Schatten auf. Er sorgt für Abkühlung, indem er mit seinen Ohren fächert. Aufgrund der riesigen Oberfläche seiner Ohren verliert er so viel an Körperwärme.

Auch Elefanten brauchen natürlich Schlaf. Sie können sowohl im Stehen als auch im Liegen schlafen. Im stehenden Schlaf atmen sie in der normalen Atemfrequenz, beim Liegen nur halb so oft. Gewöhnlich schläft ein Elefant fünf Stunden, die meiste Zeit aber im Liegen.

Dort, wo sie geschützt aufwachsen, kommt es oft zu Überbevölkerung (z. B. im Kruger National Park). Da ein Elefant aber viel frisst, gefährdet er beim zu starken Anwachsen seiner Population das ökologische Gleichgewicht und muss in seinem Bestand dezimiert werden. Bei natürlichen Voraussetzungen ziehen Elefanten von einem Gebiet zum anderen und können so dem Reifestand der Vegetation folgen, die sich während ihrer Abwesenheit wieder zu erholen vermag. Dabei legen sie oft große Entfernungen zurück.

Die Tragzeit beträgt ca. 22 Monate. Das Junge ist etwa 90 cm hoch und wiegt 90 kg. Es kann bald nach der Geburt (nach zwei Tagen) in der Herde mitlaufen. In ihrem Gesamtverhalten sind Elefanten furchtlos: Sie kennen keine Feinde und brauchen beim Anzug auf ein Wasserloch keine Vorsichtsmaßnahmen zu treffen. Bei Gefahr für die Herde „trompeten" Elefanten, das Sozialverhalten in der Herde ist stark ausgeprägt. Gefährlich werden Elefantenkühe, wenn ihr Junges bedroht wird.

Elenantilope / Eland Antelope

(*Taurotragus oryx*)

Höhe: 1,70 m (Schulter); Gewicht: bis 840 kg

Erkennungsmerkmale: mächtige Antilope mit gleichmäßig grau-braunem, kurzem Fell, dunklerem Längsstreifen auf dem Rücken und charakteristisch geschraubten Hörnern, die bei alten Böcken einen Meter lang werden können. Der Name ist entliehen: Diese größte Antilopenart wurde nach der holländischen Bezeichnung für „Elch" benannt.

Lebensraum: Elenantilopen sind hinsichtlich ihres Lebensraumes sehr flexibel. Sie kommen sowohl in Wäldern als auch in wüstenähnlichen Regionen und in der Nähe von Feuchtgebieten vor, nicht jedoch in Sümpfen.

Es sind gesellige Tiere, die in kleineren Herden, manchmal auch in riesigen Gruppen leben (Herden mit bis zu 700 Köpfen wurden im Hwange National Park/Simbabwe und dem Kgalagadi Transfrontier Park/Botswana gezählt). Über Details der Sozialstruktur der Herden ist nur wenig bekannt.

Elenantilopen benötigen eine eiweißreiche Nahrung und grasen im Sommer, während sie im Winter Blätter fressen. Sie sind extrem wählerisch und nutzen ihre Hörner sehr effektiv, um an die gewünschte Nahrung heranzukommen. Dabei werden bis zu 8 cm dicke Äste abgebrochen. Wasser trinken sie gern, aber es ist nicht unbedingt nötig, weil der Flüssigkeitsbedarf auch über die Nahrung gedeckt werden kann. Die meisten Kälber kommen von August bis Oktober zur Welt und wiegen 25–30 kg. Bereits 3–4 Stunden nach der Geburt können die Kälber laufen.

Fleckenhyäne / Spotted hyena

(*Crocuta crocuta*)

Fleckenhyänen, auch Tüpfelhyänen genannt, leben meist in Halbwüsten bis Trockensavannen, nicht in dichten Wäldern. Sie sind im Allgemeinen ortstreu und leben in einem mehrere Quadratkilometer großen Territorium.

Fleckenhyäne

Dieses wird markiert, und zwar durch Harnen, Koten, Absetzen von Afterdrüsensekreten an Grashalmen und durch Bodenkratzen mit den Vorderpfoten. Diese Gebiete sind festgelegt, werden regelmäßig patrouilliert und Rudelfremde verjagt. Rudelangehörige erkennen sich am Geruch. Hyänen jagen vorwiegend in der Dämmerung und bei Nacht; ihr Seh-, Hör- und Riechvermögen ist sehr gut ausgeprägt. Tagsüber ruhen sie in Erdhöhlen, in hohem Gras oder dichtem Busch. Welpen werden durch rudelfremde Artgenossen gefährdet, daher rührt ein starker Schutztrieb des Weibchens. Selten sind Fleckenhyänen einzeln anzutreffen, häufiger paarweise oder im Rudel, dann haben die Weibchen die Vormachtstellung.

Die Hauptnahrung der Hyänen ist Aas, oft in Form von Löwenbeuteresten. Kadaver werden mit Haut und Haaren gefressen, selbst große Röhrenknochen werden zerbissen. Auch im Kampf getötete Artgenossen verschmähen sie nicht. Manchmal jagen sie im Rudel Gazellen, Zebras und Antilopen und zerreißen ihre Opfer bei lebendigem Leibe. Durch das Opfer angelockte andere Tiere wie Löwen, Leoparden, Geparden und Hyänenhunde werden vom Rudel vertrieben. Auch einzelne Menschen sind durch Rudel nachts gefährdet.

Die Tragzeit beträgt 99–130 Tage, meistens werden ein bis zwei Welpen geworfen. Schon eine Woche nach der Geburt können die Welpen gut laufen; ihre Säugezeit beträgt 1–1,5 Jahre. Die Geschlechtsreife ist bei Weibchen mit zwei, bei Männchen mit drei Jahren erreicht. In Gefangenschaft können Hyänen bis zu 40 Jahre alt werden.

Flusspferd

Flusspferd, auch Nilpferd / Hippo

(*Hippopotamus amphibius*)

Höhe: 1,50 m; Gewicht: 1.500/1.300 kg

Erkennungsmerkmale: „dicke", plump wirkende Tiere mit kurzen Beinen, von vorne eckig wirkendem Kopf und riesigem Maul. Grauschwarze Haut, Unterseite rosa.

Lebensraum: Reichlich offenes Wasser ist unbedingt notwendig. Es muss so tief sein, dass die Tiere vollständig untertauchen können. Bevorzugt wird ruhiges Wasser an sandigen Ufern, die zum Sonnenbaden genutzt werden. Hippos leben oft jahrelang – sie können bis zu 30 Jahre alt werden – an der gleichen Stelle in einem festen Herdenverband. Das Territorium der Herde wird mit Drohgebärden gegen Rivalen verteidigt. Nur selten kommt es zu ernsten Kämpfen, bei denen sie ihre unteren großen Zähne gegen die Flanken des Gegners einsetzen, was zu schweren, manchmal tödlichen Verletzungen führen kann.

Hippos fressen meist nachts an Land, pro Nacht bis zu 40 kg Gras. Dabei wandern sie je nach Futterangebot 10–20 km und mehr von ihrem Pool weg. Müttern mit Kälbern bleibt der Äsungsgrund in Poolnähe vorbehalten, dort werden immer die gleichen, ausgetretenen Pfade benutzt. Hier herrscht absolutes Campingverbot!

Im Wasser tauchen sie bis zu 6 Minuten. Beim Auftauchen blasen sie ähnlich wie Wale die Atemluft mit einem lauten Geräusch aus. Daher hört man sie oft längst, bevor man sie sieht. Ihr Ruf gleicht einem tiefen Grunzen, gefolgt von 4–5 kurzen Stakkatostößen. Hippos haben praktisch keine natürlichen Feinde. Sie nutzen bei Gefahr die erste Gelegenheit zur Flucht ins Wasser, wo sie praktisch unangreifbar sind. **Vorsicht** beim Kanufahren: großen Abstand halten und auf tauchende Tiere aufpassen! Vorsicht ist in der Nähe von Hippos immer

geboten: Trotz ihrer scheinbaren Behäbigkeit rennen sie an Land über kurze Strecken enorm schnell!

Bereits bei der Geburt sind die „Kleinen" 50 kg schwer. Zunächst halten sie sich mit ihrer Mutter abseits der Herde. Im Herdenverband sieht man oft, dass Jungtiere im Wasser mit ihrem Kopf auf dem Rücken der erwachsenen Tiere ruhen, weil sie mit ihren Füßen den Grund noch nicht erreichen können.

Gepard / Cheetah

(*Acinonyx jubatus*)

Der Gepard lebt hauptsächlich in offenen Landschaften von der Wüste bis zur Trockensavanne, kommt aber auch im offenen Buschland, bis zum Rande der Feuchtsavanne und bis zu Höhen von 2.000 m vor. Sein Revier markiert das Männchen mit Harnspritzern, diese Markierung hält 24 Stunden an. Andere Tiere erkennen dann daraus die Wanderrichtung und meiden die Gegend. Auch bei Sichtbegegnung mit anderen Geparden kommt es nicht zum Kampf, sondern lediglich zum Ausweichen. Als Sichtjäger jagt der Gepard besonders morgens und am späten Nachmittag, manchmal aber auch in mondhellen Nächten.

Er ernährt sich von Hasen, Schakalen, Stachelschweinen, verschiedenen Antilopenarten, Warzenschweinen, Trappen, Frankolinen und jungen Straußen. Zuerst schleicht sich der Gepard an die Beute heran, erst die letzten 100 m werden in Höchstgeschwindigkeit gerannt. Bei der Verfolgung seiner Opfer kann er bis zu 500 m mit einer Geschwindigkeit von 80 km pro Stunde rennen und macht dabei 7 m lange Sprünge! Manche Geparde rennen bis zu 110 Stundenkilometer! Mehrere erwachsene Geparde greifen auch manchmal Großantilopen und Zebras an. Vor der Jagd bezieht der Gepard oft als Aussichtspunkt einen Termitenhügel oder einen Baum. Er kehrt zum Riss nicht zurück, da er kein Aasfresser ist.

Sein Wasserbedarf ist gering; oft trinkt er den Harn der Beutetiere oder frisst Wüstenmelonen.

Das Gewicht eines ausgewachsenen Gepards beträgt 40 bis 60 kg. In Gefangenschaft können sie bis zu 16 Jahre alt werden. Der Gepard ist von Natur aus friedlich. Seine Hauptfeinde sind Löwen, Leoparden und Fleckenhyänen, die v. a. junge Tiere erlegen.

Gepard

Giraffe

Die Tragzeit bei Geparden beträgt 91 bis 95 Tage. Die Geschlechtsreife tritt bei Männchen nach 9–10 Monaten ein, bei Weibchen erst nach 14 Monaten. Die Jungen werden lange Zeit geführt, um die Jagdweise zu erlernen; so wird die Mutter erst nach ca. eineinhalb Jahren verlassen.

Giraffe / Giraffe (*Giraffa camelopardalis*)

Höhe: 5,0/4,4 m (höchstes Tier der Welt!); Gewicht: 1.200/830 kg

Das Verbreitungsgebiet in Südafrika umfasst insbesondere den Hluhluwe-iMmfolozi Park, den Kruger National Park, das Gebiet um den Pilanesberg und den Kgalagadi Transfrontier Park.

Lebensraum: typisches Tier der Busch- und Baumsavanne, nie im Wald, nur gelegentlich auf offenen Flächen. Trinkwasser wird gerne genommen, muss jedoch nicht zwangsweise vorhanden sein, da eine Flüssigkeitsaufnahme über die Nahrung ausreicht.

Giraffen bevorzugen für ihre Aktivität die Morgen- und Abenddämmerung. Tagsüber rasten sie im Schatten. Man vermutet, dass die dunklen Fellpartien dabei eine wesentliche Funktion im Wärmehaushalt haben (Wärmeabstrahlung). In schwingendem Galopp erreichen sie bis zu 56 km/h. Bullen sind gefürchtete Gegner, die mit einem wohlgezielten Schlag ihrer Hinterhufe auch Löwen den Schädel einschlagen können. Rivalenkämpfe werden dagegen vorzugsweise mit pendelnden Schlägen des langen Halses gegen die Hals- oder Kopfpartie des Gegners ausgeführt. Die Schläge können so heftig sein, dass der Gegner zu Boden geht. Ernste Verletzungen sind aber selten. Lange hat man gerätselt, ob es den Tieren mangels ausreichenden Blutdrucks schwindelig wird, wenn sie sich nach dem Trinken wieder aufrichten.

Ihre Hirndurchblutung ist aber durch spezielle Ventile (Klappen) in den Blutgefäßen von der Kopfhaltung weitgehend unabhängig. Giraffen fressen überwiegend Blätter verschiedener Akazien-, Combretum- und Terminaliaarten.

Die Tragzeit dauert über 1 Jahr und endet recht rüde: Das Das 100 kg schwere Kalb, das schon eine Schulterhöhe von 1,50 m hat, fällt aus 3 m Höhe auf den Boden. Nach etwa 1 Stunde kann es stehen, wird jedoch noch einige Zeit von der Herde getrennt gehalten. Wenn man die lebhaft herumtollenden Jungtiere einer Herde beobachtet, vergisst man leicht ihre extreme Sterblichkeit von etwa 48 % im südlichen Afrika und bis zu 73 % in Kenia.

Gnu (Streifengnu) / Blue Wildebeest
(*Connochaetes taurinus*)

Höhe: 1,50/1,35 m; Gewicht: 250/180 kg

Erkennungsmerkmale: silbergrau, manchmal mit einem Stich ins Bräunliche oder Bläuliche, mit dunkleren Streifen am Hals und der vorderen Körperhälfte. Kurze, stark gebogene Hörner bei beiden Geschlechtern.

Verbreitung: Hluhluwe-iMfolozi Park, Kruger National Park, Kgalagadi Transfrontier Park.

Lebensraum: bevorzugt Baumsavannen. Das Vorhandensein von Trinkwasser und Schatten ist lebensnotwendig.

Streifengnus leben in Herden von meist 20–30 Tieren, manchmal aber auch von Tausenden (Botswana). Dominante Männchen etablieren Reviere, die sie gegen Nebenbuhler mit Imponiergehabe, Hörnerstößen oder Stirn-an-Stirn-Schieben verteidigen. In diesen Gebieten treiben sie 10–30 Weibchen zusammen. Männchen ohne Revier streunen in kleinen Gruppen herum. Wenn sie nicht in eingezäuntem Gelände leben, wandern die Herden abhängig vom Wasser- und Futterangebot über weite Strecken. Als Futter bevorzugen sie kurzes Gras, ganz besonders frische Triebe (96 % ihrer Nahrung).

Nach einer Tragzeit von 250 Tagen wird ein einziges, 22 kg schweres Kalb geboren, das innerhalb von nur 5 Minuten der Mutter folgen kann. Gnus werden bis zu 18 Jahre alt.

Impala / Impala (*Aepyceros melampus*)

Impalas gehören zu den anmutigsten Antilopen. Sie haben 75–100 cm Rückenhöhe, wiegen 65–75 kg und sind kastanienbraun. Der Bock hat 50–75 cm lange Hörner, das Weibchen ist nicht gehörnt.

Sie bewohnen große Gebiete Ost- und Südafrikas und lieben die Nähe des Wassers, meiden aber offene

Impala

Landschaften. Impalas sind vor allem in Busch- und Dornbuschsteppen anzutreffen, weniger in Gebieten mit geschlossener Vegetationsdecke. Je nach den Verhältnissen kann die Populationsdichte einige wenige bis zu 80 Tiere pro Quadratkilometer betragen. In der Trockenzeit leben sie zumeist in der Nähe der Wasserstellen, in feuchteren Jahreszeiten mehr verstreut, d. h. bis zu 25 km vom Wasserloch entfernt.

Impalaböcke werden in der Brunft recht aggressiv, besonders wenn sie ihre Territorien abstecken. Sie liefern sich dann Kämpfe und jagen sich. Wenn sie ihre Territorien begründet haben, begeben sie sich an die Wasserlöcher, die als Niemandsland gelten. Das Auffälligste an den Impalas ist ihr Verhalten bei Gefahr. Die ganze Gruppe vollführt dann so etwas wie ein Schauspringen: Sie springen geradeaus oder plötzlich zur Seite, bis zu 3 m hoch, rund herum und in alle Richtungen. Sinn dieses Verhaltens ist es, den Angreifer, z. B. eine Großkatze, zu verwirren, die versucht, aus der Herde ein bestimmtes Tier zu reißen. Die durcheinander springenden Impalas haben damit meist Erfolg, weil der Angreifer Schwierigkeiten hat, ein bestimmtes Tier zu fixieren.

Paarungszeit ist der Beginn der Trockenzeit. Nach 180–210 Tagen wird das Junge geboren, und zwar zum Zeitpunkt der Regenzeit, wenn es am meisten zu fressen gibt. Die Jungen wachsen schnell, sodass sie vor der nächsten Brunftzeit entwöhnt sind. In der Brunft sind rund 97 % der Weibchen trächtig. Die Weibchen leben das ganze Jahr in Herden zusammen, gegen Ende der Geburtszeit der Jungen haben die Herden eine Größe von bis zu 100 Tieren. Die Herden sind meist gemischt, nur während der Geburtszeit setzen sich die Weibchen ab.

Kudu (Großer Kudu) / Greater kudu
(*Tragelaphus strepsiceros*)

Die Hörner sind beim Männchen locker geschraubt (zweieinhalb Windungen um die Längsachse). Das Fell ist kurz und glatt, die Fellfarbe braungrau. Jungtiere sind mehr rötlich-grau bis hellbraun. Der Kudu bevorzugt

Kudu

steiniges, locker mit Buschwald bedecktes Hügel- und Bergland, doch auch Flachland mit gleichem Bewuchs, dort vor allem Akazienbäume (z. B. Kameldornbäume). Wasserstellen sind nicht lebenswichtig, dafür aber größere Dickichte für den ruhigen Tageseinstand. Er ist in hohem Maße standorttreu, solange die Lebensbedingungen günstig sind. Zu über 80 % ernährt sich der Kudu von Baum- und Strauchlaub, nebenher auch von Gräsern und Kräutern. Hauptfutterpflanze ist vor allem die Akazie. Sein Geruchsinn und Gehör sind sehr gut ausgebildet, dagegen ist die Sehstärke eher schwach.

Tagsüber steht der Kudu bevorzugt im dichten Gebüsch, spätnachmittags zieht er aus zum Äsen, manchmal auch vor- und nachmittags, außer in der heißen Mittagszeit. Man findet den Kudu vor allem in kleinen Gruppen aus mehreren Weibchen mit ihren Jungen, dazu gesellen sich zeitweise ältere Bullen. Meistens sind 6–12 Tiere zusammen, seltener bis zu 30. Nur während der Trockenzeit kann die Herdenstärke durch Ansammlung an günstigen Futterplätzen steigen (bis zu 100 Tiere). Männchen bilden z. T. eigene Gruppen. Im Erwachsenenalter beträgt das Verhältnis Männchen zu Weibchen 1:5.

Hauptfeinde sind vor allem der Leopard, die Hyäne, der Gepard und der Löwe. Die Rettung vor Feinden geschieht durch Flucht, auch bis zu 2,50 m hohe Zäune können dabei übersprungen werden. Alte Männchen verteidigen sich nur selten, selbst wenn sie in die Enge getrieben wurden.

Die Tragzeit beträgt beim Kudu ca. 7 Monate, die Geburtszeit fällt in den Februar und März. Das Neugeborene wiegt ca. 15 kg (ein ausgewachsener Kudu 200–250 kg). Die Säugezeit erstreckt sich über ein halbes Jahr, die erste feste Nahrung erhält das Junge nach einem Monat. Bei Männchen tritt die Geschlechtsreife nach 1,25–2 Jahren ein, bei Weibchen mit 1,25–1,75 Jahren. Die erste Hornwindung sieht man bei Männchen im Alter von 2 Jahren, die volle Ausbildung bis zweieinhalb Windungen nach etwas mehr als 6 Jahren. In Freiheit wird der Kudu etwa 7–8 Jahre alt.

Leopard / Leopard *(Panthera pardus)*

Der Leopard ist ein Einzelgänger und lebt in allen Landschaften von der Wüste bis zum Urwald. Wo er ungestört ist, ist er tags und nachts unterwegs. Er sonnt sich gerne auf Bäumen oder Felsen. Seine Kletter- und Schwimmfähigkeiten sind gut. Meistens schläft ein Leopard auf Bäumen, in einem Erdbau, in Felsspalten, im Gebüschhorst etc. Sein Hörvermögen ist außergewöhnlich (15.000–45.000 Hertz), zudem verfügt er über ein sehr gutes Seh- und Riechvermögen.

Seine Feinde sind gelegentlich Löwen, Hyänenhunde und Fleckenhyänen. Von Löwen und Fleckenhyänen lässt sich der Leopard gelegentlich von seiner Beute vertreiben.

Als Nahrung dienen dem Leoparden alle Säugetiere (auch Raubtiere), manchmal sogar Großantilopen, Löwenjunge und Menschenaffen, Schlangen etc., auch Haustiere. Aas wird ebenfalls gefressen. Gelegentlich wird eine größere Beute nach und nach verzehrt und dabei gern zum Schutz vor Mitfressern auf Bäume geschleppt. Manchmal können Leoparden monatelang ohne Wasser auskommen, aber wenn sie die Möglichkeit haben, trinken sie regelmäßig.

Die Tragzeit beträgt 90–112 Tage, es werden 1–6 Jungtiere geworfen. Nach einer Woche können die Jungen die Augen öffnen. Die Säugezeit beläuft sich auf 3 Monate, mit 1,5–2 Jahren wird die Mutter verlassen. Die Geschlechtsreife wird mit 2,5–3 Jahren erreicht. In Gefangenschaft ist ein Alter von bis zu 21 Jahren nachgewiesen.

Löwe / Lion *(Panthera leo)*

Länge: 2,80 m; Höhe: 1,25 m (Weibchen sind deutlich kleiner); Gewicht: 190/125 kg

Leopard

Erkennungsmerkmale: größtes Raubtier Afrikas; gleichmäßig hellbraunes Fell, Männchen mit unterschiedlich ausgeprägter Mähne.

Verbreitung: Kruger National Park, Hluhluwe-iMmfolozi Park, Kgalagadi Transfrontier Park, iSimangaliso Wetland Park.

Lebensraum: Der „König der Tiere" bewohnt fast jeden Lebensraum, allerdings nicht den Wald. Trinkwasser ist zwar willkommen, wird aber nicht unbedingt benötigt, da der Flüssigkeitsbedarf über die Beute gedeckt werden kann. Mittelgroße und große Beutetiere müssen dagegen vorhanden sein.

Die größte Katze ist enorm „faul": Löwen schlafen oder dösen 20 von 24 Stunden im Schatten. In der Dämmerung gehen sie auf die Jagd. Auf das Sozialleben der Gruppe sind sie extrem angewiesen. Vereinzelt man sie in Gefangenschaft, sind sie auf den täglich mehrstündigen Kontakt zu den Pflegern angewiesen! Die Gruppengröße ist vor allem vom Futterreichtum des Reviers abhängig, manchmal teilt sich die Gruppe bei Futterknappheit und geht in unterschiedlichen Revierbereichen getrennt auf die Jagd. Beim Jagen bevorzugen sie offenes Gelände, weil dieses die Zusammenarbeit der Gruppe erleichtert. Die Reviergröße schwankt ebenfalls mit dem Nahrungsangebot. Kämpfe zur Revierverteidigung werden normalerweise vermieden, können aber sehr heftig und sogar tödlich werden. Ein erfahrenes Weibchen ist das Zentrum der Gruppe, beim Sozialleben ebenso wie bei der Jagd. Die Hauptbeute besteht aus Tieren von 50–300 kg, jedoch werden ab und zu sogar Nashörner, Hippos, Büffel und (junge) Elefanten ebenso gerissen wie Kleinsäuger und sogar Insekten.

Nur ein kleiner Teil (etwa 30 %) der Paarungen führt zur Trächtigkeit. Nach 110 Tagen kommen meist 3 Junge mit einem Geburtsgewicht von nur 1,5 kg zu Welt. Die Jungen bleiben etwa 2 Jahre eng bei der Mutter. Die Sterblichkeit der Jungtiere ist bei Löwen mit 30–50 % enorm. Wenn sie durchkommen, können sie ein Lebensalter von etwa 30 Jahren erreichen.

Meeresbewohner

Als wäre die Vielfalt von Flora und Fauna an Land nicht schon beeidruckend genug, leben in den Gewässern Südafrikas die verschiedensten Meerestiere. Neben Walen (s. u.), Haien und Seehunden sind sogar Pinguine (s. u.) anzutreffen. Grundlage für die marine Vielfalt ist der Nährstoffreichtum des kalten Benguela-Stromes: Plankton, Seegras und Tang stehen am Anfang einer langen Nahrungskette. Die Charakteristik der beiden Meeresströme, neben dem kalten Benguela-Strom ist dies

Nashorn

Spitzmaulnashörner fressen vorwiegend Blätter und Zweige von Büschen und Bäumen. Sie verdauen auch schadlos Pflanzen, die für Menschen hochgiftig sind. Gerne fressen sie salzhaltige Erde und trinken täglich. Spitzmaulnashörner sind typische Einzelgänger, nur durch Mutter-Kind-Beziehungen bilden sie kleine Gruppen. Diese „Urtiere" können bis zu 40 Jahre alt werden.

Breitmaulnashörner bevorzugen Buschland mit Dickichten zur Deckung, Bäume als Schattenspender, Grasflächen zum Äsen und Wasserstellen zum Saufen. Sie äsen und ruhen im Abstand von wenigen Stunden nachts, morgens, spätnachmittags und abends. Der Tageshitze weichen sie unter Schatten spendenden Bäumen aus. Außer den Menschen haben sie keine Feinde. Sie fressen nur Gras und trinken täglich (in Trockenzeiten alle 2–3 Tage). Sie leben z. T. in kleinen Trupps zusammen.

der warme Agulhas-Strom, spiegelt sich am auffälligsten im Aussehen der Fische wider. Sind die Arten des warmen Indischen Ozeans meist auffallend bunt, so weisen die des kühlen Atlantischen Ozeans eine Graufärbung auf und sind eher unauffällig.

Da sich die Tiere des Meeres bis auf Ausnahmen nur schwer beobachten lassen, ist ein Ausflug in das Two Oceans Aquarium an der Kapstädter Victoria & Alfred Waterfront unbedingt zu empfehlen.

Nashorn / Rhinoceros *(Rhinocerotidae)*

Es gibt zwei Arten von Nashörnern: das Spitzmaulnashorn / Black rhinoceros *(Diceros bicornis)* und das Breitmaulnashorn / White rhinoceros *(Ceracthesium simum)*.

Das Spitzmaulnashorn bevorzugt meist trockenes, mit Büschen bestandenes Grasland, ebenso trifft man es auf offenen Savannenflächen mit wenig Deckung an. Es ist hauptsächlich morgens und abends unterwegs und gönnt sich 6–7 Stunden tägliche Ruhe. Während der Tageshitze ruht oder schläft es im Schatten. Eine Lieblingstätigkeit ist das oft stundenlange Schlammsuhlen, in Trockenzeiten wälzt es sich im Sand. Nashörner haben einen ausgezeichneten Geruchssinn über viele Kilometer hinweg. Auch das Hörvermögen ist sehr gut ausgeprägt, allerdings sehen sie nur schlecht. Kaum ein anderes Tier kann dem Spitzmaulnashorn gefährlich werden. Löwen und Fleckenhyänen machen sich allerdings manchmal an Kälber heran. Ausgewachsene Nashörner sind gefährliche Gegner: Im Galopp bringen sie es auf 50 km in der Stunde. Vor dem Angriff senken sie den Kopf, schnauben und bremsen oft vor dem Ziel plötzlich ab, wobei es auch vorkommt, dass sie dann umdrehen und flüchten.

Oribi, auch Bleichböckchen / Oribi
(Ourebia ourebi)

Höhe: 60 cm (Schulterhöhe); Gewicht: 14 kg

Erkennungsmerkmale: kleine Antilope mit feinem, seidigem Fell und schöner Färbung: goldbraune Ober- und schneeweiße Unterseite sowie zwei charakteristische weiße Flecken beiderseits der Nasenspitze (Unterschied zum Steinbock). Auffallend sind die unproportional groß wirkenden Ohren. Nur Böcke tragen Hörner, die zunächst gerade aufstreben, um sich an den Spitzen leicht nach vorne zu neigen. Im Gegensatz zu den glatten Hörnern des Steinbocks tragen sie deutliche Wülste im Bereich der Basis.

Lebensraum: offenes Gelände (Grasflächen – jedoch nicht im sehr hohen Gras – , Flussauen, Dambos). Beson-

Oribi

Pavian

ders beliebt sind Flächen mit kurzem Gras und einigen 40 cm hohen Grasbüscheln, die als Versteck beim Rasten dienen. Viehwirtschaft, die für offene Grasflächen sorgt, vergrößert für Oribis den Lebensraum, während sie sich von unbewirtschafteten Flächen wieder zurückziehen. In Wald- und Trockengebieten sind sie nie anzutreffen.

Der Name leitet sich vermutlich von „orabi", einem Begriff der Khoikhoi, ab. Oribis sind Einzelgänger, die nur manchmal zu zweit oder zu dritt (Bock mit 2 Kühen) angetroffen werden. Bei Gefahr stoßen sie einen weit hörbaren Warnpfiff aus. Überwiegend fressen sie Gras, wobei sie sich auf wenige Grasarten beschränken (bekannt sind acht, wovon überwiegend nur vier gefressen werden, die anderen offensichtlich nur bei Nahrungsknappheit). Besonders scheinen sie frische Grassprossen zu lieben.

Auch wenn Wasser vorhanden ist, wurden sie nie beim Trinken beobachtet. Sie nutzen die Flüssigkeit sukkulenter Pflanzen. Die Kälber verbergen sich sehr gut, indem sie sich auf den Boden ducken und dort erstarren. Für 3–4 Monate werden sie von der Mutter versteckt, bis sie sich befristet einer Herde anschließen, bevor sie später auch das überwiegende Einzelgängerleben der Erwachsenen führen.

Pavian / Baboon

(*Papio*)

Paviane schlafen nachts auf Bäumen oder Felsen. Morgens ziehen sie mit der Horde (10–150 Tiere) auf Nahrungssuche, mittags ruhen sie im Schatten, um nachmit-tags wieder zum Fressen aufzubrechen. Sie sind sehr laut, können bellen, grunzen, schmatzen und laut schreien. Ihr Seh- und Hörvermögen ist sehr gut. Die Hauptfeinde sind (vor allem für Jungtiere) Leoparden, manchmal auch Löwen und Hyänen.

Sie sind Allesfresser, wobei Gras den Hauptteil der pflanzlichen Nahrung bildet. Gelegentlich wird auch von Kannibalismus berichtet: Alte Paviane sollen Jungtiere der eigenen Horde gefressen haben. Ansonsten fressen sie gern Bienenwaben, Würmer, Skorpione und Eidechsen. In Gefangenschaft werden sie 30 Jahre und älter.

Pferdeantilope / Roan antelope

(*Hippotragus equinus*)

Höhe: 1,40 m (Schulter); Gewicht: 270 kg

Erkennungsmerkmale: Die schwarz-weiße Gesichtszeichnung ähnelt derjenigen der Rappenantilope (s. u.) und auch der in Namibia beheimateten Oryxantilope. Die mit kräftigen Querrippen versehenen, von beiden Geschlechtern getragenen Hörner sind mittellang und deutlich nach hinten gebogen. Am graubraunen, zum Rücken hin zunehmend braunen Fell sind sie leicht von den Rappenantilopen zu unterscheiden.

Lebensraum: In Afrika weit verbreitet, reagieren sie allerdings sehr empfindlich auf Veränderungen ihrer Umgebung. Sie bevorzugen offene Baumsavanne mit größeren freien Flächen mit mittelhohem und hohem Gras, Trinkwasser muss vorhanden sein.

Die geselligen, großen Antilopen leben in kleinen Herden von 5–12 Tieren (manchmal bis zu 80). Sie gelten als „bodenständig", Territorien im eigentlichen Sinne werden jedoch nicht etabliert. Der dominante Bulle verteidigt seine Weibchen, nicht ein Revier. Die Herdenführung obliegt einem erfahrenen Weibchen zusammen mit dem dominanten Bullen. Pferdeantilopen fressen fast ausschließlich mittelhohes und hohes Gras (90 % der Nahrung). Besonders aktiv sind sie in den kühleren Tagesstunden.

Ein paar Tage vor der Geburt des Kalbes verlässt die Mutter die Herde und sucht ein Versteck, in dem das Kalb die ersten Wochen seines Lebens verbringen wird. Nach etwa 2 Monaten schließt es sich der Herde an.

Pinguin / Penguin (*Spheniscidae*)

Südlich von Simon's Town am Boulder's Beach lebt eine Kolonie von Brillenpinguinen / African penguins (*Sphensicus demersus*). Diese an Land eher tollpatschig wirkenden, nur ca. 60 cm kleinen, schwarz-weißen Pinguine sind sehr gute Schwimmer und Taucher. Schon von Weitem sind sie an ihren Lauten zu erkennen, die dem

Gebrüll von Eseln am ähnlichsten sind. In flachen Löchern brüten sie meist zwei Eier aus.

Nur zwei weitere Kolonien gibt es in Südafrika, 28 in der ganzen Welt, deshalb gehören die Pinguine zu den gefährdetsten Tierarten des Landes. 1994 wurde die Kolonie nach Strandung des Erzfrachters „Apollo Sea" durch auslaufenden Treibstoff zwar dezimiert, aber zum Glück nicht ausgerottet. Trotzdem sind Ölteppiche weiterhin die größte Gefahr für die kleine Kolonie.

Rappenantilope / Sable antelope

(*Hippotragus niger*)

Höhe: 1,35 m (Schulter); Gewicht: 230 kg

Erkennungsmerkmale: auffallend dunkle, gleichmäßig schwarz-braune Antilope mit schwarz-weißer Gesichtszeichnung und mittellangen, nach hinten gebogenen Hörnern (beide Geschlechter), die dicke Querrippen tragen.

Lebensraum: offenes Waldgebiet mit benachbarten Dambos oder Grasflächen mit mittelhohem und hohem Gras.

Die Tiere sind etwas weniger massiv gebaut als die nahe verwandten Pferdeantilopen und leben gesellig in Herden von 20–30, manchmal bis zu 200 Exemplaren. Der dominante Bulle etabliert sein Territorium während der Brunftzeit und verteidigt es heftig, manchmal mit Todesfolge für den Gegner. Auch dem Menschen können brünftige Bullen mit ihren spitzen Hörnern sehr gefährlich werden. Innerhalb der Herde besitzt ein dominantes Weibchen die Führungsposition. Jüngere Bullen ohne Territorium bilden, wie auch bei anderen gesellig lebenden Antilopenarten, Herden unterschiedlicher Größe. Die Nahrung besteht vorwiegend aus hohem Gras. Die Tiere sind sehr „bodenständig", nur selten entfernen sie sich mehr als 3 km vom Trinkwasser. Normalerweise trinken sie täglich, meist zwischen 10 und 16 Uhr, d. h. dass man sie im Gegensatz zu vielen anderen Tieren in der Mittagshitze am Wasserloch antrifft!

Die erste Lebenswoche verbringt das Kalb alleine in einem Versteck, die Mutter kommt zweimal täglich zum Säugen.

Reptilien

Vier Schildkrötenarten (endemisch ist die *Geometric Tortoise*), jeweils mehr als zwanzig Schlangen- und Eidechsengattungen und eine Chamäleonart sind in der Gegend um Kapstadt heimisch. Einige wenige der vorkommenden Schlangen, wie die *Cape Cobra* und die *Puff Adder* (Puffotter), sind giftig. Allerdings sind Reptilien meistens an sehr naturnahe, ungestörte Biotope gebunden

Steppenzebra

und scheu. Sollte man doch einmal einer Schlange begegnen, bietet man ihr die Möglichkeit zur Flucht, indem man ruhig stehen bleibt. Mit etwas Glück erblickt man vielleicht auch ein *Cape Dwarf Chameleon*, das in den Gebüschen des Fynbos Insekten jagt. Die bis zu 15 cm langen Chamäleons können ihre kegelförmigen Augen unabhängig voneinander bewegen und benutzen ihren Schwanz beim Klettern als fünftes Glied. Durch ihre Fähigkeit, die Hautfarbe der Umgebung anzupassen, sind sie meist gut getarnt und schwer zu entdecken.

Springbock / Springbok, auch Springbuck

(*Antidorcas marsupialis*)

Sie leben in Gebieten mit offenen, trockenen und steinigen Böden mit leichtem Bewuchs in Form von spärlichen Sträuchern. Hohes Gras und reine Wüste meiden sie gleichermaßen. Hauptsächlich frühmorgens und spätnachmittags bis abends wird geäst, bei Mondschein auch nachts. Seh-, Hör- und Riechvermögen sind sehr gut entwickelt. Springböcke fressen Gräser und Kräuter oder Strauchlaub, Wurzeln und Knollen. Sie trinken regelmäßig Wasser, können es aber auch längere Zeit entbehren; sie nehmen auch Salzwasser und mineralhaltige Erde zu sich.

Springböcke bewegen sich in Großherden, oft zusammen mit Antilopen, Spießböcken und Straußen. Ihre Feinde sind Löwen, Leoparden und Geparde. Bei ihrer Flucht können sie bis zu 90 km in der Stunde laufen und bis zu 15 m weite Sprünge machen.

Die Tragzeit dauert 167–171 Tage. Meist wird ein Laufjunges geboren, aber zwei Geburten pro Jahr sind möglich. Weibchen sind mit 6–7 Monaten geschlechtsreif, die Männchen mit einem Jahr.

Steppenzebra / Plains Zebra, auch Burchell's Zebra (*Equus quagga burchellii*)

Von Pferden und Eseln unterscheiden sich Zebras durch ihre Streifenzeichnung, den Schädelbau und die Zähne. Es gibt drei Zebraarten: Am weitesten verbreitet ist das Steppenzebra. Es kommt vom Zulu-Land im Südosten und der Etosha-Pfanne in Namibia bis zum südlichen Somali-Land sowie im südlichen Sudan vor. Es ist sehr gesellig und lebt in Herden. Gruppen von 1–6 Stuten mit ihren Fohlen bilden eine Gemeinschaft unter der Führerschaft eines Hengstes, der sie beschützt und andere Hengste abwehrt. Manchmal verschwindet das männliche Tier einfach, und ein anderes nimmt seine Stelle ein. Die überzähligen Hengste leben in größeren Junggesellenrudeln. Steppenzebras sind ziemlich zahm und leben oft in Gemeinschaft mit Gnus. Gemeinsam mit ihnen sind sie auch bevorzugtes Beutetier der Löwen. Da das Zebra gefährlich werden kann, muss die Löwenrudel die Beute schlagartig töten. Es kann durchaus vorkommen, dass ein Zebrahengst einen Löwen im Kampf tötet.

Die Tragzeit beträgt ca. 370 Tage. Das Neugeborene wiegt 30–34 kg und ist etwa 90 cm hoch. Normalerweise bekommt eine Stute alle drei Jahre ein Junges. Junge Hengste verlassen die Gruppe nach 1–3 Jahren und schließen sich dem Junggesellenrudel an. Mit 5–6 Jahren versuchen sie, junge weibliche Tiere zusammenzutreiben und so eine neue Gruppe zu bilden.

Strauß, afrikanischer / Ostrich

(*Struthio camelus*)

Die Region der Kleinen Karoo um Oudtshoorn ist das Zentrum der südafrikanischen Straußenzucht. Schon 1822 wurde der Strauß in Südafrika unter Schutz gestellt, da seine Ausrottung zu befürchten war. Seine Federn waren als Schmuck seit vielen Jahrhunderten heiß begehrt, auch von Europas Modeindustrie. 1867 wurde dann in der Kleinen Karoo die erste Straußenfarm der Welt mit ca. 80 Tieren gegründet. 1895 gab es in diesem Gebiet schon 250.000 Tiere.

Strauße werden bis zu 2,70 m groß und können ausgewachsen rund 125 kg wiegen. Dank der starken Beinmuskulatur laufen sie bis 70 km/h schnell und tragen dabei auch das Gewicht eines Menschen. Von Oudtshoorn aus werden Lederwaren, cholesterinarmes Straußenfleisch, Straußenfedern (lange eines der wichtigsten Exportprodukte Südafrikas) und andere Produkte in alle Welt geliefert. Zu Beginn des 20. Jh. erlebte Oudtshoorn dadurch seine wirtschaftliche Glanzzeit. Seit mehreren Jahren werden auch in anderen Ländern (z. B. USA,

Strauß

Namibia und sogar Deutschland) Strauße gezüchtet, sodass Südafrika neue Konkurrenz auf diesem Gebiet bekommen hat.

Vögel

In den Berghängen des Table Mountain und der benachbarten Bergzüge finden sich die endemischen Arten *Cape Sugar Bird* (Kaphonigfresser) und *Protea Seedeater*, der *Cape Siskin* und der *Grassbird*. Der *Schwarze Adler* (*Black Eagle*) erbeutet am Table Mountain Kleinsäuger wie die Rock Dassies. An der Meeresküste können *Möwen*, *Tölpel*, *Albatrosse* (Flügelspannweite bis 2,4 m!), *Pelikane*, *Kormorane*, *Sturmvögel*, *Seeschwalben* und mit Glück *Afrikanische Seeadler* (*African Sea Eagle*) gesehen werden. In den felsigen Buchten lebt der *Schwarze Austernfischer*, der mit seinem speziellen Schnabel zweischalige Muscheln knackt.

Seevögel lassen sich am besten vom Boot aus beobachten, die geeignetste Jahreszeit ist der Winter. Aber auch alle anderen Vogelliebhaber können auf ihre Kosten kommen. An der Hout Bay liegt mit dem World of Birds Wildlife Sanctuary der größte Vogelpark Afrikas: Hier leben 450 Arten mit mehr als 3.000 Vögeln.

Wale

Der häufigste Wal vor Südafrika ist der *Southern Right Whale* (*Balaena glacialis*). Diese bis zu 16 m langen und 60 Tonnen schweren Meeressäuger kommen von Frühling bis Winter in die False Bay und ihre Nachbarbuchten (gut zu beobachten vor Witsand, dem De Hoop Nature Reserve und Hermanus), um sich zu paaren. Den Groß-

Warzenschwein

teil des Jahres verbringen sie in den planktonreichen, kalten Wassern der Antarktis, Tausende von Kilometern weiter südlich. Die Walweibchen kalben nur etwa alle drei Jahre, allein die Tragzeit nimmt schon ein Jahr in Anspruch. Die meisten Geburten finden im August und September statt.

Neben dem *Southern Right Whale* kommt in den Gewässern und Buchten um Kapstadt noch der ähnlich große *Humpback Whale* (*Megaptera novaeangliae*) vor, allerdings ist er schon seltener zu beobachten. Im Gegensatz zum *Southern Right Whale* besitzt er Furchen an seinem weißen „Hals" und eine kleine Rückenflosse. Andere Walarten, wie z. B. der *Orca* (*Killerwal*), kommen nur ab und zu an die afrikanische Südküste.

Warzenschwein / Warthog
(*Phacochoerus africanus*)

Höhe: 70/60 cm (Schulter); Gewicht: 100/70 kg

Erkennungsmerkmale: grau mit den typischen „Gesichtswarzen", die bis zu 12 cm groß werden können. Keiler besitzen davon zwei Paar, Bachen nur eines. Die vorderen Eckzähne sind extrem verlängert, die oberen wachsen nach oben aus dem Oberkiefer heraus. Insbesondere das untere Paar ist messerscharf und eine wirksame Verteidigungswaffe.

Lebensraum: offenes Land, Grasflächen, Pfannen, offenes Busch- und Waldland. Warzenschweine leben in verlassenen Bauten von Erdferkeln oder Ameisenbären, die sie nach eigenen Vorstellungen „umbauen".

Vormittags und nachmittags gehen sie auf Futtersuche. Sie sind typische Allesfresser, wenn auch vorwiegend Vegetarier. Besonders bevorzugen sie frisches, grünes Gras. Auf Trinkwasser sind sie nicht zwingend angewiesen, sie trinken jedoch, wenn möglich, regelmäßig und baden gerne im Schlamm. Die anhaftende Schlammschicht schützt vor der Hitze und vor Insekten. Sie leben in stabilen Familienverbänden aus Eltern und ihren Nachkommen. Junggesellengruppen sind nur vorübergehende Erscheinungen. Die Gruppen haben weit überlappende Territorien von 0,5–3,5 km² Größe (Größenzunahme in der Trockenzeit mit zunehmender Futterknappheit). Heftige Kämpfe sind selten. Warzenschweine reagieren sofort auf die Warnrufe von Säugetieren und Vögeln: Die ganze Familie flüchtet, dabei ist der hoch erhobene Schwanz wie eine Signalfahne auch im hohen Gras zu sehen. Anderen Tieren gegenüber verhalten sie sich ungesellig und verjagen sie meist aus ihrer unmittelbaren Umgebung. Einer ihrer Hauptfeinde sind Löwen, von denen sie auch aus ihren Bauten gegraben werden können.

Wasserbock / Waterbuck
(*Kobus ellipsiprymnus*)

Wasserböcke lieben Grasland und Gebüsch und benötigen die Nähe zu einem Gewässer, da sie täglich trinken. Sie äsen morgens und nachmittags/abends, während sie tagsüber ruhen. Als Hauptfeinde gelten Löwen, Leoparden und Hyänenhunde, wobei die beiden Letzteren Kälber reißen. Doch die Feinde jagen Wasserböcke nur, wenn kein anderes Wild vorhanden ist, denn ihr Fleisch schmeckt ab dem Alter von 3 Monaten zäh und ranzig. Bis zu 90 % besteht die Nahrung der Wasserböcke aus Gräsern, sonst aus Laub. Wasserböcke leben in kleinen Gruppen und können in Gefangenschaft bis zu 17 Jahre alt werden.

Literatur

Ausgewählte Buchtipps

> **Hinweis**
>
> Alle folgend aufgeführten Titel sowie viele weitere sind erhältlich im **Namibiana Buchdepot** (www.namibiana.de), ☏ 04221-1230240.

Reise- und Kulturführer

101 Südafrika. Die schönsten Reiseziele und Lodges. Iwanowski 2011.
Kapstadt und Garden Route. Iwanowski 2014.
Reisegast in Südafrika. Iwanowski 2014.
Fettnäpfchenführer Südafrika: **My name is not sisi**. Kulturkollisionen x 11. Conbook Medien 2014.

Von südafrikanischen Verlagen

Getaway Guide to ... Eastern Cape and Wild Coast (2012), ... the Garden Route (2010), ... Karoo, Namaqualand and Kalahari (2009), ... to Route 62 and Overberg (2009).
Erasmus, B. P. J.: **On Route in South Africa**. Explore South Africa Region by Region. Random House Struik 2014.

Landkarten

Map Studio ist ein bekannter südafrikanischer Kartenverlag. Hier eine Auswahl: South Africa Lesotho & Swasiland Road Map; Richtersveld & Fish River Canyon Adventures Map; Table Mountain & Cape Peninsula Activities Map; Mpumalanga, Kruger National Park & Panorama Route; Cape Town Street Map; Kruger National Park Tourist Map; KwaZulu-Natal Road Map; Flower Route; West Coast & Namaqualand Road Map; Table Mountain Road Map; Cape Peninsula National Park; Garden Route & Route 62; Cape Town & Surrounding Attractions Map; Mpumalanga/Lowveld Tourist Map; Winelands of the Western Cape Road Map.
Baardskeerder ist ein kleiner Hersteller hochwertiger Reisekarten: Fynbos Road; Garden Route; Cederberg; Cape Winelands; Overberg Whale Coast; Day Drives from Cape Town; Baviaanskloof Mega-Reserve; Cape Peninsula & Cape Town's Southern Suburbs; Wild Coast; Simon's Town; Table Mountain.
Das gesamte Gebiet von Südafrika decken die offiziellen **Topographischen Karten 1:500.000** und **1:250.000** ab und stellen – für anspruchsvollere Anwendungen – eine sehr gute Alternative dar.

Sachbücher

Flora und Fauna

Carruthers, Vincent: **Fauna und Flora im südlichen Afrika**. Random House Struik 2007. Der Klassiker unter den Tier- und Pflanzenführern. Hochwertige Illustrationen und Beschreibung von Niedrigen Wirbellosen, Spinnen, Spinnentieren, Insekten, Süßwasserfischen, Fröschen, Reptilien, Vögeln, Säugetieren, Gräsern, Seggen, Farnen, Pilzen, Wildblumen und Bäumen. Seit 2014 auch als E-Book.
Cillié, Burger: **Handbuch für Säugetiere des südlichen Afrika**. J. Neumann-Neudamm 2013.

Conradie, F.: **Einführung in den südlichen Sternenhimmel**. NWG 2004. Die faszinierenden Himmelskörper südlich des Äquators werden leicht verständlich erklärt.

Oberprieler/Cillié: **Ein Taschenführer für Vögel im südlichen Afrika**. Sunbird Publishers 2009.

Sinclair et al.: **Sasol Birds of Southern Africa**. Random House Struik 2011. Umfassendes Werk zur Vogelkunde des südlichen Afrika.

Küche

Bezuidenhout, Evita: **Evita's Bossie Sikelela**. Random House Struik 2012. Evita Bezuidenhout ist die Lilo Wanders Südafrikas und hat zwei sehr populäre Kochbücher geschrieben, dies ist das neuere.

Kornmayer, Evert: **Klassische & moderne Rezepte aus Südafrika**. Verlag Gebr. Kornmayer 2004. Über 230 Rezepte aus den Provinzen am Kap der Guten Hoffnung – viele erstmals in deutscher Sprache.

Kornmayer, Evert: **Südafrikas kulinarische Geheimnisse**. Verlag Gebr. Kornmayer 2010. Die geheimen Rezepte der besten Restaurants, Lodges, Hotelküchen & Weingüter in Südafrika.

Lagardien, Zainab: **Sugar & Spice. Baking the Cape Malay Way**. Random House Struik 2010. Hervorragendes Kochbuch mit zahlreichen typischen südafrikanischen Spezialitäten.

Politik und Gesellschaft

Basson, Adriaan: **Zuma Exposed**. Jonathan Ball, 2012. Hier wird die systematische und organisierte Korruption unter Präsident Jacob Zuma zum Thema gemacht.

Beis, Elena: **Südafrika 151: Portrait einer sich wandelnden Nation in 151 Momentaufnahmen**. Conbook Medien 2012.

Gronemeyer/Rompel: **Verborgenes Afrika. Alltag jenseits von Klischees**. Brandes & Apsel 2010.

Holden, Paul: **The arms deal in your pocket**. Jonathan Ball 2008. Das Buch löste in Südafrika einen Riesenskandal aus und stellte die Korruption Präsident Zumas erstmals ins Rampenlicht.

Jeffery, Anthea: **People's war: New light on the struggle for South Africa**. Jonathan Ball 2009. Ein Schlaglicht auf die über 20.000 Gewaltopfer, die den Terroraktionen des ANC zugeschrieben werden.

van Zyl Slabbert, Frederik: **The other side of history**: **An anecdotal reflection on political transition in South Africa**. Jonathan Ball 2006.

Werner, Edith: **Südafrika. Ein Land im Umbruch**. Christoph Links Verlag 2009. Ein persönliches Landesporträt der Geschichte, Politik, Gesellschaft und Kultur Südafrikas.

Wilke-Launer, R.: **Südafrika. Katerstimmung am Kap**. Brandes & Apsel 2010. Kritisiert den Verfall von politischer Kultur und Rechtsstaatlichkeit in Südafrika.

Regionalia und Bildbände

Ashton, N. & B.: **Watching Whales and Dolphins in Southern Africa**. Random House Struik 2012.

Brockmann, Heidrun: **Südafrika und seine Provinzen mit Namibia**. Komet Verlag o. a. J.

Claassen, Jacques: **Remembering Robben Island**. Random House Struik 2010.

Derwent, Sue: **Picturesque Drakensberg**. Random House Struik 2011.

Fraser, Sean: **Picturesque South Africa**. Random House Struik 2009.

Fraser, Sean: **Seven Days in Cape Town**. Random House Struik 2010.

Goodfellow, Jane: **Picturesque Garden Route**. Random House Struik 2008.

Heeb/Philipp: **Zeit für Südafrika. Die schönsten Traumziele zum Wohlfühlen**. Bruckmann Verlag 2009.

Hoberman, Gerald: **Lighthouses of South Africa**. Gerald & Marc Hoberman Collection 2009. Auch in einer handlicheren und günstigeren **Pocket Edition** von 2011 erschienen.

Parkington, John: **San Rock Engravings. Marking the Karoo Landscape**. Random House Struik 2010.

Sprachen

Der Reise Know-How Verlag bietet in seiner **Kauderwelsch**-Reihe Bücher/CDs für **Afrikaans**, **Zulu**, **Xhosa** und **Englisch** an, die auf ein schnelles Erlernen einer praxistauglichen Grundlage abzielt.

van Schalkwyk, Helena: **Teach Yourself Afrikaans**. Random House Struik 2012. Praxisbewährter Klassiker.

Wandern

Bristow, David: **Best Walks of the Drakensberg**. Random House Struik 2010.
Geomap: **Drakensberg Hiking Maps No. 1–6** (Wanderkarten 1:50.000).
Lundy, Mike: **Best Walks in the Cape Peninsula**. Random House Struik 2010.
Olivier, W. & S.: **Hiking Trails of South Africa**. Random House Struik 2009.

Wein und Weingüter

Dominé, André: **Weinabenteuer Südafrika**. Kettler 2010. Ein verführerisches Genuss- und Sachbuch über südafrikanischen Wein, seine Herkunft und Herstellung.
Hoberman, Gerald: **South Africa's Winelands of the Cape**. Gerald und Marc Hoberman Collection. Bekannter, opulenter und grandios fotografierter Bildband.
van Zyl, Philip: **Platter's South African Wines 2013**. John Platter SA Wineguide 2013. Erscheint in der 33. Auflage und ist der weltweit maßgebliche Führer und Bewertungsmaßstab für Weine und Weingüter in Südafrika.
Wines of South Africa WOSA: **Cape Wine Braai Masters. Grillen wie Südafrikas Weinmacher**. WOSA 2010. Die populärsten Rezepte der naturverbundenen südafrikanischen Weinmacher.

Belletristik

Bosman, Herman Charles: **Mafeking Road und andere Erzählungen**. Büchergilde Gutenberg 2010. Liebenswert schräge Kurzgeschichten aus der südafrikanischen Provinz, der nichts Menschliches fremd ist.
Cavendish O'Neill, Pat: **A Chimpanzee in the Wine Cellar**. Jonathan Ball 2012. Die sehr populären Erinnerungen der exzentrischen alten Dame des Tierschutzes in Südafrika.
Chapman, Michael: **The new century of South African short stories**. Jonathan Ball 2010. Erzählungen aus der Gegenwart und jüngeren Vergangenheit Südafrikas.
Drouve, Andreas: **Südafrika. Ein Reiselesebuch**. Ellert & Richter 2009. Aus Geschichte und Gegenwart: Mythen, Kurzgeschichten, ungeschminkte Erfahrungsberichte und Reisereportagen.
Hausberg, Klaus-Peter: **Mythos Südafrika. Literarischer Reiseführer Südafrika**. Bachem 2009.
Kappelsberger, Sepp: **Vom Krämerbuben zum Brotmillionär**. Maurus Verlag 2009. Der spannende Aufstieg eines deutschen Einwanderers und bayrischen Originals zum bekanntesten Bäcker Kapstadts.
Mandela, Nelson: **Meine afrikanischen Lieblingsmärchen**. dtv 2008. Der große alte Mann Südafrikas führt die Leser in die Weite der afrikanischen Steppen.
Ntshingila, Happy: **Black Jerusalem**. Random House Struik 2009. Alltagshumoresken in Kapstadt aus der Sicht der schwarzen Mittelschicht.
van der Post, Laurens: **Die verlorene Welt der Kalahari**. Diogenes 2006. Empfindsame Geschichte über eine Expedition in die Kalahari, getrieben von Kindheitserinnerungen.

Stichwortverzeichnis

Abbildungsverzeichnis

Alle Bilder © South African Tourism, außer: 2Inn1 Kensington: S. **352**; City of Johannesburg: S. **142**, **145** (Walter Knirr), **159** (Solly van Staden); Di Jones, Malealea Lodge: S. **272**, **274**, **280**; istockphoto.com: S. **196** (Luke Schmidt), S. **203** (demerzel21), S. **238** (Hedrus), S. **321** (Jan Roode), S. **564** (Hannes Thirion), S. **470** (michaeljung); Iwanowski, Ursula: S. **60**; Lasslop, Silke: S. **52**; Missalla, Lars: S. **206**, **220**, **331**, **337**, **343**, **347**, **357**, **361**, **369**, **373**, **400**, **401**, **408**, **431**, **539**; Montana Guest Farm: S. **123**; Neidig, Kathrin: S. **326**; Pixelio.de: S. **75** (Lothar Henke), **163** (Andreas Willfahrt), **200** (Walter Grab); Shutterstock: S. **340** (**Neil Bradfield**); Stünkel, Maike: S. **23**, **45**, **47**, **50**, **78**, **268**, **330**, **378**, **415**, **418**, **427**, **438**, **449**, **450**, **452**, **503**, **507**, **511**, **541**, **Umschlagklappe hinten** (1. Tipp); Swasiland Tourism: S. **259**, **265**; Wölk, Andreas: S. **53**, **211**, **213** (alle), **214** (alle), **219**, **334**, **366**, **433**, **441**, **445**, **Umschlagklappe hinten** (Top-Tipp); World Bank: S. **77** (Trevor Samson)

Afrika individuell

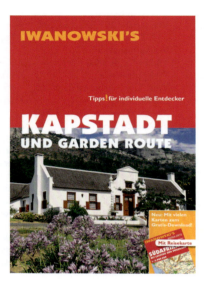

Kapstadt wird oft in einem Atemzug mit Rio de Janeiro, Sydney oder San Francisco genannt. Und das mit Recht! Die Symbiose aus Großstadtflair, der bezaubernden Lage am Ozean, der bewegten Historie und dem abwechslungsreichen Hinterland machen die südafrikanische Metropole zu einem begehrten Reiseziel: Aus Deutschland reisten von Januar bis Oktober 2013 fast 15 % mehr Urlauber nach Südafrika, hauptsächlich in die Kapregion.

Die 9. Auflage des bewährten Iwanowski Reisehandbuchs „Kapstadt und Garden Route" überzeugt vor allem durch die Fülle an praktischen Reisetipps auf 540 Seiten sowie durch das umfangreiche Kartenmaterial: Die separate Reisekarte wurde aktualisiert und erstmals können die mehr als 40 Detailkarten per QR-Code kostenfrei auf das Smartphone oder Tablet-PC geladen werden!

Das komplette Verlagsprogramm unter:
w w w . i w a n o w s k i . d e

Afrika individuell

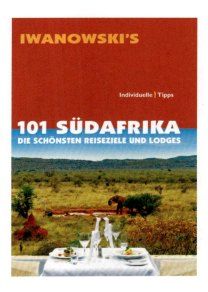

Südafrika ist ein perfektes Reiseziel mit faszinierenden Landschaften, einer einzigartigen Tierwelt, trendigen Großstädten und beschaulichen Örtchen mit einer
touristischen Infrastruktur, die keine Wünsche offen lässt. Doch wohin in diesem
riesigen Land? Der kompakte Reiseführer „101 Südafrika – Die schönsten Reiseziele und Lodges" gibt einen Überblick über die schönsten Reiseziele sowie mehr
als 20 empfehlenswerte Unterkünfte auf jeweils einer farbig bebilderten Doppel-
seite. Zu allen Unterkünften werden die Internetadressen sowie die Preise in gelben Info- Kästen genannt.

Die Themenfülle bewegt sich zwischen bekannten Highlights wie dem weltberühm-
ten Kruger National Park und weniger bekannten Aspekten wie der Kunst- und
Musikszene am Kap. Doppelseitige Farbporträts präsentieren rund 20 ausgewählte
Unterkünfte von preiswert bis luxuriös. Organisatorische Fragen wie allgemeine
Reisetipps und die unterschiedlichen Reisemöglichkeiten – von der Selbstfahrer-
Tour bis zur Fly-In-Safari – werden im Anhang beantwortet.

Das komplette Verlagsprogramm unter:
w w w . i w a n o w s k i . d e

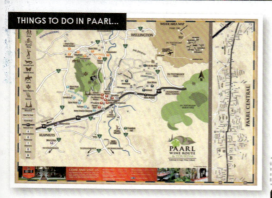

ROYALE MARLOTH
SAFARI LODGE ★★★

...ein Paradies für Naturliebhaber und Fotografen

Ein ganz besonderes afrikanisches Erlebnis erwartet Sie in der luxuriösen Busch Lodge "Royale Marlothi" im Marloth Park an der südlichen Spitze direkt am Krüger Nationalpark. Ausflüge in den Krüger Park, ins Swasiland sowie zur Panorama Route sind in unmittelbarer Nähe mit dem Auto erreichbar.

Erleben Sie auf Ihrer eigenen Terrasse Wildtiere wie Kudus, Gnus, Impalas, Zebras, Warzenschweine, Buschbabys und Giraffen, welche sich frei durch die strohgedeckten Chalets bewegen.

Unsere Gäste sind in klimatisierten Luxus-Chalets, jedes mit eigenem Charakter und beruhigender Atmosphäre, untergebracht. Für einen komfortablen Aufenthalt im Busch wird gesorgt. Kinder sind in unserer Lodge willkommen.

- Jedes Chalet mit TV, DSTV und Küche
- Restaurant für 25 Personen
- Pferde und Elefanten reiten
- Micro-Light Flüge
- Buschwanderungen
- Safari in den Krüger Park

Royale Marlothi Safari Lodge
Scorpion Street 2024, Marloth Park
Tel. +27 83 743 7703, Fax +27 86 661 4996
reservations@royalemarlothi.co.za

Kontakte Schweiz
Tel.+ 41 32 378 12 38
royalemarlothi@bluewin.ch

www.royalemarlothi.co.za

Von Frankfurt und München über Nacht nonstop nach Südafrika! Über unser Drehkreuz Johannesburg erreichen Sie mehr Zielorte im Südlichen Afrika als mit jeder anderen Fluggesellschaft.

SAWUBONA – Willkommen an Bord!

Buchungen unter www.flysaa.com oder Tel. 069 / 29 98 03 20

SOUTH AFRICAN AIRWAYS
A STAR ALLIANCE MEMBER

Whalesong Lodge
Gansbaai ~ Overberg

Whalesong Lodge, ein kleines intimes Gästehaus auf den zerklüfteten De Kelders Kliffs mit Blick über die malerische Walker Bay, deren Küste sich von den weißen Sanddünen von "Die Plaat", an Hermanus vorbei, bis hin zur Kap Spitze zieht.

Whalesong Lodge bildet die ideale Basis, um einige Tage lang die Umgebung zu erkunden. Es ist ein absolutes Paradies zur Walebeobachtung, um mit dem weißen Hai zu tauchen, um Weingüter zu besuchen oder um herrliche Spaziergänge entlang der spektakulären Küste zu unternehmen.

www.whalesonglodge.co.za
tel:00 27 28 - 384 1865 ~ info@whalesonglodge.co.za

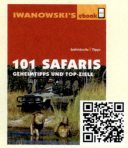

MONTANA
Guest Farm

Classic and Stylish with African hints

Montana Guestfarm, gelegen im zauberhaften Tal von Schoemanshoek, am Fuße des Swartbergpasses, nahe der Touristenstrasse 328, bietet mit seinem restaurierten alten Farmhaus, seinen Suiten, seinem parkähnlichen Garten, seinem Salzwasserpool, seinen Straußen und Ponys, dem Reichtum seiner Pflanzenwelt eine ideale Urlaubsatmosphäre inmitten der Kleinen Karoo.

Alles, was einen individuellen Urlaub ausmacht, finden Sie auf der Guest Farm Montana:

Großzügig eingerichtete Suiten mit eigenem Eingang und Terrasse, TV, W-LAN, Telefon, einen ausgezeichneten Service zu fairen Preisen sowie eine Küche für den verwöhnten Gaumen mit Weinen aus der Region.

Montana ist idealer Ausgangspunkt für Ausflüge zu den Swartbergen bis hin zum Indischen Ozean. Wir beraten Sie gerne und helfen, spektakuläre Sehenswürdigkeiten zu entdecken sowie sich mit dem reichhaltigen Angebot von Straußenfarmen und Tierparks vertraut zu machen.

Montana Guestfarm - PO Box 40 - ZA Oudtshoorn, 6620 - Südafrika
Telefon: 0027 442727774 - Fax: 0027 442794026
E-mail: dbeitz@mweb.co.za - www.montanaguestfarm.co.za

EINE AUSSERGEWÖHNLICHE AFRIKA SAFARI AUF DEN SPUREN DER 'BIG 5'

5 NÄCHTE SAFARI IM NÖRDLICHEN KRÜGER NATIONALPARK

Genießen Sie warme und herzliche südafrikanische Gastfreundschaft, entspannen Sie und saugen die Ruhe der afrikanischen Wildnis in sich auf, lassen Sie sich mit erholsamen Massageanwendungen verwöhnen, von ausgefallener Küche und den spektakulären Sonnenuntergängen begeistern. Erkunden Sie die endlose Faszination der afrikanischen Wildnis aus nächster Nähe in offenen Safarifahrzeugen. Verwöhnen Sie sich damit und mit noch so viel mehr...

2 Übernachtungen im **Kings Camp Private Game Reserve** – Timbavati Privates Naturreservat
2 Übernachtungen **The Outpost** – Pafuri – nördlicher Krüger Nationalpark
PLUS EINE GRATIS ÜBERNACHTUNG NACH WAHL IN EINER DER BEIDEN LODGES

Weitere Informationen über dieses erstklassige Safari-Paket erhalten Sie bei ausgewählten Safari-Veranstaltern oder bei Seasons In Africa:

Tel: +27 (0)13 751 1621 oder e-mail: reservations@kingscamp.com
www.seasonsinafrica.com

Seasons in Africa
ADVENTURES • HOTELS • LODGES

Dream. Explore.
Live life... with Budget.

Experience Luxury group transport

Find adventure

Always be relaxed and on time

Travel to new destinations

Make unforgetable memories

Be driven in comfort and style

xplore our country
vith Budget.

Ve have a mobile
olution to suit
our needs.

- Car Rental - With our incredible deals and extensive range of vehicles finding a package to suit your needs has never been easier

- Chauffeur Services - Let our professional Chauffeurs collect you in comfort and style, take you where you need to go and wait for you.

- Door2Door Transfers - relax while being transported to and from your destination quickly, conveniently and on time.

- Budget Coaches - Experience the charter of choice with Budget's luxury, safe and reliable coaches ranging from 15 - 59 seaters.

+27 11 398 0123
reservations@budget.co.za
www.budget.co.za

Proudly

Bidvest

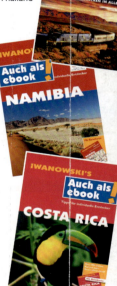

Iwanowski's Reisebuchverlag GmbH • Salm-Reifferscheidt-Allee 37 • D- 41540 Dormagen
Tel: 0 2133/260311 • Fax: 0 2133/260334 • E-mail: info@iwanowski.de
www.iwanowski.de • www.facebook.com/Iwanowski.Reisebuchverlag
www.iwanowski.de/blog • www.twitter.com/Iwanowskireisen